Anonymus

Politische Gespräche der Toten

Anonymus

Politische Gespräche der Toten

ISBN/EAN: 9783741166778

Hergestellt in Europa, USA, Kanada, Australien, Japan

Cover: Foto ©Andreas Hilbeck / pixelio.de

Manufactured and distributed by brebook publishing software (www.brebook.com)

Anonymus

Politische Gespräche der Toten

Politische Gespräche der Todten.

Des sechsten Jahrgangs
Zweyter Band.

Für das Jahr
1791.

Nro. 53.   Samstag den 1ten Juli 1791.

Politische Gespräche der Todten

über die

Begebenheiten

des 1791sten Jahrs.

„Omne Regnum contra se divisum desolabitur;
„atqui Gallia est Regnum contra se devisum; ergo
„desolabitur."

Uiber die Philosophen.

Die Weisen im Reiche der Todten harrten mit ausserordentlicher Neugierde auf die Reise des Königs von Frankreich. — Jupiter! welche Bestürzung! Merkur kam, und kündigte an, daß der König mit seiner ganzen Familie in St. Menehould oder, wie man es kurz ausspricht, in St. Menou erkannt, und in Varenne gefangen wäre.
Bei dieser Nachricht hoben die Philosophen ihre Häupter empor. Welche Philosophen? — Diejenigen, die nur die Opinionen einphilosophisiren; Philosophen, die ihre Grundsätze in schreyenden Reden vortragen; Philosophen, die nichts für die Küche, nichts für den Bauch nichts für den Handwerksmann, nichts für die Pres-

dulten der Erde, nichts für die Erleichterung der Handsarbeit, nichts für die Früchte, nichts für die Kleidung oder Bedeckung des Menschen, nichts für die gemächlicheren Wohnungen, nichts für Nahrung, nichts für Trank, nichts für wahre Wohlthat, und — nichts — nicht einmal für ein Sauerkraut — ausphilosophirten. Es sind Philosophen, die nur die Meinungen der Menschen, wie ein Töpfer einen Krug, modeliren; die sich klug genug dünken Nationen mit methaphysischer Quacksalberey zu kuriren und zu regieren; die ihre ganze Wissenschaft nach ihrer Nase abmessen; die Himmel und Erde, Paradies und Hölle nach ihrem Gutdünken aufbauen, niederreißen, aufrichten, zerstören, und — auf = oder abphilosophiren.

Unter den neueren Philosophen kommen Baruch Spinosa, der Ministerpatron Nickel Machiavel und sein Verehrer Olivier Kromwel zum Vorschein. Der berühmte Stallmeister Sancho Pansha, pferdmäßigen Andeutens ergrief die philosophische Partie, in der Hoffnung sich bis auf einen Don Quixotte schwingen zu können, und da sieng die philosophische Arbeit an. Sie griessen den Erdenkloß an, wollten ihn aus seiner Achse abwelzen. Sie nahmen ihre Opinionphilosophie zu Hilfe, und thaten wie rasende, um eine Revolution auszuwirken. Nichts war ihnen heilig: Religion, Regierungen, eingeführte Konstitutionen, die von Menschen und selbst von guten Philosophen geprüften Erfahrungen — mußten auf dem Schlachtfelde ihrer Spinionen unterliegen. Sie wollten die Erde bis zum Planeten Mars stoßen, damit sie gegen alle Antirevolutionisten recht martialisch werde. — Das war ein Getös im Reiche der Todten! Jupiter! die Erde wankte. Sie versprachen ihr alle möglichen Glückselichkeiten, obschon sie nur Opinionen auftischen konnten. Dem Bauch versprachen sie Pasteten, dem Gaum flatternde und reitzende Weine, den Händen gemächliche Trägheit, den Jünglingen hübsche Mädchen, den Mädchen zärtliche Jungen, der Geistlichkeit die Abschaffung der Vorurtheile, und die Schöpfung ihrer Opinionenphilosophie, den Augen schöne Aussichten, dem Herze Erhebungen zum Großen, den Bauern die Verbannung der Abgaben, den Bürgern Gleichheit aller

Hernach haben die Tanten des Königs aus religiösem Eifer Frankreich verlaßen, und giengen nach Rom. Der König und die Versammlung haben' es bewilligt, und doch fanden die königlichen Befehle zu Pelloue, zu Arbay Widerstand, und die Versammlung konnte ihn kaum mit vielem Widerspruche heben.

Da die Empörung durch Anstiftung der Geschwornen zu Vincennes entstanden, wo die treuen Diener des Königs mißgehandelt sind worden, so hat man die Vermessenheit so weit getrieben, daß man die Wappen des Königs niedergerissen, dies im Angesicht des Königs selbst.

Nach der Krankheit wünschte der König nach St. Clou zu gehen, man hat ihn ungeachtet der Bewilligung der Versammlung auf das schändlichste angehalten, man bediente sich des Vorwands der Religion, und man sagte, daß er dem alten Zeremoniel seiner Vorfahrer zu viel ergeben wäre; der Klub der Cordeliers hat ihn so gar als einen Verbrecher gegen die Landesgesetze erklärt. Umsonst wollte Herr La Fayette ihn aus der Gewalt losreißen. Man hat seine treuen Diener mißgehandelt, auf der Erde geschleppt, und er mußte in sein voriges Gefängniß zurückkehren. Man zwang ihn hernach, ein Zufriedenheitsschreiben an fremde Mächte zu schicken, und in die Messe des neuen konstitutionellen Pfarrers von St. Germain zu gehen. Nach allen diesen Grundsätzen, und nach der Unmöglichkeit das Uible gut zu machen, war es natürlich, daß der König sich in Sicherheit zu setzen suchte.

Franzosen! und ihr alle, die er treue Einwohner der guten Stadt Paris nannte, setzet ein gerechtes Mistrauen in die Einflisperungen der Verschwornen; kommet zu eurem König zurück; er wird allzeit euer Freund seyn, so bald man die heilige Religion verehren, so bald die Regierung auf einen festen Fuß gesetzt, so bald die gesetzmäßige Freyheit wieder hergestellt wird.

Paris den 20sten Juni 1791.
Unterzeichnet: Ludwig.

P. S. — Der König verbietet seinen Ministern keine Befehle mit seinem Namen zu unterzeichnen, bis sie von ihm weitere Orders bekommen, und befiehlt seinem

Siegelverwahrer, ihm das Staats-Insiegel zurück zu schicken, so bald er es verlangen wird.
                    Unterzeichnet: — Ludwig.
              Biographie
    Baruch Spinosa in Amsterdam Anno 1632 ge-
boren, war der Sohn eines portugiesischen Juden. Sein
Vater ließ ihn in der Lateinischen Sprache und in der
Philosophie unterrichten. Sein unruhiger Geist machte ihm unter den Rabbinern viele Feinde, weil er ihnen seine Zweifel über das Judenthum mit Hartnäckigkeit vortrug. Endlich ein Messerstich, den er von einem
Juden bekam, da er aus der Komödie gieng, brachte ihn
zu der Entschließung, die Israelitische Gemeine zu verlassen, und die reformirte Religion anzunehmen. Aber
auch diese Religion erregte in seiner unruhigen Seele
Zweifel ob er das Christenthum. Ja seine Zweifelhaf-
tigkeit gieng so weit, daß er am Ende das Daseyn Gottes laugnete. Er suchte sich ein Landhaus auf dem Lande, wohin er eine Gesellschaft junger Leute zog, die mit
ihm den Atheismus verfeinerten. Er hatte eine Leichtigkeit, Sophismen in einer syllogistischen Art vorzutragen,
daß ein jeder wohlgeübter Logiker Mühe hatte, sich
aus dem Labyrinth der Syllogismen herauszuwickeln, die
er auf die regelmäßigste Art der Logik einzuweben wuste. Er wohnte wechselweis im Haag und auf seinem
Landgute. Er hatte Geschicklichkeit genug den Atheismus
in ein System einzuhüllen, und sich Anhänger beiderley Geschlechts auszuwirken, die ihm die Hochachtung
eines großen Mannes erwiesen. Spinosa in jungen
Jahren alt, wurde von einer schleichenden Krankheit im
45sten Jahre seines Lebens dahingerissen Anno 1677.
Sein Tractatus theologico politikus enthält die ganze Geburt seines ausschweifenden Verstandes. Nach seiner
Meinung waren die Propheten erhizte Thoren, die das
Volk bei der Nase herumführten und ihm eine Gottheit
nach ihrer Willkühr schufen. Moses und Christus sind
von ihm als abentheuerliche Menschen geschildert, und
dieser Mann, dieser Atheist, dieser Thor findet noch
heutiges Tags Anhänger, die seine Lehre erheben. Aber
was haben die Philosophen nicht für Ungereimtheiten gesagt?. Ein Weiser aus Griechenlande schrieb schon zu sei-

ner Zeit, daß nichts Absurdes, nichts Abscheuliches in der Welt ausgedacht werden könne, was nicht ein Philosoph vertheidiget hätte.

Olivier Crommel wurde in der Stadt Hutington in England den 3ten April Anno 1603 geboren. Er nahm den geistlichen hernach aber den Soldaten Stand an, und diente unter den Parlamentstruppen wider den König Carl den Ersten. Er führte diese Truppen so gut an, daß er bald General wurde, und alle Plätze, die mit dem König hielten, eroberte. Glücklich in Waffen, erwarb er sich bei dem Parlament so viel Ansehen, daß er es dahin brachte, den König vom Throne abzusetzen. In der Börse war eine Statue dieses unglücklichen Monarchen. Crommel ließ sie niederreißen, und folgende Worte an ihre Stelle aufschreiben: Carl der Letzte der Könige, und der erste Tyran wurde abgesetzt Anno 1646 im ersten Jahre der Freyheit der ganzen Nation. Die Religion diente ihm zum Vorwand seine Absichten abzuzielen. Der König Carl der Erste (wendet euere Augen auf andere Seite, o Britten!) verlor den Kopf, und Crommel wurde als Beschützer von Großbritannien anerkannt. Er sagte bey dieser Gelegenheit, daß er lieber als Beschützer regieren wollte, als den Königstitel anzunehmen; dann fuhr er fort, die Engländer wissen, wie weit sich die Macht eines Königs erstrecke, aber sie wissen nicht, was einem Beschützer erlaubt ist. Das Parlament wollte ihm diesen Titel absprechen. Crommel gieng in das Parlamentshaus, und sprach in einem souverainen Tone: Meine Herren! ich habe vernommen, daß sie mir das Patent der Beschützung abnehmen wollen; hier ist es, ich wollte sehen, wer unter ihnen die Kühnheit haben wird, es anzugreifen. Der Herr aller Herren braucht sie nimmer, er hat andere Werkzeuge gewählt um sein Werk zu vollenden. Hernach wandte er sich zu den Soldaten: nehmet, sagte er, nehmet weg diesen Parlamentsklumpen, befreyet uns von diesem Gesindel. Alle Staaten suchten seine Allianz: er eroberte Jamaika und Dünkirchen, er redete mit allen Gesandten in einem Tone, der sie überraschte. Ich will, sagte er, daß man der Republick England diejenige Ehrerbietung bezeige, die man sonst den Römern erweisen mußte. Er starb Anno 1658. im 55sten Jahre seines Alters. Seine Leiche wurde in der Grufte der Könige gesetzt, aber Anno 1050 unter der Regierung Carls des Zweiten wurde sie herausgenommen, geschleift, auf den Galgen gehangen, und unter dem nemlichen Galgen begraben.

Nikolaus Machiavel, wurde Anno 1459 in Florenz aus einer adelichen Familie geboren. Er zeichnete sich in seiner Jugend in der Litteratur und besonders im Comischen Fache aus. Der Pabst Leo n. et roce, ließ seine Theatralstücke vorstellen und manier e seine Talente auf. Seine erhöhte Gemüthsart ließ ihm keine Ruhe. Man sagte ihn an daß er in der Verschwörung des S..... wider das Haus Medici, einen Antheil hatte. Man zog ihn auf die Folter; aber er hatte nichts bekannt. Weil er in seinen Werken den Brutus, den Caßius erhob, so muthmaßete man, daß er auf's neue in einer Verschwörung wider den Clemens Medicis, der hernach unter dem Namen Clemens der 7te, zum Pabsten erwählt wurde, mit einverstanden wäre. Weil man aber keine Beweise darüber aufbringen konnte, so ließ man ihn in der Ruhe. Florenz wählte ihn zu seinem Secretair und Historiographen. Allein dies konnte ihn nicht aus dem Bedürfniß ziehen, in welchem er lebte. Er starb Anno 1527 in dem größten Elend. Machiavel war einer jener Zweifler, die über alle, auch über die heiligsten Pflichten der Menschheit spotten. Seine Abhandlung über Titus Livius, und die Geschichte von Florenz, zeigen hinlänglich, daß er ein großer Geist und gründlicher Kenner der Geschichte war. Allein das Buch: „Der Prinz des Machiavels" genannt, ist die abscheulichste Belehrung eines Tyrans, eines unmenschlichen Staatsmannes. Wehe der Menschheit, wenn ein Monarch unglücklich genug ist, in der Politik diesen Grundsätzen zu folgen. Ein erhabener Verfasser, der in den Fürsten des menschlichen Geschlechts den Titel eines Königs als die mindeste seiner Eigenschaften sehen ließ, hat durch den Kommentar, An Machiavel o nannt, die Gottlosigkeiten der machiavellistischen Grundsätze ganz auseinander gesetzt, und widerlegt. — Ein Zug der Unsterblichkeit, der Weisheit für die Annalen der Regierung Friedrichs von Preußen.

Menschen, und den Küchenjungen die nämliche Schätzung, die der Abel sich zu erwerben wußte. Auch die Erbe wäre bald revolutionirt worden. ᶜ)

Die Göttin der Philosophie wurde in Eile herbeigerufen. Sie sah die revolutionirenden Philosophen, wie sie die Erde umwälzen wollten. Sie lachte. Die Thoren, sprach sie, die Sophisten, die großen Worte Schreyer, wie? sie wollen die Erde umwälzen? mit der Afterphilosophie, mit derjenigen Philosophie, die uns die Opinionen einphilosophirt, und dem Menschen keinen Nutzen bringt? — Weil diese Leute sind weit gefährlicher als alle Scholastiker, Aristoteliker, über derer Philosophie man heutiges Tags lacht. Die Syllogismen und die Schulpostereyen waren wie eine Bierschenk-, wo man den Disputanten par partie de plaisir zusehen konnte. Sie zankten über Barbara, rationes ratiocinantes, und über Universalia a parte rei und dies verstand Niemand, weil sie sich selbst nicht verstanden, und — dabei blieb auch. Sie haben weder Thronen umgeworfen, weder die neue Henkerkunst bei den Laternen erfunden. Die Magnifici Domini zankten, haberten, distinguirten, negirten, — und dann gieng man zu Tische. Damals waren die gesunden Lungen nicht gefährlich. Aber heutiges Tags, bei der neuen Opinions-Philosophie sind in einer Versammlung einer ganzen Nation — die mirabeauischen Lungen tödtend. — Die Philosophie nahm einen Pol in die Hand, hielt ihn fest, und redete auf folgende Art zu den Philosophen.

Unsinnige! wie könnet ihr euch beifallen lassen, die populaire Regierung in einem so großen und von großen Nachbaren begränzten Staate zu erheben? Saget mir, waren die Griechen, nach welchen ihr euch modelt, bei dieser Regierung glücklich? — Leset die Geschichte, aber leset sie nicht in dem Roman des Anacharsis, welchen ihr euch zum Muster gewählt habt.

Ich frage euch hier, ihr Frankreichs Gesetzgeber! — werdet ihr bei euerer populairen Regierungsart eine stehende Armee haben oder nicht? — Ich weiß, daß Mi-

---

ᶜ) Sieh hier den Kupferstich, o Mensch! lies die Worte unten: — Sie arbeiten umsonst, die sich bemühen, ein solches philosophisches Lusthaus aufzubauen.

rabeau alle Soldaten abschaffen wollte; ich weis, daß sein Zweck dahin gieng, eine Bürgerliche Armee zu formiren, die im Fall eines Angriffs gegen die Grenze marschieren sollte. Dies fand man deswegen unausbläblich, weil der Burgerstand durch das Soldatenspiel von seinen dem Staate nützlicheren Geschäften abgehalten, doch niemals einer gut geübten feindlichen Armee widerstehen hätte können.

Ihr werdet also eine stehende Armee unterhalten müssen, weil euere Nachbaren auch stehende Armeen haben. — Ihr werdet gewiß einmal kriegen; dann ein grosses Reich muß zu seiner Zeit auch mit Widerwillen in einen Krieg eingewebt werden. Ein General wird die Truppen kommandiren; er wird die Stärke Frankreichs unter seinem Kommando halten. Wer wird einen Helden hindern, sich zum Cäsar aufzuwerfen? — Die Römer waren lang genug republikanisch, dies ist wahr; aber wenn hat Rom aufgehört Republick zu seyn? — da, wo seine Sitten verdorben waren, da Cato gesagt hat, daß ein Reich, wo ein Gericht Fische so viel kostet, als ein Ochs, fauln müsse. — Aber euere Sitten sind schon verdorben; der Lurus an eueren Tafeln, an eueren Meublen, an eueren Kleidern hätte euch schon längst zu Sklaven eines Despoten gemacht, wenn euer Reich eine Republick gewesen wäre; — und ihr wollet in dieser Situation, in die er Verdorbenheit, in diesem Lurus eine Republick aufbauen? — eine solche Schimäre kann nur in einem Spinionenphälen phisschen Gehirn entstehen. — Leset die Geschichte, wendet die Thaten, den Fall und die Abnahme der republikanischen Staaten an euch: — ihr habet nicht eine einzige Anlage — zu Republick, sondern ihr werdet euer Reich mit Opinionen so lang hin und her werfen, bis es zerplazt, und eine späte Reue euerem Abkömmlingen hinterläßt.

Ihr behauptet, daß ihr von anderen Staaten von Europa nichts zu fürchten habet, weil sie einer den anderen allezeit hemmen, etwas zu unternehmen. Ich lasse es euch zu, daß ihr Beschützer euerer Unruhen finden können; aber diese Beschützer beschützen euch, um euch zu ruiniren, um einen Nuzen von euerem Fall zu erzwingen. Lasset uns sehen, wie euere Verhältnisse mit anderen Staaten und mit ihrem Interesse stehen.

Engländ, und Holland freuen sich über eueren Fall, weil ihr euch von der politischen Bedeutenheit herabgestürzt habet, um ihnen Platz zu machen. Sie haben politische Zwecke, und werden sich, so viel als möglich, bemühen, euch noch wenigstens 10 Jahre in ruinirenden Unruhen zu erhalten, bis sie ziemlich da seyn, wohin sie zielen.

Rußland und Oesterreich bejammern eueren Fall, weil sie sich auf euere politische Bedeutenheit anlehnen wollten; aber diese Bedeutenheit ist von England und Preußen erhaschtworden, und nun behandeln sie die übrigen Staaten als Subalternen.

Spanien ist am übelsten daran. Die regierende Seemacht der Britten launenirt Gesetze auf allen Meeren. — Wie wäre es, wenn es den Britten einfiel, die Spanier aus Amerika zu verdrängen? — Ach! es ist ihnen eingefallen, dann sie haben schon einen Hafen dazu in Mootka Sund.

Führet mir nicht England zum Beispiel an, daß es eine populaire Regierungsart ausrevolutionirt habe. England ist eine Insel; England hat nur Meer zu Nachbaren; seine Laudarmee ist klein, bloß für innerliche Handhabung der Gesetze, nicht — um Cäsaren zu bilden. Und war bei allem dem der Kromwel nicht der größte Tyrann auf der Erde? — und dies in England!

Also wird eurer Staat noch lang an Konvulsionen leiden, und kaum werdet ihr wähnen, euere neue Konstitution bekäme eine Konsistenz, als vielleicht ein Triumvirat, vielleicht ein Kromwel, vielleicht ein Vandermoot — euere Opinionen bestürmen, erobern, und hernach nach vielen Unglücken tyrannisiren wird. Und da kommet ihr wider dahin, woher ihr ausgegangen waret.

Der König hat vor seiner Abreise folgende Ausrufung an die Nation hinterlassen.

Da der König hoffen konnte, daß die Ordnung und das Glück der Nation durch die angewandten Mittel der Nationalversammlung, und durch seine Gegenwart bei derselben hergestellt würde, so war ihm keine Aufopferung zu theuer; er habe selbst seine Freyheit aufgeopfert, deren er seit Monat Oktober Anno 1789 beraubt war. Aber heute, da das Resultat aller Operationen dahin gezielt wird, um die Königswürde zu niederreißen, da das Eigenthumsrecht ganz zerstört ist, da selbst persönliche Sicherheit verschwunden ist, da das Reich in vollkommener Anarchie aller seiner Theile liegt, ohne daß eine hinlängliche Gewalt dem Strom vorkommen kann; — der König glaubt, daß es seine Pflicht seye, vor die Augen der Franzosen das Gemählde seines Benehmens wahr und seiner Gefangenschaft darzustellen.

Anno 1789 im Monat Juli hat sich der König, seines Gewissens überzeugt, nicht gescheuet, in die Mitte seiner Stadt Paris zu kommen. Im Monat October des nemlichen Jahrs sah er die Bewegungen und die Gährungen der Verschwornen, und wollte sein Reich nicht verlassen, damit kein Bürgerkrieg im Lande daraus entstehe. Die ganze Welt weiß die abscheulichen Verbrechen die damals ungestraft begangen sind worden. Der König beugte sich unter den Wünschen der Pariser Armee, und nahm seine Wohnung zu Paris, in der Thuillerie. Nichts war zu bereitet, um ihn zu empfangen, und der König, weit entfernt in diesem Wohnungsfitze alle Gemächlichkeiten, an die er gewohnt war, anzutreffen, mußte so gar die Gesellschaft seiner H. fraue entbehren. Ungeachtet dieses Zwangs, glaubte er doch, daß es der Ruhe zuträglich wäre, die übrigen Provinzen über seinen Aufenthalt zu beruhigen.

Es war eine noch schmerzhaftere Aufopferung über ihn verhängt: er mußte eine Leibgarden, auf deren Treue er sich vertrauen konnte entfernen; zween dieser braven Männer wurden ermordet, mehrere verwundet, weil sie den Befehlen, nicht zu feuern, getreu gefolgt haben. Die Verschwornen haben ihre Kunstgriffe dahin verfeinert, seine treue Gemahlin, die durch ihr Betragen alle Weiber felbe der Redlichen übertroffen hat, in einem schwarzen und verläumderischen Gesichtspunkt darzustellen. Es ist so gar sonnenklar, daß alle Gährungen, gegen den König selbst gerichtet waren. Die Sicherheit des Königs ist den Beschwornen seyn ist, oder der Nationalgarde anvertrauet worden, welche unter der Municipalität von Paris stund.

Der König sah sich also in seinen eigenen Staaten gefangen. Dann wie kann man dies anders nennen, da er mit Zwang umgerungen, von verdächtigen Personen bewacht war? Dieß sage ich nicht, um die Pariser Nationalgarde zu beschuldigen, sondern um der Wahrheit das Wort zu sprechen. Im Gegentheil, ich lasse dieser Garbe Gerechtigkeit wiederfahren, so bald sie nicht von den Reichswornen irre geführt war. — Der König hat befohlen, die Generalstände zu berufen; er bewilligte dem Bürgerstande eine doppelte Vorstellung bei denselben. Die Vereinigung aller Stände des Staats, die Aufopferung am 23sten Juni, — alles war sein Werk. Aber diese väterlichen Sorgen sind nicht erkannt worden. Da die Generalstände sich den Namen einer Nationalversammlung beigelegt haben, so wird man sich erinneren, welche Einsprüche die Verschwörer in allen Provinzen ausgebreitet haben, um die genommenen Maaßregeln, daß die Gesetzgebung mit dem Könige ausgearbeitet werden solle, zu vernichten. Die Versammlung hat den König so in sagen aus der Konstitution herausgeworfen, da sie ihm die Bestättigung der konstitutionellen Akten abgeschlagen, da sie diejenigen Gesetze oder Dekrete eingeschaltet, die ihr behagten. Man warf dem Könige 25 Millionen zu seiner Unterhaltung aus; man ließ ihm die Benutzung nur einiger seiner Domainen; man beraubte ihn des Erbtheils, welchen ihm seine Vorfahren hinterlaßen; man benahm ihm die Mittel, die ihm geleiste en Dienste zu belohnen, als wenn diese Dienste von dem Staat abgesondert werden sollten.

Man untersuche die von der Versammlung eingerichtete Staatsverwaltung, und man wird finden, daß der König davon ausgeschloßen ist; er hat keinen Antheil an der Gesetzgebung, er kann nur die Versammlung anstehen, diese oder jene Angelegenheit des Staats zu unternehmen, und darüber Gesetze zu machen. Was die Normirung der Gerichtshöfe betrift, so hat er keine andere Gewalt, als die Provisionen der Richter auszutheilen, und die Gewalt der königlichen Kommissarien ist bei weitem nicht so wirkend, wie sie die General-Prokureurs vorhero hatten. Das allgemeine Wohl des Staats ist in fremde Hände gefallen; es blieb noch der letzte wohlthätige Vorzug dem König: nämlich die Strafen zu erleichtern, sie zu ändern, oder Gnaden auszutheilen; auch dieses ist dem Könige geraubt worden. Jetzt halten die Juristen den Zwang der Gesetze in Händen, und können ihn anstrengen, oder erschlappen, je nachdem sie den Sinn des Gesetzes verdrehen wollen. Dies benimmt der königlichen Majestät den gänzlichen Glanz; das Volk war gewöhnt, zum Throne als zu dem Mittelpunkt der Güte und des Wohlthuns, seine Zuflucht zu nehmen. Die innerliche Verwaltung, in die Departemente vertheilt, ist durch die vielen Rädern gehemmt, welcher Bewegung den Gang, ja den Gang der ganzen Staatsmaschiene hindert; die Wachsamkeit der Minister ist bis auf Nichtigkeit herabgesetzt.

Die Gesellschaften unter dem Namen der Freunde der Konstitution spielen mit der Gewalt des Staats, und benehmen alle Kraft der Ausführung, wenn sie ihnen nicht behagt. Der König ist das oberste Haupt der Armee erklärt worden, und doch ist das Kriegsdepartement ohne meiner Inthmung von der Versammlung errichtet worden; man hat dem Könige die Ernennung einiger Plätze überlassen, und da er einige Officiers ernannt hatte, so sträubte man sich darwider, und dies deswegen, weil es den Klubs anders gefallen hat. Diese Klubs haben Aufruhr in einigen Regimentern angestiftet; wenn die Armee die Officiers nicht fürchtet und nicht ehret, da muß sie ganz natürlich in eine grausame Landplage ausarten.

Was die auswärtigen Geschäfte des Staats betrifft, so hat man freilich dem König die Ernennung zu Gesandschaftsposten überlassen, aber man hat ihm das Recht Krieg zu führen benommen. Das Recht Frieden zu machen ist von einer anderen Gattung, der König will mit der Nation vereint seyn; aber welche Macht wird eine Unterhandlung anfangen wollen, da die Revision der Versammlung zugestanden ist? Es ist nicht möglich daß ein Staatsgeheimniß, das unter 1200 vertheilt ist, verhüllt bleibe. Was die Finanzen angeht, dies hat der König noch vor der Berufung der Stände anerkannt, daß nemlich die Nation das Recht habe, Subsidien zu bewilligen, und deswegen hat er alles, was verlangt wurde, am 23. Juni bewilligt. Am 4ten Februar ersuchte der König die Versammlung, sich mit den Finanzen zu beschäftigen. Sie hat es nicht gethan, denn noch bishero ist kein Verhältniß zwischen Einnahme und Ausgabe angegeben worden. Man machte lauter bedingungsmäßige Berechnungen; die Abgaben werden nicht entrichtet, und die große Resurse von 12 Millionen Assignaten ist konsummirt und verschlun=

gen. Der König kennt die Beschwerlichkeiten der Finanzverwaltungen, und wenn es möglich wär, daß diese Maschine ohne seiner Aufsicht gehen könnte, so wollte Seine Majestät diese Führung gern andern überlassen, nur das einzige ging ihr ans Herz, daß sie dadurch des wohlthätigen Rechts, die Auflagen zu erleichtern, beraubt würde. Dies bat der König immer gewünscht, und es wäre auch gewiß geschehen, wenn der Krieg von Amerika nicht unermeßliche Summen gekostet hätte.

Der König ist als ein Haupt der Verwaltung des Reichs erklärt worden, und doch konnte das Haupt nichts entscheiden, nichts verändern an den Entschließungen seiner Glieder. Die Häupter der Empörer haben ein solches Mistrauen gegen die Bevollmächtigte des Königs ins Volk gesäet, daß diese treuen Diener, ohne aller Stärke und Gewalt, nichts würken können. Die jetzige Regierungsart ist besonders aus zwey Ursachen mangelhaft, und verderblich. Die Versammlung schreitet über die Gränze ihrer Vollmacht, weil sie sich um die innerliche Verwaltung des Landes annimmt, und weil sie durch ihre Untersuchungsgerichte mehr als eine despotische Gewalt ausübt. Die jetzigen Gesellschaften der Freunde der Konstitution sind weit gefährlicher, weit drükender, als die Gerichte des alten Systems. Sie unternehmen Rettungen, und haben so eine empörende Gewalt, daß alle rechtmäßigen Gerichte, selbst die Nationalversammlung nicht ausgenommen, nichts beschliessen können ohne deren Einfluß. Der König denkt, daß eine solche Regierungsart unmöglich eine feste Dauer haben könne; — noch mehr: je mehr sich die Versammlung ihrem Arbeitsziele nahet, je mehr verlieren wohlhabende und ehrliche Leute die Hoffnung, — sich festzuhalten. Die neuen Gesetze, statt einen Balsam auf die alten Wunden zu streichen, öffnen die gesundesten Theile des Staatskörpers; die tausend Zeitungen, Journalen, Pasquillen, und Werkzeuge wiederschallen wie ein Echo, die gewünschten Unordnungen der empörenden Klubs, und niemals hat noch die Versammlung diesem Uebel vorbauen dörfen. Man lechzt nach einer metaphysischen, und in der Natur unmöglichen Regierungsart, die niemals in die Ausübung kommen kann.

Fraulein! war dies euer Wunsch, eur Wehen, die

ihr euere Repräsentaten zu mir schicktet? Wünschtet ihr, daß der Despotismus der Kinds die Monarchie vorstellen sollte? daß diese Gesellschaften das Glück, den Glanz, die Bedeutenheit des Reichs, das 14hundert Jahre blühete, ersetzen konnten? die Liebe des Königs ist bei der französischen Nation ein hervorragender Vorzug ihrer Tugend. Ich als König, ich habe rührende Merkmale darüber erfahren. Ein König von Frankreich wünschte ein solches Gemählde seinem Volke nicht vorstellen zu dörfen, wenn er nicht durch Umstände dazu gezwungen wäre, seiner Nation die Schilderung der Verderblichkeit der Verschwornen, zu malen. Diejenigen, die (n der Triumph des Herrn Neckers bezahlt waren, haben die Vertraulichkeit gebraucht, den Namen ihres Königs nicht auszusprechen. Sie haben damals den Erzbischof von Paris verfolgt; ein Kourrier ward angehalten, durchgesucht, die Briefe aufgebrochen, ꝛc. unterdessen die Versammlung den König insultirte; Der Monarch hat sich geschmeichelt, Friedens-Worte nach Paris zu tragen; aber Ebewehre haben verboten, dem Könige das Geschrey: es lebe der König, — zuzuwünschen. Man hat so gar die Motion aufs Tapet gebracht, den König einzukerkern, und die Königin in ein Kloster einzusperren. Diese Motion ist mit Freuden ausgeklatscht worden.

In der Nacht zwischen 4ten und 5ten, da man der Versammlung angetragen hat, beim Könige sich zu versammlen, hat diese Versammlung ganz platt geantwortet, daß es nicht ihrer Würde angemessen seye, sich dahin zu verfügen. Seit dieser Zeit haben sich die Auftritte des Greuels und des Schreckens fast täglich erneuert. Bei der Ankunft des Königs zu Paris, ist ein Unschuldiger unter den Augen des Königs ermordet werden; diejenigen, die gegen den Thron und gegen die Religion geschrien haben, erhielten die Ehrenzeichen des Triumphs. Bei der Verschwörung am 17ten Juli erklärte die Versammlung, daß der König das Haupt davon seye. Dies setzt zum voraus, daß man ein anderes Haupt wählen könnte; die königliche Familie ist in einer abgesonderten Wohnung von jener des Königs gesetzt worden, und doch mußte der König mit Zwang gestehen, daß dieser Aufenthalt ihm am angenehmsten wäre.

Nro. 53. Donnerstag den 30sten Juni. 1791.

Beilage

zu

Politischen Gesprächen

der

Todten.

Politische Satyren.

„Es ist eine große Bürde, sich gegen ei-
„nem Volke wegen seines Glücks und seiner Ru-
„he zu verantworten. O Silencus! du haſt
„Recht: — wenn ein Zepter auf der Straſſe
„läge, ich wollte mich bedenken, ob ich ihn auf-
„heben würde — Und wenn die französische
„Krone, wie meine Schlafhaub auf meinen Kopf
„paſſen möchte, so wollte ich lieber ohne Schlaf-
„haube schlafen.

Paris vom 25sten dieſes. — Morgen wird der
König alhier erwartet. — Die Nationalversammlung hat ein Inquisitionsgericht niedergeſetzt, welches des Königs Abreise, und alle, die in dieſer
Sache mitschuldig sind, unterſuchen soll.
Da der König zu Varenne gefangen ward,
so sagte er: — Ich habe den Adel retten wollen,
jetzt kommt es dem Adel zu, mich zu retten.
Die Königin war auf der ganzen Reiſe ſehr
aufgeräumt. Sie scherzte sehr angenehm mit den

jenigen, die sich ihr naheten. Herr Bouille ist glücklich zu Luxemburg; man macht ihm zu Paris den Prozeß, und er ist seiner Kommendantenstelle entsetzt: — in Effigie.

Zwey Deputirte sind dem König von der Nationalversammlung entgegengeschickt worden. Herr la Fayette, und Herr Baissi müssen mit ihren Köpfen für die Erhaltung des Königs haften. Die Nationalgarde soll das Volk im Zaum halten; wenn der König kommt, damit man sich an ihm nicht vergreife.

Wien vom 32sten dieses. — Die Türken haben den Waffenstillstand durch einen feindlichen Angriff aufgehoben. Am 13ten dieses kam ein türkisches Korps bei Silistria über die Donau; ein österreichischer Posten, der allda stund, blieb ruhig. Auf einmal griffen die Osmanen an; die Unsrigen wehrten sich, so daß 262 Mann auf dem Wahlplatze blieben. Gleich darauf kam eine Verstärkung; der Angriff wurde hitziger. Die linsrigen schlugen die Türken gänzlich, so daß sie sich in aller Eile über die Donau retiriren mußten. Die Türken ließen 674 Mann auf dem Schlachtfelde, viele sind aber in der Donau bei der Retirade ertrunken.

Dieser Angriff, so unwichtig er auch im Ganzen ist, deutet auf Bruch. Man sagt aber, daß der Großvisir diesen Anfall als eine ohne seiner Erlaubniß gewagte Unternehmung erklären werde. — Unterdessen marschiren die Truppen aus Oberösterreich nach Ungarn. Die Spannung ist also wieder so hoch, wie sie vor der Konvention war. Leider! — es sieht überall schwarz aus.

Die Preußen schreyen, daß die Oesterreicher den Statusquo zu weit ausdehnen, und die Konvention nicht halten mögen. Die Oesterreicher sagen zu den Preußen, wer ihnen das Recht gegeben, eine solche Status-

rgische Konvention vorzuschreiben. Das Recht des
Stärkern, und nun kommt das Recht des Feinern dazwischen.

Maynz vom 25sten Juni. — Zug der Wohlthätigkeit. — Herr von Westphalen hat seine
Stelle als Staatsminister verlassen. Er hat, wie
man wähnt, seinen ihm zurückgebliebenen Gehalt
von 4500 fl. nicht zurückgeschickt; sondern er mußte ihn annehmen, und schickte die ganze Summe
dem hiesigen Armeninstitute. Solche Züge verdienen, der leidenden Menschheit zum Troste, die Publicität.

Paris vom 26. dieses. — Der König hatte bei
seiner Reise einen Paßport, unterzeichnet vom Herrn
Montmorin. Dieser Minister mußte sich verantworten; man untersuchte seine Register, und es
fand sich, daß dieser Paßport von dem russischen
Minister zu Paris, Herrn von Simolin, anverlangt
ist worden.

Am 25sten Abends ist der König zu Paris
angekommen. Ganz Paris lief, um ihn zu sehen.
um sich zu erfreuen, aber dies heißt, — um ihm
wirklich seine Reise vorzuwerfen.

Gestern haben alle Klubs folgende 6 Punkte
in Berathschlagung genommen.
1mo) Das Königthum zu vernichten, und nur republikanische Regierung einzuführen.
2do) Den König nach seinem Meineid an der Nation zu
verhören und zu verrichten.
3tio) Den König als den ersten Bürger den Nationalrich-
tern zuzuführen.
4to) Ihm seine Entsagung an die Königs Würde zu verlangen.
5to) Ihn zu suspendiren, und während des Prozesses einen Regenten aufzustellen.
6to) Wenn die Sentenz dahin ausfiel, daß er nicht abgesetzt wäre, ihm, dem König einen Nationalrath an

die Seite zu geben, damit er niemals von seiner Seite komme, und ihn dirigiere.

Spa vom 27sten dieses. — Die Ankunft des Königs von Schweden war ein heller Beweis, daß es im Nord zu keinem Kriege kommen werde. Dieser Nordheld hat es selbst an seine Freunde gestanden. — Aber nun: man sieht ihn mehr beschäftigt als sonst; mehrere Kouriers die er abschickt; eine Art von Thätigkeit, als wenn er seine Flotte besteigen wollte. Ungeachtet ein Engländer hier ausfuget, daß er zu London die Nachricht eines unterzeichneten Friedens zwischen Rußland und der Pforte erhalten, so hab ich doch wahrgenommen, daß Gustav diese Nachricht mit Kopfschütteln zweifelhaft machte.

Neuwied vom 25sten dieses. — Die Bossanische Theatergesellschaft hat diese Woche unsere Stadt verlassen. Unser Beifall begleitet sie mit dem Wunsche, sie bald wieder bei uns zu sehen. Die Tochter des Direkteurs — Mll. Bossan nimmt nicht allein unsern Beifall, sondern auch unsere Schätzung mit. In allen Spielen hat sie den Karakter treffend ausgedrückt, und die Sittlichkeit der ganzen Gesellschaft war angenehm und ohne Tadel.

Gnädigster Privilegirte Zahlen-Lotterie. Die Drey und Zwanzigste Ziehung ist hier den 23. Juni 1791 unter Beysitz derer hiezu verordneten S. T. Herren Deputirten mit gewöhnlichen Formalitäten und gehöriger Accuratesse vollzogen worden, und sind folgende Nummern aus dem Glücksrade erschienen:

Erster Zug: Nro. 71. Ein und Siebenzig.
Zweyter Zug: Nro. 59. Neun und Fünfzig.
Dritter Zug: Nro. 51. Ein und Fünfzig.
Vierter Zug: Nro. 50. Fünfzig.
Fünfter Zug: Nro. 61. Ein und Sechzig.

Die Vier und zwanzigste Ziehung geschieht den 5. Juli 1791 und so fort von 8 zu 8 Tagen.

Nro. 54.   Montag den 4ten Juli. 1791.

Beilage zu
Politischen Gesprächen der
Todten.

Ankündigungs = Herold.

1mo. Litteratur. — Politische.

Schreiben des Markis von Bouille, Generals der französischen Armee an der Maas, an der Mosel, und an der Sarre — an die Nationalversammlung.

Meine Herren!

Der König hat seine letzte Kraft angestrengt, um die eisernen Ketten zu brechen, mit welchen ihr — ihn und seine unglückliche Familie beleget habet. Die Vorsehung, derer Rathschläße uneindringlich, der alle Reiche unterworfen sind, und gegen welche die menschliche Klugheit nichts vermag, hat es anders verhängt: — er ist wieder euer Gefangener, und seine Tage, wie auch jene der Königin sind (ein Schauer verstarrt mich) der Willkühr eines Volks, welches ihr grausam und blutdürstig gemacht habet, und welches der Welt zum Grenel und zur Verachtung dienet, — ausgesetzt. Es ist für sie, meine Herren! — für diejenigen, die ihr Nation nennt, für mich, und endlich für den König selbst höchst wichtig, daß die Bewegungs-Gründe, welche diese Begebenheit hervorgebracht haben, daß die Umstände, welche dieselbe begleiteten, und daß der große Gegenstand, der davon eine Folge seyn sollte, und der dem Könige diesen edeln und muthvollen Entschluß eingegeben, von allen Franzosen erkannt werden; es ist wichtig, daß ganz Europa sie wisse, und daß man erfahre, daß der König, da er Paris und sein Gefängniß verlassen, da es auf der Grenze eine Zuflucht und eine Rettung bei mir, und unter seinen treuen Truppen suchen wollte, weniger sein eigenes Heil zur Absicht hatte, als jenes eines grausamen und undankbaren Volks. Die Gefahren die er durchlaufen mußte, und welchen er seine Familie aussetzte, nichts konnte ihn zurückhalten. Er hat nur der Güte und der Grosmuth seines Herzens Gehör gegeben.

Ich bin nun von allen Pflichten die mich an euch fest hielten, losgebunden; keine Betrachtung hält mich an euch; ich bin endlich frey, und will zu euch die Sprache der Wahrheit reden, welche ihr vielleicht nimmer im Stande seyd zu hören, und welche ihr ohne Zweifel nicht hören werdet; aber ich muß meine Pflichten, die ich meinem Vaterlande, meinem König, und mir selbst schuldig bin, erfüllen.

Ich will euch, meine Herren! dasjenige, war ihr seit zwey Jahren gewirkt habet, nicht ins Gedächtniß zurückführen; ich will das traurige Gemählde der abscheulichen Unordnung, in welche ihr das Reich gestürzt habet, nicht schildern. Aber der König ist ein Gefangner seines Volks geworden, er und seine Familie waren die Scheibe der blutigsten Beleidigungen: — durch Pflichten an meinen Souverain verbunden, verbunden an die Monarchie, und verabscheuend alle Mißbräuche, die aus einer zu viel ausgedehnten Macht entsprangen, und die der König selbst bekämpfen wollte, — knirschte ich über die Raserey des Volks, welches ihr verirrt habet; ich seufzte über das Unglück des Königs; ich tadelte euere lächerlichen und unsinnigen Vereidigungen; aber ich hoffte, daß endlich die Vernunft ihre Rechte zurücknehmen; daß die Tollheit des Volks aufhören; daß die Verbrecher von guten Menschen überwältigt; daß die Anarchie, die ihr nach Grundsätzen erbauetet, von sich selbst fallen; daß die Ordnung zurückkehren, daß die Ruhe uns eine, wenn nicht die beste, doch wenigstens erträgliche Regierung herstellen werde. Dies ist eben, was mich dahin bewog, die Probe zu ertragen, auf welche ihr uns seit Anfang der Revolution gesetzt habet. Ich litt aus Anhänglichkeit für den König, und aus Liebe für mein Vaterland alle Demüthigung. — Aber die Folge hat meine Hofnung vereitelt; ich sah, daß in euerer Versammlung kein Geist des allgemeinen Wohls herrsche; daß der Hauch der Rotten das ganze Feuer aufblase: eibige wollten beständigen Aufruhr, andere — eine Republik. Herr de La Fayette ist an der Spitze dieser Rotten; seine große Ehrsucht führte ihn dahin, sich zum Haupt eines so abscheulichen Gouvernements aufzuwerfen. Hernach entstanden die Klubs, welche das Volk gänzlich ins Verderben, und die Armee in Unordnung gestürzt haben. Ich sah also, daß die Anarchie den höchsten Grad erreicht hat; der unbändige Pöbel in allen Winkeln des Reichs von intriganten Menschen angeführt, bemächtigte sich aller Triebfeder der Regierung; es existirte keine öfentliche Macht mehr, weil der König nicht allein alles Ansehen, sondern so gar, wie ein Gefangener, — seine Freyheit verloren hatte. Die Gesetze waren ohne Kraft; die Armee stellte eine unbändige Soldateska dar, die weder Gewalt, weder Disciplin, weder ihre Häupter achtete; — es lag alles in Trümmern; Ordnung, Gehorsam — und die Hoffnung, — daß es besser gehen werde.

In dieser Zerstörung aller Ordnung daß ich mich entschlossen, den König dahin zu bereden, daß er sich mit seiner Familie in einen festen Platz auf der Grenze flüchte, wo ich ihn mit meinen treuen Truppen zu schützen versprach; ich war überzeugt, daß diese Unternehmung eine vortheilhafte Veränderung in den Opinionen des Volks auswirken, die Binde, welche um die Augen der Nation gebunden war, abreißen, und der Rotirer ihre Anschläge vereiteln würde. Der König und die Königin schlugen diesen meinen Antrag beständig ab, unter dem Vorwand, daß sie der Nation versprochen haben, in Paris zu bleiben. Ich stellte ihnen vor, daß ein mit ungerechter Übergewalt ausgezwungenes Versprechen sie nicht binde; aber meine Bemühungen waren fruchtlos. ich konnte sie in ihren Entschließungen nicht erschüttern.

Der Tag vom 18ten Februar gab mir neue Gelegenheit, meine Zudringlichkeit zu erneueren. Ich erfuhr die nemliche abschlägige Antwort, die nemliche Beharrlichkeit des Königs auf seinen Grundsätzen; er befahrte die Folgen, welche aus solcher Flucht entstehen könnten, er zitterte vor der Raserei des Volks, vor einer tödtenden Anarchie und Unordnung. Ich muß hier die Wahrheit bekennen: die Königin dachte eben so, und schlug alle meine Anschläge aus.

Ich habe deswegen den Muth nicht verloren; ich war überzeugt, daß die Abreise des Königs das einzige Mittel war, den Staat zu retten; ich wußte, daß alle Mächte von Europa sich gegen Frankreich rüsten, daß sie sich vorbereiten, uns den Krieg zu erklären, und in unser Land einzufallen. Der König allein, frey unter seinen Truppen, ja er allein konnte den Einfall fremder Truppen einhalten; ohne Zweifel hätte sich hernach das Volk, von Schrecken überfallen, in die Arme seines Königs geworfen, besonders da es gesehen hätte, daß das Land ohne Vertheidigung offen stehe; daß die Armee fast gar nicht existire; daß die festen Plätze ganz zum Verfallen da liegen; daß die Finanzen erschöpft sind; daß das Papier das baare Geld, welches aus unserem verarmten Lande verflog, nicht ersetzen könne. Ach das Volk wäre gewiß den wohlthätigen Absichten des Monarchen vorgekommen, und die Folge hätte uns Ruhe und Ordnung zurückgebracht.

Nach der Anhaltung des Königs, da er am 24sten April nach St. Clou reisen wollte, erneuerte ich mit mehrerer Zudringlichkeit meinen Entwurf; ich stellte ihm vor, daß kein anderes Mittel, um Frankreich zu retten, vorhanden wäre; daß unser Reich, bald durch Bürgerkrieg zerrissen, fremden Mächten zum Verstücken dienen werde. Das Glück, oder besser zu sagen, das Heil des Volks machte einen Eindruck auf sein großmüthiges Herz, und er sagte endlich den Schluß, mir zu folgen. Es war erstlich festgesetzt, daß er nach Montmedi sich festsetzen werde, und so bald er allda in Sicherheit seyn würde, daß er hernach allen fremden Mächten bekannt machen solle, warum er sich aus Paris weggebegeben hätte, damit die Gekrönten darauf sich bewegen ließen, ihre kriegerischen Anschläge auf Frankreich zu suspendiren, bis er eine andere Versammlung der Stände zusammenberufen haben würde, welche ihnen eine hinlängliche Genugthuung leisten, und die Rechte zwischen dem Monarchen und der französischen Nation bestimmen hätten können. Eine Ausrufung sollte zu diesem Zweck eine neue und freye Versammlung der Stände ankündigen: Die Ausführung der ersten schriftlichen Aufsätze, welche eigentlich die Wünsche der Nation enthalten, wäre zu Grundlage zur Bearbeitung den Repräsentanten von Frankreich dargebothen worden.

(Die Fortsetzung im beigelegten Blatt hier.)

Nro. 27. Dienstag den 5ten Juli. 1791.

Geheimer Brief=Wechsel

zwischen den

Lebendigen und den Todten.

An Judas Iskariotes — ins Reich der Todten.

Oberwelt vom 5ten Juli.

Gewiß, Judas Iskariotes! der Postahalter von Menou ist dein Bruder; wenigstens ist so viel wahr, daß er dir ganz ähnlich aussieht. Eine Judasnase, ein Judasaug, eine Judas=Tücke, ein Judasblick; — dies ist sein Gemälde; — und er hat seinen Herrn, wie du den deinigen, verrathen! — ha, ha! sein Urgroßvater soll aus Gallilea herstammen; vermuthlich hast du in dem Findlingshaus dieses Landes eine judasische Nachkommenschaft hinterlassen.

Verräther! Frankreich ist jetzt voll deiner Generation. Ein Moaille, der in der Versammlung mitlermt, hatte die Kühnheit, der Königin, da sie zu Paris ankam, die Hand anzubieten, um sie aus dem Wagen in ihr Zimmer zu begleiten. — Aber diese auch im Unglück erhabene Fürstin, blitzte einen Verachtungs=Blick auf ihn, zog ihre Hand zurück, und stieg mit römischem Stolze die Treppen in der Thuillerie hinauf.

Die Judassen nehmen die verrätherischesten Maasregeln, um ihre Strafbarkeit ganz zu überfüllen. Man erwartet täglich ihre Urtheile: — ach! über ihren König. Noch sind die Meinungen getheilt. Der erste Entwurf ist: — den König abzusetzen, oder gar nach kromwellischer Art zu enthaupten; — die Königin in St. Vincennes einzusperren; den Dauphin unter dem Namen Ludwig des 17ten zum König auszurufen, und den Herzog von Orleans zum Regenten während der Minderjährigkeit zu erklären.

Zwey Kommissarien kamen, um die Königin zu inquiriren. Man verlangte ihre Erklärung. Welche Erklärung? — sprach sie, ich habe dem König gefolgt, und ich werde ihm überall folgen, wo ihn immer das Schicksal setzen würde.

Man schreibt eben aus Paris, daß die Krone und der Zepter Frankreichs — nach Luxemburg noch kurz vor der Abreise des Königs übertragen sind worden.

Die Königin hatte bei ihrer Abreise Kostbarkeiten und Edelsteine, beinahe für zwey Milliarden mitgenommen. Alles war in einer Kiste eingepackt. Diese Kiste ist zu Varenne bei der Gefangennehmung der Familie verloren gegangen, ohne daß man sie jetzt finden könne. Ein Nationalzug der Raubsucht!

Die Ausfrager des Königs über seine Abreise haben von dem unglücklichen Monarchen zur Antwort bekommen, daß die Beleidigungen, mit welchen man ihn am 18ten April beschimpfte, die verschiedenen Schriften, die auf ihn Koth warfen, und die Unsicherheit seines Daseyns zu Paris, Ursache daran sind, warum er sich nach Montmedi,

nicht aber auſſerm Reich, begeben wollte, um deſto füglicher die Nation zur Ordnung zu bringen. —.
Die Königin hat ganz kurz geantwortet, daß ſie ſeit zwey Jahren hinlänglich erwieſen hat: daß ſie von ihrem Gemahl unzertrennlich wäre, daß ſie ihm alſo auf ſeiner Reiſe folgte. — Alles dies ſtimmt übereins mit dem Schreiben des Heren Bouille an die Nationalverſammlung.

Man iſt nun überzeugt, daß die Nationalverſammlung von der Abreiſe des Königs unterrichtet war; daß ſelbſt gute Bürger von Paris dieſe Abreiſe rietßen, um einmal Ruße zu bekommen, weil das inſpirirte Volk nimmer zu bändigen iſt.

Es war alles vorbereitet; man ſetzte weiſſe Kokarden auf die Hüte. Aber Böſewichte zerſtreuten viel Geld funter das Volk, um die guten Geſinnungen von ihrem Triumphe wegzuſtoſſen.

Die Verſammlung hat das Schreiben des H. Bouille erhalten; — man ſieht einem Manifeſt von aßen Mächten von Europa entgegen. Die Rotirer zittern.

Briefe aus Brüſſel vom 30ſten Juni melden, daß die Huldigung an dieſem Tage mit der rührendeſten Feyerlichkeit begangen iſt worden.

Beſchluß des Schreibens des Herr von Bouille an die Nationalverſammlung.

Dadurch wäre der König zwiſchen den fremden Mächten und zwiſchen ſeinem Volk zum Vermittler geworden, und das Volk, zwiſchen der Furcht, daß Frankreich eine Beute fremder Mächte, die unſere Grenze umgeben, werden könnte, und zwiſchen der Hoffnung, daß die Ordnung durch eine nach vernünftigen Grundſätzen beſchränkte Regierung zurückkehren möchte, — geſteut, hätte ſeine Rechte, und ſeine Angelegenheiten weiſen und anfgeklärten Männern, die die Wünſche des Königs und der Nation erfüllt hätten, vertrauet: — die Ungerechtigkeiten, die Uſurpationen, die Herrſchung endlich der Verbrechen, als eine unvermeidliche Quelle des popülairen Despotismus, hätten ohne Zweifel aufgehört, — und vielleicht hätten wir aus dem Kahos, in welchem wir irren, die schönen Tage des französischen Reichs, welches von dem wahren Lichte der Freyheit beleuchtet gewesen wäre, aufgehen gesehen. Sehet nun, was euer unglückliche Monarch wünschte. Er wünschte es, ungeachtet euerer Gegenstellungen, ungeachtet der Undankbarkeit und Grausamkeit eines unbändigen Volks; — ach er wünschte es noch sein Glück! — Nur diese Vorstellung, nur dieser schöne Wunsch haben den Monarchen dahin bewogen, diesen kühnen Schritt zu wagen, und sich zu entfernen. Er mußte die Wachsamkeit des Herrn La Fayette täuschen; er setzte sich der Raserey seiner Leibwächter aus; — und dies? um die Wünsche des Nationalglücks zu erfüllen, um zu mir zu kommen.

Kein anderer Bewegungsgrund hat ihn geleitet. Aber euere Blindheit hat euch dahin verstockt, daß ihr seine schützende Hand, die er euch reichte, weggestoßen habet; diese Blindheit wird bald die gänzliche Verwüstung des französischen Reichs nach sich ziehen.

Glaubet mir, meine Herren! die Fürsten von Europa sehen es zum voraus, daß sie und ihre Völker mit dem nemlichen Ungeheuer, welches ihr erzeugt habet, bedrohet werden. Sie stehen bewaffnet da, um es zu bezwingen, und bald wird unser unglückliches Vaterland (dann ich will es noch so nennen) nichts als Auftritte der Verheerung und des Schreckens darbieten. Ich kenne besser als jemand, die Vertheidigungsmittel, die ihr entgegenstellen könnet. Sie sind nichts; jede Hoffnung wäre eine Schimäre. Es ist keine Zeit mehr, euch zu täuschen. Sie ist vielleicht nicht einmal hinlänglich, um die Binde von den Augen des Volks, welches ihr auf eine so strafbare Art betrogen habet, und weswegen ihr auf das gerechteste und auf das strengste gestraft werdet, — abzureissen. Euere Strafe wird zum denkwürdigen Beispiel der Nachkommenschaft dienen, welche euch ewig vorwerfen wird, daß ihr euer Vaterland getödtet habet; da ihr doch seine Dauer durch Jahrhunderte verlängern; da ihr doch sein Glück sichern und verschönern könntet.

Es muß zu euch ein Mann, der nichts von euch zu erwarten hat; denn ihr ein bedauerendes Achselzücken eingeflößt habet, und der für euch, und — für das Menschenfressende Volk, welches ihr mit den größten Verbrechlichkeiten trunken gemacht, nichts mehr fühlen kann, als Verachtung, Unwillen, — Schrecken — und Greuel.

Überhaupt gebet Niemanden die Schuld einer Rottirung, einer Verschwörung gegen dasjenige Lehrgebäude, welches ihr Nation, oder höllische Konstitution nennet. Ich habe alles eingerichtet, alles regulirt, alles geordnet. Der König selbst hat keine Ordres ausgegeben, ich war es allein. Diejenigen, die diese Ordres befolgen sollten, wären erst in dem Augenblick, da sie nimmer ungehorsam seyn konnten, von der ganzen Sache unterrichtet. — Nur gegen mir allein muß euere Blutschäumende Rache gerichtet werden; nur gegen mir müsset ihr euere Dolche schleifen, und euer Gift mischen. Ich wollte mein Vaterland retten. Ich wollte den König, und seine Familie retten. Dies ist mein Verbrechen. Ihr werdet euch wegen der Tage der königlichen Familie verantworten, nicht gegen mir, aber gegen alle Könige von Europa; und ich kündige euch an, daß, wenn man der königlichen Familie nur ein Haar auf dem Haupte rühret, es nicht lang anstehen werde, daß unsere Rache keinen Stein auf Stein in der ganzen Stadt Paris lassen werde. — Ich weiß den Weg nach Paris zu gut; ich werde fremde Heeren dahin führen; und ihr werdet selbst mit eueren Köpfen für alles stehen müssen. Dieses mein Schreiben ist nur ein Vorbot desjenigen Manifestes, welches euch alle Souveraine von Europa zuschicken werden. Sie werden euch mit sprechenderen Ueberzeugungen unterrichten, was ihr zu fürchten und zu thun habet.

Lebet wohl, meine Herren, ich schließe ohne Kompli mente; meine Gesinnungen sind euch genug bekannt.

Zu Luxemburg den 26sten Juni 1791.

Unterzeichnet: der Marktis von Bouillé.

Schreiben der Officiers von der Armee des Marktis von Bouillé an ihre Kameraden in Frankreich.

Franzosen, Verwandte, Freunde von allen Ständen, von allen Geschlechtern, und von allem Alter! — wis-

fet, daß wir seit zwey Jahren bemühet sind, alle unsere
Schritte nach dem Gang unsers Generals zu richten,
und alle Bestrebungen, die der Markis von Bouille zur
Rettung der königlichen Familie, und zur Brechung der
Ketten, mit welchen der beste, aber auch der unglück-
lichste Monarch belegt ist, genommen hat, — zu behelfen.
Die Beschimpfungen, die wir erlitten haben, lassen sich
nicht ausdrücken! — Unser Muth hat uns zur Geduld
verhärtet, weil wir uns mit der Hoffnung schmeichelten,
daß eines Tags unsere Mäßigung, unsere Klugheit durch
die Wirkung, die sie hervorbringen würde, belohnt werde. Ein Wort, ein kühner Schritt konnte die Anschläge brechen, konnte alle Berechnung vereiteln, die uns zu
dem glücklichen Augenblick, — unsern König zu besitzen, — führen sollte. Ach! er wäre in der Mitte der
gesetzmäßigen, edlen, und beharrlichen Treue erschienen.

Nichts hat unsern Eifer lau machen können; unsere
Anhänglichkeit an den König war zu allen Zeiten über allens
Schmach, über alle frevelhaften Verfolgungen in unsere
Herzen eingegraben! — Dieser so gewünschte, so berechnete, mit so vieler Weisheit kombinirte Augenblick ist
von ferne erschienen. Aber er ward viel überschlagen-
der für alle wahren Franzosen. Alles ist verschwunden; eine Viertelstund war mehr als hinlänglich, unsere
süße Hoffnung zu verbittern; unsere Herzen schlagen
Traurigkeit, und alle Hoffnung mußte sich von uns entfernen, wenn wir die edle Ueberzeugung nicht fühlten,
daß unsere Waffenbrüder, daß die wahren Franzosen,
jetzt in Frankreich selbst, die unglücklich genug waren,
den Schritten des Markis von Bouille nicht folgen zu
können, unser Glaubensbekenntniß mit Freuden annehmen werden; ein Glaubensbekenntniß, welches wir allen
Korps der mit letzten Zügen streitenden Armee zuschicken.

Die schimpfliche, beleidigende und barbarische Art,
mit welcher das französische Volk, das jetzt grausam geworden ist, die Schritte der unglücklichsten Prinzessin,
die Abreise des Königs, seine Verhaftnehmung zu Varenne, seine gezwungene Rückkehrung gebrandmarkt hat;
alles dies zeigt der Welt — und die Verbrechen der Rotten, und die Gefangennehmung unseres Herrn.

Diesem zufolge erklären wir alles für nichtig, was

die Versammlung — national genannt, — gethan hat und noch thun könnte.

Wir erklären, daß wir nicht anderes Gehorsam leisten wollen, als unser unserer monarchischen Regierung.

Wir fordern einen freyen König; und überhaupt wir verlangen den unsrigen. Es ist der Würde, der Gerechtigkeit des französischen Militairs angemessen, seinen König zu retten, ihn aus der Gefangenschaft zu ziehen. Wir müssen unser Hab und Gut, unsere Kräfte, unser Leben für diesen unglücklichen Monarchen aufopfern; wir müssen die gräulichen Ungeheuer, die ihm den Zepter mit Gewalt herausgerungen haben, bis auf den letzten Hauch unsers Lebens verfolgen, um ihn wieder in die rechtmäßige, durch fremde Verbrechen abgedörrte Hand zurückzugeben. Die Ungeheuer! sie haben das edelste Blut der zärtlichsten aller Mütter beschmutzet.

Wir wollen leben und sterben — in der Religion unserer Väter.

Wir schwören also, und hier ist der Eid, den man ablegen muß, und den die ganze Welt gutheißen wird; — wir schwören, daß wir unseren Kindern, unseren Nachbarn, unseren Freunden den unverschulxhsten Haß gegen die Rottirer, die sich vom Morden und vom Rauben mästen, einpflanzen werden; ja, es ist nöthig, daß alle diejenigen, die dem König, die der französischen Monarchie treu sind; daß alle diejenigen, die das Glück der Völker wünschen, die Erde von den Ungeheuern, die das schönste Königreich verheeren, und ins Verderben stürzen, die den besten Fürsten entehren, und die das sonst so emphatische und grosmüthige Volk verblenden, — säubern helfen.

Officiers Frankreichs! höret unseren Eid, und wiederholet ihn mit uns!

Wir schwören auf die Ehre (das einzige Gut, welches uns überbleibt) daß wir sterben wollen, um unseren König zu befreyen; daß wir unsere Kinder zu solchen Grundsätzen erziehen wollen; daß wir die Häupter der Rotten, so lang wir existiren werden, verfolgen werden. Jene Häupter, die unseren Monarchen entehrten, und sich an seiner Person vergreifen konnten. Wir sehen alle Militair-Personen für Infam an, die diesen Eid nicht mit uns aussprechen, oder ihn versagen. Das Feuer, das

Schwerdt, die Flamme, das Gift, unsere Verwandte, unsere Gattinnen, unsere Kinder sollen massakrirt seyn; nichts soll unsere Treue an den ersten Eid, den wir unserem König geleistet haben, wankend machen; sehet, dieß ist der einzige, der wahre Eid, mit diesem wollen wir sterben.

Bewohner der Erde! Franzosen von allem Stand, von allem Geschlecht, von allem Alter! ihr werdet unseren gerechten Muth gutheissen! — Ihr werdet eueren Kindern erzehlen: das Unglück hat sie verfolgt; sie sind ein Schlachtopfer der Rotten; sie haben alles verloren: — aber sie retteten — die Ehre.

So ist das Glaubensbekenntniß aller Officiers, die ihrem König treu geblieben sind; so soll es für jeden Franzosen seyn.

Es haben sich unterschrieben: alle Generäle und Adjutanten der Prinze des Herrn von Bouille.
Es folgt die Unterschrift der Officiers der Regimenter:
Von Royal = Allemand. — Von Nassau.
Von Royal Champagne. — Von Jägern von Cevennes.
Von Jägern de Champagne. — Von Kön. Ingenieur Corps.
Von Neustrie. — Von Monsieur = Dragoner.
Von Royal Boargogue. — Von Royal Dragoner.
Von Conde, Infanterie. — Von Leibgarden des Königs.
Von Lauzun Husaren. — Von Leibgarden des G. Artois.
Von Schomberg Dragoner u. u. u.

Statt die Unterschrift eines jeden Officiers zu unterzeichnen, hat man es angemessener gefunden, nur das Regiment anzueigen. Die edeldenkenden Officiers haben mich ersucht, ihre Gesinnungen offentlich zu offenbaren, und dabei meine Unterschrift zu unterzeichnen, um dadurch die Aechtheit dieses Edelmuths vor ganz Europa zu bezengen.

Luxemburg den 27. Juni 1791.
Dezoteur.
General Adjudant des Marlis von Bouille.
Bestätiger: der Marlis von Bouille.

Nro. 55.   Freytag den 8ten Juli 1791.

Beilage
zu
Politischen Gesprächen
der
Todten.

Politische Satyren.

„Die Freyheit in Frankreich ist nur — en gros:
„im Grosen; nicht aber en detail — im Kleinen.
„Sie beherrscht die allgemeine Opinion, nicht je=
„den insbesondere. — So war sie vor Zeiten
„in Brutuszeiten zu Rom, und so war sie in
„Alcibiadeszeiten in Griechenland. Wenn Rotten
„herrschen, so ist jeder Stand, der ausser Rot=
„ten lebt, tyrannisirt.“

Wien vom 29sten Juni. — Uiberall tönt der gute Widerhall des Friedens. — Wir haben also Frieden. Gröse Wohlthat für die Menschheit. Es war wirklich Zeit, das die Gekrönten sich vereinigt haben. — Dann das Beispiel des Königs, des all= mächtigsten Königs von Europa, — des Königs von Frankreich! — erschüttert alle Kronen.

Wie ist aber dieser wohlthätige Friede? — leset o Politiker! leset o Brabanter, o Lütticher, o Türken, o Polen, o Ungarn, und o ihr Franken!

— 118 —

leset, und denket: — es ist nicht gut, mit grosen Herren Kirschen zu essen.

Ein Schreiben, ein bedeutendes Schreiben, ein interessantes Schreiben aus Wien erzählt folgendes:

Kaum ist das Ultimatum für Herrn von Herbert nach der Wallachey abgeschickt worden, als ein Schreiben vom Kayser Leopold an Fürst von Kaunitz eingetroffen ist. Der Kayser kommunicirt seinem Staatsminister einen Entwurf, den ihm Herr von Bischofswerder nach Italien, — vom Grimm des preußischen Hofs, — zugeschickt hat. Es soll eine Quadrupel Allianz zusammengekittet werden: zwischen Oesterreich, Rußland, Preußen und Schweden. (O welche Dissonanz auf der politischen Baßgeige!) Aber die dissonanteste Musik klingt sehr schön in politischen Ohren. — Also mache ein jeder seine politisch e Ohren auf, und horche!

Dieser sonst dissonante, jetzt aber konkordante Ton soll folgendes Quadretto in dem politischen Konzert vorspielen. Erstens soll Preußen die Städte Thorn und Danzig mit dem dazu stimmenden Territorio erhalten. Zweytens: — Oesterreich bekommt den Frieden von Passarowitz; eine ziemlich alte Operette, die der jetzige Kayser so sehnlich zu hören wünschet. — Drittens: — Rußland behält Ocsakow, nimmt noch Ißirmann ein, und schleicht zum Akkompagnement dazu das Land zwischen den Flüßen Bog und Niester. — Viertens: — Schweden erhält einen Theil zur gemächlichen Begränzung — vom russischen Liefland. — Man weiß bishero noch nichts weiteres von diesem Konzert zu Wien, ausgenommen, daß dieser Entwurf wirklich existire, und daß er von der neuen ministeriellischen Organisation des Berliner Kabinets entworfen sey worden.

Wenn dieser Anschlag, wie es nicht zu zweifeln ist, angenommen wird, so erhellet daraus, daß die Pforte und England ihr Konzert — eine Art von Kabinetmusik für sich selbst spielen können. Gewiß ist es unterdessen, daß der Kourier, der diesen Entwurf vom Kayser aus Italien mitgebracht hat, auch zugleich die Befehle getragen hat: — allen Truppenmarsch gegen die türkischen Grenze einzustellen, so auch die Rückkehr des

Herrn von Herbert nach Sistow zu kontramandiren. — Es tönen die Saiten der jetzigen Politik. Man kann die Folgen dieses Konzerts noch nicht genau bestimmen. — Unterdessen aber sind die Russen, um die Türken im Zaum zu halten, über die Donau vorgerückt, damit sie sich nicht unterstehen, über diese Musik — große Augen zu machen.

Der König von Schweden erhält eine weitere Grenzerweiterung in Liefland; — wa.um? um den Engländern den Eingang in den Sund mit seiner gewöhnlichen Tapferkeit zu verwehren. — Also ist alles auf seinem wahren Punkte bestimmt. Der politische Takt — schlägt auf Adagio. — Das sind rare — rare, — und kommende Neuigkeiten.

Diese politische Ausgleichung der entgegengesetztesten Mächte von Europa muß natürlicherweise auf einen andren Mittelpunkt zwecken. - Auf welchen? — Sehet nach Frankreich: — da ist die Scheibe.

Das wäre! — Ja freylich: es ist die höchste Zeit, in der nach Griechenlands Beispiel eingewurzelten Verwirrung den Alexandrinischen Knoten zu zerhauen. Aber Alexander hat das in Rotten getheilte Griechenland erobert! — Hm! — wer weiß, was in Frankreich geschieht. In allen Zeiten haben die nemlichen Ursachen die nemlichen Wirkungen hervorgebracht. Es bleibt! — die Ursachen sind da, folglich werden auch vermuthlich die Wirkungen folgen.

Warum schreibt dann Bouillé im Angesicht aller Souveraine, daß fremde Mächte bereit sind, in Frankreich einzufallen? — Bouillé ist ein großer, ein berühmter, ein Wahrheitsprechender Mann. Also muß er von der Übereinkunft der Souveraine unterrichtet seyn; also weiß er, was in Kabineten abgehandelt ist worden; also würde er sich nicht erkühnet haben, eine Sache zu behaupten, die die Franzosen als ein Hirngespenst tändeln? — Alles stimmt mit der Wiener Nachricht ein.

Und ein preußischer Bevollmächtigter ist nach Spa zum König von Schweden abgegangen? — ja, weil dieser Monarch den vierten Theil der Allianz ausmacht.

Paris vom 3ten Juli. — Nach dem Verhör des

Königs und der Königin, wird die Nationalversammlung ein Urtheil sprechen? — Ha! welches Urtheil? — Man glaubt, sie wird keine Zeit dazu haben, weil sie an einem Manifest der Souveraine von Europa lange genug zu — buchstabiren haben wird.

Koblenz vom 3ten dieses. Der Kayserliche Minister, Graf von Metternich ist nach Brüssel abgereist. — Die Göttin der Ruhe, der er schon vorhero in diesem Lande einen Tempel erbauet hat, und die Sanftmuth — begleiten ihn, um sich auf ewig in den Niederländen niederzulassen. Kann eine wohlthätigere Strafe für die Empörer erfunden werden? Die Vergebung ist ein Vorzug des Himmels, — dem guten Leopold anvertrauet, der ihn wieder Niemanden besser als diesem Minister zu vertrauen wuste. Tausend Segen fliegen ihm aus gegen, und Thränen-Wünsche nimmt er von Koblenz mit, wo sein edler Character nichts als Liebe ärndten könnte.

Köln vom 4ten dieses Herr von Stattlohn und Herr von Hilgers haben den Bürgermeisterstab in die Hände der Herren von Herrestorf und von Alespe gebracht. — Der letztere hat gleich ein Beispiel der Thätigkeit in dem Prozeß mit Kurköln gezeigt: dann es würden Schiffe angekettet, und er hat die Ketten zerbrochen.

Grünstädter Privilegirte Zahlen-Lotterie. Die Vier und zwanzigste Ziehung ist heute den 5. Juli 1791 unter Beysitz derer hiezu verordneten S. T. Herren Deputirten mit gewöhnlichen Formalitäten und gehöriger Accuratesse vollzogen worden, und sind folgende Nummern aus dem Glücks-rabe erschienen:
Erster Zug: Nro. 5. Fünf.
Zwenter Zug: Nro. 16. Sechszehn.
Dritter Zug: Nro. 26. Sechs und Zwanzig.
Vierter Zug: Nro. 1. Eins.
Fünfter Zug: Nro. 59. Neun und Fünfzig.
Die Fünf und zwanzigste Ziehung geschieht den 12. Juli 1791 und so fort von 8 zu 8 Tagen.

Nro. 28.   Donnerstag den 7ten Juli 1791.

Politische Gespräche der Todten

über die Begebenheiten des 1791sten Jahrs.

Et tu Fili mi! — Brute!
Et tu Sublime mi! — Galle!
            Et tamen post Brutum Nero regnavit.

Uiber die Kinder-Liebe,
Eine Zeitung.

Der erste Anblick des Weltlichts bei einem Kinde — ist die wehjammernde Mutter. Gott und die Natur spricht: du mußt in Weh und Schmerzen Kinder gebähren. Kaum ist das Kind auf der Welt, so druckt es die Mutter an ihre Brust, — an ihr Herz. O Kinder! gehet mit mir euere Laufbahne von der Wiege an, bis in die Schule durch! — Die erste Nahrung, die ein Kind sauget, ist der Mutterinsaft. Welche Schmerzen, welche schlaflose Nächte, welche Sorgen leidet die Mutter, — um euch zu erziehen? — Ihr fallet Schmerzen und Bedürfnisse; — nur die

Mutter versteht euer Lallen; nur die Mutter kann euch
helfen. Ihre Hand erstarrt unter eurem Haupte; sie läßt sie
erstarren, um euch aus dem süßen Schlaf nicht zu wecken. — Ihr weint? — ach! sie hebt sich aus dem
tiefsten Schlaf, — und drücket euch an sich. — Ihr leidet?
— ach! sie leidet mit euch: euere Seufzer sind Dolche in
ihr Herz.

Der Vater sieht sich in euch erneuert, fortgesetzt, und
Freudenöthränen quellen aus seinen Augen auf euere unschuldigen Wangen. Er sitzt an euerer Wiege, und kalkulirt das Glück, welches er für euch auf dieser Welt
häufen will. Er bricht sichs vom Munde ab, um es euch
zu sparen. — Bei jeder Unternehmung denkt der gute
Mann: — ich habe ein Kind. Bei jeder Gefahr zittert
er um euch. Bei jedem Glück kommet ihr in seine Rechnung, und bei jedem Unglück blutet sein Herz auf euch.

Und doch lehrt die Erfahrung folgenden erprobten
Satz: — Es ist hinlänglich, ein Mensch zu seyn, um guter
Vater zu werden. Aber es ist selten, daß ein ungezo-
gener Mensch ein gutes Kind sey. Es sind wenige Fälle,
wo die Väter, — noch weniger, — wo die Mütter gegen ihre Kinder hart sind. Aber man erfährt täglich, daß
die Kinder gegen ihre Eltern undankbar sind. — Woher
mag wohl die Ursache quellen? warum spricht das Blut
nicht so bringend in den Kindern für die Eltern, als in
den Eltern für die Kinder? warum hört gemeiniglich die
Sympatie in den Kindern auf, je weiter sie aufwachsen,
— und warum wird sie in den Eltern stärker, je mehr
sie veralten?

Die Kinder haben kein Recht auf den Willen ihrer
Eltern; im Gegentheil, ihr Wille ist von der ersten Jugend an beschränkt, und untergeordnet. Dies schmeichelt
ihrer Eigenliebe nicht; — sie wird unterjocht. Und dann
empört sich die Eigenliebe, und die Liebe gegen Eltern
sinkt. Aber der Vater glaubt in seinen Kindern zu leben;
sie sind seine Eigenliebe, sem Stolz — seine Wonne. Nach
dieser Schwachheits-Erfahrung sind unsere Gesetze gegründet: sie garantiren den Eltern Strafen gegen die Undankbarkeit der Kinder, — und die Natur ist ein sicheres Pfand
den Kindern, gegen alle Mißbräuche der Gesetze. Es war
billig dem grauen Alter für das zu haften, was es der
Kindheit aufgeopfert hat.

O Kinder! ich will hier nicht die Tugend, sondern
nur die Pflicht zum Zeugen anrufen. Suchet die Wünsche eurer Eltern durch. Die Mutter lebt fast drey Jahre hindurch Befindungstage, um euch nur aus dem Koth
zu ziehen. Stellet sie euch vor, wie sie an der Wiege
sitzt; wie sie sich auf eueres Daseyn Wünsche und glückliche Zukunft erbauet. Alle Glückseligkeiten der Welt —
sind euch gewidmet. Ihr Herz schlägt für euch; ihre Seele ist ganz voll eueres Glücks; ihre Hoffnung liegt in
der Wiege. Thränen überschwemmen ihre Wangen, wenn
ihr vor Weh schreyet.

Der Vater schreitet in seinen Geschäften, und jeder
Schritt erinnert ihn, daß er ein Kind hat. Wenn er
ein Haus bauet, wenn er einen Baum pflanzt, so freuet
er sich, und denkt: — dies ist für mein Kind. Wenn
er euch den Segen giebt — ach welche Erinnerung!
Eltern! denket ihr nicht, daß das Kind eures alten Tages, euer krummes Alter unterstützen wird? — Süße Erinnerung! — wonnevolle Idee! befriedigendes Gefühl!
— ich spreche hier nicht zu den alten Hagestolzen, —
die solcher Empfindungen unfähig sind; — ich spreche
zu Eltern, die Kinder haben. Leider! ein unverheuratheter
Hagestolz ist auf der Welt — eine Insel; er hänget mit
der Welt, und mit diesen befriedigenden Empfindungen
nicht zusammen.

Der Vater sieht euch, o gute Kinder, anwachsen,
und mit euch wachst seine Hoffnung. Er greift bei euerem Ungehorsam nach der Ruthe; — o Kinder! küsset
sie: es ist die Ruthe der Liebe; es ist die Ruthe eueres
Glücks. Danket Gott, daß er euch euren Vater erhalten, der euch strafen kann. Sehet die verlassenen Waisen herumirren; sie haben keinen Vater; sie weinen an
seinem Grabe; mit ihm starb ihr Glück. Ach! wer kann
sie nun glücklich machen? der Vater sank; seine strafen-
de Hand fault; die Welt ist eine Oede für sie. O wie
wünschen sie, ihn aus dem Grabe mit Nägeln herauszuwühlen; ihre Stütze, ihr Glück, ihre Hoffnung her-
auszukratzen: — ihr guter Vater ist nicht mehr. — Wer
wird sie in Gefahren halten; wer wird sie vom Falle
warnen; wer wird ihr Glück bauen? — o Kinder, sehet in diesen Spiegel ein: sehet eueren Vater an; o sprin-

get auf seinen Hals: — er lebt noch für euch. Ich sehe
bet gegen Himmel; sehet den Allvater: sein Allmachts-
finger winket euch: — gehorchet Kinder! ich gab euch
einen Vater, der meine Stelle vertritt, der euch zu mir
führen wird.

Und ihr, — Irrlehrer, Verführer der Jugend! La-
sterhafte Gesellen! — euch, — euch drohet die Allmachts-
ruthe Unglück und Rache. — Die sorgfältigen Eltern
schicken ihre Kinder in die Welt; sie haben in sie Grundsätze der Tugend eingepflanzt; ihr machet diese zarten
Pflanzen wankend; ihr reißet sie hernach heraus: ihr säet
Lasterunkraut auf das Feld; ihr verführet die Jugend. —
Bösewichte! wenn euch die Tugend flieht; wenn euer Herz
verdorben ist; wenn der Donner des Himmels euch das
Daseyn euers Beflrafers nicht mehr zuschrecken kann, so
denket doch, daß sorgfältige Eltern über euere Verführung weinen. Stellet euch einen Vater, eine Mutter vor,
die den Greuel eurer Verführung, — und die Verir-
rung ihres Kinds erfahren. — Welches traurige Gemählde ! — die zarte Mutter zittert; der Schmerz überwältigt sie; sie fällt in Ohnmacht; sie kommt zu sich — um
zu leiden. Ihre Stimme lallt den Namen ihres Kinds;
ach! ein Strohm von Thränen befeuchtet diesen Namen,
diesen sonst so süssen, und angenehmen Namen! — Un-
ruhige Nächte folgen darauf; ihr naget an ihrem Herz;
Ach unglückliches Kind! seufzt sie, ich habe dich an dieses Herz gedrückt, an dieser Brust gelabt; hätte ich
glauben können, daß ich mir eine Schlange, eine beissende giftige Schlange erziehen werde ? — O Kinder! könntet ihr in das Herz einer solcher Mutter sehen!

Der Vater liest den Brief; liest die Verführung seines
Kinds. Zorn und Empörung bringen ihn aus seiner Fassung;
aber die Liebe siegt: es ist Vatersliebe. — Thränen rollen
aus seinen Augen; er sieht seine Hoffnung vereitelt; die Stütze seines krummen Alters bricht. — O Verführer! gehet hin, und sehet den Unglücklichen; weh euch, wenn ihr
nicht gerühret seyd; — da brennt die Hölle in euch; —
Und du Kind! eile in die Ärme deines Vaters! zieh ihm
den Dolch heraus. Ach er streckt dir seine zitternde Hand
zu; es ist die Hand deines Vaters. —

So ist, o Kinder! die Liebe euerer Eltern. Weh
dem Kind, daß sich verführen läßt.

Es ist noch eine Anmerkung, eine auf Erfahrung
gegründete Beobachtung hier beizufügen. So bald man in
einen Ort kommt, und die Kinder aufgelassen, ungezo-
gen, morbentlich herumlaufen sieht, so kann man einen
richtigen Schluß machen, daß der Pfarrer und der Schulmeister ihre Pflichten nicht erfüllen. — Dies sind die
zwey deletrischen Maschinen, von welchen die Sittlichkeit eines jeden Orts die Richtung erhält. Fürsten! gebet den Gemeinden gute Pfarrer, und Schulmeister, —
und eure Unterthanen werden sittlich, und gut gebildet
— auf Generationen.

So sprachen die Geister im Reiche der Todten über
die Kinderliebe. — Ach diese Tugend ist von philosophischen Quacksalbern niedergerissen; nur auf dem Lande
bei geringen Leuten hat sie noch einen Altar. In Städten liegt ihr Tempel in Trümmern.

Was giebts neues in der Politik im Elysäum? —
man erzählte sich folgende Neuigkeiten.

Wien vom 30sten Juni.

Die Wünsche unserer wahren Patrioten zielen dahin, daß die Kayserin von Rußland die preußischen Pro-
positionen annehmen möchte. — Herr Jakobi — in dem
alten preußischen System wir erzogen, rühmt die Bedeutenheit des alten Berliner Kabinets. — So rühmen alte
Männer ihre Jugendzeiten.

Eine Siegesnachricht aus der Wallachey. — Die
Russen haben die Donau passirt. Sie hoben ein Corps
von 23tausend Türken angetroffen. Dieser Anstoß schien
bedeutend. Aber am 15ten Juni griffen sie diese Horde
an; schlagen sie; man lief auseinander; 1500 Türken
blieben auf dem Schlachtfeld. Dieser Angriff geschah nahe an einem Ort in Bulgarien, den man Baboba nennt.
Nach dem Siege zogen sich die Russen zurück, um sich
an ihren Kordon, und an die Magazine anzuschliessen.

London vom 1sten Juli.

Sich rüsten, sich mit großen Unkosten rüsten, und
wohin zielen diese Rüstungen? Es ist fast zu spät, eine
Expedition in dem baltischen Meer zu unternehmen. Die
gewöhnlichen Winde dieser Gegend vereiteln alle wichtige
Unternehmung, und doch rüstet man sich. — Ach lasset
mich aufrichtig gestehen: die Schribr dieser Rüstungen war

niemals Rußland. — Armes Frankreich! — schönes Land! — Paradies von Europa! — du wirst bald deinen Besitzungen in Ost = und West=Indien dein letztes Lebewohl sagen müssen. O welcher Schleyer bedeckt die Politik!

Paris vom 2ten dieses.

Es geht besser; die Blinden fangen an zu sehen; die Tauben — zu hören. Die königliche Familie hat mehr Anhänger als man Anfangs glaubte. Das Schreiben des Herrn von Bouille hat vielen die Augen und die Ohren aufgezupft. Die Nationalversammlung wankt, wirft sich bald auf diese bald auf jene Seite. Ach! sie wußte, sie wünschte ja die Abreise des Königs? Aber sie mußte sich stellen es nicht zu wissen, es nicht zu wünschen. — Die Opinionen sind einmal einelektrisirt, wie kann man sie herabstimmen?

Vor drey Tagen las ein giftiger Patriot in dem Jakobiter Klubb eine Zeitung. Er machte hölische Anmerkungen und Ausfälle auf die Königin. Die Anwesenden geriethen darüber in Zorn; sie umrangen den Anm.rker; gaben ihm derbe Rippenstösse, und schrieen: ins Zuchthaus, ins Zuchthaus mit ihm! — Dieser Strahl der Ordnung läßt sehen, daß man endlich nach vielen Finsternissen gern das Licht sehe.

Nun sind 12 National = Kapitains immer in Diensten in der Thuillerie bei der königlichen Familie. 4 sind bei dem König; 4 bei der Königin und 4 bei dem Dauphin. — Herr La Fayette wird künftighin in der Thuillerie wohnen, um desto füglicher auf die königlichen Personen Achtung zu geben.

Der Postthalter von St. Menu heißt Drouet; er diente noch vor 3 Jahren als gemeiner Dragoner. Man hat vor 4 vier Tagen eine Motion im Palais=Royal gemacht. — nemlich der Nationalversammlung vorzustellen, daß Herr Drouet zu Colonel General an die Stelle des Prinzen von Conde erhoben werde. Da diese Motion nicht recht durchgehen wollte, so sagte ein Witzling: — Meine Herren! wir können dem Herrn Drouet keine grössere Ehre erweisen, als ihn an die Seite des grosen Mirabeau begraben.

Der Herzog von Orleans hat in allen Klubs eine

Erklärung publiciren lassen, daß er neulich die Regentschaft, wenn man sie ihm übertragen wollte, nicht übernehmen werde. — Ei, ei! sprach ein Jakobit, - der Fuchs in der Fabel verachtet die Frucht: — ach! sie ist noch nicht zeitig.

So gar der Schuster des Dauphins muß künftighin nach Mehrheit der Stimmen gewählt werden, und so auch alle andere königlichen Hofdiener.

Die Glieder der Nationalversammlung erscheinen nimmer in den Sitzungen, seit dem der König zurückgeführt ist worden.

Man hat als eine Merkwürdigkeit angemerkt, daß die so vielen Engländer, die sich jetzt zu Paris aufhalten, an dem Tag der Zurückkunft der königlichen Familie irgends als Zuschauer dieses Auszugs erschienen sind. Man hat letztens einen von dieser Nation gefragt, warum er sich zu Hause gehalten. — Ich glaubte, meine Herren, gab er zur Antwort, den Kopf unsers Karl des Ersten zu sehen, und dieser Zug beschämt mich so, daß ich die Blätter, die diese Geschichte in den Jahrbüchern Englands enthalten, — ausgerissen, und verbrannt habe.

Koblenz den 7ten Juli.

Heute ist der Bruder des Königs von Frankreich mit seiner Gemahlin, der Graf von Artois mit einem Kommendanten Gefolge hier angekommen. Unser güte Landesherr hat diese lieben Gäste auf das liebreichste empfangen. Auch besitzen wir den Prinzen Tavern von Sachsen, Bruder unseres Landesherrn hier. Koblenz ist jetzt so volkreich, so glänzend, daß es in der That ein Vergnügen ist, unter so verschiedenen Abwechslungen zu wohnen.

Wirklich ist unsere Stadt merkwürdig. Die größten Herren Frankreichs sind hier. Das Unglück hat sie zu uns versetzt. Unglücklichen Dienste zu leisten, war allezeit im Karakter der Deutschen, und unter der Regierung unseres Fürsten — ist es eine Tugend.

Viele furchtsame weitaussehende Politiker haben die Besorgung geäußert, als wenn wir von Seiten des französischen Patriotismus einen Einfall zu befahren hätten. — Ach nein; — so lang die Festung Luxemburg da bleibt, wo sie steht, — ist alle Gefahr Hasenfurcht. Durch diese Brille kannten wir den französischen Unruhen zusehen, lachen, und ihnen trotzen. Diese Brüste deckt unser ganzes Land, und — sollten sie kommen, so steht ihnen eine Mausfalle offen. — O sie sind so gescheid, und kommen gewiß nicht.

Paris vom 3ten Juni.

Die Gesinnungen der Europäischen Höfe entwickeln sich. Alle fremde Gesandte, die hier residiren, haben eine Erklärung dargegeben, daß sie mit unseren Ministern in keine Konferenzen eintretten wollen, sondern daß sie mit dem König selbst zu konferiren verlangen. — Sie bedrohen unsere Konstitution, daß sie im Weigerungsfalle unser Land verlassen werden.

Brüssel vom 2ten dieses.

Da der Bruder des Königs nach Mons kam, so war es sehr spat in der Nacht. Er konnte keine Wohnung bekommen, — Man kannte ihn nicht. Er schrieb also folgendes Handschreiben an den Herrn Dujardin, Kommendanten von Mons; — „Ich bin seit einer „Stunde in der Vorstadt, ich suche eine Hütte, und ich „kann sie nicht finden. Ich bin vor Müdigkeit zusam„mengeschlagen, und habe Hunger. Ich entschliesse mich „also einen Schritt zu wagen, den sie entschuldigen wer„den.: — Ich bitte sie, mir das Thor der Stadt öf„nen zu lassen.

Unterzeichnet;
   Ludwig Stanislas von Frankreich Bruder
      des Königs.

Nea-York vom 18ten April.

Der Revolutionsgeist wirkt sogar — über Meeren in neuen Staaten. Ein gewisser O Fallon hat in der mitländischen Karolina, einer Provinz, die unter die 13 freyen Staaten von Amerika gehört, eine Revolte angefangen. Er hat großen Anhang; hat ein kompletes Regiment angeworben, gekleidet, exerzirt, und droht mit 4 Kanonen, eine Revolution anzuheben. Der Präsident des Kongresses, der 13 vereinigten Staaten, hat eine Ausrufung publiciren lassen, um die Inwohner von dieser Verführung zu warnen. — Man erwartet die Folge — dieser offenbaren Insurrektion.

Nro. 56.   Montag den 11ten Juli. 1791.

Beilage
zu
Politischen Gesprächen
der
Todten.

Ankündigungs-Herold.

1mo. **Litteratur.** — und 2do **Handlung.**

Ein Handelsmann hat uns auf den Nro. 50 von einem deutschen Holländer erlassenen Brief, folgende Antwort zugesandt.

In dem Lande, das weder Korn, Wein, Obst, Holz, Eisen noch Steine erzeugt; dem die Natur sogar hinlängliches, dem Menschen dienliches Quellwasser versagt; mit einem Wort, in Holland tritt ein Männlein auff, und klagt Teutschland, — welches ihn gebohren hat, Korn, Wein, Obst, zu seiner Nahrung, und Holz, Eisen, Steine und anderes mehr, zu seiner Bequemlichkeit giebt, mithin ihn bis auf den heutigen Tag ernährt und mit allen Bedürfnissen versorgt hat, als ein armseliges Land, so wie die ganze deutsche Nation für nichts geringers als ein schadenfrohes Volk, in dem 50sten Stück der unter dem Titel: Gespräche im Reich der Todten, bekannten Neuwieder Zeitung, an. Nur eine niedrige Krämer-Seele, die sich weiter nichts als klingende Münze denkt, kann einen solchen unnatürlichen Ausfall auf eine unter allen Himmelsstrichen als edel bekannte Nation wagen, ohne zu berufen, daß, wenn feine Beschuldigung auch nur Barbaren gelte, sie ihn schon brandmarke; wie vielmehr Verachtung verdient er, einer gesitteten Nation gelästert zu haben, der er sein Daseyn, so wie ganz Holland, woselbst er nistet, seine Kraft zu danken hat; denn es bedarf des deutschen Geldes zu seiner Erhaltung und unserer Söhne, um sich zu schützen.

Hätte sich der Verfasser damit begnügt, daß er uns Deutschen den natürlichen Trieb des Mitgefühls, welchen der gütige Schöpfer auch in die roheste Menschen-Race gelegt hat, abspreche, so konnte man über seinen Tollsinn im stillen Mitleiden haben. Da er sich aber auch bemüht, den handelnden Theil der Nation das ausländische Zutrauen abzuschneiden, indem er mit spitzen Ziffern den Verlust berechnet, den Holland an Deutschland durch einzelne zerrüttete Handlungen erleiden soll, und diese zum warnenden Beispiel aufstellt, so lohnt es der Mühe, seinen boshaften Absichten entgegen zu stehen.

Der, der deutschen Handlung in Rücksicht auf Holland nicht kundige Theil, wird über das gepriesene Opfer von mehr als 5 Millionen erstaunen; man untersuche aber erst, was die Veranlassung dazu gebe, und kann auch zweytens; ob diese Summa wirklich verloren sey — und urtheile dann!

Holland, nicht zufrieden mit den deutschen aus eigner Bewegung einlaufenden Bestellungen, schickt in alle Winkel des Reichs Emissairs aus, und schwäzt seine Waaren, den Sachverständigen oft mit Widerwillen und den Unkundigen, meist unter Vorspieglung günstiger bald eintretender Ereignisse auf. Kaum aber haben beyde die Waaren unter Händen, oder müssen ihnen wohl gar noch entgegen sehen, so schreyt der Lieferer um Geld. Da nun der Holländer die Zinsen täglich anschreibt, sucht der Inhaber seine Waare mit Vortheil abzusetzen; aber umsonst, denn sein handelnder Nachbar ist in gleicher Lage, in gleicher Verlegenheit. Es kommen neue Mahn-Briefe; — man droht und — der Inhaber verkauft, so wie er kann, er verkauft mit Schaden, um sich Ruhe zu schaffen.

Nicht selten bezahlt er unter dem freyen Bekenntniß, daß er schlim von der Waare abgekommen sey, aber besto eifriger läßt sich der Bataver angelegen seyn, ihn neuerdings zu verwickeln.

Die gehofften günstigen Ereignisse tretten nicht ein, und sehe da, es fehlt jetzt am zureichenden Vermögen, welches er mit bitterm Schmerz unter dem beißenden Bewußtseyn bekennen muß, daß, wenn er dem Auftrager ehender gegeben hätte, er wohl im öffentlichen Ehrenruf geblieben seyn würde. Auf diese Art kommt der sonst brave und in seinem vorigen Verhältniß gut gestandene Mann (den der Holländer weis wohl, wenn er borgt) meistens zu Fall. So beklagenswerth nun das Schicksal solcher Unglücklichen ist, so leidig ist es auch für den Hehlhuber, wenn er von Schwindelhändlern — (verdammt sey ihre Weise) — oft vorsetzlich betrogen wird; es ist aber zuverläßig und gewiß, daß der Ruin so vieler handelnden Deutschen theils an vorbeschriebene Zudringlichkeit, theils auf wirkliche Unglücksfälle ruht; noch mehr: es ist ohnläugbar und gewiß, daß Holland den vorgeblichen Verlust nicht nur bei einem Pfening, sondern auch einen reinen Gewinn von wenigstens 10 Pc. aus Deutschland ziehe, und ausserdem eine ausserordentliche Summa als Kapital vorschlinge, indeß uns die ruinirten Burger für immer bleiben, und noch jährlich vermehret werden; denn es ist muthmaßlich, daß Deutschland zwey Drittel des Geldes, so aus fremden Landen eingebracht wird, nach Holland allein anschicke, sollte wohl der übrige dritte Theil zureichen, um Frankreich, England, und Italien zu befriedigen?

Möchte es doch den Regenten Deutschlands gefallen, vereinigt, diesen Gegenstand einer Untersuchung zu würdigen!

Nach einem sichern Maasstab legt Holland für 60 Millionen Gulden an Waaren jährlich nur im inneren Deutschlad an, davon, ich will viel sagen 10 Millionen wieder mit Waaren, 50 Millionen aber mit baarem Gelde abgetragen werden, und doch spottet ein Ignorant Deutschlands, und seines innern Werths; forderet als Verläufer vom Kaufer Danksagung, und macht es zu einer himmelschreyenden Sünde, wenn man sich seiner beim Kasse-Topf, worin die Seelen-Angst, der Todesschweis und das Blut so vieler tausend, mit Schlingen gefangener Deutschen mit aufkocht, nicht andächtig erinnere. —

Daß er sich doch beruhige! Die Schaar derer, die sich

am Kaffee die Nerven stumpf und den Bentel leer ge-
schlürft haben, gedenken sicher seiner.

3tio. Ankündigungen.

An den Herrn Baron Karl von
L'Estocq.

Mein Herr Baron! sind sie noch hier auf der Oberwelt, oder sind sie im Elysium? Die Ursache, warum
ich diesfalls im Zweifel stehe, ist: weil ich auf verschiedene Bri fe an sie, keine Antwort erhalten habe. Sollte es möglich seyn, daß sie die liebe Kleine, die sie mir
im Oktober vorigen Jahrs anvertrauten, so ganz vergessen
hätten! Sollte alles Gefühl der Vaterliebe in einem
so warmen Herzen, wie das Ihrige ist, bis auf den letzten Funken erloschen seyn! Nein, das kann ich nicht
glauben. Aber wie kömmt's, daß ich nichts von Ihnen
sehe, noch höre? Der Arzt in Achen, der Ihrer münd-
lichen, und schriftlichen Anweisung und Versicherung zu
folge, mir alle Auslagen baar erstatten sollte, schreibt:
ich habe weder von dem Herrn Baron, noch von sonst
jemand Ordre dazu. Wie soll ich diese so auffallend wi-
dersprechenden Äußerungen zweyer glaubwürdigen Personen, eines Edelmanns, und eines Arztes kombiniren?
Hier geb' ich meinen Verstand einsweilen gefangen. Sie
allein können diesen Knoten lösen; thun Sie's doch bald,
und bringen Sie die treue würdige Amme ihres Kindes
durch persönliche Überkunft oder wenigstens durch ein
paar tröstende Zeilen von dem Rande des Grabes zurück;
worauf sie der verzehrende Gram über ihr unbegreifliches
Stillschweigen allmälig geführt hat.

Kommen Sie, oder schreiben sie bald, wofern Sie
noch im Lande der Lebendigen sind! Sind sie aber im
Reiche der Schatten, so flössen Sie doch durch jene uner-
klärbare Kraft, womit die Geister auf den Menschen wirken, Ihrer Geliebten zu Achen einiges Muttergefühl für
ihr Kind ein! Genug für heute, mein Herr Baron, leben Sie wohl, und, was noch mehr ist, leben Sie zufrieden, und mit sich selbst vergnügt. Düren den 7ten
Julius 1791.

v. Mögling der Aeltere.

Nro. 21.   Dienstag den 12ten Juli. 1791.

Geheimer Brief-Wechsel

zwischen den

Lebendigen und den Todten.

An Katharina von Sforza — ins Elysäum.
Vom Rhein am 12ten Juli.

Du fragst mit Thränen in Augen, die Landkarte Frankreichs in der Hand: — was wird daraus werden? — Ich kann dir keine empfindsamere Antwort geben, als jene, welche eine erhabene englische Dame an die Madame la Fayette geschrieben. Hier ist das Abschieds-Billet.

Madame,

„Ich kehre in mein Vaterland zurück; das ihrige ist
„ein Land des Greuels. Ich habe den guten König,
„und seine Familie in der Mitte einer Armee von Ti-
„gern gesehen; — ich sah ihren Helben La Fayette auf
„einem Schimmel, der vor seinem Herrn ritt, und schrie:
„lasset eure Hüte auf dem Kopf; — keine Ehrenbe-
„zeugung! — Ich sah einen einzigen guten Franzosen,
„der auf der Stelle niedergehauen wurde, — weil er:
„es lebe der König! — schrie. Ich sah Verwegenheit,
„Unbändigkeit, Vergessenheit der heiligsten Pflichten in
„der Fülle, und ich reise ab. Dann ich fürchte, der Zorn
„des Himmels werde die Stadt Paris und ganz Frank-
„reich in Abgrund donnern.

Unterdessen aber hat sich die Karte in Frankreich seit 4ten dieses ganz umgewandt. Der allgemeine Friede aller Europäischen Mächte, der zu Paris nicht unbekannt ist, macht einen grosen S.rich durch die patriotische Rechnung. Die Versammlung stockt, und will keinen Entschluß in Rücksicht des Königs nehmen. Herr Barnave hat in dem Jakobiterklub am 3ten dieses öffentlich gesagt: wenn der Türkenkrieg noch zwey Jahre gedauert hätte, so wäre unsere Konstitution wie ein Stein verhärtet. Aber jetzt — ist zu fürchten.

Eine andere Nachricht

Vom Oberrhein vom 9ten dieses spricht schon von den ersten Vorkehrungen — gegen die Philosophie Frankreichs. Sie lautet also:

Es werden drey Lager an den Grenzen Frankreichs bestimmt. Das erste wird in den Niederlanden bei der Stadt Ath gesammlet. Markis D'Arceul kommandirt. — Das Zweyte kommt zwischen Luxemburg und Trier. Der Markis von Miran kommandirt. — Das Dritte formirt sich bei Offenburg. Der Markis D'Antichamps kommandirt.

Man frage mich nicht, woher diese drey Lager mit Munition und Mundvorrath versehen werden. — Es sind Geschicke des Himmels, die den Unglücklichen beistehen, — und Assignaten.

Es ist doch sonderbar, und es ist als ein Anhang zu diesen drey Lagern zu betrachten, daß die Spanier die Pyrenäischen Gebirge mit 1000 Mann besetzt haben. Der spanische Bothschafter hat sich zwar bei Herrn Montmorin deswegen entschuldigt, daß es zur Sicherheit Spaniens geschehe. Aber diese Sicherheit wird ein wenig zu weit über die spanischen Grenze ausgedehnt. — Kommt Zeit, kommt noch anders.

Drey Deputirte von der Nationalversammlung

verfügten sich zum Herrn von Simolin, russischen Bothschafter, um von ihm eine Erklärung wegen dem Paßport des Königs einzuhohlen. Dieser Minister fragte sie, in welcher Eigenschaft sie zu ihm kämen; — als Kommissarien der Versammlung; — gaben sie zur Antwort. — Die Kayserin aller Reussen, erwiederte Herr Simolin, hat mir ausdrücklich verbothen, die Nationalversammlung für das, was sie sich ausgiebt, zu erkennen. — Haben sie die Gefälligkeit, meine Herrn, und retiriren sie sich.

Bei diesen Aussichten wird eine schreckliche Episode eingeschaltet. Briefe von

Amsterdam von 7ten Juli klagen Folgendes: — Gestern um 3 Uhr nach Mitternacht ist eine schreckliche Feuersbrunst in dem Admirals-Arsenal in Kattenburg entstanden. Die Flamme hat alle See-Munition, Kriegs- und Schiffsgeräthe verzehrt. Es brennt noch heute. Man rechnet den Schaden auf 8 Millionen. Noch weis man nicht, wie dieses Feuer entstanden. Aber man hat schrecklichen Verdacht — auf Mordbrenner, Feinde ꝛc.

Nach muß ich dir hier etwas im Vertrauen sagen, o erhabene Dame. — Es werden nemlich für viele und viele Millionen Assignaten ausser Frankreich gemacht; in Frankreich eingetragen, und ausgetheilt. Dieses ist ein etwas listiges, aber auch der Nation ruinirendes Mittel, um den Soldaten alle Quellen zu verstopfen. — Es wäre merkwürdig, wenn hernach die entworfenen Lager — mit solchen Assignaten, mit eben der Quelle, welche die Soldaten zu ihrer Rettung führen sollte, hinlänglich versehen würden. O Mittel — aus der Schule Machiavels!

Setze noch zum Ende dieses Briefs, daß

Herr Tims englischer Kourrier durch, Haag am 1.
dieses paßirt ist; daß er das Ultimatum der russischen
Kapserin nach London übrträgt. — Wie aber dieses
Ultimatum lautet, ist noch mit heiligem Schleyer
bedeckt.

Wie gut der Brüsser Hof mit dem holländischen
Kabinet harmonirt, erhellet aus dem, daß der zweyte
Prinz, Wilhelm Georg Friedrich von Nassau Oranien am 8ten dieses zu Brüssel eingetroffen, und sich
allda eine Zeit aufhalten werde.

Verdun vom 2ten Juli.

(Wahrer Bericht von der Anhaltung des Königs, so wie ihn die Municipalität von Varennes
an die Nationalversammlung geschickt hat).

Der Postmeister von St. Menehould, Herr Drouet,
hat den König erkannt. Er ritt nach Varenne um die
Municipalitäts davon zu benachrichtigen, und um die Nationalen in Waffen zu stellen. Er kam in die Vorstadt
von Varenne, hielt einen Augenblick stille bei einem
Wirth, der sein guter Freund war, und erzählte ihm,
was vorgieng. Der Wirth, ein entschlossener Mann,
nimmt es gleich auf sich, den Wagen des Königs anzuhalten. Es ist zu Varenne zwischen der hohen und
niedern Stadt eine Art von gewölbtem Thor, durch
welches alle Wagen passiren müssen. Der Wirth stellte
sich also an dieses Gewölb; der König kam.

Der Wirth hielt seine Flinte an Backen, und schrie: —
Halt oder ich feuere! Wir sind Patrioten, sprach eine
Stimme aus dem Wagen. — Patrioten oder Teufel,
Halt! — Der König ließ halten, mußte absteigen, und
in das Wirthshaus gehen.

Der Lerm wurd gröser; es regnete Menschen. Ein
Seifensieder des Orts, Namens Sauce gieng in das
Wirthshaus, und both den Reisenden sein Haus an. Der
König nahm es an, und glaubte noch allezeit, daß man
ihn nicht kannte.

Da sprach der Monarch zu dem Seifensieder: — warum
läßt man mich nicht fortreisen? entsteht dann bei jedem
Reisenden solcher Lerm? — ich bin ja mit Paßport versehen (hier zeigte er ihn; es war geschrieben: daß man

die Baronne von Korf mit ihren zwey Kindern, zwey
Kammerjungfern ; und einem Kammerdiener frey paſ-
ſiren laſſe) — Der Seifenſieder ſagte, daß man den
Befehl von der Verſammlung hätte, auf der Hut zu
ſeyn, weil die Oeſterreicher im Luxemburgiſchen Bewegungen machen.

Der König verlangte hernach eine Bouteille Wein,
und ein Stück Käs und Brod. Der Seifenſieder
brachte ihm Burgunder Wein. Der König trank,
und ſagte, in ſeinem Leben keinen beſſeren Wein getrunken zu haben. — Er fragte hernach den guten
Seifenſieder, wie es zu Varenne und in der Gegend
mit der neuen Konſtitution gehe; wie ſich die Geiſtlichen
betragen ꝛc. ꝛc.. — Hernach fragte er, wo der Maire
der Stadt ſeye? — Bei der Nationalverſammlung, gab
man ihm zur Antwort. — Da ſtutzte der König, und
ſchien etwas betroffen zu ſeyn. — Habet ihr auch einen Klub hier? — Nein, mein Herr! — deſto beſſer
ſagte der Monarch: — die unglücklichen Klubs haben
Frankreich ins Unglück geſtürzt.

Bei dieſer Unterredung trank der König öfters, und
ſchien unruhig zu ſeyn, horchte öfters, als wenn er etwas erwartete. — Die Königin ſaß auf einer Bank,
hielt den Dauphin auf dem Schooße, küßte ihn, und
ſchien zu weinen. — Der Seifenſieder gieng öfters aus
dem Zimmer heraus, als wenn er Hausgeſchäfte hätte;
unterdeſſen aber ſuchte er nach, ob wirklich hinlängliche
Nationalwacht vorhanden wäre. — Durch den Zulauf
vieler Menſchen hörte man Lerm. Der König fragte:
was iſt es? — Nichts, man iſt nur neugierig, die Fremden, welche ankommen, zu ſehen:

Der König war noch in dem Wahn, unbekannt zu
ſeyn. Aber die Königin durchſchauete die Seele des
Seifenſieders, und las die Verrätherey in ſeinem Herze. — Der König fragte hernach: — ihr habet eine
Brücke hier? — Ja mein Herr, aber ſie iſt ſo mit Karren verſchanzt, daß man nicht darüber kommen könne.
— Alſo, ſagte der König, werdet ihr uns überſchiffen?
— O dies kann nicht ſeyn, ſagte der Seifenſieder, wir
fürchten die Oeſterreicher, Niemand will auf die andere
Seite heben. — So laſſet alſo die Karren von der Brücke wegſchaffen, ich muß auf der anderen Seite meinen

Weg fortsetzen. — Gleich, mein Herr! — sprach der Seifensieder, ich will alles veranstalten, und gieng heraus.

Unterdessen waren Husaren angekommen; Herr Damas wollte die Brücke besetzen lassen; — aber Baueren, Burger und Nationalmiliz drohten ihnen; — sie giengen ab, um nicht Lermen zu machen.

Der Seifensieder Sauce, der den König so lang amusirte, bis er überzeugt war, daß die ganze Gegend in Waffen war, kam endlich in das Zimmer, wo der König war, zurück, und wollte dem Monarchen erklären, daß er jetzt nach Paris zurückkehren müsse. Er kam also, gieng mit dem König im Zimmer herum, und sprach mit ihm über verschiedene Angelegenheiten. In dem nemlichen Zimmer hieng das Bildniß des Königs. Herr Sauce unterbrach auf einmal das Gerede, und sagte zu dem Monarchen: — Sire! hier ist ihr Portrait! — Bei diesen Worten blieb der König wie verstarrt, ohne ein Wort vorbringen zu können. Er kam endlich zu sich, fiel um den Hals des Seifensieders: — ja, mein Freund, schrie er, — ja, es ist dein König, der jetzt in deiner Gewalt ist; — es ist dein König, der dich ansieht: — willst du ihn verrathen? willst du ihn seinen grausamsten Feinden ausliefern?

Hernach schlug der König mit der rechten Hand auf den Kopf, und sagte: — ach mein Freund! rette deinen König; er ist in deiner Gewalt, er fleht dich um Schutz an; — ach rette meine Frau, meine Kinder; begleite uns, seye unser Schirm! ich verspreche dir das größte Glück — dir und den Deinigen. Ich werde deine Stadt über alle Städte Frankreichs erheben, — dich über alles. Hier, das hast du, was ich besitze (er suchte Geld in seinen Taschen — mit beiden Händen) — die Königin rafte den Dauphin aus dem Bett: das arme Kind schlief. Sie nahm den Thronfolger in die Aerme; er schrie; — sie küßte ihn; — sie warf sich dem Herrn Sauce — einem Seifensieder zu Füßen; sie bath ihn, sie zu retten, sie schrie dem weinenden Dauphin zu: — mein liebstes Kind, hebe deine Hände zusammen so, wie du dein Gebet zu verrichten pflegst; bitte den Herrn, daß er uns rette.

Der Seifensieder Sauce blieb unbeweglich: — nein, Sire! das, was sie von uns verlangen, ist unmöglich.

Ich habe zwey theuere Pflichten zu erhalten: — mein Leben, und meine Ehre. Sie sind über mein Leben Herr, es gehört ihnen; aber hoffen sie nicht, daß ich was thun werde, was meiner Ehre zuwider ist. — Ich habe einen Eid abgelegt, der Nation, dem Gesaße, und ihnen, Sire! — treu zu bleiben. Ich würde sie alle drey verrathen, wenn ich mich ihrem Verlangen, Sire! ernstlich machen wollte. Ich müßte die Konstitution, die sie, Sire! beschworen haben, verrathen, — und folglich auch — mich. Ich müßte gegen die Dekrete, die sie selbst sanktionirt haben, handeln. Ich müßte die Freyheit Frankreichs, die sie, Sire! ihrem Volke zugestanden haben, in Gefahr setzen, niedergerissen zu werden. — Herr Sauce sprach hernach vieles von dem Glück, welches Frankreich mit der Freyheit überschattet hat.

Der König stutzte, erschrack, — Dies sind die Früchte des verdammten Freyheitssinnes, schrie er. — Während dieser Unterredung stürzte ein gewisser Herr Chermin, Abgesandter des Distrikts von Klermont ins Zimmer. Dieser Mann fieng an, dem König etwas zu harte Vorwürfe zu machen, und sein Ton war bitter, ungehobelt, unziemlich. — Der König konnte solche Sprache mit kaltem Blut nicht lang anhören; er sprach zu ihm: — ihr seyd ein Unverschämter! Hernach wandte er sich gegen die Anwesenden: — Meine Freunde! was rathet ihr mir, daß ich jetzt thun solle? — Herr Damas kam eben ins Zimmer, und sagte: Sire! hier muß man die letzte Gewalt wagen. Aber es kamen mehrere Leute. Ein gewisser Nuel, der vorhero beim Prinz Conde Intendant war, wollte eine Anrede an den König halten. Der Monarch kehrte ihm den Rücken zu, und ward ausserordentlich aufgebracht.

Hernach sprach er: Meine Herren! es wird doch einem König erlaubt seyn, sein Königreich umzureisen. Führt mich nach Montmedi, ich will dahin reisen. — Aber Herr Sauce zog aus seiner Tasche das Dekret heraus, wodurch einem französischen Könige verbothen wird, sich über 20 Stunden von der Nationalversammlung zu entfernen. Der König nahm dies Papier in die Hände, las es, hernach warf er es auf ein da stehendes Bett, mit den Worten: — Dies hab ich niemals sanktionirt. — Ach, Sire! schrieen alle, — Sie haben mehr gethan, sie haben es angenommen.

(Die Fortsetzung im nächsten Blatte.)

Biographie

Katharina von Sforza, natürliche Tochter des Galeas Sforza, Herzogs von Mailand, der Anno 1476 umgebracht ist worden. Sie vermählte sich mit Hieronimus Riario, Prinzen von Forli. Die Unterthanen ihres G.mahls haben sich empört; Prinz Franz Ursus ließ ihren Mann umbringen, und sie mit ihren Kindern ins Gefängniß werfen. Nur die Festung Rimini blieb ihr treu. Prinz Ursus zwang sie, in diese Festung Befehle zu schicken, daß sie sich ihm ergebe. Sie thats, aber der Kommandant gehorchte nicht. Katharina both sich also an, in die Festung selbst zu gehen, um den Kommandanten zur Uibergabe zu zwingen. Man bewilligte es ihr; sie gieng in die Stadt; aber so bald sie sich unter den Ihrigen sah, so schickte sie gleich dem Prinz Ursus Befehle, die Festung als ihr Eigenthum in Ruhe zu lassen, und die Waffen zu strecken. — Bald darauf schickte ihr — ihr Oheim Ludwig Sforza, Herzog von Mailand Hilfe, womit sie ihre Feinde schlug, und sich in Besitz ihres Fürstenthums setzte. Sie vermählte sich hernach mit Johan Medicis, Vatern des Kosmas Medicis des Grosen. Der Herzog von Valentinois hat sie hernach Anno 1500 in Forli belagert. Sie wehrte sich wie eine Heldin, mußte aber dem Stärkeren nachgeben. Man führte sie als Gefangene nach Rom, man setzte sie hernach auf freyen Fuß. Aber ihre Staaten hat sie nicht mehr zurückbekommen; sie wurden an das päbstliche Gebiet eingrogtaphirt. Sie starb darauf, eben da sie mit einer Armee ihre Staaten zu erobern hoffte.

Nro. 51.   Montag den 18ten Juli 1791.

Beilage

zu

Politischen Gesprächen

der

Todten

Ankündigungs-Herold.

1mo. Litteratur.

Kritische Bemerkungen über das Gouvernement der Niederlande; —. oder Schreiben eines österreichischen Officiers an seinen Freund in Garnison zu Lüttich.

Vis confilii expers mole ruit suâ.

Hor.

Haag — bei Gosse Buchhändler 1791.

Diese Bemerkungen sind voll reifer Uiberlegungen, voll politischer Blicke, voll Staatsmoral. Den Verfasser welzt die gänzliche Schuld der belgischen Empörung auf den Herrn von Crumpipen, und seinen Anhang. — Diese Behauptung scheint einen Parteygeist zu verrathen; dann welche Beweise hat man dazu? — Muthmassungen, Sagen, — Wähne. Freylich sagte schon im vorigen Jahre der Ab: Sabatier, daß Herr Crumpipen eine Klippe seye, woran die Ehre der Minister Schiffbruch leidet. Aber der Abt beschauete diesen Mann auf dem Brennpunkt seiner Feder. — Uiber die Amnistie spricht er wie Officier.

und nicht wie Vater. Er sagt: Nach diesen Grundsätzen hat das Ministerium sich gröblich verfehlt, als es dem Kayser dahin brachte, den niederländischen Insurgenten eine vollkommene und allgemeine Amnistie zu verleihen, und das ohne Ausnahme der Schuldigsten, wenn sie nur die Waffen niederlegen, und sich vor dem 21. Nov. 1790 unterwerfen würden. So wohl Staatsklugheit, als Moral und Gerechtigkeit, machten es dem Kayser zur Pflicht, die Urheber und Beförderer der Rebellion, jene, die sich von dem öffentlichen Elende bereichert, und Mord und Plünderung geboten, und alle Arten von Tyranney verübt hatten, um eine After-Authorität zu behaupten, von der Amnistie auszuschliessen. Kein König in keinem Lande hat das Recht, unter was immer für einem Vorwande, diejenigen zu begnadigen, die wider den Staat Verschworne und Verräther gewesen sind, und das Eigenthum der Staatsbürger verletzt und angegriffen haben.

2do. **Handlungs-Nachrichten.**

Ein schwedisches Schiff mit Eisen beladen, ist am 5ten Juli bei dem Meerbusen Tees untergegangen, mit ganzer Ladung und allen Schiffleuten. Das Kayserliche Schiff Eduart, Kapitain Smith ist an dem Vorgebirge Aquilas gesunken. Nur drey Personen sind gerettet. — Es war aber assifurirt.

3tio. **Ankündigungen.**

Ein Zug deutscher Redlichkeit. — Vor 14 Tagen kamen zwey französische Ritter in eine Stadt am Rhein; nahmen ihre Wohnung in einem Gasthause. Diese Herren hielten sich in ihren Zimmern; giengen nicht zu Tische. Der Wirth merkte, daß sie sich Brod und Obst kauften. Er gieng zu ihnen, sprach sie an: — Meine Herren! ich sehe, daß sie sich mit Brod und Obst behelfen. Ihr Schicksal rührt mich. Kommen sie an meine Tafel; speisen sie mit mir; sorgen sie nicht um die Bezahlung. Gott hat mir so viel gesegnet, daß ich es meinem Nebenmenschen mittheilen kann. Die se Pflicht kann ich nicht besser ausüben, als an ihnen, meine Herren! sie scheinen mir unglücklich zu seyn, ohne ihrer Schuld. Kommen sie, und befriedigen sie meine Sehnsucht, rechtschaffener und edeldenkender Menschen ihr Schicksal erleichtert zu haben. So sprach der deutsche Wirth, und Thränen rollten ihm aus den französischen Augen — Dankbarkeit zu. O Deutsche! der Mann ist euere Zierde, und doch will er nicht genannt werden.

Joh. Jakob Wurster in Neuwied empfiehlt hiermit seine eigene Fischbein Fabrique, worinn alle Sorten Fischbein aufs beste geschnitten, und um billigste Preise zu haben sind; desgleichen, wird bei ihm extra gutes Siegellack in Brand, Farbe und Geruch verfertigt, sowohl in Roth als allen andern Farben. Ferner fabricirt er das bekannte englische Talent Pflaster, und verkauft solches en Gros in viel niedrigerm Preiß als dasselbe in England zu bekommen ist. Jeßtzeit hat er seinen Laden in Frankfurt auf dem Römerberg Nro. 35.

Manheim den 27sten Brachmonat 1791.

Die Kurfürstl. deutsche gelehrte Gesellschaft setzte im vorigen Jahre einen Preis von 25 Dukaten auf die beste Bearbeitung einer beliebigen Anzahl deutscher sinnverwandter Wörter im Geschmacke des Abtes Girard. Unter 12 Preisschriften, die sie erhielt, wurde jener des Hrn. Joh. Wilh. Petersen, herzogl. Bibliothekars in Stuttgardt, einstimmig der Preis zuerkannt. Indessen enthalten mehrere der übrigen Preisschriften so viel Ausgezeichnetes, daß die Gesellschaft wünscht, davon Gebrauch machen zu können, und die zu eckmäßigst bearbeiteten der gekrönten Schrift als einen Nachtrag im Abdrucke anzuhängen. Sie wird es als eine stillschweigende Erlaubniß betrachten, jene dieser Schriften zu benutzen, die in zween Monaten von ihren Verfassern nicht zurückgefodert werden.

Die Preisfrage für das Jahr 1792. ist: „Warum fle=

„hen die Deutschen nach dem Geständnisse ihrer besten
„Schriftsteller in Ansehung einer guten prosaischen Schreib-
„art gegen Griechen und Römer, und vielleicht auch Franzo-
„sen und Engländer noch zurück? und welches ist der besten
„deutschen Prosaisten charakteristisches Verdienst?"

Die Preisschriften müssen vor dem 1sten Osterm. 1792. mit verschlossenen Namen an den Geschäfrverweser der Gesellschaft, den Kurfürstl. Hofgerichtsrath, geh. Sekretair und Professor, Hrn. von Klein, eingeschickt seyn.

Der Herausgeber der Leben und Bildnisse der grossen Deutschen setzt einen Preis von 25 Dukaten auf jede beste Biographie von:

Kayser Karl V. Herzog Bernhard v. Wimar.
Albrecht v. Haller, Graf Moritz v. Sachsen,
und Pabst Gregor VII.

An diesem Werke, wovon der dritte Band so eben erscheint, und an dessen Vollendung nun mit allem Eifer gearbeitet wird. Die Preisschriften werden von der Kurfürstl. deutschen Gesellschaft beurtheilt, und müssen vor dem 1sten März 1792 mit verschlossenen Namen und einem Denkspruche ebenfalls an Hrn. v. Klein eingesendet werden.

Churfürstlich-Pfälzische Lotterie.

Anheute den 15. Julii 1791 ist die 456 Ziehung dieser Lotterie auf dem Rathhause dahiesig-Churfürstlicher Residenz, in hoher Gegenwart Seiner Excellenz, Herrn Baron von Perglas, Ihro Churfürstlichen Durchlaucht Hofkammer-Präsidenten rc. rc. und in Beisitz angeordneter wohlansehnlicher Herren Deputirten, mit bekannter guter Ordnung und festgestellten Formalitäten vollzogen worden.

Die bei dieser Ziehung herausgekommenen Nummern sind folgende:

1ter Zug: 45. Fünf und Vierzig.
2ter Zug: 11. Eilf.
3ter Zug: 43. Drey und Vierzig.
4ter Zug: 13. Dreyzehn.
5ter Zug: 88. Acht und Achtzig.

Die 457. Ziehung Churpfälzischer Lotterie geschieht Freytags den 5. August 1791.

Nro. 29.   Donnerstag den 14ten Juli 1791.

Politische Gespräche der Todten

über die

Begebenheiten

des 1791sten Jahrs.

Continuez vos Sermens lyriques ou civiques; mais lisez ce que Bouillé vous dit: je connois vos moyens, ils sont nuls.

Redende Personen.

Pilatus — Wilhelm Tell.

Tell. Sie zeigten ihn dem Barnabas oder Barnabé. Der Judas Drouet posthalterischen Andenkens zu Varennes hat ihn verrathen. Sie führten ihn hernach in die Hauptstadt, und schrieen: kreuziget ihn! — wir wollen keinen König mehr. — Nun fehlt Niemand mehr auf der Welt, o Pilatus, als du. Sage mir, was würdest du über den König aussprechen; wenn du zu urtheilen hättest?

Pilat. Ich würde meine Hände waschen.

Tell. Mit Seife oder ohne Seife? mit Mandelspo-

haben oder mit Milch? — Heutiges Tags waſcht mäh
den patriotiſchen Schmutz nicht ſo leicht ab.

Pilat. Sie haben ſchon ihre Hände gewaſchen.
Dann, mein lieber Tell! Hier iſt eben ein Schreiben aus
Paris vom 9ten dieſes;
welches das königliche Anſehen nicht allein erhebt,
ſondern nach den monarchiſchen Grundſätzen befeſtigt.
— Es lautet ſo: — Am 8ten dieſes war die Verſammlung ſtürmiſch. — Zwey hundert zwey und
neunzig Glieder haben folgende Punkten dem Präſidenten eingereicht.

1mo. Wir Unterzeichnete, Repräſentanten der Nation bei der Nationalverſammlung machen hiemit kund
und zu wiſſen, daß wir nur den monarchiſchen Grundſätzen feſt anhangen; daß keine andere Regierungsart unſere Nation glücklich machen könne, daß alſo
alles, was andere Anhänger gegen dieſe Grundſätze unternehmen konntes, für nichts und null erkannt
werden ſoll.

2do. Damit aber gegen die Perſon des Königs,
die unantaſtbar und unverletzlich iſt, kein Eingriff geſchehen möge, ſo erklären wir hiermit, daß wir zwar
der Nationalverſammlung, wie es unſere Pflicht fordert, beiwohnen wollen; aber daß wir zu keiner Ent-
ſchließung, zu keinem Dekrete, welches das königliche Anſehen und Gewalt verletzen, oder nur antas-
ten möchte, unſere Einwilligung geben.

3tio. Wir erklären, daß der König weder vors
Gericht gezogen, weder wegen ſeiner letzten Reiſe an-
getaſtet werden könne. So ſind unſere Geſinnungen;
ſo ſind unſere Grundſätze, auf welchen wir beharren und ſterben wollen.

Waren unterſchrieben 292 Deputirte.

Tell. Kreutzige! kreutzige! — ſonſt wird keine Republick daraus.

Pilat. Und der Herzog von Orleans proteſtirte,
daß er die Regentſchaft nicht annehmen werde.

Tell. Das glaub ich, es hat ſie ihm auch noch
Niemand noch angebothen. So proteſtire ich auch, daß
ich den Mond nicht mit Zähnen beißen werde. Er iſt
zu hoh.

Pilat. Und da sie den König nach Varid brachten, so versammelte sich viel Volk; die drey Leibgardi-
sten, die als Kourriers mit ihrem König reisten, waren gebunden. Der Pöbel wollte sie niederhauen, und
seine treuen Diener schrieen dem Volk zu: — nehmet uns
das Leben, zerhauet uns, aber lasset den König und die
Königin aus dem Wagen steigen. Der Dauphin saß auf
dem Schooße seiner Mutter, und weinte. Die Königin
schrie: ach die Gardisten haben keine Schuld daran; —
sie hielt ihre Hand vor ihren Augen. — Und man
riß der Mutter den Dauphin aus den Händen; sie fiel in
Ohnmacht, und das gute Kind brüllte.

Tell. Das heißt ich, die Republik zu weit treiben.

Pilat. Und es geschah auf dem Wege un-
weit Chalons, daß ein alter Officier von der Gefangennehmung des Königs und von seiner Zurückreise hörte.
Er gieng in seinen Garten, sammlete Obst, stellte sich
auf den Weg, und wollte seinen König mit diesem Gar-
tengeschenk auf dieser so traurigen Reise erfrischen. Er
drang zum Wagen; das Volk stieß ihn weg, und der
arme Greis fiel in einen Graben, wo man ihn so viel miß-
handelte. Er schrie mit schwacher Stimme: Da b.. en!
ist kein französisches Herz mehr in unserem Reiche?

Tell. Da ist wieder die Republik zu weit gegangen.

Pilat. Und nun sehen alle ehrliche Leute in Frankreich, daß sie der Willkühr des Pöbels nur geordnet sind.
Die Häupter der Rotten schreiben Gesetze vor, und alles
geht drunter und drüber. — Und dazu kommt noch folgendes Schreiben aus

Lyon vom 3ten dieses.

Herr Je! wie viel Assigna en! wir erfahren eben,
daß über 60 Millionen Assignaten außer Frankreich
nachgemacht sind worden, welche in unser Land gekommen sind, und cirkuliren. Dies ist der tödtende-
ste Stoß, den uns die Aristokraten versetzen konnten. Dadurch wird das Papiergeld vermehrt; die Finanzen gerathen in Verwirrung; wir verlieren mit
solchem falschen Papier den Kredit. Heute kann man
die Assignaten kaum mit 90 pro Cento Verlust aus-
bringen. In einigen Wochen werden sie noch meh-
falles. Die Konstitutionsfeinde haben mehr Ass..

gnaten nachgemacht, als daß ganze Frankreich werth
ist. Da stelle man sich vor, wie lange unsere Hilfsquelle dauren kann.

Tell. Das ist verteufelt! — die Republik wird zum
Wirrwar, ach! die Republik ist — ganz assignirt.

Pilat. Auch in Republicken, auch — in Holland —

Tell. Ist der Teufel auch in' Republicken los?
Pilat. Oh mehr als jemals. Ein Schreiben vom
Haag vom 8ten dieses.

schildert den Admiralitätsmagazinsbrand mit theuerer
und verheerenden Farben. — Es ist merkwürdig,
sagt man darinne, daß dies Feuer eine wohl über-
legte Mordbrennerey seyn müsse, weil der Brand
nicht an einem Orte, sondern in vier Ecken auf
einmal aufgieng. Man hat sich drey verdächtiger
Personen bemächtiget, die wenigstens, obschon sie
selbst nicht Mordbrenner waren, doch von allem unterrichtet zu seyn scheinen. — Es war noch ein
Glück, daß man die Kriegsschiffe, und einige Fregatten, die da wasserten, von der Verzehrung der
Flamme gerettet hat. — Nun entstehet daraus,
daß die oranische und die Patriotische Partie — eine der anderen, den sträflichen Verdacht zuwirft,
an diesem Unglück Schuld zu seyn. Der Statthalterische Anhang, besonders jener des Pöbels hat
auf die Patrioten gepocht, und einige von ihnen
sind mißgehandelt worden. Das Volk hat aufs neue
Oranienkokarden aufgesetzt, und besonders in Amsterdam raset man gegen diejenigen, die ohne Kokarden erschienen sind. Eine taube Unzufriedenheit
stockt unter beiden Partheien. Man fürchtet eine
Aufwausung, besonders in Amsterdam, wo die Gemüther gegeneinander brennen. — In diesem Miß-
verständniß erregt sich ein entgegengesetztes Interesse,
in Rücksicht auf die Angelegenheiten von Frankreich.
Die Amsterdamer Patrioten haben ihre Freude zu offenbar geäussert, da der König von Frankreich gefangen
wurde. Die Statthalterlischen, um ihnen ihre entgegen
gesetzte Meinung vor die Nase zu reiben, haben über die
oranische Kokarde, eine weise Kokarde zu Ehren des Kö-

uns von Frankreich aufgesetzt. Dies reizt mehr und mehr die Patrioten, und es ist zu wünschen, daß in der jetzigen Verfassung keine Aufhrausung erfolge.

Einige muthmassen, daß der Brand von den Arbeitsleuten, die in dem Magazin über ihre festgesetzte Stunde arbeiten mußten, angelegt seye worden. Andere glauben, daß es dem Handelsstande ausserordentlich mißfiel, daß sich Holland gegen die Russen auf Anstiften des Londner Hofes zu rüsten anfieng; indeme die Handelsleute wünschten, daß, im Fall eines Kriegs zwischen England und Rußland, die vereinigten Provinzen neutral blieben, damit die Holländischen Schiffe hernach — im Baltischen Meere monopoliren könnten.

Teil. Ich versteh die Sache. — Die holländischen Patrioten bauten ihre Hoffnung auf einen Krieg, wo Preusen beschäftigt gewesen wäre. — Und dann wärs leicht gewesen, das Joch abzuwerfen.

Pilat. Und es wird kein Krieg. Dann ein Schreiben aus

Wien vom 6ten dieses
meldet folgendes: — Man taumelt in dem Wahn, daß, weil der Friede nicht gleich hergestellt ist worden, wie man es sagte, vielleicht noch Zäune im Wege sind, die das große Friedensgeschäft hindern. Aber man muß bedenken, daß die Vorträge des Preusischen Hofes durch den Herrn Bischofswerder an unseren Kayser, erst dem russischen Kabinet kommunizirt sind worden. Diese Entlegenheit der Kabinete voneinander ist Schuld daran, daß man nicht gleich alles schliessen könne, wie man es wünscht. Die Reise eines Kourriers von Wien nach Petersburg und zurück fordert wenigstens sechs Wochen. Dadurch muß alles harren: — Friede, Krieg, und Staatsrath. — Gewiß ist es unterdessen, daß man gründliche Hoffnung habe: — der Petersburger Hof werde die Anträge mit Freude aufgreifen. — Man erwartet den Kayser zwischem 16ten — 18ten hier. Die Stände von Böhmen werden nächstens ihre Versammlung anfangen, und im September wird die Krönung gefeyert. — Es rauscht ein Gerede hier, welches vie-

ke Wahrscheinlichkeit der*o* nur; nemlich der König von Preußen soll zu dieser Krönung nach Prag kommen. Eben das Nemliche wird von dem Sächsischen Hof, und von zwey grosen deutschen Fürsten erzählt. — Da soll eigentlich der Standpunkt seyn, wo sich die Angelegenheiten Frankreichs ins Klare entwickeln werden. Man behauptet so gar, daß der Kö ig von Schweden diese Feyerlichkeit mit seiner Gegenwart beehren werde. — Dies sind zwar nur Sagen, aber aus allen Vorkehrungen sieht man, daß es mehr auf einen Europäischen Kongreß als auf die bloße Krönung deute. — Prag ist fast der Mittelpunkt von Europa, wäre es Wunder, daß diese Stadt auch ein Mittelpunkt der Europäischen Politik werde?

Tell. Ei, ei; — Ich sehe noch 800 unglückliche Tells in den Kerkern zu Lüttich.

Pilat. Du wirst sie bald auf freyen Fuße sehen. Graf Metternich und Graf Merci sind in Lüttich zusammengekommen. Sie hielten wohlthätige Unterredungen mit dem Fürsten; dann ein Schreiben aus Lüttich vom 11ten dieses melder, daß sich der so lang mißkennte Fürst endlich entschlossen habe, eine allgemeine Vergebung kund machen zu lassen. 800 hitzige einpatriotisirte Köpfe kommen wieder aus finstern Gefängnissen in freye Luft. Herr Peron, der verurtheilt ist worden, den Kopf zu verlieren, soll eben auch begnädiget seyn. So wirkt die Grosmuth Leopolds, Sanftmuth, nicht allein auf jene Länder, die unter seinem Zepter Wonne fühlen, sondern auch in jenen Gegenden, wo die Bewohner ihr Schicksal und ihr Vertrauen - ihm — dem Sanftmüthigen in seine Hände gelegt haben. Der Tag wird nächstens bestimmt, wo diese glückliche Amnistie jeden belehren wird, wie thöricht es seye, um nichts als um Opinionen sich in Abgrund zu stürzen.

Hier muß ich dir aber eine Anmerkung über diesen Lütticher Artikel machen. Die Kayserliche Kommission, die in diesem Lande fortfahrt, die Reichsgesetze wieder herzustellen, hat auf diesen Artikel dem Publiko bekannt gemacht, daß die ganze Zahl der Gefangenen sich nur auf Siebenzehn erstrecke, welche Siebenzehn deswegen angehalten werden, weil sie während der Revolution die gröbsten Missethaten begangen haben.

N. S. Nun will ich dir etwas erzählen. Briefe aus
London vom 8ten dieses
sagen, daß endlich der Kourrier Tims aus Petersburg
am 3ten dieses zu London eingetroffen. Man hielt gleich
einen Staatsrath beim König. Die Minister versammleten
sich noch den andern Tag. Es wurden Kourriers an verschiedene Höfe abgeschickt. Man erwartete das Resultat
beider Bewegungen. Am anderen Tag erschien die Hofzeitung; jedermann lief um sie zu lesen. Aber zu größer
Verwunderung fand man nicht ein Wort, ob Friede oder
Krieg werden sollte.

Dieses Stillschweigen giebt zu verschiedenen Muthmaßungen Anlaß. Man behauptet, daß unser Kabinet
bei diesen Unterhandlungen überrascht seye worden. Die
historischen Nachrichten aus

Thorn vom 29. Juni
melden folgendes. „Uebrigens soll der Friede hier auf
die Art bestehen, daß ein Theil versprochen hat, sich weiter auf keine Weise in jene Friedensunterhandlungen zu
mischen, und der andere Theil seine Einwilligung dazu gegeben hat, daß der einmal vorgeschlagene Tausch mit noch
etwas nebenbei immerhin Statt haben und ohne Umstände ins Werk gerichtet werden könne."

Hernach ist folgende Nachricht aus
Königsberg vom 30 Juni
merkwürdig: Gestern ist die Feldequipage des Königs
nebst dem bereits hier befindlich gewesenen Personale vom
Generalstab, wie auch das am Strande gestandene Bataillon Husaren von Golz ebenmäßig durch unsere Stadt
zurückmarschirt.

Alles dies macht eine Ueberraschung wahrscheinlich.

Biographie.
Pontius Pilatus, Statthalter von Judäa,
wurde von den Juden angehalten, Christum hinrichten
zu lassen. Er glaubte, die Juden zu befriedigen, da er
Christum geißeln ließ. Allein die Juden drohten ihm,
und gaben vor, beym Cäsar klagen zu wollen, und dieser
feige Hofmann sprach endlich das ungerechte Urtheil über
das Leben Christi. Ein Jahr beinahe hernach nahm Pi-
lius das Geld des heiligen Schatzes um einen Aqueduct
und zu bauen; der Pöbel empörte sich, und dieser Statt-

daher bediente sich grausamer Mittel das Volk zu besänftigen. Die Einwohner von Samarien fühlten die Grausamkeit seines Unwillens, und klagten ihn bei Tiberio an. Ueber dieser Klagen mußte er Anno 37 nach Christi Geburt in Rom erscheinen im Anfang der Regierung des Kaysers Caligula. Er wurde nach Wienne in Delphinat verwiesen, wo er sich zwey Jahre hernach seines Lebens beraubte. Man hat Briefe an Tibere von ihm, in welchen er die Unschuld Christi behaupten will; aber diese Briefe sind ein frommer Betrug der Christlichen Nachkommenschaft.

Wilhelm Tell wird als der erste Urheber der Schweizer Freyheit Anno 1307 betrachtet. Ein gewisser Geißler, Stadthalter des Kaysers Albert in der Schweitz stellte, wie man erzählet, seine Kappe auf eine Stange, und befahl, daß man diese Kappe begrüßen sollte, als wenn er selbst gegenwärtig wäre. Tell spottete darüber, und Geißler legte ihm zur Strafe auf, einen Apfel von dem Kopf seines Kindes mit einem Pfeil hinunter zu schießen. Er hatte das Glück seinen Schuß so gut abzuzielen, daß er diesen Apfel so gerade traf, ohne den Scheitel seines Sohns zu verletzen. Aber der Stadthalter hat wahrgenommen, daß Tell noch einen Pfeil unter dem Kleide versteckt hielt; er fragte ihn, was er damit thun wollte. Ich habe ihn, gab er zur Antwort, mitgenommen, um dich damit zu tödten, wenn es mir nicht gelungen wäre, den Apfel abzuschießen. — Geißler ließ ihn darauf in Verhaft nehmen, aber er fand Mittel zu entkommen; und in der That, er schoß den Stadthalter hernach mit diesem Pfeil todt. Dies war das erste Zeichen der Helvetischen Empörung. — Unterdessen scheint diese ganze Geschichte verdächtig zu seyn. Die Schweizer Geschichtschreiber werden vermuthlich den Ursprung ihrer Freyheit mit einer Fabel zieren haben wollen, da man ohnehin weis, daß diese ganze Begebenheit von einem gewissen Gothischen Soldaten, der sich Tocho nannte, entlehnet zu seyn scheinet. — Ob aber die Schweizer eine so gut eingerichtete Regierungsart haben, wie sie sich rühmen, weis ich nicht; aber das weis ich, daß einer ihrer größten Schriftsteller die Helvetische Constitution eine durch Gottes Hand erhaltene Verwirrung nennt.

No. 57. Freytag den 15ten Juli. 1791.

Beilage
zu
Politischen Gesprächen
der
Todten.

Politische Satyren.

„Frankreich war vor Zeiten das Zufluchtsland „unglücklicher Könige. Jakob von England „und Stanislaus von Polen überlebten allda „ihr Schicksal. — Und nun ist es ein Ge= „fängniß der Könige; so ändern sich die Zeiten!

Paris vom 10ten dieses. — Erklärung des Sta= nislas Clermont=Tonnerre, Mitglieds der National= Versammlung an den Präsidenten dieser Versamm= lung, den 4ten Juli 1791 zugeschickt.

Die Umstände zwingen mir das Gesetz auf, meine Meinung und meine Grundsätze kund zu machen.

Ich habe am 4ten Februar 1790 geschworen, der Nation, dem Gesetz, und dem König treu zu bleiben; ich habe geschworen die von der National= versammlung dekretirte, und vom König angenom= mene Konstitution zu erhalten.

Diese Konstitution hat damals folgende Grund=

sütze geheiligt: daß Frankreich eine monarchische Regierung haben müsse; daß die Erbschaft der Krone und die Unantastbarkeit des Königs konstitutionsmässig sind; — sie hat über dies die Zertrennung der Gewalt als einen Schirm der Volksfreyheit geheiligt.

Das Komite der Konstitution hat hernach in Vorschlag gebracht, daß der Monarch sich über zwanzig Stunden weit, von der Nationalversammlung nicht entfernen dürfe; — ich habe dieses Gesatz, dieses Dekret als zerstörende Maasregel der Konstitution angesehen; ich habe mich dawider gesetzt, und ich habe meine Meinung darüber drucken lassen.

Da der König am 20sten Juni verreist ist, so hat die Versammlung folgenden Eid von Militärpersonen gefordert, um die öffentliche Ruhe zu erhalten. Ich habe diesen Eid, so wie er hier folgt, geleistet: — „Ich schwöre die Waffen, „die mir die Nation in die Hände gegeben, anzu= „wenden — zur Erhaltung des Vaterlandes, zur „Erhaltung der von der Versammlung dekretirten „Konstitution; ich schwöre lieber zu sterben, als „einen fremden Einfall auf dem Boden Frankreichs „zu leiden. Ich schwöre, daß ich keinen andern „Befehlen gehorchen werde, als jenen, die von der „Nationalversammlung ausgegeben werden.

Heute ist der König zurück; heute erklärt der König, daß er nicht aus dem Königreich heraußgehen wollte.

Die Konstitution, die ich am 4ten Februar 1790 geschworen habe, sagt, und verbiethet ausdrücklich, daß man keine Gewalt brauchen dörfe, um sich der Person des Königs zu versichern.

Eben diese Konstitution, die ich am 4ten Februar 1790 beschworen habe, verbiethet allen denjenigen, die die Staats-Gewalt in Ausübung bringen sollen, die ihnen vertrauete Macht nicht zu usurpiren.

Die Nationalversammlung hat mit Entgegensetzung gegen diese Grundsäze der Konstitution heute den König in Verhaft nehmen lassen; sie hat ihm keine gerichtliche Ermahnung zustellen lassen; sie hat ihn als einen Gefangenen erklärt; sie hat dem Generalkommandanten-der Nationalgarde übertragen, auf seine Persen zu wachen, und hat also ihm, — dem König die höchste ausübende Gewalt entwendet, womit er Konstitutionsmässig versehen war.

In diesen Umständen erkläre ich, daß ich niemals meine Stimme gegeben habe, und niemals geben werde — zu jenen Berathschlagungen, welche die Konstitution verletzen, oder niederreißen, die ich am 4ten Februar 1790 geschworen habe.

Ich will meine Entlassung nicht fordern, weil ich hoffe, daß das Wohl der Nation der Nationalversammlung den Weg der wahren Grundsäze, die sie anerkannt und geschworen hat, wie ich, — zeigen werde.

Ich werde mich standhaft allen Anschlägen, so viel es in meiner Macht stehen wird, widersetzen, so bald sie inkonstitutionel, und durch die Verschworenen angezettelt werden. — Ich werde mich besonders den republikanischen Grundsätzen, die man mit einer sträflichen Wuth vorpredigt, und die mit der Freyheit und mit dem Glück unseres Vaterlandes unmöglich zusammengereimt werden können, — widersetzen.

So sind meine Entschliessungen, und meine Grundsätze, welche öffentlich zu offenbaren, ich heute als eine der heiligsten Pflichten ansehe.

Stanislas Clermont — Tonnerre.

Von der Maas vom 13ten dieses. — Acht tausend Mann Holländer; 20tausend Mann Preussen; 24tausend Mann Oesterreicher werden ausgerüstet, — und werden marschiren. Wohin? — dies wird man in sechs Wochen erfahren, und im Monat September wird sich alles aufklären.

Gezogene Numern bei der 38sten Ziehung Kurpfälzischer Lotterie in Düsseldorf den 8ten Julii 1791.
    1ster Zug : 53. Drey und Fünfzig.
    2ter Zug : 61. Ein und Sechzig.
    3ter Zug : 24. Vier und Zwanzig.
    4ter Zug : 66. Sechs und Sechzig.
    5ter Zug : 7. Sieben.
Die 39. Ziehung Kurpfälzischer Lotterie geschiehet zu Düsseldorf Freytags den 29. Julii 1791.

Gnädigster Privilegirte Zahlen-Lotterie. Die Fünf und zwanzigste Ziehung ist heute den 12. Juli 1791 unter Beysitz derer hierzu verordneten S. T. Herren Deputirten mit gewöhnlichen Förmlichkeiten und gehöriger Accuratesse vollzogen worden, und sind folgende Nummern aus dem Glücksrade erschienen:
    Erster Zug : Nro. 46. Sechs und Vierzig.
    Zweyter Zug : Nro. 6. Sechs.
    Dritter Zug : Nro. 61. Ein und Sechzig.
    Vierter Zug : Nro. 48. Acht und Vierzig.
    Fünfter Zug : Nro. 23. Drey und Zwanzig.

Die Sechs und zwanzigste Ziehung geschieht den 19. Juli 1791, und sofort von 8 zu 8 Tagen.

Dienstag den 19ten Juli. 1795.

Geheimer Brief-Wechsel

zwischen den

Lebendigen und den Todten.

In Ludwig von Crillon — ins Elysium.

Am Rheinufer den 19ten Juli.

Das jetzige Jahrhundert hat unsere Nerven so erschlafft, daß sie sich nur wenig zum Ruhm anstrengen lassen. Wir haben vielleicht keine Crillons mehr. Aber noch existiren alte Nerven — zum Ruhm-Anstrengen gewohnt, — in Bendern, in Kosburgen, in Möllendorfen, in Bouillés, in Hohenlohen, — und in dem Bascha von Skutari. O Crillon! deine Tapferkeit wär jetzt in Frankreich ein Verbrechen. Nur die Rottenführer sind Helden; aber Helden hinterm Ofen. Solche Helden waren in Holland, in Belgien, in Lüttich. Sie trotzten dem Himmel und der Hölle, sie schrien wie Rasende. Ein Bataillon kam, und jagte sie mit allen himmlischen und höllischen Drohungen — zum Tempel heraus. — Solche Beispiele sind überzeugend. Ein Crillon zerhauete die ganze Philosophie, — und ein solcher Crillon wird kommen. Bender schmiert seine Stiefeln; Bouillé macht Quartiere; Conde schreibt.

Par lui meme & par ses aveux
Condé, non moins grand qu' Alexandre,
A l'amour de François, comme eux,
N'a-t-il plus le droit de pretendre?

Denkschrift in Gestalt eines **Manifestes** von Ludwig Joseph von Bourbon, Prinzen von Conde an die Nationalversammlung und an das französische Volk gerichtet, — zur Antwort auf das Decret vom 11ten Juni 1791.

Der Name Conde war niemals ein Schutzwort des Despotismus. Die Geschichte liefert viele Beispiele, in dieser Familie darüber.

Heinrich von Conde kämpfte für die Gewissensfreyheit. — Heinrich der Zweyte von Conde griff den Despotismus der Regentschaft, und die Macht der Minister unter der Minderjährigkeit Ludwigs des Dritten an; er erklärte sich offenbar für den dritten Stand, oder für die Bürger. Der grose Conde, mit den Pairsren unter seinem Kommando vereinigt, — zog zur Fehde gegen die tyrannische Gewalt des Cardinals Mazarin.

Ich habe (fährt dieser Prinz fort) seit langer Zeit den aufrichtigen Wunsch in meinem Herze getragen, daß die Finanzen auf guten Fuß hergestellt werden, und daß unser Reich eine glückliche Veränderung bekomme.

Aber Leider! dieser fatale Wunsch, der gewiß die Sehnsucht fast der ganzen Nation einflößte, ja eben dieser Wunsch ist es, der alle jene Uibel, mit welchem Frankreich zerrissen wird, hervorgebracht hat. — Ach wenn der Wunsch des Guten zum Verbrechen werden kann, mit welcher Bitterkeit muß man sich ihn jetzt vorwerfen! — Aber nicht der Wunsch selbst, sondern der Misbrauch des Gewünschten tödtet das Reich. — Der Neid, die Misgunst, die Ehrsucht, die Ausgelassenheit haben sich mit der Maske der Freyheit verkleidet, — und haben die Monarchie verwüstet. Und man will, daß ich in die Mitte der Rottierer komme, daß ich so vielen Auftritten des Greuels meinen Beifall zurufe! — man wollte einen französischen Prinzen unter die Ruinen führen, damit er des letzten Hauchs der Monarchie einen Zeugen abgebe! — Nein, gewiß nicht, meine De=

so weit vom Lande entfernt mich von dieser Idee; ich
will lieber auf ewig vermiesen seyn; ich will alle meine
Hoffnungen und Güter der Rauberey und der Flamme
aufopfern, als in ein Reich zurückzukehren, wo die Unordnung, und die abscheulichsten Missethaten siegen. Ich
werde lieber — selbst dem Namen eines Franzosen entsagen. — Nein, das Vaterland wird mich niemals in
seinem Schooß sehen, so lang die Gerechtigkeit und die
Ordnung daraus verbannt bleiben; so lang es ein Raub
der Rotten, die es verirren, wird.

Geschieht es einmal, daß die Franzosen das Band,
welches um ihre Augen gewindet ist, abreissen, um das
Joch ihrer neuen Tyrannen abzuschütteln; geschieht es,
daß sie den Wahn ablegen, und erkennen, daß die Freyheit Niemanden die Macht giebt, alles wegzuraffen, alles
zu zerstören, alles unter ihre grimmigen Schimären zu
unterjochen; geschieht es endlich, daß sie belehrt werden,
daß eine Nation nicht mehr Recht hat ungerecht zu seyn,
als ein jeder Mensch insbesondere gegen den anderen:
— Dann werde ich mit Eifer, mit Eile, die nichts
hemmen kann, zurückkommen; ich werde in die Arme
meiner lieben Mitbürger fliegen. — Aber vielleicht ist
diese Zeit nicht weit entfernt. Bald wird der Schrecken in die Seelen der kräftigen Ehrsüchtigen einbringen, die das gebildetste Volk dieser Erde zu Wilden gemacht haben. Der Himmel und die Menschen werden
so viele Verbrechen nicht ungestraft lassen. — Was
mich anbetangt, — es ist nicht mein Vaterland, gegen
welches ich Waffen spitzen will; nein, die Verschwornen
glauben nur, das ganze Vaterland ruhe an ihnen. Aber
der redliche Theil Frankreichs, und ganz Europa können nicht getäuscht werden. Man wird nicht zum Verräther seines Vaterlandes, wenn man diesen Unholden die
Masken abreißt, und ein Dekret, welches man der Gerechtigkeit der Versammlung abgeschmäht hat, und wor-
mit man die täuschende Unterwerfung des Königs be-
wirkte, kann mich nicht zu einem Rebellen machen. Ich
habe denjenigen, der mir dieses beleidigende Dekret über-
bracht hat, mit derjenigen Achtung, die man zu allen
Zeiten, bei allen Umständen dem Karakter eines Abge-
sandten, dem Völkerrecht schuldig ist, empfangen; ich

habe dieses Dekret erhalten; und hier ist meine Antwort; ich offenbare sie vor der ganzen Welt; ich mache sie kund, damit die Versammlung, damit Frankreich, damit ganz Europa bis in den Grund meines Herzens meine Gesinnungen lesen und mich richten könne.

Unterzeichnet: Ludwig Joseph von
Bourbon — Conde.

Dieses Schreiben hat in Paris eine grose Sensation verursacht. Dann der Name Conde sauset so vielen Ruhm um die Ohren der Patrioten, daß sie ihn, ungeachtet der Verschwornen, mit Ehrfurcht aussprechen. — Briefe aus

. Paris vom 10ten dieses.
erwähnen eines bedeutenden Nationalkampfs. Die Monarchisten, die älteste Sekte Frankreichs, erheben ihre Stimme, und täglich balgt man sich gegen die Republikanische Sekte der Rottirer. — Die Nationalversammlung in die nemlichen Sekten getheilt, zankt, widerspricht sich, und darf nichts entscheiden.

Viele Monarchisten haben darnach geseufzt, daß sich der König zu einer dieser Sekten schlagen möchte. — Dies hat der König durch seine Flucht gethan. Er hat alles misbilliget, was die Republikanische Sekte als gesatzmässig ausdekretirt hat. Man hat allezeit gewähnt, dieser Schritt würde den König um seinen Thron bringen; — aber man irrte sich. Die monarchische Regierungsart hat den grösseren Anhang. Selbst in der Versammlung sitzen mehr als zur Helfte — Monarchisten. — Vorhero fragte man sich zu Paris, ob man Patriot wäre; — jetzt fragt man sich: seyd ihr ein Monarchist, oder ein Republikaner? — Man weis jetzt, daß fremde Mächte auf alle Schritte der französischen Salonen lauern. Der Abt Maury sagte am

gten in der Sitzung öffentlich; daß es höchste Zeit
seye, zu den ersten Regierungsgrundsätzen zurück-
zukehrn. Man lachte ihn aus, man foderte Beweise von ihm. Er hob seine Hand auf, zeigte
auf die Gegenden der Winde: — von Süd, von
Nord, von Aufgang, von Niedergang wehen Monarchische Winde, will man ihren Sturm abwarten, so vermengen sie sich, und werfen Donner auf
Frankreich; — was werden wir hernach anfangen?
sich wehren? Ei, ei! wir können ja kaum unsere
Rotten bezähmen; — gehet von Straßburg bis
nach Calais; besehet den kranken Staatskörper, er
hat keinen gesunden Flecken, und würgt sich in
Konvulsionen zusammen.

Unterdessen ist der türkische Krieg — am Ende.
Ein Schreiben
 von der Donau vom 10ten dieses
sagt folgendes; — Es ist sonderbar, wie grose
und erfahrne Männer die Politik und ihren Gang voraussehen. Da wir von der polischen Revolution
Nachricht erhalten haben, so war eine grose Gesellschaft bei einem Minister. Er las die polische
Erhebung, las sie zweymal, warf den Brief von
sich, und sprach: — Ach, meine Herren! diese Nachricht ist wichtiger als sie glauben, dann sie muß uns
den Frieden, und einen vortheilhaften Frieden schaffen.

Ich überdachte, ich kombinirte alles zusammen:
wie kann die polische Revolution einen so wohlthätigen Geruch — bis auf Oesterreich, bis auf Preussen, bis auf Rußland von sich geben? — Ich wähnte, diese Aussage des Ministers wäre ein politischer
Spekulationsausfall. Aber ich wurde bald darauf
überrascht, dann gleich darauf schlug der Berliner
Hof die Hände zum Fried. n.

Ich kam in einigen Wochen zu dem nemlichen Minister; ich sagte ihm: sie haben errathen. — Wie? errathen? - sprach er, nein, Freund, ich rathe nichts von Ungefehr, ich sage, so wird es seyn, und so ist es. Ich bin fast in der Politik verrostet, niemals hat mich meine Voraussehung getäuscht. — Ich sage ihnen noch mehr: — Der Faden, der die polische Revolution hält, ist durchgeschnitten, sie wird fallen. — Und in der That: Briefe aus

Warschau vom 4ten dieses melden, daß der Landtag auf seine sonst so gewöhnliche Unabhängigkeit zurückfalle. Der Fürst Czartorinski ist noch nicht bekehrt. Er gewinnt täglich mehr Anhang; er protestirt noch gegen alles, was man so inkonstitutionsmässig thut. — Man sagt so gar, daß er von einem gewissen Hofe zu weiteren Schritten aufgemuntert werde.

Als eine auffallende Episode muß man noch anführen, daß die polischen Gesandten an fremden Höfen den Landtag mit der Nachricht, daß Danzigs und Thorns Schicksal mit einem politischen Federstrich entschieben seye, bestürmen. — Die Leibner Zeitung sagt es offenbar, daß Polen wieder die Politik ausflicken werde; daß die Stände zu Warschau ihre Truppen rüsten; daß Graf Millachowski nach Petersburg reisen solle, um die Trennung mit patriotischem Muthe zu hemmen.

Die ganze Entwickelung ragt noch mehr hervor nach Briefen aus

Berlin vom 14ten Juli.

Graf Herzberg, Staats- und Kabinetsminister hat vom König seine Entlassung verlangt und erhalten. Er arbeitete als geheimer Staatsrath seit

Anno 1746 bis Anno 1763; — als zweiter Staats⸗
minister seit Anno 1763 bis auf den Frieden von
Hubertsburg, und als erster Staatsminister, bis
auf Monat Juli. Der König hat ihm seine Ein⸗
künfte als Staatsminister bewilligt, und er bleibt
als Kurator der Akademie, wie auch als Direktor
der Kultur der National⸗Seide.

Der König von Spanien (so schreibt man aus
Paris vom 13ten dieses) hat an den Minister
Montmorin eine Note zugeschickt, wodurch er die
Franzosen ermahnt, das hohe Ansehen des Königs,
seine gesalbte Person, ihren rechtmässigen Sou⸗
verain und seine Familie zu respektiren ꝛc. ꝛc.

Am 15ten dieses kam Fürst de Ligne Vater
und Sohn zu Brüssel an. Das war eine Freu⸗
de! Gros und Klein, Alt und Jung drangen sich
an sein Haus, um ihn zu sehen. — Dieser Prinz
(ach lasset es uns gestehen!) war vielleicht der ein⸗
zige Grose Belgiens, der nach wahren Grundsä⸗
tzen, und nach der Erhabenheit seines Geistes sei⸗
ne Schritte — zum ewigen Ruhm gerichtet hat. —
Er ist der Crillon unseres Jahrhunderts!!!

Biographie
Ludwig von Crillon aus einer alten Ita⸗
liänischen Familie in der Graffschaft Venaissin An⸗
no 1541 gebohren, ward Maltheser Ritter, und
der tapferste Krieger seiner Zeit. Er hat im 15ten
Jahr der Belagerung von Calais beigewohnt; er
hat sich hernach in den Schlachten von Dreux, von
Jarnak, und von Montcontour 1562. — 1568 —
1569 besonders ausgezeichnet. Hernach fochte er
mit den Karavanen gegen die Türken, und ward
bei der Schlacht von Lepante 1571 verwundet. Von
da kam er zur Belagerung von Rochelle, und so
wohl Heinrich der 3te wie auch Heinrich der 4te

nannten ihn — den braven Crillon, ein Name, der ihm auch hernach blieb. Er wurde in der Festung Quilleboeuf belagert, und vertheidigte sie. Er sprach zu seinen Soldaten: fürchtet nicht, Crillon ist bei euch. Der gute Heinrich that nichts für seinen braven Crillon; er sagte selbst: ich habe auf meinen braven Crillon rechnen können, und ich mußte suchen nur diejenigen, die meine Feinde waren, und mich verfolgten, zu belohnen. Crillon begab sich hernach in die Ruhe nach Avignon, wo er Anno 1615 im 75sten Jahre seines Alters starb. Man nannte ihn: den Mann ohne Furcht. — Er war eines Tags in einer Predig, wo der Prediger über die Geißlung Christi predigte. Crillon griff mit der Hand nach seinem Degen, und schrie: wo warst du denn damals, Crillon? — Der junge Herzog von Guise war mit diesem Helden zu Marseille. Der Herzog wollte den Crillon auf die Probe stellen; er ließ zur Nachtszeit Lerm schlagen, als wenn der Feind in der Stadt wäre; er lief in das Quartier des Crillon, weckte ihn auf. Was ist es? sprach Crillon. — Der Feind ist in der Stadt. Er stund auf, griff nach seinen Waffen; man muß sich nicht übergeben, sprach Crillon; wir werden mit dem Degen in der Faust sterben. Guise konnte ihn nicht abhalten, er lief die Treppe hinunter. Der junge Guise, der diese Farse angestellt hat, fieng an zu lachen. — Crillon wandte sich um, sah den Herzog an, und sprach im ernsthaften Tone zu ihm: — Junger Mensch! verstelle dich niemals, um das Herz eines redlichen Mannes zu prüfen. — Bei Tode! wenn du mich schwach gefunden hättest, — so hätte ich dein Herz mit meinem Dezen durchgebohrt.

Nro. 59.   Freytag den 22sten Juli. 1791.

Beilage
zu
Politischen Gesprächen
der
Todten.

Politische Satyren.

„La populace democratteuse de Paris sera condui-
„te avec le rouge O..., par la loi martiale à l'ho-
„pital. Bien lui fasse! — Vive le Roi!

Paris vom 16ten dieses. — Grose Neuigkeit!
wichtige Neuigkeit! es lebe Ludwig der 16te!
Gestern hat die Nationalversammlung dekretirt! — Redliche Franzosen höret es! putzet euere
Ohren aus! — Sie hat dekretirt: Le Roi est dans
tous les cas inviolable; dies heißt: der König ist in
allen Fällen unantastbar; er kann zu keiner Verantwortung gezogen werden; er ist also weder ein Gefangener, weder vor der Nation als Schuldiger
erklärt.

Dieses Dekret ist einstimmig von der ganzen Nationalversammlung — publicirt und angenommen worden. Le Roi est Inviolable! — Frankreich kann unmöglich eine Republick werden, es muß eine moderirte
den Gesetzen unterworfene Monarchie bleiben.

Ehe als dieses Dekret publicirt war, wußte die Nationalversammlung, daß die Rotten — die infamen Klubs — die Zerstörer der Ordnung eine Empörung drohten. Deswegen machte die Nationalversammlung die heilige Vorkehrung, daß, so bald das Volk anfangen würde — zu gähren, — die Nation gleich das martialische Gesetz publiciren mußte; dadurch sind die Linientruppen, und die Nationalgarde unter den Befehlen des Königs und der Versammlung. Nun sage mir einer, daß die Reise des Königs nichts genutzt hat! — Ja sie hat so viel genutzt, daß der König seine Gesinnungen geoffenbaret hat, und daß die Häupter der Rotten im Zaum gehalten werden. O heiliger Abt Maury! deine Standhaftigkeit, deine gerechten Grundsätze, deine Weisheit — triumphirt!!!

Die Nationalversammlung thut noch mehr: — sie berathschlaget sich um dem König das Veto auf zwey Jahr lang zu geben; das heißt: die Versammlung hat durch die Schrift, welche der König bei seine Abreise hinterließ, wahrgenommen, daß er die Dekrete, so zu sagen, wie jer es selbst gesteht, nur aus Zwang sanktionirt hat. — Also giebt sie dem König das Veto, nemlich sie giebt ihm, oder sie stellt ihm seine vorige Gewalt oder Freyheit zurück. Er kann alle Dekrete verwerfen, die sie gemacht hat, wie zum Beispiel den Bürgereid, den geistlichen Eid, den Adel betreffend. Folglich wird vermuthlich der König diese Dekrete kraft dem ihm zugestandenen Veto modificiren, oder gar aufheben. Auf diese Art werden der Adel und die Geistlichkeit wieder zurückkehren, und in den Besitz ihrer Rechte eintretten können. Dies ist eben die Ursach, warum die Versammlung mit dem martialischen Gesetz droht, weil die Rottirer, die Häupter der Unruhen, und die republikanische Sekte über diese weisen Vorkehrungen wüthen.

Die Protestanten in Elsaß haben mehr gerobt, als die andern. Dies kann ihnen mit der Zeit vergolten werden. Kommt Ruhe, kommt Einsicht, und Aufmerksamkeit. — Sapienti pauca.

Dies sind die tröstenden Nachrichten aus Frankreich. — So befriedigend lauten sie auch aus

Wien vom 15ten dieses. — Nun kann man mit Zuverläßigkeit sagen, daß es Friede wird. Die Türken, nemlich der Divan, haben eingewilligt, daß der Kayser Orsowa, und den kroatischen Distrikt dies= seits der Unna behalten soll. Eine Nachgiebigkeit die man nicht vermuthet hätte.

Eine Nachgiebigkeit? — das glaub ich: dann fast in der nemlichen Zeit kamen drey Nachrichten nach Kon= stantiopel. Die erste war aus Berlin von dem türki= schen Gesandten, welcher viel Mistrauisches berichtete; die zweyte kam von der Niederlage bei Taboba; die dritte kündigte den Anmarsch der kayserlichen Truppen. Alles dieses zusammengenommen hat den Divan malleab= ble, das heißt hammerschmiedlich gemacht. Also hat der Status de droit doch etwas ausgehämmert?

Vielleicht kommen noch andere Verfügungen, welche die türkische Politik noch mehr hämmerlich machen werden: — Die Unterhandlungen des H. Bischofswerder ec. ec.

Vom Rhein am 20sten dieses. — Man er= zählt mit einer Art von Zuverläßigkeit, daß der französische Staatsboth, Herr du Vevrier, — der dem Prinzen von Conde das Nationaldekret über= bracht hatte, im luxemburgischen angehalten, und arretirt wurde.

Alle Zeitungen melden, daß der Margraf von An= spach seine Staaten an Preußen abgetretten. Die= se Einrichtung war schon im vorigen Jahre ge= schlossen, wie haben sie damals gemeldet. Ob sie aber in die grose Politik einen Einfluß haben wer= de, dies ist eine andere Frage.

Es verbreitet sich die Nachricht, daß der Kö= nig von Schweden nach Bonn, und von da nach Koblenz kommen werde. Man weis, daß er mit dem Bruder des Königs von Frankreich in vertrauen tester Freundschaft gestanden, und dieser ist nun zu Koblenz.

Herr Calonne ist nach London abgereist, man kann ergiesset verschiedentlich über diese Reise.

Reisende, die aus London kommen, sagen, daß die englische Flotte, obschon es nun zu spät ist, ins baltische Meer einzulaufen, doch noch nicht abtakle; folglich daß ihre Ausrüstung einen anderen Endzweck als die Ostsee haben müsse. — Es geht so wunderbar alles zu. — Das Ultimatum wird wohl den ganzen Sommer aus Petersburg nach London und hin und her — en Kourrier reisen.

Der General la Fayence oder la Fayette soll gefährlich krank seyn.

Ankündigung.

Da die Einrichtung getroffen worden, daß zu Mon...... allerhand Erfrischungen, an Speis und Trank, zu haben sind; als wird solches einem geehrten fremden, und einheimischen Publikum hierdurch mit der weitern Nachricht unverhalten, daß künftig geschlossene Gesellschaften, wenn solches Tages vorhero bei dem Gärtner Bourguignon bestellt wird, daselbst zu jederzeit auch speisen können. Neuwied den 20sten Juli 1791.

Grünstädter Privilegirte Zahlen-Lotterie. Die Sechs und zwanzigste Ziehung ist heute den 19. Juli 1791 unter Beysitz derer hiezu verordneten S. T. Herren Deputirten mit gewöhnlichen Formalitäten und gehöriger Accuratesse vollzogen worden, und sind folgende Numern aus dem Glücksrade erschienen:

Erster Zug: Nro. 41. Ein und Vierzig.
Zweyter Zug: Nro. 69. Neun und Sechszig.
Dritter Zug: Nro. 46. Sechs und Vierzig.
Vierter Zug: Nro. 66. Sechs und Sechszig.
Fünfter Zug: Nro. 24. Vier und Zwanzig.

Die Sieben und zwanzigste Ziehung geschieht den 26. Julii 1791 und so fort von 8 zu 8 Tagen.

Nro. 30. Donnerstag den 21ten Juli 1791.

Politische
Gespräche
der
Todten
über die
Begebenheiten
des 1791sten Jahrs

~~~~~

Le Createur
A placé parmi nous deux etres bienfaisans
De la terre, a jamais aimables habitans,
Soutiens dans les travaux, tresors dans l'indigence :
L'un est le doux sommeil, & l'autre l'esperance.

~~~~~

Ueber die Hoffnung.
Eine Zeitung.

Es war einmal ein Glaser, ein Glaser, wie man dergleichen viele sieht. Sein ganzes Haab und Gut bestand in 50 Thalern. Dies ist nicht viel, aber genug für einen Glaser. Er nahm das Geld; gieng in die Glaserhütte, kaufte sich Glas, und trug es nach Haus. Der Amtmann des Orts fuhr auf dem nemlichen Wege, wo er gieng; fuhr mit schönen Pferden; vom Weine voll taumelte der amtmannische dicke Körper wie auf einer Schaukel in der Kalesche. Der arme Glaser trug schwerer Last; kleuerte mit seiner zerbrechlichen Waare der

Berg hinauf; seufzte, und beneidete das Schicksal des Amtmanns. Eben auf dem Berg war ein Lindenbaum, dessen Schatten den Glaser zum Ausruhen einzuladen schien. Er legte seine Bürde nieder, setzte sich unter die Linde, und ruhete. Wie glücklich ist unser Amtmann! sprach er mit sich selbst. Er hat gut gegessen, gut getrunken, und fährt gemächlich nach Haus, da ich armer Glaser im Schweis, im Hunger und Durst unter meiner Bürde schmachten muß. Da empörten sich in seinem Geiste Wünsche zur Amtmannschaft. Sein Herz mit lauter amtmannischen Bildern gefüllt, schlug Wonne; der Gott des Schlafs zog über seine Augen einen Schleier, und — er schlief ein. Das Glück wollte diesen Mann wenigstens auf eine Stunde im Schlaf zum Amtmann machen. Er traumte, daß er wirklich Amtmann wär: Er sah im Traume wie ihm die Baueren Reverenzen machten; so gar der Pfarrer des Orts schien ihn mit tiefen Kratzern, in einer neuen Perucke zu begrüßen. So glücklich war der Glaser niemals. Er zerrete das Maul hin und her im Schlafe, um eine Amtmannische Mine herauszubringen; er rüstete sich eben, wie er seine Feinde im Dorfe knjouiren wolle; es kam ihm vor, als wenn ihm die stolze Tochter des Dorfschulzes mit lächelndem Braude entgegen kame, — er wollte ihr entgegen gehen; ihr etwas schönes vorsagen; er streckte sich; stieß mit einem Fuße auf seine Glasbürde, und ach! sie rollte mit klingendem Tone den Berg hinunter, und das Glas brach in tausend und tausend Stücke. Da wachte der verglasste Amtmann auf; sah sich staunend herum; sah, daß seine Amtmannschaft aufgehört hat; suchte seine Glasbürde; stund auf, und — O Unglück! sein ganzes Glück, seine ganze Hoffnung, alles sein Glas lag unter dem Berge in Scherben. — So hat das Glück den Mann um eine, nur eine Stund während Amtmannschaft getäuscht. — O Menschen! die ihr euch hier Berge von Hoffnungen aufhäufet, denket: — es war einmal ein Glaser, ıc.

O Hoffnung! du bist ein Zauber-Spiegel der Jugend, und eine Amme des hohen Alters. Was wär der Mensch ohne Hoffnung? — ein Geschöpf ohne Gefühl. Du giebst uns einen Vorgenuß des Guten, ehe wir es besitzen. Der Sklave in Ketten bauet so viele Windmühken, wie der Minister, und vielleicht noch mehr. Der Ritter Donquixote lieferte den Windmühlen Schlachten wie Alexander dem Darius — mit nemlicher Hoffnung des Ruhms. — Und doch: — es war einmal ein Glaser.

Kaum hat der Mensch das Gehoffte erlangt, so stellen sich neue Hoffnungsschlösser dar. Der Genuß des Gehofften wird bald abgenutzt, und — der Glaser ist wieder da wie einer neuen Glasbürde.

Ein Jüngling mit Hoffnungen flammend, konzentrirt den Brennpunkt seiner Leidenschaften in seiner Schönen. Er wird erhört; er ist im Besitz; — ach! — er sucht einen neuen Traum: — es war einmal ein Glaser, ꝛc.

Ein Mädchen häuft alle ihre Seeligkeiten auf ihren Geliebten auf; sie ist die Seinige; er ist der Ihrige. — Wie lang? es war ein Traum; die Glaserbürde rollt über den Berg; sie bricht alle Seeligkeiten: — es war einmal ein Glaser.

Ein Handelsmann wiegt den Gewinnst in der Hoffnungswiege; er wächst auf; — dann legt sich der Stolz in diese Wiege; er wächst auf; — dann wird der Luxus hineingelegt; — ach! auch der Luxus wächst wie ein Ries auf. — Da legt man das alte Sprüchwort dar ein: — wie gewonnen, so zerronnen. Ja, es war ein Traum: — ja, es war einmal ein Glaser ꝛc.

Da steht auf dem Berge die Hoffnung in Martiæ Albens des Ruhms vermummt. Soldaten, Junker, Kerls klettern hinauf. Keine Gefahr schreckt sie ab; es mag ein Degen, es mag eine Pistole, es mag eine Kanone seyn. Man kommt endlich von Haken an bis auf den General. — Die Kugel trifft auch den General. Da geht ein Feiger, ein Poltron vorbei, freut sich auf ein Grab, und wünscht sich Glück, daß er kein General war. So rollt das Glas von diesem Berge und bricht. Wie kann es anders seyn? — es war einmal ein Glaser ꝛc.

Ein Vater bauet auf seinen Sohn einen Altar der Hoffnung. Er opfert ihr täglich mit dem Weihrauch des künftigen Glücks. Das Söhnchen kommt in seine Gesellschaft; der mit so vieler Arbeit aufgebauete Altar wird niedergerissen; er bricht. Ist es Wunder? — nein; es war einmal ein Glaser ꝛc.

Die Hoffnung strahlt Freyheitsstrahlen auf eine Nation. Welche der Hergegesten Ereyglen! jeverlaßt sich nach seinen eigenen Bedürfnissen. bestrahlen. Erstlich wird dem Könige der Zepter aus den Händen gerissen. Dieß ist noch zu wenig, man schreyet um grösre Aufopferungen! — Der Adel, die Geistlichkeit werden verjagt. Wer soll nun die Bürde aufladen? — Niemand. Wer soll also die Ochsen, wenn sie das Ich abgeschüttelt haben, wieder fangen, wieder unters Joch bringen? — Niemand. Was wird hernach geschehen? — Sie werden wild, laufen herum, lassen sich nimmer zähmen, und — verheeren das Land. — Und da kommen Raubthiere, Füchse, Hiänen, Löwen, Adler, und andere dergleichen Geschöpfe, die kein anderes Gesatz beobachten, als entweder das füchsische Recht des Feinern, und das Löwen-Recht des Stärkern, und fressen die Ochsen auf. O Hoffnung! o täuschende Göttin! warum hast du dann so viel Glückseligkeiten auf diese Nation gestrahlt? — darum, — dann es war einmal ein Glaser ɪc.

Ach! in den menschlichen Lehrgebäuden der Hoffnung sind so viele Gläser! daß überall nichts als Gebrechlichkeiten hervorragen. Lauter Windmühlen, Luftschlösser, die mit dem Traum des Glasers zerbrechen. Der Gegenstand dieser Hoffnungen ist meistens wie die Bürde des Glasers. — Nur die Religion bauet auf festem Grund; ihr Gegenstand ist so erhaben, daß sie ihn bis auf den letzten Hauch des Lebens dauerhaft macht. Diese Hoffnung ist kein Traum des Glasers. Es ist eine Stütze in Unglücksfällen, es ist ein Trost im Leiden; es ist ein Zaum der Sittlichkeit. — Philosophen! ihr wollet diese Hoffnung von dem Berge des Glücks wie die Bürde des Glases herabrollen lassen, und brechen? — ihr raubet mir also die Stütze in Unglücksfällen, den Trost im Leiden, und den Zaum der Sittlichkeit? Nein, diese Hoffnung ist der erste Grund meines Glücks; — ihr sollet, wie die Bürde des Glasers, von dem Weltberge herabrollen, und lieber Fuß und Bein brechen, als mir diese Hoffnung benehmen. Ihr könnet bis auf den letzten Schlummer mit unserem armseligen Glaser träumen, und wenn ich auch nach euerer Meinung ein Träumer bin, so zerbricht wenigstens meine Glasbürde nicht; sie bleibt mit mir, — und wie wird es seyn, wenn ich aus meinem Lehrgebäude jenseits des Grabes auf euch sehen, und euch auslachen würde?

So sprach die Göttin der Hoffnung im Elysium:
— es war einmal ein Glaser ꝛc.
Die Geister erzählten sich hernach folgende Vorfälle
aus der Oberwelt.
Paris vom 13 — 15ten dieses.

Auf das Anschreiben des Königs von Spanien mach‑
te man den Entwurf, dem Spanischen Gesandten ganz
trocken sagen zu lassen, daß es seinem Herrn nicht zuge‑
höre, sich in die Angelegenheiten Frankreichs zu mischen.
— Aber Herr Andre sagte: — Meine Herren, lasset
uns diese Antwort noch etliche Wochen zurücksetzen. Dann
es ist zu erwarten, daß wir von mehreren Höfen der‑
gleichen Anschreiben bekommen werden, und dann wird
es uns leichter und kürzer seyn, allen Höfen von Euro‑
pa auf einmal mit einem kurzen Manifeste zu antwor‑
ten. — Dieser Vorschlag war angenommen.
Heute Morgens hat sich ein Geschrey verbreitet, daß
der König wieder abgereist sehe. — Das war ein Ge‑
tümmel! Man lief zu der Thuillerie, und man fand,
daß der König wirklich da ist. — Darauf schloß man
gleich, daß eine neue Verschwörung bestehen müsse, um
den König zu entführen. Es wurden alle Wachten noch
einmal verdoppelt. So gar auf den Dächern sind zahl‑
reiche Wächter aufgestellt.
Herr Maillenet sprach schon am 13ten dieses über
die traurige Lage Frankreichs schreckliche Worte: — Frank‑
reich ist, sagte er, ein Staat ohne König, ohne Gesetze,
ohne Religion, und ohne Kraft. Die Gesetzgeber sind
eines unbändigen Pöbels Sklaven, die Armee ohne Di‑
sciplin, der Staatsschatz ohne Geld, die Magistratsper‑
sonen ohne Gewalt, in allen Straßen brennen Rotten
Verheerungsfeuer, die Verbrecher stehen auf Ehrensäulen,
die Tugend liegt im Kothe. Wer hat den Staat in die‑
se gräuliche Lage versetzt? — Ich will hier schweigen,
jeder ehrliche Mann weiß die Quelle unserer Uibel. Nur
die Rotten wünschen alles übernhaufen zu werfen, da‑
mit sie auf Unkosten ehrlicher Leute leben.
Eben schreyet man vor dem Hause der Nationalver‑
sammlung, daß man an alle Municipalitäten Abgesand‑
te schickt, um von ihnen zu vernehmen, was man mit
dem König anfangen solle. Selbst die Versammlung hätte
kein Recht, in dieser Sache ein Urtheil zu fällen; es

müſte die ganze Nation ſeyn, alle Departemente, alle Municipalitäten, alle Diſtrikte.

 Die Nationalgarden werden, alle, ihre Stärke an, um das raſende Volk von dem Hauſe zu entfernen. Es läßt ſich nicht abwehren. Man drohte, man ſchlägt ſich. Gott! was wird aus allem dieſem werden!

Schreckliche Erwartung! Schauervolle Furcht! — niemals war Frankreich dem blutigen Untergang ſo nahe, wie jetzt. Der Pöbel, die Rotten, die Ungeheuer wütheten, daß die Nationalverſammlung ſo lange zaudre, um den König abzuſetzen, und um eine republikaniſche Regierung zu erheben. — Auf der andern Seite wächſt die Zahl der Monarchiſten außerordentlich. Geſtern und vorgeſtern ſah man in ſieben Straſſen monarchiſche Werber, welche, öffentlich ſchrien, daß ſich das Volk des Monarchen annehmen, unter eine Fahne tretten, und gegen die Republikaner muthig fechten ſolle. Es geſchahen viele Balgereyen. Der Pöbel lief zu der Nationalverſammlung, trohte ihr, ſie gänzlich zu vertilgen, alle Glieder niederzuhauen, wenn ſie nicht den Entſchluß faſſen wollten, den König der Regierung unfähig zu erklären. — Die Nationalgarden können dieſe Wuth nicht bezähmen; ſie müſſen ſelbſt fürchten, überwältige zu ſeyn. — Wenn es zu einem Kampf kommt, welches Blutbad!

Wien vom 13ten dieſes

Vorgeſtern iſt ein ruſſiſcher Kourrier hier eingetroffen, deſſen Depeſchen nimmer an den Kayſer geſchlaft werden, weil man ihn täglich hier erwartet. — Er bringt die Antwort auf die Aufträge des Herrn von Biſchofswerder.

Man ſcherzt über den Ausdruck einer miniſterielen Note unſers Hof an Preußen, nemlich über den Status quo: ſtricte de droit & de fait; daß heißt über den Status quo wie er in Rechten, und iſt der Wirklichkeit gegründet iſt. Ein fremder Miniſter ſagte bei dieſer Gelegenheit, daß dieſe Diſtinktion dem feineſten Janſeniſten, oder Moliniſten Ehre gemacht hätte. — Aber wem hätte der Status revolutionis in den Niederlanden, und im Lüttichiſchen Ehre gemacht? dies ſteht zu entſcheiden.

In dem nemlichen Augenblick kommt die angenehme Nachricht, daß alles geebnet iſt; daß der Friede mit den Türken in voriger Woche geſchloſſen war; daß undie letzte Hand an?gewisse Nebenumstände angelegt werde, und daß die Gegenwart Leopolds diese Angelegenheit mit Unterschieden versiegeln we de. — Es ist nun kein Zweifel mehr übrig: — es ist Friede; nächstens werden die Artikel dieses grosen Werks bekannt gemacht.

Brüssel vom 15ten Juli.

Die Huldigung und Inauguration des Kaisers, als Graf von Flandern, ist am 7ten zu Gent, und die als Graf von Hennegau am 12ten zu Mons in der Person Sr. Königl. Hoheit des Herzogs von Sachsen-Teschen vor sich gegangen. Der bevollmächtigte K. K. Minister, Graf von Metternich, kam am 8ten mit seiner Familie und dem Gefolge hier an. Am 10ten wurde das geheime Conseil, der Finanzrath, und die Rechnungskammer eingesetzt. So sehr hiernach sämmtliche Verwaltungszweige, in unserm der Zerrüttung so lange Preis gegebnen Lande, für jetzt wieder in neue Ordnung zurückzutreten scheinen; so düster ist noch die Aussicht in die Zukunft. Der gütige Leopold, der Liebe seiner Völker so werth, kann noch die Wonne nicht haben, die Herzen der Niederländer wiedererobert zu wissen. In manchen Gegenden giebt es noch Starrköpfe vom adelichen u. s. vom geistlichen Stande, die argen Sinnes sind. Die Huldigungs-feyer zu Mons hatte die freudige Ansicht nicht, die sie hätte haben sollen. Man hörte fast kein Vivat, das dem Kayser, oder den General-Gläubigern gegolten hätte. Der grösste Theil des Adels, ausser denjenigen, die zu dem Korps der Stände gehörten, und daher von Amtswegen beiwohnten mußten, hatte sich aus der Stadt wegbegeben, und es ist zuverläßig, daß J. K. K. H. H. aber Ihren Empfang daselbst nicht unzufrieden gewesen sind. So suchen unholde Menschen von Hohlen der Klasse den Keim des Misvergnügens, der daher zerrütten zu seyn schien, neuerdings beym Volke heranzusprossen zu machen, und den wohlthätigen Absichten des besten Fürsten in thätlicher Geschäftigkeit entgegen zu arbeiten. Nach geendigter Inaugurationsfeyer zu Mons, bei einem Mittagsmahle, wozu die Mitglieder der Stände eingeladen waren, warf sich ein Abbe von St. Denis zu den Füssen J. J. K. K. H. H., und bat um Pardon für den bekannten C....s, der vor der Uebergabe der Antwerper Citadelle sich nicht erinnerte, daß er seinen

Fürsten Treue schuldig war, und noch für 2 andere Offiziere, die ihren Eid vergessen hatten. Allein die General = Gouverneure antworteten mit festem Tone: „daß ihnen dieser Schritt unerwartet sey; daß man, um Pardon, zu verlangen, sich dessen würdig zeigen sollte; daß Sie aus der Art Ihres Empfanges, und den damit vergesellschafteten Umständen genug sähen, wie man die Güte Ihres Souverains zu sehr misbrauche; und daß man wohl Mittel finden werde, sich Ehrfurcht zu verschaffen u. s. w." Schon am 13ten trafen JJ. KK. HH. von Mons wieder her ein.

Der Tag zur Huldigung für die Provinz Namur ist noch nicht bestimmt; wahrscheinlich werden die General= Gouverneure sich auch da in dem Falle befinden, der neimlichen Sprache sich bedienen zu müssen, wie zu Mons. Hier in Brüssel geht's auch so ruhig noch nicht hin. Noch gestern Abends feyerten 5 bis 6 Geistliche mit einem ehemahligen Patrioten = Hauptmann, der Kommandant zu Dies war, das Namensfest Heinrichs Man der Noot mit vielem Geräusche; man sang Spottlieder auf die Regierung und den Souverain. Allein die ganze Gesellschaft ward im Saus und Schmaus vom Militair aufgehoben, und auf die Wache gebracht. Auch zu Löwen geht es noch sehr toll zu. Am vorigen Sonntage und den folgenden Tagen sind da solche Raufereyen vorgefallen, wobei mehrere die Hände verloren, und 2 bis 3 Personen wirklich umgekommen seyn sollen.

Biographie

Die **Hoffnung** eine Göttin der Alten, eine Puppe unserer Zeit, hatte zwey Tempel in Rom, — und hat heutiges Tags jedes menschliche Herz zum Komptoir des Glücks. Man sieht diese Göttin in Statuen mit Blumen geziert, haltend in einer Hand Aehren und Mohnblumen, sich auf eine Säule stützend, und auf einem Bienenkorb sehend. Die Dichter sagen, sie wäre eine Schwester des Schlafs, der unsere Sorgen unterbricht, und des Todes, der unseren Kummer endigt. — Heutiges Tags müste man die Hoffnung neben beim Thron eines deutschen Monarchen knieend vorstellen, wo sie im Namen aller wohlhabenden, und redlichen Leute supplicirt, damit der Freyheitswahn, der so viele Menschen aus ihrer politischen Existenz wirft, in seine wahren Grenzen zurückgedrängt werde.

Nro. 60.   Montag den 25ßen Juli. 1791.

Beilage
zu
Politischen Gesprächen
der
Todten.

Ankündigungs-Herold.

1mo. **Literatur.** — revolutionirende, blutige, mörderische, als Folge der heutigen Opinionen-Philosophie.

Paris vom 18ten Juli. — Nationen! Völker! Menschen! lesset die blutigen Auftritte, — die Schande der Menschheit, und danket Gott, daß seine Hand unsre Regierungen noch fest hält. Und du, o philosophisches Jahrhundert! du wirst der Nachkommenschaft auf der Schandsäule zum Skandal aufgestellt. Unsre Kinder werden dich verfluchen, und die Opinionenphilosophen werden ins Tollhaus eingesperrt. — Also Paris vom 18ten Juli. — Gestern um 4 Uhr nach Mittag rottete sich der Pariser Pöbel auf dem Martisfelde. Die Republikanische Sekte schwebte Mordsucht über ihn. Fast 40tausend Menschen waren gegenwärtig. Einige Jakobiner hielten Reden; schrieen gegen die Nationalversammlung, weil sie die Unverletzbarkeit des Königs dekretirt hatte. Der Nationalaltar ward der Mittelpunkt der Rotte. Sie legten einen Eid darauf, daß sie keine monarchische Regierung haben wollten; daß der König und seine Familie von der Erde vertilgt werden sollen; daß jedes Volk sich selbst regieren könne. Es stunden zwey Nationalgarden bei dem Altar zur Wache. Der eine war ein Invalid, der einen hölzernen Fuß hatte, der andere war ein guter Bürgerssohn. — Diese Garden ermahnten den Pöbel, den Dekreten der Nationalversammlung Gehorsam zu leisten. Man wollte sie laternisiren; man schleppte sie zu einem Friedensrichter. Der Richter hörte die Klage, fand sie unschuldig, und ließ sie durch einige Garden in Sicherheit führen. Aber die Ungeheuer rissen sie den Garden aus den Händen! hiengen den Mann mit dem hölzernen Fuße auf einen Laternen=Pfahl, laternisirten auch den andern, aber der Mann wehrte sich, der Strick riß, er fiel. Die Wütteriche packten ihn an, schnitten ihm den Kopf ab, steckten ihn auf einen Spieß, und trugen ihn wie im Triumphe herum. — Unterdessen wurde Lerm; die Nationalgarde rückte aus; der Pöbel warf Steine auf sie. — Sie retirirte sich bis auf das Marsfeld, und stellte sich in Schlachtordnung. Es regnete doch Steine auf sie. — Sie drohte, gab Feuer; 12 Personen wurden getödtet; über 200 blessirt. Die Gährung wurde wüthender. Die Nationlgarden schrieen um Hilfe; Die Nationalversammlung ließ das martialische Gesetz ausschreien; die Blutfahne wurde aufgehenkt; es wurden in alle 80 Gouvernemente im Reich Kourriers ausgeschickt, um das martialische Gesetz zu publiciren, und um die rothe Blutfahne auszuhenken. Der Pöbel, der sich auf dreymalhundertausend Menschen rottierte, schrie, drohte, die ganze Nationalversammlung zu ermorden. Es waren aber vor dem Hause der Versammlung Kanonen aufgepflanzt. Tod und Schrecken schwebt über Paris. — Gott! welche Situation! Die Nationalversammlung sieht nun ein, daß die Klubs den Pöbel zur Unruhe inspiriren. Es wurden also Nationalgarden in den Jakobiterklub geschickt, um dieses Nest der Intriquen zu zerstören. Die Jakobiter liefen, was sie laufen konnten, und in Zeit von drey Minuten war alles leer. Auch hat die Nationalversammlung befohlen, daß kein Mitglied von den Solonen mehr die Klubs frequentiren solle. — Man tödtet sich noch hier und da; die Nationalgarden aber hauen blutig darein. — Man kann also nun mit Gewißheit behaupten, daß die Versammlung mit dem Könige vereinigt, die Zerstörer strafen, die Landtruppen in

Generung setzen, und die monarchische Regierung behüten werde. — Morgen mehr darüber.

Sehr merkwürdige Weissagung eines französischen Officiers über die deutsche Nation, übersetzt von einem Preußischen Tambour.

Ob es mir gleich im Herz wohl that, hier an einem Beispiele zu sehen, daß Zacharias, Liskows und Rabners Geist in Deutschland noch nicht verdunstet sey; warte doch diese Freude bald in bittern Schmerz verwandelt, als ich durch diesen geistreichen Verfasser veranlaßt wurde, Betrachtungen über den entsetzlichen Sittenfall teutscher Weiber anzustellen. Vielwissende Nichtswisserinnen, mit gleissendem Lake getünchte Buhldirnen, Aushäuserinnen, Romanenquärrninnen, Hascherinnen nach jeder Mode, die da höhnen ihr Vaterland, und Auslands Sprache und Sitten nachäffen; die spielen, tanzen, liebeln, am entweihten Klaviere welsche Buhllieder guren, so gar freigeisten, und Gott und alle Sittlichkeit aus den Augen setzen; solcher Weiber soll es jetzt unter uns, sonderlich in grosen Städten — das Gott erbarm! die Menge geben! Ists Wunder, wenn von solchen Müttern eine schädliche Menschen-Abart entsteht? Wenn bei der so allgemein überhandnehmenden Pantoffelherrschaft, der altdeutschen Mann-Charakter verlohren geht, und wenn unsre Männer in Geken und Toilettpuppen zusammenschrumpfen!? Hier schwindet die Satyre, hier kann der Vaterlandsfreund — nur weinen.

240. Handlungs-Nachrichten.

Briefe aus Amsterdam melden, daß viel Tabak aus Amerika gekommen, und noch mehr erwartet werde. Auch erwartet man viel Eisen aus diesem Welttheil.

241. Ankündigungen.

Es werden alle und jede sowohl Militair als Civil-Obrig- und Gerichtsbarkeiten hiemit schuldigst gebeten, auf den flüchtigen Jakob Metschenbacher, welcher aus dem Dorfe Freyenfeld 5 Stunden von Bamberg (allwo dessen Bruder ein Schänker) gebürtig ist, ohngefehr 50 Jahr alt, mehr kleiner als mittler Statur, mehr schwarz als brauner — ein wenig graue Seitenhaare, einer ziemlich grosen Kopfplatte, runden braunen Gesichts, ziemlich geschwäzig, mehr eingebogenen als geraden Nase, himmelblauen Rock und Weste, mit gelb und weis melirt meßingenen Knöpfen, auch Bocklederne Beinkleider, bisweilen ein kurzes dunkelleberner Farbe so genanntes Jagd= oder Postrockel tragend, seiner Profession ein Faßbinder; Nachdem er zuvor von einem Hochfürstl. Bischöf. Bambergischen Regiment in die K. Abnigl. Dienste desertiret, in solcher bei denen Regimentern Dreyß und Fürst Hohenlohe Infanterie 19 Jahr 9 Monat gestanden, Inzwischen aber von diesem ersten Regiment ins Reich echapiret, und sich allda wieder auf der Wirbung des 2ten Regiments engagiren lassen, in der Folge nun 9 Jahre bei der Hochfreyherrl. Herndahlischen Manipulation als Steinkohlen Bergwerks=Faktor gedienet, nachdem er seine Rechnungen betrügerisch verfaßet, 150 fl. an Herrschafftlich baarem Gelde erhoben und mitgenommen, nebst einer liederlichen Prager Weibs=Person, welche er für sein Weib ausgiebet, am 5ten Juni d. J. sich flüchtig gemacht, folglich sein angetrautes Eheweib nebst 2 Kindern, wovon ein Mädchen ins 5te, und einen Knaben ins 3te Jahr gehend leichtfertigerweise verlassen, das wachsamste Aug um desto mehr zu haben, als es die allgemeine Landesnothdurft erfordert dergleichen Bösewichtern den gerechtsamsten Einhalt zu thun, und in Betrettungsfalle, das liederliche Prager Mensch mittelst eines Schubs von ihme zu trennen, und die gnädig als gerechtsamste Verfügung zu treffen, damit er zu seinem angetraueten folglich rechtmässigen aber unglücklichen Eheweibe, welche wieder in ihren Geburtsort dem Dorfe Schnedowitz im Leutmeriger Kreyse 2 Stunden von Wegstädtl unter die Hochgräfl. Hartmannische Jurisdiktion zurück kehren mußte, wohl verwahrt mittelst eines Schubs gebracht werden möchte; Als sämmtliche Löbl. Zeitungs=Comptoir hiemit inständigst ersuchet werden mittelst Communikation ein solches in denen Zeitungen hinlänglich und ausführlich bekannt zu machen. Sigl. K. Hauptstadt Prag den 20sten Juny 1791.

Nro. 30.   Dienstag den 26sten Juli. 1791.

Geheimer
Brief-Wechsel
zwischen den
Lebendigen und den Todten.

An Hans Law — ins Elysäum.

Vom Rhein-Ufer am 26sten Juli

So ist es, Law! deine verdammten und ruiniren=
den Finanz=Spekulationen haben Nachahmer gefun=
den. Man suchte das Glück der Staaten in Geld=
und Plus=Machereyen; der Luxus gaffte nur nach
Geld, — nicht nach der Producirung, die eigentlich
die Seele der Staaten ist, und heutiges Tags ha=
ben die verdammten Luxus=und Finanz=Spekula=
tionen nicht allein alle Staaten, sondern so gar al=
le Bürger auf den Rand des Abgrunds gesetzt.

Seit Ludwig dem 14ten, der die Tugend für
Geld zu verkaufen anfieng; der Aemter kreirte,
um sie zu verkaufen; der den Luxus von dem Schorn=
stein an, bis auf die Tafel; von dem Schedel an,
bis auf die Füsse; von dem Pallast an, bis an die
Hütte vergoldete, versilberte, verseidete; — liegen
alle Staaten, alle Grosen, alle Bürger, alle Lands=
leute an den Ufern des Bankerotsflusses. Das
allgemeine Glück wird pulverisirt, so bald der Ludo=
vicianische Luxus, und der Finanzgeist aus dem

;fenster, der allgemein verbreiteten Verschwendung winken. Ludwig der 14ten guft aus unseren Gebäuden, aus unseren Küchen, aus unseren Meublen, aus unserer Tracht, — und aus den ge.hürmten Hauben unserer Mädchen heraus. Die Ludowizianische Schöpfung des Maul = Kleider = und Bequemlichkeiten = Luxus hat uns entnervt, in Schulden gesteckt, ins Verderbnis gestürzt.

Stelle dich mit mir auf einen Areostatischen Ballon; laß uns über Deutschland in die Höhe fliegen, um alle Staaten von Europa zu übersehen. Laß uns eine Finanzkarte mitnehmen, — was sehen wir? was beobachten wir?

Frankreich ist, wie man wähnt, wegen der üblen Haushaltung, wegen Finanzen — gestürzt. H'm! sind andere Staaten, in ihren Finanzen glücklicher? — laß sehen! schaue in die Karte! — Rußland, das lorbervolle Rußland hat für 100 Millionen Rubel Papier gemacht; man verliert bis 26 pro Cento dabei. Eine nöthige, aber auch eine ruinirende Finanz-Operation! Sie war nöthig, um die Lorber zu pflanzen. Ach! wenn der Goldregen fehlt, da welken die Lorber. — Nur eine Kathtarine hat Stärke genug, den Ruhm auf den Lorbern ohne Goldregen blühend zu machen.

Was ist England in seinen Finanzen? ein mit Schulden belasteter Staat. Wenn Lpps = Salb noch drey Jahre in Ostindien den Alexander spielt, so kann man die Ostindische Kompagnie auf den Nagel hangen; wenn ein Seekrieg nur drey Jahre in Englandsfinanzen wühlt, so ist der Kassaboden sichtbar, — und wenn die französische Revolution ihre Copie nach England schickt, — so fällt alles — alles zusammen.

Holland in Finanzen? — ist wie ein Haus,

das ausspflickt wird, und das in Fundamenten Schaden leidet. Wer soll die Fundamenten ausbessern? — Die Hochmögenden Kommissarien, die nach Batavia zur Unterſuchung des Gouvernements abgehen ſollen. — Eitle Arbeit! — es fehlt im Grunde, nicht auf dem Dache.

Preuſen! — ſchöne Finanzen, groſe Schätze!, — Aber die Unterhandlungen, und der Statusquo brauchte goldene Säulen. Der alte Schatz war von 90 Millionen Thaler, und in zwey Jahren ſind 18 Millionen ausgeflogen; — alles wegen dem Statusquo. Und wenn Preuſen einen Krieg unternehmen müſte? — die öſterreichiſchen Feſtungen Pleß und Thereſienſtadt — ſind Zäune, damit man im fremden Garten keine Kirſchen mehr pflügen dörfe; die Erſparungen können nimmer in Schatz gebracht werden; alſo bleiben beinahe 70 Millionen übrig! — eine Summe, die in einem Kriegsjahr, nur la bonne bouche, darauf gehen.

Oeſterreich — durch das Türkenfieber ausgemergelt, — muß lange Diät brauchen, um vollkommen zu rekonvaleſciren. Die Niederlande ſind zwar erobert, aber die groſe Militairmacht, die man allda unterhalten muß, verſchlingt nicht nur allein die drey Millionen, die man vorhero rein aus dieſem Lande zog, ſondern es müſſen noch andere drey Millionen jährlich dahin gebraumt werden.

Betrachtet man andere kleinere Staaten von Europa, ſo ſind ſie faſt alle auf der Seite Debet in der politiſchen Buchhandlung angeſchrieben. Selbſt den Spaniern ſcheinen ihre Goldminen zu Perou zu vertrocknen.

Dieſe Betrachtungen, und die in Frankreich daraus gebohrnen Reſultaten — müſſen alle Höfe von Europa dahin leiten, — sich auf Diät zur allgemeinen Heilung zu setzen. Nur die Ruhe dient ermüdeten Körpern zu Wiederherstellung. Die Kriege, die Erschütterungen, die kostspieligen Rüstungen müssen aufhören. — Und die Politik ist jetzt ein so künstliches Gewebe, daß ein angezogener Faden davon, alle übrigen Faden mit sich zieht. Noch halten diese Faden das ganze Gewebe zusammen, nur in Frankreich ist ein Loch durchgerissen; sind solche Risse nicht auch anderwärts zu befahren, wenn man zu stark daran zupft!

Aber die Zerrüttungen können unmöglich die Schuldenkrankheit heilen. Dies beweist Frankreich, jenes Land, welches seit 26 Monaten an der neuen Konstitution bauet. Hier ist das Gemälde des jetzigen finanzirenden Frankreichs, so wie man es am 13ten dieses zu Paris der Versammlung darreichte:

Resultat der Ausgabe und der Einnahme Frankreichs in den ersten vier Monaten des 1791sten Jahrs, so wie es die Herren Durney, und Duserne übergeben haben:
Ausgabe von den Monaten Januar, Februar, März
und April   =   *   340,182,237 Liv.
Einnahme von idem   *   70,822,790.
Also wird die Einnahme von
der Ausgabe überstiegen mit   264,159,447 Liv.

Vier Monate machen ein Drittel des Jahrs aus; also, weil noch keine Hoffnung da ist, daß die Ausgabe vermindert, und die Einnahme vermehrt wird, so muß ganz natürlich folgen, daß für das ganze Jahr 1791 die Ausgabe um 792,478,341 größer wird als die Einnahme.

Diese Uebersteigung würde noch größer ausfallen, wenn man die ausserordentliche Kasse, die nur das Geld für Nationalgüter enthält, dazu rechnete, da man sieht, daß von den Nationalschulden noch nichts bezahlt ist worden.

Es erhellet noch aus dieser Berechnung, daß die ordinairen Ausgaben eines einzigen Jahrs mehr als 10 Millionen betragen, da sie doch bei der vorigen Regierung in den verschwenderischsten Jahren kaum auf 6 Millionen gestiegen sind. — Ein Resultat, welches beweist, daß Frankreichs Finanzen, ungeachtet der patriotischen Geschenke von Schnallen ꝛc. und ungeachtet der Einziehung der geistlichen Güter — sich mehr und mehr dem Bankerot nahen. — Dies ist ein trauriges Resultat!

Die Zeit nahet, wo grose Begebenheiten den Schauplaz der Welt beleuchten werden. Briefe aus Koblenz vom 24sten dieses, melden folgendes: — Täglich kommen noch Franzosen bei uns an. Man kann nicht sagen, daß sie sich flüchten, sondern daß sie sich zu der Gesellschaft ihrer wohldenkenden Landsleute begeben, um — für die Ordnung zu wirken. — Prinz Conde ist auch hier angekommen. Man erzählt, daß die französischen Prinzen hier einen Kongreß halten; daß sie in sechs Wochen abgehen werden, —. wohin? — H'm wohin? — nach Frankreich. Nur ein wenig Geduld, das Theater hat sich geändert.

Briefe aus Ath sagen, daß täglich gemeine französische Soldaten ankommen. Die Helfte von den Grenadiers von Frankreich ist schon da. Es sind noch 15tausend Mann auf dem Weg. — Im August geschieht der Einmarsch; ja im August, so ist die Bestimmung.

Auszug eines Schreibens aus dem Haag, vom 10ten Juli.

Die unerwartete Veränderung, die in dem Ministerium von Berlin, die Entlassung des Herrn von Herzberg betreffend, vorgegangen ist, scheint dem Statthalterischen Kabinete zu nahe zu gehen. Dieser grose Minister war nicht dem Oranischen Hause zugethan, weil er dadurch dem Leitfaden des englischen Kabinets zu folgen genöthigt war. Also verliert der Statthalter bei diesem Vorfall viel. Aber das politische Gewölb, zu welchem dieser grose Minister den Schlüßel hatte, steht nun öde, und die Politik dieses Hofs hat andern Gang genommen. ←

Herr von Bischofswerber scheint ein anderes Lehrgebäude aufzubauen. Man sagt, daß er in dem Gang der politischen Angelegenheiten, einer, dem H. von Herzberg gerade entgegengesetzten Meinung sey. So lang der alte ehrwürdige Minister an der Stelle war, war die preußische Spannung auf einen Krieg gegen Rußland angezogen; jetzt ist dieß: Spannung erschlappt, und alle Kriegsfurcht verschwindet. Man will behaupten, daß dieser Gang für Preußen nützlicher betretten werden könne. Denn die immerwährende, Rüstungsvolle und kostspielige Spannung, die Preußen mit aller Kraft bishero angezogen hat, entnervt die Adern des Staats, besonders wenn sie lang auf Schrauben angestrengt werden müßen. Aber Entwürfe, die weiter ins Große hervorragen, werden aus der neuen Quelle hervorsprudeln. Der oranische Hof sieht den französischen Volksdumel mit scheelen Augen an. Die französischen Aristokraten werden bei Hofe wohl aufgenommen, und Herr von Barentin arbeitet im Haag für die Konteracevolution, so wie bei anderen Höfen andere Unterhändler arbeiten; so wie Herr Calonne zu London den Hof in Bewegung zu setzen trachtet.

Unterdessen aber wird eine Mine zu Amsterdam gegraben, deren Auffprengung ganz Europa in Staunen setzen soll.

Die Anzündung des Magazins beschädiget auch noch die Untersucher, und doch kann man nichts Bestimmtes darüber erfahren. — Die englischen Briefe sind so Geheimnißvoll, daß man die Richtung der Flotte, und die Wendung des Kabinets nicht errathen könne. Gewiß ist es aber, daß die englische Flotte noch nicht abgetakelt werde. Der spanische Bothschafter hält mit den englischen Ministern öftere Konferenzen, und man schließt daraus, daß der Londner Hof an Frankreich eine eben dergleichen Erklärungen machen werde, wie es Spanien schon gethan hat. — Bald wird sich vieles aufklären!

Viel merkwürdiger noch ist ein Schreiben aus
    Wien vom 16ten dieses
welches also lautet: — Fürst Kaunitz rathet, daß der Kayser die Niederlande besuche, damit diese Nation endlich ganz beruhiget werde. Dies wird auch geschehen, so bald die Krönung zu Prag geendiget

ist, von woher der Kayser, wie man sagt, über
Mecheln nach Brüssel reisen würde. — Er nimmt
den Prinz Karl mit sich, dessen Bestimmung ver:
schütemlich gemuthmasset wird. — Wie wäre es,
wenn dieser Prinz auf sein Haupt eine königliche
Krone bekäme? — Aus den belgischen Provinzen
läßt sich viel modificiren; mit einigen Zusätzen —
aus Lüttich, Kleve ꝛc. und mit der Mitgabe einer
englischen Prinzessin kann wohl eine Krone aus:
geflochten werden. Und woher wird Preusen und
Oesterreich wieder entschädiget? — Hier strecke man
den Finger, und zeige auf der Landkarte —
Polen!

Paris von 20ften dieses. Endlich ist es den
Nationalgarden gelungen, die Ruhe herzustellen. Es
sind viele Störer gefänglich eingezogen worden. Der
preußische Jud Ephraim, aufrührischen Andenkens
vor Zeiten zu Brüssel, ist auf dem königlichen Platze
— zu Paris — als Anstifter arretirt worden. Das
nemliche Schicksal hatte auch ein Italiäner Namens
Rotondo. Der Jud Ephraim hat grose Untersu:
chung auszustehen.

Die Blutfahne ist wieder abgenommen; man
sagt, daß der Kayser ein Manifest hieher geschickt
hat, wodurch er 12 Köpfe der Solenen verlangt.
— dies ist aber nicht glaublich.

Birmingham — in England vom 16ten die:
ses. — Was wir lang vorhergesehen, vorhergesagt,
— ist geschehen. In Birmingham ist eine gräu:
liche Rebellion ausgebrochen. Das Volk hat in ein
Wirtshaus eingedrungen, wo man den Jahrstag
der französischen Revolution feyerte. Es schlug al:
le Fenster ein, von da zog es in das Haus des
Doktor Priestley, berühmten Revolutionsverfech:
ters, verbrannte es, und noch andere 15 Häuser.

— Am 18ten sind Truppen angekommen, sie sind aber zurückgeschlagen, und viele getödtet worden. Die Revolte ist gröser, schreibt man, als Anno 1780, und Gott weis, wenn sie sich endigt.

Dublin vom 15ten dieses. — Es wüthet ein grausamer Aufruhr hier; eine ganze Gasse ist verbrannt worden. Man sinkt und brennt noch. Dieses Uebel verbreitet sich auch auf dem Lande. Ach! man feyert die französische Revolution — mit Feuer.

Biographie

Hans Law aus Edenburg in Schottland gebürtig. Sein Vater war ein Messerschmidt. Der junge Law hat die Tochter eines Lords aus London entführt, und hat den Bruder seiner Entführten ermordet. Man sprach das Urtheil über ihn, daß er gehangen werden sollte. Allein er nahm die Flucht, und kam nach Turin, wo er an Viktor Amadäus den Plan einer Bank übergab; aber Viktor sagte, daß er nicht mächtig genug seye, um sich zu Grunde zu richten. Er kam nach Paris; der Herzog von Orleans, der damals regierte, gab seinen Vorschlägen Beifall, und Law errichtete die berühmte Bank, die so viel Aufsehen machte, und die Frankreich in einen schändlichen Banquerot stürzte. Dann war ganz natürlich der Haß der ganzen Nation auf diesem Mann, er mußte fliehen, und eine Sicherheit in Venedig suchen, wo er im größten Elend Anno 1729 starb. Dieser merkwürdige Mann, ein Avanturier, wurde in Frankreich katholisch, und seine Hauptpassion bestund im Spielen, durch welches er den Anfang seines Glücks machte. Ohngeachtet dessen muß man gestehen, daß er viele Kenntnisse besaß, und daß der Herr Necker vieles von seinem System entlehnet hat, wie uns die Franzosen versichern.

Nro. 61.   Freytag den 29sten Juli 1911.

Beilage
zu
Politischen Gesprächen
der
Todten.

Politische Satyren.

„Politischer Kalender in Hundstagen.
„England. — Gewitter mit Rebellions-Hagel.
„Frankreich. — Seit 26 Monaten kein heiles Wet-
„ter; die Freiheits-Hitze verbrennt alles. Veränderli-
„ches Gewitter.
„Preußen — bald heiß, bald kalt, der Baro-
„meter steigt.
„Oesterreich: — Gewitterwolken mit heißem Son-
„nenschein. Giebt sich auf Besserung.
„Holland — Von weitem ein Gewitter, Hagel, und
„Regen, wolkigter Himmel.
„Türkey. Ueberschwemmung, und doch muß man
„mit der Statusquo-Kanne begießen.
„Rußland: — Lorber mit Regenbache bedeckt, —
„es muß hell werden. Die Gewitter mögen brechen
„wie sie wollen.
„Spanien. — Das trübe Wetter wird von den Bi-
„nnäen herrollen, aber St. Jago von Compostella
„bringt Windstille.

Aachen vom 25sten Juli. — Der große Herrscher
im Norden, Gustav von Schweden, hat heute

frühe, nachdem er 6 Wochen lang unter uns luſtzgewandelt, die hieſige Stadt verlaſſen, und ſoll, heißt es, den Rückweg nach Stockholm über Koblenz nehmen, um den Brüdern des Königs von Frankreich dort einen Abſchieds=Beſuch abzuſtatten. Den ehemaligen Franzöſiſchen General Bouille hat er vor ſeiner Abreiſe von hier in ſeine Dienſte als General, und deſſen Sohn, ehemaligen Franzöſiſchen Major, als General=Adjutanten, aufgenommen. Beide ſind ſchon vorgeſtern dem Könige vorausgegangen. — Prinz Ferdinand von Preuſſen iſt, ſchon einige Tage früher mit ſeiner hohen Familie von hier nach Spaa abgereiſet.

Bonn vom 26ſten dieſes. — Heute iſt Herr Calonne aus England hier durchgereiſt. —. Ein trauriger Zufall hätte ihn bald in die andere Welt geſchickt. Die Pferde wurden an ſeinem Wagen ſcheu; er wurde zwiſchen Bonn und Remagen umgeworfen, —. und dies in Rhein. Glücklicherweis rettete man ihn, und ſeinen Wagen, worinne er wichtige Papiere hatte. Ungeachtet des Schreckens reiſte er doch weiter, und kam heute zu Koblenz an. — So gar die Elemente ſcheinen gegen die guten Grundſätze zu ſt. eiten. — O Lovola! wären deine Söhne auf der Welt geblieben; ſo ꝛc. ꝛc.

Paris vom 22ſten dieſes. —. Es werden noch, täglich viele Perſonen in Verhaft eingezogen. — Der Auflauf am 15 — 16 —. und 17ten dieſes, hat vieles entſchleyert. Man weis nun unterdeſſen ſo viel, daß viele fremde Ausſpäher, die ſich hier für gute Patrioten ausgeben, alle ihre Einflüſterungen dahin zielen, um die Unruhen zu unterhalten. Es iſt vielleicht fremden Mächten daran gelegen, Frankreich in der Unordnung zappeln zu lassen, damit es sich, in sich selbst ruinire. Der berümte Jud Ephraim hat bei der ersten Untersuchung ausgesagt, daß er wichtige Dinge von Seiten seines Hofs zu entdecken habe. — Man zählt über 4tausend fremde Menschen hier, die dem Volk Verschiedenes vorspiegeln. Aber man ist nun viel behutsamer, und man haltet ein wachsames Aug auf diese Leute. — Man hat gestern an vielen Häusern folgendes gefunden: — Es lebe der König! es lebe die Königin! der König wird bald in der Spitze von 400tausend Mann anders sprechen. Paris wird den Krieg anheben, und in Flammen stehen.

London vom 29sten dieses. —. Der Auflauf vom 14 — 15 und 16ten dieses zu Bermingham zeigt, daß die französische Revolution dem englischen Volke nicht behage. Bermingham ist nur vier Meilen von London; die meisten Bürger allda haben Stahlfabriken. Fünfzehn Häuser sind also in der Asche, und dies geschah mit einer Kaltblütigkeit, als wenn die Aufrührer dazu im Taglohn bestellt gewesen wären. — Zwei grose schöne Häuser, jenes des Herrn Humpries, und jenes des Herrn Bafferville sind bis auf den Grund zerstört. Der Doktor Priestley, ein groser Marktschreyer der französischen Revolution hat sich noch zum Glück gerettet. — Das Volk hat sein Haus, welches nur eine Meile von Bermingham entlegen ist, ganz mit allen Meublen, mit der Bibliothek verbrannt. Weil es aber den Doktor nicht fand, so stopfte es eine Puppe aus, trug sie in der Stadt herum, und schrie: Sehet hier unsern Doktor Priestley! hernach machte man ein Freudenfeuer, und die ausgestopfte Doktors-Puppe wurde mit vielem Geschrey den Flammen aufgeopfert. — Wunderbar! während dem Tumult hörte man beständig schreyen: — Wir wollen unsern König, und unsere Regierungs-Art behalten; Gott verdamme die Republick! zum Teufel alle neuen Konstitutionen!

Man darf sich über die Anstifter dieser Unruhen noch nicht äussern. Die Regierung hat treffende Maasregeln genommen, um alles mit der grösten Behutsamkeit zu untersuchen. Man weis aber, daß sich viele Leute, und viele sonst wohlhabende Leute darüber freueten; das gröste Glück ist es aber, daß diese Aufbrausung nicht in London selbst entstanden seye.

· Scharivari.

Herr Duvertier ist am 21sten in Paris angekommen, nachdem er seine Gesandschaft bei Prinz von Conde vollendet hat; — er ward 22 Tage zu Luxemburg angehalten, weil er keinen Paßport hatte.

Man schreibt aus dem Haag vom 22. dieses, daß man die die Aufbrausung jetzt mehr, als jemals fürchte. Der Regierungsanhang äussert offenbar seine Unzufriedenheit, und es murrt sichs, es schreyet sichs, es ꝛc. ꝛc. ꝛc.

Grünstädter Privilegirte Zahlen-Lotterie. Die Sieben und zwanzigste Ziehung ist heute den 26. Juli 1791 unter Beysitz derer hierzu verordneten S. T. Herren Deputirten mit gewöhnlichen Formalitäten und gehöriger Accuratesse vollzogen worden, und sind folgende Numern aus dem Glücksrade erschienen:

Erster Zug : Nro. 51. Ein und Fünfzig.
Zwenter Zug : Nro. 18. Achtzehn.
Dritter Zug : Nro. 8. Acht.
Vierter Zug : Nro. 76. Sechs und Siebenzig.
Fünfter Zug : Nro. 89. Neun und Achtzig.

Die Acht und zwanzigste Ziehung geschieht den 2. August 1791. und sofort von 8 zu 8 Tagen.

Num. 71. Donnerstag den 28ßen Juli 1791.

Politische Gespräche

der Todten

über die Begebenheiten

des 1791ßen Jahrs.

„Tarquinio expulso, Patritii regimen inter se divise-
„runt. Hodie Tarquinius Galliæ, factiosis sceptrum
„cedere cogitur. Factiosis? — Ita est; ergo factio-
„sum regimen non durabit. Dicam;! Domine Rex,
„accipe Sceptrum, & percute eos, qui nobis imponu-
„nt. — Et fiet ita.

Uiber die Pfalz am Rhein.

Von der Donau an, fast bis auf die seichten Mündungen
des Rheins, hat die Familie der Pfalzgrafen am Rhein
ihre Besitzungen gehabt. Wo man immer auf diesem
Wege hinblickt, — sieht man pfälzische Hände das Land
bebauen. — Durch diese Zerstreuung der Länder sind
die Pfalzgrafen fast von allen Mächten von Europa —
gute Nachbaren. Es ist kein Fürst in Europa, der so
viele Nachbaren hat, als der Pfalzgraf am Rhein. Der
Kaiser, Preußen, Frankreich, Holland, fast alle deut-

sche Fürsten nachbaren mit den Besitzungen des Pfalzgrafen.

Diese Situation in so vielen mächtigen Nachbarschaften muß die Pfälzische Regierung wachsam, klug und behutsam machen. — Welche Kräfte, welche Anstrengung, welche Verwickelungen, welche Streitigkeiten, welche Auge Richtung, welche Vorbeugungen, welche Bedenkenheiten, welche Weisheit — müssen an diesem Hofe wohnen. — Und wunderbar! die Pfalzgrafen haben fast im ganzen Deutschland ihre Besitzungen auf dem besten Boden gesäet; — oder die Regierung der Pfalzgrafen hat fast überall den Boden fruchtbar gemacht. — Dies aber jenes muß wahr seyn. Denn überall ragt der pfälzische Boden mit vorzüglicher Fruchtbarkeit, mit vorzüglicher Wohlhabenheit des Volks, mit vorzüglicher Sittlichkeit empor.

In dieser gedrängten Lage muß die pfälzische Politik besonders dahin zielen, daß sie ihren so mächtigen Nachbaren keinen Argwohn der Vergrößerung rege mache. Sie muß die Reichsgesetze beständig auf dem Pulte haben, und sehen, daß ihr Lehrgebäude unterhalten wird. — Die Vermehrung des Militairs, welches gewiß auf zotausend Mann erhöht werden könnte, muß sorgfältig vermieden werden, damit die Nachbaren darüber nicht mistrauisch werden. Jede Vermehrung der Soldatenmacht erzeugt Argwohn, und mit einer Armee von zotausend Mann könnte man sich freylich mit den ersten Mächten von Europa alliiren; aber die entgegengesetzten Mächte würden weder andere verhältnißmässige Gegenallianzen schliessen, und — dann hätte die Pfalz nichts als Kriege, als Angriffe, als kostspielige Auslagen zu erwarten. — Das unscheinbige und gerechte Pastoralleben ist also den Pfälzern am zuträglichsten.

Diese aufgesäeten Völker, — vielleicht zu weit nach der Lage von ihrem Thron entfernt, — müssen wachsame, und wenn ich mich so ausdrücken darf, etwas unbiegsamere Beamte haben. — Die Kraft des Staats ist niemals vereinigt, also muß sie die Standhaftigkeit der Beamte ersetzen.

Seit den Revolutions-Jahren scheinen freylich Völker die Erbsse mehr zu fühlen. — Vom Schulzen an bis

auf den Taglöhnsmann, — jeder schmeichelt sich ein Glücks=
gehabt der Nichtbezahlung, und der Nichtunterwürfig=
keit. — Grosses Unglück für jede menschliche Gesellschaft.
— Man mache ein einziges Dorf von Gehorsam, und
von Abgaben zur Probe frey; — ach man wird sehen,
daß dieses Dorf eine Mördergrube seyn wird; daß die in=
nern Zwistigkeiten die freyen Dörfer in Abgrund stürzen,
und daß man darnach seufzen würde, eine Obrigkeit
vom Himmel zu entsehen. — In alle Regierungsarten
schleichen sich Misbräuche ein. Aber diese Misbräuche
sind in Verhältniß mit den Urseln, die aus der populai=
ren Selbstbeflebung entstehen, als kleine Krankheiten zu
betrachten, welche mit Geduld und Anwendung an die
erste Obrigkeit leicht kurirt werden können.

Die Untertbanen der Pfalz haben sich zu allen Zei=
ten durch die Liebe, und durch das gerechte Zutrauen an
ihren Fürsten ausgezeichnet. Selbst in den unglücklichen
Zeiten, wo Frankreich die Pfalz verheerte, kann man nicht
einziges Zeugniß des Abfalls anführen. Gutes, redliches
Volk! bies Tugend ist dir eigen; sie ist eine in den
Herzen der Pfälzer eingefaßte Perle. Aber auch die pfäl=
zischen Fürsten wissen diese Tugend zu schätzen. Ein Karl
Theodor! — ach! die Güte, die Liebe, die Schätzung
des Volks liegen in einem Haufen vor seinem Thron. Er
greift täglich in diesen Haufen, streuet sie aus, — für
euch, gute Pfälzer. — Sehet die Städt Manheim an,
bewachet euere fruchtbaren Fluren, Lebet euere Häupter
auf den pfälzischen Parnas, auf den Musensiß, — überall
strahlt Karl Theodor in euere Augen.

So sprach Herzog Georg Hans von Veldenz zu den
Pfälzern im Elysium. — Sie hörten ihm zu; sie erin=
nerten sich der Ufern des Neckers und des Rheins: sie
weinten Wonnethränen, weil ihre Kinder und Kindes=
kinder glücklich sind. Sie schrien: es lebe der gute
Karl Theodor!

Natur unterbrach diese Zusammenkunft. Er kam
von der Oberwelt, und erzählte folgende wichtige Neuig=
keiten.

Wien vom 21sten Juli.

Die Kassen haben kein Geld; sie sind von dem lang=
dauernden Kriege ausgemergelt; sie werden am Ende

um Frieden bitten müssen. — Ha, ha! so ist das Gespräch über die Russen von ihren Feinden? — Nu gut, meine Herrn! ich will ihnen hier ein kleines Muster des von ihnen so ängstlich prophezeyeten Russischen Falls geben. — Lesen Sie folgende Nachricht, ich hoffe, sie werden ihre traurigen Prophezeyungen in Sack stecken; — lesen Sie:

Gestern (am 26sten dieses) kam ein Kourier bei dem Fürst Galizin an, der eine glorreiche Nachricht von dem Prinz von Repnin mitgebracht hat. — Held Repnin gieng am 24sten Juni (des alten Styls) über die Donau. Er ließ seine Armee an den Ufern hinauf marschieren, und kam am 27sten nahe an Sutzin. Da sah er den Groswizier mit seiner Armee auf vielen Hügeln unter unzehlbaren Zelten gelagert. — O wie flatterten die Wünsche zu einer Schlacht über die russischen Helden! — Repnin theilte seine Armee in drey Kolonnen ab. Der Groswizier ließ 70 tausend Spahis über die Russen herfallen. Erste Attake! — zurückgeschlagen; zweyte Attake! — zurückgeschlagen; dritte Attake! — zurückgeschlagen, zerstreuet, gemetzelt — zur schändlichen Flucht gebracht. O Wunder! so siegte Alexander über den Darius.

Der Groswezir hatte 25tausend Mann Infanterie, die in Gebüschen versteckt war, und die aus den auserlesensten Janitscharen bestund. — Er kommandirte sie zum Angriff. Aber die Russen ließen ihnen keine Zeit vorzurücken; sie stürzten über sie her; feuerten mit Kartätschen auf sie. Was thaten die Janitscharen? — sie liefen, wurden verfolgt, und der Groswizir wäre bald gefangen worden; —

sechs Minuten, und ein Pferd haben ihn getötet. — Diese Schlacht endigte sich in Zeit von 6. Stunden. Die Türken verliessen ihr ganzes Lager; — die Russen eroberten es. Uns schwere Menge Zelter, Munition, 46 Kanonen, ein Haufen von Flinten, Säbeln, Pistolen, ꝛc., sind den Helden Rußlands zur Beute geworden. 6524 todte Türken blieben auf dem Schlachtfelde. Der Vezier flüchtete sich in die hohlen Wege des Berges Hämus.. Beim Abgang des Kourriers verfolgten noch die Kosacken die zerstreute türkische Armée, und haben schon viele Gefangene, worunter viele Baschen sind, zurückgebracht. — Nun bedenke jeder die Folgen, die Vortheile dieser Schlacht. Ich glaub, daß es dem Großvizir um seinen Hals herum verflucht jucke.

Wien vom 22sten. dieses. Vorgestern Abends ist unser Kaiser in vollkommenem Wohlseyn bei uns eingetroffen. — Herr von Bischofswerder ist auch noch hier. Er speiste schon zweymal bei unserm alten Staatsvater Kaunitz, der ihn mit ausserordentlicher Aufmerksamkeit aufgenommen. — Man wird also bald von den Unterhandlungen helleres Licht bekommen. — Alles, was man jetzt wihut, sind nur abgebrochene Strohlen.

Düsseldorf vom 20sten Juli.
Gestern um 6 Uhr Abends, hatten wir das ausnehmende Glück, Schwedens grosen Gustav hier eintreffen zu sehen. Se. Majestät geruheten in dem Gasthofe zum Hof von Holland einzukehren, und nach einem Aufenthalte von einer Stunde Dero Reise weiter fortzusetzen. Diese so schnelle Abreise des Königs giebt zu verschiedenen Rammengiessereyen Anlaß. Man sagt; er würde deswegen, weil er die traurige Nachricht erhalten, daß der Zeitenhaus in Schweden in hellen Flammen aufgebrannt ist. Andere behaupten, daß die Russen solche

bedeutenden Vorkehrungen machen, daß ihren Einfluß
Schweden vieles zu befahren macht. — Auch im Preußi
schen sollen sich gewisse Aufserungen erheben, die unan=
genehm zu hören sind.

Paris vom 23ſten dieſes.

Alle patriotiſche, närriſche, viel Lermen machende
Schrifterlinge werden eingezogen, geſtraft, und unter die
Schärfe der Geſetze gefnickt. Maran, Prudhomme De=
moulins, Audouin, Verrieres — lauter bellende Freyheits=
Hunde — ſind arretirt. — Was haben wir ſo oft wie
verbohlt? — Die Menſchen werden am Ende geſched,
und die Schreyer werden es mit ihrer Haut bezahlen. —
Es trifft ſchon ein, und wird noch mehr eintreffen.

Bonn vom 25ſten dieſes.

Die Schützengeſellſchaft hat geſtern das Namensfeſt
der Erzherzogin Chriſtina gefeyert. — Ha, ha! — ich
weiß warum: dieſe erhabene Prinzeſſin hat bei ihrem Auf=
enthalte hier den bürgerlichen Freuden beigewohnt, und
ſich in dieſer Geſellſchaft populariſirt. — Damals, o Freun=
de! haben wir uns über die Undankbarkeit der Braban=
ter aufgehalten; falſcher Wahn hat die guten Leute ge=
täuſcht. Aber wir haben ſie geſehen, die Schweſter un=
ſers Fürſten; ſie luſtwandelte unter uns. Höret, o Freun=
de! laſſet uns ihren Namenstag feyern, weil ihr Name
in unſeren Herzen iſt. Sechs Dreiſen — zu ihrer Ehre!
— Dictum, Factum. O könnten wir hundert ſolcher Ta=
ge feyern!

Reichstag.

Auf die Elſaſſer=Sache werden die gegenwärtige Um=
ſtände in Frankreich allerdings einen großen Einfluß ha=
ben. Der Reichstag hat mit dem Abſchluß an ſich ge=
halten, weil die Inſtruktionen für Böhmen, Oeſterreich
und Churſachſen auf das kayſerl. Commiſſions=Dekret erſt
ſpät eingetroffen ſind. Der Antrag war ſchon, die Be=
rathſchlagung auf den 27ſten Junius aufzuſchieben, und
den Abſchluß erſt den 4ten Jul. vorzunehmen. Da ſich
aber durch die Flucht des Königs die ganze Lage der
neuen franzöſiſchen Conſtitution als eines Werks, wel=

als nur die Usurpateurs der rechtmäßigen Gewalt, unternehmen konnten, ändern muß, so wird der Reichstag auch hierinfalls mit dem Abschluß an sich halten. Die meisten Instruktionen zielten indessen dahin.

1) Sollte an Frankreich erkläret werden, daß das deutsche Reich an die mit dieser Krone geschlossene Verträge und Friedensschlüsse nicht mehr gebunden seyn wolle, und daher 2) seine Ansprüche auf die an Frankreich abgetretene Länder wieder geltend zu machen suchen werde. 3) Da seither der öffentliche Handel und Wandel zwischen beyden Nationen, zum offenbaren Nachtheil von Deutschland bestanden hat, so wäre durch einen Reichsschluß alle Einfuhr französischer Waaren nach Deutschland gänzlich zu verbieten, und zu dem Ende an den Grenzen ein Militairkordon zu ziehen. 4) Wären die in Deutschland gelegenen französischen Güter, und bisher allda aufgehobten Rechte von reichswegen in Sequester zu legen, und in so lange nichts an Frankreich verabfolgen zu lassen, bis den deutschen Fürsten u. s. w. ihre Rechte und Besitzungen zurückgegeben werden. 5) Da die französische Nationalversammlung verschiedene Mitglieder von der sogenannten Congregation de Propaganda nach Deutschland verschicket, um die demokratischen Grundsätze allda auszubreiten, diese aber mit unserer deutschen Reichsverfassung nicht vereinbarlich seyen, so wäre gesetzmässig zu verordnen, daß gegen alle Franzosen oder Deutsche, welche die demokratischen Grundsätze heimlich oder öffentlich ausbreiten würden, mit Leib und Lebensstrafe verfahren werden solle. Ob übrigens ein Reichskrieg gegen Frankreich zu erklären, hänge lediglich von der Mehrheit der Stimmen ab, und alle wohldenkende Reichsstände würden von selbst ermessen, daß das ganze Reich bald zerstückelt bald an fremde Mächte übergehen würde, wenn jede derselben sich mehrere teutsche Provinzen zueignen dürste, ohne zu fürchten, daß die deutschen Reichsstände eingedenk ihrer ursprünglichen Verbindung, sich wechselseitig unterstützen und erhalten würden. Das deutsche Reich habe immer Kräfte genug, seine Würde, seine Rechte und Besitzungen, gegen jeden Nachbar zu vertheidigen, und es komme nur blos darauf an, daß die vom wahren Patriotismus geleiteten Fürsten, unter ihrem Oberhaupt

mit altdeutschem Muth sich vereinigten, um gegen jede friedensichtungswidrige Unzuträglichkeit einer fremden Nation, ihr Ansehen, ihr Eigenthum und ihre Besorgnisse dauerhaft zu schützen. ec.

Biographie.

Herzog Georg Hans von Veldenz, geboren 1543 und starb 1592. Dieser Pfalzgraf erscheint, während der mehr als dreißigjährigen Dauer eines Rechtsstreites als der sonderbarste Fürst, als ein politischer Träumer und Abentheurer. Er ließ in Quart und Folio drucken, und hinterließ vierzig Bände Handschriften. Sein Plan zur Ausführung seiner Sache war unzusammenhängend, schwankend und bodenlos. Er sagte dem Kayser, den Fürsten und Räthen Grobheiten, drohete mit auswärtiger Hülfe, führte die heimliche große Sprache bei dem Reichstage und Reichskammergericht, drohte mit der Faust in der Tasche, drohete mit der Strafruthe Gottes, roch hernach wieder niederträchtig, heulte wie eine Beischwester, machte Schulden, verlaufte Land und Leute, führte ein geplagtes, unruhiges, projektkrankes Leben, durchreiste alle Apotheken von Deutschland und Europa, machte Projekte, und sah sie alle vereitelt. Während seines ganzen Lebens lag er mit dem Kurfürsten Friedrich, dem 3ten, Ludwig, und dem Kursadministrator Johann Kasimir, in einem heftigen Streit, indem er zwar der Hauptsache nach, das Recht auf seiner Seite hatte, dessen Beendigung aber weder er, noch seine Kinder erlebten; indem Stamm und Aeste seines Nachkommen darüber verdorret, oder abgestorben sind. Er begehrte kraft des 1541 zu Diskodenberg, und 1545 zu Simmern geschlossenen Vergleichs den 4ten Theil aller Verlassenschaften. Dero Heinrich; die oben genannten Kurfürsten aber beriefen sich auf den 2ten November 1553 zu Heidelberg errichteten Vergleich, nach dessen Ausmeinung die von der alten Auslinie verlassenen Länder, die sie wirklich besaßen, und noch weiter bekommen sollte, unzerrissen, in künftigen Regierungsjahren bei einander behalten werden sollten. Hierüber entstund ein eben so heftiger als wichtiger Prozeß, in dessen ganzem Verlauf man aber bei der ersten Frage stehen blieb, und auch diese noch unentschieden ließ: wer Richter seyn sollte?

Nro. 62. Montag den 1sten August, 1791.

Beilage
zu
Politischen Gesprächen
der
Todten

Ankündigungs = Herold.

1mo. Litteratur.

Über die heutige Litteratur
meine Gedanken.

Die Hauptglückseligkeiten der Menschen bestehen in drey Produkten der Erde: — in der Nahrung, in der Bekleidung, in der Wohnung. Es ist also der größte Dienst, den man der Menschheit erweist, wenn man die Erde — in Rücksicht auf diese drey Artikel durchstudiret, durchmeditirt, — durchwühlt. Alle übrigen Wissenschaften und Künste, die auf die Erde keine Beziehung haben, sind so zu sagen Wollüste des menschlichen Verstandes. Die wahre Philosophie also muß den Bauch, — diese immergebende Mühle, — durch die Nahrung; — die Haut, gegen die Witterung durch die Kleidung; — die menschliche Gemächlichkeit gegen Regen, Sonne ꝛc. — durch die Wohnung, zu befriedigen suchen. Alle übrigen metaphysischen Spekulationen, Wortspiele, und Tändeleyen, sind hohle Possen der philosophischen Taschenspieler. Unsere Herrn Gelehrten machen sich jetzt verflucht groß mit genetischer Philosophie, mit metaphysischen Plaudereyen, mit neuen Wörtereyen, wodurch unerfahrne Leute Stoff bekommen sich groß zu machen, und — doch ist dieser Theil der Philosophie nur der geringste Theil derjenigen Wissenschaften, die uns zu den obengemeldten Artikeln oder Glückseligkeiten führen sollen. Von Plato an bis auf den Kant — hat uns diese Metaphysik — nicht einmal einen Pfannenkuchen zu verbessern gewußt. — Spricht man mit diesen Wörterkrämern über die Physik über die Mathematik, über die Mechanik, — und über andere nützliche Wissenschaften, — so überschwemmen sie einen mit unbedeutenden Worten, mit ihrem Kikelkakel, mit verzierten Redensarten so, daß man nach vielem hin und her Reden — nichts als Worte hat, in der Realität aber — nicht einmal Erdäpfel. So war die Metaphysik in den Zeiten der Scholastiker, — zwar in anderes Kleid verhüllt, aber in der Hauptsache eben so wenig dem menschlichen Geschlechte nützlich, wie jetzt. — Unser erstes und allgemeines Glück besteht in der Befriedigung der physikalischen Bedürfnisse. Dies ist die wahre und angemessenste Philosophie unserem Zustande. — Wenn der Bauch bellt, da mag der gantische Koch alle seine metaphysischen Wörtereyen sieden, braten, backen, kochen; — es kommt nicht einmal eine gute Sauerkrautschüssel daraus. Wenn der Mensch keine Bedeckung oder Kleider hat, da mag ein Gantianer metaphysiciren, so lang er will, so wird er nicht einmal eine Schlafhaube ausphilosophiren. Wenn durch das Dach Regen träufelts, — da ist mir der Dachdecker viel tausendmal willkommner, als alle Wörterkrämer, und metaphysische Marktschreyer. Wenn die Aufklärung in Luftschlössern wohnen soll, — da will ich lieber in meiner Küche wohnen, wo mir die Physik ein gutes Stück Rindfleisch zubereitet. Die Richtung also der wahren Philosophie muß auf die Erleichterung der Erlangung unserer Bedürfnisse zwecken. Hier liegt die nützliche Aufklärung: — die Physik, die Mechanik, die Mathematik, der Ackerbau, die Viehzucht sind ihre Zweige, und — wenn ich mich nicht irre — auch die Küche. — Derjenige Bootsknecht, der aus Amerika Erdäpfel zu uns gebracht hat, verdient mehr Dank, als alle Metaphysiker, die uns in einen Wald von Wörtereyen gesetzt haben, wo unsere Seele verirrt herumschwärmt.

Ich weis, daß alle Bonzier der ganzen Welt ihrem

Kant auf der Metaphysik ein festes Gebäude errichtet haben. Sie haben sich der menschlichen Opinionen bemeistert, und diese Opinions-Masse war wie ein Teig in ihren Händen; — noch mehr: wir sehen auf eben diesen Grunde noch heutiges Tags verschiedene Lehrgebäude errichtet. Was ist die Illuminaten-Maschine anderes, als eine metaphysische Leyer, worauf der starke Geist aus derer ihre Opinionen wie auf dem Klavier betastet, und ihnen einen Ton giebt, wie er es für gut findt? In dieser Rücksicht ist die metaphysische Wörterbuche ein gutes Magazin der Künste. Kommt in solche Bude ein Mann, der gute Lungen, und eine bewegliche Zunge hat, so sieht man einen Demosthenes oder einen Mirabeau wie eine Spinne aufgehen, die alle Opinionen der Völker mit gleicher Hitze schmelzen, und sie in eine gleiche Forme eingießen. Haben diese Opinionen einmal ihre Forme, so hält es hart sie zu verändern, bis wieder ein neuer Taschenspieler entsteht, der die alte Forme zerbricht, und Geschicklichkeit genug hat, eine neue zu substituiren. — So ballotiret man die Opinionen, bis sie endlich ganz abgenutzt — zu nichts mehr gilt sind, — nicht einmal um einen Pfannenkuchen daraus zu bereiten. — Da entsteht die unglückliche philosophische Anarchie, wo endlich weder das Eigenthum, weder das Leben sicher sind. — Aber die Völker, des Tobens müde, erinnern sich ihres vorigen Zustandes mit Wonne, trachten ihn wieder zu erlangen; und da werden die philosophischen Altare niedergerissen, und das Volk gelobt — ich war ein Vieh, und will ein Volk bleiben.

Sachen. Unter die Zahl interessanter Fremden, welche sich während dem Aufenthalte des großen Königs von Schweden hier einfanden, gehört auch der durch seine Künstler-Talente, insbesondere durch die Herausgabe des schönen Hedlingerschen Medaillen-Werkes so rühmlich bekannte Hr. Christian von Mechel aus Basel. Der nordische Held, der von jeher Verdienst zu schätzen wußte, beehrte diesen Künstler vorzüglich mit der huldreichsten Aufnahme, und der ausgezeichnetesten Gewogenheit, und beschenkte ihn beim Abschiede mit der großen goldenen Medaille, die das Andenken des glorreichen Sieges in Svenksund, den Gustavs Heldenarm am 9ten Juli 1790 erfocht, für die Nachwelt verewigen soll.

2do Handlungs-Nachrichten.

Niemals war die Klage des Handlungsstandes so allgemein, als jetzt. Frankreich hat die Handlung ganz erschüttert. Wie? nur erschüttert? — nein, ganz aus ihrem Gleis ausgeworfen. Was soll man anfangen? — und noch ist keine Hoffnung, daß es besser gehen werde.

Man schreibt aus Frankfurt, daß der Landgraf von Hessen-Kassel zwey Millionen Thaler der Provinz Holland als ein Anlehen zu vier und halb Procent gegeben habe. — Alles geht jetzt anders in der Welt. Vorhero suchte man in Holland Geld, jetzt suchen die Holländer Geld in Deutschland. Die Welt ist umgekehrt. — O wandere, wandere hin, du Gott der Handlung. Du wandertest aus Karthago nach Rom; von da nach Venedig; von Venedig zu den Hanseestädten; von dort — nach Holland; wo wirst du jetzt hinwandern? — Nach Amerika, nicht wahr?

3tio. Ankündigungen.

Ein französischer Edelmann, beinahe 34 Jahr alt, von einer sanften Gemüthsart, hat viele Jahre in einem großen Hause Deutschlands zugebracht, und sucht nun als Erzieher eine Stelle. Er hat topographische und Weltkenntnisse gesammlet, so daß er mit jungen Herrschaftskindern nützlich reisen könnte. Er ist in der Litteratur erfahren, hat einen guten Gesellschafterton, kennt vollkommen die Gebräuche der schönen und großen Welt, und verdient zu einem solchen Platz vollkommenes Zutrauen. — Diejenigen, die ihn zu solcher Stelle anzuwenden wünschten, können sich wegen des Weitern bei der typographischen Gesellschaft in Neuwied melden, wo man ihnen genaue Auskunft geben wird.

Nro. 31.   Dienstag den 2ten August. 1791.

Geheimer
Brief-Wechsel
zwischen den
Lebendigen und den Todten.

Hans Sigismund von Ziethen aus Elysäum,
an Potemkin.

Elysäum am 2ten August.

Nein, Potemkin, es geht nicht an; die Pforte darf nicht eingestürzt werden. Wie? Rußland ist der Garten der Lorber, die Schule der Siege? — o schreckliche Erwartung!

Seit Anno 1720, seit Peter dem Grosen, — also seit 70 Jahren hat Rußland in der Politik mehr gewonnen, als alle Reiche von Europa, als alle Reiche, die seit 1000 Jahren an ihrer Gröse arbeiten. Was war Moskowien vor Peter dem Grosen? — vor 80 Jahren? — eine politische Nulle, die kaum die Grenzen barbarisiren konnte. Peter der Grose machte sich erstens den Rücken frey; er verlängte die Schweden an den Nordpol; er pflanzte den Ruhm in sein Land; — und diese Pflanze ist zu einem der grösten politischen Bäume von Europa angewachsen. Wenn die russische Siegenprogression von 80 Jahren auf die zukünftige

30 Jahren multiplicando berechnet wird, so ergiebt sichs, daß Anno 1871 nicht nur allein die Türkey, sondern Pohlen, Preusen, und vielleicht auch ein gröserer Theil Deutschlands, — von Bremen bis nach Warschau mit einer geraden Linie eingezogen, — der russ'schen Tapferkeit weichen muß. — Diese Multiplikation der Kräfte muß alle Kabinete schrecken.

Wie? wenn die Türken bis nach Warna, und bis auf den Berg Hämus nach dem Entwurf Josephs des Zweyten und Katharina der Zweyten — zurückgedrängt würden; sage mir, Potemkin! — wohin, gegen welche Gegend würde Rußland seine Siegesbaionetten spitzen? — Ach! Preusen ist das nächste Land, Preusen hätte den ersten Stoß zu erwarten, und in Zeit von 30 Jahren würden die Russen bis gegen Leipzig — von Bremen angefangen, und bis nach Warschau fortgefahren, — ihre Lorber-Zäune gepflanzt haben. — Schreckliche Zukunft! allgemeine Unterjochung unter Rußlands-Zepter! Dann wäre es auch leicht, — die Universalmonarchie, diese Fabel Karl des 5ten Kayserlichen Andenkens, zwischen Rußland und Oestreich — zu theilen. Welche ungeheure Entwürfe! welche große Erschütterung der Europäischen Mächte!

Diese traurige Erwartung wollten andere Mächte nicht einsehen. Preusen allein, das von Friedrich dem Grosen beschattete Preusen, sah den russischen Abgrund, wohin es stürzen sollte. Was war also zu thun? — alle möglichen Triebfedern der Politik anzuspannen, selbst alle Verzweiflungsmittel einzuschieben, um diesen so gut, so erhaben combinirten Entwurf zu vereiteln. — Weil die Tür-

ſchen Waffen bei allen Gelegenheiten ſchändlich gebrochen wurden, ſo muſte Preuſen wenigſtens die
alte Lage, ſo wie ſie vor dem Kriege war, heraus
zuwinden ſuchen. Der Statusquo war ſeine einzige Unterdeſſenrettung: ich ſage Unterdeſſenrettung,
denn in Zeit von 10 Jahren hätten die Ruſſen
gewiß dieſer Unterdeſſenrettung vorgebeugt, und ſie
vereitelt. — Leopold, der weiſe Leopold, — fühlte
nur zu ſtark die preuſiſchen Schrauben des Statusquo,
er nahm ihn an — um ſich zu erhohlen. Aber
Rußland, der — nun 70 Jahr alt gewordne ruſſiſche Ruhm, — ſprach vom Nordpol der ganzen Erde — ein groſes: — Nein. So konnten nur
Römer vor Zeiten ſprechen. Und Rußland iſt in
der Politik nur 70 Jahr alt, und ſpricht im höhe-
rem Tone, als Rom jemals ſprach. — Ach! wir
ſind in Europa beſtimmt, von den nordiſchen Ue-
berſchwemmungen bedeckt zu werden. Rußland wird
uns überſchwemmen, — nicht mit Waſſer, — mit
Siegen.

Aus dieſem kann man ſchließen, daß die Pforte, es koſte, was es wolle, in Statusquo erhalten
werden müſſe. Sage mir, Potemkin! wenn die
Türken euch, Ruſſen, keine kriegeriſche Beſchäffti-
gung mehr geben können, würdet ihr ſie nicht gegen uns — gegen Deutſchland ſuchen? — Ihr ſeyd
ſeit 70 Jahren im immerwährenden Kriege, wolltet
ihr hernach auf einmal aufhören zu ſiegen? Credat Judaeus Appella; — Ich höre wieder von einem
Siege; ich melden ihn Briefe aus

Wien vom 25ſten Juli.

Geſtern kam wieder ein Kourrier vom Fürſten Repnin; er brachte an den Fürſt von Gallizin
die Nachricht von einem neuen Siege, den der Ge-

Generallieutenant von Suborvitsch am 22ſten Juni (alten Styls) über Muſtapha Paſcha, Sohn des Batal Paſcha, der im vorigen Jahre gefangen wurde, erfochten hat. — Die Ruſſen haben nemlich die Stadt und den Hafen von Anapa am ſchwarzen Meere erobert; 14000 theils Innwohner theils Soldaten ſind zu Gefangnen gemacht; und ein ſehr groſes Magazin mit Munizion und Lebensmitteln kam den Siegern zur Beute. — Welcher Haufen von Siegen!

Geſtern ſtarb hier der berühmte Mineraliſt, — der öſterreichiſche Plinius — Herr von Born im 53ſten Jahre ſeines Alters.

Geſtern iſt der franzöſiſche Both ſchafter Herr von Noailles im Cirkel bei Hofe nicht erſchienen.

Brüſſel, den 27ſten Jul.

Geſtern hatten wir ein trefliches Feſt, wo mehr das Herz als Auge ſich weidete. Unſere General-Gouverneure ertheilten dem braven Dragoner-Regimente la Tour den Lohn für ſeine Tapferkeit und Treue, wovon es während der belgiſchen Kreuzzüge ein Muſter war. Das Schwadron deſſelben, welches hier in Beſatzung liegt, paradirte vor dem Hofpallaſte; die Hauptleute, Lieutenants und Unterofficiere tratten in das Vorzimmer der General-Gouverneure, und Marie Chriſtine zierte hier die Fahne des Regiments mit einer goldenen Medaille von 800 deutſchen Gulden an Werth. „Empfanger (ſo redete „ſie die Dragoner an) den Preis eurer Heldentu„gend und Treue für unſern Souverain. Wir müſ„ſen alle ſterben; aber euer Ruhm iſt unſterblich; „denn er dient zum Beyſpiele für die jungen Krie„ger, die euch nachkommen werden." Die Medaille führt auf einer Seite das Bildniß Leopolds, auf der andern die Inschrift: Für Treue und Tapferkeit des Dragoner-Regiments la Tour, erkannt vom Kayser und Könige. Die General-Gouverneure begaben sich hernach, in Begleitung des Prinzen von Würtemberg, des F. M. Freyherrn von [...], und mehrerer Generale und Stabsoffiziere auf die grose Parade, wo der Platz-Kommandant ein Vivat für Leopold, für Marie Christine und Albert vorschlug. Das ward von hunderten und hunderten get. euer Niederländer aus ganzer Seele wiederholt. — Mehrere treu gebliebene Beamte der verschiedenen Provinzen erhielten an diesem Tage aus den Händen der General-Gouverneure den Kammerherrn-Schlüssel, im Namen des Monarchen. Heute gehen JJ. KK. HH. nach Mecheln ab, wo morgen die feyerliche Huldigung für jene Provinz vor sich gehn wird.

leiten vom 28sten dieses.

Die Revolte in Bermingham bekommt jetzt verschiedene Uebersetzungen. Man sagt, das Ministerium, und besonders Herr Pitt habe die Verbreitung und die Ansteckung des Ganicismus gefürchtet, weil verschiedene Gesellschaften in England unter dem Namen der Konstitutionsfreunde das Fest am 14ten Juli als ein heiliges Andenken gefeyert hatten. Um also dieser Krankheit ein Gegengift zu geben, — hätte sich die Regierung entschlossen, den Pöbel zu bereden, daß die anglikanische Kirche, und der König in Gefahr stünden, eingestürzt zu werden. — So sinnreich als diese Auslegung lautet, so ungegründet scheint sie zu seyn. — Das Sonderbareste bei dieser Sache ist, daß Herr Burke seinem Gegner Priestley ein verbindliches Schreiben geschickt hat, worinne er ihm seine Börse, und sein Glück anbiethet. — Nun ist wieder die Ruhe hergestellt, aber zu London glimmt es, und man muß die strengste Bewachung anwenden, um die Gemüther von Aufbrausung zurückzuhalten.

Von der Elbe vom 21sten dieses.

Die Herzogin von Kurland hat sich seit einigen Wochen zu Prag aufgehalten, und geht jetzt nach Wien. Ihre erste Hofdame ist eine Schwester des Herrn von Bischofswerder. Wenn man diese Reise und diese Schwesterschaft in eine Pfanne thut, so kann man eine gute politische Speis daraus auskochen, und sie den Spekulanten auftischen. — Ein Tausch mit Kurland und — — — Ei! das letzte Land mag ich nicht nennen, es wäre eine unverdauliche Speise.

Paris vom 27sten dieses.

Es kommen täglich Danksagungen aus den Provinzen an die Nationalversammlung an. Sie bezeigen ihre Zufriedenheit über das Dekret vom 8ten Juli, wo der König unverletzbar erklärt wird, und daß man ihn vor keinem Gericht belangen könne. — Der berüchtigte Ropertspierre, — die rechte Hand des dreyfarbigen Orleans, — hat sich einige Tage verborgen gehalten, erschien aber am 23. dieses wieder aufs neue in der Versammlung. Dieser neue Brutus scheint zu leiden; sein Gesicht ist lang, seine Augen versunken, und er führt ein Nervenzucken, als wenn er von vier Pferden verrissen werden sollte. Man behauptet, dies wäre eine Erbkrankheit in seiner Familie.

Die Häupter der Rotten bereiten sich zu neuen Unruhen. Man sagt, daß sie sich am 31sten Juli an drey Oertern versammlen wollen; daß sie Kanonen und viel Gewehr beisammen haben; daß sie den König und die Versammlung auf einmal angreifen werden: — diesen um zu resigniren, jene um die Resignation zu betreiten. — Die Nationalgarden werden überall verstärkt; — die Jakobiner kommen nimmer zusammen, sondern halten in verschiedenen Häusern heimliche Rotten. Der Dauphin ist das liebenswürdigste Kind, was man sehen kann. Er lernt seit acht Tagen fechten. Er besucht alle Tage die Königin von zwey bis vier Uhr nach Mittag. Der Kommandant des National-Bataillons und die Gouvernanten begleiten ihn dahin. — Die gute Mutter freuet sich auf diese Stunde, und läßt ihn niemals von sich gehen, ohne Thränen zu vergiessen.

Regensburg vom 25sten Juli.

Trotz allen Widersprüchen und solchen Ausstreuungen, wird doch das deutsche Reich in kurzem eine Rolle spielen, welche vermögend sein dörfte, der französischen Nationalversammlung Respekt für die bestehenden Friedensschlüsse und Verträge einzuflößen. Man wird in Deutschland eine Sprache reden, wovon den Demokraten in Frankreich die Ohren gällen werden. Der Gang der zeitherigen Berathungen in der elsasser Sache nimmt nun eine ganz andere ernsthafte Wendung, seitdem eine neuerliche kaiserl. Erklärung über diesen Gegenstand eingetroffen ist. Die Gesandtschaften haben schon darüber an ihre Höfe berichtet, und sich unverweilte Instruktionen ausgebethen, welche auch ganz sicher dem allgemeinen Wunsche entsprechen werden. Der Antrag geht in der Hauptsache auf eine öffentliche Erklärung wider Frankreich, und auf die unverweilte Herstellung einer Reichsarmee nach dem Triplo oder zu 120,000 Mann. Der Patriotismus der deutschen Reichsstände läßt keinen Zweifel übrig, daß jeder seiner obliegenden Verbindlichkeit gerne eine Genüge leisten, und zur Aufrechthaltung der Würde und des Ansehens des deutschen Reichs mit Freuden das Seinige beitragen werde.

Aus der Schweiz vom 18. Jul.

Die Schweizer werden an den Grenzen einen Corden von 40,000 Mann stellen. Täglich kommen Officiers, die sich aus den Garnisonen von

Hünningen und Belfort flüchten, hierdurch, welche sich zu den Franzosen und Freunden des Königs nach Deutschland begeben. Am 20ſten iſt der General v. Falkenhain in einem Dorfe 4 Stunden von Baſel durch die Nationalgarde angehalten, nach Hünningen geführt und in das Stadtgefängniß gebracht worden. Sein Verbrechen war, daß er nach Baden in die Schweiz, um ſich der dortigen Wäſſer zu bedienen, gehen wollte, und zu dieſem Ende mit einem Paß von Strasburg verſehen war.

Biographie

Hans Sigismund von Ziethen (darf nicht mit dem großen Ziethen verwechſelt werden) Generalmajor und Kommandeur des Markgräflich Friedr. ſchen Küraſſierregiments blieb den 25ſten Auguſt 1758 in der Schlacht von Zorndorf im 55ſten Jahre ſeines Alters. Er war zu Mezeltin in der Graffſchaft Ruppin gebohren, und hatte ſeit 1723 mit vielem Eifer gedient, wie ihm denn der König 1757 vor der Schlacht bei Leuthen vom Oberſtlieutenant zum Generalmajor und Kommandeur des Maregraf Friedrichſchen Regiments ernannte, wobei er alle Einkünfte des Regiments bekam. In der Schlacht bei Hohenfriedberg ward er durch drey Kugeln in dem Arm verwundet, und bei Lowoſitz ward ihm das Pferd unter dem Leib erſchoſſen, er bekam zwey Hiebe in den Kopf und ward gefangen. Bei Zorndorf, — wo der Held blieb, hat man ſeinen Körper nicht finden können, es iſt dahero zu vermuthen, daß ihn die Ruſſen zerſtümmelt und gänzlich ausgezogen und geplündert haben. Da er zweymal verheirathet geweſen, das erſtemal mit einem Fräulein von Platen, und das andremal mit einer Fräulein von Podewils, ſo hat er zwey Söhne und eine Tochter hinterlaſſen.

Nro. 62.   Freytag den 5ten August 1792.

Beilage

zu

Politischen Gesprächen

der

Todten.

Politische Satyren.

„Ludwig der 16te — der gute König.

„Ludwig der 16te stieg auf den Thron im März
„1774 im 19ten Jahr und 8 Monaten seines
„Alters. Damals hatte der französische Staat
„fünf tausend Millionen Livres Schulden: —
„man rieth dem König Bankerot zu machen, er
„schlug es ab."

„Der junge König läßt sich von den aufgeklär-
„testen Männern seines Reichs umringen, und
„folgt — der Führung — oder der Verführung."

„Er stellt die Parlamente wieder ein, weil man
„ihm sagte, daß sie Vertheidiger des Volks wä-
„ren; seine Minister lassen ihn den amerikanischen
„Krieg wider seinen Willen anfangen; er setzt
„seine Seemacht auf einen furchtbaren Fuß; er
„diktirt den Engländern den Frieden; er behält
„die Insel Tabago; er schützt die Fischerey in
„Tera nova; er demüthigt überall den englischen
„monopolischen Einfluß."

„Er bauet neue Häfen; verbessert die alten; mun-
„tert durch Belohnungen die Künste und die Hand-
„lung auf."

„Er bauet eine Ruhe für die Seeleute, und
„eine Wohnung für die Galeerensten."

„Er läßt die Moräste austrocknen, macht Ka=
„näle, und befiehlt das Land urbar zu machen."
„Er giebt den Protestanten das Bürgerrecht
„(afür ist er auch mit auffallendem Undank be=
„lohnt worden) er schaft die Leibeigenschaft und
„die Frohnen ab.
„Er vernichtet die Folter und die Todesstrafe der
„Deserteur."
„Er läßt das große Krankenspital (l'hotel du Dieu)
„erweitern."
„Er schuf die Provinzial=Versammlungen, um
„die Beschwerden des Volks richtiger zu verneh=
„men."
„Dies that Ludwig in den ersten 13 Jahren
„seiner Regierung."
„Anno 1787 sah Ludwig den Abgrund, den
„sein Vorfahrer, und der Krieg von Amerika in
„Finanzen gegraben haben; er setzt sein Vertrauen
„in sein Volk, und läßt die Notables versammlen,
„die nichts genutzt haben, ausgenommen, daß sie
„den Schuldenfabrikanten, den Minister — verjagt
„haben."
„Er läßt die Generalstände berufen, und be=
„willigt dem Bürgerstande, zweyfache Vorstellung
„dabei."
„Da entstanden Rotten und Verschwörungen.
„Seit 1780 im Juli empörten sich alle Opinio=
„nen in Frankreich. Ludwig glaubte sie zu besänf=
„tigen; er ließ seine Truppen zu der Hauptstadt
„anrücken. Aber das Volk schrie ob der Tyrannen.
„Der König läßt die Truppen abziehen, stellt
„sich als Geisel in der Stadt Paris dar, man
„zeigt ihm Liebe, um ihn besser zu stürzen."
„Die Rotten bemächtigen sich der Person des
„Königs, hielten ihn wie einen Gefangenen unter
„dem Vorwand, daß sie auf seine Sicherheit wa=
„chen, im Grunde aber um aus ihm eine Mario=
„nette zu machen."
„Ludwig sah sich wie ein Gefangener, allen Aus=
„schweifungen, und aller Wuth des Pöbels aus=
„gesetzt; — er mußte, daß sein zertheiltes Reich
„fremden Mächten zur Beute dienen müßte,

„und verließ Paris, wurde aber gefangen, und
„in seine vorige Gefangenschaft zurück geführt
„Dies sind die Verbrechen Ludwigs des 16ten!!!

Paris vom 29sten dieses. — Man erzählt sich mit vielem Witze, daß Prinz Corde alle seine Besitzungen in Frankreich an fremde Mächte verkauft habe. Der Kayser soll Chantilly; der König von Preussen die Herrschaften von Germontois, und die Kayserin von Rußland die Länderepen bei Acenis gekauft haben. Sie sollen auf dem Marsch seyn, um diese Güter in Besitz zu nehmen.

Mecheln vom 1sten August. — Die Huldigung ist hier mit größter Feyerlichkeit vollzogen worden. Niemand war bei diesem Feste anschaulicher, als unser Herr Kardinal.

Haag vom 29sten Juli. — Die Prinzeßin von Oranien macht grose Zubereitungen zu einer Reise nach Berlin, welche sie im August antretten wird. — Zu Amsterdam hielt man alle französische Zeitungen und Papiere in dem so genannten französischen Kaffeehaus. Es haben sich viele Menschen alda versammlet, und man raisonnirte verschiedentlich über den französischen Gang der Sachen. Man hat einen Leser gemiethet, der wie ein Prediger alle Schriften laut vorlesen mußte. — Die Polizey hat auf einmal diesem Zufluß ein Ende gemacht, dann sie hat die meisten französischen Zeitungen auf das schärfste verbothen.

Heidelberg vom 22sten Julii.
Ich komme aus Wien und garantire ihnen folgende Nachricht: — So bald die Anhaltung des Königs zu Varenne zu Wien bekannt wurde, also gleich ließ fürst Kaunitz den französschen Gesandten Herr von Noailles zu sich bitten, und machte ihm folgende Erklärung:

"Ich vernehme eben, mein Herr, durch einen Kou-
"rier, der vom Prinz Conde geschickt ist worden, daß der
"König und die Königin von Frankreich in ihren eigenen
"Staaten, von ihren eigenen Unterthanen arretirt sind
"worden. Mir ist von Seiten des Kaysers, meines Herrn,
"aufgetragen, ihnen aufzulegen, daß man gleich an
"die Nationalversammlung einen Kourier abschicke, um
"von ihr wegen einer so gewaltsamen Beleidigung eine Ge-
"nugthuung zu fordern, und um dieselbe zu versichern,
"im Falle sie solche Genugthuung nicht leisten wollte,
"daß der Kayser sich dieselbe selbst schaffen würde, und
"dies mit aller seiner Macht, die ihm Gott anver-
"trauet hat.

Herr Noailles hat gleich diese Erklärung nach
Paris geschickt, sie wurde aber von den Rotten un-
terdrückt, so daß sie bishero nicht publicirt ist worden.

Was wir in unsern Blättern zweymal aus guter Quelle vorgesagt haben, ist nun öffentlich kund:
— Eine Menge falsche Assignaten cirkuliren schon
in Frankreich. Dies ist der größte Schlag, den die Feinde des Colonismus der neuen Konstitution versetzen
konnten. Dann je mehr falsche Assignaten im Lande sind, um desto mehr verlieren sie an ihrem Werth.
Mit was wird hernach die Konstitution ihre Verfechter und die Staatsbedürfnisse bezahlen? Hic est cri-
terium Banqueroutæ!!!

Grünstädter Privilegirte Zahlen-Lotterie. Die Acht und
zwanzigste Ziehung ist heute den 2. August 1791 unter Bey-
sitz derer hierzu verordneten S. T. Herren Deputirten mit ge-
wöhnlichen Formalitäten und gehöriger Accuratesse vollzo-
gen worden, und sind folgende Numern aus dem Glücks-
rade erschienen:
Erster Zug : Nro. 31. Ein und Dreyßig.
Zweyter Zug : Nro. 46. Sechs und Vierzig.
Dritter Zug : Nro. 64. Vier und Sechzig.
Vierter Zug : Nro. 12. Zwölf.
Fünfter Zug : Nro. 85. Fünf und Achtzig.
Die Neun und zwanzigste Ziehung geschieht den 9.
August 1791. und sofort von 8 zu 8 Tagen.

Nro. 2.   Donnerstag den 4ten August 1791.

Politische
Gespräche
der
Todten
über die
Begebenheiten
des 1791sten Jahrs.

„Senatorum aliquens numerus deformis & incon-
„dita turba; erant enim super mille, & quidam in-
„dignissimi. — Sueton. — Heu! Suetonius Aristo-
„crata fuit, annoe sub nomine indignissimorum, Gal-
„liae Deputatos pingere voluit? poene existimarem.

Ich — und mein Traum.

Die Glocke schlug zwey nach Mittag. — Aequatorshi-
tze todtete meine Säfte. Ich las einen Brief von Wien:
— eine Allianz zwischen Oesterreich und Preussen!!! —
wie? eine Allianz? ich streckte mich; es kam mir vor, ich
wäre zwanzig Klafter hoch; ich war gros, ich sah meinen
Bedienten; er war so gros wie ich: — dann er war ein
Deutscher. — Himmel! wie gros wird jeder Deutsche
seyn! — alles wird sich unter Deutschlands Gröse beugen. — Ich sah alle Nationen auf deutschem Erdboten
demüthig einhergehen. — Eine heilige Ruhe erschlappte in
mir alle Furcht — zu Kriege. Deutsche Wünsche sind

erfüllt, sprach ich zu mir selbst; — ruhe, o Geist! ruhe! Germaniens=Götter haben sich umarmt; sie küssen sich in deutscher Wonne.

Mein Geist ruhete; — ich erstarrte im deutschen Schlaf. Ich sah im Traume eine Gottheit durch beleuchtete Wolken an mich kommen. Es war Merkur. Er nahm mich unter seine Flügel, trug mich ins Einsame, da, wo ich so viele Schatten kannte; da, wo ich ihre Gespräche her hohlte. — Ein heiliges Staunen wimmelte über meine Glieder; ich sah das Gericht der Gerechtigkeit; ich sah den gerechten Richter Minos; ich sah die Wahrheit an seiner Seite; ach! ich sah das durchdringende politische Aug, — das in die Zukunft hinschauete.

Meine Gespräche der Todten lagen auf dem Tisch. Die Göttin der Zukunft recensirte sie. Ich erschrack nicht, ich bekam Muth. — Du hast vorgesagt, — sprach diese Göttin, — daß die von Franzosen inspirirte amerikanische Freyheit auf ganz Europa, — ja auf Frankreich selbst — eine Nachahmung strahlen müsse; — es ist geschehen. Du hast in den holländischen Unruhen prophezeyet, daß Frankreich die Holländer verlassen, und daß sie Preußen zur Ruhe bajonetiren werde; — es ist geschehen. Du hast den Niederländern eine Lehre gegeben, daß sie niemals zu Republik in dem politischen System, und nach ihrer Lage gemacht werden können; du hast dich sogar in einem Schreiben als Cleuter verkleidet, du hat geschrieben, daß man eine Krone nicht sogleich verlasse, ohne sie zu vertheidigen; — es ist geschehen. Du hast die Lüticher als Narren geschildert, die sich um eine Freyheit herumtaumeln, um sich die Ketten anschmieden lassen! — es ist geschehen. Sage mir nun, was für eine Zukunft prophezeyest du den Franzosen?

Ich bob mein Haupt auf: ich sah das grose Aug der Zukunft vor mir. Die Zukunft berührte mich mit ihrem Zauberstabe, ich wurde von dem Geist der Prophezeyung überschattet, und ich sprach — folgende Anmerkungen: — Seit Kayser Karl dem 5ten ist der Deutschen und der englischen Politik keine glücklichere Aussicht geöffnet worden, als jetzt. Warum? — weil Frankreich alle Mächte von Europa unter der politischen Ruthe hielt. Wenn die Ruthe gebrochen ist, da werden die Schulkinder so muthwillig, daß sie ihre Lehrer zu peitschen für Stande sind. — So ist hier der Fall. Frankreich als politischer Lehrer kann vermög seiner Größe keine Republik formiren. Also muß Frankreich so klein gemacht werden, daß es eine Republik formiren könne, weil ihm diese Regierungsart am verdaulichsten scheint. — Dadurch wird es in die Unmacht herabgesetzt, daß es nimmer schaden kann. Eine so schöne Gelegenheit muß nicht vernachlässigt werden. Oesterreich und Preußen haben Prätensionen genug, um sich wegen den von Deutschland abgerissenen Provinzen zu rächen. — England muß nichts sehnlicher wünschen, als seinen französischen Nebenbuhler, der auf seine Ruin herausgieng, zu stürzen. Eine süße Rache — wegen Amerika. Rußland wird vermuthlich durch die Türkey — und durch die Polen entschädiget. Preußen umfaßt einen größeren Theil von Polen, dann dieses Letztere wird vermuthlich von dem politischen Horizon ganz verschwinden. — Nun werden alle politische Kräfte dahin erstens gespannt, Frankreich ins Enge einzuzirkeln: daher eine große Armee am Rhein; eine andere von der Schweizerseite; eine dritte in den Niederlanden; eine vierte an Luxemburgseite, — und die den süßen Besitzungen in Elsaß werden als Vorwand — den Eingang eröffnen. Die Staatsmaschine der Sokonen muß sinken; innerliche Zwiespalt wird große Hilfe leisten. Dadurch bekommt das Staatsgebäude andere Fasade, sie wird von Deutschlands-Seite aufgebauet. — Dies belehrt mich die Geschichte; dann niemals war ein Reich uneinig, ohne zugleich eingestürzt zu seyn. Griechenland, Rom, Spanien, Italien, und andere Reiche mehr geben ein handgreifliches Zeugniß, daß sie durch innerliche Unruhen gesunken sind.

Ich wollte weiter sprechen; — aber eine Mücke biß mich in meine Nase, und — ich fand mich auf meinem Stuhl in der Schreibstube. Ich las meine Briefe, und ich fand den Traum, wo nicht wahr, doch sehr wahrscheinlich. — Hier ist ein Beweis davon in einem Schreiben von

Wien vom 27sten Juli.

Aus folgendem erhellet, wie der Kayser gegen die Demokraten in Frankreich gesinnt ist. — Leopold war zu Triest, und eben in dieser Zeit ankerte eine französische Fregatte in diesem Hafen. Die Officiers dieser französi-

ſchen Fahne ſuchten bei dem Kapier Andreaſ, er ſchlug
ſie ihnen ab, weil er gehört hatte, daß dieſe Fregate am
14ten Juli den Jahrgang der Revolution feyern wollte.
Er wollte ſo gar befehlen, daß ſie — den Hafen
von Trieſt verlaßen ſollte, weil ſie die Nationalfahne
führte. Aber der Graf Brigido rieth zu diſſimuliren, weil
der Hafen ohne Kanonen war. — Der Monarch befahl
alſo die Kanonen überall aufzupflanzen, ſo wie ſie wäh=
rend dem Türkenkriege aufgepflanzt waren.

Es iſt doch erſchrecklich, wie die Türken von den
Ruſſen gezüchtigt werden. Geſtern erhielt der Fürſt von
Galligin wieder einen Siegeskourrier; nemlich die Ruſ=
ſen haben ſich in dem Kuban zuſammengezogen, fie=
len auf die in dortiger Gegend kantonirenden Türken,
ſie ſchlugen ſie, und verfolgten ſie — immer darauf
ſchlagend — ganze acht Tage, ſo daß man dieſen Angriff
eine achttägige Schlacht nennen könne. Der Bericht giebt
noch nicht die Zahl der Getödteten an, nur ſo viel ſagt
er, daß über 5000 hier und da geblieben, und daß die
Ruſſen vieles erbeutet haben.

Die Unterhandlungen mit dem Herrn von Büchofs=
werder ſind in voller Thätigkeit, und die Allianz zwiſchen
Oeſterreich und Preuſen (dies iſt kein Wahn, es iſt Wahr=
heit, die Folge wird es aufklären) iſt auf ſolchen Grad
zubereitet, daß ſie wie geſchloſſen angeſehen werden müſ=
ſe. — Endlich — endlich werden die Wünſche Deutſch=
lands erfüllt! — Deutſche! gebet euch die Hände, küſſet
euch, — ihr ſeyd Brüder!!!

Bern den 20ſten Juli. — Man iſt hier über dem
Antheil, den verſchiedene Städte in Wadtlande (Pays
de Vaud) an der Franzöſiſchen Revolution nehmen, höchſt
unzufrieden. — Das Jahrfeſt derſelben iſt am 14ten
zu Lauſanne, Murſee, Vevay, Nyon, Copet ꝛc. mit die=
ſem Gepränge gefeyert worden. Jedoch ſind glücklicher
Weiſe keine unruhigen Auftritte dabei vorgefallen. Man
wird hoffentlich wohl Mittel finden, die Fortſchritte je=
ne gefährlichen Revolutions=Verbrüderungen zu hem=
men.

Auf dem diesjährigen General=Landtage oder ſoge=
nannten Tageſatzung der Schweizer Kantone und ihrer
Landgenoſſenſchaft, welche zu Frauenfeld im Thurgow,

wie gewöhnlich, gehalten wurde, ist in Ansehung der Schweizer Regimenter in Frankreich festgesetzt worden, 1) daß es dem Landtage gemeint seye, daß dem ausdrücklichen Inhalte der Verträge gemäß, die Schweizer Regimenter gänzlich in Geld, und keineswegs in Assignaten bezahlt werden sollen; 2) daß, in Rücksicht auf die beständige und anerkannte Treue der Schweizer Nation für ihre einmal eingegangenen Verbindlichkeiten, der Landtag sich's versehe, daß man die Schweizer Regimenter nicht mit neuen Gottesläßungen plagen werde; wobei der Landtag namentlich den selbigen untersagt, den ihnen von der Nationalversammlung verordneten Eid zu leisten, und zugleich erklärt, daß, wenn irgend ein Regiment diesen Eid ausschwören sollte, solcher als null und nichtig angesehen und gehalten seyn solle; 3) Verbieter der Landtag allen Officieren gesagter Schweizer Regimenter, sich mit den sogenannten patriotischen Klubs zu verbrüdern, oder denselbigen auf irgend eine Weise beizuwohnen, unter der Strafe für die Uebertreter, daß wider ihre Person und Güter peinlich verfahren werden solle. — Die Eidgenossenschaft dürfte also leichtlich 19,000 Schweizer aus französischen Dienste auf den Hals bekommen.

Großbrittannien.

London. Die Greuel-Geschichte zu Birmingham ist noch immer der Gegenstand der Tagsgespräche, der Vorwurf mancher Reflexions-Macher, und vielleicht der Vorgänger noch größerer und traurigerer Ereigniße. Die politischen Diskussionen in der Alltagswelt werden selten zu Religions-Zwistigkeiten, ohne daß böse Dinge hintendrein kommen. Hier folgt das Sendschreiben des Doktors Priestley an die Einwohner von Birmingham, in getreuer Uebersetzung, nach seinem vollständigen Inhalte:

Meine ehemaligen Mitbürger und Nachbaren!

„Nachdem ich 11 Jahre unter euch gelebt habe, ihr stets von meinem friedlichen Betragen Zeugen waret, indem ich diesen Zeitraum den stillen Studien meines Berufes und der Philosophie einförmig gewidmet hatte, war ich ferne von dem Gedanken, daß ihr euch gegen meine Freunde und mich so ungerecht zeigen würdet. Aber ihr seyd irrt geführt worden, da man euch immerfort vorstizw te, daß die Nicht-Konformisten (Dissenters) und besonders die Nicht-Konformistischen Unitarien dem dermaligen Civil- und kirchlichen Gouvernemente feind seyen. Man hat euch dahin gebracht, jede Unbild, die uns geschehn würde, als eine verdienstliche Sache anzusehn; und da ihr nicht besser unterrichtet worden send, so habt ihr wenig auf die Mittel gesehen, deren ihr euch bedient habet. Sobald ihr einmal glaubtet, daß der Zweck eurer Erbitterung gerecht seye; so habt ihr gewähnt, die Mittel, um dahin zu gelangen, könnten nimmer unerlaubt seyn. Das Vorschwätzen eurer Lehrer, die lärmenden Anreden, die euere Obern überhaupt an euch hielten, wenn sie auf unser Verderben und auf unsere Verdammung tapfer getrunken hatten, haben euern Fanatism angezündet, und anstatt das Aufbrausen eurer Leidenschaften zu dämpfen, warfen jene Del ins Feuer. So wurdet ihr für jeden Frevel vorbereitet, und euch die Idee eingepflanzt, daß alles, was ihr uns zum Schaden thun würdet, für die Behauptung der Regierung, besonders aber für's Wohl der Kirche geschähe. Man hat euch glauben gemacht, daß ihr Gott und eurem Vaterlande dann den größten Dienst leistetet, wenn ihr uns zernichten würdet."

Wohl, daß dem Herze des Engländers vor Mord schaudert! Darum denke ich, habt ihr euch nicht mit diesem Verbrechen besudelt; obgleich es sich aus dem Zeterngeschrey, womit man an meiner Wohnung um mich fragte, wohl schliessen läßt, daß ihr in jenem Augenblicke eine böse Behandlung wider meine Person selbst vorhattet. Doch, was ist das Leben, wenn alles darauf angelegt ist, es unglücklich zu machen! Wiewohl es in oftern Fällen barmherziger seyn würde, die Bürger umzubringen, als ihre Häuser zu verbrennen; so will ich doch den Schmerz, den mir der Verlust meines Eigenthums macht, lieber ertragen, als von solcher Denkungsart seyn, wie jene, die euch verführt haben."

Ihr habt die kostbarste, die nützlichste Sammlung von physischen Instrumenten, als keiner vielleicht je in diesem Lande oder anderwärts besaß; eine Sammlung, woran ich jährlich grose Summen verwendete, und die, ohne einige andere geldsüchtige Absicht, einzig den Fortschritten der Wissenschaften, dem Wohl meines Vaterlandes und der Menschheit gewidmet war; diese Sammlung habt ihr zerstöret. Ihr habt eine Bibliothek zerstört, die zu jener Sammlung eigentlich gehörte, und die mit keinem Gelde zu ersetzen ist, als nur in einem langen Zeitraume. Allein, was mir am meisten ans Herz geht, sind die Manuscripte, die ihr zerstört habt, die Frucht langjähriger mühseligen Studien und Arbeiten, die ich nie mehr von neuem zu machen im Stande bin. Seht, dies ist das Unrecht, das ihr einem Manne gethan habt, der euch nie übel wollte, und euch nie was zu Leide that."

"Ich weis so wenig, als ihr, von dem aufrührerischen Aufsatze, der euch in solche Wuth gesetzt haben soll, und ich misbillige ihn so sehr, als ihr; obgleich man denselben als offenen Vorwand genommen hat, um unendlich mehr Böses zu verüben, als immer eine Sache dieser Art natürlicher Weise veranlassen konnte. Bei der Feyer der franzöfischen Revolution, welcher ich nicht beigewohnt habe, hat die Gesellschaft, die sich deswegen versammelt hatte, bloß ihre Freude darüber bezeugt, daß eine benachbarte Nation sich von der Tirannen, worunter sie seit mehreren Jahrhunderten seufzte, frey gemacht hat, und nur das Verlangen geäussert, auch unsere Verfassung so verbessert zu sehn, wie es die vernünftigen Bürger, von welcher Religions-Sekte sie immer seyn mögen, seit lange gewünscht haben. Obschon ich, zur Beantwortung der groben und ungerechten Verläumdungen meiner Feinde, meine Grundsätze als Nicht-Konformist öffentlich vertheidigt habe; so ist das doch nur auf eine mäßige Art geschehen, wobei keine Erbitterung Statt hatte. Wir kennen zu sehr den Geist der Sanftheit und der Gelassenheit der christlichen Religion, um je zu Gewaltthätigkeiten zu schreiten; und könnt ihr wohl glauben, daß das Betragen, das ihr eben an Tag gelegt habt, euren Religions-Grundsätzen vor den unsrigen einen Vorzug verschaffen werde?"

"Ihr irret noch mehr, wenn ihr wähnt, daß eine solche Benehmungsart eurer Sache nützen, oder der unsrigen schaden könne. Nur die Vernunft ist es, und bündige Vernunftschlüsse, die irgend ein Religions-System je unterstützen können. Antwortet auf unsre Gründe; das ist alles, was ihr zu thun habet. Aber wenn ihr Gewalt brauchet; so zeiget ihr, daß ihr nichts zu antworten habet. Hättet ihr mich selbst so wohl zernichtet, als ihr mein Haus, meine Bibliothek und meine physikalischen Instrumente zernichtet habt; so würden zehn Männer von gleichem oder größerm Muth und Talenten, als die meinigen sind, aufgestanden seyn. Würden diese zehn noch ermordet, so würden hundert andere aus ihrer Asche hervorgehen. Und glaubet mir, ihr habt der Englischen Kirche, deren Vertheidiger ihr jetzt gewesen zu seyn wähnet, durch eure Aufführung einen stärkern Schlag versetzt, als meine Freunde und ich es nie gekonnt, noch gewollt hätten."

"Uibrigens können es nur schlechte, grausame Menschen seyn, welche diejenigen mishandeln, die keinen Widerstand thun können. Solch' eine Handlung ist eines Engländers, geschweige eines Christen, unwürdig, weil die christliche Religion uns lehrt, andern das zu thun, was wir uns von andern zu geschehen wünschen. In dieser sonderbaren Sache sind wir die Lämmer, ihr die Wölfe. Wir werden unsern Karakter erhalten, und wünschen, daß ihr den eurigen ändern möchtet. Auf jeden Fall geben wir euch Segnungen für Verwünschungen wieder. Möchtet ihr bald wieder zu jenen Uibungen des Kunstfleißes, und zu der vernünftigen Lebensart zurückkehren, welche ehehin die Einwohner von Birmingham auszeichneten! Das wünscht mit der aufrichtigsten Seele

London, den 19ten Jul. 1791. J. Priestley.

Gezogene Numern bei der 39sten Ziehung Kurpfälzischer Lotterie in Düsseldorf den 29sten Juli 1791.

 1ster Zug: 83. Drey und Achtzig.
 2ter Zug: 44. Vier und Vierzig.
 3ter Zug: 56. Sechs und Fünfzig.
 4ter Zug: 49. Neun und Vierzig.
 5ter Zug: 52. Zwey und Fünfzig.

Die 40. Ziehung Kurpfälzischer Lotterie geschiehet zu Düsseldorf Freytags den 19. August 1791.

Nro. 63.   Montag den 8ten August. 1731.

Beilage
zu
Politischen Gesprächen
der
Todten.

Ankündigungs-Herold.

1mo. Litteratur.

Gespräch
zwischen einem Auerhahn und einem Täuber.

Täuber. Aber wie könnte ich meine Liebe unter so viel theilen. Du scheinst ein artiger Mann zu seyn: alle deine Weiber glauben dich zu besitzen, und keine besitzt dich. Dein Herz gleicht einem Spiegel, der überall Strahlen von sich wirft, aber keinen Brennpunkt hat. Verzeih' mir, daß ich mich dieses Gleichnißes bediene.

Auerhan. Schweig, Verächtlicher! dein Herz ist zu klein, das Feuer zu fassen, welches das meinige beseelt. Wann du der Göttin zu Paphos jährlich ein Paar Opfer lieferst: so bringe ich dem Heiligthum Cythereas fünfzig dafür. Siehe, wer den Göttern lieber ist.

Täuber. Das mag seyn. Aber welch trauriges Leben führst du? seine Zeit damit zubringen, ein Dutzend Hennen zu hüten, immer den Zirkel um sie her zu machen: gesteh mir, daß dieses eben kein Vergnügen enthält. Ich am Busen einer einzigen, von meinem Herzen Auserwählten bringe die Stunden, die mir Zevs verliehen hat.

in einem ruhigen Genuß stiller Wollüste bin. Ich schmeiße die Reize der Liebe ganz, weil ich sie ni,ut theilen darf. Anerhan. Du sophistelst. Wie bringst du deine Zeit zu, wenn deine Täubin auf der Brut sigt? Elend! Jeden Augenblick, da mich die Stimme der Natur aufruft, bin ich berei , ihr zu huldigen. Wir lacht sie ,n, wenn du keine Stunden in dem ihr unangenehmen Müssiggang zubringen mußt.

Täuber. Aber daß dich deine Lebensart zum Menschenfeind, zum Tirannen machen muß, das kannst du wenigstens nicht lä.gnen. Zwölf Weiber regieren, heißt so viel, als zwölf Harpien vereinigen. Und dann keine Kinderzucht! siehe, wie das Leben der Tauben so gesellig, so artig, so manierlich ist. Die Freyheit ist der Keim seiner Empfindungen.

Auerhan. Ich bin müde, dir länger zuzuhören. Schweig, Schwäger! ein Tauber kann nicht vom Gefühl eines Auerhan urtheilen. So lieben die Tauber auf dem Lande, — und Auerhane — in Städten.

Über den Herrn von Born.

Der verstorbene Hofrath von Born war ein Philosoph in Worten und That,en. ob sich immerhin gleich in Freude und Leid, an alles richtig und lächerlich, was er nicht, wie seine Metalle zergl ebern konnte, wollte daher ni.ts glaube , was e sich nicht vordemonstriren konnte, und riß gerne je ,e Lehrgebäude ein, ohne ein anderes auf aneu zu kennen. Sein Feldzug gegen die Ordensgeistlichen, sein Streit mit dem Kardinal Migazzy, seine Scharmügel gegen den Pater Fast, haben uns manchmal belustigt, aber nicht erbauet, und es war mehr eine Zerstreuung, die er seinem Geist machen wollte, als die Folge eines bösen Herzens, das er nicht besaß. Er kämpfte mit Jesuiten, und Jesuiten waren seine innigsten Freunde. Er verwarf Alchymie, und widmete sich doch lebenslang derselben, warnte vo allen geheimen Wissenschaften, und lehrte dieselben, hielt wenig auf Glauben und Wunderkuren, und ließ sich doch bald von diesem, bald von jenem Quacksalb.r vorschreben, und glaubte fest daran. Er hinterließ einen großen Ruhm in allen vier Welttheilen, wo er überall Freunde hatte, und obngeachtet er jährlich 50 bis 60,000 fl. Einkünfte hatte, so hinterläßt

er. doch sehr viele Schulden, die aber alle getilgt werden
können, weil der Kontrakt mit dem kayserl. Hof wegen
der erfundenen Amalgamation noch besteht, und vom
K vser Leopold getreu erfüllt werden wird.
Ueber die Gefahr, die den Thronen, den Staaten
und dem Christenthume den gänzlichen Ver,
fall drohet, durch das falsche Spstem der heu,
tigen Aufklärung, und die kecken Anmassun,
gen sogenannter Philosophen, geheimer Gesell,
schaften und Sekten. An die Grosen der
Welt von einem Freunde der Fürsten und der
wahren Aufklärung. Mit Daus und Urkun,
den belegt aus dem Archiv unsers Jahr hun,
derts 1791.
Diese Schrift ist gründlich und mit vielen Beweisen
geschrieben. Es ist ein Inbegriff aller vorhergehenden
und jetzig n Zubereitungen, welche die Opinionen Philo,
sophie geschmieder hat und nech schmieder. — Sie ist oh,
ne Druckort, und ohne Namen des Verfassers.

    2do. Handlungs=Nachrichten.
Man schreyet zu Paris über die falschen Assig,
naten. Was soll dies? sie sind so gut, so treffend
nachgemacht, daß man sie von den ächten nicht un,
terscheiden könne. Aber dies macht eine schreckli,
che Verwirrung in der Handlung? — das ist wahr,
aber es ist auch wahr, daß in Zeit von 6 Monaten
die falschen Assignaten so gut seyn werden, wie die
ächten: — gut auf den Nachtstuhl. —

    3tio. Ankündigungen.
Eine Drechsel,,Bank nach neuerer Art mit
8 Schrauben Register, 2 Schraubstöcken, allem
nöthigen Werkzeug und aller zu einer solchen Bank
gehörigen Bequemlichkeit ist um einen billigen Preis
zu haben, und deshalb im hiesigen Brüder,Haus
beim Drechsler Gangel das Nähere zu erfragen.

Da der Beschreibung einer neuen Spinn-Zwirn-Haspel-Kraz und Krempel-Maschiene zu hundert und mehrern Fäden, nebst 27 Abrissen und Kupfer von D. M. so 1789 in der Privil. Glandenbergi. Buchhandlung in Cöthen, mit Churfürstl. Sächsischen Privilegio auf Praenumeration herausgekommen, und woven der Praenumerations-Preiß 5 alte Louisd'or war, sind nun noch einige Exemplar, um den herunter gesetzten Preiß zu 3 Pistolen bei dem Kayserl. Reichs-Ober-Post-Amtszeitungs-Expediter Wolff in Frankfurt am Main zu haben.

Joh. Jakob Wurster in Neuwied empfiehlt hiemit seine eigene Fischbeinfabrique, worin alle Sorten Fischbein aufs beste geschnitten, und um billige Preise zu haben sind; desgleichen, wird bei ihm extra gutes Siegellack in Brand, Farbe und Geruch verfertigt, sowohl in Roth als in allen anderen Farben. Ferner fabriciret er das bekannte englische Taffent-Pflaster, und verkauft solches en Gros, in viel niedrigerem Preiß als daselbst in England zu bekommen ist. Meßzeit hat er seinen Laden in Frankfurt auf dem Römerberg, Nro. 35.

Churfürstlich-Pfälzische Lotterie.

Anheute den 5. August 1791 ist die 457 Ziehung dieser Lotterie auf dem Rathhause dahiesig-Churfürstlicher Residenz, in hoher Gegenwart Seiner Excellenz Herrn Baron von Verglas, Ihro Churfürstlichen Durchlaucht Hofkammer-Präsidenten, ꝛc. ꝛc. und in Beiseyn angeordneter wohlansehnlicher Herren Deputirten, mit bekannter guter Ordnung und festgestellten Formalitäten vollzogen worden.

Die bei dieser Ziehung herausgekommenen Nummern sind folgende:

1ter Zug: 4. Vier.
2ter Zug: 73. Drey und Siebenzig.
3ter Zug: 15. Fünfzehn.
4ter Zug: 66. Sechs und Sechzig.
5ter Zug: 65. Fünf und Sechzig.

Die 458. Ziehung Churpfälzis. Lotterie geschieht Freytags den 26 August 1791.

Nro. 32. Dienstag den 9ten August. 1791.

Geheimer
Brief-Wechsel
zwischen den
Lebendigen und den Todten.

Die Bewohner der Grafschaft Neuwied — an
Charon — ins Elysium.

Neuwied den 9ten August.

Vorgestern Abends (am 7ten August) vorgestern um
8 Uhr schlug die letzte Stunde für unseren Fürsten; sie schlug Traurigkeit für uns: — er starb.
Er hat 85 Jahr wohlthätig auf dieser Welt-
bahn gerungen. Seine Regierung dauerte fast
54 Jahr, und — wirkte mehr, als Jahrhunderte zu wirken vermögen. Romulus bauete an
den Ufern des Tybers — die Hauptstadt der Welt;
— Friedrich Alexander bauete an den Ufern des
Rheins — den Zufluchtsort der Toleranz und der
Industrie.

Charon! unsere Schiffer haben dein Andenken von dem Alterthum geerbt; unsere Schiffer
des Rheins erinnern sich des Schiffers am Stix,
unsre Schiffer haben ihre Voreltern und Freunde bei dir; sie bitten dich, sie flehen dich an: —
laß die Geister unsres Ländchens an den Ufern des
Thards versammlen; erzähle ihnen, daß ihrer Fürst

kommt. Du wirst sehen, wie sie dir danken werden; sie werden kommen; sie werden beim Schiff mit Wohlthaten des Fürsten zieren; sie werden sich freuen, ihren allgemeinen Vater zu sehen. O Charon! es war vorgestern ein trauriger Abend; die Stimme erschallte: — Unser Fürst liegt in letzten Zügen; — er ist todt.

Sage, Charon, sage unserem Fürsten, wenn er zu dir kommt, sage ihm, daß wir ihn mit Thränen zum Grabe begleiten. Sein Geist, seine Erinnerung wird uns und unsern Kindern heilig seyn. Sage ihm, daß seine Gemahlin, dieses Beispiel der Ehe, und der Freundschaft nur allein in seiner Erinnerung Trost findet. Erzähle ihm, daß sein Sohn, sein Nachfolger, dieses schöne Geschenk, welches er uns hinterlassen hat, die Liebe, die väterliche Vertraulichkeit gegen uns von ihm geerbet hat, und daß er dieses Erbgut eben so fruchtbar machen wird, wie er. — Stelle ihm vor, wie die Gemahlin dieses Prinzen, von ihren Kindern umgerungen, seinen Verlust beweint. — Nimm hier unsere beklemmten Herzen, unsere Thränen, unsere Klagen mit; zeige sie ihm — er liebt und, dann er war unser Vater, er war unser Helfer. — Und wenn du ihm auch jenseits des Grabes noch ein Vergnügen machen willst, so sage ihm, daß unsere Einsiedelungen, unsere Colonie, unser Städtchen nur in diesem Jahre mit 15 neuen Häusern vermehret, ist worden. Dies war seine Wonne in diesem Leben; er hat sie befördert, und es ist kein Bürger in unserer Stadt, der in seinem Gewerbe von ihm nicht unterstützt wäre worden. Wir wissens, seine alten Tage waren Tage der Beklemmung, und des Verdrußes (ein fast allgemeidas Schicksal vieler Fürsten; aber es blieb ihm allezeit seine Gröse übrig, welche ihn die Unbeständigkeit des Glücks zu ertragen lehrte.

Auch unsere Nachbaren bewundern seine Würde, und seinen Geist; sie bedaueren seinen Verlust, den Verlust eines guten Nachbaren. Die Geschichte schrieb seinen Namen, — schon bei dem Frieden von Baden, wo er den ersten Vorsitz dazu machte, auf, und wir, — wir gehen zu den Altären der Toleranz; wir weisen unsern Kindern das Grab unseres Stifters; wir lassen sie ihre unschuldigen Hände zu dem Vater der Erbarmung aufheben, die Ruhe seiner Seele zu erflehen. Wer wird die Güte Gottes erbitten, wenn es diese Lieblinge des Heilands nicht können? — Dies ist, o Charon! unsere Bitte an dich; es ist die Bitte eines Ländchens, das seinen Fürsten beweint. Wenn die Ufern des Rheins nach den Ufern des Inberd zur Gröse einmal gelangen, so wird vielleicht ein Virgil auferstehen, der eine Neuwidiade, so wie jemals die Aeneis — schreiben wird, und dann werden wir auf das Grab unsers Alexander schreiben: (*
Hic jacet Alexander a Wied, noster Romulus.

Damit du dich auch auf der Ueberfahrt mit Neuigkeiten unterhalten könnest, so liefern wir dir folgendes:

Paris vom 5ten dieses.

Es ist nun gewiß, das der französische Ge-

*) Neuwied den 8ten August 1791.
Am 7ten dieses Monats beschloß der regierende Fürst, Johan Friedrich Alexander zu Wied, des Niedersächsisch. Westphäl. Reichs Grafen Collegii Direktor, nach einer ausgestandenen langwierigen Krankheit, durch einen sanften Tod, sein thätiges und ruhmvolles Leben, im 85sten Jahr seines Alters, im 54ten der geführten R. N. des Regiments, und im 53ten Jahr einer vergnügten Ehe

sandte zu Wien, Herr Noailles an den Herrn von Montmorin die Gesinnungen des Wiener Hofes zugesandt hat. Sie sind offenbar gegen die Colonen, und für den König: — Die Nationalversammlung soll auseinander gehen, und der König soll die wahren Stände berufen. Herr Montmorin kündigte es einigen Mitgliedern an, und — der Colonist muß ist in Verlegenheit. — Bald werden Manifeste von andern Höfen kommen; sie sind auf dem Wege.

Die Versammlung ließ vorgestern dem König sagen, es stünde ihm frey nach Compiegne zu gehen. — Nein, gab er zur Antwort, man muß mich wieder nach Varenne schicken, da, wo mir meine Unterthanen die Ketten, die ich trage, angeschmiedet haben.

Wir haben vor Zeiten das goldene Alter gehabt, dann das eiserne; heutiges Tags hat Frankreich ein kupfernes Alter, dann die Versammlung hat befohlen, daß man alle Pfannen, Kastralen, Klocken ꝛc. in die Münz bringen solle, um die kleine Münz daraus zu machen.

Brüssel vom 5ten August.

Zu Gent war am 31. Juli ein Auflauf; man warf auf die Dragoner de la Tour Steine. Aber diese haueten darein nach ihrer Gewohnheit, einige von dem Pöbel blieben unter dieser Gewohnheit todt, doch aber wurde ein Dragoner getödtet. In Zeit von vier Minuten war alles verkrochen.

Es wandern jetzt wieder viele Mißvergnügte aus dem Lande, aber nicht nach Breda, wie sonst, sondern nach Frankreich. Der vormalige so oft gepeitschte und nicht gebesserte patriotische General Köhler hält sich im französischen Flandern auf, und macht verdächtige Schritte. Vermuthlich ist er da von der Versammlung auf verlornen Posten gestellt. Nur noch ein wenig Geduld, es wird sich bald vieles aufklären.

Von der Elbe vom 1sten dieses.

Der Monat Oktober! — dies wird die merkwürdige Epoche seyn, wenn der politische Wolkenbruch zerplatzt. — Nichts wird an seinem Platze bleiben: — Deutschland, Polen, ein Theil Frankreichs, die Niederlande, — alles wird andere Faşade bekommen.

Paris vom 1sten August.

National-Versammlung. Die Hauptpunkte des in der Sitzung vom 25sten Juli erlassenen Dekrets, über die Herstellung der Kriegszucht, find folgende: Die Offiziere, welche seit dem 1ten May leichtsin freywillig ihre Fahnen verlassen haben, und, ohne ihre Dimission zu geben, ins Ausland übergegangen sind, sollen als Ueberläufer von den Kriegs-Auditeurs und den Martial-Gerichten verfolgt, und vertheilt werden; eben so jene Offiziere, welche nach gegebener Dimission ins Ausland gegangen, und in einer Frist von 6 Wochen ins Königreich nicht zurückgekommen seyn werden; den wegen erfolgten Verdachts abgesetzt gewordenen Offizieren, wenn in Zeit von 14 Tagen beym Kommisar-Auditeur des Korps keine Angabe wider sie geschehen, oder sie sonst von den Martialgerichten losgesprochen worden, soll es frey stehen, ihre Stellen wieder einzunehmen, oder in ihrer Eigenschaft zu andern Korps sich übersetzen zu lassen, unter der Bedingniß der Eidesleistung nach Vorschrift des Gesetzes; die falschen Angeber unter den Soldaten der Regimenter sollen als Verläumder bestraft, und unfähig erklärt werden, zum Dienste des Vaterlandes je Waffen zu tragen; alle vor diesem Dekrete begangenen Militair-Vergehungen, die nicht ausdrücklich in demselben bezeichnet sind, sollen als nicht-geschehen angesehen, für die Zukunft aber jeder Ungehorsam und Insubordination nach der Strenge der Verordnungen bestraft werden; von jetzt an sollen die Unteroffiziere für die in ihren Regimentern, wider die Person der Offiziere, erregten Bewegungen persönlich verantwortlich seyn, wenn die Schuldigen nicht

welche angezeigt worden würden; im Falle dagespornener
Bewegungen bei den Regimentern gegen die allgemeine
Ordnung und Kriegszucht, sollen die Unteroffiziere und
Soldaten, ihrem Grade oder Dienstalter zufolge, verantwortlich bleiben, wenn die Schuldigen oder wahrscheinlich
Schuldigen nicht gleich angezeigt werden würden; so lange die provisorische Gewalt, welche den Generalen der
Armee durch das Dekret vom 24ſten Jnn. in Ansehung
der Entwendung solcher Offiziere, deren Betragen ihnen
verdächtig scheinen würde, ertheilt worden ist, bestehen wird, sollen die Ober-Kommandeur der Divisionen das nemliche Recht haben, und die Kriegsgerichte jeden Regiments sollen auch, einstweilen die Gewalt
haben, mit einer Mehrheit von 517 Stimmen die Verweisung der sträflich befundenen Unteroffiziere und Soldaten
durch einen blosen und einfachen Abschiedsbrief zu verordnen, jedoch nur dann, wenn der Gebrauch dieser Gewalt
durch einen schriftlichen Akt, der von einer bestimmten
Zahl Unteroffizieren und Gemeinen, nach Maasgabe des
Dekrets, unterzeichnet seyn soll, ausdrücklich verlangt
wird. — In der Abendsitzung vom 26ſten wurden häufige Adressen aus verschiedenen Departementen vorgelesen,
worin vorzüglich das wichtige Dekret vom 13ten Julii
allgemeine Beistimmung und Lob erhielt, und dagegen
die bekannte Protestation der 290 Glieder der Minorität
der Nationalversammlung als hochverrätherisch angegeben wurde. Besonders heftig lautete eine dergleichen
Adresse, die von den Bürgern von Montauban kam, und es
entstand grosses Geräusch darüber in der Nationalversammlung, welche indessen ohne weiters zur Tagesordnung
schritt. In der Sitzung vom 27ſten wurde auf schriftliches Verlangen des Russischen Feldmarschalls, Fürſten
Potemkin, ein Paß für den Hrn. von Froniac bewilligt,
um sich auf Einladung jenes Fürsten nach Russland mit
in dem Feldzug wider die Türken zu begeben. Hr. von
Froniac, welcher sich bekanntlich bei der Russischen Einnahme von Ismail im vorigen Jahre so rühmlich ausgezeichnet, hat dabei versprochen, nach Frankreich zurückzukommen, sobald die Zeit seines Dienstes in Russland verflossen seyn würde.

In jener Sitzung wurde das Gesetz, über die An-

—— der öffentlichen Macht im Innern des Königs
reichs, vollendet. Alle Bürger ohne Unterschied, sollen
in Westphalen, sobald die Worte: Gewalt für das
Gesetz, ausgesprochen worden, überall der National-Gen
darmerie, und jedem öffentlichen Beamten Beystand leis
sten, damit das Gesetz vollzogen werde." Das Dekret bes
stimmt ferner die Fälle, in welchen die Requisition an
Bestand an die Nationalgarden und Linientruppen der bes
nachbarten Distrikte einer Gemeine geschehen, wie hiers
nach zu verfahren, wenn das Martialrecht zu vers
kündigen sey, u. s. w. Am Ende der Sitzung wurde vom
Justizminister die offizielle Mittheilung des Berichts des
Hrn. Dubeorur angekündigt. In der Abendsitzung vom
28sten wurde, nach mehreren Addressen der Departemente,
welche dem Dekrete vom 15. Jul. völlig beypflichten,
auch eine dergleichen von der Gemeine zu Clermont Fers
rand vorgelesen, worin mit beyspielloser Heftigkeit die
N. V. aufgefordert wird, die Einstellung der Wahlvers
sammlungen für die neue Legislatur zu widerrufen, und
denjenigen Mitgliedern der N. V., welche sich dem Des
krete vom 15. Jul. widersetzt, und auf Strenge gegen
den König angetragen haben, Dank abgestattet wurde.
Die N. V. ließ sich durch diese von unruhigen Köpfen
veranstaltete Adresse nicht irre machen, und schritt zur
Tagesordnung. In der Sitzung am 29sten wurde ein Des
kret über die Maaßregeln erlassen, welche zur Ents
deckung der Urheber falscher Assignate genommen werden
sollen. Durch ein anderes Dekret wurde die Art bestimmt,
wie die Gläubiger des Monsieur, des Herrn von Artois,
der Tanten des Königs, Mesdames, und mehres
rer anderer Ausgewanderten, zu ihrer Bezahlung gelans
gen sollen. Den Mesdames soll der liquidirte Rückstand
verschiedener Rechnungs-Auszüge, den beyden Brüdern
des Königs aber, jedem die Summe von 1 Million an
Gehalt, 1 Million an Apanage-Renten, und 1/2 Mils
lion von dem Nationalschatze zurückgehalten werden, wels
che zur Bezahlung ihrer Schulden, unter der Verantwors
lichkeit der Nationalschatz-Kommissarien, verwendet werden
sollen. In der Sitzung am 30sten wurde endlich der Bes
richt über die Ritterorden abgestattet, und die Diskussion
eröffnet. Hier folgt das merkwürdige Dekret, welches
die N. V. hierauf erließ:

Alle Ritter- oder andere Orden, alle Korporationen, alle Auszierungen, alle äussern Zeichen, welche einen Unterschied der Geburt voraussetzen, sollen in Frankreich abgeschafft seyn, und für die Zukunft keine dergleichen mehr eingesetzt werden können. 2) Die N. V. behält sich vor, darüber zu verfügen, ob eine einzige National-Auszeichnung, welche für Tugenden, Talenten, und die dem Staate geleisteten Dienste bestimmt wäre, Statt haben soll; und können die daran die Militairpersönen ihre würklich existirende Auszeichnung ferner tragen und empfangen. 3) Kein Franzose soll eine der durch das Dekret vom 19. Jun., 1790 oder durch das gegenwärtige, abgeschafften Eigenschaften führen, selbst nicht mit dem Ausdrücken von ehemals (ci-devant) oder dergleichen. Es soll allen öffentlichen Beamten untersagt seyn, einen Akt zu fertigen, der auf Erweisung jener abgeschafften Qualitäten zielen würde, und sollen die Verfassungs- und peinlicher Jurisprudenz-Ausschüsse unverzüglich einen Dekret-Entwurf über die Strafen vorlegen, welche gegen die Uibertreter gegenwärtiger Verfügung erlassen werden sollen. 4) Jeder Französische Bürger, welcher die Aufnahme bei einem Ritterorden, oder einer sonstiger auf Unterschied der Geburt gegründeten Korporation in fremden Ländern nachsuchen oder erhalten, oder seine würkliche Ordens-Verwandtschaft beybehalten würde, soll die Eigenschaft und Rechte des Französischen Bürgers verlieren: jedoch soll ein solcher, wie jeder andere Fremde, im Staate Frankreichs gebraucht werden können.

In der jetzigen Sitzung legte der Diplomatische Ausschuß das Conclusum der deutschen Reichsversammlung zu Regensburg, wovon der Minister der auswärtigen Angelegenheiten officielle Mittheilung erhalten, der N. V. vor. Durch jenes Conclusum wird dem Kayser aufgetragen, alle Kreise unter Waffen zu fegen, und dieser Beschluß des Reichstages ist durch die Kaiserlichen Minister auf der Stelle dem Kayser zugesandt worden. Nach einigen Reden dekretirte die N. V., daß die Minister von 2 zu 2 Tägen ihr von dem Zustande der Vollziehung der Maaßregeln, welche für die Vertheidigung des Königreichs genommen worden sind, Rechenschaft ablegen sollen.

Nro. 64.   Freytag den 12ten August 1798.

Beilage
zu
Politischen Gesprächen
der
Todten.

Wien den 5ten August.

Das Freyheitsfieber geht hier täglich weiter. Unsere politischen Mordbrenner verbreiten überall den Wahn, daß die Flammen des Aufruhrs in einigen Jahren allenthalben auch in Deutschland ausbrechen werden! Eine neue vortreffliche Schrift eines in Wien sehr angesehenen und verdienstvollen Mannes (Patriotische Bemerkungen über die gegenwärtige Theuerung in Wien) enthält über dieses Freyheitsfieber folgende gewiß in dieser Zeit keinem gutgesinnten Deutschen gleichgültige Stelle: „Nirgends „in der Welt erlaubt sich die Unwissenheit und die Thorheit so Freche und dumme Urtheile über die öffentlichen „Staatsangelegenheiten, als gerade in Wien. Lauter „fremdes Feuer brennt in den hirnlosen Köpfen unserer „Aufklärer und Pflastertreter. Ueberall hat man sie „nicht um Rath gefragt, und überall eifern sie darum „über alle Dicasterien und Aemter. Frey müssen wir „seyn, sagen sie, und alles was uns einfällt müssen wir „auch in Wien laut vorbringen können, wie die Fran„zosen in Paris. Die Regierung steht unter unserem „Urtheil, und der Hof darf nichts thun, ohne den Bei„fall unserer scharfen und festen Kritike. Wir sind das „Tribunal über die Mißbräuche und Staatsfehler in Wien „und in der ganzen Welt: denn wie man regieren muß,

„das wissen wir durch Mirabeau und Van der
„Noot! — so sprechen unsere Manlmonarchen, indem
„sie jede neue Anstalt unseres vortreflichen Kaysers an=
„bellen. Sie verlangen überall Wunder und Zeichen.
„Nichts geht nach ihrem Sinn, und mit einer zügellosen
„Freyheitswuth beweisen sie unsere verdienstvollesten
„Staatsmänner ohne Unterschied mit Schimpf und Hohn.
„Aber man höre eine Prophezeyung! — höchst vermuth=
„lich kömmt bald die Zeit, wo unsere deutschen Fürsten
„und Regierungen gezwungen seyn werden, alle Milde
„zu vergessen, und mit dem eisernen Zepter der höchsten
„Strenge zu herrschen. Dies ist dann das Werk unse=
„rer deutschen Aufklärer und Federhelden. Sie wer=
„den ihre abgedroschenen Gemeinpläze von Despotismus
„der Fürsten, von unveräusserlichen Menschenrechten,
„von allgemeiner Naturfreyheit, von politischer Sklave=
„rey, gegen den Mond hinaufbellen, bis man einen bie=
„ser. Schreyer nach dem andern, beim Kopfe nimmt, über
„die Gränze fordert, oder ins Zuchthaus, oder auf eine
„Festung sezt. Alle unter dem Mantel der Freyheitsphi=
„losophie in alle europäische Reiche ausgesendeten Schur=
„ken und Freyheitsapostel werden das nicht hindern kön=
„nen, sie werden es befördern. Man wird diese politi=
„schen Wespen und Hummeln nicht anders los werden
„können, als durch unerbittlichen Despotismus in Züch=
„tigung ihrer Thorheit, und ihrer elenden Aufklärung. —
„Es hat das volle Ansehen, als wolle man gar keine
„wahre Aufklärung und reine Milde mehr gelten lassen
„auf den Thronen und bei den Höfen. Die edelsten
„Menschengefühle, die liebenswürdigste Popularität, das
„rastloseste Arbeiten für das Wohl der Nazionen, erwie=
„dert man mit nichts als kühner Kritik und dummen
„Tadel. Einst, da die meisten Fürsten nichts thaten, als
„ihrer Majestät in unthätigen Wohlbehagen geniessen,
„da der Zutritt zu ihnen der Eroberung einer Festung
„glich, da sie mit Niemand sprechen wollten als mit
„ihren Ministern, Höflingen und Damen, da zitterte je=
„der politische Geck in der Stille seines Herzens vor dem
„Galgen, und kein Wort wagte er über die Angelegen=
„heiten des Staates. Jezt in den Tagen der Aufklä=
„rung, jezt da unsere Regenten, Freunde der Philoso=

„phie, und der Menschheit sind, da sie dem alten Stolz
„und dem abschreckenden Gepränge der Majestät entsa-
„gen: jetzt fodert man, daß sie höchstens noch das seyn
„sollen, was Abraham in seiner Patriarchenhütte war,
„und daß sie ihr Land um zwanzigmal besser regieren,
„als Gott seine Sterne, seine Planeten, und seine gan-
„ze Welt."

Politische Satyren.

„Dringet doch nicht um Himmelswillen in mich,
„daß ich für die heutige Philosophie schreiben solle.
„Ihr Lehrgebäude wird nicht, kann nicht, —
„nicht einmal in der kleinen Stadt Tripstrill, —
„bestehen. Wenn ich nur einen kleinen Strahl
„von Möglichkeit sehen konnte! aber nein, lauter
„Träume, lauter Ver.regierungen, lauter philo-
„sophische Kikelkakeleien; die Geschichte, die Er-
„fahrung, die Menschenkenntniß leiten meine Fe-
„der, und dabei bleib ich: — Prævidere!"

Oberrhein vom 8ten dieses. — Zwey
Neuigkeiten kann ich ihnen melden. 1) Der König von Schweden wird 16,000 Mann theils auf
seine, theils auf Russische Schiffe aufladen, in Holland ausladen, und mit denselben gegen Frankreich
marschieren. Der russische General Nassau wird unter ihm kommandiren. 2) Die Nationalmiliz hat
bei Solothurn in der Schweiz einen Einbruch gewagt. Man sagt, daß die Schweizer alle ihre Regimenter aus Frankreich zurückberufen haben.

Wien vom 3ten August. — Des Kaysers Maj.
haben, dem Vernehmen nach, von dem Könige von
Schweden ein eigenhändiges Schreiben erhalten, ungefehr des Inhalts: „Wenn Se. Maj. Leopold der
Zwepte die Armee, welche die Nationalversammlung

Frankreichs zur Rechenschaft ziehen soll, in eigener Person anführen wollten, so würde es Ihm ein Vergnügen seyn, unter Sr. Maj. Befehl zu dienen, wo nicht, so erbiete Er sich das Heerkommando selbst zu übernehmen." Feldmarschal Prinz von Koburg ist vorgestern wieder hier angelangt und bewohnt sein altes Absteigquartier bei dem berühmten Gastgeber, Herrn Pitos, am neuen Markte.

Gestern vollbrachte Hr. Blanchard allhier seine 39ste Luftreise. Er stieg mit seinem Ballon im Prater um 6 Uhr Abends bei sehr heiterer Witterung in die Höhe, blieb in verschiedenen Richtungen eine ganze Stunde über sichtbar, und gieng nach 7 Uhr bei Simmering zu Boden. Hier ward er von einer Menge Menschen empfangen, die ihn mit dem noch gefüllten Ballon nach dem Prater zurückführten.

Nach Briefen aus der Wallachey vom 18ten Jul. sind die Russen mit ihrer Donauflottille von Galatz bis in die Gegend von Mazin vorgerückt, und haben dadurch die Kommunikation zwischen Braila und der Armee des Grosveziers ganz abgeschnitten.

Gründliche privilegirte Zahlen-Lotterie. Die Neun und zwanzigste Ziehung ist heute den 9. Aug. 1791 unter Beysein derer hiezu verordneten S. T. Herren Deputirten mit gewöhnlichen Formalitäten und gehöriger Accuratesse vollzogen worden, und sind folgende Numern aus dem Glücksrade erschienen:

Erster Zug: Nro. 16. Sechszehn.
Zweyter Zug: Nro. 64. Vier und Sechszig.
Dritter Zug: Nro. 8. Acht.
Vierter Zug: Nro. 58. Acht und Fünfzig.
Fünfter Zug: Nro. 44. Vier und Vierzig.

Die Dreyßigste Ziehung geschieht den 16ten August 1791 und so fort von 8 zu 8 Tagen.

Nro. 33.   Donnerstag den 11ten August 1791.

Politische
Gespräche
der
Todten
über die

Begebenheiten
des 1791sten Jahrs.

„Pour faire la guerre il faut trois choses: 1mo)
„de l'argent; 2do) de l'argent; 3tio) encore de l'ar-
„gent. Qu'avons nous en france? 1mo) du papier;
„2do) du papier; 3tio) encore du papier. — Or
„donc voila une jolie guerre du papier!"

Geschichte eines Assignats von 2000 Livres.

Das wär! — warum soll nicht ein allerliebstes rothes Assignat so gut seine Geschichte vorschwätzen können, wie die Bäume, wie die Thiere, wie die Katzen, wie die Mäuse, wie die Häuser, und — wie die Winde bei den Griechen? — Ein Assignat von 2000 Livres hat ja viel nachdrücklichere und mächtigere Wirkungen: es kann 2000 Menschen sättigen; es kann 2000 Menschen auf dem Marsfelde zu Paris rottiren; es kann 2000 Nachtnymphen im Palais Royal befriedigen. Also ist ein Assignat von 2000 Livres in Rücksicht auf seine Wirkungen das thätigste Vehikulum — der heiligen Revolution; also soll ein Assignat auch sprechen, und seine Geschichte erzählen; also zur Geschichte.

Frage mich Niemand, was ein Assignat ist; es ist weder Gold, weder Silber, weder Bley, weder Rindfleisch, weder Sauerkraut, weder Feld, weder Pantoffel, weder Kartoffel; was ist es dann? — es ist ein Assignat. Es ist weder Baum, weder Wald, weder Brod, weder Wein, weder Wasser, weder Hut, weder Haube, weder Strumpf, weder Schuh, weder Rock, weder Tuch, weder Leder, weder Stein, weder Kalch, weder Garten; was ist es dann? — es ist alles: — es ist ein Assignat. Es ist weder Kanone, weder Bajonette, weder Flinte, weder Pulver, weder Säbel, weder Degen, weder General, weder Korporal, weder Soldat, weder Marsch, weder Tambour; was ist es dann? — Es ist alles: — es ist ein Assignat.

Einige behaupten zwar, das Assignat wäre ein Zeugniß des Raubs, welchen man an dem Eigenthum der Geistlichen begangen hat. Aber die Nationalversammlung hat es anders dekretirt, dann sie sagt ja ausdrücklich, daß sie von der Nation dazu berechtigt wäre, — den Geistlichen alles wegzunehmen. Das Assignat ist also eine Repräsentation der Wegnahme der geistlichen Güter, — wider ihren Willen. Folglich ist dasjenige, was 12 hundert wegnehmen, kein Raub, wohl aber, was ein einziger wegnimmt. Aber um Himmelswillen! ist es besser 12 hundert Kartoufchen als einen einzigen zu haben? — dies zu beantworten hab ich nicht Verstand genug. — Nu, so soll also das Assignat seine Geschichte erzählen. —

Ich bin zu Paris geboren (so erzählt das Assignat seine Schicksale) mein eigentlicher Vater soll ein gewisser Mirabeau seyn, meine Mutter blieb mir unbekannt. — So bald ich auf der Welt erschien, nahm mich mein Vater zu sich; und schenkte mich der Dame Leger, eben an dem nemlichen Abend, da ihr Mann ermordet war. Diese Dame war ganz mit Leib und Herze meinem Vater ergeben; sie beschauete mich, sie bewunderte meine Gestalt; sie versuchte meinen Werth. Ein gewisser Lobone, ein Neapolitaner von Geburt, der vor Zeiten gut neapolitanisch sein Leben zu Paris säbelte, bekam mich in seine Hände. Er lief alsogleich zu dem

Bankier la Borde, und verkaufte mich nach meinem innerlichen Werth für 2000 Livres.

Der Bankier warf mich in seine Kasse. Da fand ich lauter Gold, lauter Louisd'or. Ich war ein wenig stolz auf meinen Werth, und ich wollte in der Kasse einen Vorzug haben. Die alten und neuen Louisd'or machten große Augen, und hießen mich die Münze aus der revolutionirenden Fabricke. Wie? sprach ich, wie? mir scheint, daß ihr nicht recht patriotisch denket? ich bin eine konstitutionelle Münze; ich bin 2000 Livres werth, und ein jeder unter euch gilt nur 24 Livres? — Da kam ich recht an. Die alten und neuen Louisd'ors fielen über mich her, sagten mir die gröbsten Sottisen, nannten mich den Repräsentanten der national Armuth. Ich war noch ganz neu, und hatte keine Welterfahrung, ich nannte sie verstockte Aristokraten; aber wie erschrack ich, als sie mir diesen Namen par preference zuwarfen. Wie? schrieen sie, du willst uns Aristokraten schimpfen, da du selbst der gröbste Aristokrat bist. Verfluchter Kerl, Misgeburt der Münze, unverschämtes Assignat! du bist ein Aristokrat unter uns, dein Werth ist gröser als von 80 Louisd'or, also repräsentirst du mehr als 80 Louisd'or. Was hat unser Adel repräsentirt? nicht wahr — ein jeder Landes Eigenthümer seine Unterthanen? also willst du als Papier, als ein Lump mehr als 80 goldene Stücke repräsentiren? Ich erschrack, und ich sah ganz wohl ein, daß die Louisd'or recht hatten.

Bei diesem Streit erschien der Kassier des Herrn la Borde; er nahm mich aus der Kasse heraus; trug mich mit anderen meinen Brüdern in die Finanzkammer; man gab Geld für mich, und es war nun bestimmt, daß ich verbrannt werden sollte. Da war ich verflucht bang. Ich fluchte auf die Versammlung, auf meinen Vater, und auf die Konstitution. Der Scheiterhaufen war angezündet; Herr Robertspierre sollte die Ercution an mir vollziehen. Er warf viele meiner Mitbrüder in das Feuer; aber, ich weiß nicht, wie es geschah, da er mich hineinwerfen wollte; da kam die Flamme an seine Finger; er zog die Hand zurück, und steckte mich ganz gelassen in seine Tasche. Stelle sich einer vor, was für Vergnügen ich bei dieser unvorsehenen Begnädigung fühlte. Herr Robertspierre war auch so. assignatenmenschlich, daß e-

mich noch am nemlichen Abend auf eine Karte im Palais
Royal setzte, und verspielte. Da kam ich unter Spieler
Hände; sie negozirten mich an den Herzog von Orleans,
der mich an einen von seiner Rotte übergab, damit ich
die republikanische Regierung unter dem Volk ausassigni=
re. Es war eben damals, da der König zu Varenne ge=
fangen wurde. Mein Besitzer ließ mich verkaufen, und
verlor an meinem Werth 15 pro cento.

Ich wurde wieder zu der Finanzkammer getragen;
man sah mich an, man zweifelte an meiner Aechtheit;
man sagte so gar, ich wäre ein falsches Assignat. —
O mein Vater Mirabeau! — o mein Pflegvater und mein
Erretter Robertspierre! in was für harte Schicksale setzet
ihr euere Geburt, mich armes Assignat! — ich wurde
in einen Pult geworfen, und Himmel! da fand ich eine
Menge aristokratische Assignaten. Die Kerls waren so
stolz, so verflucht hochsprechend, daß mir bosenbang wur=
de. — Ich erklärte ihnen, daß die Versammlung am 28.
Juli ihre Falschheit aufgekundschaft hatte; daß sie keinen
Punkt bei dem Wort König haben; daß das Bildniß des
Königs nicht recht ausgedrückt seye. — O Jupiter! sie
lachten dazu; sie behaupteten ganz frech, daß die Ver=
sammlung durch diese Anmerkungen den Nachmachern der
falschen Assignaten eine nützliche Lektion gegeben habe,
damit sie die Fehler derselben verbessern, und sie treffen=
der machen. Ich erschrack; die Kerls lachten. Sie er=
zählten mir aus

Paris vom 6ten August.

daß die Bauren, wenn sie ihre Produkten verkaufen, die
Assignaten verachteten; daß sie nur für baares Geld ver=
kaufen wollten, und daß man bei ihnen nicht einmal zu
25 pro Cento Verlust die Assignaten anbringen konnte.
Sie erzählten mir ganz ironisch, daß wenn eine fremde
Armee nach Frankreich kommen sollte, die Patrioten nicht
einmal die fremden Soldaten mit Assignaten bestechen könn=
ten, weil die Feinde der Konstitution eben so viele Assig=
naten machen konnten, wie sie verlangten, und weil sie
ihren Werth recht thätig durch Waffen einbajonettiren ver=
mogten. — O Mirabeau! da sah ich die Nichtigkeit jener
Hilfsmittel, durch welche du die französische Freyheit auf=
zubauen suchtest, ein. Ich bin doch ein Assignat von
5000 Livres, und ich war so klein, so gering, daß ich

mich nicht einmal mit einer Louisd'or-Münze vergleichen
durfte.

Ich raffte meinen guten Muth auf, und erzählte dem
falschen Assignaten, meinen Mitbrüdern folgendes aus
Paris vom 3ten August.

Die Wetten für oder wider den Krieg sind hier eröffnet. Diejenigen, welche für den Frieden stimmen, mün-
schen sehnlich, daß der große Konstitutions-Akt schleunigst
in Stand gebracht werde, um dem König vorgelegt zu
werden. Es heißt, daß solcher noch gegen Ende dieser
Woche kund gemacht, und alsdann zugleich der König auf
solchen Freyheits-Fuß gesetzt werden wird, daß er vollkommene Wahl habe, den Konstitutions-Akt anzunehmen,
zu modifiziren, oder zu verwerfen.

Es war am 21sten. Juli., als zu Regensburg das
Reichstags-Conclusum, wovon der Diplomatische Ausschuß
der N. W. Nachricht gegeben, nur in 2 Kollegien durch-
gieng. Der Kurböhmische Gesandte hatte schon vorher angekündigt, daß die Meinung seines Herrn sey, „daß
„neuerdings an den König von Frankreich geschrieben,
„und diese wichtige Angelegenheit durch freundschaftliche
„und friedliche Wege beendigt werden möchte." Hier ist
der Text des Conclusi im Auszuge:

„Da es erhellet, daß Frankreich nicht gemeint ist,„
Rückerstattungen zu thun, weder gar eine hinlängliche
Entschädigung an Land und Leuten anzubieten; so verwirft der Reichstag schlechterdings allen Weg zur Ausgleichung."

„Um indessen alle Mittel zu erschöpfen, ist für gut
befunden und beschlossen worden, an Se. Kays. Maj.
durch das versammelte Reich die Requisition ergehn zu
lassen, bei Sr. allerchristlichsten Maj. neue Vorstellungen zu thun, u. s. w.

„Kays. Maj. werden ferner vermittelst Reichsguts-
achten, bittlich angegangen werden, allen Kreisen und
Ständen aufzugeben, daß sie ihre Truppen gehörig in voll-
zähligen Stand setzen sollen, um alsofort ihr Kontingent
in Duplo liefern zu können, damit des teutschen Reis
ches Würde, Ansehen und Gerechtsame kräftigst vertheidigt, und zu dem Ende alle durch das Völkerrecht anerkannte Maaßnehmungen aufgeboten werden sollen."

Wie man vernimmt, haben selbst im Kurfürstenrathe nur 4 Glieder, nemlich die 3 geistlichen Kurfürsten und der Kurfürst von der Pfalz zu jenem Reichsschlusse gestimmt. Die 4 andern weltlichen Kurfürsten haben dazu nicht mit gewirkt. Im Fürstenrathe ist derselbe durch die Bischöfe durchgesetzt worden; die mittelbare Reichsgrafen-Bank und die Ritterschaft haben sich nicht gräussert. Im Städte-Kollegium ist das Conclusum gar nicht einmal zur Berathschlagung gekommen. Die Entwürfe des deutschen Reichs sind also noch bei weitem nicht reif zur Ausführung, und wir haben Zeit genug, uns in rüstigen Stand zu setzen."

Meine falschen Brüder ließen mich ausreden, und platzten hernach in ein lautes Gelächter aus. Du Esel! sprachen sie zu mir, glaubst du dann, daß man diese Angelegenheit so ruchbar abhandeln werde, daß die Patrioten Zeit bekommen, sich zur Gegenwehr zu stellen? du siehst ja, daß die fremden Mächte nicht an die Versammlung, nicht an die 1200 Colonen und Freyheitsfabrikanten ihre Vorstellungen richten, sondern an den König. Was ist jetzt der König? — ein Gefangener; was hat er zu sagen? — nichts. — Erinnere dich, wie sich fremde Mächte betragen haben, da der Einfall nach Holland, und nach Lüttich gestürzt war. Da war es auch so, als wenn man alles in der Güte auszugleichen wünschte. Aber Paf! — auf einmal waren sie da, und — die Farse hatte ein End. — Sage uns doch, warum versammlen sich die Spanier, fast mit ihrer ganzen Macht, an den Pyrenäischen Gebirgen? — warum lassen die Engländer ihre Flotte ausgerüstet? warum machen die Russen und die Schweden, — bereint zusammen — im baltischen Meer Bewegungen? warum gehen so viele Oesterreicher mit Kanonen und Munition durchs Tyrol? — Es wird alles zu seiner Zeit kommen: — Paf! da sind sie, und — da wird man sehen, was es für ein Geläufe geben wird.

Ich wollte eben meinen falschen Misbrüdern antworten, als mich eine unbekannte Hand angriff. Ich erschrack, und dachte, was wird noch aus mir werden? — Derjenige, der mich nahm, gab mich einem Menschen, den ich für einen Weinhändler hielt. Hier, sprach er zu ihm, habet ihr ??? Livres in einem Assignat, und hier sind noch 100 Louisd'or zu den ersten Ausgaben. Gehet hin, reiset nach Worms, nach Koblenz; erkundiget euch, was unsere Prinzen machen; spioniret alles aus, welche Aussichten diese Herren haben, und welche Mittel sie anwenden wollen. Wenn ihr euere Ausspähung nüzlich anwendet, so sollet ihr eine weit größere Belohnung zu erwarten haben. — Nu, da kam ich glücklich aus meinem Arreste — in die Hände eines Spions. Mein neuer Besitzer war ein eingefleischter Patriot, ein großer Verehrer des Herzogs von Orleans. Wir reisten also nach Deutschland. Da wir zu Metz anlamen, machte sich mein Herr in einem Wirthshaus große Bekanntschaft unter dem Militair. Er spionirte; strich den Kriegsleuten den Honig ums Maul; sie wurden vertraut, und — o schreckliches Bauchgrimmen! — die Officiers waren fast alle für den König. Sie vertrauten meinem Herrn, daß, so bald nur fremde Truppen vor die Stadt kommen, sie die Stadt den Aristokraten gleich auszuliefern suchen würden. — Einer behauptete sogar, daß alle Bürger, die noch etwas zu verlieren haben, des patriotischen Freyheitsquarks müde sind; daß sie selbst dazu beitragen würden, die vorige Ordnung herzustellen, und daß sie auf die ausgewanderten Prinzen, wie die Juden auf den Messias warten. — Das war ein schönes Wasser auf die Spionirungs-Mühle meines Herrn. Er schrieb noch am nemlichen Abend nach Paris, was er ausspionirt hatte, und wir reisten am anderen Tag nach Worms.

In Worms mußten wir alle Behutsamkeit brauchen, um nicht verrathen zu werden. Prinz Conde war zwar da; aber alle seine Maasregeln, die er nimmt, sind so heimlich, daß mein Herr nichts wichtiges ausspioniren konnte. — Wir reisten nach Koblenz, da wimmelte es von Aristokraten. Wir sahen, daß sie allda wohl aufgenommen werden, und daß noch täglich viele ankommen. — Mein Herr gab sich für einen Kaufmann aus. Er sprach gut deutsch, ließ sich also alles erzählen, was er in seinem Kram tanglich zu seyn glaubte. Ein Vertrauter er, dem mein Herr — der Landsmannschaft wegen recht voll eingeschenkt hat, ließ sich verlauten, daß die Prinzen mit der Nationalversammlung in einer Unterhandlung ständen; aber daß sie nichts eingehen würden, bevor folgende Punkte bewilligt werden: — Graf von Artois nemlich verlangt, daß der Adel wieder in seine vorigen Vorzüge einträte. Monsieur, der Bruder des Königs, will, daß die Parlamente, wie es die wahre Konstitution Frankreichs mit sich bringt, wieder auf vorigen Fuß hergestellt werden ꝛc. — Das war ein Bissen für die Spionschaft meines Herrn! er schrieb alles recht fein auf; machte noch eine genaue Schilderung von dem Aufenthalte der Franzosen allda; fragte einen langen Brief daher, und schickte ihn nach Paris an seine Kommittenten.

Ich blieb noch immer in der Brieftasche meines Herrn ganz ruhig. Auf einmal wurde ich hervorgesucht, und wollte in deutsche Hände marschieren. Mein Herr brauchte Geld, wollte mich negoziren. Aber Niemand wollte mich haben. Ich kann es nicht genug ausdrucken, wie ich mich schämte. Wie? — dachte ich, ein Kind des Mirabeau, ein Produkt der 1200 Solonen, ein Assignat von 2000 Livres soll keinen Kredit finden? — dies schien mir so unkonstitutionsmässig, daß ich meine Nichtigkeit, so zu sagen, zu fühlen anfieng. Soll ich vielleicht von meiner 2000 Livres-Herrlichkeit herabgestürzt werden, und wieder nur Papier — vielleicht gar zum Pfeifenanzünden — werden? — dies muß freylich einem ehrlichen Assignat weh thun.

Mein Herr reiste nach Neuwied, wollte mich allda verhandeln; O Himmel! — mit 25 pro cento Verlust.

Von da reisten wir nach Köln; ich wurde allda präsentirt, visitirt, durchgeschauet; — Niemand wollte mich haben. — Mein Besitzer gerieth in Verzweiflung. Er hatte kein Geld, und mit leerem Bauch läßt sich nicht gut spioniren. Was war also zu thun? wir reisten nach Brüssel. Aber da fand ich eben mein Grab. Mein Herr hat mich in seine Hosen eingenähet. Es war eben Wachtparade, da wir zu Brüssel ankamen. Himmel! wie erschrack mein Herr, da er die grosen Schnautzbärte sah. Ein Dragoner von La Tour sah meinem Herrn ins Gesicht, und fragte: wer seyd ihr? — da fielen 2 Mahlzeiten aus dem Bauch meines Herrn in die Hosen, und ich wurde besudelt, zermatscht, bekothet, — und — starb.

Nro. 65.   Montag den 15ten August. 1791.

Beilage
zu
Politischen Gesprächen
der
Todten.

Ankündigungs = Herold.

1mo. Litteratur. — Fromme.

Lytaney zu der heiligen Nationalversammlung, aus dem lateinischen vom H. Abt Fauchet übersetzt. —

Heilige Versammlung höre uns.
Heilige Versammlung erhöre uns.
H. Versammlung die du König in 1200 Personen bist.
H. Versammlung, die du alles baare Geld besitzest, und uns Papier giebst.
H. Versammlung, die du uns eine Konstitution, welche das ganze menschliche Geschlecht in Staunen setzt, gegeben hast.
H. Ver. die du uns in den nackenden Staub der Natur gesetzt hast.
H. Ver. die du uns in 44tausend kleine Königreiche vertheilt hast.
H. Ver. die du uns die Klubs und die Laterne erfunden hast.
H. Ver. die du uns in eine Gleichheit der Taille,

Erhöre uns.

der Talenten, der Gesundheit, und der Stärke zuschneiden willst.

H. Ver. die du uns das Vergnügen machteſt, auf die Wache zu ziehen.

H. Ver. die du die abſcheulichen Ariſtokraten ruinirt haſt.

H. Ver. die du uns von Bezahlung der Schulden diſpenſirt haſt.

H. Ver. die du die Armee von der ungemächlichen Kriegsdiſciplin diſpenſirt haſt.

H. Ver. die du das Recht des Stärkſten an der Laterne aufgehangen haſt.

H. Ver. die du zur Dankbarkeit den König, der die Freyheit beſtättiget hat, detroniſirt, beſchimft, inkarcerirt, und mit Laterne bedrohet haſt.

H. Ver. die du uns ſchönes Papier für 2000 Millionen verkauft haſt.

H. Ver. die du uns ſolches Vertrauen eingeflößt haſt, daß Niemand ſeines Bratens auf dem Tiſche ſicher iſt.

H. Ver. die du alle diejenigen, die Aemter hatten, verjagt haſt, um dieſe Aemter für dich zu behalten und zu verſchlingen.

Erhöre uns.

Allerheiligſte konſtitutionirende, deſtituirende, und deſtruirende Verſammlung; — erlöſe uns.
Von der Armee der Ausgewanderten.
Von der Vereinigung der Europäiſchen Souverains.
Von der Tapferkeit des Bouillé und von den Reſourſen des Caliſonne.
Von den Stiefeln des Generals Bender.
Von den Schnautzbärten der öſterr. Grenadiers.
Von der Ankunft der Schweden und Preußen.
Von der Bank-rotte.
Von der Herſtellung der alten Ordnung.
Von der Herſtellung des rechtmäſſigen königlichen Anſehens.
Von dem geſunden Menſchenverſtand.
Von der Einſicht, daß wir uns als Narren er-

Erlöſe uns.

kennen.
Von der Herſtellung der katoliſchen Hierarchie.
Von der Zurückkunft der Parlamente.
Von der Zurückkunft des Adels.
Von den Schnurrbärten der Hulanen.
Von den verfluchten Dragonern de la Tour.
Von der Kontrarevolution.
Von der Schläfrigkeit unſerer patriotiſchen Gene=
rále.
Von dem Nachdruck der Aſſignaten.
Von der Verrätherey des Rochambeau und des
Luckner.
Von der weiſen Kokarde.
Von der Aufrichtung der alten Galgen, Räder ꝛc.

Oremus.

Wir bitten dich, o heilige Verſammlung, daß du ſo
lang, als du kannſt, auf deinen Dekreten=Stühlen ſitzen
bleibeſt; — dann wir fürchten, daß wir deine Succeſſo=
res aufs neue auf unſere Unkoſten mäſten müſſen; dann
dieſe Nachfolger könnten leicht wieder die kitzelnde Luſt
haben, unſer Geld, unſere Ländereyen, unſere Luſthäuſer
unſere ſchönen Pferde, unſere prächtigen Kutſchen, unſere
theueren Mœnbles, unſere ſchönen Mädchen, ſo wie du es,
o heilige Verſammlung! ſehr unheilig gethan haſt, mit Aſ=
ſignaten zu erkauſen ſuchen. Amen.

2do Handlungs=Nachrichten.

Die gute Erndte, die glückliche Ausſicht zu
einer guten Weinleſe, der Segen aller Produkten,
und — noch mehr, die friedlichen Geſinnungen der
Souverane ſetzen den Handelsſtand in die lechzen=
de Erwartung, eine gute Frankfurtermeſſe zu hal=
ten. Es iſt in der That ſo. Nur die franzöſi=
ſchen Unruhen ſepariren ein ſo groſes Reich noch
vom allgemeinen Kredit. — In Holland ſinkt zwar
die Handlung; alle Holländiſchen Artikel ſind noch
im hohen Preiſe, und noch iſt keine Hoffnung da,
daß ſie wohlfeiler werden. Handlungskundige be=

haupten, daß dieje theuere Erhöhung seit der Epoche, da die Engländer die allgemeine Domination der ganzen Handlung an sich gerissen haben, dauere, und noch fernerhin dauren müsse.

3tio. Ankündigungen.

Eine Drechsel-Bank nach neuerer Art mit 8 Schrauben Register, zwey Schraubstöcken, allem nöthigen Werkzeug und allt zu einer solchen Bank gehörigen Bequemlichkeit ist um einen billigen Preis zu haben, und deshalb im hiesigen Brüder-Haus, beim Drechsler Gangel das Nähere zu erfragen.

———

Bei unterzeichnetem dieses, sind abermahls alle Sorten englisch Steingutb von bester Qualität angekommen und in sehr billigen Preisen zu haben. Neuwied den 1ten August 1791. Johann Güttrop in der Engerschen Gasse.

———

Es hat sich ein verläumderisches und von Nahrungsfeinden ausgesonnenes Gerücht verbreitet, als wenn die Wittib Greindlie im englischen Hofe zu Düsseldorf ihr Gasthaus und ihre Wirthschaft an einen anderen abgetretten hätte. Da diese Nachricht obgesagter Wittib und ihrem Gasthofe schaden könnte, so erkläret sie hiemit, daß sie noch jetzt wie vorhero, und auch mit Gotteshilfe fernerhin ihre Wirthschaft selbst besorgt; daß alle fremde und einheimische Gäste mit der nemlichen Reinlichkeit und Genauigkeit wie sonst bedient werden, daß sie nichts sehnlicher wünsche, als diejenigen, die ihr die Ehre des Einkehrs gönnen, auf das pünktlichste zu befriedigen.

Nro. 33.　Dienſtag den 16ten Auguſt. 1795.

Geheimer
Brief=Wechſel
zwiſchen den
Lebendigen und den Todten.

Yorik, ſonſt Sterne genannt, aus dem Rei=
che der Todten an die Zeitungsſchreiber in der
Oberwelt.

Elyſium am 16ten Auguſt.

Seit einem Jahre den Frieden vorzufakeln; —
ſeit einem Jahre die franzöſiſche Revolution mit
ſirum larum zu bedrohen; ſeit einem Jahre die
Einkutation der Politik zu berechnen, und aufzu=
tiſchen; — und am Ende? was weis man ſeit ei=
nem Jahre? was habet ihr, meine Herren Zei=
tungsplacker, Neuigkeiten=Fabrikanten, Hokes=Po=
kes=Krämer, Geſchichtefuſcher, arme politiſche Schlu=
der; was habet ihr ausgekannengieſſet, auspoliticirt,
ausſpekulirt, ausgeplündert, ausgekifekakelt, aus=
ſtudirt, ausbuttermiſirt, ausgekocht, ausgebraten,
ausgeſchrieben, ausgeographirt, aushiſtoriſirt, aus=
gekramet? — Ja, ha! Ih waret am 16ten
Auguſt Anno 1794 ſo weit, wie ihr jetzt ſeyd,
nemlich ihr ſitzet auf dem nemlichen Nachtſtuhl,
und drucket, — und drucket — den Frieden aus,
und noch iſt er nicht ausgedruckt. — Nehmet Wein=

ſtein, Rhebarbara, Jalappa, — und dann wird der Kikelkakel-Plunder auf einmal herauspſumpen: — Was wird es ſeyn? — Groſes, - groſes, — grosmächtiges — Nichts.

Vor Zeiten hat man die Horden vom Nord zu befahren gehabt. Sie pflegten auf andere Völker zu ſtürzen, ſie zu verdrängen, ſie zu unterjochen. Heutiges Tags kommen die Zeitungen in Horden an, ſtürzen, lügen, fallen, hageln, regnen, — auf den Verſtand. O heilige Zeitungsſchreiberey! — nicht doch — o verdammte Zeitungspladerey! lauter Kikelkakel, Hokes Pokes, lirum larum, — und am Ende — Nichts, nichts, — groſes Nichts.

Da trabt ein Packeſel des menſchlichen Unſinns und lirumlarumt und gigakt: — Friede in der Welt! — Da erſcheint ein anderes Maulthier, und bringt den ganzen politiſchen Quark von Widerſprüchen; da galoppirt eine hagere Roſinante, und ſtolpert mit dem Zeitungs-Donquixotte vor den Mühlen des Statusquo; da bäumt ſich ein Bucephal, und will alle Neuigkeiten überſpringen, — und wenn man alle dieſe Thiere klyſtirt, operirt, diſſecirt, anatomiſirt, laxirt, vomirt, und eusuchiſirt, — was kommt heraus? — Hokes Pokes, lirum larum, Kikelkakel, — und die Donquixottiſchen Mühlen von Sierra Morena!

Saget mir, meine Herren Zeitungsfabrikanten! ſaget mir, wann wird der türkiſche Friede zu Stande kommen? — ſeit einem Jahre ſchreibt ihr davon; ſeit einem Jahre ſeyd ihr in Siſtow; ſeit einem Jahre modificirt ihr den Statusquo, die Konvention von Reichenbach, (ſeligen Andenkens,) und die Abtretung von Orſowa mit dem Schwanz der

di-sseitigen Unna. — Und wenn ich alle diese
Schwänzereyen darüber überlese, übersehe, kom-
binire, analysire, dissecire, operire, beschneide, be-
pflastre, kutire, verschmiere; — was kommt heraus?
grosses nichts.

Die französischen Angelegenheiten! — das sind
die spanischen Schlösser, in welche alle Zeitungsschreiber auf ihren Rosinanten einreiten. Da kommt
ein Donquirotte, und behauptet — auf seiner
Schindmähre, daß die Souveraine von Europa keinen Antheil an dem Einsturz des fränkischen Go-
tonismus nehmen werden; ein Sancho Panscha
reitet ihm gleich nach, macht ihm eine Faust, und
schreyet, wie ein Marktschreyer: Es kommt der König von Schweden mit 16000 Mann; die Holländer geben 8000 Mann dazu; der Kayser 80000
Mann; Preußen 40000 Mann; das Reich das
Triplum; der König von Sardinien 30000 Mann;
der König von Spanien 60000 Mann; die ausgewanderten Franzosen 20000 Mann; und wenn
man sich umsieht, und fragt: wo sind sie? — da
folgt die Antwort: — in den spanischen Schlös-
sern, nahe an den Windmühlen von Sierra Morena. Gutes Quartier! — Nun sage mir ein ehrlicher Zeitungsschreier, wem soll man nachreiten?
dem Donquirotte oder dem Sancho Panscha? —
Ei so reitet, wohin ihr wollet; reitet nur keinem
Zeitungsschreiber nach; dann die Kerls führen einen in ein Labyrinth, wo kein Teufel den Weg
heraustreffen kann; ich mag nicht nachreiten.

Aber die Hofzeitungen, diese Großmamas aller
Zeitungsenkeln, wie reiten dann diese? — verflucht
langweilig, sie müssen sich bei der jetzigen grossen
Hitze einen Wolf geritten haben; dann sie sitzen

so schlecht, so schläfrig, daß fast jeder Sancho Pansscha ihnen vorkalloppirt. Die Grosmama von
Petersburg vom 19ten Juli.

erzählt den Sieg, den der General Gudowitsch bei A... er ochten hat. — Dies ist ein Nachtrapp zu allen Zeitung schen Sancho Panscha, die schon diesen Vorfall erzählt, zergliedert, und ausgefakelt haben. Eine einzige Merkwürdigkeit wird darinne gemeldet: nemlich daß bei dieser Gelegenheit der Scheich-Mansour gefangen ist worden, und daß man ihn nach Petersburg als ein sehenswürdiges Thier bringen werde. Dieser Exmönch ist derjenige Held, der vor einigen Jahren die Tartaren eindonquixottirt hat, um die Russen in der Crim und in Georgien anzugreifen, und der sich verstellt hat, als wenn er das türkische Joch abschütteln wolte, da er unterdessen im verborgenen mit der Pforte einverstanden war, und den Angriff der Türken auf die Russen vorbereitet hatte. Weil man die Bedeutenheit, mit welcher er die Tartaren bezähmte, seiner fanatischen Redekunst zuschreibt, so ist der Mann wirklich in Rücksicht auf die Rhetorik merkwürdig, und der Petersburger Hof ist neugierig genug, um ihn zu sehen, und um ihn zu beobachten. Er wird in zukünftiger Woche zu Petersburg erwartet.

Die Grosmama von Frankreich, — die Hofzeitung ist jetzt mit dem ganzen Hofe in die demokratische Koake versunken. Daraus sind nun 365 neue Würme, oder Zeitungen entstanden, worunter eine folgendes meldet:

Paris, den 8. Aug. Nach den letztern Kriegsgerüchten sind die Effekten beträchtlich gefallen und, die klingende Münze, besonders die kleine Münze ist fast verschwunden. Dies veranlaßte einige Göhrung in der Hauptstadt, die aber jetzt wieder ganz gedämpft ist. Auch scheinen die bei weitem nicht allgemeinen Besorgnisse wieder zu schwinden, seitdem der Eindruck, den die Mittheilung des Beschlusses des deutschen Reichstages an die Nat. Verf. im ersten Augenblicke gemacht hat, sich fast völlig verlohr. Man weis jetzt zuverläßig, daß Hr. von Coigny mit gewissen Unterhandlungs=Aufträgen an die ausgewanderten ehemaligen Prinzen nach Deutschland abgegangen ist, und die ietzt.n Unterhandlungsbefehl'e für ihn sollen in einem Staatsrathe, welchem der König am verwichenen Sonntage beygewohnt haben soll, ausgefertigt werden seyn.

Dazu kann der Neuwieder Zeitungswurm folgendes beifügen.

Koblenz vom 15ten dieses. — Herr von Coigni ist wirklich bei den französischen Prinzen alhier mit der neuen korregirten, verbesserten, durchgesehenen Konstitutionscharte angekommen, und präsentirte dieselbe den Prinzen. Man weis nicht, ob sie dieselbe angenommen, oder ob sie einen Entschluß darüber gefaßt haben. Unterdessen weis man nur so viel, daß der Graf von Artois nach Wien reist; daß die hier anwesenden Franzosen, — fast 4000 an der Zahl, — Pferde kaufen; daß sie exerciren; daß sie Gewehre bekommen haben; — daß sie sich rüsten, und daß noch täglich franzöfische Emigranten hier ankommen.

Eine Anmerkung zu diesem Artikel. — Wie kann der König diese neue verbesserte, durchgesehene, revidirte Charte der Konstitution annehmen, da er sich bei seiner Flucht durch sein Manifest hinlänglich in Rücksicht auf die Beibehaltung des Adels, welcher in dem Revifionsakte ganz zernichtet wird, erklärt hat? Hat der K=

nig diese Charte angenommen, so kann er unmöglich freywilig seyn, so kann er sich unmöglich widersprechen. Ergo ꝛc.

Zwote Anmerkung. — Man sagt, daß die Prinzen wirklich mit der Versammlung in Unterhandlung stehen; daß sie schon so weit sich ausgelassen haben, daß sie eine Regierungsart, nach der Forme der englischen anzunehmen wünschen; daß in Frankreich zwey Parlamente, so wie in England, aufgerichtet werden sollen; — und daß man noch grösere Hoffnung habe, daß der französische Colonismus zu einem Vergleiche kommen werde; daß fremde Mächte selbst auf einen Vergleich antragen, und daß diese Angelegenheit noch ins weite gezogen werden müsse.

Unterdessen muß ich mir trotz aller Grosmaischen schwermüthigen Nachrichten folgende Bemerkungen über die jetzige Lage der Politik aufstellen:

Seit einem Jahre verspricht man den Frieden mit den Türken, und doch läßt man sie schlagen. Die Preusen sind gegen Rußland vorgerückt, die Engländer rüsteten eine Flotte. Beide sind von dem Kriegstheater abgegangen. Warum? dies weiß der Himmel, vielleicht weil man über den Frieden einig geworden ist. — Aber um Himmelswillen! sage mir doch, oder brumme mir doch eine politische Mücke vor, wie ist dieser Friede? unter welchen Bedingnissen? wie? wann? auf was für eine Art? — da verstummt jeder, und — man weiß nichts. — Warum diese Verhüllung? warum dieses Geheimniß? — überdies, Preusen läßt Anspach und Beureith regieren; — Niemand rührt sich; Niemand spricht etwas darüber. — Weiter: — wenn die Russen nur Dezakow mit dem umliegenden Lande behalten sollen, warum rücken sie bis gegen Konstantinopel vor; warum schlagen sie die Türken noch; warum machen die vermittelnden Mächte dem Divan nicht begreiflich, daß er sich zu solchem billigen Frieden einverstehe? — Und die französischen Angelegenheiten? — warum hat noch kein Hof die neue Konstitution gut geheißen? warum werben die Prinzen, warum rüsten sie sich? — Ist ihnen keine Hilfe von irgend einem Hofe versprochen, warum läßt man sie in eitler Hoffnung? warum machen sie solche Vorkehrungen, als wenn sie auf alle Höfe sichere Rechnung machen könnten? — ist dann keine Hofzeitung, keine Grosmama, die diese Fragen begeographiren konnte? — Nu! wenn dieß keine Grosmama vermag, wie sollen es die anderen Zeitungsenkeln? Die Wiener Zeitungsmama sitzt in ihrem Lehnstuhl, und wird so dick, daß sie kaum ihr gütiges Auge auf die fikelfakelnden kleinen Zeitungerleyn wendet. Sie läßt sie spielen, hüpfen, politiciren, und — hustet dann und wann einen officiellen Brocken heraus, der alle Spekulationen verwüstet. — Um Vergebung alte Grosmama! — Prævidere!

Die Tagsnachrichten erzählen nichts wichtiges; sie enthalten folgendes:

Oberrhein vom 12ten dieses. Der neulich zu Frauenfeld gefaßte Schweizerische Landtags-Schluß ist von den Kantonen Freyburg und Basel nicht angenommen worden. Auch hat der grose Rath zu Zürich dawider protestirt. Man glaubt, daß noch mehrere Kantone diesen nachfolgen werden. — Das Matrosen-Pressen in den Englischen Häven! ist eingestellt. Zu Sheffield ist am 27sten Jul., und zu Dublin am 16ten ein gefährlicher Volks-Aufstand und Mordbrennerey gewesen.

Paris vom 11ten dieses.

Gestern und heute sind in allen Strassen die Wachen verdoppelt worden. Man schrie überall, daß der König und der Dauphin entführt sollen werden.

Das Blat La Bouche de Fer (der eiserne Rachen) eine infame Demokraten-Zeitung ist mit dem

Verfaſſer, und ſeiner ganzen Druckerey arretirt worden. Er ſoll in einem Keller falſche Aſſignaten
gemacht haben. Auch die Druckerey eines gewiſſen le Brüne iſt eingezogen, und er arretirt worden.
Von der Elbe. — Der Tod mit ſeiner Sen-
ſe ſchwebt über unſern Horiſon. Der gute Friedrich Wilhelm iſt krank. Seine Krankheit ſcheint
um deſto gefährlicher zu ſeyn, weil die Jahrzeit,
und ſein Korper vieles zu der Gefährlichkeit beitragen. Wir hoffen und flehen das beſte vom
Himmel.

Wien vom 7ten dieſes. — Der regierende
Herzog von Württenberg wird noch immer hier erwartet, und will, wie es heißt, die vom päbſtlichen
Stuhle erhaltene Ehegültigkeit vom kayſerlichen Hofe
beſtätigen laſſen. — Am 26ſten geht der Kayſer
nach Prag zur Krönung ab. Alles iſt ſchon dazu
vorbereitet.

Biographie

Yorik, ſonſt Sterne genannt, war ein
Pfarrer und Prediger in England. Er ſtarb Anno 1770. Sein ſcherzhafter und poſſirlicher Carak-
ter entwickelte ſich in ſeiner Jugend. Seine Ge-
ſtalt und ſeine Art ſich zu kleiden erweckte bei allen Menſchen ein Lachen, welches er noch mehr
durch ſeine ſonderbare Scherzreden beförderte. Er
ſchrieb die empfindſamen Reiſen, Den Triſtram
Shandy. Dies letzte Buch hat ihm 24000 Livres Nutzen gebracht, und ſeine geiſtlichen Pfründen
hätten ihn reich machen können, wenn er nicht alles verſchwendet hatte. Aber der Anhang zur Verſchwendung war ſo gros, daß er ſeiner Frau und
Tochter nichts als ungeheure Schulden hinterlaſſen. Seine Schriften finden noch Beyfall, und
deutſcher Schriftſteller ſind noch viele, die ihm nachahmen wollen.

Nro. 66. Freytag den 19ten August 1791.

Beilage
zu
Politischen Gesprächen
der
Todten.

Politische Satyren.

„Zärtliche Betheurung.
„Ein Candidat, der Semlern zwar nicht hörte,
„Jedoch den grosen Mann als seinen Abgott ehrte,
„Half einem Mädchen übern Fluß,
„Sie gab aus Dankbarkeit, ihm einen flotten Kuß
„He, rief er aus, bei meinem Leben!
„Das war ein Kuß — so konnt' ihn Semler
     mir nicht geben!
            Constantin v. B.

Regensburg vom 12ten dieses. — Die neuen Instruktionen sind zwar in der so wichtigen Elsaßer-Sache nunmehr eingelofen; man erforderte solche deswegen, weil der kaiserliche Herr Concommissär, Freyherr von Leykam die Gesinnungen des Reichsoberhaupts, gemäß eines erhaltenen allerhöchsten Rescripts, dahin erklärte, daß eine weitere Verwendung Sr. Kayserl. Majestät bei dem König von Frankreich, worauf das Reich den Antrag machen wolle, bei dermaligen Umständen vergeblich und ohne Erfolg seyn würde; es daher vorderhamst erforderlich wäre, auf des Reichs Sicherheit Bedacht zu nehmen.

Paris vom 14ten dieses. — Am 24sten August soll die neue, korrigirte, revidirte, kritizirte und dekretirte Konstitution dem König zur Bestätigung dargereicht werden. Am 20sten wird man dem König erklären, daß er frey sey. Man wird ihm Komplimenten, Reverenzen, und alle Unterwerfungs-Gentillessen machen. — Arme Tropfen! was hilft die Bestättigung eines Inkarzerirten Königs? — ach! dies sind lauter Honigschmiererepen — um das Maul zu versüssen.

Seit der Vernichtung aller Ordenszeichen ist der Kardinal von Rochefoucault, der Commandeur des Ordens des heiligen Geistes war, in der Versammlung nicht erschienen. Der Bailli de Croussul hat darwider protestirt.

Gestern war ein grosses Donnerwetter zu Paris. Man schrie, daß die Versammlung das aristokratische Donnerwetter zum Stillschweigen bekehren solle. — Also die Nationalversammlung dekretirt, daß der Himmel künftighin nimmer donnere. — Der Himmel wurde hell und klar; man schrie Mirackel. Aber bald darauf zeigte das Wetter die unbändigste Aristokratie; es donnerte, es blizte, es regnete. — Ei, ei! sagte man, wie kann der Himmel doch so aristokratisch seyn! — Und es war nicht anders.

Haag vom 12ten dieses. — Man ist zu Amsterdam beschäftigt, um die Auferstehung des verbrannten Magazinshauses herzustellen. Ungeachtet aller Untersuchungen kann man die Mordbrenner nicht entdecken. — Die allgemeine Meinung hielt dahin, daß die Verwalter dieses Hauses den Brand angesteckt haben, weil sie mit der Rechnung nicht zu recht kommen konnten. Der Statthalterische Anhang bedauert die Austrettung des Herrn von Herzberg aus dem Berliner Kabinet. — Es sind gestern zwey Kourriers hier angekommen, der eine aus Wien, der andere aus Berlin. Man weis nicht, was sie mitgebracht haben. Ihre Depeschen sind gleich nach los dem Statthalter zugeschickt worden. Aber man hat wahrgenommen, daß die Vertrauten des Punzen mit langen Gesichtern nach Haus gegangen sind.

Mons vom 1sten August. — Am 8. dieses kam Prinz de Ligne als Oberamtmann von Hennegau in unsere Stadt. — Welche Freude, welches Vergnügen, welches Frohlocken!

Wien vom 11ten August. — Es ist Friede bei uns; — aber nicht bei den Russen. Was wird geschehen? was werden wir thun? — wir geben den Türken alles zurück; aber wir müssen auch den Russen 36tausend Mann Hilfstruppen kraft unserer Allianz geben. Diese 36tausend Mann sind gewiß hinlänglich die zurückgegebenen Plätze aufs neue zu erobern, und dann sind die Konvention von Reichenbach, und unsere Wünsche des Passarowitzer Friedens erfüllt. — Amen.

London vom 9ten dieses. — Es ist nicht wahr, wie einige Zeitungen gemeldet haben, daß unsere bewaffnete Flotte abtakle; im Gegentheil, sie bleibt ganz ausgerüstet bei Spithead, mit allen Matrosen. — Man muß hier mit Bewunderung ausrufen: — O Geheimnisse der Politik! die Engländer können gewiß nimmer in die Ostsee einlaufen; sie haben doch deswegen ihre Flotte ausgerüstet? — freylich. Warum machen sie sich also die grosen Unkosten, diese Flotte ganz bewaffnet zu erhalten, zu bezahlen? — dies weis ich nicht. — Wo wollen sie hin segeln? — dies weis ich auch nicht. — Nu! was weis man dann? man weis, daß sie Amerika verloren haben, und daß sie diesen Verlust an demjenigen hohlen wollen, der sie dazu gezwungen hat. — Nun versteh ich dich? — an Frankreich, nicht wahr? — dies weis ich nicht, aber so viel weis ich, daß ich meinem Nachbaren seine Hühner abstehlen wollte, wenn er mir vorhero die meinigen gestohlen hätte.

Aus dem Mond vom 16ten dieses. — Heute ist bei uns recht heiß, recht schön. Wir sollen eine Finsterniß bekommen, so bald die Krönung zu Prag geendigt ist. — Im Oktober wird wieder hell, wenn sich die Franzosen fügen. Geschieht dies nicht, so wird die Erde Blutroth, bis aufs weitere. —

Nachricht.

Auf Montag den 29sten dieses Nachmittags um 2 Uhr sollen 21 Stück Kutschen — und Reutpferde an Mehrestbiethenden dahier im Fürstlichen Marstall versteigert werden. Liebhaber hierzu können sich auf die bestimmte Zeit einfinden. Neuwied, den 18ten August 1791.

Grünstädter Privilegirte Zahlen-Lotterie. Die 30ste Ziehnung ist heute den 61te Aug. 1791 unter Beysitz derer hiezu verordneten S. T. Herren Deputirten mit gewöhnlichen Formalitäten und gebühriger Accuratesse vollzogen worden, und sind folgende Numern aus dem Glücksrade erschienen:

Erster Zug: Nro. 89. Neun und Achtzig.
Zweyter Zug: Nro. 76. Sechs und Siebenzig.
Dritter Zug: Nro. 2. Zwey.
Vierter Zug: Nro. 43. Drey und Vierzig.
Fünfter Zug: Nro. 15. Funfzehn.

Die ein und Dreyßigste Ziehung geschieht den 23sten August 1791 und so fort von 8 zu 8 Tagen.

Nro. 34. Donnerstag den 18ten August 1791.

Politische Gespräche der Todten

über die

Begebenheiten

des 1791sten Jahrs.

„Post quatuor lustra nostræ annihilationis expellentur
„ii, qui nos expulerunt; gentes in philosophismo edu-
„catæ nec Ecclesiæ nec Principibus obedient. Cor-
„ruent nostri inimici, horror regnabit, & tunc ex-
„surgent Nostrates, & rogabuntur, ut aliud secu-
„lum incipiant & educent.
P. Bobadilla in Litt. 14ta ad Ignat. Anno, 1547.

Uiber die Loyolisten.
Eine Zeitung.

Wer hätte vor 20 Jahren die Rache des Himmels auf die Zukunft kalkulirt? wer hätte sich vorgestellt, daß die französischen Parlamente das nemliche Schicksal zu erwarten hätten, welches sie den Jesuiten ausgeschmiedet haben? wer hätte geglaubt, daß das Bourbonische Haus, das auf die Vernichtung der Loyolisten drang, eine Loyolisten ähnliche Verfolgung zu leiden haben würde? — Es ist geschehen; die jesuitische Prophezeyung ist erfüllt worden. Wenn ein Gebäu auf zwey starken Pfeilern steht, so fällt die zweyte Säule gleich, so bald die erste gestürzt wird. — Die Jesuiten sind gestürzt. — und nun fallen die Parlamente. das Bourbonische Ansehen, und alle Zierrathen, welche aufzubauen, viele Jahrhunderte Mühe, Verstand und Arbeit angewandt haben.

Heutiges Tags kann man den Jesuitenfall mit mehrerer Genauigkeit historisiren. Was hat diese Gesellschaft verbrochen? lasset uns ihre Geschichte auffsc lagen: selbst jene Geschichte, die ihre Feinde geschrieben haben. Hat man ein einziges Verbrechen, welches ihnen ihre Hasser vorwerfen, berechtigen können? war ihrer Fall nicht auf neidische Muthmaffungen, auf ungerechte Aufbürdungen gegründet? — Sind Oldekorn, Garnet, Malagri a, Mathos ꝛc. nicht hinlänglich gerechtfertigt? waren sie nicht ein Opfer der Neidskabale, des unverdienten Hasses, der Undankbarkeit? — Ich will hier nicht diesen Standalösen Schauplatz ganz aufdecken; aber ich will es untersuchen, welche Folgen ihrer Fall hervorgebracht hat.

Das wohlthätigste wichtigste Geschäft der Jesuiten zielte dahin, die Jugend zu erziehen, sie zu unterrichten, und sie zu bilden. Ihre Erziehungs Anstalten waren fast überall gleichförmig; junge Sprossen wurden zur Subordination, zum Gehorsam, zur Religion, zur Sittlichkeit, zu bürgerlichen und christlichen Tugenden gebogen, angefunden, scharfgehalten. Die Lehre der Professoren, ihr Unterricht war so verwickelt, so kombinirt, daß die Lehrer selbst nicht ausschweifen konnten, wenn sie auch gewollt hätten, und wenn sie auch der Kitzel dazu gereizt hätte, weil andere Aufseher auf sie wachten, die in der Erziehungsschule grau, und von allen Ausschweifungen — von der Natur selbst — frey geworden waren. — Alle Fürsten und alle Edelleute, alle Bürger und wohlhabende Menschen übergaben den Lopolisten die Bildung ihrer Söhne. — Also halb Europa passirte fast durch die jesuitische Ruthe.

Die Lopolistischen Grundsätze schufen grose Männer in allen Gattungen der menschlichen Kentnisse. Die Philosophie des grosen Newtons sprudelt — noch heutiges Tags — aus der Quelle des unsterblichen Kepplers. Die Mathematik, die Geschichte, die Physik, die Metaphysik, die Theologie, die Politik, die Mechanik, die Baukunst, die Malerey, der Ackerbau, die Redekunst verehren die Loyolistengesellschaft, als ihre Unterstützer, als ihre Beförderer, als ihre Kenner. Wo ist noch jemals ein Institut gewesen, welches so viele grose Männer in allen Gattungen den Wissenschaften erzeugt hatte, als das Jesuiten=Institut sich rühmen kann?

Noch mehr: — die Spanier, die Portugieser, die Engländer, die Holländer, die Dähnen, und alle Seemächte, die in anderen Weltheilen Besitzungen haben, können sie sich rühmen, können sie mit Wahrheit behaupten, daß sie die Wilden so zu bezähmen, so sittlich zu machen, so zu entwilden gewußt haben, als die Jesuiten in Paraquai? — Nein, alle übrigen Nationen behandelten die armen Innwohner anderer Weltheile barbarisch; sie tödteten sie, sie peitschten sie, wie das Vieh, sie machten sie zu Sklaven; — die Jesuiten brauchten dies nicht; sie kauften keine Schwarze, keine Affrikaner; sie civilisirten sie. — In Paraqua, wo sie das schönste Muster allen Monarchen und Regierungen aufstellten, war ihr kleiner Staat mit 60tausend Soldaten besetzet, und diese Soldaten waren aus Wilden gebildet; sie waren zugleich Ackersleute, und niemals war die Milde gegen die Menschheit mehr in Acht genommen, als da: der Frater Villa, der Regent war, aß die nemliche Portion, trank das nemliche Wasser, und nichts mehr, wie — der letzte Paraquajaner — Hier soll die französische Nationalversammlung lernen, was die Rechte der Menschen und ihre Gleichheit seye. Aber die Nationalversammlung hat weder den Jesuiten=Verstand, weder die Jesuiten=Sittlichkeit, weder die Jesuiten=Tugend.

Der blühende, der wirkende, der gelehrte Loyolismus hat auch auf die protestantischen Staaten, auf ihre Sittlichkeit, auf ihre Gelehrsamkeit einen bedeutenden Einfluß gehabt. Die Protestanten mußten auf nemlichem Steine ihre Köpfe schleifen, auf welchen die Jesuiten abgeschleift waren. Sie hatten an ihnen die gelehrtesten, die überzeugensten Gegner. Sie mußten also, um ihre Opinion durchzusetzen ihre Gegenwaffen mit Thätigkeit schärfen. Da waren also der Fleiß die Arbeitsamkeit, das erbitte Kopfbrechen, die Gelehrsamkeit durch die Jalousie, durch den Neid durch den Gegeneifer betrieben. Von beiden Seiten stund manifester Positur gegeneinander; von beiden Seiten strengte man alle Kräfte an; von beiden Seiten herrschte eine Beeiferung, welche beyde Theile zu jenem Grade erhob, zu welchem die Loyolisten ihre Gegenwaffen aufgestellt haben.

Aber leider! — die Jesuiten fielen, und mit ihnen fiel der ganze Gegeneifer. Die andere Mönche schwiegen; die Protestanten sahen keine feindliche Batterie mehr vor ihnen; was geschah? soll ich es sagen? — man lernte die Oberfläche, der Grund blieb unberührt; der Religionseifer verrauchte, und die menschlichen Kenntnisse, von keiner Gegenpartie aufgeeifert, von keinem Gegenfeuer angezündet, — fielen auf Scepticismus, auf Zweifel; da kam der Socinianismus heraus, und sagte allen Gelehrten, oder besser zu sagen, allen Halbgelehrten ins Gesicht: — Ich will alles sinnlich, alles begreiflich abmessen; ich kenne die Gottheit nicht, ich kann sie also mit der Menschlichkeit nicht verbinden. Lasset und alles handgreiflich machen, das Wort Gott bedeutet in den alten Sprachen einen Wohlthäter, einen Lehrer, einen Unterrichter; die Religion kann ohne Gottheit bestehen; sie wird jedem Menschen ohne Vergötterung handgreiflicher; ihre Sittlichkeit kann also besser gehoben, gehämmert, geklammert, — und gebauet werden. — So sprach ein Barth und Kompagnie, und Niemand war da, der ihm mit einem theologischen Argument ins Gesicht geschlagen hätte; — weil der jesuitische Zunftgeist nimmer in einer Bouteille beisammen war. — Er ward verraucht auf dem Ganganellischen Feuer, weil Ganganelli den Tiegel mit einem starken Zauberstabe zerschlug.

Nach dem Tobe des Loyolismus also, bekam die Erziehung der menschlichen Opinionen eine ganz andere Richtung. Da kamen Quacksalber und schlugen verschiedene Erziehungs-Buden auf. Da schrie ein Basedow Mirakel; dort predigte ein Harlakin aus Sagan; — in andern Orten marktschreyeten andere Philosophen — eine philosophische Erziehung. Rousseau ließ seinen Emil in einem Walde unter wilden Thieren erziehen. Es war ein Edukationskrieg in Europa. Jetzt zählte andere E-

ziehungs-Batterien auf seine Ebulationsfestung. — Nun
sehen, nun erfahren wir die Folgen dieses Kriegs. Es
sind fast 20 Jahre verstrichen, daß diese Ebulationsapo-
theker quacksalben. Wie haben sie den menschlichen Ver=
stand kurirt? — zum vernarren. Sage mir einer,, wel=
che Männer, welche grose Männer sind aus diesen Schulen empor gestiegen? wie ist die Jugend gebogen worden?
versucht krum; —. ich gehe mit Diogenes-Laterne — nicht
allein in Gymnasien, nicht allein in Philantropbien herum;
ich steige auf den Parnaß, und suche, — und suche:
wo ist jetzt in Europa ein Newton, ein Malebranche,
ein Keppler, und — meinetwegen auch ein Voltaire, ein
Rousseau, — ein Mirabeau, ein Boileau, ein Racine,
ein Corneille? — Oh ich kann nicht einmal einen Eu-
lenspiegel finden. Aber alles ist gelehrt, alles tritt auf
der Oberfläche stolz einher. Ex omnibus aliquid, ex toto
nihil.

Ha! wo sind die Jesuiten? — Sie werden wieder
kommen, sie werden wieder entstehen; dies versprach
sterbend Pater Ricci, im Reiche der Todten und las fol=
gende Nachricht aus:

Gallizien vom 29sten Juli.
Mit Nachrichten aus Polen vom 27sten dieses, ist
auch die vom Herrn Lipski, Kastellan von Lenczyk, an
den König gehaltene Rede eingegangen, des Inhalts :
„Da wir, allergnädigster König, deiner Leitung
folgten, so waren wir so glücklich, unserm Staate eine
neue Verfassung zu geben. Aber, allergnädigster Herr,
sey unser Anführer auch darin, um unsere Republick in
dieser Verfassung beständig zu erhalten; das ist: um die=
se neue Ordnung der Dinge, unserer heiligen Religion
gemäß, einrichten zu können; denn die besten Regierungs=
formen, die besten Gesetze vermögen nichts in einem
Staate, wo die Rechte und die Verordnungen nicht auf
Religion gegründet sind. Was sollen die Gesetze ohne
Sitten? das allgemeine Ausschreiben der Herren Mar=
schälle des Reichstages, so wie die Hirtenbriefe der Her=
ren Bischöfe, machen den Einwohnern bekannt, daß die
gegenwärtige Regierungsform, welche seit Jahrhunderten
der Gegenstand des allgemeinen Verlangens war, ein

ganz besonderes. Was! der göttlichen Vorsehung sey, und daß wir dem Unendlichen zur Danksagung dafür, eine Kirche zu erbauen beschlossen haben. Es hat die göttliche Vorsehung dieses wahre Wunder des Regierungssystemes gerade für jene Zeit vorbereitet, als wir den glücklichen Wahlspruch: Der König mit der Nation, und die Nation mit dem Könige, in Ausübung gebracht sahen. Damit nun diese Vorsehung den ganzen Entwurf der neuen Einrichtung mit einem erwünschten Erfolge auf immer segnen möge; so muß man sich auch wieder mit jenem alten Polnischen Wahlspruche wecken und aufmuntern: Die Nation mit Gott, und Gott mit der Nation! denn sonst müssen die mächtigsten Königreiche, wie wir es itzt an Frankreich bemerken, fallen und zu Grunde gehen. Wer die schlechten Sitten, die Gleichgültigkeit in der Religion, und den Kaltsinn in christlichen und bürgerlichen Tugenden unsers gegenwärtigen Zeitalters betrachtet, der darf sich wohl nicht wundern, wenn auf böse Zeiten immer noch ärgere Zeiten folgen; und wenn man die Wahrheit sagen soll, so hat diese Verschlimmerung in jenem betrübten Zeitpunkt ihren Anfang genommen, als wir während des Delegations-Reichstages des Ordens der Jesuiten verlustigt wurden. Nicht nur Polen, sondern ein grosser Theil der Welt hat den Nachtheil davon empfunden, und es ist kein Land, welches über diesen Verlust nicht trauerte, weil seitdem eine merkliche Veränderung zum Schaden der Lehre und der Sitten erfolgte. Das ist eben die unwiderleglichste Schutzrede für diesen Orden. Nie würde Frankreich in die dermaligen so unglückseligen Umstände gerathen seyn, wenn nicht dessen Parlementer, die nun auch selbst mit untergegangen sind, diesen Orden vernichtet hätten. Selbst der ohnlängst verstorbene berühmteste Redner in der französische Nationalversammlung, Graf von Mirabeau sagt in seinem gedruckten Werke: Versuch über die Illuminaten 1788, ganz deutlich: „Der Orden der Jesuiten war „ein allgemeines unerschöpfliches Magazin in allen Wis„senschaften, für Professoren, für Prediger, für eifrige „Missionäre und Theologen, für Politiker und regieren„de Fürsten. Es werden nun 20 Jahre seyn, seitdem „die Parlamenter diesen Orden zerstört und zerstreuet ha-

„ben; allein eben baburch ist in unserem Frankreich ein
„so großes Leere entstanden, welches durch Nichts aus=
„zufüllen ist, und sich von Geschlecht zu Geschlecht immer
„noch weiter eröffnen und ausbreiten wird." Ein gewisser
Litterator in Deutschland, und zwar ein Protestant äussert
über diesen Gegenstand in einem seiner Werke folgendes:
„Die innerliche Seuche, welche itzt die Staaten in Eu=
ropa durch eine allgemeine Ansteckung verwüstet, hat
erst nach der Zerstreuung des Jesuiten=Ordens so sehr
um sich gegriffen. So lange die Jesuiten waren, hat
man bei manchen Höfen eine bessere Ordnung in den
Regierungsgeschäften gefunden, und wie jedermann weis,
so war die Erziehung der Jugend höhern und niedern
Standes weit besser bestellt. Itzt sieht man keinen an=
dern Erfolg des Unterrichts, als daß die Menschen al=
len Gehorsam gegen die Obrigkeiten, als ein Joch, von
sich werfen lernen. So weit der protestantische Littera=
tor. Eben so empfindet auch unser Polen den Verlust
des besagten Ordens, und daher haben beinahe alle
Wojwodschaften Provinzen und Distrikte, unter den sich
auch die Wojwodschaft Lenczyk befinder, ihren auf die=
sen Reichstag abgeschickten Deputirten schon zum zwey=
tenmale aufgetragen: daß sich nämlich die Republik bei
dem heiligen Vater auf das nachdrücklichste für die Wie=
derherstellung dieses Ordens verwenden möchte; beson=
ders da noch eine ziemliche Anzahl Mitglieder dessel=ben
bei uns am Leben sind, die sich ihrem vorigen Geschäf=
te, oder dem Unterrichte in der Religion und den Wis=
senschaften mit Freuden unterziehen würden. u. s w.

Schreiben des Herrn Markis von Bouille General=
lieutenants des Königs, Ritters der königlichen Orden —
an den Herrn Thieriet, Maire zu Nansy.

Ihr seyd, mein Herr, anjetzo Meister von Nansy;
ihr wisset also, daß am 17ten Juli die Inwohner euerer
undankbaren und besonders verschwornen Stadt die Frech=
heit begangen haben, mein Bildniß auf dem Marktplatz
zu verbrennen. Diese Beschimpfung ist an euern Ge=
neralkommendanten, in euerer Gegenwart, mein Herr!
geschehen„ ohne daß ihr einen Schritt gethan habet, eine
solche Unverschämtheit zu verwehren, oder dieselbe zu be=
strafen, vermuthlich weil sie euch und euerenGesinnun=

hen angemessen war. Zu einigen Wochen werde ich in
eurer Stadt erscheinen, wo ich, in Mangel eurer Gerechtigkeit, sicher darauf rechne, eine strenge Rechenschaft
darüber zu fordern. Ich werde so wohl diejenigen, die
solche Beschimpfung selbst berrichtet haben, wie auch diejenigen, die Feigheit genug hatten, solche Greuel zuzulassen, — zur Verantwortung ziehen.

Biographie

Laurentius Ricci erblickte das Licht der Welt
in Florenz den 2ten Aug. 1703. Er wurde in den Jesuiten - Orden aufgenommen, wo er durch seine vorzüg-
lichen Verdienste zu der höchsten Würde eines Generals
dieses Ordens gelangte. Die Bourbonischen Häuser vereinigten sich um dieses Institut aufzuheben,
und machten an dem Römischen Hofe so viele Vorstellungen dessentwegen, daß Clemens der Vierzehn-
te, sonst Ganganelli genannt, diese so berühmte Gesellschaft den 21sten Jul. Anno 1773 durch ein Breve
aufhob. Man führte den General Ricci mit seinen As-
sistenten in die Festung St. Angelo, nach dem er die
Bekanntmachung dieser Aufhebung an alle seine Unter-
gebene unterzeichnen mußte, wo er den 24sten November Anno 1775 starb. Er ließ kurz vor seinem Tode
drey Protestationspunkte bekannt machen: Erstens, daß
er als Haupt der Gesellschaft Jesu der ganzen Welt
erklären müsse, daß dieses Institut seit der Entstehung
niemals etwas begangen, das seine Aufhebung verdient
hätte. Zweytens: daß er nicht glaube, jemals etwas verbrochen zu haben, daß man ihm eine so harte Behandlung und ein so strenges Gefängniß nach allen Gesetzen
der menschlichen Gesellschaft zuurtheilen konnte; und Drittens: daß er allen seinen Feinden nach dem Beyspiel
Christi alle die gesetzwidrige Behandlung vergebe, mit
der sie so wohl ihn als auch seine Mitbrüder verfolgten.
— Ein Schriftsteller sagt bei die er Gelegenheit, daß die
Jesuiten einen Beweis jenes Sprüchworts abgeben könne: Der Hans ist dumm, er wird schon sein Glück machen.
Dies ist für die übrigen Mönche keine schöne Empfehlung.

Nro. 68.   Freytag den 16ten August 1792;

Beilage
zu
Politischen Gesprächen
der
Todten.

Politische Satyren.

„Gestern war Ludwigstag, sonst ein Tag der
„französischen Freude. Es steht zu erwarten, ob
„der H. Ludomikus gestern auch patriotisch behan=
„delt war; das heißt: — ob man ihn auch be=
„droht, geplündert, arretirt haben würde. —
„Die Heiligkeit und das baare Geld stehen jetzt
„im gleichen Verhältniß in Frankreich; — beide
„sind rar und selten."

Wien vom 1ten August. — Unser Kayser reist
morgen nach Böhmen über Brün, und Szlepp,
wo sich der Fürst Auersperg befindet. Der Mo=
narch will die böhmischen Festungen besehen. Die
Reise nach Sachsen ist festgesetzt, wo der König
von Preusen unsern Monarchen angenehm über=
raschen will.

Es ist nun entschieden, daß Anspach und Bay=
reuth gegen die Lausnitz vertauscht wird; unser Mo=
narch entsagt dem Lehnrechte, welches Böhmen über
die Lausnitz behauptet. Diese Nachgiebigkeit ist nicht

umsonst, weil wirklich von einer wichtigen Veränderung die Frage ist, welche beide Souveraine in Sachen ausgleichen werden.

Man sagt, daß der Gros-Kanzler Graf von Kolowrat nach der böhmischen Krönung zum Staats- und Konferenz-Minister, und in fürstlichen Stand erhoben wird.

Der Kayser läßt jetzt in Rücksicht auf die französischen Tobungen einen thätigen Ernst merken. Es sind Ordres abgeschickt worden, daß sich 10 Bataillons Kroaten zum Marsche ins Brittauische fertig halten sollen, und dies auf die nächsten Befehle, um gleich aufbrechen zu können. Die nemlichen Ordres sind auch auf die in Oberösterreich liegenden Regimenter abgegangen. — Man sieht nun heuer in die Zukunft. Briefe aus Koblens von gestern (25sten dieses) melden folgendes:

Heute feyern die Franzosen allhier das Namensfest ihres Königs. Diese Feyerlichkeit entschleyert sehr viel. Alle hier anwesenden Franzosen werden einen Eid der Treue ablegen. Der Bruder des Königs (Monsieur) soll heute als Connetable und Regent von Frankreich erklärt werden, und diese Regentschaft dauert, so lang der König im Zwange von den Parisern gehalten wird. Alle Höfe von Europa sollen mit dieser Verkehrung einverstanden seyn. Kein Hof wird sich mehr an den König selbst wenden, weil er als Gefangener keine freye Handlung begehen kann; sondern die politische Zusammenverbindung, und die Staats-Korrespondenz wird an den Monsieur von allen Höfen gerichtet, und beantwortet. — Dies ist der Vorbot — des Weiteren.

Paris vom 21sten dieses. — Die Härings- weiber und die Damen aus der Halle bathen den General La Fayette, daß er ihnen erlauben möchte, der Königin ein Bouquet darreichen zu dörfen. Der General schrieb gleich an die Königin; sie gab

ihm folgende Antwort: — „Sie wissen ja, mein
„Herr, daß sie allein die Gewalt in Händen halten,
„jemanden in das Schloß Tuilerie einzulassen,
„oder den Eingang zu verwehren."
Es werden gewiß neue Unruhen ausbrechen.
Man will die Konstitution dem König an St. Ludwigstage zur Sanktion darzwingen. Schlägt er
sie ab, so ist ganz Paris in Aufruhr, und der gute
König lauft Gefahr, mit seiner ganzen Familie unglücklich zu werden.

Man hat ein Gemählde, wo die Stadt Mons; und
Frankreich wie eine Göttin, auf diese Stadt schauend,
vorgestellt wird. Die Göttin sagt: levavi oculos meos
in montem, unde veniet auxilium mihi.

Man wundert sich ausserordentlich, daß Schweden,
Dännemark und Rußland sich zur See rüsten. Diese
Rüstung kann keine Feindseligkeiten unter diesen Mächten zum Zwecke haben; dann die Jahrszeit verwehrt es,
etwas zu unternehmen. Zu was also diese Rüstungen,
die doch mit vielen Unkosten verbunden sind? — dies
wird sich in 14 Tagen aufklären.

Petersburg vom 29sten Juli. — Die Unterhandlungen unsers Kabinets mit dem Londner und Berliner Hofe sind nach den gemässigten, von unserer
Kayserin selbst diktirten Bedingnissen geendigt. —
Also ist der Friede auch bei uns.

Nationen! hebet euere Köpfe auf, schauet den Nordpol an, beuget euch, und staunet! — Eine Macht,
die vor 100 Jahren in der politischen Bedeutenheit —
nichts war; eine Macht, die im Anfang dieses Jahrhunderts von Peter dem Grosen — ganz roh ohne alle
künstlichen Architektur aufgebauet war; eine Macht, die
an sich selbst, an ihrer Bevölkerung, an ihren Manieren beständig flicken muß; — diese Macht spricht im
Diktatorstone, an die grösten Mächte von Europa:
an England und Preußen, die den Diktatorston den
Franzosen entrissen haben. Unsere Zeitgenossen und unsere Nachkömmlinge werden es kaum glauben, dann es

ist kein solches Beyspiel in der Geschichte zu finden. — Und Rußland spricht so erhaben in unserer Zeit, da die Kabinette die Politik auf den höchsten Grad verfeinert und vermacchiavellisirt haben. Katharina macht den Frieden mit den Türken nach ihren eigenen, von ihr selbst vorgeschriebenen Bedingnissen; sie hat nicht einen Daum breit nachgegeben. Sie behält Oczakow mit dem ganzen Distrikt zwischen dem Bog und dem Dniester, — ohne daß die Festung Oczakow geschleift werden muß, wie es die alliirten Mächte verlangten. Sie hat sich noch ausbedungen, daß, wenn die Pforte gegen alle Erwartung in diesen Frieden nicht einwilligen wollte, die beide Mächte: England und Preußen, die Türken dem weitern Eroberungsschicksal der Russen überlassen müßten. — Solche Mäßigung, solche Erhabenheit ist seit Alexandersjeiten in keiner Geschichte zu lesen. — Nun ist ein Waffenstillstand auf vier Monate geschlossen. Sollten die Türken sich weigern, bis dorthin nachzugeben, so gehen die Eroberungen weiter, und Rußland giebt nichts zurück. — O Mahomet! wo ist die versprochene Krim? — auf ewig in russischen Händen.

Brüssel vom 22ten August. — Noch springen Funken der Unzufriedenheit, und der Widersetzlichkeit auf. Man weis, daß Van Eupen jetzt in Frankreich tobe; ja daß er vor einigen Tagen in der Gegend von Mons war, wo er sich mit seinen Anhängern besprach. Dies erregt Bedenklichkeiten.

Grünstädter Privilegirte Zahlen = Lotterie. Die 31ste Ziehung ist heute den 23ten Aug. 1791 unter Beysitz derer hiezu verordneten S. T. Herrn Deputirten mit gewöhnlichen Formalitäten und gehöriger Accuratesse vollzogen worden, und sind folgende Numern aus dem Glücksrade erschienen:

Erster Zug: Nro. 67. Sieben und Sechzig.
Zweyter Zug: Nro. 80. Achtzig.
Dritter Zug: Nro. 84. Vier und Achtzig.
Vierter Zug: Nro. 20. Zwanzig.
Fünfter Zug: Nro. 36. Sechs und Dreyßig.

Die Zwey und Drensigste Ziehung geschieht den 30sten August 1791 und so fort von 8 zu 8 Tagen.

Nro. 35.   Donnerstag den 25sten August 1791.

Politische
Gespräche
der
Todten
über die
Begebenheiten
des 1791sten Jahrs.

„Vagabantur Musæ, barbarie Turcica e Parnasso
„pulsæ; plorabant Apollini tristem fortem. Deus
„hic ducebat eas, quærens locum in gratiore terra.
„Et en! intonabat mulices in aere. Ubi sumus?
„quærebant Musæ peregrinantes; descenderunt, &
„— erant in Bohemia. Hinc iis in hac terra per-
„petuus cultus ab incolis.

Ueber Böhmen.
Eine böhmische Zeitung.

Der größte Bassin von Europa, der schönste Kessel auf der Europäischen Geographie — ist das Königreich Böhmen. Hohe Gebirge gegen Schlesien, gegen Sachsen, gegen die Pfalz sind der hervorragende Rand dieses Kessels; nur gegen Oesterreich ist eine Oeffnung, wo der Kesselstiel in einer Ebne bis fast nach Wien hinragt, und von dem ungarischen König gehandhabet wird. — Wunderbar! kein einziger Fluß geht nach Böh=

men; sie fliessen alle herani; ein Zeichen, daß Böhmen
das höchste Land auf der Europäischen Geographie seyn
müsse. Und ist es Wunder? — Böhmen liegt in der
Mitte von Europa.

Die alte Geschichte von Böhmen ist eben so — ein
Roman, wie jene der Griechen, der Römer und anderer
Nationen. Die Menschheit hat sich überall über den ordentlichen Gang vergöttern wollen, und stellte das Wunderbare, das Romantische statt der Wahrheit auf. Die
böhmische Libussa und Drakomira sind todte Zeugnisse, daß
die Nation galant war; daß die Weiber grose Rollen spielten; und daß man aus Galanterie auf sie den historischen Glauben angeheftet hat.

Kein Reich ist fast durch Revolutionen mehr erschüttert worden als Böhmen. Der böhmische Ziska war ein
Held. Die jetzige französische Nation rühmt zwar ihren
Mirabeau. Was that er? — er hatte gute Lungen, und
eine geschmeidige Zunge. Aber bishero ist kein Ziska in
Frankreich. Der böhmische Revolutionist wuste zu siegen;
der Französische zu schwätzen. Dies beweißt viel für die
böhmische Nation, ihre Anlage ist nachdrücklicher; die
französische ist wie der Champagner Wein, sie verfliegt
in Worten und Dekreten.

Wenn man die böhmische Geschichte mit Anwendung
auf die jetzigen Zeiten liest, so ergiebt sich, daß Böhmen bei allen seinen Revolutionen sich ruinirt hat, und
es hatte doch Helden. Also muß sich Frankreich noch
mehr ruiniren, weil es nur Schwätzer hat.

Böhmen hat zu der grosen Religions-Revolution das
erste Zeichen gegeben. Der Hus prophezeyte schon einen
Luther. — Und doch hat Böhmen seine Opinionen nicht
geändert. — Ueberall ragt der böhmische Vorzug in Vergleichung auf andere Länder in der Geschichte empor.
Böhmen ist nach allen seinen Erschütterungen auf den
vernünftigen Weg zurückgekehrt. — In den empörten
Zeiten Josephs des Zweyten ereilte das Revolutionsfie-
ber fast alle Staaten. Allein Böhmen liebte seinen Joseph, und — Joseph seine Böhmen.

In diesem Jahrhundert ist kein Land durch Kriege
so hergenommen worden, als Böhmen, und doch ist kein
Land, das sich im kurzen so gleich erholt hat. Man

sind in Deutschland noch Ruinen von den Invasionen der Schweden. Aber in Böhmen stolzen prächtige Gebäude auf den zerstörten Ueberbleibseln der Franzosen und der Preusen!

Den Produkten von Böhmen wird in fremden Ländern überall der Vorzug zugestanden. Man sieht in Italien, Portugal, Spanien, Türkey, bis — auf dem Pallast des Kaysers von China durch böhmisches Glas aus den Fenstern heraus; man trinkt aus böhmischen Gläsern fast alle Weine; die böhmische Leinwand behembdet die Spanier bis nach Mexiko; der böhmische Hopfen begeistert das Bier; die böhmischen Fische haben ihre eigene Strasse bis nach Wien, und die böhmischen Musikanten muntern fast alle Nationen — zum Tanzen auf.

Die böhmische Nation hat auch im Wissenschaftlichen besondere Vorzüge. Der Ticho Brahe, und der Stöpling astronomisirten zu Prag; der unglückliche Huß, und sein Freund Hieronimus sind durch ihre Schicksale in der Theologie bekannt; eine Menge Rechtsgelehrte, Aerzte, Maler, sind von ihren patriotischen Nachkömmlingen in fünf Bänden biographirt. Und wenn der Ritter Gluck recht hatte, da er zu sagen pflegte, daß ein Mensch keiner angenehmen Empfindung fähig seye, wenn er die Musik nicht verstehe, so müssen die Böhmen mit vorzüglicher Zuvorkömmlichkeit fühlen, weil fast kein Böhm ist, — von dem Fürsten an, bis auf den Landmann, — der nicht musikalisch wär. — Man hört in manchem böhmischen Dorfe schönere Kirchen-Musik als in den berühmtesten Domkirchen in anderen Ländern. — Ein melodischer Beweis der National-Harmonie.

Der Wohlstand der böhmischen Nation fällt fast in jedem Bauern-Hofe ins Gesicht. Gänse, Enten, Hühner, Pferde springen in Haufen auf den Höfen. Die böhmische Küche ist besonders in ihren Champignon-Suppen, in Erbsen, in schwarzen Karpfen ꝛc. schmackhaft. Die Munterkeit der Böhmen, ihre bons mots in ihrer Sprache, ihre Lieder sind das pikanteste Gewürz der Gesellschaft. — Ihre militairischen Tugenden sind noch von den Zeiten des grosen Waldstein eingepflanzt, und bringen die tapfersten Früchten hervor. Der Adel ist prächtig —fast bis zur Verschwendung, aber militairisch; der Herr und der Bauer sind oder waren Soldaten,

Wer man sagt, die Mädchen wären zu verliebt, die Herrchen leichtsinnig, die Frauen geschwätzig, das Volk eigensinnig, verrätherisch, — und die Frommen aberglaubisch? — Ich weis nicht, was man sagt, aber das weis ich, daß die ganze Nation sehr industriös ist.

So ist die böhmische Nation, (sprach Sirr von Ottersdorf im Reiche der Todten) so ist das Volk, das jetzt seinen König Leopold zur Krönung mit allgemeiner Wonne erwartet. — Böhmen! es ist ein Tag der Freude für euch; es ist ein Tag, wo euer König einen Vertrag mit euch schließt, um euch glücklich zu machen; es ist ein Krönungstag. Erhebet euere Stimmen zu euerem König; saget ihm, was ihr fühlet; saget ihm euere Mängel und euere Tugenden, eröffnet ihm euere Herzen, dann in diesen sucht er sein und eueres Wohl. Saget ihm: — König! wir übergeben uns dir mit Freude, dann wir wissen, wie glücklich du Toftana regiert hast. Wenn wir in unserer Wohl frey wären; wenn wir uns in Europa einen Regenten wünschen möchten, so wollten wir denjenigen aufsuchen, dessen Weisheit durch Erfahrung gegründet ist. — Und diese Erfahrung mußte auf dich deuten; du hast ein Völkchen glücklich gemacht; deine Regierung hat von Florenz aus die ganze Welt mit deiner Weisheit erfüllt. Du kamst zu uns; wir waren von Feinden umgerungen; die ganze Monarchie ward erschüttert; die Welt zitterte; sie wälzte Unglücke mit sich. Du nahmst die Weltkugel in die Hand; hielst sie von ihrem brauenden Umsturz ab; du übersahst mit einem Blicke die grausamen Folgen der verheerenden Kriege; von Orient und von Nord drohten Feinde unserem Glück; ach da kamst mit Olivenzweig, — und schon ist der Friede da. — Kein Land in deinen Staaten hat mehr Ursach den Frieden zu wünschen als wir; wir sind immer den feindlichen Einfällen am ersten ausgesetzt; unser Land ist seit jeher das Kriegstheater gewesen. Wir sind dir also mehr Dankbarkeit schuldig; du kamst wie ein Erretter zu uns. — Du wirst, o Leopold! an uns eine industriöse Nation finden, eine solche Masse in deinen Händen kann alles werden. Du bist Schöpfer der toskanischen Handlung und des Ackerbaues; eben diese zwey wichtigen Zweige sind unserem Lande angemessen; lasse auf demselben unser Glück reif werden. — Dies sind die

— 285 —

Wünsche der böhmischen Nation bei der Krönung; Gott segne dich und uns

Folgende Erklärung ist wichtig, und kann als Vorbotd derjenigen Vorkehrungen, die über Frankreich werken, angesehen werden. — So wird sie nächstens erscheinen.

Erklärung des Kaysers, vereinigt mit allen Mächten von Europa: von Berlin, London, Madrit, Turin, Neapel, Rom, und St. Petersburg.

Die Unterzeichneten (nemlich die Botschafter dieser Mächte in Paris) sind von ihren Respektiven Souverainen bevollmächtigt bekannt zu machen:

Daß, ungeachtet der offenbaren Thätigkeiten des Zwangs, und der Gewalt, welche die Bewilligung des Königs von Frankreich an die Nationaldekrete vorausbegleitet haben, die übrigen Mächte von Europa ihre Meinung darüber zurückgehalten haben, um gründlicher einzusehen und um zu erfahren, auf welchen Grad diese ausgezwungene Einwilligung das Gepräge einer Ueberzeugung des freyen Willens von Seiten des Königs von Frankreich erhalten würde. — Aber da seine letzte Bestrebung, die er zur Entfernung und zur Erlangung seiner Freyheit unternommen hat, offenbar beweisen, daß die Versammlung seiner Absicht und seinem Willen Gewalt angethan hat, indeme man ihn (den König) förmlich arretirt hat, so wie auch die Königin, den Dauphin, und Madame Elisabeth, so ist zu b-fürchten, daß weitere Gewaltthätigkeiten von Seiten der Nation gegen die rechtmäßige Beherrschung und gegen den Souverain unternommen werden könnten.

Daß obbesagte Mächte nicht weiterhin weilen dörfen, um ihre Gesinnungen, und Entschließungen, welche ihnen der zerstörende Gang der Dinge, und die Ehre ihrer Throne eingeben, zu offenbaren. Die Bande des Bluts, die Erhaltung der allgemeinen Ordnung, die gesammte Ruhe von Europa: — alle diese und andere Betrachtungen haben sie nach reifer Ueberlegung dahin überzeugt, ihren unten unterzeichneten Ministern anzubefehlen, folgende Punkte an die französische Nation vorzutragen:

1mo. Daß alle Europäischen Mächte die Sache des

König von Frankreich, als ihre eigene Angelegenheit betrachten, und darüber urtheilen; — daß sie verlangen, daß dieser Monarch, und seine Familie gleich nach dieser Erklärung in Freyheit gestellt werden; daß man ihm nemlich und seiner Familie gleich bewillige, sich zu begeben, wohin er will, mit aller Ehrfurcht, und Ehrenbezeugungen, die das Recht der Natur und das Völkerrecht allen Souverainen eingeräumt hat.

2do. Daß sich alle Mächte vereinigen werden, alle weiteren Angriffe, und Zwangmittel, welcher sich die Nation schuldig machen konnte, mit dem größten, und stärksten Aufsehen zu rächen, es seye, daß man etwas gegen des Königs seine Sicherheit, oder gegen seine Person, oder gegen seine Ehre, oder gegen die Königin, oder gegen die Angehörigen der kbnigl. Familie unternehmen würde; es seye, daß man diese Erklärung nicht in die genaueste Befolgung setze.

3tio. Daß alle Mächte nur diejenigen Gesätze für ächt, für konstitutionel, für rechtmäßig erkennen werden, welche der König, in voller Freyheit, mit freyem Willen, und ohne allem mindesten Zwang annehmen, bestättigen und sanktioniren werde.

Aber daß alle Mächte im widrigen Falle, wenn nemlich die Nation diese ihre Warnung aus den Augen setzt; wenn sie sich gegen ihren Souverain stürmisch bezeigt, und ihn nicht in vollkommene Freyheit setzt; wenn sie fortfähret, ihre Zwangmittel und Tobungen anzuwenden, — daß nemlich hernach alle Mächte diejenigen Mittel, die sie in Händen haben, vereinigen und anwenden, werden, um das Skandal der usurpirten Gewaltthätigkeiten zu vertilgen, und am das traurige und tödtende Beispiel solcher offenbaren Revolten zu bezwingen.

(Nach dieser Erklärung folgen die Unterschriften der Gesandten aller Mächte.)

Biographie

Sirt von Ottersdorf. — Die Kreisstadt Rakonitz in Böhmen ist der Geburtsort dieses Gelehrten. Er trieb seine Studien auf der karoliner hohen Schule zu Prag, wo ihm der damalige Dekan der philosophischen Fakultär, Georg von Pisel, im Jahr 1524 die Bakalar Würde ertheilte. Sirt verlegte sich hernach auf die Rechtsge-

Gelehrsamkeit, insonderheit aber machte er sich mit den Gesetzen, Vorrechten und Gewohnheiten seines Vaterlandes, des Königreichs Böhmen, bekannt. Als im Jahr 1546 Jakob Wrssowsky von Kapihora, Kanzler der Altstadt Prag, mit Tod abgieng, wurde dessen Stelle unserm Ottersdorf sowohl seiner grossen Kenntnissen wegen, die er in den vaterländischen Rechten besaß, als auch wegen der Wohlredenheit, wodurch er sich vor allen andern auszeichnete, verl eben. Kaum war er in diesem damals sehr wichtige Amt getreten, so wurde er ben den Abgeordneten zugetheilt, welche einige Streitigkeiten, die zwischen den böhmischen und schlesischen Ständen entstanden waren, zu Breßlau beilegen sollten. Sirt führte das Wort für die Prager Gemeinde mit vieler Gründlichkeit, daraus man seine grose Kenntnisse in der alten und neueren Rechtsgeschichte von Böhmen abnehmen konnte. Bald darauf aber bekam er Gelegenheit seine Geschicklichkeit, Vaterlandsliebe, und Berebsamkeit noch mehr an den Tag zu legen. Der König Ferdinand I. verlangte von den böhmischen Städten Kriegsvolk wider den Kurfürsten Johann Friedrich von Sachsen. Allein die Städte weigerten sich es zu thun, wegen der alten Bündnisse, die sie mit Sachsen errichtet hatten, und jetzt nicht brechen wollten. Hierüber wurden zwischen dem König und der Stadt Prag, dem Haupte der übrigen Städte, viele Schriften gewechselt. Die dringenden Vorstellungen, welche man hierüber dem König machte, sind von unserm Sixtus abgefaßt. Sie erschienen hernach im Druck, und man kann sie mit Recht für ein Muster der schönen böhmischen Schreibart ansehen. Als aber im Jahr 1547 der König Ferdinand, und dessen Bruder, der Kayser Karl V. über die Sachsen gesieget, und sodann die Böhmen auch zu Boden warfen, so kam Sirt von Ottersdorf gleichfalls ins Gedränge: denn er hatte als Kanzler der Altstadt Prag, die Gemeinde, sowohl mündlich als schriftlich, mit gar zu vieler Hitze vertheidiget. Daher wurde er, nebst einer grosen Menge seiner Mitbürger in Verhaft genommen. Man warf ihn in einen finsteren Kerker, man zog ihn in seiner Gegenwart Wenzeln von Geleni, der hernach enthauptet worden, auf die Tortur, man verurtheilte ihn endlich zum Tode. Er wäre vermuthlich gleich anderen hingerichtet worden, wenn ihm die vornehmsten der Stände das Leben bei dem König nicht ausgebeten hätten. So kam Ottersdorf zwar mit dem Leben davon. Er verlohr aber die Kanzlerstelle, und mußte sich hernach kümmerlich forthelfen. Er beschäftigte sich die übrigen Tage seines Lebens, so er auf ein hohes Alter brachte, mit gelehrten Arbeiten. Er stund ungeachtet seiner Armut, bei seinen Landsleuten in so großem Ansehen, daß man ihm zu Ehren eine silberne Schaumünze prägte. Auf einer Seite steht sein Bildniß mit der Umschrift: Sixtus ab Ottersdorf Anno MDLXXIII. Auf der andern sein Wappen mit dem Spruche, Vnum necessarium, umgeben. Er starb im Jahr 1583 am 25sten August. Adam von Weleslawjna, sein Zeitgenoß, schreibt von ihm folgendes: „Sixt von Ottersdorf war ein gelehrter und gottseliger Mann, besaß viele Kenntnisse und Rechtschaffenheit. Durch lange Erfahrung hat er sich Weisheit erworben; er hatte Grundsätze, gute Sitten und Ehrbarkeit. Er fürchtete Gott, ehrte seine Obrigkeit, liebte das Vaterland, und sorgte für das allgemeine Beste. Er bemühete sich sein Vaterland für die Zukunft in bessern Stand, als er es gefunden, zu versetzen. Wenn er seine guten Absichten nicht erreicht hat, so war es nicht sein, sondern anderer Verschulden. Sein Leben brachte er zu einem hohen Alter, das wenige Menschen erreichen. Und da ihm auf dieser Welt endlich nichts als Noth, Krankheiten, und Leiden übrig blieben, so schied er von ihr im Frieden."

Gezogene Numern bei der 40sten Ziehung Kurpfälzischer Lotterie in Düsseldorf den 19ten August 1791.
1ster Zug : 79. Neun und Siebenzig.
2ter Zug : 34. Vier und Dreißig.
3ter Zug : 16. Sechszehn.
4ter Zug : 68. Acht und Sechzig.
5ter Zug : 51. Ein und Fünfzig.
Die 41. Ziehung Kurpfälzischer Lotterie geschiehet zu Düsseldorf Freytags den 9. Sept. 1791.

Nro 67.   Montag den 22ſten Auguſt. 1791.

Beilage
zu
Politiſchen Geſprächen
der
Todten

Ankündigungs-Herold.

1mo. *Litteratur.* — Uiber die Fliegen auf der Naſe.

Naturgeſchichte der Fliege, und Mittel zu ihrer Verminderung.

Wir kommen in die Monate, in welchen die Fliegen, noch vor ihrem Untergang, ihre letzte Wuth ausüben, und Menſchen und Vieh äuſſerſt beſchwerlich werden. Sie ſaugen den armen Thieren das Blut aus, und dieſe werden mehr durch ihre Bemühungen, ſich gegen dieſes Geſchmeiß zu vertheidigen, als durch ihre Arbeit entkräftet; und wie verdrießlich machen uns öfters die Stubenfliegen, die zwar nicht wie jene, mit Stacheln bewaffnet ſind, aber uns doch durch das ärgerliche Küzeln auf der Haut, mit ihren Füſſen und Rüßlen, und durch die Unverſchämtheit, mit welcher ſie ihren Platz bis in den Tod behaupten, wenn man ſie auch hundertmal verjagt, beſchwerlich fallen. „Kannſt du dann in meinem drey Königreichen keinen andern Platz finden, als meine Naſe?" — rief ungeduldig ein König von England aus, als ſich eine eigenſinnige Mäke gar nicht von ſeiner Naſe wollte abtreiben laſſen. Man zählt über hundert Arten von dieſen Peinigern, und ihre unzählbare Schwärme ſind uns ein sichtbarer Beweis von ihrer erstaunlichen Vermehrung, die bis ins Unendliche gehen würde, wann nicht durch Heere von gefräßigen Vögeln, wie auch durch Wespen, Spinnen und Fische ihre Anzahl vermindert würde. Unter diesen Fliegenfeinden sind wir den Schwalben in der größten Verbindlichkeit, denen wir daher auch gern freie Wohnung in unsern Häusern gestatten. Nach den Beobachtungen der Naturforscher legt eine Fliege 7 oder 8 Tage nach ihrer Paarung, in 8 Minuten 70 bis 90 Eier. Nimmt man nun nur eine viermalige Paarung an, so entstehen von einem einzigen Fliegenpaar in einem einzigen Sommer 2,208,420 Nachkommen. Ihre Nahrung bestehet in dem Saft, welchen einige aus den Blumen, oder aus dem Fleisch und andern Speisen, oder aus dem Auswurf der Menschen und Thiere, oder aus den Morästen saugen, daher sie auch allemal ihre Eier an solche Orte legen, wo die ankriechende Maden sogleich die ihnen zuträgliche Nahrung finden. Der Herbst, wo kühle Tage und Nächte kommen, ist ihr fataler Period, und alle, die nicht bei Zeiten sich einen warmen Aufenthalt in Stuben, Ritzen oder Ställen suchen, sterben Millionenweise.

Allein unsere Ruhe macht es nothwendig auch im Sommer auf ihre Vertreibung oder Verminderung Bedacht zu nehmen. Da hat man dann verschiedene, theils Vorbeugungs- theils Verminderungs-Mittel.

Zur erstern Klasse gehört die Vorsicht, am Tag die Fenster der Wohnzimmer nicht auf derjenigen Seite zu öffnen, die der Sonne am meisten ausgesetzt ist, sondern die Läden, Vorhänge, Rouleaux oder Jalousien vorzumachen, auch alle Nahrungsmittel, denen Fliegen, so wie Schmeißer nachziehen, bei Seite zu schaffen. Damit es aber nicht an frischer Luft fehle, so setzt man passende, mit Gaze bezogne Rahmen in die geöffnete Fensterflügel. — Die Zugluft können die Fliegen ebenfalls nicht vertragen; Man öffne also Fenster und Thüren, und lasse ein Treibjagen mit Tüchern oder belaubten Zweigen angehen, so wird der Zugwind diejenige, die in Bewegung gesetzt sind, bald fortführen. Den Uibriggebliebenen gebe man ein Zuckerglas zum Besten, in dessen engen Hals sie wohl hineinkriechen, aber sich nicht wieder heraus finden können.

Zur Vertilgung der Fliegenschwärme hat man verschiedene, theils unschädliche, theils mit Vorsichtigkeit zu gebrauchende Mittel. Man brühet entweder den in allen Apotheken zu habenden Mukenstein, oder Pfeffer mit Milch abgekocht, oder Schnupftabak mit heissem Wasser, an, und lokt sie, durch Versüssung dieser Getränke mit Zucker oder Honig, in ihren Tod.

Man macht von Leder oder Hutfilz Fliegenklatschen, allein die Erschlagenen rächen ihren Tod durch garstige Flecken.

Noch besser sind die Fliegenfallen. Hiezu nimmt man zwey glatt gehobelte, 1 Ehle lange und 1 Schuh breite Brettlein, welche hinten vermittelst eine Lederes, als mit einem Charnier zusammen gemacht, vornen aber, so weit man will, auseinander gemacht werden können. Die innere Wände dieser Bretter werden mit Zuckerwasser oder Honig bestrichen, und in Form eines V. auf den Tisch gestellt. Bald werden sie inwendig schwarz voller Fliegen sitzen, alsdann schlägt man in der Geschwindigkeit die beiden Bretter zusammen, und zerquetscht alles, was dazwischen ist.

Oder man fangt sie mit Vogelleim, der vorher mit ein wenig Oehl, damit er weder zu dik, noch zu dünne sey, auf Kohlen gesezt und umgerührt wird. Damit beschmiert man Stäbchen, die auf ein mit vielen Löchern durchgebohrtes Brett aufgesteckt werden; oder aber, man hängt ein rundes, 1 Ehle langes, mit Vogelleim bestrichenes und ein wenig mit Zucker bestreutes Holz von der Dike einer Wachskerze, an der Decke des Zimmer auf. Alle die vom Geruch herbeigelockt werden, bleiben kleben.

2do Handlungs-Nachrichten.

Alle ausländische Weine sind ins Oesterreichische gegen 20 Procent Mauthgebühr einzuführen gestattet.

Man sagt, die Stadt Danzig habe ausserordentliche Handlungsvortheile den Russen bewilligt, zur Dankbarkeit, daß sie durch dieselben in ihrer Existenz aufrechtgehalten würde. — Der erste Streit, den Rußland mit Preusen bekommt, wird — aus Danzig quellen. Die Zeit wirds lernen.

310. **Ankündigungen.**

Bekanntmachung.

Eine kurfürstl. zur Donaumooskultur gnädigst verordnete unmittelbare Kommission hat zu mehrerer Aufhelfung derjenigen, welche sich auf den im Moose neu kultivirten Gründen anzusiedeln gedenken, die Einrichtung getroffen, daß künftig ein jeder Käufer den Kaufschilling in zehnjährigen Fristen von dem Tage des geschlossenen Kaufes an zu rechnen, unverzinslich entrichten solle. Wer aber ein von der Kommission erbautes Haus erkauft, hat daran mehr nicht als Hälfte des Werths sogleich zu bezahlen, die übrige Helfte wird ihm gegen zu errichtende Hypothek und 4 Prozent Interesse auf dem Haus und Gut stehen gelassen. Wer ein Haus oder Hofstadt mit allen Zugehörungen nach seinem Plane und Gemächlichkeit erbauet haben will, hat solchen Plan entweder bei der Kommission dahier, oder dem Inspektionsamte in Reichertshofen zu übergeben, wo ihm dann, wenn der Plan nach gehöriger Untersuchung gut gefunden, und genehmiget wird, die nenauesten Ueberschläge gezeigt, und die Gebäude nach getroffener Uebereinkunft gut und dauerhaft hergestellet werden sollen; auch sind bei dem Inspekzionsamte Plane von verschiedenen Grösen, Verhältnissen zu allen Gattungen Bauernhäuser und Hofstädten nebst den genauesten Ueberschlägen vorräthig, wo dann ein jeder vorläufig die Einsicht nehmen, und das für ihn anständigste wählen kann. Welches von Kommissionswegen zu Jedermanns Wissenschaft bekannt gemacht wird. München den 20sten Juli 1790.

Kurfürstl. unmittelbare Donaumooskulturs-
kommission.

Secret. Möstl.

Nro. 33.   Dienstag den 23sten August. 1791.

Geheimer
Brief-Wechsel
zwischen den
Lebendigen und den Todten.

An Kayser Joseph den Zweyten ins Elysäum.

Von dem Rheinufer vom 23sten August.

Der zwischen Oesterreich und der Pforte geschlossene Friede schließt auch Deine erhabenen Aussichten, und Dein Geist verschwindet. — Erlaube mir, o grofer Monarch! daß ich die Sorgen kalkulire, die aus diesem Kriege entsprungen, und dich und ganz Europa erschüttert haben.

Dieser Türkenkrieg hat dem oranischen Hause und den Engländern genutzt: dann durch seine Entstehung wurden die Oppositionsmächte abgehalten, die Trennung zwey Seemächte Englands und Hollands zu unterstützen. England riß die Holländer in seine subordinirte Vereinigung, und Oranien siegte über die patriotischen Anmassungen.

Dieser Türkenkrieg hat dem König von Schweden genutzet: weil er für seine Person seinen Thron von allen Widersprüchen des Senats gereinigt hat, und weil er sein königliches Ansehen auf der Scheerenflotte erhoben und befestiget hat.

Dieser Türkenkrieg hat der preußischen Politik genutzt: weil sie dadurch in dem Kapitel der Gekrönten die erste Stimme bekam; — jene Stimme, welche vorhero aus einem französischen Munde — Subordination lautete.

Dieser Türkenkrieg hat den Polen genutzet: dann sie haben sich von der russischen Subordination losgerissen; sie haben auf eine Art von Selbstbestandes geklettert, und da sie oben waren, da stießen sie ihre Heifer und Helfershelfer von sich, und sprachen: — wir sind nun da, und wollen selbst eine Rolle in der Politik spielen. Aber die Rollen sind verschiedentlich — von Achilles an, bis auf den Harlakin.

Dieser Türkenkrieg hat allen philosophischen Beutelschneidern, Avanturiers, Freiheitsfabrikanten, Waghälsen, sophistischen Rednern, und — Fischweibern genutzet. Dann die Beeiferung der Opposition des Kriegs, der Neid anderer entgegengesetzten Mächte war so verwickelt, daß diese Solonenharlakine ungestört ihre Farsen fortspielen, sich bereichern, auf fremde Unkosten leben und lernen konnten.

Dieser Türkenkrieg hat dem Ruhm der russischen und österreichischen Armeen genutzet; dann sie streuten Lorberzweige aus, und es war eine Schule, aus welcher viele große Helden — für die Zukunft hervorgetretten sind.

Dies ist, o Joseph! die Berechnung des Nutzens dieses Kriegs. Aber der Schaden! — ist dieser mit dem Nutzen im Gleichgewicht? — ich will ihn abwägen.

Der Türkenkrieg hat die Menschheit mit großen Unglücken benebelt. Er hat viele Menschen

aufgerieben, ganze Länder ruinirt, und alle bishe=
rigen Regierungsordnungen erschüttert.

Dieser Türkenkrieg hat die Niederländer zur
Empörung gebracht; die Oppositionspartie hat sie
unterstützt. Es fielen Menschen, Eigenthumsrecht,
Sicherheit in den Abgrund der einmagnetisirten
Opinionen. Um Belgien wieder aufzubauen, wird
Haus Oesterreich zwanzig Jahre und vielleicht mehr
architektiren müssen.

Dieser Türkenkrieg hat das Lüttiche Land —
auf den Rand des Ruinsabgrunds gestellt. — Es
ward ein politisches Netz von Konstantinopel an,
bis nach Holland gezogen. Lüttich sollte für den
westlichen Theil des ausbrechenden Feuers in Eu=
ropa ein Waffenplaz seyn. Die Insurgenten rui=
nirten sich, ihr Land — auf 50 Jahre lang, und
dies? — um nichts.

Dieser Türkenkrieg hat Frankreich zu einer
Geographie des Greuels und der Anarchie gebil=
det. Der Oppositionspartie war es daran gelegen,
Frankreich von dem obersten Stuhl der Politik zu
stürzen. Wäre der Türkenkrieg nicht entstanden,
so hätte man den Mirabeau mit Hilfe guter Nach=
barn in ein Narrenhaus eingesperrt, und den drey=
farbigen Orleans in einer Festung von seiner Bos=
heit kuriren lassen. Aber es war ein Türkenkrieg,
— und die Rache wegen dem Verlust von Amerika
gab ein Pflaster, welches in Amerikas Apotheke
selbst ausgekocht war, — um diejenigen zu ruini=
ren, die England in diesem Welttheile ruinirt ha=
ben.

Von Frankreichs Farsentheater entlehnten vie=
le Länder ihre Spiele. Fast alle Souveraine fühl=
ten den französischen Patriotismus, und ihre Un=

terthanen das Fieber. Der Türkenkrieg und der Oppositionseifer hemmten alle Hilfe, um sich gegenseitig beizustehen. Jeder entschuldigte sich: es ist Türkenkrieg.

Dieser Türkenkrieg hat das Haus Oesterreich zwischen zwey Feuer: — zwischen das preussische und türkische — gesetzt. Du, o grosser Joseph! du fielst, und bei deinem Fall hieng die östreichische Monarchie auf einem deiner dünnen Haare; — ein kleiner Stoß hätte sie zum Falle — mit dir gebracht.

Dieser Türkenkrieg hat, ungeachtet der heldenmüthigen Wunder, viele tausend deutsche Söhne weggerafft, und mancher Schönen ihren Liebhaber getödtet. Die Staatsschulden sind von allen Seiten aufgehäuft worden, und — nur eine gute Ekonomie kann manchen Staat vom Falle retten.

Dieser Türkenkrieg hat die reiche Patriotenpartie in Holland zerstreuet; dadurch verlor die holländische Handlung ihre Quelle, und sinkt, und sinkt, — vielleicht noch tiefer als man glaubt.

Dieser Türkenkrieg hat den türkischen Staat in seiner ganzen blosen Schwäche zur Schau aufgestellt. Er ward wegen der Krim angefangen, und die Krim wird den Russen mit Ocjakow zugesichert. Also verschwendete die Pforte Geld, Menschen und ihre Bedeutenheit um den Zweck zu erlangen, den sie sich vorspiegeln ließ; — und verfehlt nun den Zweck, fällt in eine offenbarte Unbedeutenheit, und — muß aus den Ruinen die Ueberbleibsel, oder besser zu sagen — die Scherben ihrer vorigen Gröse ausgraben.

Dieser Türkenkrieg mit seinen Folgen hat vielleicht sechsmal mehr Unkosten an Kourriers, Stafs

ketten ꝛc. verschwendet, als der ganze Werth seines
Resultats beträgt. — Traurige Erinnerung, aber
niederschlagende Lehre — für alle zukünftigen Kriegs-
erhebungen.

Dieser Türkenkrieg hat wenigstens 80 Zeitungsschreiber generirt, die jetzt aus Mangel der kriegerischen Nahrung sich in die Ruhe — vielleicht auf
einen Strohsack legen müssen.

Dieser Türkenkrieg hat dich, o wohldenken-
der Joseph! ins Grab begleitet. Du wünschtest
ein wohlthätiger Architekt deines Volks, und auch
zugleich ein Held zu seyn; zwey Vorstellungen, die
fast keine menschliche Kraft zusammen rollen kann.

Welche Folgen kann man aus diesem Türken-
kriege korollariren? — o wichtige, o lehrreiche, o
grose, o nützliche!

Dieser Türkenkrieg beweist, daß das politische Gewebe so zusammenhangt, daß keine wichtige Eroberung in Europa zu machen seye. Auf jeden Eroberer fällt die ganze Masse der europäischen
Kräfte. Wer ist im Stande sie zu ertragen, und
sie mit Erfolg von sich zu welzen?

Dieser Türkenkrieg zeigt jedem Beobachter,
daß achtmalhunderttausend treffliche Soldaten-Hel-
den (dann so gros ist die Macht der Oesterreicher
und der Russen zusammen) nicht einmal tausend
Quadratmeilen in vier Jahren auskriegen können;
— ohne von der Oppositions-Partie zur Zurückgabe gezwungen zu werden.

Diese Betrachtung ist also auf die jetzige Lage Frankreichs anwendbar. Wenn achtmahunderttausend gut ge-
übte und durch glückliche Erfahrung erprobte Soldaten
ganze Länder erobert haben; wenn die rühmlichen Besitzer dieser achtmalhundert tausend Soldaten dem Verlangen anderer übrigen Mächte nachgeben, und das Ero-

herte zurückzeben; — so frage ich die Nationalversammlung, und alle patriotische Quacksalber, wie werden die ungeübten Nationalgarden der Koalition aller Mächte von Europa widerstehen können? — Demjenigen, der diesem Argumento ad hominem widerspricht, kann ich nicht anders als mit einem Argumento ad podicem antworten.

Unterdessen aber scheinen die französischen Opinionen eine grose Umstimmung zu bekommen. Ein Schreiben aus

Varennes vom 5ten dieses sagt folgendes: — Unsere schaumenden Helden, die den König nach Paris begleitet haben, sind zurückgekommen. Sie glaubten, man würde ihnen mit Frohlocken entgegengehen. O nein, man hat sie mit der grösten Verachtung empfangen. Man hat noch mehr gethan: am verwichenen Sonntag hat man sie begrabirt, kassirt; man hat andere Officiers gewählt; man hat die Municipalität gezwungen, sie anzunehmen. In Wahrheit, ich glaube, daß endlich die Franzosen in sich gehen, und ihren guten König, der alles Gute wirkte wie er konnte, und der alles Gute zu jeder Zeit wünschte, lieben werden.

Ein anderes Schreiben des Postmeisters Sohns von Varenne an seinen Vater nach Paris.

Ich bitte sie, lieber Vater, die hohe Versammlung anzuflehen, damit sie unser Haus und meine Gebeine schütze. Es ist nimmer mehr möglich unter den hiesigen Tigern zu wohnen. Die ausgewanderten Aristokraten jagen ihnen einen fürchterlichen Schrecken ein. Man streuet aus, daß sie bald kommen, unsere Stadt verheeren, und unser Haus sammt unserer Familie verbrennen werden. Sie wissen, mein lieber Vater, daß ich bei der Gefangennehmung des Königs unsern besten Gaul, der 100 Thaler gekostet, zusammengeritten habe; sie werden sich erinnern, daß wir bei dieser Gelegenheit über 600 Livres mit dem Herrn Drouet, Postmeister von St. Menou, und mit anderen guten Patrioten verzehrt, und vertrunken haben. Ich bin in Verzweiflung, ich wünsche die ganze Geschichte mit der Revolution in die Hölle. Alle Bauern in unserer Gegend behaupten, daß wir an dem Unglück, welches uns die Aristokraten bei ihrem Einfall zubereiten, Schuld sind ic. ic. ic.

N. B. Unser Gevatter Michel war letztens auf den Luxemburgischen Grenzen, er erzählt viel von gewissen Soldaten, die man Hulanen heißt; jeder von diesen Menschenfressern soll in dem Türkenkriege hundert Türken niedergesäbelt haben. Au weh!

Briefe aus dem
Haag vom 18ten dieses
sagen, daß die Prinzeßin von Oranien ihre Reise nach Berlin und Braunschweig aus politischen Gründen antrete. Sie soll der französischen Revolution einen früheren Untergang, als man glaubte, zubereiten. Sie will, sagt man, versuchen, ob es nicht möglich wäre, einen Einfall ins Elsaß noch vor dem Winter zu wagen. — Man liest in allen holländischen Zeitungen den Westphälischen Frieden, und besonders jene Stellen, die auf die Kränkungen der deutschen Fürsten Bezug haben, von Wort zu Wort, mit politischen Anmerkungen.

Da der Statthalter zu Mastricht war, so machten ihm viele Französische Wanderer ihre Aufwartung. Er empfieng sie mit Würde und mit Hoheit. Er sagte zu ihnen: — „ich bin, meine Herr„ten, von ihrer traurigen Lage durchgedrungen,

„ich habe zu meinen Zeiten genug erfahren müſ=
„ſen, was der Geiſt der Verſchwörung, und die
„Volksungerechtigkeiten vermögen; aber ich muß
„es aufrichtig geſtehen, daß es niemals meine Schuld
„war." — Dies ſoll der Statthalter deswegen ge=
ſagt haben, weil einige Franzoſen dabei waren, die
in die holländ.ſche Revolution einen Einfluß hatten.

Herr von Verac franzöſiſcher Geſandte zu Solothurn bei den Schweizern hat ſeine Entlaſſung mit
folgenden Worten gegeben. „Ich gebe in die Hän=
„de Seiner Majeſtät die Stelle eines königlichen
„Bothſchafters in der Schweiz zurück; welche Stelle
„ich von der Güte und von dem Vertrauen, wo=
„mit mich Seine Majeſtät beehrt haben, erhalten
„habe. Solothurn am 6. Juli. 1791.

Frankfurt vom 18ten dieſes.

Es cirkulirt ein Schreiben vom Grafen von
Artois an die franzöſiſchen Edelleute, durch wel=
ches dieſer Prinz ihnen die befriedigende Nachricht
giebt, daß die Zeit, in welcher ſie ſich die ihnen ge=
hörige Genugthuung verſchaffen werden, herbeieil=
le; daß alle Maasregeln zu dieſem Zwecke genom=
men ſind.

Auch ſagt man, daß das deutſche Reich den
Krieg gegen Frankreich beſchloſſen habe.

Paris vom 18ten dieſes.

Am 22ſten ſoll die neue revidirte, verbeſſerte,
neuaufgewärmte Konſtitution dem König zur Be=
ſtättigung angetragen werden. Er wird ſie abſchla=
gen. Ich möchte gern dieſen neuen Solenismus
niederſchreiben. Aber ſo bald ich ſie leſe, ſo gäh=
ne ich — und ſchlafe ein.

Ein neues Dekret iſt geſtern ausgeſprochen wor=
den, daß nemlich die Verſammlung Abends künf=
tighin nimmer zuſammenkommen ſolle.

Nro. 70.   Montag den 29ſten Auguſt. 1791.

Beilage
zu
Politiſchen Geſprächen
der
Todten.

Ankündigungs-Herold.

1mo. Litteratur. — Militairiſche.

Schreiben, oder Adreſſe (wie man will) eines Grenadiers und eines Soldaten von dem Irländiſchen Regiment Berwick, an den Präſidenten der vorgegebenen Nationalverſammlung von Frankreich.

Im Namen einer Kanone, Herr Präſident! welcher Teufel hat es euch in Kopf geſetzt, ſo wie auch euerer Filzlandszuſammenkriechung, oder Verſammlung, daß das rechtſchaffene und treue hiländiſche Regiment, deſſen Väter ihr Vaterland aus Liebe zu ihrem König verlaſſen haben, ſich meineidig betragen ſolle, und daß es euerem hölliſchen Eid, den ihr uns zugeſchickt habet, leiſten müſſe? In dieſem Eid machet ihr keine Erwähnung des Königs, als wenn er von meiner Hand abgewiſcht wär. Er exiſtirt aber doch noch dieſer König, welchem wir geſchworen haben, und der infame Zuſtand, in welchem ihr ihn haltet, rühret uns, und macht unſere Treue an ihn noch feſter. — Saget uns doch, Herr Präſident, wo habet ihr es herausgegrübelt, daß, wenn man ſeinem

Könige treu dient, man deswegen nicht dem Vaterlands
Dienste thut? — Ist dies in euerer neuen Küche ausgeheckt worden? — das ist kein Teufel nutz.

Ihr habet uns als treu und tapfere Diener eueres
Staats gelobt, da wir die englische Kolonne bei Fontenoi auseinander gesprengt haben; da wir bei Lawfeld
den Feind dreymal angegriffen, das Dorf weggenommen,
und zwey Drittel unserer tapferen Officiers auf dem
Schlachtfelde gelassen haben; da wir endlich in allen
Aktionen, Schlachten, und Scharmützeln unsers Bluts
nicht geschont haben, um den Dienst eueres Königs, und
um den Ruhm eurer Nation zu heben; dieses, und jenes — müssen eins seyn, das sagen wir euch. Ihr werdet schon sehen, wie eure verdammten Nationalgarden,
welche alles schwören, und nichts halten, gegen uns
fechten werden; besonders euere schönen Herrchen von
Paris, euere stolzen Ueberwinder der Bastille; das sind
mir die rechten Bestürmer — der offenen Thüre; und
euere besoldeten Garden! die Kerls sehen wie rasende
Hunde aus; wir werden sehen wie sie einbeissen werden;
wir wissen wenigstens, daß sie kein Wasser fürchten; sie
haben nicht umsonst den nassen Namen der Ente von
Mein erhalten. Wir haben noch in unserem Regiment
alte Soldaten, die sich erinnern, wie diese Frösche schwimmen konnten; sie schwammen nicht um sich zu erfrischen,
sondern um sich von dem Kitzel der Kanonen und der
Musketen zu retten; dieser Kitzel ist für sie so
juckend, wie die Stockschläge für die Hunde. Wir hoffen, daß wir das Vergnügen haben werden sie zu kitzeln;
und damit wir sie mit Feuerkugeln nicht zu stark verjucken, so
wollen wir ihnen in den Hintern unsere kleine Instrumenten, die wir Bajonetten nennen, einspießen; wenn sie
aber höflich genug sind, uns mit ihrem Gesicht entgegen zu kommen, so wollen wir ihnen damit den Bauch
klystiren.

Adieu Herr Präsident, rechnet darauf, daß wir
Wort halten, dies ist dasjenige, was wir euch zu sagen hatten. Ihr könnet dieses Schreiben an eueres Meldungskomite schicken, und meinenwegen es auch drucken
lassen; man wird euch bei Teufel nicht beschuldigen, daß

os euch zu theuer zu stehen kommt. Adieu!

Den 10ten August 1791. — Geschrieben zu Saasbach auf dem Stein, auf welchem Thurenne fiel, Thumber Grenadier und Ploob und Woond, Soldaten bei dem irländischen Regiment von Berwick.

2do Handlungs-Nachrichten.

Durch die Zerrüttung Frankreichs sind die Wechsel zur Zahlung theuer, weil man sie über Holland ziehen muß; und diese Gelegenheit wissen die Holländer recht wohl zu benutzen.

3tio. Ankündigungen.

Der Prager Handlungs-Stand zeichnet sich besonders bei der Krönung aus; — und dies mit Recht, dann er hat von seinem König viel zu hoffen. Hier folgt also:

Verzeichniß des Lbbl. Prager Handlungs-Corps, welche als Burger-Offiziers bei der Krönungsfeyerlichkeit erscheinen werden.

Herr Johann Krämer. Johann Gall. Johann Bapt. Benig. Johan Georg Amort. Jacob Schoffe. Johann Ignatz Schinkl als Vorsteher der Handlung. Johan Fidler. — Franz Schickolla. — Johann R. Vogl. Joseph Wild. Franz Starl, Leopold Tichi. Franz Köllner. Johann Anton Eysenberger. Franz Krbn. Jakob Schild. Carl Calvi. Franz Eelling. Johann Hacker. Johann Röhrn. Wenzel Ullrich. Procop Tundler v. Treuenfeld. Ignatz Nehr. Joseph Un. Weyna. Anton Zarabara. Sebastian Romagnole. Michael Archa. Marssano. Johann Michael Weyhs. Wenzl Biedermann. Franz Lendprabl. Johann Christ. Schicht. Joseph Habel. Anton Fritschee. Wenzel Otto. Mathias Fr. Pachner. Franz Joseph Heffbauer. Johann Nemayr. Joseph Morgenstern. Ferdinand Delormee. Joseph Hübel. Caspar Gratzel. Franz Hübsch. Anton Melchior. Joseph Gabriel Röhrn. Johann Mich. Schiffler. Anton Hanckee. Frank Hanckee. Franz Günther. Franz Ant. Prochee. Johann Georg Engl. Johann Löw. Joseph Dietrich. Bernard Versinel. Willibald Redl. Joseph Ignaz Lange. Franz Carl Epsenberger. Franz Wenzl Kawln. Joseph Münstelzer. Martin Grazl.

Anton Stehlik. Wenzl Jarabara. Johann Blas. Seltenbacher. Andreas Schnell. Franz Caspar Pfeiffer. Anton Zimmermann. Joseph Fr. Walter. Johann Riedl. Johann Panzetti. Johann Jos. Walter. Johann Austen. Carl Berroni. Johann Gaug. Franz Johann Benz. Handlungsanfager.

Summa 73 Personen.

Da Joh. Jakob Wurster, welcher mit seinen eigenen Fabrique-Waaren in den Frankfurter Messen bisher in seinem Laden auf dem Römerberg Nro. 6 feil gehalten, solchen nun aber geändert, und in Nro. 37 verlegt hat, so empfiehlt derselbe sich aufs Neue, mit seinen Artickeln, nemlich in schön geschnittenem Fischbein, aller Gattung Siegellack wie auch dem bekannten Englischen Taffent Pflaster, welches leztere aber nur grosweise verkauft wird, und verspricht redliche Bedienung und billige Preise.

Churfürstlich-Pfälzische Lotterie.

Anheute den 26. August 1791 ist die 458 Ziehung dieser Lotterie auf dem Rathhause dahiesig-Churfürstlicher Residenz, in hoher Gegenwart Seiner Excellenz, Herrn Baron von Perglas, Ihro Churfürstlichen Durchlaucht Hofkammer-Präsidentens 2c. 2c. und in Beisiz angeordneter wohlansehnlicher Herren Deputirten, mit bekannter guter Ordnung und festgestellten Formalitäten vollzogen worden.

Die bei dieser Ziehung herausgekommenen Nummern sind folgende:

1ter Zug: 63. Drey und Sechzig.
2ter Zug: 26. Sechs und Zwanzig.
3ter Zug: 47. Sieben und Vierzig.
4ter Zug: 28. Acht und Zwanzig.
5ter Zug: 2. Zwey.

Die 459. Ziehung Churpfälzischer Lotterie geschieht Freytags den 16. Septemb. 1791.

Nrc. 35. Dienstag den 30sten August. 1913

Geheimer
Brief-Wechsel
zwischen den
Lebendigen und den Todten.

Tacitus aus dem Reiche der Todten — an die Deutschen.

Elysäum am 30sten August.

Die Tugend der Gastfreyheit war zu allen Zeiten — auch den barbarischesten Nationen eine heilige Pflicht. Die alten Germanier übten sie mit besonderem Vorzug aus. Wenn ein Fremder bei einem Deutschen die Gastfreyheit hinlänglich genossen hat, so führte ihn der Germanier zu seinem nächsten Nachbaren, um alda wieder das Gastrecht zu genießen. — Diese schöne Tugend, dieses Band der Wohlthätigkeit ist heutiges Tags fast verschwunden. Ganz Europa beinahe reist; die ausgebreitete, und durch neu erschaffene Bedürfnisse vervielfältigte Handlung, die Circulation des Gelds, die Wechselbriefe, und die überall gut oder schlecht eingerichteten Wirthshäuser haben die Gastfreyheit in Vergessenheit gebracht. — Eine goldvolle Chatouille, und eine Verschwendung im Wirthshause machen einen Schurken zum grösten Herrn; der Wirth, die Kellner machen ihm Bücklinge und gehorsame Diener — wie einem Erretter des Vaterlands. Man sieht reiche Leute mit Vergnügen in diesen Häusern, aber ohne wahre Liebe; man sieht sie, wie jene Flüsse, die mehr oder weniger die Fluren, wodurch sie fliessen, befruchten, und wenn sie fort sind, da denkt Niemand mehr an sie. — In den Zeiten der Gastfreyheit war es nicht so; man verband sich, man machte Freundschaft, man war froh, einen Fremden zur Gesellschaft zu haben; — und man schmauste darauf los.

Die Gastfreyheit ist also heutiges Tags ganz verloren; wir haben dadurch um eine Tugend weniger. Aber ungeachtet dessen haben noch unglückliche Menschen auf das Gastrecht Anspruche bei uns. — Derjenige, der Ansprüche darauf machen kann, muß folgende Gründe anführen: 1) Er muß sich wegen einer hinlänglichen Ursache aus seinem Vaterland entfernt haben, und diese Ursache muß in keinem Verbrechen bestehen. 2) Man muß voraussetzen können, daß er ein ehrlicher Mann seye, oder wenigstens, daß er uns nicht schaden wolle. 3) Er muß Grund haben, warum er gerade bei uns bleiben wolle, oder könne, und nicht anderweits.

Deutsche! Germanier! — die grose Zahl der ausgewanderten Franzosen sucht bei euch in dieser anarchischen Lage die Gastfreyheit. Philosophen haben ihr Eigenthum zerstört; Solonen haben sich aufgeworfen, die Staats-Ordnung Frankreichs zerstört, und eine neue darauf aufgebauet. Die Religion, der Adelstand, das Militair sind verfolgt um ihr Eigenthum gebracht, ihres Lebens nicht sicher. In dieser traurigen Situation kommen sie zu euch; suchen bei euch, bei euerer alten Redlichkeit, bei eueren Fürsten ihre Zuflucht. Soll ein

Deutscher so grausam seyn, Unglücklichen, Unschuldigverjagten, und Verlassenen das allgemeine deutsche Gastrecht zu versagen? soll die deutsche Nation gegen ihre Nachbaren so hart seyn, daß sie über die Aufnahme dieser Unglücklichen murre? — Der grose Alexander hat ein Gesatz gemacht, daß alle Fremde in seinem Lande als Freunde als Verwandte behandelt werden sollen; — die alten Germanier haben auf denjenigen, der seine Hausthür vor einem Fremden zugemacht hat, einen Entheiligungsbann gedonnert. Sollen euere Sitten so weit von den alten abgewichen seyn, daß ihr einer unglücklichen Nation, die euere Nachbarin ist, und die in eueren Schoos ihr Unglück ausschüttet, das nach deutschen Gesetzen frey bestimmte Gastrecht versagen wollet? — nein, dieß kann nur ein Feind der deutschen Redlichkeit behaupten, aber kein biederer Deutscher!

Frankreich war allezeit das Zufluchtsland der Unglücklichen. Ein Jakob von England, ein Stanislaus von Pohlen fanden mehr als Gastfreyheit in diesem Lande. Mit welcher Artigkeit, mit welcher Höflichkeit sind die Reisenden alda aufgenommen worden! — man mußte freylich bezahlen; — aber bei der jetzigen Austilgung der Gastrechte, muß man nicht überall die Hand in der Tasche haben?

Frankreich ist jetzt eine Mördergrube für diejenigen, die etwas zu verlieren haben. Ist es als so Wunder, daß die Redlichen, die ihren wahren Grundsätzen der Ordnung treu bleiben, auswandern, und bei den redlichen Deutschen, als ihren guten Nachbaren das durch die deutschen Gesetze festgesetzte Gast=Recht anrufen? — Aber nicht allein das Unglück der Franzosen selbst soll euch rüh-

ren; eine höhere Macht soll euch dazu leiten. — Die deutschen Monarchen, jene Höfe, die über an. regieren, nehmen sich des französischen Unglücks euch Folgender Brief ist ein klarer Beweis davon:
Wien vom 23ten dieses.

Die grose und wichtige Nachricht des geschlossenen Friedens zwischen Rußland und der Pforte ist gestern hier eingetroffen. Am 4ten dieses hat der Grosvizir, und Fürst Repnin diesen Frieden unterzeichnet, ohne allem Einfluß fremder Minister oder fremder Unterzeichnung oder fremder Garantie. Die Grundlage ist so, wie man mit der alliirten Oppositionspartie übereingekommen war. Die Russen behalten Oczakow, und der Dniester scheidet beide Grenze. — Am 25sten ist die Zusammenkunft des Kaysers mit dem König von Preusen zu Pölnitz; — die Allianz zwischen Oesterreich und Preusen ist gewiß, und wird noch durch Ehebande mehr befestigt. Das erste Resultat dieser Allianz wird zum Zweck darstellen: 1) Frankreich in die vorige Ordnung zu zwingen, und den Philosophetismus zu zerstreuen. 2) Den Tausch von Anspach und Bayreuth gegen Lausnitz. 3) Noch einen anderen Tausch, den das Haus Oesterreich mit einem anderen Reichsfürsten macht.

Es sind 20 Bataillons und 20 Esfadrons beordert, gegen Frankreich zu marschiren. — Bald wird Europa ein anderes Gesicht bekommen. — Es werden noch bei der Zusammenkunft dieser grosen Monarchen viele Sachen ausgemacht, und ein allgemeines Staunen wird folgen: — dann es resultirt ein groses Glück für die Menschheit daraus.

Ein anderes Schreiben, aus einer ächten Quelle bestättigt die Unternehmung gegen Frankreich mit folgendem.

Von der Elbe vom 22ſten dieſes

Der König von Preuſen wird uns mit ſeiner Gegenwart beglücken. Und welche Sonne der Politik wird aus unſerem Horizon ſtrahlen! — Auch der Kayſer erſcheint bei uns. Friedrich Wilhelm hat vor ſeiner Abreiſe aus Berlin den Herzog von Braunſchweig zu dieſer erhabenen Zuſammenkunft bei uns eingeladen. Aber der Herzog liegt an einem Fieber krank, und kann nicht kommen. — General Möllendorf wird alſo erwartet. — Der Kayſer bringt den Greis Laſci, den Schöpfer der öſterreichiſchen Kriegskunſt mit. — Noch werden Miniſters von beiden Seiten erwartet. Man ſpricht von groſen, von wichtigen, von erhabenen Planen, welche in dieſem Kongreß (dann dies iſt er, und ein Kongreß der gröſten Monarchen von Europa) ausgeebnet werden. — Nun entſtehen verſchiedene Muthmaſſungen darüber: — warum rief Friedrich Wilhelm den Beſtürmer des holländiſchen Patriotiſmus zu dieſer Zuſammenkunft; — und warum kommt auch Laſci dazu? Wenn die alliirten deutſchen Monarchen (dann ſo kann man ſie jetzt mit Wahrheit nennen) nur politiſche Entwickelungen aufzulöſen hätten; wenn nur gewiſſe Täuſche die Motifen ihrer Zuſammenkunft wären; wenn nur politiſche Gränzſteine gelegt werden ſollten; — warum und zu was die Gegenwart der erfahrnſten Generäle? wozu der Sieger Hollands und der Schöpfer des öſterreichiſchen Mars? und — wozu gewiſſe Landkarten Frankreichs und des benachbarten Deutſchlandes, die unlängſt aus einem gewiſſen Archiv hervorgeſucht, und auf die Kutſche eines groſen Generals aufgeladen, und ſorgfältig eingepackt werden: — ſo ſorgfältig, daß er ſelbſt beim Einſteigen dernach fragte, und mit vieler Behutſam-

keit darauf sah, ob sie keinen Schaden leiden können?
Diese Betrachtungen setzen voraus, daß die zusammenkommenden Monarchen eine Kriegsoperation zum Zweck haben müssen. — Und wohin soll sie zielen? — ich erlaube hier jedem Beobachter sich umzusehen, ganz Europa politisch zu überschauen; — wohin soll die Zusammenkunft der Monarchen, und die Berathschlagung mit ihren grösten Generälen zielen? — Man müßte hier blind seyn, wenn man den Degen nicht gegen Frankreich gespitzt sähe. — Die französische Philosophie ist es, in welche man einhauen will; der französische Colonismus ist es, den die Colonen Deutschlands auf die Finger klopfen wollen; das französische Freyheitsfieber ist es, welches kurirt werden muß. Man wird den Kranken Kanonenpillen eingeben, man wird ihnen mit Baionetten zur Aderlassen; die Amputationen werden von der Kavallerie verrichtet, und — die ganze Fantasie wird fliehen, verschwinden, — und eine allgemeine Heilung wird Europa zur Gesundheit bringen.

Freylich erfrischt sich die Menschheit fast alle Zweyjahrhunderte — entweder durch Kriege oder durch Revolutionen. — Wenn der Staatskörper zu fett ist, so läßt man ihm mit Baionetten zur Ader, oder er brauset auf, phantasirt, — und da entsteht eine Revolutions-Phantasie, die nicht eher aufhört, bis der ganze Saft ausgesaugt ist; bis der Staatskörper ausgemergelt wird, — und dann hält er Diät, und trachtet wieder zu Kräften zu kommen. So ist es seit der Erschaffung der Welt gegangen; nur der Uibermuth, nur die Wollust hat die erste Mutter Eva zum Apfelbiß bewogen, — und so wird es wieder gehn. Wenn Frankreich wieder hergestellt ist, so bekommen wir auf ein

Jahrhundert vielleicht Ruhe; aber hernach kommt
Paroxismus, kommt Phantasie, und — kommt die
alte Leyer wieder. Und so lang es Menschen geben wird, so lang werden die nemlichen Perioden folgen.
Paris vom 24sten dieses. -
Die Nacht vom 23sten auf den 24sten ist ru-
hig verflossen; aber man hat auf diese Nacht einen
Tumult, ja eine Kontrarevolution prophezeyet? —
es herrscht überall e.ne Geheimnißintrique.
Der Tod hat der Versammlung auf eine traurige Art ein Mitglied entrissen. Herr Montjallard,
Pfarrer von Baiiols und Deputirter von Tvulcu
hat den schismatischen Eid abgelegt, bekam aber
grausame Gewissensbisse. Er stürzte sich wie ein
Rasender am 18ten dieses vom vierten Stock seiner
Wohnung, und endigte sehr unglücklich-sein toben-
des Leben.
Brüssel vom 26sten dieses.
Gestern und heute sassen die Stände und deliberirten, und deliberirten, über was? dies weis
man noch nicht. Der Kardinal von Mecheln und
der Bischof von Antwerpen sind in dieser Versammlung nicht erschienen. — Dies fällt ein wenig auf. — Man sagt, der Kayser werde seine
Truppen aus dem Lüttichischen herausziehen, und
preusische Truppen sollen dieses land besetzen. Aber
dies sind Sagen, und — wie viel Rikeltakeleyen
sagt man jetzt nicht!!!

Zu Russel ist am 17ten d. ein so schrecli-
ches Ungewitter ausgebrochen, dergleichen sich fast
kein Mensch zu erinnern weis. Es fielen ganze
Eisklumpen von 12 bis 16 Unzen schwer: auf dem
Felde sind 4 Leute, eine Menge Vieh, Schafe,
und Geflügel erschlagen, und verschiedene Dächer
ganz abgedeckt worden. Von Gartenfrüchten ist

gar nichts übrig geblieben: der Schaden ist fast unermeßlich.

Biographie

C. Cornelius Tacitus, ein lateinischer Geschichtschreiber war ein römischer Ritter (Eques). Vespasianus nahm ihn unter seinen Schutz, und gab ihm verschiedene Aemter in der römischen Monarchie. Titus und Domitianus haben ihn hochgeschätzt. Er wurde zum Consul Anno 97 nach dem Virginius Ruffus unter Nerva erwählt, und vermählte sich mit der Tochter des berühmten Agrikola. Plinius der jüngere war sein Freund, und sie gaben sich ihre Schriften einer dem anderen zum Durchsehen, und zum Verbessern. Wir haben von ihm die merkwürdigen Schriften: von den Sitten der Deutschen; das Leben des Agrikola, die Geschichte der Kayser und die Jahrbücher (Annales). Der Kayser Tacitus, der viele Jahre nach ihm gelebt, machte sich eine Ehre daraus, freymüthig zu gestehen, daß seine Familie von diesem Geschichtschreiber herstamme. Tacitus ist der merkwürdigste der männlichste, der nachdenklichste Geschichtschreiber unter den Lateinern, und gewiß hat ihn noch in unseren Zeiten Niemand übertroffen. Seine Schreibart ist lebhaft, kurz und wie gefeilt. Er schilderte die Personen, von denen in seiner Geschichte die Rede ist, mit einer wahren Kentniß der Menschen, und ihrer Leidenschaften. Wir haben noch keine gute Uebersetzung seiner Schriften. Der Ablancourt, der Qverin, der Amelot, der Abt de la Bletterie und besonders der d'Alembert haben ihn übersetzt. Allein das Schöne, das Kurze, das Naive, das Nachdrückliche findet man nur in dem lateinischen Original.

Nro. 71. Freytag den 2ten September 1791.

Beilage

zu

Politischen Gesprächen

der

Todten.

Politische Satyren.

„Ça ira, es wird gehen, es wird gehen! —
„Patsch! — da fällt man ins Koth, und — es
„geht nimmer. Zwölf hundert Köche haben die
„patriotische Suppe so versalzen, daß sie nimmer
„zu genießen seye. In zwey Monaten wird sichs
„anders kochen; es wird nur ein Koch seyn. Tid=
, li, tibli, tibli. tibli; trum, trum, trum; liri,
„lari, liri, lari, li = i = re.

Hamburg vom 20sten August. — Neue Revo=
lution im Kleinen. — Am vergangenen Montag
haben die Schlossergesellen unsere Stadt mit einem
Muster der Revolution beglückt. Sie glaubten,
in gewissen Zunftrechten lädirt zu seyn, und die
Schlosserversammlung hämmerte gleich eine Revol=
te daraus. Der Magistrat befahl ihnen die Stadt
zu verlassen, und sie giengen. Aber die Komites
anderer Zünfte dachten, daß die ganze Zunft=Ehre
dadurch angegriffen wäre. Was thaten sie? —
nicht viel; sie haben sich 2500 bis 3000 an der

Zahl versamm'et; sie zogen durch die ganze Stadt, jede Zunft mit ihrer Fahne, herum, und die Burger glaubten schon — das Laternenfest feyern zu müssen.

Aber ich weis nicht, wie es geschah: — die Garnison avansirte. — Das war freylich ein wenig spitzig, dann die Bajonetten pflegen verflucht spitzig zu kitzeln. Die Insurgenten also schlugen die Chamade, und retirirten sich nach der besten Zunftregel in ihre Herbergen. Da dachten sie in ihren Festungen zu seyn; sie bedienten sich der besten Waffen; sie schlugen mit Bouteillen (leeren) und Steinen auf die Belagerer. Aber die Soldaten hatten auch ihre Waffen; — sie schlugen an: — Feuer! — o Herr Je! es blieben 4 Burschen auf dem Wahlplaze todt, und zwölf wurden gefährlich blessirt. Diese Niederlage geschah bei der Schuster-Herberge. — Aber Wunder über Wunder! man fieng an, die Schneider-Herberge zu belagern. Der Angriff geschah nach allen militairischen Regeln. Man gab über zweyhundertmal Feuer auf die Schneider-Legion, und man sollte fast sagen, sie wären alle fest: — nicht ein einziger Schuß hat getroffen. — Aber die Schneider-Herberg ist wie ein Gibraltar; sie liegt in einer engen Strasse, und der Zugang dazu verbiethet alles Soldaten Manöver. — Seit gestern sind alle Burger-Kompagnien unter Waffen. Der Zunftfeind ist ziemlich ruhig, ausgenommen die Schneider, die in ihrem Gibraltar blokirt werden, und sich auf keine Kapitulation ergeben wollen. Unterdessen ist die Stadt ziemlich ausser Gefahr; die Burger machen Patrouillen, alle Läden sind zugemacht. Man sagt, die Schneider werden bis morgen kapituliren müssen, und hernach wird der Krieg ein End haben. — Nun sage mir einer, wer hätte jemals geglaubt, daß unter den Schneidern zu Hamburg — Alexanders wären? — ich gewiß nicht; du gewiß nicht; er gewiß nicht; wir gewiß nicht; ihr gewiß nicht; sie gewiß nicht. O Heidenthum! wie hast du dich in der Schneiderzunft so merkwürdig einnisteln können? — Eben kömmt die langerwartete Friedens-Nachricht, daß sich die Schneider ergeben haben. Also hat der Krieg 4 Tag, 3 Stunden, 22 Minuten, und 36 Sekunden gedauert. — Amen.

Die wahre Berechnung dieser Revolution ist folgende: — es sind 24 Maas Blut vergossen worden; es ist nur so viel Haut vom menschlichen Körper durch Blessuren abgerißt worden, daß man kaum ein Paar Pantofeln daraus machen könne; es sind 46 Pfund Pulver, und 29 Pfund Bley, in die Luft gestogen; aber um desto mehr ist Wein, Bier und Brandwein darauf gegangen. Bouteillen 37, und Trinkgläser 69 sind dabei des klingenden Todes gestorben. — Der Staat hat dabei einen viertägigen Schaden erlitten, dann die ganze Stadt hat vier Tage nichts gearbeitet. — Politische Grübler behaupten, die ganze Sache wäre eine Folge der Pariser Propaganda-Intrique. Andere aber wollen sie aus der Güte und aus der Milde der Hamburger Polizey leiten. Wer hat Recht? — das kann ich nicht wissen.

Vom Rhein vom 1sten September. — Der berühmte von Nassau wird nächsten Tagen zu Koblenz aus Rußland erwartet. — Die Fabel, daß der König von Schweden zur Bezähmung des französischen Solonismus Truppen einschiffen, und nach den Niederlanden abschicken werde, bekömmt nun eine historische Wahrscheinlichkeit. — Man sagt, Herr von Fersen, ein Schwede, wäre blos deswegen nach Wien geschickt worden, um vom Kayser die Bewilligung auszuwirken, daß die schwedischen

Truppen in Oftende ausgeschifft werden dürfen. — Nun ergiebt sich, daß Prinz von Naſſau nur einige Tage zu Koblenz bleiben werde, von da aber ſoll er nach Oſtende reiſen, vermuthlich um die ſchwediſchen und ruſſiſchen Truppen unter ſein Kommando zu nehmen. — Auch ſollen drey Regimenter Dähnen ankommen. So lauten, ſo brummen, ſo rauſchen die Sagen. Unſere Leſer können ſolche muthmaßlichen Nachrichten nehmen, wie ſie wollen; — man kann ſie ſieden, braten, und meinetwegen einen Pfannenkuchen daraus machen, den man den Franken auftiſchen, vorlegen, und tranſchieren kann, wie man will. Es iſt ja ſo leicht in einen Pfannenkuchen einzuhauen!!!

Graf von Artois wird am 4ten und höchſtens am 5ten dieſes aus Wien in Koblenz zurück erwartet.

Der alte Greis — Marſchal von Broglio iſt ungeachtet ſeines hohen Alters in jugendlicher Thätigkeit. Alles wird durch ihn vorgekehrt, alles eingerichtet, alles geordnet, was zu der groſen Unternehmung nöthig iſt. — Man ſieht überall Vorkehrungen, welche anzeigen, daß das Ziel der guten Sache erreicht iſt. — Nur noch ſechs Wochen. — —.

Grünſtädter Privilegirte Zahlen-Lotterie. Die 32ſte Ziehung iſt heute den 30ſten Aug. 1791. unter Beyſitz derer hiezu verordneten S. T. Herrn Deputirten mit gewöhnlichen Formalitäten und gehöriger Accurateſſe vollzogen worden, und ſind folgende Numern aus dem Glücksrade erſchienen:
Erſter Zug: Nro. 50. Fünfzig.
Zwenter Zug: Nro. 6. Sechs.
Dritter Zug: Nro. 56. Sechs und Fünfzig.
Vierter Zug: Nro. 7. Sieben.
Fünfter Zug: Nro. 62. Zwen und Sechszig.
Die Drey und Trenſigſte Ziehung geſchieht den 6ten September 1791 und ſo fort von 8 zu 8 Tagen.

Nro. 36. Donnerſtag den 1ten September 1791.

Politiſche
Geſpräche
der
Todten
über die
Begebenheiten
des 1791ſten Jahrs

„Un pays ne ſauroit etre frappé d'un fléau plus
„terrible, que cet esprit de diviſion, qui ſepare un
„peuple en deux corps plus oppoſés l'un à l'autre,
„que s'ils formoient effectivement deux Nations
„differente.
Adiſſon.

Redende Perſonen.

Ludwig von Conſtans. — Johan Franz von Mercy.

Mercy. Ja, ſo iſts es; — wenn die franzöſiſche Empörung eine Konſiſtenz erhält, ſo iſt in Zeit von 10 Jahren — höchſtens — kein König mehr in Europa.
Conſtans. Was wird hernach werden?
Mercy. Eine allgemeine Anarchie, bis die Völker am Ende von der Unordnung ermüdet, verarmt, ruinirt, — auf die erſten Grundſetze aller urſprünglichen Geſellſchaften zurückzukehren, und ſich Häupter erwäh

len die sie regieren werden. — Traurige Aussichten! es
werden Generationen vergehen, bis die Ordnung, das
Eigenthumsrecht, die Subordination, und die gegenseiti=
ge gesetzmäßige Verbindung wi.der hergestellt werden.

Constant. Du traumst, Freund, es wird nicht
so weit kommen; man wird der Pest vorbeugen.

Mercy. Dies glaubst du? — ich nicht. Das ge=
genseitige Interesse der Europäischen Mächte, der Neid
unter ihnen, die Eifersucht ihrer Größe, und —

Constans. Ich weis alles, was du sagen willst.
Nein, Freund, beobachte nur, daß die allgemeine und
die besondere Erhaltung eines jeden die Mächte vereini=
gen muß; — es muß ein Schlag geschehen, der bis auf
die Wurzel die Empörungen ausrottet; dazu werden sich
die feindseligsten Mächte vereinigen; es hangen ihre Er=
haltungen, ihre Kronen, ihre Zepter, ihre Interessen da=
von ab. — Dieser Schlag ist berechnet, kombinirt, be=
stimmt, festgesetzt, und wird bald in Ausführung ge=
bracht.

Mercy. Wie? in Ausführung gebracht? fünfmal=
hundert tausend Franzosen stellen sich ins Feld, und der=
jenige, der die neue Konstitution antastet, hat die gan=
ze Masse auf sich. — Sie wird auf ihn fallen, ihn un=
terdrücken, ihn niederreissen.

Constans. Sachte, sachte mein Freund: — es
werden Gegenanstalten getroffen — von allen Mächten,
die —

Mercy. Wie? Gegenanstalten? ich räume es dir
gern ein, daß in den getheilten Opinionen Frankreichs
eine Bezähmung eben so leicht wäre, wie in Holland,
Brabant, und Lüttich. Aber bis eine bewaffnete De=
monstration von allen Mächten an Ort und Stelle ist?
dies braucht eine lange Zeit.

Constans. Das läugne ich nicht. Aber diese Zeit
wird doch kommen?

Mercy. Wenn es nur nicht zu spät ist.

Constans. Nein, Freund, es ist nicht zu spät.

Mercy. Der alte Ruhm, das große Bewegungs=
mittel — die Ehre der Franken scheint ganz verraucht zu
seyn. Der Luxus und der Egoismus haben die Triebfe=
der des Ruhms erschlappt. — Das Geld ist auf dem

Altar zum Abgott gestellt werden. — Dadurch verlor das Herz, — und der Bauch gewann. Die wollüstige Lebensart, die seit Ludwig dem 14ten die menschlichen Nerven verzückte; — schuf neue Bedürfnisse des Geschmacks, der Gesellschaften, der Wohnung, der Kleidung, des Gaums. Alle diese Bedürfnisse erfordern Geld. Eine Louisd'or Münze verdunkelte mit ihrem Glanz alle Tapferkeit, alle Bedeutenheit, allen Vorzug. — Warum ist die Revolution in Frankreich so leicht, so plötzlich, so stürmisch — fast ohne aller Gegenwehr, fast ohne aller Hinderniß, fast ohne allen Widersprüchen zu Stand gekommen? diejenigen, die den Staat hielten, waren zu satt; sie schlummerten auf ihren weichen Sophas; — aber die Anderen, die sich gedruckt glaubten, waren hungrig; waren thätig; waren vom einbildnerischen Glück bezaubert, und — nur eine Impulsion, — und schon stand die Revolution da mit Laternenpfeilern, mit gespießten Köpfen, mit Verheerungen. — Es waren in Frankreich mehrere, die nichts zu verlieren hatten; mehrere, die hungerten; mehrere, die auf den nächsten Zufall ihre Existenz baueten. — Und diesen war es also leicht, sich der kleineren Zahl zu bemächtigen; sie aus den weichen Sophas abzuwerfen; sich ihr Eigenthum zu zueignen.

Constans. Es ist wahr, der Edelmuth, die Ruhmbegierde, die militairische Tugend, die sonst der französischen Nation so eigen waren, sind durch die zu viel epikurisirte Wollust fast erschlappt, fast zur Fäulniß, fast zur Gleichgültigkeit gebracht worden. — Aber die jetzige Revolution hat einen ätzenden Balsam darauf geschüttet; — der alte Edelmuth, die alte Tugend entspringt aus dieser Wunde. Ich werde dir hier einige Züge darüber darstellen — Ein Schreiben aus Toul vom 23sten August.
meldet folgendes: — das Regiment des Königs (le Regiment du Roi) welches hier in Garnison liegt, hat sich allezeit so betragen, daß weder die Patrioten, weder die Aristokraten ihren Einfluß auf dasselbe gießen konnten. Die gemeinen Soldaten haben ihren Officiers erklärt, daß, wenn nur einer von ihnen das Regiment verließe, sie alle aneinander gehen würden. — Das ganze Regiment liegt ruhig in Kasernen. Vor negstehr

14 Tagen kamen zwey Verführer von Paris, wollten
die gemeinen Soldaten bestechen, bothen ihnen Geld an,
wenn sie sich zu den Nationalgarden schlagen, und ihre
Officiers verjagen wollten. — Die Soldaten, über sol=
che teuflische Verführung entrüstet, bemächtigten sich der
zwey Verführer, führten sie zu dem Maire der Stadt,
und bathen, daß man nach Gerechtigkeit gegen sie ver=
fahren solle. Der Maire ließ sie in Arest führen, un=
tersuchte sie, ließ sie aber am anderen Tag auf freyen
Fuß stellen. — Die Soldaten erfuhren es; sie suchten
die Verführer wieder auf, arretirten sie, führten sie in
ihre Kasernen, und weil der Maire sie nicht gestraft
hatte, so ließen sie ohne weiter darnach zu fragen, die=
se beiden Vögel in der Kaserne aufhangen. Sie schick=
ten zu gleich zu dem Maire, kündigten ihm an, daß,
weil er ihnen keine Gerechtigkeit geleistet, sie sich selbst
Recht geschafft haben.

Mercy. Und die Nationalgarde, und die Burger=
schaft blieb ruhig?

Cenflans.6. Ja, ganz ruhig, weil das Regiment
Mneh genug hat, sich bis auf den letzten Mann zu
wehren, wie es daßelbe schon vorhero erklärt hat. —
Ein anderes Schreiben

vom Oberrhein vom 31sten August
beweist, wie der Militairstand jezt in Frankreich bestehe.
— Gestern kam ein Officier vom Regiment Merin hier
an. Er bringt die Nachricht, daß dieses Regiment Merin,
— ganz bis auf 24 Mann — aus Frankreich abmar=
schiert seye, und sich nach Nissa im Piemontesischen be=
geben habe. Alle Offiziers sind dabei; die Soldaten ha=
ben ihre Fahne abgerissen, und sie so, wie das Regi=
ment Berwick, — im Sack mitgebracht. — So wohl
die Officiers, wie auch die Gemeinen brennen von Be=
gierde, unter den Befehlen der ausgewanderten Prinzen
zu dienen, und ihr Blut für den König aufzuopfern. —
Der nemliche Officier brachte auch die Nachricht, daß
das Regiment de Maine auf gleiche Weise ausmarschiert
seye, und daß man noch mehrere Regimenter, die nur
darauf paßen, um zu entkommen, erwarte.

Merkwürdig ist die Anrede des Grafen von Artois
an die Officiers und Edelleute, da er nach Wien abge=

reist ist. Man hat kurz vorhero die Officiers nach ihren Provinzen oder Regimentern in verschiedene Truppen abgetheilt, damit jeder wisse, wohin er gehöre. — Graf Artois sagte bei dieser Gelegenheit zu ihnen: Meine Freunde! die Zeit nahet an, wo wir siegen oder sterben müssen. Ich werde an der Spitze der Ehre stehen; ich werde überall vorne erscheinen; nichts wird mich aufhalten, mein Leben aufzuopfern, wenn ich einen von ihnen retten, oder ihm helfen kann. Thränen flossen allen Officiers aus den Augen.

Mercy. Dies ist alles recht rührend, recht schön. Aber hier ist nur die Frage, was andere Mächte thun werden.

Constans. Die Gesinnungen fast aller Europäischen Mächte — in Rücksicht auf Frankreich sind ohnehin bekannt. Doch verdient besonders der englische Hof eine Aufmerksamkeit. Die Londner Hofzeitung erzählt mit vieler Aufmerksamkeit, wie die dreyfarbige französische Flagge in englischen Häfen behandelt werde. — In unserer Insel, heißt darinne, ist die Nationalflagge der empörten Franzosen nicht anerkannt. Man untersucht alle französischen Schiffe bis auf den Grund, man befiehlt ihnen abzusegeln, und man warnet sie, daß sie sich nimmer unterstehen, künftighin mit der dreyfarbigen Flagge einzulaufen. So gar unbekannte Franzosen haben das wachsame Auge der Polizey auf sich gezohnder, und man glaubt nun mehr als jemals, daß die Propaganda auf die Unruhen zu Birmingham einen Einfluß hatte.

Mercy. Ich las vor einigen Tagen in der Lütticher Zeitung einen merkwürdigen Artickel. Er ist, wie folgt:

Rom vom 8ten August.

Da der König von Schweden zu Spa angekommen ist, so kam auch der päbstliche Nuncius Herr von Vacca alba an. Er bewillkommte den schwedischen Monarchen im Namen des Pabstes, und empfahl ihm die katolischen Unterthanen in seinem Königreiche. Der König hat nicht allein allen Schutz und Liebe den Katollken versprochen, sondern äußerte auch das Verlangen, einen Nuncius, der in Stockholm residiren möchte, zu haben.

Zugleich trug er an, daß der römische Hof einen Kardinalen zu Rom ernennen möchte, welcher als Protektor der schwedischen Katoliken angestellt würde. — Diese sichere Nachricht giebt zu verschiedenen Muthmaßungen Anlaß. Es wird wieder die alte Fabel aufgewärmt, daß Gustav wirklich katolisch dächte.

Coblenz. Eine ganz andere Sache intriguirt jetzt die politischen Beobachter. Ein Abkömmling deiner Familie der Graf Mercy=Argenteau, der die Revolution von Brüssel so glücklich zum Ziele geführt hat, ist in London. Briefe aus

London vom 27sten August.
können nicht genug rühmen, mit welchem Vorzug dieser Botschafter von dem König von England aufgenommen seye worden. — Seine Sendung wird verschiedentlich ausgelegt. Einige glauben, daß sie die französischen Angelegenheiten zum Zwecke habe; andere aber behaupten, daß Thorn und Danzigs Schicksal davon abhange. Preußen soll in einen Ländertausch des Kaysers mit der Bedingung eingewilligt haben, wenn diese zwey Städte an die preußische Monarchie angeheftet würden.

Paris vom 28sten August.
Der Herzog von Orleans wollte den Großmüthigen machen, und allen Vorzügen, die ihm als einem französischen Prinzen zukommen, entsagen. — Herr Andre, ein Mitglied der Versammlung, antwortete darauf, daß er, der Herzog von Orleans, diesen Vorzügen nicht entsagen könne, weil ihm seine Gläubiger darauf, und aus dieser Betrachtung Geld vorgestreckt habe. Hernach daß auch seine Kinder von diesen Vorzügen nicht ausgeschlossen werden können, weil gute Kinder wegen den Ausschweifungen ihres Vaters nicht verantwortlich sind.

Briefe aus Kolmar melden, daß die Innwohner von Albeauville, und von Rodern ihre Pfarrer aus der neuen Fabricke weggejagt haben. — Die Innwohner von Saintonge schäumen gegen die Natonalversammlung, weil sie nichts endigt, und weil alles im ganzen Königreiche gähret. Sie haben eine derbe Adresse an die Versammlung geschickt, die aber nicht vorgelesen wurde.

Man sagt mit einer Art von Zuverlässigkeit, daß der König, so bald ihm die Versammlung die neue revibirke Konstitution zur Bestättigung hingeben werde, daß neulich der König eine ganz andere, mit Berathschlagung der Prinzen kombinirte Konstitution der Versammlung auch präsentiren werde. — Man weiß zu Paris, daß Frankreich von allen Mächten von Europa mit Kriege bedrohet werde; oder man weiß auch, daß die Versammlung zur Helfte mit diesen Mächten einverstanden seye. Also kann die Sache Frankreichs — nach und nach — ohne Blutvergießen beendigt werden.

Biographie.

Johann Franz, Freyherr von Mercy, ein Lothringer aus dem alten Geschlecht der Grafen von Genf, stand von Jugend auf in Kriegsdiensten. 1631 wurde er Major, und 1633 Obrist. Er lag mit seinem Regiment in Konstanz, als der schwedische General von Horn die Stadt belagerte. In eben diesem Jahr wurde er bei einem Ausfall aus Breisach gefangen und nach Colmar geschickt. 1634 diente er im obern Elsaß, kommandirte hernach in Rheinfelden, welches der Rheingraf Johann Philipp belagerte, und mußte diese Waldstadt kurz vor der ersten Nördlinger Schlacht anfgeben. 1635 ward er Churbaierischer Generalwachtmeister, und dem Herzog von Lothringen bei der Belagerung von Colmar zu Hülfe gesandt. Zu Ende des Jahrs zog er sich nach Luxemburg, und half das folgende Jahr Dole entsetzen. 1637 hatte er mit dem Herzog von Lothringen das Unglück von dem Herzoge Bernhard von Weimar bei Grey geschlagen zu werden. Er zog darauf ins Herzogthum Burgund wider den Herzog von Longueville, ward 1638 General-Feldzeugmeister, und lag mit einem Theil der Bairischen Armee bei Stollhofen. 1640 agirte er wider den Herzog von Longueville in der Unterpfalz, widersezte sich dem General von Banner bei Regensburg, und schloß den schwedischen Generalmajor von Schlangen mit vier Regimentern bei Waldneuburg so eng ein, daß sich derselbe auf Diskretion ergeben mußte. Er verfolgte alsdann den General-Feldmarschal von Banner bis ins Braunschweigische, und wohnte 1641 der Belagerung von Wolfenbüttel bei. Anno 1642 und 1643, that er die Feldzüge im Breisgau und Wittembergischen wider die Franzosen, und überfiel in dem letzten Jahre den französischen General Graf von Ranzau mit seiner Armee bei Duttlingen in Schwaben, richtete sie beinahe ganz zu Grunde, nahm auch ihn selbst mit seinen vornehmsten Officiers gefangen. Nach dem Absterben des Generals, Grafen von Wahl wurde er von dem Churfürsten zum Generallieutenant ernannt; belagerte und eroberte die freye Reichsstadt Ueberlingen am Bodensee und Freyburg. Hier verlohr er aber die Schlacht, die er dem grosen Enguien lieferte, und mußte sich nach Villingen zurückziehen. Bald darauf eroberte er Germersheim und Mergentheim, versicherte sich der Bergstrasse, schlug den grosen Turenne bei Marienthal, verlohr aber noch in dem nemlichen Jahr sein Leben bei Nördlingen. Dieser würklich grose Feldherr besaß alle Eigenschaften eines vollkommenen Generals. Er war ungemein tapfer, thätig, geschwind in seinen Unternehmungen, scharfsinnig, unerschöpflich an Mitteln seinem Feind Abbruch zu thun, und ihn entweder durch List oder Muth zu schlagen. Jedes Terrain wußte er trefflich zu benutzen. Die Vorsichtigkeit, eine der ersten Tugenden eines Helden, konnte der grose Enguien, der sich dieselbe noch nicht sehr zu eigen gemacht hatte, nicht genug an ihm rühmen. Uibrigens kann die Kayserl. Königl. Armee noch sehr grose Generals aus die er nunmehro gräflichen Familie aufweisen, die sich gegen die Franzosen, Spanier und Türken sehr hervorgethan haben.

Ludwig von Constans, Marquis von Armentieres, hat den Feldzügen in Italien, am Rhein, und besonders in den Niederlanden mit Ruhm beigewohnt. Er war Obrist von dem Infanterie Regiment Aujou, ward den 18ten October 1734 Brigadier, den 20sten Februar 1743 Marschal de Camp, und 1746 den 14ten October General-Lieutenant, und erhielt den 2ten Februar 1753 den Heiligen-Geist Orden. Er war ein einsichtsvoller und kluger General, er ward, während daß er in Zelle kommandirte, wegen seiner ausserordentlichen Güte, Grosmuth, Uneigennützigkeit, und edlen Betragen von jedermann so geliebt, daß sich die Zeller noch heut zu Tage seiner mit Dankbarkeit erinnern. Er war so uneigennützig, daß er weder das ihm angebotene Geschenk annahm, noch sich die Pässe zahlen ließ.

Nro. 37. Donnerstag den 8ten September 1791.

Politische Gespräche der Todten über die Begebenheiten des 1791sten Jahrs

Hoc habeo, quodcunque dedi.
Marcus Antonius.

Uiber die Wohlthätigkeit.
Eine Zeitung.

In der Geographie der menschlichen Eigenschaften hat die Wohlthätigkeit das liebenswürdigste, das schönste, das glücklichste Land. — Die Helden sind gros, weil sie auf einem Haufen gemordeten Menschen oben stehen; die politischen Minister sind gros, weil ihnen Machiavel eine Leiter hält, worauf sie steigen, um die Menschen zum Besten zu haben; die Philosophen sind gros, weil sie abentheuerlichen und öfters unausführbaren Sand den Leichtgläubigen in die Augen werfen; die österreichischen Grenadiers sind gros, weil sie weiland bei der Schlacht von Prag auf die preußischen Kanonen stiegen. Alle diese Grösen — sind eine Bezauberung in den menschlichen Opinionen. Aber die Wohlthätigkeitsgröse tödtet

achtt; machiavellisirt nicht; wirft in die Augen keines
Sand; steigt auf keine Kanone; — was thut sie dann?
— sie säet in die menschliche Seele den fruchtbarsten
Saamen der Wonne und des Vergnügens, woraus die
schönsten Früchte des menschlichen Glücks wachsen.

Der heilige Religions-Grundsatz, daß sich die Menschen als Brüder lieben und helfen sollen, ist ein Grundsatz der Wohlthätigkeit. Diesem Grundsatze gemäß sind
die Krankenhäuser, die Spitäler, die Erziehungshäuser,
die Invalidenbelehnungen — heilige Monumente der
Wohlthätigkeit. Diese Tugend vereinigt die Menschen
zum Troste, zur Freundschaft, zur gegenseitigen Hilfe.

In einem wohlgeordneten, wohlgesitteten Staate
kommt die Allgemeinheit aller Inwohner der Wohlthätigkeit vor; Kranke, Bedürftige, wahrhaft Arme, Unglückliche können die Wohlthätigkeit von ihrem Staate
als ein Tribut fordern. Aber Wohlthaten über diejenigen auszuschütten, die dem Staat und sich dienen können, heißt sie ins Wasser werfen. — Es giebt Leute,
die auf die Wohlthaten wandern; die auf das Wohlthun
an Fenstern klopfen; die ein Handwerk daraus machen,
und es als ein auf die Wohlthätigkeit gelegtes Kapital
betrachten, wenn sie fordern. Jeder Mensch ist seines
eigenen Unglücks Schmidt. Soll man einem Taugenichts wohlthätig seyn, der sein Glück verschwendet hat?
nein; dies wär ein Raub, den man an wahrhaft unglücklichen thut. — Der Staat sollte verbiethen, daß man
keinem bedürftigen Menschen Brandwein, und Wein aus-
schenken möchte. Diese zwey Getränke machen die Armuth
unersätlich; — wenn ein Armer nach Brandwein riecht,
gebet ihm nur ein kleines Allmosen, dann je größere
Wohlthat man ihm erweist, — je mehr wird er trinken. Das Betteln kommt hernach nimmer aus dem Magen, sondern aus der trockenen Gurgel, — und es hat sich
ihm schon bis an die Knochen angefressen. Je mehr man
einem unordentlichen Menschen giebt, — um desto mehr
schadet man ihm; dann er wird mehr Brandwein schlu-
cken, folglich wird er durstiger, unglücklicher, untaugli-
cher zu der Arbeit. — Hier sollten die Sittenlehrer besonders ihre Talente üben. Bei ordentlichen Menschen
erhält sich die Sittlichkeit von sich selbst: von dem Hang

zur Ordnung. Aber bei Unordentlichen muß sie aufgeflickt, neugebauet, und eingeleitt werden.

Das Band der menschlichen Gesellschaft ist jetzt in Europa so zusammengekettet, daß ein Krieg im schwarzen Meere — bis an den Mündungen des Rheins die Innwohner ins Unglück zieht. Man fühlt noch, leider, die Wunden davon. Aber diese Wunden heilen, kann — der Friede, und die Freundschaft der Häupter der Nationen sind hergestellt. — Man muß also der durch Kriege ausgemergelten Menschheit mit Wohlthaten entgegen gehen. Die Verwirrung, die dem Kriege angeleimt ist, verschwindet; die Ruhe beglückt die Menschen. Da ist es also Zeit seinen Nebenmenschen zur Industrie, zur Nahrung, zur Arbeitsamkeit mit Wohlthaten zu unterstützen. Die Gekrönten sind heutiges Tags Freunde der Menschheit, sie suchen nicht in Eroberungen, nicht in Schlachten, nicht in Kriegen ihr Glück; — sie suchen es in den Herzen ihrer Unterthanen. — Der Eroberer entflammt Bewunderung; — der wohlthätige Herrscher — Liebe. Tyker hat der Menschheit mehr genützt als Alexander. Der Mensch hat wirklich kein besseres Eigenthum, als jenes, welches er aus Wohlthat hergiebt. Alle übrigen Besitzungen verwesen, und der Tod raubt sie uns. Aber eine Wohlthat bleibt ein ewiges Eigenthum. — Da Markus Antonius unter der Schwere seines Schicksals fiel, so gestund er in der letzten Stunde seines Lebens: — ich habe nichts als dasjenige, was ich wohlthätig hingegeben habe.

Eine Erziehung, derer Grundsätze nicht zur Wohlthätigkeit zielen, ist allemal schlecht, sie mag sonst die beste Bildung gefaßt haben. Das Wohlthun ist ein Inbegriff fast aller Sittlichkeit; es ist eine Tugend, die der Menschheit nützlich ist, die die Gesellschaft ziert, und die die Menschen mit einem allgemeinen Glück verbindet. — O Wohlthätigkeit!

So sprach die Wohlthätigkeitsgöttin im Reiche der Todten von sich selbst. Die Dankbarkeit umarmte sie, und man warf die Unerkenntlichkeit in den Abgrund der Hölle. O möchte sie nimmer unter Menschen wohnen!

Unterdessen kam Merkur aus der Oberwelt, und erzählte folgende Neuigkeiten:

Rheinstrohm vom 13ten August.

Redlicher Karakter = Zug eines Protestanten gegen einen Katholischen Pfarrer. – Dieser hatte durch die thätigste und uneigennützigste Unterstützung der H. Protestanten seine Kirche ohnweit R... angefangen und bis unter's Tach gebracht. — Nun giengen ihm die Mirtel ab, die Kirche zu bewerfen und zu platten. Mit einem herrschaftlichen Patent begnädiget, trat er seine Reise nach C. A. an, und verfügte sich zur Obrigkeit. — Er trug Ihr seine drückende Noth vor, in welcher er sich befand. — Allein diese Obrigkeits = Person würdigte sich nicht, das Patent durchzulesen, warf es ihm wieder zu, und öffnete ihm die Thüre sprechend: ich kann keine, und gebe keine Erlaubniß zum Kollektiren. Trostlos verfügte er sich zu einem anderen Mann, dessen Person ihm unbekannt war, mit Namen R. Dieser rechtschaffene und edeldenkende Mann, da er die Niedergeschlagenheit in seiner Unternehmung vernahm, flößte ihm Muth zu seinem vorhabenden Werke ein. — Er lud ihn zu seiner Tafel ein, und bewirthete ihn 14 Tage lang wie seinen theuersten Freund unentgeldlich. — Er kann auf Kollekten Patenten, und kollektirte in eigner Person ohne Furcht einer empfindlichen Abweisung, wie ihm bei einem seiner eigenen Freunden geschah, der ihn mit trotziger Gesichtsmine sagte, daß das Kollektiren bei einem guten Freunde gegen die gute Polizen wäre, und zuletzt ließ er ihn Freundschaftsvoll von sich sammt seiner besten Hausgenossenschaft und ansehnlichen Beysteuer. — So edel denket dieser Gefühlvolle evangelische Samaritan, bei dem der Religions = Name keinen Unterschied machet.

Wirzburg den 4ten September.

Rastlos arbeitet unser erhabene Fürstbischof zu Wirzburg, Industrie in Umlauf zu bringen. Man liest hierüber ein Magazin in Wirzburg. Man sieht auch einen neuen Schuldirektor Manger. — Indessen muß es zur Ehre der Stadt bekannt werden, wie sich auch ein jeder Partikulier bestrebet die beliebten Industrieanstalten zu unterstützen. Unser würdige Herr Professor der Chemie Dr. Pickel, den seine Fabrikaten für Aerzte, Wundärzte, Apotheker, Materialisten und Hebammen empfehlen, hat durch seine Frau eine geb. Sulzbeck mehr

Nro. 73. Freytag den 9ten September 1791.

Beilage
zu
Politischen Gesprächen
der
Todten.

Politische Satyren.

„Ich glaube an eine Versammlung, die allmäch-
„tige, die konstituirende die destruirende, und in
„alle Klubs, Comités, Kaffeehäuser, Rotten,
„die erzeugt sind worden von Mirabeau, Seyes,
„Ropertspierre ꝛc. — ich glaube, daß sie sterben
„werden unter Gustav, Artois, Bouille; ich glau-
„be, daß sie in die Hölle gestürzt werden unter
„Friedrich, Leopold und Katharina, welche unter-
„dessen die Lebendigen und die Todten rich-
„ten; — ich glaube an die Austilgung dersel-
„ben, an die Herstellung der Monarchie, und
„der Religion, an die Strafe der Jakobiter,
„und an die allgemeine Glückseligkeit — Amen.
Journal de la Ville de Paris. Nro. 2.

Wien vom 1sten September. — Welche Früchte, welches Glück, welchen Segen wird der Friede über unsere Staaten tauen — unter einem
Leopold! — nicht allein über unsere Staaten, sondern über ganz Deutschland! — Die Allianz, dieses glückliche und lang gewünschte Werk ist vor

der Abreise des Kaysers von Kaunitz und von Bischofswerder unterzeichnet worden. Der deutsche Staatskörper bekömmt dadurch die wichtigste, die erhabenste, die höchste Stelle in dem politischen Kapitel. Wer wird dieser vereinigten Kraft widerstehen? wer wird ihr widersprechen, wenn sie spricht? Aller Haß, aller Neid, aller Eifer zwischen den Deutschen verschwindet; — sie sind nun wahre Germanier, treue Brüder untereinander.

Aber nicht nur allein Oesterreich und Preusen sind vereinigt, alle anderen deutschen Fürsten werden es mit ihnen seyn, werden eine unumwälzbare Masse ausmachen. In Zeit von sechs Wochen wird diese erhabene Allianz bei dem Reichstage bekannt gemacht, und alle deu.schen Fürsten werden eingeladen, sich dazu zu vereinigen; — nun welcher deutsche Fürst wird diesen Nationalwunsch nicht befriedigen?

Dieser Bund wird nicht nur allein die Ruhe Deutschlands sichern, sondern er wird auch die Gerechtigkeit auf das strengste erheben. — Er wird auch mit der Zeit einen bedeutenden Zuwachs bekommen. So bald der Kurfürst von Sachsen den polnischen Thron besteigt, wird sich dieses Land glücklich schätzen, mit der bedeutenden Germania vereinigt zu seyn. — Wenn hernach Belgien zu einem deutschen Königreiche erhoben wird, so muß es natürlicherweise deutschen Kostum anziehen. Deutschland ist fast der Mittelpunkt von Europa; also aus diesem Mittelpunkt werden politische Gesetze strahlen. Es wird eine Sonne seyn, von welcher alle übrigen europäischen Länder ihr politisches Leben erhalten. — So wohl dem Grosen wie auch dem Geringen wird sein Eigenthum gesichert, —

und dies nach Gesetzen. — So kehrt das goldene Alter wieder zu uns, da das Bley lang genug heiß gemacht ward, um ein bleyenes Alter auszugiesſen. —

Die englischen und preußischen Bemühungen um den Frieden zwischen Selim und Katharina herauszubrohen, haben die russische Bedeutenheit in ihrer ganzen Gröſe, und in der Vorbedeutung auf die Zukunft gezeigt. Dieſe Gröſe muß natürlicherweise auf Preuſen als den nächſten Nachbar mehr ſtrahlen als auf andere Länder, beſonders wenn man dieſe Bedeutenheit nach dem ruſſiſchen ſeit 60 Jahren ſich aufhäufenden Strome kalkulirt. Die Nord-Völker waren zu allen Zeiten anderen Nationen furchtbar und gefährlich. In dieſer Lage konnte alſo Preuſen keinen beſſeren Theil angreifen, als ſich mit Leopold und mit ganzem Deutſchland — gegen die Nordſtröme — zu vereinigen. Um dieſe Vereinigung feſter zu binden, muß man gegeneinander gefällig ſeyn. — Der Tauſch der Niederlande iſt alſo bewilligt, wie auch der Tauſch der Lauſniz gegen Anſpach. Beide Mächte erhalten verrundete Vortheile daraus, und Deutſchland — eine unüberwindliche Sicherheit. — Wer hätte es vor 18 Monaten geg'aubt?

Es iſt in dieſer Verbindung feſt beſchloſſen (dies iſt kein Zeitungswahn!) daß man die verletzten deutſchen Rechte gegen die Nationalverſammlung mit bewaffneten Argumenten rächen werde. Aber erſtens wird der Unterhandlungsweg einſchlagen, bis endlich nach fruchtloſen Negoziationen im Frühjahr das Schwerdt in die Philoſophie einhauen muß.

Paris vom 3ten dieſes. — Geſtern hat die Verſammlung dekretirt: 1) daß eine Deputation ernennt werden müſſe, um den neuen Konſtitutions-Akt dem König darzureichen. 2) der König wird gebeten, ſolche Befehle zu geben, die er zur Sicherheit ſeiner Perſon nöthig glaubt; er ſoll ſich ſelbſt ſeine Garde wählen. 3) Wenn er den Wünſchen

der Nation entspricht; und den neuen Konstitutions=
Akt annimmt und bestättiget, so wird er gebeten,
den Tag zu bestimmen, damit man das Ceremoniel
regulire, in der Nationalversammlung selbst die Kon=
stitution zu beschwören.

Bei Dekretirung dieser drey Punkte, schrie ein
Mitglied in der Versammlung: Meine Herren! dies
ist alles schön! aber bedenken sie, daß der Türken=
krieg geendigt ist!!!

Es rauscht ein Gerede seit einigen Tagen hier,
daß der König einen Entwurf habe, nach welchem
Frankreich beruhigt, und die Nation mit dem königs
lichen Hause zur Befriedigung beider Theile aus=
gesöhnt werden könne. Soll dies eine Schimäre
seyn, so ist sie wenigstens eine tröstende Sch mä=
re für die Freunde des Friedens und der Ruhe.

Am 28sten August ward das Fest des Frie=
dens zwischen Oesterreich und der Pforte zu Brüs=
sel gefeyert. Man gab einen großen Bal, und
der alte Held Bender tanzte drey Menuets dabei.
Ein Beweis, daß er leicht einen Sprung nach
Frankreich wagen könnte. Aber wer wird die Ze=
chebezahlen?

Grünstädter Privilegirte Zahlen = Lotterie. Die 33ste
Ziehung ist heute den 6ten Sept. 1791 unter Beysitz
derer hiezu verordneten S. T. Herrn Deputirten mit ge=
wöhnlichen Formalitäten und gehöriger Accuratesse vollzo=
gen worden, und sind folgende Numern aus dem Glücks=
rade erschienen:
Erster Zug: Nro. 12. Zwölf.
Zwenter Zug: Nro. 5. Fünf.
Dritter Zug: Nro. 73. Drey und Siebenzig.
Vierter Zug: Nro. 83. Drey und Achtzig.
Fünfter Zug: Nro. 57 Sieben und Fünfzig.
Die Vier und Dreysigste Ziehung geschieht den 13ten
September 1791 und so fort von 8 zu 8 Tagen.

arme Schulkinder in dem Kloster der Ursulinerinnen unterrichtet, daß sie jetzt auf verschiedenen Instrumenten, durch die so genannte Heckelarbeit, Kapsel verfertigen. Fleißige Kinder als: Behrin, Siealin, Grauin, Sibalstin haben in kurzer Zeit 9 fl. 24 kr. rheinisch verdient.

Auch hat der Herr Professor der Botanik Dr. Heilmann die Gefälligkeit gehabt, einheimische Giftpflanzen, dem Kloster, so wie vaterländische Kräuter außer dem Garten, um dem Bürgersmann das Gewürz zu ersparen, für die Küche bekannt zu machen, wodurch ein neuer Zweig der Industrie für die Stadtkinder, nebst Stricken, Nähen ꝛc. ꝛc. erbfnet ist, welches von der thätigen Lehrerin Frau Theresia Wilhelm, Tochter des berühmten Herrn Leibarztes, für dieses Jahr im Ursulinerkloster vorgenommen wurde.

Es herrscht auch allda Bestreben, anderen Religionspartheien nützlich zu werden. Man hätte mit höherer Erlaubniß eine Tochter von protestantischen Ae'tern zu W.... in die Kost aufgenommen, wenn sie nicht zu alt gewesen wäre. — Uebrigens sind allda die Schulanstalten sehr gut. Kostkinder werden itzt 16 gezählt. — Vom Jahre 1712 aber, wurden bis 1791 Adeliche 248, — vom Rathsstande 451, — vom Bürgerstande 382 im Kloster erzogen.

Freunden der Pädagik, die ihr forschendes Aug auf diese Erziehungsanstalten gerichtet haben, kann es nicht gleichgiltig seyn, dies zu erfahren.

Nebst dem wurden in diesem Jahre auch Lehrerinnen für die Landschuhlen allda von der trefflichen Meisterin Karoline geb Wolf, Ursulinerin gebildet, die der Hochfürstl. Schulkommission vollkommenes Vergnügen leisteten. Hier spricht die Sache von selbst, und ich betheuere, daß mich weder heilige, noch unheilige Verhältnisse zwingen, zu posaunen, und daß ich lediglich dem Drange der Wahrheit gehorche.

Brüssel, den 1sten Sept. Die von den General-Gouverneurs neulich an die Stände von Brabant erlassene kathegorische Erklärung ist in voriger Woche der Gegenstand ihrer Berathschlagungen gewesen, und man sah. täglich dem Ausgange hiervon entgegen. Nachdem die Stände, ihrem System gemäß, die Sache in die Länge gezogen, und einige Tage hindurch die Zahl ihrer

Mitglieder zu gering angegeben, um zu einer endlichen Entschließung zu schreiten; so soll diese denn endlich am Montage erfolgt seyn, und ungeachtet der peremtorischen Erklärung des Gouvernements, wieder dahin hinauslaufen, daß die 5 ausgeschlossenen Glieder in den souverainen Rath von Brabant aufgenommen werden müßten. Die scharfsinnigen Stände blieben dabei, die Ausschließung derselben sey eine Verletzung der Verfassung, und wollen sich, bis derselben abgeholfen seyn würde, in nichts fügen. Seit dem Montage ist hiernach keine Versammlung gewesen; doch sollen sie morgen oder am nächsten Montage wieder zusammentreten.

Da so das Gouvernement mit den gesagten Ständen in offenbarem Bruche ist; so ist noch nicht abzusehen, was hievon das Ende seyn werde. Gestern ward in Gegenwart der General-Gouverneure, bei Hofe ein Staatsrath gehalten, welchem der Minister und der ganze geheime Rath beiwohnten, und der durch 4 1/2 Stunden dauerte. Der Kourrier Herder hatte Befehl, sich zur Abreise bereit zu halten, um den Entschluß des Gouvernements über die zu ergreifenden Mittel, gegen die hartnäckige Widersetzlichkeit der Brabäntischen Stände, dem Kayser nach Prag zu überbringen. Jedoch ist bis heute der Kourrier noch nicht abgereiset, und man glaubt, daß das Gouvernement vorher seine Entschließung den Ständen ankündigen werde. Diese Sache kann noch ernstliche Folgen haben . . .

Brüssel vom 3ten dieses. Die Stände waren wieder versammlet; sie haben deliberirt — deliberirt, und Niemand weiß, was sie ausdeliberirt haben. Aber so viel ist unterdessen gewiß, daß der Kourrier He der an Kayser abgeschickt ist worden; — man wird also erst nach der Zurückkunft dieses Kourriers erfahren, was die Stände beschlossen haben, und was ihnen der Kayser auf ihre Entschließung antworten werde.

Graf Merco-Argenteau ist am 25sten August von London wieder hier eingetroffen, da er bei dem englischen Kabinet einen wichtigen Auftrag glücklich gendigt haben soll.

Leyden vom 4ten dieses. — Die Leidner Zeitung erzählt folgendes aus Paris. — „Der Abt Louis ist am igten August von Brüssel nach Paris zurückgekommen. Der Gegenstand seiner Reise war — dem H. Mercy einen Brief von der Königin zu überbringen, um ihn zu ersuchen, daß er (H. Mercy) seinen ministeriellen Kredit dahin richten solle, daß die französischen Prinzen nach Frankreich zurückkehren; daß der König sich fest vorgenommen habe, die neue Konstitution anzunehmen, und daß man es ohnehin schon den französischen Prinzen durch den H. von Coigny geschrieben habe.

"Die Antwort des Herrn Mercy war: — daß ihm der Kayser ohnehin schon mitgetheilt hat, mit den Prinzen in keinen Zusammenhang zu tretten; daß der Kayser, von der traurigen Lage der königlichen Familie gerührt, bei den französischen Angelegenheiten auf keine Art auftretten wolle, die den König und die Königin in Lebensgefahr setzen könnte; — daß also er (Herr von Mercy) keine Gelegenheit habe, die Meinung des Königs den Prinzen zu kommuniziren. — Der Abt Louis nahm also die Briefe des H. Coigny mit, weil er sich eine Zeit zu Spa aufhalten wollte, und in diesen Briefen antworten die Prinzen, daß sie sich noch über ihre Zurückkunft bedenken wollen."

So erzählt Herr Luzac zu Leiden den ganzen Vorgang. — Aber andere machen über den an die Prinzen geschickten Brief einen Kommentar. Sie sagen, daß Herr Coigny wirklich ein ermahnendes Schreiben an die Prinzen, damit sie nach Frankreich zurückkehren, mitgebracht habe. — Aber er soll auch ein kleines Billet mitgezeigt haben, worauf folgende Worte stunden: n'en croyez rien, j'y suis forcé. — Glaubet nichts daran, ich bin dazu gezwungen.

Eine Dame hat von dem Wort — d'Orleans — folgendes Anagramma gemacht: — l'asne d'or.

Das französische Hof- und Stadt-Journal erzählt unter dem Artikel Brüssel, daß das Regiment Clairfait vor einigen Tagen im Feuer exercirt habe. Das zweyte Bataillon hat zu hoch angeschlagen; der Obristlieutenant ritt herbei, und schrie: — Blitz Sapperment, ihr Leute! ich habe euch das Exerciren gelernt, — nicht um nach den Vögeln zu schiessen, sondern um die aufrührerischen Municipalitäten in die Mitte zu fassen, und niederzuschiessen.

Koblenz vom 8ten dieses. — Unsere französischen Gäste vermehren sich täglich. Man glaubt, daß das Corps, das man sonst Maison du Roi genannt hat, auf 10000 Mann, wie es vor Zeiten war, vermehret werde.

Biographie.

Die Wohlthätigkeit — eine Göttin des Wohlthuns, Tochter der Menschenliebe, und des Christenthums. Das Schicksal und das Unglück sind ihre Feinde; sie zerstören ihr Werk, aber sie verbessert es, und findt so viele Rettungsmittel, daß sie ihren Einfluß, ihre Bedeutenheit, ihre Wonne niemals gänzlich zerstören können. Gute Menschen bringen ihr ein wonnenvolles Opfer, und finden in den innerlichen Empfindungen ihrer Herzen eine Belohnung. — Sie hat noch andere Feinde: — die Heuchler, und die Hochmüthigen. Die erstern bringen ihr Opfer, um einen Glanz der Heiligkeit zu erhaschen; die andern, um ihrer Eigenliebe zu schmeicheln. — Die eigennützigen Wohlthäter sind wie Spatzen in dem Lande der Wohlthätigkeit zu betrachten; sie fressen die Würmer auf, um hernach auch die Frucht abzufressen. Diese Göttin hält die engste Freundschaft mit ihrer Schwester — der Gefälligkeit. Aber die Undankbarkeit — eine der abscheulichsten Furien — verbittert manche vergnügten Tage der Wohlthätigkeits-Göttin. Sie säet den schwarzesten Samen auf ihr Feld, und alle Wohlthaten müchte werden verschwärzt, verdorben, und vertreten.

— Diese gute Göttin hat in den jetzigen Revolutions-Zeiten viele Thränen vergossen; dann die Undankbarkeitsfurie, die nur nach dem Bauch und nicht nach dem Herz ihre Grundsätze bauet, hat ihr die derbsten Streiche versetzt. Unterdessen hat sie noch gute Herzen genug, die ungeachtet der höllischesten Undankbarkeit, den guten Grundsätzen des Wohlthuns treu bleiben, und die Undankbaren werden bedaueret, aber nicht verworfen. So können nur edle Seelen denken, und dergleichen Seelen bringen noch der Wohlthätigkeit ein Opfer. — Die Wonne, die man beim Wohlthun fühlt, ist eine Wonne des Himmels, es ist eine heilige Erschütterung, die bis in das Innerste rührt, und dem Menschen eine Empfindung, wie sie nur im Himmel seyn kann, vorführen läßt. —

Nro. 72. Montag den 5ten September 1791.

Beilage
zu
Politischen Gesprächen
der
Todten.

Ankündigungs-Herold.

1mo. Litteratur. — Medicinische.

Der Heinrich Felix Paulizky Gräflich-Leiningischen Landphysikus der Grafschaft Guntersblum ꝛc. — Anleitung für Landleute zu einer vernünftigen Gesundheitspflege, worin gelehrt wird, wie man die gewöhnlichsten Krankheiten durch wenige und sichere Mittel, hauptsächlich aber durch ein gutes Verhalten verhüten und heilen kann; — ein Haus-Buch für Landgeistliche. — Wundärzte und verständige Hauswirthe, zumal in Gegenden, wo keine Aerzte sind. — Frankfurt am Main in der Andreäischen Buchhandlung. 1791.

Ich ward einmal vor 10 Jahren in einem Dorfe krank. — Schicket hin die schönste Rosinante im Dorf zum Doktor! wie weit wohnt er von hier? — acht Stunden Wegs. — Schicket hin, er soll gleich kommen. Man schickte, aber die Rosinante und der Sancho kamen zurück, und der Herr Doktor kam nicht, weil er eben zu einem zuderen Kranken geholt wurde. — Da ward mir verflucht bang. — Ich ließ den Amputatorius des Dorfs hohlen; er besah mich, examinirte mich, und nach seiner erhabenen Semiotik hatte ich ein Fieber; — das glaub ich, Herr, daß ich Fieber habe, aber was für ein Fieber? — es giebt der Fieber so viele! Er wollte mir zur Ader laßen, mich mit Jalappa purgiren ꝛc. ꝛc. Der Pfarrer des Orts war auch so ein medicinischer Zuscher, und wollte mir erweisen, daß ich bitziges Fieber hätte. — Mein! sagen sie mir doch Herr Pfarrer, woher erkennen sie es? — Ja, das weis ich, ich habe den Tißot gelesen, und weis ihn fast auswendig. — O allerliebster Herr Pfarrer, bringen sie den Tißot her, wir wollen ihn lesen. Er gieng und brachte ihn. Er las, las die erste, die zwente, die dritte, die vierte, — bis auf die zwanzigste Krankheit; und siehe! — nach den Symtomen, die Tißot bei diesen Krankheiten beschreibt, fühlte ich, daß ich alle diese 20 Krankeiten hatte. Ich glaubte in der That gar die Nationalversammlung von allen Krankheiten im Leibe zu haben. — Ich muß hier, meine Schwachheit bekennen. Der gute Pfarrer sah in einem andern Zimmer die Tochter meines Hausbaueren, sie war auch krank, er muthmaßte eine Schwangerschaft bei ihr, las also den Tißot über die Schwangerschaft. Hohl mich der Kuku! ich hörte zu, und glaubte wirklich nach der Beschreibung der Symtomen, daß ich vielleicht schwanger seyn konnte. — Was zum Hunker! schrie ich dem Pfarrer zu, werfen sie ihren Tißot ins Feuer, sonst machen sie mich noch am Ende, schwanger. Sind sie vielleicht ein Hermaphrodit? fragte der Pfarrer. — Ei zum Henker! wolen sie mich noch zum Hermaphroditen machen? — So sind die Folgen der Lesung der medicinischen Bücher. Wenn man krank ist, und so ein Buch liest, — so fühlt man die Symtomen fast aller Krankheiten, und glaubt sie zu haben. Das Buch des Herrn Paulitzky muß hier von dieser Art Bücher mit einer Ausnahme gelesen werden. Er schreibt für Landgeistliche, Gutsherren, Schulzen, Schulmeister, Dorfärzte, und Barbierer. Seine Empyrik ist gründlich, aus den besten Schriftstellern in dieser Art, und aus seiner eigenen Erfahrung dargestellt. Ich kann wirklich sagen, daß er mich mehr als Tissot befriediget hat. — Nun kommen die langen Winterabende, wo die Zufuhr der Aerzte zum Kranken auf dem Lande beschwerlicher wird. Ich rathe also jedem Hausvater sich dieses Buch anzuschaffen, und im Winter fleißig darinne zu lesen. — Den Geistlichen auf dem Lande wäre eine Empfehlung überflüßig; sie werden gewiß reissend darnach greifen. Es ist ja der nützlichste Unterricht in unserem Leben, und ist die größte Wohlthat, den Kranken mit Rath und That beizustehen. — Also richte sich jeder darnach, und kaufe sich dies Werk.

2do *Handlungs-Nachrichten.*

Briefe aus Dännemark melden, daß der Zucker dieses Jahr nicht gerathen seye; so kommen Nachrichten aus St. Croix und andern Gegenden.

3o. *Ankündigungen.*

Grabschrift.

Ci est la Constitution,
Qui marquant à Discretion
Les biens de la Religion,
Creva d'une indigestion.
Requiescat in pace. Amen.

Paris. Journal de la Cour & de la Ville Nro. 60.

Der ächt Sächsische Saifen-Spiritus und die vorzüglichsten Nachtslichter, sind nur allein bei Herrn Philipp Sprenger im Maulbernhof zu Frankfurt jederzeit ächt zu bekommen.

Da Joh. Jakob Wurster, welcher mit seinen eigenen Fabrique-Waaren in den Frankfurter Messen bisher in seinem Laden auf dem Römerberg Nro. 6 feil gehalten, solchen nun aber geändert, und in Nro. 37 verlegt hat, so empfiehlt derselbe sich aufs Neue, mit seinen Artickeln, nemlich in schön geschnittenem Fischbein, aller Gattung Siegelack wie auch dem bekannten Englischen Taffent Pflaster, welches letztere

aber nur grosweise verkauft wird, und bessi-
chert redliche Bedienung, und billige Preise.

Ich habe in der Schrift, welche ich in meinem Pro-
zesse wider Hochfürstliche Rentkammer zu Fulda, unter dem
Titel: Dringendeste Solicitatur an diejenige
Juristenfakultät, an welche untenbenann-
te Akten gelanget sind; oder unterthänigstes
vorläufiges Promemoria an beide höchste
Reichsgerichte in Sachen der Erbschäfischen
Erben, itzt meiner Ignaz Weilard Herzogl.
Weimarischen Kommissions Rath und Frey-
herrlich von Weiherischen Amtmanns zu
Geräfeld wider Fürstliche Rentkammer zu
Fuld und respective Fürstl. Oberforstamte,
betreffend die gewaltsamen Störungen in Aus-
sehung eines zum Reichsfreiadelichen Rü-
zeldhof gehörigen Stück Waldes. Frankfurt am Main mit Andredischen Schriften
1790. habe drucken lassen, verschiedene Ausdrücke gebraucht, die ich nicht hätte brauchen sollen, und die ich
auch nunmehro selbst, bei kälterer Überlegung zu allgemein, zu hart, zu heftig, und unziemlich finde.

Da nun durch diese Ausdrücke ein ganzes Hochstift,
auch Sr. Hochfürstlichen Gnaden Dikasterien und Diener-
schaft sich äuserst beleidigt erachten: so erkläre ich hiemit, daß ich alle die Ausdrücke, welche zu allgemein,
zu heftig und unziemlich sind, und also als Beleidigung
angesehen werden können, zurück genommen haben wolle, und zwar um so mehr, als Hochfürstliche Regierung,
durch die schon vor meiner erschienenen Druckschrift ver-
willigte Aktenversendung eine Probe ihrer unpartheiischen
Gerechtigkeitspflege dargelegt hat, und Ihro Hochfürstliche Gnaden Selbst erst noch am 20sten Junius auf
mein unterthänigstes Ansuchen gnädigst erklärt haben,
daß Sie annehmlichen und nicht überspannten Ver-
gleichsvorschlägen, wenn vorhero der förmliche Wieder-
ruf geschehen, gnädigstes Gehör geben, und sich überhaupt billig finden lassen wollten. Geräfeld den 27sten
August 1791.

J. Weilart.

Nro. 36. Dienstag den 6ten September 1791.

Geheimer
Brief-Wechsel

zwischen den

Lebendigen und den Todten.

Hans von Wert aus dem Reiche der Todten — an einen deutschen Patrioten.

Elysäum am 6ten Septemb.

Wenn dir zwey Bettler auf der Strasse begegnen; wenn du dreyßig Gulden im Sack hast; wenn du ihnen nur jedem einen Kreutzer giebst; was hindert sie, daß sie dich nicht ausplündern, daß sie die Rechte des Stärkeren, oder wenigstens die Rechte der Gleichheit nicht ausüben? — Du hast dreyßig Gulden, warum willst du dich nicht mit diesen Bettlern auf eine Linie setzen, warum giebst du nicht jedem zehn Gulden, damit sie dir gleich kommen? auf welche Stütze säulest du deine 30 Gulden, dein Eigenthumsrecht? nicht wahr, auf die Zauberruthe des Gouvernements? — Wenn aber eine Revolution geschieht, wer bricht diese Zauberruthe? — Nicht derjenige, der etwas zu verlieren hat; sondern derjenige der dir gleich seyn will, der von deinem Glücke etwas rauben muß, um sich mit dir auf eine Linie setzen zu können. Aber die Zahl der Wohlhabenden ist geringer als die Zahl der Bedürftigen? Also wenn die Magie der Regierung aufhört, wenn sie als Taschenspielerey angesehen wird, so leidet Niemand mehr, als derjenige, der etwas zu verlieren hat. — So ist die Lage Frankreichs, und so ist die Situation aller Länder, wo diese Zauberruthe gebrochen wird, und wo eine Revolution entsteht. Wenn eine Soldaten Kompagnie den Korporal=Stock zerbricht; wenn die Befehle der drey Officiers, die dem Zauberstock dabey eine Richtung geben, verachtet werden, da hört die Kriegsdisciplin auf, und eine solche Kompagnie wird eine unregelmässige Horde, die zwar zur Zerstörung sich brauchen läßt, aber gegen den geringsten Angriff nur getheilte, und nicht zusammengetheilte Kräfte entgegensetzen kann.

Es ist in der That traurig, wie die Wallfahrt, die man das menschliche Leben nennt, mit Widersprüchen gepflastert ist. In allen Ländern scheint der menschliche Verstand mit zwey Krankheiten behaftet zu seyn. Ein Theil febricitirt für die Revolution; der andere phantasirt Schreckenbilder wider sie. Auf dieser Wanderschaft ist kein Mittelweg; man muß auf der einen oder auf der andern Strasse einhergehen. Aber kann man die Gegenstände genug fassen? — findet man einen grosen Mann, der diese Krankheit kuriren kann? — Nein, man wandert einher, und glücklich derjenige, dem die Gleichheit der Menschen noch so viel übrig gelassen hat, daß er die Wirthe bezahlen kann.

Die Nationalversammlung riß die Magie des Gouvernements aus den Händen der Minister. Es waren Mißbräuche in die alte Konstitu=

tion eingeschlichen. Es mag wahr seyn. Aber hat
jemals eine menschliche Institution existirt, wo sich
nicht Misbräuche eingemaust haben? — Hätte die
Versammlung der Zauberey ihre Würde nicht be:
nommen; hätte sie die Misbräuche ausgefenset; hät=
te sie den Ministern die willkührliche Gewalt und
die Finanzenverwaltung entzogen; so wäre die Zau=
berkraft noch in Frankreich, und das Reich wäre
nicht durch Faktionen und durch Rotten verrissen.
— Aber das ganze Gebäude niederzuwerfen; ein
anderes, dessen Erfolg noch im Dunkeln ist, auf=
zubauen, dies ist eine Unternehmung, die nicht ein=
mal ein irdischer Gott auszuführen im Stande ist.
— Wie weit ist man seit zwey Jahren gekommen?
— Es herrschen die nemlichen Widersprüche, die
nemliche Spannung, die nemliche Zwispalt. Wie
steht es nun? — Hier erstens ein Schreiben aus
Paris vom 29sten August. — Es ist wohl
keinem Zweifel mehr ausgesetzt, daß der König die
Konstitutions = Urkunde, welche ihm erster Tage
vorgelegt werden wird, schlechterdings, so wie sie
da liegt, annehmen und sanktioniren werde. Man
hält dafür, daß, ehe jenes geschieht, die National=
Versammlung allen Mächten Europens auf die
feyerlichste Weise erklären und ankündigen werde,
daß es Ludwig dem Sechszehnten, Könige der
Franzosen, vollkommen frey gelassen werde, die
neue Verfassung Frankreichs, nach welcher einzig
und allein die Nation regiert werden wolle, anzu=
nehmen, oder nicht; in letzterm Falle der König
angesehen werden würde, daß er der Krone ent=
sagt habe, und hiernach sich hinbegeben oder aufhal=
ten könne, wo er es gut finden würde. Es wird sich
schon in kurzen Tagen entscheiden, welch Loos dem

Franzbsischen Königsthrone werden wird. Erfolgt die Königl. Annahme würklich so, wie es für zuverläßig gehalten wird, so scheint es nicht evident zu seyn, was man verbreitet, daß auswärtige Mächte sich mit Grund ins Mittel schlagen könnten, um eine Nation zu verhindern, sich eine Verfassung zu geben, welche ihr dienlich und nothwendig däucht. Die Beschwerden der Deutschen Fürsten wegen des Elsasses werden ohne Zweifel, nach dem künftigen Antritte der Legislatur, gütlich abgethan werden. Einen kleinen Vorgeschmack der Zukunft, wie und welche sie immer werden möge, kann ein jeder, er sey Freund oder Feind der Revolution, in folgenden Reimchen kosten. Mag jeder sie lesen nach seiner Art (und nach seiner Art selbst punktiren und übersetzen).

Da is toute sa puissance — en verra notre Roi
Le Peuple restera — dominé par la Loi
De l'ancienne France — on verra le régime
Le Roi seul descendra — d'un pouvoir légitime
Le possesseur unique — & le peuple joyeux
Mais non pas despotique — en restra grace aux cieux.

Auf der anderen Seite lauten aristokratische Nachrichten ganz anders : Briefe!
Von den Ufern des Rheins vom 3ten dieses — melden verschiedene Zubereitungen, welche die Aristokraten zu einem Angriff vorkehren. Holländische Briefe erzählen, daß Herr von Plonket 10tausend Flinten und 2 bis 300 Pferde in Holland aufgekauft habe. Es wird viel Geld aus Amsterdam in die Rheingegenden geschickt.

Man verzweifelt fast über eine Ausgleichung zwischen der National-Versammlung und zwischen den ausgewanderten Prinzen. — Es ist militairisch merkwürdig, daß Herr Bouille bei der Zusammenkunft der Souverains in Pilnitz war. Er

ist derjenige, der vor einigen Monaten an die Nationalversammlung schrieb:
„Ich kenne eure Vertheidigungs-Mittel; sie sind — Nichts.

Man schließt daraus, daß Herr Bouillé deswegen bei dieser Zusammenkunft nöthig war, damit er die jetzige militairische Stärke oder Schwäche Frankreichs schildern, und darstellen möge, — um Maasregeln darnach zu nehmen.

Allein, was in dieser Zusammenkunft beschlossen ist worden, dies ist noch mit einem politischen Schleyer bedeckt. Alle Sagen und Muthmassungen darüber — sind fliegender Zeitungs-Tand. — Graf von Artois wird alle Stunden zu Koblenz zurückerwartet. Eben sagt man, daß er wirklich schon allda angekommen seye.

Die Leidner Zeitung vom 2ten dieses schreibt einen sonderbaren Artikel unter der Aufschrift von

Berlin vom 23sten August.
Man war hier über folgende Nachricht nicht wenig betroffen. Unsere Armee, welche in Westpreussen stand, bezog ihre vorigen Quartiere, so daß nur ein Theil unserer Truppen in Ostpreusen stehen blieb. Der General von Henkel hat zwey Staffetten hierher geschickt, und meldet, daß sich die Russen seit dem Abzug unserer Westpreusischen Armee in Liefland ausserordentlich vermehren. Obgesagter General fragt an, welche Maasregeln man nehmen solle, um unsere Grenze zu sichern.

Brüssel vom 2ten September. — Heute Nachts ist der Kammerdiener des berüchtigten Rebellen van der Noot gefänglich eingezogen worden. Dieser Bursche hatte sich seit geraumer Zeit allerhand ruhestörerische Reden erlaubt, und man hat gegründeten Verdacht wider ihn, daß er entweder mit seinem vorigen Herrn, oder einem andern Taugenichts, der eben so gefährlich ist, als dieser, noch in Verbindung stehe. Gegen den 24sten dieses Monaths erwartet man hier die Ankunft des jungen Erzherzogs Karl von Oesterreich; es sind bereits verschiedene Personen zu seinem Dienste angenommen, und bei Hofe die Wohnzimmer für ihn in Bereitschaft gesetzt worden. Hier wimmelt es von geflüchteten, und ausgewanderten Franzosen, und täglich kommen neue zu ganzen Haufen an, so daß sie fast nicht mehr unterzubringen sind. Auch kommen viele Geistlichen aus Frankreich hier an, die aus Furcht von einem irregeführten Volke gemishandelt zu werden, lieber alles verlassen, als durch einen gottesräuberischen Eid ihren Stand, und ihr Gewissen verunehren wollen. Es laufen noch verschiedene Spottschriften herum, worin viele bei der Regierung angestellte Beamte empfindlich angegriffen werden; indessen hütet man sich doch, den königlichen Hoheiten, und dem Souveraine darin zu nahe zu treten.

Die Stände von Brabant haben ihre Versammlungen eine Zeitlang eingestellt, und man weis noch nicht, was sie in Ansehung der Depesche vom 3. August für eine Partei ergreifen werden. Man vermuthet, daß sie unter dem gleisnerischen Vorwande, als leide das Interesse des Landes unter der dermaligen Einrichtung des souverainen Raths, andere ins Spiel zu bringen, und dadurch dem Gouvernement Verdruß zu machen suchen werden. Wirklich wird schon eine Antwort auf diese Depesche unter der Hand vorbreitet, welche die verwegensten Ausfälle wider das Gouvernement in sich enthalten soll. Man sucht solche aber noch immer, so viel möglich ist, vor den Augen der Polizey zu verheimlichen. Es halten sich auch noch viele franjüdische Demokraten, die unter dem Namen der Propagandamänner bekannt sind; in unseren Provinzen auf, und sprühen da ihr Gift aus, um sich irgend einen Anhang zu verschaffen, und die Truppen zu verführen. Obgleich die Polizey alle Mühe anwendet, diesen Auswürflingen der Menschheit auf die Spur zu kommen; so wissen sie sich doch so zu verbergen, daß man ihnen nichts wesentliches anbringen, und zur Last legen kann.

Biographie

Johann von Wert, kapferlicher und kurbayrischer General der Cavallerie, wurde gebohren in dem Städtchen Weert in Brabant. Er fieng als gemeiner Reiter zu dienen an. In der Belagerung von Jülich 1621. wurde er Lieutenant, schlug dort mit 50 Pferden 200 feindliche Reiter und wurde darauf Rittmeister. Schlug 1631 bei Nürnberg einige schwedische Völker, kommandirte hierauf die Bayern als Obrist in der Obern Pfalz, wurde hier Generalmajor, und hieng den Schweden wieder einige Schlappen an. An der Donau verlohr er aber gegen den Herzog von Weymar 500 Mann: stieß hierauf zu den Kayserlichen, eroberte Neuburg an der Donau und das Schloß Eichstedt, schlug den schwedischen Obristen Sperreuter, eroberte auch Onolzbach und Rothenburg. An. 1634 ruinirte er bei Calbe 9 schwedische Kompagnien, erbeutete 6 Kanonen und einige Fahnen; nahm Speyer mit Accord ein; hieng ins Elsaß dem Herzog Carl von Lothringen zu Hülfe, schlug zwey französische Regimenter und eroberte 18 Standarten. Thät ferner mit einigen kayserlichen und spanischen Völkern in Frankreich einen Einfall bis St. Dizier, nachdem er 2000 Franzosen geschlagen hatte, nahm den Markis von Bonivet gefangen und schrieb in Champagne Kontribution aus. An. 1637 eroberte er die Festung Ehrenbreitstein und schlug den heßischen General Melander. Commandirte hierauf 6000 Mann gegen den Herzog Bernhard, welchen er zwang, die Belagerung v. Kinzingen aufzuheben, und nachdem einige Scharmützel vorgefallen waren, wo er in einem derselben durch einen Pistolenschuß am Halse verwundet wurde., 1638 nahmen ihn die Franzosen gefangen, und brachten ihn nach dem Schloß Vincennes. In der Gefangenschaft erwies man ihm überall sehr viele Ehre, jedermann war neugierig diesen Helden, der ganz Frankreich in Furcht und Schrecken gesetzt hatte, zu sehen. Er wurde bei Hofe zugelassen, und die Minister traktirten ihn nach der Reihe. Anno 1642 kam er aus der Gefangenschaft. Anno 1643 wurde er Generallieutenant von der Bayrischen Cavallerie; schlug in dem nemlichen Jahr die Franzosen und entsetzte Rothweil; umringte hierauf bei Möringen 10 französische Regimenter und nahm sie gefangen, worauf er Kurbayrischer General der Cavallerie ward. In den Feldzügen Anno 1646 gieng er in Kayserliche Dienste, fiel klar in die Ungnade beym Kurfürsten, mit dem er aber wieder im folgenden Jahr 1647 versöhnt wurde, und in dessen Diensten er wieder trat. Nach geschlossenem Frieden 1648 ging er auf seine Herrschaft Benaudeck in Böhmen, welche ihm der Kayser geschenkt hatte, und starb daselbst 1652 den 6ten September an einem hitzigen Fieber. Kayser Ferdinand II. hatte ihn in den Freyherrn-Stand erhoben. Er hatte sich zweymal vermählt, das erstemal mit einer Gräfin von Spaur, und das letztemal mit einer Gräfin von Kufstein.

Nro. 75. Freytag den 16ten Septemb. 1791.

Beilage
zu
Politischen Gesprächen
der
Todten.

Politische Satyren.

„Jenes Volk, welches verdorbene Sitten hat,
„muß ein eiserner Zepter schlagen. Nur gute
„und sittliche Unterthanen verdienen einen gu-
„ten Beherrscher; — eine verdorbene Nation —
„macht den besten König zum Despoten. Ein
„verdorbener Mensch ist keiner guten Behandlung
„empfänglich; der beste Monarch muß sein Ty-
„ran seyn. — Und die besten Gesetze sind nicht
„hinlänglich, um ihn vom Verderben zu retten.
„Experto crede Ruperto.

Paris vom 10ten dieses, — Es ist drey Uhr nach
Mittag, und es ist alles ruhig. Doch war der heutige Tag dazu bestimmt, daß der König die Be-
schwerung der neuen Konstitution annehmen sollte.
— Es ist aber bis drey Uhr, da ich dieses schreibe, nicht geschehen.

Es verbreitet sich ein konstitutionsbitteres Ge-
murmel hier in der Stadt. Man sagt, der König wolle die Konstitution nur unter folgenden Bedingnissen annehmen, und sie breiden: 1) Die katolische Religion und die Monarchie sollen beibehalten werden. 2) Man soll Verbrechen strafen,
die seit drey Jahren begangen sind worden, und
die Verbrecher einziehen. 3) Man soll eine voll-

kommene Rechnung der ausgegebenen Geldern ablegen. 4) Alle Kubs sollen vernichtet und eingezogen werden. 5) Man soll den Adel und die
Geistlichkeit mit billigen Veränderungen — herstellen. 6) Man soll die Gerichtshöfe wieder einsetzen. 7) Es soll jedem Menschen seine individuelle Freyheit gesichert werden. 8) Diejenigen,
die die vollziehende Gewalt usurpirt haben, sollen
zur Verantwortung gezogen werden. — Wenn
diese Grundsätze einmal angenommen werden, so
soll man zu einer Ausgleichung schreiten.

Lüttich vom 5ten dieses. — Eine unlängst
erlassene Verordnung des Fürstbischofs, zieht die
Grenzlinie zwischen ihm und seinem Volke. Der
Bischof sagt darin, 1) das Recht Gesetze zu geben, und davon zu dispensiren, stehe ihm zu; 2)
dieses Recht sey durch die Reichsgesetze und die Sa-
tzungen des Bisthums Lüttich eingeschränkt; 3)
er erklärte für sich und seine Nachfolger, daß er
von dieser gesetzgebenden Macht nur da Gebrauch
machen wolle, wo das Wohl des Landes es erfordert; 4) würde er oder seine Nachfolger, dagegen
handeln, so stehe es den Ständen frey, Gegenvor-
stellungen zu machen; 5) bei Verordnungen, die
das Land angehen, sollen die Stände zu Rathe
gezogen, und die Entscheidung allenfalls einem
Reichsgerichte überlassen werden. Ferner sagt der
Fürstbischof, im deutschen Reiche stehe das Eigenthum der geistlichen Territorien ihren resp. Kirchen
zu; folglich gehöre, da die Art der Repräsentation
dieser Kirchen gleichgültig sey, auch ihm und seiner Kirche das Land und Fürstenthum Lüttich als
eigen, und stehe es ihm allein zu, darüber nach
den Grundsätzen des Eigenthums zu schalten. —
Hingegen macht er sich für sich und seine Nachfol-

ger verbindlich, nicht nach den Grundsätzen des Eigenthums, nemlich der Veräusserung, Vertauschung oder Verpfändung des Territoriums, zu handeln, ohne mit den Ständen übereingekommen zu seyn.

Regensburg vom 4. September. Die Nachricht wegen der höchstbeglückten Zusammenkunft des Kaisers und des Königs von Preussen, und noch mehr die zur künftigen Glückseligkeit Deutschlands geschlossene Allianz, hat dem Reichstag eine sehr frohe und rührende Empfindung erreget, und man glaubt nun zuverläßig, daß Chursachsen zum Lohn seiner ruhmvollen Bestrebung, die polnische Krone anietzo nicht blos nach dem Wunsch der Polnischen Nation, sondern mehr nach dem Willen, der notoischen Höfe annehmen müsse, hingegen aber auch durch eine allgemeine Garantie mit desto grösserer Sicherheit tragen werde.

Koblenz vom 15ten dieses. — Täglich kommen mehr Franzosen hier an; man erwartet hier die Helfte, nemlich die Helfte der auf der rechten Seite sitzenden Nationalversammlung, so bald sie abgelöst wird. Ei, ei! da werden wir den grosen und gründlichen Redner Abt Maury sehen. — Unsere Stadt ist jetzt ein anderes Versailles. — Hohn seye demjenigen, der aussagt, daß die Franzosen nicht — baar bezahlen.

In Schönbornslust ist die Kriegskanzley, die Schatzkammer, und das Departement auswärtiger Geschäfte? — Alles geht in der besten Ordnung vor sich. — Die Prinzen leben wie wahre Brüder zusammen; die Stadt löst viel Geld. — Und mein! lasset uns alle grose Handlungshäuser und andere vermöglichen Burger in Deutschland untersuchen, haben sie nicht größtentheils ihr Vermögen im siebenjährigen Kriege von den Franzosen gewonnen? — Dies gestunden selbst die Hanoveraner und die Hessen — damals ihre Feinde.

Die Prinzen halten ihre Politik sehr geheim. Sie haben Recht, bann die Propaganda lauert, horcht, und läßt ausspähen. — Aber bei grosen Freuden entwischt ein bedeutendes Wort. Da Graf Artois aus Pilnitz zurückkam, so fuhr ihm sein Bruder der Monsieur entgegen. Sie begegneten sich auf dem Rhein; sie liesen die Schiffe zusammenstoßen. Es war rührend, wie sie sich bewillkommten. Fast drey Minuten druckten sie sich ans Herz, und da entschlupfte ein Wonnewort dem Graf Artois: mein Bruder, sprach er im Entzücken, freuet euch es wird uns geholfen; alle Anwesende — weinten.

Zu Köln ist jetzt ein anderer Sammelplatz: es sind wirklich schon über 400 Franzosen da, die aus Niederlanden kommen, — und ihre Zahl wird noch gröser seyn, dann — es werden noch viele Sachen geschehen, welche die Zukunft entwickelt. — Der Plan der ausgewanderten Franzosen ist gros, und fasset die Grenze von Basel — bis nach den deutschen Niederlanden um. — Aber dieser Plan wäre zu ohnmächtig, wenn er nicht nach den Grundsätzen der Allgemeinheit von Europa abgemessen wäre. Prinz Nassau glühet von überlegter Herzhaftigkeit auf die Zukunft. Er ist hier ein bewunderter Freund der Frankomanie, und wirkt.

Grünstädter Privilegirte Zahlen=Lotterie. Die 34ste Ziehung ist heute den 13ten Sept. 1791 unter Beysitzderer hiezu verordneten S. T. Herren Deputirten mit gewöhnlichen Formalitäten und gehöriger Accuratesse vollzogen worden, und sind folgende Numern aus dem Glücksrabe erschienen:
Erster Zug : Nro. 26. Sechs und Zwanzig.
Zweyter Zug : Nro. 7. Sieben.
Dritter Zug : Nro. 32. Zwey und Dreyßig.
Vierter Zug : Nro. 82. Zwey und Achtzig.
Fünfter Zug : Nro. 46. Sechs und Vierzig.
Die fünf und dreyßigste Ziehung geschieht den 20sten September 1791. und so fort von 8 zu 8 Tagen.

Nro. 38. Donnerstag den 15ten September 1791.

Politische Gespräche der Todten

über die

Begebenheiten des 1791sten Jahrs

~~~

„L'autre jour a l'assemblée, M. l'abbé Maury se
„tenoit de bout les bras croisés: — que faites-
„vous donc la, lui demanda un de ses confreres?
„— Ma foi, repondit M. l'abbé Maury, je regar-
„de faire des decrets, comme on regarde passer
„un enterrement, & vous voyez qu'il y a beaucoup
„de Pauvres."

~~~

Politische Taschenspielerey.

Die Götter im Elisäum hatten ein wenig lange Weile, und die Göttinnen — Bay urd. Jupiter, dieser galante Gott verkleidete sich wie ein Nationalgardist, und gieng in ein Kaffeehaus, wo die schöne Venus Kaffeesiederin war. Man gab ihm patriotische, aristokratische und andere Zeitungen zu lesen. — Pfui Teufel! sprach er, es ist ein Wirrwar unter allen Schriftlingen, man weiß nicht, wem man glauben soll.

Da kam die Madame Venus von Grazien begleitet;

— sie machte tiefe Bücklinge, wie es bei dergleichen Fällen gebräuchlich ist. Die schlaue Dame erkannte den Jupiter. — Ei wie kommen sie daher? und so schön, so patriotisch verkleidet? — sie, der der größte Aristokrat — ja der größte Despot in Olymp sind? — O Madame! um Vergebung, ich habe lange Weile. Ei Monsieur Jupiter! — wollen sie eine Tasse Kaffee, oder ein Glas Bier trinken? — Ein Glas Bier! — Himmel! wer hätte jemals geglaubt, daß Jupiter auch Bier trinkt! — Er hat es getrunken. Dann es war eine Hiz, — eine Hiz, die einen bis auf die Beine schmelzte.

Kaum war der Jupiter da, als Georg Richardson eintrat, und um Erlaubniß bath, eine politische Taschenspielerey vorspielen zu dörfen. — Man gab sie ihm und er fieng an zu gaukeln, wie folget:

Hier, meine Herrn! hier sehen sie die französische Monarchie, hier sehen sie ihre Macht, ihr Ansehen, ihre Gewalt; hier sehen sie die französische Krone! — Nun geben sie Acht, ich werde darauf blasen, und sie wird verschwinden. — Holes Poles Imperates — Fu! — weg war sie.

Ich werde Ihnen, meine Herren, jetzt sagen, wer diese Monarchie hat. Hier der Mann, auf den Mirabeau zeig nd, dieser hat sie. — Man untersuchte ihn, und er hatte sie im Sack — Richardson schlug darauf mit einem Zauberstabe; — und welches Wunter! die ganze Monarchie erschien mit 1200 Kronen. Das war allerliebst zu sehen. — Mirabeau die Monarchie escamotirt! — Hier sehen sie, meine Herren, einen großen Staatswagen, die Konstitution sitzt darin. Es ziehen vier schöne Stuten daran: — die gesetzgebende Gewalt, die ausübende Gewalt, die verwaltende Gewalt, und die Gerichtsbarkeiten Gewalt. Sehen sie, es geht alles gut, sie ziehen alle gleich, wie uns der General Rokambol versichert. Aber, gehen sie Acht; — ich werde darauf blasen: — Fu! — da liegt der Wagen umgeworfen; — au weh! — au weh! — die Konstitution hat den Hals gebrochen; — die Stuten laufen auseinander. — Fu! — die alte Konstitution springt in den Wagen, — und fährt, und fährt; — wohin? — in die Thuillerie zum König.

Hier hören sie, meine Herren, eine sonderbare Frey-
heits-Conjugation. Es kommt eine Deputation zum König;
Herr Bube sagt zu ihm: — du bist frey; der König ant-
worte: ich bin frey; das Volk schreyet: er ist frey. Also: ich bin frey, du bist frey, er ist frey, wir sind frey,
ihr send frey, sie sind frey. — Und man braucht nichts
mehr dazu. — Aber da kommt Jemand, und eskamotirt
den König, und macht den Imperativus dazu: — sey
frey; und da erscheint ein Manifest, und sagt: daß er
frey seye. — Ei das ist sonderbar! so kann man auch
die Conjukation eskamotiren.

Sehen sie hier, meine Herren, zwey Kinder: das
eine liest die römische Geschichte von Rollin; das andere macht Schlösser aus Karten. Ach Papa! spricht
das erstere, — sagen sie mir doch, was ist für ein Unterschied zwischen einem Stifter der Volksgesellschaft, und
zwischen einem Eroberer? — Der Herr Papa, der auf
die Antwort sinnt, bewundert die Frage des Kindes. Der
Junge wirft das Kartenschloß zusammen. Ha! spricht
der Vater, da hast du, mein Kind, die Antwort auf
die Frage: dein Bruder war Stifter des Kartenschlos-
ses, und — du bist Eroberer, du hast es übern Haufen
geworfen. — Also, Herr Papa, ich will ein anderes
bauen, auf der nemlichen Stelle. Er bauet, er bauet,
— und es kommen viele andere Kinder dazu, 1200 an
der Zahl; sie wollen alle daran bauen, aber da entsteht
eine Verwirrung, und das Kartenschloß kommt nicht zu
Stande. — Der Vater sieht zu, und sagt: mein Kind,
laß deinen Bruder allein bauen; er thuts — und das
Schloß steht wieder da. Sieh mein Sohn, spricht der
Vater, so ist die populäre Regierung. Jeder will Bau-
meister seyn, und am Ende — geht alles zu Grund —
bis auf die Baumaterialien. — Das sind in der That
die wahre Kinderspiel der 1200 Architekten.

Holes Poles Imperates! hier sehen sie, meine Herren, einen Vogel herumfliegen. — Hören sie zu: — ich
detretire den Vogel, daß er in das Häuchen kommen
solle. Paf, da ist er. Hier ist eine Vogelorgel mit 1200
Pfeiffen; ich spiele darauf; — der Vogel muß darnach
singen. Sagen sie mir, meine Herren, ist dieser Vogel
frey? — ja, so wie der König von Frankreich. Dieß
ist das wahre Bild der königlichen Freyheit!

Hier sehen sie, meine Herren, viel Gold, es ist schwer zu tragen. Nun sehen sie das Mirakel. Ich blase darauf: Fu, Fu! Ei das Gold ist weg — und (o allerliebst) — da sind nun Assignaten, die eben so viel gelten, wie das Gold. Eine rare Erfindung — nicht eines goldenen, aber eines papiernen Jahrhunderts.

Hier sehen sie, meine Herren, die schöne Konstitution Frankreichs. Ach wie allerliebst steht sie da! sie hat dem Menschen sein Recht gegeben, zu sprechen, zu thun, zu dekretiren, zu laternisiren, w'e er es für gut findt. Am 5ten dieses ist das Brod um einen Sol gestiegen. Ei das gab einen Lermen! — man wollte den Herrn Bailli, diesen Narrenal-Liebling laternisiren. Er erschrack, rettete sich in das Stadthaus. Poles Poles Impe.ates, ich blase darauf: Fu: Fu: — da stehen hundert Henker; — da steht die Laterne, und zwischen beiden die allerliebste französische Freyheit; — nun gehe einer hin, und greife sie an! — Nicht wahr, Niemand darf es wagen? — Nein.

Hier sehen sie, meine Herren, was zu Paris am 9ten dieses vergehen soll. Der König geht in die Nationalversammlung. 60tausend Nationalgarden stehen bewaffnet da, damit er nicht gestohlen werde. Von allen Seiten wird die Artillerie patriotisch donnern. Der König wird die neue Konstitution beeiden; alle Strassen werden mit grünen Zweigen geziert. Hernach geht der König in Pontifikalibus mit allen National-Assistenten in die unser Lieben Frau Kirche; er wird da aufs Evangelium schwören; und die ganze Prozession geht wieder zurück. Abends wird ganz Paris illuminirt. Das wird eine Freude werden! — aber ich blase darauf: — Fu, Fu! — und die ganze Prozession mit allem Anhange wird zu — Nichts.

Hier, meine Herren, sehen sie zwen Berge von lauter Zeitungen. Der eine ist Aristokratisch, der andere Patriotisch. Wenn man in diesen Bergen grabt, um die Wahrheit herauszuwühlen; — Fu, Fu! — ich blase darauf, und alles verschwindet, Berge mit Wahrheit und Lügen: — dann, es ist nichts.

Hier, meine Herren, sehen sie den Neptun, den Gott aller Gewässer. Sehen sie nur, wie ihm die Engländer auf ihre Insel angeketter haben. Er soll uns erwas über die Schiff-Fahrt erzählen. — Was dann? — wie viel Schiffe sind Anno 1790 durch den Sund paſſirt? —

Antwort: — 9732.
darunter waren: 3788 engliſche.
2089 holländiſche.
1559 dähniſche.
509 preuſiſche.
430 ſchwediſche Schiffe.

. Die Uibrigen, die an dieſer Zahl abgehen, ſind theils franzöſiſche, ſpaniſche, und andere Schiffe. Zu, Zu! — ich blaſe: Holes Poles Imperators! — da ſteht die gan, ze Welt handlung in einem Milchtopf; hier ſehen ſie, wie die Engländer den Rahm davon abloͤffeln, — und die übrigen alle bekommen — ſaure Milch.

Meine Herren! ich habe ihnen meine Taſchenſpielereyen Künſte gezeigt, nun bitte ich ſie, daß ſie mir auch etwas von meinen Waaren abkaufen. Ich verkaufe verſchiedene merkwürdige Raritäten. Ich muß ihnen aber zum Voraus ſagen, daß ich keine Aſſignaten annehme. Ich heile auch alle Zuſtände und Krankheiten des menſchlichen Verſtandes, nemlich patriotiſches Fieber, Revolutionskonvulſionen, — Dekretenbläſe, — Freyheitsphantaſien und andere dergleichen mehr. Meine Waaren ſind folgende:

1.) Ein Windofen von Neſſeltuch mit rothem Band garnirt
2.) Ein lederner Reitknecht, bloß zum Spielen.
3.) Ein meſſingener Neſſe mit Oele keu.
4.) Ein kleiner Eidam, zum revitiren.
5.) Eine Judenſchule mit dem engliſchen Haken, geht 8 Tage.
6.) Eine Waſſergalle von Terpentinſtein mit Vapeurs en jour eingefaßt.
7.) Ein Ruktus ſtomachalis mit Sauce an einer langen Erbsöhre, wiegt 14 Loth.
8.) Eine Mutter Beſchwerung von getriebener Arbeit auf dem Schnitt vergoldet. —
9.) Ein Orthographie-Fehler im Feuer veroaldet. —
10.) Drey gechurte Dintklatſche unter Glas.
11.) Zwey Leſebrigels mit grünem Tuch überzogen, mit Starrſinn verſehen.

12.) Eine menschliche Schwachheit grün und gelb lakirt a den ma ns zum Reaten und Fahren.
13.) Eine Hamburger Lieblichkeit für Seefahrer als Grabbogen anwendbar noch ganz neu. —
14.) Ein Paar Frauen Weinkleider mit Gardinen, und Willsonschen Werter-Ableitern versehen.
15.) Ein Pröbchen Egyptischer Finsterniß, mit rothem Sammet ausgeschlagen.
16.) Einige bon mots von S:rbelony, mit Pergament überzogen.
17.) Vier Folio-Bände von den Annehmlichkeiten des Hungertnoth im menschlichen Leben mit 32 Kupf.in.
18. Ein Assignat von 1000 Liv. in Sp.ritus Vini gesetzt.
19.) Der an Menschen und Vieh knackerabe Zahn der Zeit, ein Universalmittel für Trostlnstige.

Da endigte Richardson seine Gaukelrh. Aber n rem Nebenzimmer entstund ein großer Lerm: — zwey Zeitungsschreiber parten sich nach englischer Art über die Revolution Frankreichs. Der eine war ein Aristokrat, und der andere ein verstockter Demokrat. — Der letztere erzählte folgendes

von der Donau vom 6'en dieses.

Obschon man so wohl zu Wien, wie auch im Auslande überall ausposaunet, daß kayserliche Truppen auf dem Marsch sind, so wissen wir doch hier biebere von keiner dergleichen Vorkehrung. — Man schreibt heutiges Tags so viel in die Welt hinein, und mit solcher Partheylichkeit, daß der historische Glauben, den man sonst doch den öffentlichen Blättern ein wenig hinte m Ofen eingeraumt hat, anjetzo ganz vermodert ist. Da siehst du, sprach der Demokrat, daß alle angekündigte Truppenmärsche der Zeitungen blose Seifenblasen sind.

Der aristokratische Zeitungsschreiber nahm einen andern Brief aus der Tasche aus

Wien vom 7ten dieses,

welcher also lautet: — Erstens wird gegen Frankreich der Unterhandlungsweg eingeschlagen. Herr Mercy wird nächstens nach Paris geschickt. — Macht die Nation alle Negotiationen fruchtlos, so werden hernach Drohungen kommen, und am Ende kommt es doch zum Schlag. Aber

weil eine gute Armee mit allem Zugehör nicht in einem
Luftballon fliegen kann, und weil die Jahrszeit sich dem
Winter nahet, so werden die Unterhandlungen so lang
ausgesehnt, bis das Frühiahr kommt.

Der Demokrat ward hier ganz aufgebracht. — Wie?
schrie er, dein Korrespondent spricht von Negotiationen?
wie ist es möglich eine Unterhandlung anzufangen? mit
wem? — Die Versammlung wird nun aufgelößt, und
eine andere, die noch mehr miscabeanisch ist, als die andere
kommt. Die Mächte haben diese Versammlung noch nicht
für Gesezmäßig anerkannt. — Und der König ist noch
so eingeschrenkt, daß er keine Unterhandlung anfangen
könne. Also wenn dein Korrespondent von Negotiatio‐
nen spricht, so sage ich dir gerade heraus, daß er die
jetzige Lage Frankreichs nicht kenne.

Der Aristokrat blieb bei seinem Saz, und sagte daß
in 3 it von 14 Tagen dieser Lauf eine ganz helle
Wendung nehmen werde.

Der Demokrat sagte: — wir werdens abwarten.
— Und so endigte sich die lange Weile im Elysäum.
Inriter klagte, daß ihm seine Stiefel drucken, und gieng
nach Haus. Man glaubt, er werde sich schlafen legen,
— und hernach auf die Jagd gehen. Bis dorthin also
werden die Neuigkeiten — ruhen.

Biographie.

Georg Richardson — ein englischer Taschen‐
spieler — kam Anno 1677 nach Paris, und ließ seine
Taschenspielerey so wohl vor dem Hofe zu Versailles als
auch zu Paris sehen. Niemals hat ein Gaukler mehr
Zulauf gehabt als dieser Mann. Aber seine Gouteeien
übertraffen auch alle Kunststücke, die man in dieser Art
jemals gesehen. Dieser Mann nannte sich den Feuerfres‐
ser, denn er fraß wirklich Feuer. Er steckte eine große
Kohle ins Maul, machte sie glühend, streuete Pech und
Schwefel darauf. Diese Vermischung verursachte ein gro‐
ßes Brennen in seinem Mund; er nahm hernach ein klei‐
nes Stück Fleisch, briet es auf dieser Kohle, und her‐
nach verschluckte er die Kohle, das Pech, den Schwe‐
fel und das Fleisch. — Er ließ eine eiserne Stange im
Feuer glühend werden, nahm sie heraus, und hielt sie

so lang in der Hand, bis sie wieder verkaltet ist. Her=
nach nahm er eine andere glühende Stange mit Zähnen
aus dem Feuer heraus, biß hie darauf, und behielt sie
auch im Munde bis sie wieder kalt geworden. Man be=
sah seine Hände, ob sie eine moosrige Haut hätten, aber
sie waren so zart, so fein, daß man nicht das mindeste
darauf verspürte. — Die Phisiker der damaligen Zeit
untersuchten diesen Mann, und glaubten, daß er ein Ge=
heimniß habe, das Feuer unschädlich und unbrennbar zu
machen; sie versprachen ihm einen jährlichen Gehalt,
wenn er dieses Geheimniß offenbaren wollte. Aber er be=
theuerte, daß er keins habe. Sie wollten ihn überraschen,
ob er nicht vielleicht sich zubereiten oder salben müsse,
wenn er seine Kunststücke zeigte. Aber nein, er war zu
allen Stunden, selbst wenn man ihn aus dem Schlaf
weckte, bereit, seine Künste zu wiederhohlen. Herr To=
bart, der damals für einen grosen Phisiker galt, was
dazu beordert, um die Künste dieses Mannes genau zu
prüfen. Er thats mit vieler Neugierde, konnte aber nicht
errathen, worum diesem Gaukler das Feuer gar nicht
schadete. Man glaubt, daß dieser Mann durch lange Ue=
bung seinen Körper zum Feuer angewöhnt, und verhär=
tet hat. Aber dies ist nicht glaublich, weil er eine feine
und zarte Haut so wohl in seinem Munde als auch an
seinen Händen hatte. Dieser Richardson gieng wieder
nach England zurück, und starb hernach im hohen Al=
ter, da er sich mit seinen Gaukeleyen ausserordentlich be=
reichert hat.

Gezogene Numern bei der 41sten Ziehung
Kurpfälzischer Lotterie in Düsseldorf den 9ten
September 1791.
    1ter Zug : 61. Ein und Schözig.
    2ter Zug : 65. Funf und Sechzig.
    3ter Zug : 56. Sechs und Fünfzig.
    4ter Zug : 14. Werzehn.
    5ter Zug : 48. Acht und Wierzig.
Die 42. Ziehung Kurpfälzischer Lotterie ge=
schiehe zu Düsseldorf Freytags den 30. Sept. 1791.

Nro. 76. Montag den 19ten September 1791.

Beilage
zu
Politischen Gesprächen
der
Todten

Ankündigungs-Herold.

Lno. Litteratur — Politische.

Wir nahen uns dem Zeitpunkte, wo alle demokratische, kurzsichtige, närrische, philosophische (dann die heutige Philosophie und die Narrheit stehen in einer Linie) Revolutionen entwickelt, ausbajonettirt, auspolitisirt werden. Man hat uns in der holländischen, in der Brabanter, in der Lütticher, und jetzt in der französischen Resolution einer Partheilichkeit, eines schmutzigen Interesse, einer Anhänglichkeit — an die sogenannten tyrannischen Obrigkeits-Adels-Schmeichlers-Personen beschuldigt. — Leser! ihr habet unsere Blätter gelesen; ihr habet uns öfters mit den abscheulichsten Zuschriften mißgehandelt. Lieben Leser! — wir haben allezeit nach wahren Grundsätzen, nach der allgemeinen Polizey des ganzen Europäischen Umfangs, nach der aus Erfahrung geprüften Kenntniß die Menschen, die Bewohner von Europa, die politischen Akteurs beurtheilet. — Saget mir, o deutsche Leser! saget mir, habe ich nicht allezeit das End jedes Kriegs, jeder Revolution — mit Wahrheit, mit Erfüllung meiner Grundsätze vorausgesagt? — Nun, auch in der französischen Revolution habe ich gut vorausgesehen, gut

prophezeyet: — die Gekrönten sind einig; sie sind einig,
um Frankreich in die vorige Regierung einzuzwingen, um
die heutige Philosophie, die nur in metaphysischen Ki=
kelkakeleyen besteht, die doch unausstehlich sind — unaus=
üblich nach dem menschlichen Gang, nach der nothwen=
digen Magie der Gouvernemente, — auszulavoniren.
— Hm! — es waren unserer Kollegen viele, die sich
von der Sirene der Freyheit, oder der Tollheit einnehmen
ließen. — Kurzsichtige Leute! sie sahen nur so weit, als
ihre Nase hervorragt. Aber nun! — nun werden wir
doch mit einem Argumento kanonizato und bajonettato ad
Stomachum hervorkommen dörfen. Es ist ein Schreiben
der ausgewanderten königlichen Prinzen an ihren König
erschienen. Dieses Schreiben ist durch drey Kourriers
nach Paris geschickt worden, damit, wenn einer durch
die Patrioten gestohlen würde, doch die anderen zwey
ihre Depesche übergeben. — Am 15ten dieses muß
der König dieses Schreiben erhalten haben. — Die Prin=
zen trösten, ermahnen, bitten den König, daß er stand=
haft verbleibe. Sie versichern ihn, daß alle Souveraine
von Europa sich seiner annehmen werden. Sie haben
die Erklärungen der Souveraine — von ihren eigenen
Händen unterzeichnet, in ihrem Archiv zu Schönbornslust.
— Man sieht nun klar — die Konvention von Pilniz
ein. Dann an diesem Schreiben, welches wir nächstens
ganz liefern werden, sind die Erklärungen angeheftet. —
Die Erklärung von Oesterreich und Preußen lautet auf
folgende Art:

Erklärung.

Insgesammt vom Kayser und vom König von Preu=
ßen am 27sten August 1791 zu Pilniz unterzeichnet.

Seine Majestät der Kayser, und Seine Majestät
der König von Preußen haben dem Verlangen und den Vor=
stellungen des Monsieur (Bruder des Königs) und des
Grafen von Artois Gehör gegeben, und erklären hiemit
insgesammt, daß sie die Lage, in welcher sich der Kö=
nig von Frankreich befindet, als einen Gegenstand be=
trachten, der das allgemeine Interesse aller Souveraine
von Europa berührt. Ihre Majestäten hoffen, daß die=
ses Interesse von jenen Mächten, derer Hülfe angeru=
fen ist worden, nicht misskennet werden könne, und daß

folglich sie sich nicht weigern werden, vereinigt mit obbesagten Majestäten, die nach ihrem Verhältniße wirksamsten Mittel anzuwenden, um den König von Frankreich in den Stand zu setzen, daß er, in vollkommenster Freyheit, die Grundsteine einer monarchischen Regierung, welche so wohl den Rechten der Souveraine, als auch der Wohlfahrt der französischen Nation angemessen ist, befestige. Hernach und in diesem Fall sind ihre Majestäten der Kayser und der König von Preussen entschlossen, unverzüglich zu wirken, mit gegenseitiger Übereinstimmung, und mit aller nöthigen Macht, um diesen vorgetragenen und allgemeinen Endzweck zu erlangen. Unterdessen werden sie ihren Truppen die dazu angemessensten Befehle geben, damit sie in Bereitschaft stehen, sich in Thätigkeit zu setzen.

Pilnitz am 27sten August 1791.

unterzeichnet:

Leopold — und — Friedrich Wilhelm.

"Auf dieses Schreiben folgt ein anderes folgenden Inhalts:"

Sire!

Dero Durchlauchtigsten Brüder haben die Güte gehabt, uns das Schreiben, welches sie an Euer Majestät schicken, mitzutheilen, und sie erlauben uns zugleich, zu bezeigen, daß wir mit Herze und Geist an dasjenige, was dieses Schreiben enthält, anhangen; wir von nemlichen Aussichten belebt, und in nemlichen Entschließungen unerschütterlich. Der Eifer, wovon sie uns ein Beyspiel geben, ist von dem Blut, das in unseren Adern wallt, unzertrennbar: ein Blut, welches allezeit für den Dienst des Staats zu fließen bereit ist. Wir sind Franzosen und Bourbone — bis auf den Grund unserer Seele; also wie groß muß unsere Entrüstung seyn, da wir wahrnehmen, daß niederträchtige Aufrührer Dero wohlthätige Denkart mit gewaltthätigen Übertahten lohnen; daß sie die Majestät der königlichen Würde anfallen; daß sie aller souverainen rechtmässigen Beherrschung hohnen; daß sie alle so wohl göttliche als auch menschliche Gesetze mit Füssen treten; daß sie vorgeben, ihr abscheuliches Lehrgebäude auf die Ruinen unserer alten Konstitution zu thronen? — Alle unsere Maaßregeln, Sire!

sind durch die Prinzen, derer Weisheit mit Muth und mit Empfindlichkeit auf einer Linie stehen, ab:emessen. Wir treten in ihre Fußstapfen, und wir sind sicher, daß wir mit Standhaftigkeit auf dem Wege der Ehre wandeln: — und unter dieser edl n Beschirmung erneuern wir in dero Hände, Sire! — als Prinzen vom nemlichen Blute, als französische Excellente — den Eid, in Dero Diensten treu zu sterben. Wir alle, wir werden lieber um kommen, als en Triumph des Ve brechens, die Verächt: lichkeit des Throns, und den Umsturz der Monarchie zu überleben.

Wir sind mit tiefster Ehrfurcht
Sire!
Euer Majestät,
Unterthänigste, gehorsamste, treueste,
Diener und Unterthanen.
Ludwig Joseph von Bourbon.

Worms den 11ten
Sept. 1791. Ludwig Heinrich Joseph v n Bou bon.
Lud ig Anton Heinrich von Bourbon.

Churfürstlich=Pfälzische Lotterie.

Anheute den 16. Sept. 1791 ist die 459 Ziehung dieser Lotterie auf dem Rathhause dahiesig = Churfürstlicher Resi: denz, in hoher Gegenwart Seiner Excellenz, Herrn Baron von Dergläs, Ihro Churfürstlichen Durchlaucht Hofkam: mer=Präsidenten ꝛc. ꝛc. und in Beisitz angeordneter wohl: ansehnlicher Herren Deputirten, mit bekannter guter Ord: nung und festgestellten Formalitäten vollzogen worden.

Die bei dieser Ziehung herausgekommenen Num: mern sind folgende:

1ter Zug: 32. Zwey und Dreyßig.
2ter Zug: 33. Drey und Dreyßig.
3ter Zug: 8. Acht.
4ter Zug: 86. Sechs und Achtzig.
5ter Zug: 90. Neunzig.

Die 460. Ziehung Churfürstlicher Lotterie ge: schieht Freytags den 7. October 1791.

Nro. 38. Dienstag den 20sten September 1791.

Geheimer
Brief=Wechsel
zwischen den
Lebendigen und den Todten.

An Favras — ins Reich der Todten.

Am Rhein vom 20sten Septemb.

Du warst ein trauriges Schlachtopfer der französischen Philosophie; man schlachtete dich. O Favras! gute ehrliche Franzosen weinen über den Wahn ihres Vaterlandes. Jeder vernünftige Beobachter sieht es zum Voraus, daß sich Frankreich in sich selbst ruiniren müsse; daß man also keiner fremden Macht bedürfe, um dieses unglückliche Land von dem Frechheits= und Unruhen=Wahn zu heilen. Aber das Verhängniß, und die Bemühungen der königlichen Prinzen haben dieser ruinirenden Geschichte eine andere Wendung verschafft — Die Erklärung des Kaysers und des Königs von Preusen, wie auch anderer Souveraine ist ganz entschleyert. — Hier wirst du aus folgendem Schreiben alles ersehen.

„Schreiben des Monsieur, und des Grafen von Ar=
„tois an den König ihren Bruder, mit der am 27sten
„August 1791 vom Kayser, und vom König unterzeich=
„neten Erklärung.*) Dann: Schreiben an den König
„vom Prinzen von Condé, vom Herzog von Bourbon,
„vom Herzog von Enghien **).

*) Diese Erklärung ist von Wort zu Wort in der heutigen Beylage Nro. 76 zu lesen.
**) Auch dieses Schreiben ist in der heutigen Beylage.

Sire, unser Bruder, und Herr!

Da die Verfammlung, welche euch ihre Existenz, die sie jetzt zum Verderben euerer Macht anwendet, schuldig ist, sich in dem Zeitpunkt zu seyn dünkt, wo sie ihre strafbare Unternehmung vollendet; da sie zu dem Schimpf, euch in euerer Hauptstadt als einen Gefangenen anzuketten, noch jene Treulosigkeit, daß ihr den Thron mit euerer eigenen Hand entehren solltet, zuhäuft; da sie euch endlich die Wahl aufzwingt: — entweder die Dekrete, welche das Unglück eueres Volks machen würden, zu unterschreiben, oder aufzuhören König zu seyn, — so ist es unsere Pflicht Euer Majestät eilends zu unterrichten, daß jene Mächte, derer Hilfe wir für euch angerufen haben, sich entschlossen haben, ihre Gewalt anzuwenden, und daß der Kayser und der König von Preußen einen gegenseitigen Vertrag deswegen eingegangen sind. Der weise Leopold hat gleich, so bald er die Ruhe seiner Staaten gesichert, und jene von Europa hergestellt hat, — diese Verbindung am 27ten des vorigen Monats zu Pilnitz, insgesammt mit dem würdigen Nachfolger des großen Friedrichs unterzeichnet; beyde Monarchen haben das Original davon unsern Händen anvertrauet, damit wir es zu euerer Kenntniß gelangen laßen; wir werden es am Ende dieses Schreibens gedruckt beifügen, da die Publicität uns als der einzige Kommunikationsweg mit euch überbleibt, den uns euere grausamen Unterdrucker nicht rauben können.

Die anderen Höfe sind in der nemlichen Gesinnung, wie jene von Wien und von Berlin. Die Fürsten und Stände des deutschen Reichs haben schon in autentischen Akten wider die ihren Rechten gemachten Verletzungen mit Kraft, dieselben zu unterstützen, protestirt. Ihr könnet, Sire! — an dem wahren Interesse, wessentwegen die Könige von der Familie Bourbon einen bedeutenden Antheil an eurer Situation nehmen, keineswegs zweifeln; Seine Katolische und Seine Sicilianische Majestät haben unzweideutige Zeugnisse darüber dargezeigt. Die großmüthigen Gesinnungen des Königs von Sardinien, unsers Schwiegervaters können nicht unbestimmt seyn. Ihr könnet, Sire! auf die Schweizer, unsere guten und alten Freunde sichere Rechnung machen. — Bis auf die Tiefe des Nordpols sieht man einen edelmüthigen König, der seine Stärke daran wagen will, um euer Ansehen herzustellen. Die unsterbliche Katharina, der sein

Zweig der Ruhmwürdigkeit fremd ist, wird es nicht vorbeigehen lassen, die Angelegenheit, welche alle Souveraine betrift, zu vertheidigen.

Es ist nicht zu befahren, daß die Brittische Nation, welche zu grosmüthig ist, um dasjenige, was gerecht ist, zu hindern, und welche zu aufgeklärt ist, um dasjenige, was ihre eigene Sicherheit angeht, nicht zu verlangen, sich den erhabenen Aussichten dieser edlen und unwiderstehlichen Vereinigung widersetzen wollte.

Also habet ihr, Sire! in eueren Unglücksfällen den Trost, daß alle Mächte sich verbinden, um euerem Unglück ein End vorzubereiten, und euere Standhaftigkeit in diesem kritischen Zeitpunkt hat ganz Europa zu ihrer Stuͤtze.

Diejenigen, die wohl wissen, daß sie euere Entschliessungen wankend machen können, wenn sie euere Empfindlichkeit reißen; werden euch ohne Zweifel die Hilfe der fremden Mächte so vorstellen, als wenn sie eueren Unterthanen schädlich seyn könnte; sie werden alles, was nur als ein Hilfsmittel ist, euch in feindliche Absichten vermummen wollen. Sie werden euch das Reich von Blute überschwemmt, zerrissen in allen seinen Theilen, bedrohet von einer Zergliederung, — darstellen. Auf solche Art haben sie allezeit eine falsche Furcht verbreitet, um grösere Uibel einzuschalten, sie wollen sich noch der nemlichen Mittel bedienen, um das Unglück zu verewigen. So bauen sie ihre Hoffnung, um die Plage ihrer verhaßten Tyranney erträglich zu machen. Sie säen diesen Glauben aus, damit die härteste Sklaverey daraus anwachse.

Aber, Sire! die Gesinnungen der Souveraine, die euch ihre Hilfe versprechen, sind eben so gerecht, eben so rein, als der Eifer, der uns dahin führet um sie zu suchen; sie verschleyern keine Furchtsamkeit weder für den Staat, weder für eueres Volk. Man will das Volk nicht angreifen, man will ihm den ausgezeichnetsten Dienst erweisen, wenn man es aus den despotischen Händen der Demagogen, und aus dem Elend der Anarchie herausreißt. Ihr, Sire! ihr wolltet mehr als jemals die Freyheit euerer Unterthanen sichern, da die Aufrührer euch die euere geraubt haben. Alles, was wir thun, um euch dieselbe wieder mit dem ganzen Maaß eueres Ansehens, das euch gesetzmäßig angehört, zu geben, kann keinen Verdacht eines unterdrückenden M-

Land erregen. Dies heißt im Gegentheil, mehr die Freyheit zu rächen, als die Frechheit zu bezähmen; dies heißt mehr die Nation frey zu machen, als eine öffentliche Gewalt, ohne welcher Niemand frey seyn kann, herzustellen. Diese Grundsätze, Sire! sind auch die euren; der nemliche Geist der Mäßigkeit, und der Wohlthätigkeit, der alle euere Handlungen auszeichnet, wird allzeit der Maasstab unseres Benehmens seyn; er ist die Seele aller unserer Unterhandlungen bei fremden Höfen, und er ist ein Pfand der wirklichen Zeugnisse unserer grosmüthigen Aussichten. Wir können garantiren, daß wir niemals andere Absichten gesucht haben, als euch, Sire! in Besitzung des Gouvernements euerer Staaten zu setzen, damit die Völker im Frieden diejenigen Wohlthaten, die ihr ihnen bestimmt habet, geniessen können.

Wenn die Rebellen dieser Vorkehrung einen halsstärrigen und blinden Widerstand entgegensetzen, der hernach die fremden Armeen zwingen wird, in das Reich einzubringen, so werden sie selbst an allem Unglück Schuld seyn, sie werden sie selbst dahin ziehen; auf sie allein wird das Blut der Verbrecher, welches man fliessen wird lassen, spritzen; der Krieg wird ihr Werk seyn; der Endzweck der vereinigten Mächte ist nur um den vernünftigen und redlichen Theil wider den rasenden Theil der Nation zu unterstützen, um im Schoose des Reichs den fanatischen Volkan, dessen Aufbrausung alle Reiche von Europa befunkelt, auszulöschen.

Ueberhaupt, Sire! hat man keinen Grund zu glauben, daß die Franzosen, man mag alle mögliche Sorge anwenden, um ihre natürliche Tapferkeit anzuflammen, um ihren Verstand mit der Bezauberung des Patriotismus und der Freyheit zu elektrisiren, — weiterhin ihre Ruhe, ihr Vermögen, ihr Blut für eine ausschweifende Neuerung, die nur Unglückliche gemacht hat, aufopfern wollen. Solche Trunkenheit hat nur eine Zeit; der Erfolg der Verbrechen stößt endlich an die Grenze, und man wird bald des Freuds müde, wenn man selbst das Schlachtopfer davon seyn muß. Bald wird man sich fragen, warum man sich schlägt, — warum man sich Feind ist? — und man wird sehen, daß es nur deswegen geschehe, um die Ehrsucht einiger Rotten der Aufwiegler, die man im Grunde verachtet, gegen einen König, der sich allezeit gerecht, und voll Menschenliebe gezeigt hat, — zu sättigen; — warum man sich ruinirt? und man wird sehen, daß es nur geschehe, um die Habsucht derjenigen, die sich aller Reichthums des Staats bemächtiget haben, die davon den abscheulichsten Gebrauch machen, und die sich als Herrsteller der öffentlichen Finanzen aufgeworfen, da sie doch dieselben in den grraulichsten Abgrund gestürzt haben, zu füllen — warum man die heiligsten Pflichten schändet? — und man wird sehen, daß es nur geschehe, um ärmer, um mehr leidend, um mehr gedruckt, um mehr mit Auflagen belastet zu seyn; — wa um man die alte Regierung niederreißt? und man wird einsehen, daß es in der Hoffnung seye, eine andere, die viel drückender ist, als die vorige, und die keine moralische Möglichkeit zu ihrer Ausübung enthält, anzubauen; wa um man die Diener der Kirche verfolgt? und man wird erfahren, daß es nur deswegen geschehe, um eine hochmüthige Sekte, die alle Religionen zu Boden wirft, und mit Füßen tritt, die alten Verbrechen die Ketten losbindet, in ihrem häßlichen Vorhaben zu begünstigen.

Schon sind alle diese Wahrheiten handgreiflich; schon ist von allen Seiten der Schleyer der Täuschung durchgerissen, und das Murren gegen die Versammlung, die alle Gewalt usurpirt, alle Gerechtsamen vernichtet hat, sauset von einem Ende des Reichs zu dem anderen.

Urtheilet nicht, Sire! über ihre Zuneigung des Volks nach der größten Zahl, die in aufrührerische Bewegungen ausbraust; urtheilet nicht über die Nationalgesinnung nach der Unthätigkeit der Treue, und nach der scheinbaren Gleichgültigkeit, da ihr zu Varenne angehalten waret, und da euch eine Rotte der Verschwornen nach Paris geführt hat. Der Schrecken hat damals alle Geister erstarret, und ein trübes Stillschweigen folgte darauf. Was man euch verhelt, und was die Veränderung, die sich von Tag zu Tag mehr in den Opinionen äussert, bedeutet, — sieht man in den Zeichen der Unzufriedenheit, die in allen Provinzen durchbrechen, und die nur auf eine Unterstützung harren, um mehr aufzubrausen; so ist das Verlangen, welches alle Departemente geäussert haben, daß nemlich die Versammlung von den ungeheueren Summen, die sie verschwendet hat, Rechenschaft ablege; so ist der Schrecken, welchen die Häupter merken lassen, da sie sich in einen Vergleich einschalten wol

ken; so sind die Klagen der Handelsleute, und die Unzufriedenheit unserer Kolonien; so ist endlich der drinste Mangel
des baaren Gelds, die Weigerung der Kontribuirenden zur
Zahlung der Abgaben, die Erwartung eines nachfolgenden
Bankerots, die Ausreissung der Truppen, die lange genug
das Schlachtopfer der Verführung waren, und endlich anfangen, sich über die Unordnung zu entrüsten, — und der
wachsende Fortgang der Auswanderungen. — So ist unmöglich, sich an solchen Merkmalen zu trügen; ihre Offentlichkeit
ist so offenbar, daß selbst die Verworgenheit der Verführer
des Volks ihre Wahrheit nicht streitig machen könne.

Glaubet also, Sire! nicht auf die Vergröserungen der
Gefahr, welche man euch vorhäufet, um euch zu schrecken.
Man weis, daß ihr diejenige wenig scheuet, die nur euere
Person bedrohet; ihr seyd viel mehr über diejenige gerührt,
die auf euer Volk stürzen würde, oder welche auf die Gegenstände, die euerem Herze theuer sind, fallen könnte; dies
ist der Kunstgriff derjenigen, die grausam genug sind, euch
in einem beständigen Schrecken zu martern, da sie in nemlicher Zeit die Frechheit haben, euere Freyheit auszutraben.
Aber es ist schon lang, daß man diesen Kunstgriff misbraucht,
und der Zeitpunkt ist da, wo man die Waffen des Schre-
dens auf die Aufwiegler, die bishero ihre ganze Stärke auf
Schreckenbilder hafteten, zurückwerfen kann.

Grose Verbrecher sind nicht zu fürchten, wenn kein
Interesse vorhanden ist, um sie zu begehen, und wenn keine
Rettung offen ist, die Strafe, wenn man sie begangen hat,
zu vermeiden. Ganz Paris weis, ganz Paris muß wissen,
daß, wenn eine schwermerische oder besoldte Bosheit sich
erfrechte, an euere Tage, oder an jene der Königin gewalt-
same Hände anzulegen, — beinach mächtige Armeen, die
eine durch Undisciplin schwache, und durch Gewissensbisse
entmuthete Miliz vor sich jagen würden, g'eich auf die Gott-
lose Stadt stürzen würden, welche dadurch die Rache des
Himmels und den Zorn der Welt auf sich anziehen müßte. Niemand unter den Verbrechern könnte der strengsten Lebensstrafe entgehen; also Niemand wird sich dabei aussetzen.

Aber wenn die blindeste Wuth eine mörderische Hand
waffnen möchte, da würdet ihr, Sire! sehen, zweifelt nicht
daran, daß tausende treuer Bürger sich um die Königliche
Familie stürzen werden, daß sie euch, wenn es nöthig ist,

mit ihren todten Körpern bedecken, und daß sie ihr Blut ausfliessen lassen, um das euere zu vertheidigen. Und! warum sollter ihr aufhören, auf die Liebe eines Volks, dessen Glück zu befördern ihr nicht einen Augenblick zu wünschen aufgehört habet, zu rechnen?

(Das End im nächsten Blatt.)

Dieses Schreiben muß also am 16ten dieses dem König übergeben worden seyn. Man wird sehen, was es für einen Eindruck machen wird.

Briefe vom 13ten aus Paris machen noch keine Meldung, daß der König die Konstitution angenommen und öffentlich bestättiget habe; obschon einige Reisende vorgeben, daß er sie wirklich am 14ten mit aller Feyerlichkeit angenommen hat. — Unterdessen aber, er mag sie angenommen haben oder nicht, so bleibt die Vorkehrung der Souveraine von Europa — nach dem weiteren Inhalt des vorgemeldten Schreibens doch bestimmt.

Morschholz im Oberamt Wadern bei Dagstuhl den 13ten 7br..

Heute wurde eine der seltensten Heuraten Europens bei uns begangen; schon 6 Ehemänner vertjoßte Maximiliana Constantia Malter dem gelbgierigen Charon wegen der Uiberfahrt am Fluß Stix nach den Gefilden Elysäums; allein diese Semiramis schien ihren Weintrunk aus dem Fluß Lethe genommen zu haben, indeme sie heute dem Gott Hymen ein neues Opfer brachte, sich zum Siebentenmal die Hochzeitsfackel vortragen ließ, und sich mit Nikolaus Maximil. von Steinberg vermählte. Diese 80jährige Zöllnerin tanzte gleich den Grazien bei dem Opfer der Venus, wie eine 18jährige Nymphe.

Eine noch merkwürdigere Heurat ist in Oesterreich zu St. Pölten geschehen. Ein Lieutenant hat den Korporalen von der Komgagnie geheurathet. Dieses scheint ein Räthsel zu seyn, aber — — der Korporal war ein Frauenzimmer, welches seit fünf Jahren in Kriegsdiensten stund. Es traf sich aber daß diese Amazone eine ziemlich beträchtliche Erbschaft gemacht hatte. Man sagt, daß sie blos aus Liebe zu diesem Officier sich verkleidet hat, und in Kriegsdienste getretten ist.

Die Klosterfrauen von Lautern werden nächstens das deutsche Haus zu Trier beziehen. Also wieder eine Sonderbarkeit: — ein weiblicher Ritter oder Amazonen-Siz.

Paris vom 14ten dieses. — Der König hat die neue Konstitution nicht nur allein angenommen, sondern auch die Nationalversammlung mit einem honigvollen Schreiben beeh..t. Am 14ten ist diese Feyerlichkeit vollzogen worden. Man hat es vorgesehen, daß es so geschehen werde.

Es ist nun dekretirt, daß jede aus Frankreich oder nach Frankreich ohne Passport ausgehen und eingehen könne. Zweitens hat man dekretirt, daß alle diejenigen, die im Gefolge des Königs, da er sich flüchtete, waren, auf freyen Fuß gestellt werden. Drittens, daß alle diejenigen, die während der Revolution wegen den Aufbrausungen arretirt sind worden, losgelassen werden.

Aber man hat nicht dekretirt, daß Frankreich einem Krieg nahe seye; — daß die Prinzen gegen diese Annahme der Konstitution protestiren werden. — Ach! es ist ein Schrecken, wenn man die Folgen dieser Geschichte übersieht. — Auch hat die Versammlung die Vereinigung von Avignon und der Grafschaft Venaissin mit Frankreich dekretirt.

Nro. 74. Montag den 12ten September 1791.

Beilage
zu
Politischen Gesprächen
der
Todten

Ankündigungs-Herold.

1mo. Litteratur. —

Folgendes Schreiben giebt die lokale Aufklärung über die Biographie des Hans Van de Wert, und verdient hier billig eine Stelle.

Die anheute morgens erhaltene Zeitung giebt mir Anlaß, daß ich so frey bin, Ihnen zu melden, wie Jan de Wert nicht aus dem Städtchen Weert in Brabant gebürtig ist: sondern 4 Stund unter Neuß unweit dem Schloß Nehren aus einem Leim-Häußgen, genannt Wert-Erbchen, herkommt; woselbst in der Nachbarschaft sein Feldprediger eine Kapelle, genannt klein Jerusalem, erbauen ließ, die jährlich von vielen Processionen besucht wird, und wo man sich noch bis auf heutigen Tag von Enthusiasmus in der Religion überzeugen kann. — Denn es gehen nemlich, den ganzen Sommer durch, Leute da herum, die sich selbst dergestalt geißeln, daß Blut und Fleisch davon fällt.

Das Opfer, so sie mitbringen, bekommen die Minoriten in der Herrschaft Nehren, welche den Dienst und ein Pastorat an der Kapelle haben. —

Unter den Merkwürdigkeiten, die daselbst zu erhaben sind, gehören hauptsächlich folgende — 1tens die Kapell ganz in der Forme wie zu Jerusalem gebaut, mit dem Wappen des Werts und jenem des Feldpredigers darauf ausgehauen sammt alter Inschrift; dann die behde Portraits von ihm und seinem Feldprediger nach dem Leben gemalt, und das seinige ganz Original; welche zwar sehr ungeschätzt in einer feuchten Stube daselbst im Pastorals Haus hangen; nebst verschiedenem Zusammenhange und Umständen von ihm, deren sich jeder daselbst überzeugen kann. — Er war Schweinsjung auf einem Hof halb Viertel Stund von seiner Heimath; worauf ein Sohn Weltgeistlich ward, welchen er dann zu seinem Feldprediger machte. Obwohl er als Schweine-Jung wegen einer Liebschaft mit der Magd, Griet genannt, vom Hofe weggejagt worden ist, — nachher kam er aber doch als General dahin, — und suchte seine Griet daselbst wieder auf, die eben in der Zwischenzeit sich verheurathet hatte. — Er sagte dann in der platten da üblichen Sprache zu ihr: — Griet! du hot gebohn hei. Ja Jan du hat gewost hei: — und dergleichen findt man daselbst von ihm; auch noch das Leimhäuschen. — Die Güter an und um die Kapelle kommen aber aus dem Hof her, woraus sein Feldprediger zu Haus war.

Anekdote.

Die Stadt Marsche im Luxemburgischen ist wegen ihrer Treue an ihren Souverain in dem unglücklichen Vandemokratismus bekannt. Sie war der Sammelplatz der Siege über die Patrioten; — diese Stadt hat sich bei der Huldigung im Luxemburgischen auch besonders ausgezeichnet. Da die Generalgouverneurs dahin kamen, so traffen sie die Inwohner ausser der Stadt gelagert. Liebe und Wonne frohlockten bei dieser Ankunft, und begleiteten die Generalgouverneurs in die Stadt. — Neben dem Wagen gieng eine Frau, die ein Kind an der Brust hatte, und dieses Kind hatte eine Grenadiermütze. — Marie Christine sah es, und Thränen rollten aus ihren Augen: ach gutes treues Volk! sprach sie, — nun kann man sagen, daß von dem ältesten Greis an, bis auf die Kinder an der Brust, alles — dieses Fest feyert. — Da die Gouverneurs in der Stadt waren, so sang das Volk ein Freudenlied; — die gute Gouvernantin weinte Liebe und Wonne. Diese Prinzessin, die sonst nur Wasser trinkt, ließ sich ein Glas Wein geben, und sagte: ich will heute zum erstenmal Wein trinken, — und dies — auf die Gesundheit der braven Einwohner der Stadt Marsche. — Man kann sich nichts rührenderes vorstellen, als dieses Fest. Es war eine allgemeine Trunkenheit von Wonne und Liebe, die man nur fühlen, aber nicht beschreiben kann.

2do. Handlungs-Nachrichten.

Die Messe zu Frankfurt ist ziemlich lebhaft; es sind schöne angenehme Tage, folglich auch schöne angenehme Messe. Wenn es Doch nur eine Stunde Geld regnen möchte! doch leidet diese Messe grosen Abgang, weil die Lothringer und die Elsasser meistens ausbleiben.

Ein französisches Blatt aus Paris meldet, daß es ein grosses Glück seye, daß die Assignaten keinen bestimmten Kredit aussem Lande haben. — Und in was besteht dies Glück? — in dem, daß die jetzigen regenerirten Franzosen im Auslande nicht viel kaufen können; folglich müssen sie sich auf innerliche Handlung legen; folglich bleibt das Geld im Lande; folglich werden sie alle übrigen Nationen in der Handlung entbehren können. — Wenn dies ein Glück ist, so muß auch eine Sottise Weißheit heißen, — und heutiges Tags tauft man eine Sache wie man will; alle Ausdrücke sind verwirrt, bis endlich der menschliche Verstand Bankerot machen wird, und — da gehe einer hin, und setze alles wieder auf die vorige Stelle.

3tio. Ankündigungen.

Der ächt Sächsische Saifen-Spiritus und die vorzüglichsten Nachtslichter, sind nur allein

bei Herrn Philipp Sprenger im Blaubernhof zu
Frankfurt jederzeit ächt zu bekommen.

Wenige bis auf die gegenwärtige Zeit bekannt gewordene Hülfsmittel haben in glücklicher Wiederherstellung so mancher durch viele Ausschweifungen entkräfteter
und siech gewordener Menschen einen bessern Werth erlangt, und ihrem selbst redenden Zeugniß nachdrücklicher
entsprochen, als die von Sr. Röm. kays. Kayserl. Maj. aller-
gnädigst privilegirten antenanitischen Arzneyen. Mehrere
berühmte Aerzte neuerer Zeiten, wie selbst eine der ersten medicinischen Fakultäten Deutschlands haben sie des
ausgezeichnetesten Beifalls gewürdiget, und einstimmig
geurtheilet, daß alle diejenige, welche die schlimmen, theils
aus dem übermässigen Genuß des Weins und der Liebe,
theils aus der Selbstschwächung entstehenden Folgen an
sich empfinden, z. B. Entkräftung des Leibes, Zittern,
Schwindeln, krampfhafte Zufälle, hartnäckige Saamen-
flüsse und Unfruchtbarkeit, die erwünschtesten Wirkungen
von dem Gebrauch dieser Hülfsmittel sich versprechen können, da sie vermöge ihrer durchdringenden Kraft die besondere Eigenschaft haben, daß sie nicht nur die ge-
schwächten Zeugungstheile, den Magen und Einge-
weide auenehmens stärken, sondern auch die durch Erschlaf-
fung erregte kränkliche Reizbarkeit der Nerven heben,
die ganze Natur neu beleben, und dadurch dem Gemüth
seine vorige Heiterkeit wieder geben. Diese Hülfsmittel
nun bestehen in einer stärkenden Tinktur, prolivischem
Pulver und restaurirenden Pillen, wovon die beiden ersten Stücke jedes 2 fl. kosten, der letztere aber nur fl 1.
12 k. beträgt. Sie sind nebst dem dazu gehörigen Traktat, der in deutscher Sprache 15 kr. in französischer
Sprache aber 20 kr. kostet, allein bei dem Apotheker
Sicherer in Heilbronn; in Frankfurt bei Nikolaus Ernst
Wild seel. Erben, wohnhaft in der selben Kreuzgasse;
in dieser Messe, in Leipzig bei Friedrich Gotthold Ja-
cobäer; zu Regensburg bei Gottlieb Paul Fabricius; wie
auch bei Gottlieb Friedrich Schnieber in Hamburg,
und bei Cornelius Saumerth in Danzig ächt zu bekommen. Briefe und Geld bittet man sich franco aus, nebst
8 kr. für die Nebenkosten.

Nro. 37.   Dienstag den 13ten September 1791.

Geheimer
Brief-Wechßel
zwischen den
Lebendigen und den Todten.

Eine französische Nonne aus Metz — an die Donna Eleonora de Alveizo ins Reich der Todten.

Metz vom 13ten Septemb.

Und es war ein von religiösen und civilen Gesetzen garantirtes Heiligthum der Tugend erbauet; o meine Schwester! diese Tugend solte in unsern Klöstern wohnen. Aber ach! wir leben in einem Staate, wo das Recht des Menschen, und seine Freyheit bis in Himmel erhoben wird, — und das Recht der Nonnen wird mit Füssen getretten; sind wir armen Weiber vielleicht nicht unter die Menschen zu zählen? sollen wir nicht die Freyheit haben, Nonnen zu bleiben? woher haben wir es verdient mißgehandelt zu werden? haben wir uns an dem Staat, an der Religion versündigt? — O nein, wir lassen ja die Deputirten, Solonenharlakinaden vorstellen; sie haben vollkommene Freyheit dazu; warum wollen sie uns verbiethen, Nonnen zu werden? heist dies nicht die Freyheit an Ketten schmieden? –

Bewundere, o liebe Schwester, unsere Standhaftigkeit. Wir siegen bei dieser Revolution über die Männer. Stelle dir vor, man findt überall Priester, die den schismatischen Eid schwören; aber man findt nur einige Namen, die ihr Kloster verlassen: — eine beschämende Lektion für die Schwester. — Man hat uns unsere Landgüter geraubt, man giebt uns eine schmale Pension, — und wer weis, wie lang wir sie erhalten werden! — man hat unsere Kirchen gesperrt, weil wir keine schwerenden Priester haben wollten; — man hat uns (O Schwester! weine mit uns!) man hat uns zur Abtrünnigkeit, zur Entsagung des klösterlichen Lebens zwingen wollen; viele unserer Schwestern sind misgehandelt worden; sie wurden zu Paris mit Ruthen gepeitscht, und bei uns zu Metz bekamen sie — Schläge. O Schwester! erzähle es den Vestalen; sie werden es nicht glauben wollen, denn die Heyden hatten mehr Ehrfurcht für sie, als die Christen für uns.

Am Ludwigstag sangen unsere Schwester zu Paris Gebete für den König. Die Barbaren! sie horten es, sie wollten sie stürmen; ach! die Feigen! unsere Schwester sangen fort, sie sagten den Ungeheueren, daß sie ihnen das Leben zwar nehmen können, aber nicht die Religion, nicht die Liebe zum König. — Wir werden als Feindinnen der Konstitution ausgeschrien; wie? als Feindinnen? ach ja! — aber verdienen wir diesen Namen? warum? — weil wir kein vernünftiges Zutrauen an ein Werk von zweyjährigen Unruhen haben können, weil wir unseren Gelübden treu bleiben; weil wir die Tugend in unseren Klöstern fortsetzen wollen.

Die lasterhaftesten Verbrechen bleiben ungestraft.

Was hat man denjenigen gethan, die den Thron mit Blut bespritzt haben? — Ach liebe Schwester! — nur die gröbsten Verbrechen genießen der Freyheit, — die Tugend liegt in der Sklaverey. — Man hat eine ungeschränkte Duldung aller religiösen Meinungen dekretirt, und man verfolgt unsere klösterliche Opinion, die uns glücklich machte; die uns an die Tugend gewöhnte; die uns vorhero die civilen und die religiösen Gesetze gesichert haben. O liebe Schwester! unsere Tempel werden gesperrt, und die Juden öffnen ihre Sinagoge; — bedenke, wie tief wir in Abgrund gestürzt sind! Aber ungeachtet der ausgeschrieenen Schwachheit unsers Geschlechts; ungeachtet der verzückerten Lockspeise, die uns die Frechen — darzeigen; ungeachtet der niedrigen Verfolgungen, die wir täglich erleiden, — bleiben wir doch den guten Grundsätzen treu, und hoffen, daß uns der Himmel erlösen werde. Unsere Hoffnung wird bestärkt: — dann Briefe aus

Koblenz vom 9ten dieses.
melden, daß die königlichen Prinzen nach der Ankunft des Grafen von Artois aus Pilnitz viele Freude geäußert haben; daß sie also entweder einen billigen Vergleich, oder eine Hilfe der fremden Mächte zu gewarten haben. — In dieser Woche ist die Fahne der königlichen Leibgarden aus Paris nach Koblenz gebracht worden. Ihre Geschichte, wie sie aus den Händen der Rotten herausgerissen wurde, wird nächstens bekannt gemacht.

Aber andere Briefe melden folgendes aus
Paris vom 5ten September.

In der vorgestrigen Sitzung der Nationalversammlung trug der Verfassungs-Ausschuß die schließliche Abfassung einiger rückgebliebenen Zusatz-Artikeln zu der Konstitutions-Urkunde vor. Sobald selbige dekretirt und neuerdings verlesen waren, that die Nationalversammlung, unter allgemeinem Freudenrufe, die Erklärung, „daß die „Verfassung nunmehr geendigt seye, und sich nichts mehr daran ändern liesse." Hiernach wurde dekretirt, daß die Kommissions-Urkunde schleunigst abgedruckt, und auf der Stelle an alle verwaltenden Körper, und an sämtliche Wahlversammlungen abgeschickt werden soll. Ferner erklärte die Nationalversammlung, „daß sie jetzt nicht mehr konstitui-„render, sondern gesetzgebender Körper sey; daß „aber sämmtliche Mitglieder gehalten seyn sollen, den „Sitzungen desselben bis zu seiner Trennung bei-„zuwohnen." Nun ernannte der Präsident eine Deputation von 60 Gliedern, um dem Könige die Konstitutions-Urkunde noch nemlichen Abends vorzulegen. Diese Deputation versammelte sich gegen Abend in dem Saale, und der Präsident berichtete, daß, auf geschehener Ankündigung der Deputation der Nationalversammlung, der König geantwortet habe, er seye bereit, sie zu empfangen. Gegen 9 Uhr setzte sich die Deputation in Marsch, zwischen 2 Reihen von National-Garden, und einer ungeheuren Menge Menschen; aber es herrschte Ordnung und Stille. Die Deputation ward in der Königl. Rathskammer empfangen, wo der König sich mit seinen Ministern und mehreren anderen Personen verfügt hatte. Der Berichtsteller der Verfassungsausschusses, Hr. Thouret, sprach zum Könige folgendermaßen:

„Sire!
„Die Repräsentanten der Nation kommen hie-

her, um Ew. Majestät die Konstitutions-Urkunde, welche die unverjährbaren Rechte des französischen Volkes heiligt, welche die wahrhafte Würde des Thrones aufrecht erhält, und welche die Regierung des Reiches wiedergebährt, zur Annahme darzubieten."

Der König empfieng die Urkunde mit derjenigen Leutseligkeit, die ihn karakterisirt, und gab folgende Antwort:

Meine Herren!

"Ich werde die Verfassung, welche ihr, dem Auftrage der Nationalversammlung gemäß, mir vorleget, unterfuchen. Ich werde ihr in dem kürzesten Zeitraum, den ein so wichtiger Gegenstand erfordert, meine Entschließung zu erkennen geben. Ich habe mich entschlossen, in Paris zu bleiben. Ich werde dem General-Kommandanten der Pariser Nationalgarde die angemessenen Befehle für den Dienst meiner Garde geben."

Die Deputation begab sich nun wieder in der nemlichen Ordnung zu der Nationalversammlung, und legte von ihrer Sendung Rechenschaft ab. Der Saal erscholl von Beyfallklatschen und Freudenrufen.

Also wird der König die neue ausgeflickte Konstitution annehmen? — Es ist gar nicht daran zu zweifeln, aber dies thut nichts zur Sache. Nur Schade, daß er sich drey Tage Bedenkzeit ausbedungen hat. Er hätte sie, wie vorhero, gleich annehmen sollen, dann er kann es doch nicht anders. Aber hier sind andere wichtigere Neuigkeiten aus
Pilnitz vom 27sten August.

Bei den politischen Unterhandlungen hier hat sich Wilhelm Friedrich besonders gegen den französischen

Colonismus ausgezeichnet. Er soll gesagt haben: — „Wenn auch die Auferbauung der alten franz „zösischen Konstitution dem Interesse meines Ka= „binets entgegen wäre; so erheischt es doch die „Würde aller Könige, daß wir die Aufbrausun= „gen des Volks gegen den rechtmässigen Sou= „verain dämpfen."

Der König von Preußen hat versprochen zu seinem westphälischen Truppenkorps 25 tausend Mann marschieren zu lassen, und wenn diese nicht hin= länglich sind noch — andere 25000 Mann.

Am 20sten August ist das Souveraine Mani= fest nach Petersburg zur Unterzeichnung geschickt worden. Es wird also nächstens ankommen, und dann — o liebe Schwester! — dann sind wir er= lößt. —

Zu Koblenz wird ein anderes Manifest der königlichen Prinzen herauskommen; es ist unter der Presse, höchstens in acht Tagen, wird es bekannt gemacht.

Man versichert, daß bis Anfangs November der Einmarsch anfangen werde.

Die 10,000 Russen, die nach Frankreich be= stimmt sind, und die man als eine Fabel ausschreyet, werden kommen, wenn es nur noch möglich ist, durch den Sund zu passiren.

Sicheren Nachrichten aus Paris vom 8ten dieses zufolge machen 183 Mitglieder der Nationalver= sammlung eine derbe Protestation gegen die neue Konstitution, und auch einige Municipalitäten. — Der König hat am 3ten dieses, da er die Depu= tation empfangen, — den Orden des h. Geistes angehabt; so wie auch der Dauphin, der Mar=

schal Duras, der Minister Montmorin, und der Herzog von Brissac. Dies gefiel der Deputation nicht, und der König besteht darauf, daß alle Ritter, ungeachtet der Aufhebung aller Ordenszeichen, mit dem blauen Band vor ihm erscheinen. Die neue National Münze ist wirklich im Gange, aber sie ist schon so roth, daß die Figur die darauf geprägt ist, scharlachrothe Hosen anzuhaben scheint.

Amsterdam vom 8ten dieses. — Nach den letzten Nachrichten aus Kadix hat der Kayser von Marofo den Spaniern am 12ten des vorigen Monats den Krieg erklärt. Aber es sind so viel spanische Schiffe in Bereitschaft, daß dieser Krieg bald in einen Frieden ausbrechen werde.

Biographie

Dona Eleonora de Alveizo war die Tochter eines portugiesischen Edelmanes; ihre Mutter aber war eine Französin. Sie wurde von ihren Eltern auf das sorgfältigste erzogen; sie lernte verschiedene Sprachen, und die Musik war ihre angenehmste Erhohlung. — Unter Ludwig dem 14ten, in welcher Zeit sie lebte, hat sich die französische Litteratur fast auf das goldene Alter Roms geschwungen. Eleonora bekam also von ihrer Mutter alle französischen Meisterstücke von Schriften zu lesen, und dieses bildete ihren Verstand ausserordentlich. Ein Bruder ihrer Mutter, kam aus Frankreich nach Portugal zum Besuch, — und dieser Oheim hatte ungeachtet seines Alters den angenehmen französischen lebhaften Umgangston. Eleonora gewöhnte sich so an seinen Umgang, daß er ihrem Herze fast unentbehrlich war. — Aber es war ein Oheim! ihre Schönheit, ihre Annehmlichkeit, ihr sanfter Gesellschaftston machte ihr eine Armee von Liebhabern, — aber der Sieger war ein Oheim. Solche Bizarerien hat die Liebe. Dieser Oheim war ein Franzos, und ein angenehmer munterer Franzos, der in der Liebe grau geworden ist, folglich der die Herzensfalten seiner Nichte leicht zerfaltet hatte. Ihre Vertraulichkeiten wurden aufgedeckt; die Mutter erschrack, und es kam so weit, daß der Oheim das Haus verlassen, die schöne Eleonora aber auf eine Zeit ins Kloster gehen mußte. Aber der Oheim blieb verborgen in Lisabon, und die Liebenden schrieben sich jene Briefe, die unter der Aufschrift: — Briefe einer portugiesischen Nonne an einen Franzosen — bekannt sind. — Eleonora bekam im Kloster jene Krankheit, die man Melenkolie der Liebe nennt, und die eigentlich unter dem Namen: Blattern des menschlichen Verstandes, (la petite verole de l'esprit) bekannt ist. Von der Liebe eines Oheims bis auf die Liebe des Himmels — ist nur ein Schritt. Eleonora sah die Unmöglichkeit, ihren Oheim zu besitzen, ein, sie machte also einen Schritt weiter zum Himmel, und ward, ungeachtet die Mutter es ihr ausreden wollte, eine Nonne. Sie erfüllte alle religiösen Pflichten auf das genaueste. Ihr Oheim kam wieder in ihr väterliches Haus, und sie wollte ihn nimmer sehen. Aber sie wechselten Briefe untereinander, und hernach kam der graue Oheim doch ins Sprachzimmer, und hatte das Glück seine Nichte zu sehen. Er blieb auch in Lisabon bis an seinen Tod, der drey Jahre hernach erfolgte; Eleonora aber blieb Nonne und starb als Abtissin des Klosters de la Conception in Lisabon. Erst vor 8 Jahren ist diese Geschichte in dem klösterlichen Archiv gefunden worden, und ein gewisser Lassabas hat sie im Portugiesischen sehr rührend beschrieben.

Nro. 77. Freytag den 23ſten Septemb. 1791.

Beilage
zu
Politiſchen Geſprächen
der
Todten.

Politiſche Satyren.

„Mama! der König hat ja die Konſtitution
„angenommen? — Geh in die Schule, Kind!
„ſonſt kommt der Schulmeiſter mit der Ruthe. —
„Hat dann der Schulmeiſter auch ſeine Ruthe
„auf den König aufgehoben? — O Schule! o
„Ruthe! o Schulmeiſter!" —

Paris vom 16ten dieſes. — Die Ariſtokraten ſind
doch verläumeriſche Leute; — ſie behaupten, Herr
Thouret hätte das Schreiben, welches der König
bei der Annahme der Konſtitution an die Verſammlung geſchickt hat, gemacht; — der krähende
Hahn, ein Tagsblatt, welches an alle Ecken der
Straſſen zu Paris angepappt wird, hat zwey Tag
vorhero gekrähet, daß der König in Gefahr ſtehe,
umgebracht, ermordet, geſpießt, und laterniſirt zu
werden, wenn er die Annahme der Konſtitution
ausſchlage. — Ki, ki, ri, ki! Ki, ki, ri, ki!
Ki, ki, ri, ki! — ko, ko, ko! — So ſang der
Hahn in Petrus-Zeiten, und Petrus ward gerührt. Ach, ſoll Ludwig der 16te auch weniger gerührt ſeyn? ki, ki, ri, ki: i: i!

Drey hundert zwey nnd Achtzig Glieder haben in der Nationalversammlung gegen die Konstitution, — und gegen ihre Annahme am 16ten Abends protestirt. Aber diese Protestanten wurden nicht geachtet. Es kommt jetzt darauf an, ob im Frühjahre keine Protestanten von auswärts durch die Mündung der Kanonen eine Protestation einlegen, oder eindonnern.

Das Schreiben, welches die Brüder des Königs von Koblenz an den König eingeschickt haben, ist zwar zu Paris glücklich eingetroffen. Aber man sagt, daß der König keinen Gebrauch davon machen dörfe. — Andere behaupten, daß ein Ausgleichungs = Entwurf im Werke seye, nach welchem die Konstitution zwar bleiben würde, aber mit vielen Veränderungen.

Wien vom 16ten dieses. — Man sieht in der Staats = und Kriegs = Kanzley viele Bewegungen. Die zukünftige Woche wird unser gute Leopold erwartet. — Es ist auf keine Verminderung der Armee zu denken, und alles, was man darüber in vielen Blättern list, ist ein Misverstand, weil viele Regimenter, doch nicht alle, auf den Friedens = Fuß gesetzt werden. Es ist wieder von der Kriegs = Kanzeley an die Werbung im Reich der Befehl ergangen, Rekruten unterm Maas zu nehmen; eine Vorsorge, die nur beim bevorstehenden Kriege Statt findet.

Die Friedens = Ruhe bringt schon unsere Handlung in die Türkey in Thätigkeit. — Es werden Schiffe ausgerüstet, und Kompagnien entstehen, die auf = der Donau nach dem geschlossenen Friedens = Traktat die Vortheile, welche uns die Pforte bewilligt hat, benutzen wollen. — Die Krömung zu Prag war prächtig, und hat alle bisherigen Feyerlichkeiten von dieser Art übertroffen. — Man spricht von Vermählungen eines Prinzen und einer Prinzessin unsers Hofs, — und diese Vermählungen sollen zu Pilniz verabredet worden seyn.

Was man doch alles in die Welt hineinfantasirengießet: — Der türkische Kayser soll bis künftigen May zu Wien eintreffen. Wer? der türkische Kayser?. — und von da nach Berlin eine Reise thun; wohin? nach Berlin? — und von da über Warschau nach Konstantinopel zurückkehren. — Dies ist in der That eine lange Reise!

Koblenz vom 23sten dieses. — Heute vor Mittag haben sich die ansehnlichsten französischen Officiers zum russischen Borhschafter, Herrn von Romanzow, der jetzt hier ist, begeben. Der Herr Borhschafter erhielt gestern einen Kourrier aus Petersburg. Er las den sämmtlichen Officiers ein Schreiben der grosen Katharina von Rußland, worinne sie sagt, daß sie das Vergnügen habe, in Ansehung des Königs von Frankreich die nemlichen Gesinnungen zu hegen, wie Leopold und Friedrich Wilhelm; daß sie ihre Macht, und ihren ganzen politischen Einfluß dahin richten werde, daß der unglückliche König zu seinem vorigen Ansehen wieder gelange. Dieses Schreiben wird nächstens im Druck erscheinen. — Aber diese grose Kayserin weis, daß die wörtlichen Versprechungen in der jetzigen Lage der Prinzen nicht hinreichend sind. Sie hat also eine Anweisung von zwey Millionen Rubel beigelegt, und einen offenen Kredit. — Man muß in der That bei dieser Gröse zurückbeben. Es ist nur eine Katharina in der Welt!

Am nemlichen Tag da man gewußt hat, daß

der König die Konstitution angenommen hat, sind 800 Bürger aus Paris ausgewandert. — Es ist kein Tag, wo nicht französische Auswanderer ankommen. Vorhero waren es nur Edelleute und Officiers, jetzt sinds die Bürger.

Die neuen Deputirten, die für die neue Nationalversammlung gewählt sind worden, wollen, daß die alte Versammlung zu Paris bleibe. Aber die rechte Seite dieser Versammlung protestirt, und will nicht bleiben. Sie wird in Deutschland nächstens erwartet.

Es ist erlogen, und zwar zeitungsmäßig gelogen, daß Fürst Nassau in Paris war; er ist mit Seele und Leib zu Koblenz. — Es ist zweytens abscheulich gelogen, daß Mirabeau zu Karlsruhe, Schuldenhalber arretirt war. — Welche Berge von Lügen!

Livorno vom 2ten Sept. — Eine unglaubliche Nachricht! — Der türkische Kayser Selim soll nach Deutschland kommen, um sich als Christ taufen zu lassen. Man disputirt nur, daß er Protestant oder Katolik seyn werde. — Ei, geh, lege mir diese Neuigkeit hintern Ofen, damit sie recht warm werde! — um sie zu geniessen!!!

Grünstädter Privilegirte Zahlen=Lotterie. Die 35ste Ziehung ist heute den 20sten Sept. 1791 unter Beysig, derer hierzu verordneten S. T. Herren Deputirten mit gewöhnlichen Formalitäten und gehöriger Accuratesse vollzogen worden, und sind folgende Numern aus dem Glücksrade erschienen:

Erster Zug: Nro. 39. Neun und Dreyßig.
Zweyter Zug: Nro. 51. Ein und Fünfzig.
Dritter Zug: Nro. 60. Sechzig.
Vierter Zug: Nro. 16. Sechszehn.
Fünfter Zug: Nro. 30. Dreyßig.

Die Sechs und dreyßigste Ziehung geschieht den 27sten September 1791, und so fort von 8 zu 8 Tagen.

Nro. 39. Donnerstag den 22sten September 1791.

Politische
Gespräche
der
Todten
über die
Begebenheiten
des 1791sten Jahrs.

„In illo tempore erat in Gallia metallorum Rex,
„— hodie papyrorum. Triste Politicon Evange-
„lium. —

Politisches Evangelium.

In der Zeit, da die hervliegende Revolution ihren unheiligen Anfang genommen, gieng der König in die Nationalversammlung, hielt eine schöne Rede, und bestättigte die revolutionirenden Grundsätze der Philosophie. Das war eine fröhliche Bothschaft in allen Provinzen! — das war ein patriotisches Evangelium! — Und es war doch keine Ruhe; der Opinionen-Krieg tobte, spießete, laternisirte. Dies dauerte 16 Monate. Hernach machten die philosophischen Pharisäer viel Geschrey, — wenig Wolle. Sie baueten einen Altar der Freyheit auf. Das war eine Freude! — die Königin führte den Dauphin dazu, und der Dauphin führte einen Schubkarren, um den heiligen Plaz des Freyheits-Altars zu ebenen. Und alle Leute frohlocken, und sagten: — das ist ein wahrhaft patriotisches Kind. — Und der König erschien in Pompe, von einem Bajonetten-Torte Piano besung

gen, und machte den National=Eid. — Und es war
herrlich zu sehen! In einigen Monaten darauf ging
der König aus Paris verloren, und das Volk schrie: —
Die Aristokraten haben ihn gestohlen! — Der gute
Mann hinterließ ein Abschiedsbillet, wo er alles wider=
ruft, was die National=Pharisäer ausdekretirt haben.
Aber ein Judas verrith ihn, und er war gefangen
und zurück geführt. Da präsentirten ihm die konstitu=
tionelle Pharisäer aufs neue die Konstitution, und er hat
sie wieder angenommen, wieder bestättiget, wieder be=
eidet. Und dies ist also zum drittenmale. Viele fra=
gen, warum er schon zum drittenmale seine Gesinnungen
geändert hat? aber wer kann die Ursach wissen. O Ho=
heit der politischen Wissenschaften: man kann von dem
höchsten Baume die Aepfel abschlagen, aber die Rath=
schläge des Königs sind höher als alle Aepfelbäume.
Und es war am 13 und 14ten eine dunkle Illu=
mination. Am 15ten und 16ten waren viele mi. dem Be=
nehmen des Königs unzufrieden. Sie schreyn und schrei=
ben laut, daß das Schreiben und die Anrede des Kö=
nigs bei der Akceptation an die Versammlung kei=
ne Würde einer königlichen Majestät enthalte, daß es
mehr der Freude eines aus dem Arrest geretteten Men=
schen gleiche, daß also dasjenige noch zum viertenmale
geschehen könne, was schon dreymal geschehen ist.
Die Aristokraten sind gar nicht bestürzt darüber, sie
sagen, daß sie den Schlag schon lang vorgesehen, und
daß dadurch nichts erlangt werden könne, als die Si=
cherheit der Tage der königlichen Familie. Sie bedaue=
ren nur, daß sie, die für den König sterben wollten,
mit denjenigen, die ihn zu ermorden suchten, — jetzt
auf einer Linie stehen. Sie fragen: — ob der franzö=
sische Adel, ob die Geistlichkeit, ob die Parlamente auch
zum französischen Volke gehören? — ob er auch von
diesen drey Ständen den Wunsch, die neue Konstitution
zu bereiten, bekommen hat? — Sie fragen weiter: —
durch welche Gewalt wird der König die ausübende
Macht handhaben? — denn weder die Armee, weder
der Adel, weder die Gerichtshöfe, weder die Religion
stehen mehr unter seiner Gewalt? — Und die Muni=
cipalitäten, und die Nationalgarden, und die Distrikte?
—allen diesen hat er nichts zu befehlen. Wie wird also

die Staats = Uhr gehen, wenn er sie nicht aufziehen darf? — Ja, sie soll von sich selbst gehen, ohne aufgezogen zu werden, die Revolution hat sie genug aufgezogen und ausgezogen. — Und dies ist das Mobile perpetuum, die schönste Erfindung, auf welche die Welt lang genug spekulirt hat.

(Beschluß des leztens abgebrochenen Schreibens des Monsieur und des Grafen v. Artois an ihren Bruder den König von Frankreich:)

Der Franzos läßt sich gar leicht verirren, aber er kehret auch leicht wieder auf den Weg der Pflicht zurück; seine Sitten sind von Natur zu sanft, als daß seine Handlungen lange Zeit grausam seyn könnten, und seine Liebe für seine Könige hat zu feste Wurzeln in seinem Herzen geschlagen, als daß ein trauriges Blendwerk sie ganz herausreißen könnte.

Wem mehr als uns kann daran liegen, besorgt um die Lage eines zärtlich geliebtten Bruders zu seyn? Aber selbst nach der Sage Euerer verwegensten Unterdrükker, würde die Weigerung der Annehmung des Euch dem Vernehmen nach, am 3ten dieses Monats von der Versammlung überreichten Auszugs der Constitution, Euch blos der Gefahr aussetzen, durch dieselbe der Königswürde entsezt zu werden.

Aber diese Gefahr ist nichts. Was liegt daran, wenn Ihr aufhöret in den Augen dieser Aufwiegler König zu seyn, wenn Ihr es viel solider und viel rühmlicher als jemals in den Augen von ganz Europa, und in den Herzen aller Euerer treuen Unterthanen seyn werdet? Was liegt daran, wenn man ganz unsinnig sich unterstehet, Euch des Throns Euerer Vorfahren verlustig zu erklären, wann die vereinte Stärcke aller Mächte bereit ist, Euch darauf zu erhalten, und die schlechte Usurpateurs zu bestrafen, die den Glanz desselben beschmuzt haben?

Die Gefahr würde viel grösser seyn, wenn Ihr zu der Zerstückelung der Monarchie einzuwilligen und dadurch Euere persönliche Rechte auf die Hilfe aller Monarchen zu schwächen scheinen würdet, und wann Ihr Euch des Ansehen geben würdet, daß Ihr Euch von der Sache der Souveraine durch Einweihung einer Lehre trennnet, die sie zu verbannen verbunden sind. Die Gefahr würde sich nach dem Maase vermehren, als Ihr Euch ver=

bloer ständhaft in den aufrecht erhaltenden Mitteln zeigen würdet; sie würde sich nach dem Maase vermehren, als der Eindruck des erhobenen Karakters, der das Laster an den Füssen der würdig aufrecht erhaltenen königl. Majestät zu tern macht, von seiner Macht verlieren würde; sie würde sich vermehren, wenn der Anschein der Hintanschung des Interesse der Religion die fürchterlichste Gährung veranlassen könnte. Sie würde sich endlich vermehren, wenn dadurch, daß Ihr weiter nichts als den eiteln Titel eines Königs ohne Macht haben wollet, Ihr nach dem allgemeinen Urtheil einer Krone zu entsagen scheinen würdet, deren Erhaltung, wie jedermann weiß, die Erhaltung der ihr wesentlich anklebenden nicht zu veräussernden Rechte erfordert.

Die heiligste Pflicht, Güte, und die lebhafteste Zuneigung bewegen uns, Euch alle diese gefährliche Folgen eines mindesten Anscheins von Schwäche in der nemlichen Zeit vorzuhalten, als wir Euch die Masse der nachdrücklichen Kräfte zeigen, die Euere Standhafligkeit stächern wird.

Wir müssen Euch hoch anzeigen, und wir schwören sogar zu Eueren Füßen, wenn Beweggründe, die wir unmöglich wahrnehmen, aber die äusserste Gewalt und einen Zwang, der, wenn er auch noch so verborgen, dennoch beste grausamer wäre, zum Grunde hätten, Euere Hand nöthigten, eine Akceptation zu unterschreiben, die Eu-r Herz verwirft, die Euer Intresse und das Intresse Eueres Völkes zurückstößt, und die Euch Euere Pflicht als König ausdrücklich verbietet, so würden wir vor den Augen der ganzen Welt und auf die feyerlichste Weise gegen diese vergebliche Handlung und alles, was davon abhängt, protestiren. Wir würden darthun, daß sie an sich selbst ungültig ist, und daß sie es wegen Mangel an Freyheit ist, und daß sie es wegen dem Grundfehler aller Operationen der usurpirenden Versammlung ist, die, da sie keine Versammlung der Generalstände ist, nichts ist. Wir gründen uns auf die Rechte der ganzen Nation, Dekrete zu verwerfen, die schnurstraks dem Wunsch der Nation entgegen sind, die sie einmüthig in ihren Beschwerdeheften ausgedruckt hat, und wir verwerfen in ihrem Namen untreue Bevollmächtigte, die, da sie ihre Befehle nicht geachtet, und die Vollmacht, die sie ihnen gegeben, überschritten, aufgehört haben, ihre Repräsentanten zu seyn. Wir würden behaupten, was ganz klar ist, daß, da sie gegen ihre Vollmacht gehandelt, sie ohne Wirkung gehandelt haben, und daß das, was sie nicht gesetzmäßig thun konnten, nicht gültig angenommen werden kann.

An unserer Protestation, die alle mit uns vereinte Prinzen Eueres Geblüts unterzeichnen würden, würde das ganze Bourbonische Haus Theil nehmen, weil dessen künftige Rechte zur Krone ihm die Pflicht auflegen, sie zu vertheidigen. Wir würden, Sire, für Euch selbst protestiren, wenn wir für Euer Volk, für die Religion, für die Grundmaximen der Monarchie und für alle Stände des Staats protestiren.

Wir würden für Euch, und in Euerem Namen gegen das protestiren, was von Euerem Namen nur einen falschen Abdruck hat. Da Euere Stimme durch Unterdrückung erstickt ist, so würden wir ihre nothwendige Organe seyn, und wir würden Euere wahre Gesinnungen so ausdrücken, wie sie in dem Eid bei Euerer Gelangung zum Thron ausgedruckt sind, wie sie durch die Handlungen Eueres ganzen Lebens bekannt sind, wie Ihr dieselbe in Euerer Erklärung ausgedruckt habet, die Ihr in dem ersten Augenblick, als Ihr Euch frei glaubtet, erliesset. Ihr könnet keine andere, Ihr dürfet keine andere haben, und Euer Wille existiret nur bei Handlungen, wo er frey ist.

Wir würden für Euere Völker protestiren, die in ihrer Fieberhitze nicht wahrnehmen können, wie traurig für sie dies Schattenbild einer neuen Konstitution würde, das man vor ihren Augen glänzen, und in dessen Füssen man sie vergeblich schwören läßt. Da diese Völker, weder ihr rechtmässiges Oberhaupt noch ihr wahres Interesse mehr erkennen, sich zu ihrem wahren Verderben führen lassen; da sie durch betrügerische Versprechungen geblendet, nicht sehen, daß man sie aufhebet, selbst die Pfander ihrer Freyheit, die Stützen ihrer Ruhe, die Mittel zu ihrer Subsistenz, und alle Bande der bürgerlichen Vereinigung zu zerstören; man muß für sie die Wiederherstellung derselben reklamiren, man muß sie von ihrer eigenen Raserey heilen.

Wir, würden für die Religion unserer Väter proteſtären, die in ihren Lehrſätzen und in ihrem Dienſt wie in ihren Dienern angegriffen iſt, und indem wir der Ohnmacht, in der Ihr Euch in dieſem Augenblick befindet, um ſelbſt die Pflichten des älteſten Sohnes der Kirche zu erfüllen, zu Hilfe kommen, würden wir in Euerem Namen die Vertheidigung Euerer Rechte über uns nehmen; wir würden uns mit Gewalt den Beraubungen entgegen ſetzen, die dahin zwecken, ſie herabzuwürdigen; wir würden uns mit Gewalt gegen Handlungen erheben, die das Königreich mit dem Schrecken der Kirchentrennung bedrohen, und wir würden unſere unabänderliche Anhänglichkeit an die in dem Staat eingeführte Kirchenregeln, deren Beobachtung zu erhalten, Ihr geſchworen habet, laut bekennen.

Wir würden für die Grundmarimen der Monarchieproteſtiren, von denen Ihr, Sire, nicht abgeben dürfet, die die Nation ſelbſt für unantaſtbar erkläret hat, und die durch die Dekrete, die man euch präſentirt, völlig über den Haufen geworfen würden; beſonders durch die Dekrete, die, in dem ſie den König von der Ausübung der geſetzgebenden Macht ausſchliesſen, die Königswürde ſelbſt abſchaffen; durch die, die alle Stützen derſelben durch Unterdrückung der Rangordnung zerſtören; durch die, die, indem ſie die Stände abwägen, alles bis auf die Grundſätze des Gehorſams vernichten; durch die, die dem Monarchen die weſentlichen Verrichtungen der monarchiſchen Regierung nehmen, oder ſie denjenigen unterordnen, bis ſie ihm laſſen; durch dieſe endlich, die das Volk bewaffnet, die die öffentliche Gewalt vernichtet, und die, indem ſie alle Gewalten vermiſchten, die Volkstyrannen in Frankreich eingeführt haben.

Wir würden für alle Stände des Staats proteſtiren, weil blos von der gegen die beyen erſten Stände ergangenen nicht duldbaren und unmöglichen Aufhebung alle dieſelben verletzt, beſchädigt, beraubt ſind, und wir würden zu gleicher Zeit die Rechte der Geiſtlichkeit reklamiren müſſen, die blos für das Intereſſe des Himmels und die Verrichtungen des heiligen Miniſteriums einen ſtandhaften und edlen Widerſtand haben zeigen wollen; die Rechte des Adels, der viel empfindlicher bei den Beleidigungen gegen den Thron, deſſen

Stütze er ist, als bei der Verfolgung, die er aussteht, alles aufopfert, um durch einen hervorstechenden Eifer zu zeigen, daß kein Hinderniß einem französischen Edelmann im Wege stehen kann, seinem König, seinem Vaterlande und seiner Ehre treu zu seyn; die Rechte der Magistratur, die es weit mehr, als die Aufhebung ihres Standes bedauert, daß sie sich dahin gebracht siehet, im Stillen über die verlassene Justiz, die Straflosigkeit der Verbrechen und die Schändung der Gesetze zu seufzen, deren wesentliche Depositaire sie ist; endlich die Rechte jeder Eigenthümer, weil in Frankreich kein Eigenthum respektirt worden, und kein ehrlicher Bürger ist, der nicht gelitten habe.

Wie würdet Ihr, Sire, Eueren aufrichtigen und gültigen Beifall einer sogenannten Constitution geben können, die so viele Uibel hervorgebracht hat?

Als usufruirender Depositarius des Thrones, den Ihr von Eueren Ahnherrn geerbet habet, könnet ihr seine ursprüngliche Rechte nicht veräussern, noch die konstitutive Grundlage zerstören, auf die er gesetzt ist.

Als gebohrner Vertheidiger der Religion Euerer Staaten, könnet Ihr Euere Einwilligung zu dem, was sie ruinirt, nicht geben, noch ihre Diener der Unterdrückung überlassen.

Eueren Unterthanen Gerechtigkeit schuldig, könnet Ihr dem wesentlichen Königl. Amt sie ihnen durch die gesetzmässig errichtete Gerichtshöfe ertheilen zu lassen, und auf die Handhabung derselben selbst zu wachen, nicht entsagen.

Als Beschützer der Rechte jeder Stände, und der Besitzungen jedes einzelnen, könnet Ihr dieselbe nicht durch die willkührlichste Unterdrückung schwächen und vernichten lassen.

Endlich könnet Ihr, als Vater Eueres Volks, dasselbe nicht der Unordnung und der Anarchie überlassen.

Wenn das Verbrechen, daß Euch belagert, und die Gewaltthätigkeit, die Euch die Hände fesselt, Euch nicht erlauben, diese heilige Pflichten zu erfüllen, so seyd Ihr, doch nicht weniger mit unauslöschlichen Zügen in unser Herz gegraben, und wir werden Eueren wahren Willen erfüllen, indem wir, so viel wir können, die Unmöglich-

Zeit, in der Ihr Euch zu ihrer Ausführung befindet, ersetzen werden.

Wolltet Ihr selbst es uns verbieten, und würdet Ihr genöthiget, wenn Ihr es uns verbietet, Euch für frey zu erklären, so würden diese Euere Empfindungen so klar zuwider laufende Verbote, weil sie Eueren Hauptpflichten zuwider sind, diese Verbote, die aus dem Schoose Euerer Gefangenschaft kommen, die nur dann aufhören wird, wenn Euere Völker wieder zu ihrer Pflicht, und Euere Truppen unter den Gehorsam zurückkehren; diese Verbote, die keine weitere Gültigkeit haben würden, als alles das, was Ihr vor Euerer Flucht gethan habet, und was Ihr nachher verworfen; diese Verbote endlich, die die nemliche Nullität an sich tragen würden, als die genehmigende Handlung, gegen die wir protestiren müßten. Diese Verbote wären gewiß nicht bewährten, daß wir an unserer Pflicht verrätherisch handeln, Euer Interesse aufopfern, und dasjenige vernachlässigen würden, was Frankreich in einem solchen Falle von uns zu fordern berechtigt ist. Wir würden, Sire, Eueren wahren Befehlen gehorchen, indem wir uns den erpreßten Verboten entgegen setzen, und wir würden Eures Beifalls überzeugt seyn, wenn wir den Gesetzen der Ehre folgen. Unsere völlige Unterwerfung ist Euch zu sehr bekannt, als daß sie Euch jemals zweyfelhaft seyn sollte. Möchten wir doch bald an dem glücklichen Augenblick seyn, wo Ihr, in völlige Freyheit gesetzt, uns in Euere Arme fliegen sehen würdet, um in denselben das Gelübde des Gehorsams zu erneuern, und allen Eueren Unterthanen ein Beispiel zu geben.

Wir sind

    Sire, unser Bruder und Herr,

      Ew. Majestät

        unterthänige und ganz gehorsamste Brüder, Diener und Unterthanen.

        Ludwig Stanislaus Xavier.

        Carl Philipp.

Schloß-Schönbornslust
bei Coblenz den 10ten Sept.
1791.

Nro. 78. Montag den 16ften September 1791.

Beilage
zu
Politischen Gesprächen
der
Todten

Ankündigungs=Herold.

1mo. Litteratur — Geographisch = Politische.

Ueber Oczakow.

Die Türken haben den jetzigen Krieg angefangen, um die Krim, dieses schöne Patrimonium der Califen, — den Russen aus den Händen herauszuwinden. Sie wurden von den Russen überall geschlagen, und müssen jetzt nicht nur allein diesem Patrimonio entsagen, sondern sie tretten auch Oczakow an Rußland ab. So ist das ganze Resultat dieses Kriegs. Aber für die Zukunft muß die Politik andere Resultaten voraussehen. Es muß jedem Beobachter auffallend seyn, was die Russen vermögen. Sie haben die Krim fast nur sechs Jahr in Besitz gehabt, als sie von den Türken in diesem Kriege angegriffen wurden. — Und man sollte fast glauben, es wäre eine Zauberey; — in Zeit von sechs Jahren haben diese Russen eine solche Seemacht im schwarzen Meere erbauet, daß die ganze türkische Marine, die wenigstens durch vier Jahrhunderte angebauet wird, nicht im Stande war, dem russischen Krim=Neptun zu widerstehen. — Politiker, stauner! — es ist keine Zauberey, es ist Erfahrungs=erbte Wahrheit.

Rußland erhält durch die Besitzung von Ozakow die Mündung des Niepers. Der Nieper fließt aus Pohlen durch die Ukraine; weil nun alle Mündungen der Flüsse den Rahm der Länder, durch welche sie fließen, an sich ziehen; — also kommt die Ukraine in die Flußabhängigkeit, die eine wahre Produktenunterwürfigkeit heißen kann, an die Russen. Das auffallendeste dabei ist, daß Ozakow auf dem rechten Ufer des Niepers, folglich auf dem mit den Türken kommuniablen Boden steht. Nach dieser Geographie erhält Bender im Fall eines Kriegs keine Hilfe mehr von der Meerseite; und wenn die Russen ihre Seemacht nach Verhältniß auf dem schwarzen Meere vermehren, wie sie dieselbe seit sechs Jahren, nemlich seit der Besitzung der Krim vermehrt haben, so ist Varna, Konstantinopel und Assof täglich in Gefehr bombardirt zu werden. — Und es wird eine Zeit kommen, vielleicht in fünf oder Sechs Jahren, wo Rußland, auf dem schwarzen Meere ganz dominirend, dem Sultan zu Konstantinopel sagen wird lassen: — er solle sich retiriren. — Was wird er antworten? — fliehen. — Rußland Meister vom schwarzen Meer, wird den Sultan bis in Asien verfolgen; es wird die asiatischen Küsten von Calcedonia bis nach Sinope überschwemmen, und kaum kann sich der Sultan in das Faß des Diogenes von Sinope setzen und über die russischen Eroberungen Diogenisch philosophiren. (Nächstens mehr.)

Ob. Handlungs-Nachrichten.

Der Wallfischfang ist dieses Jahr schlecht ausgefallen; daher mangelt der Thran, und das Ochl wird theuerer.

Der König von Preusen hat mit den freyen Amerikanern einen Handlungstraktat geschlossen, und den Herrn Paleske, Handelsmann in Philadelphia, zum General-Consul ernannt.

Ach! wenn wird unser Deutschland am Rhein Handlungstraktaten mit anderen Mächten schließen? — oder auf ihre Waaren solche Zölle, wie sie auf die unsrigen setzen, stempeln?

3tis. Ankündigungen.

Historischer Calender für Damen 1792; welcher die Fortsetzung der Geschichte des dreysigjährigen Kriegs von Herrn Hofrath Schiller enthält. — Alle Freunde der schönen Litteratur werden diese Fortsetzung mit eben dem Vergnügen erwarten, mit welchem ich sie ankündige. Das Gerücht von dem Tode des vortrefflichen Verfassers hatte eine allgemeine Klage durch ganz Deutschland verbreitet. Diese erste Frucht seiner Genesung wird man mit desto gröserer Freude aufnehmen. Zuverläßig kann ich nun versprechen, daß die Fortsetzung der Geschichte des dreysigjährigen Kriegs in dem Calender 1792 geliefert, und zu gehöriger Zeit fertig werden wird. In Rücksicht dieses vortrefflichen Werks selbst, geziemt mir nichts weiter zu sagen. — Aber es sey mir erlaubt in Rücksicht des artistischen Theils und über das Accessere des Calenders eine vorläufige Rechenschaft abzulegen.

Das Titelkupfer ist von einem der gröſten Zeichner unserer Zeit, von Bamberg in Londen, gezeichnet. Mars bricht den Oehlzweig, und die drey Grazien als Kinder nehmen ihm seine kriegerische Kleidung ab.

Die zwölf Monats=Kupfer hat Herr Penzel gezeichnet und gestochen. Er hat mich durch die schöne Ausführung sich sehr verpflichtet, und das Publikum wird ihn durch allgemeinen Beyfall belohnen. Die Gegenstände sind so gewählt, daß sie Denkmäler abgeben der merkwürdigsten Personen und der entscheidensten Thaten, welche in dem vorjährigen Calender noch nicht enthalten sind. Vier Portraits: von Oxenstiern, Richelieu, Herzog Maximilian von Bayern, und Amalia Elisabeth Landgräfin von Hessen=Cassel, werden von

Herren Geyser und Lips nach den besten Originalien gestochen. Die Binde sind alle in Paris gemahlt, theils auf Seide, theils auf sehr schönes koloriertes und starkes Papier. Ausser diesen werden auch einige Calender bloß in Seide gebunden, ohne Malerey. Auf diese drey Sorten bitte ich bei der Bestellung Rücksicht zu nehmen. Von den auf Seide gemalt, ist nur eine gewisse Anzahl vorräthig. Wenn diese vergriffen sind, kann ich davon vor Neujahr keine mehr liefern. Diese gemalten Bände, sowohl die seidenen, als die gewöhnlichen sind ausserordentlich schön, in Rücksicht der Wahl der Farben, der Zeichnung und der Ideen. Deshalben kann ich die auf Seide gemalten Calender zu keinem geringen Preiß geben. Ein Exemplar wird 3 fl. 20 bis 40 Kr. kommen. Ein gemalter Calender in gewöhnlichem Bande kostet 2 fl. 20 bis 30 Kr. und einer in Seide gebundener ohne Malerey 2 fl. 40 Kr. Ich habe geglaubt, daß ich bei meiner Sache, welche zu einem Geschenke für das Neujahr bestimmt ist, mehr auf die Schönheit als auf einen geringen Preiß zu sehen habe. Zuletzt verspreche ich noch gute Abdrücke; wer da weis das 17 Kupfer in guten Abdrücken, wenn man sie besonders kauft, allein 2 fl. 20 Kr. kosten würden, der, denk ich, soll meinen Preiß nicht unbillig finden. Leipzig den 1sten September. 1791.

Georg Joachim Göschen.

NB. Für hiesige Gegend kann man sich mit Bestellungen an Buchhändler Gehra in Neuwied wenden. Dabei wird sehr gebethen, den Band, den man wünscht, genau zu bestimmen und die Briefe und Geld franko einzuschicken, daß also die respec. Liebhaber auf das Beste bedient werden können.

Nro. 39.   Dienſtag den 27ſten September 1791.

Geheimer
Brief-Wechſel

zwiſchen den

Lebendigen und den Todten.

An Wolfgang Julius, Grafen von Hohenlohe — ins Reich der Todten.

Vom Rhein-Ufer am 27ſten Septemb.

Die Meinungen der Politiker ſind getheilt; dann eben in der nemlichen Zeit, da die franzöſiſchen Prinzen die Erklärung des Kayſers und des Königs von Preuſen herausgegeben haben, verfügte es das Schickſal, oder die Politik, daß der König der Franzoſen die neue Konſtitution angenommen, beſchworen, und zu vertheidigen verſprochen hat.

Dadurch kreutzen ſich die Opinionen: einige glauben, daß die Monarchen zu Pilnitz ſich wohl entſchloſſen haben, durch den Grafen von Artois ein Manifeſt, oder ein Schreckenbild zu verbreiten; aber daß es bei dieſem Schrecken verbleiben werde, beſonders, wie der Leidner Zeitungsſchreiber ſagt, weil groſe Bündniſſe ſeit Anfang der politiſchen Welt niemals etwas gewirkt haben.

Andere behaupten, daß der König durch die Annahme der Konſtitution nichts als die Sicherheit ſeiner Perſon, und ſeiner Familie geſucht hat be; daß also diese Akceptation eben auch so wankend seye, wie die zwey vorgen: — auf dem Freyheits = Altar und in der Versammlung.

Wahr ist es: — die Verkehrung zu einem so grosen Werke, wie die Entpatriotisirung der Franzosen durch fremde Mächte ist, — läst noch keine offenbare Zurüstung merklich werden. Wenn die Truppen, wie man vorgiebt, marschieren, so müssen sie sich unsichtbar gemacht haben, denn man schreibt von nirgendsher, daß man sie gesehen habe. — Unterdessen ist von jetzt bis April noch ein groser Zeitraum, während welchem vieles geschehen kann.

Unterdessen will ich euch im Reiche der Todten eine derbe Bemerkung über Frankreich darstellen, die in der sichtbarsten Erfahrung gegründet ist. — Wer hätte Anno 1782 muthmassen können, daß England, da es durch einen Krieg gegen vier Seemächte niedergedrückt war, da es das einträglichste feste Land in Amerika schändlich verloren, und da es seine Schulden bis auf hundert Millionen Pfund Sterling vergrösert hat, — daß dieses England in Zeit von 10 Jahren Anno 1791 mit seinem politischen und innerlichen Glück über ganz Europa prangen; daß seine merkantilische Seebedeutenheit alle Meere mit Schiffen überdecken; daß seine Manufakturen alle Menschen in allen Weltheilen bekleiden oder zieren; daß seine Banke den Tribut von allen Kapitalisten von Europa erhalten; daß in die öffentlichen und besonderen Kassen das Geld von allen Seiten zuströmen; daß seine Flotten, ohne aus den Häfen herauszulaufen, allen Mächten Furcht und dem ganzen Europa das Gleichgewicht mit Erfolg vordrohen werden? — und dies ist geschehen!!

Aber wer hätte voraussehen können, daß das

Anno 1782 über England triumphirende, reiche, und von allen Mächten gefürchtete und respektirte Frankreich — bis Anno 1791 so tief von seiner Bedeutenheit herabgestürzt würde, daß es sich ein Geld von altem Kupfer, von geraubten Glocken, und von Papierlumpen machen müsse; daß es von diesem einzigen seinem Reichthum, von diesem papiernen — Geld 20 pro Cento in Paris selbst verliere; — daß sein Geldwechsel mit jenen Plätzen, welchen es vorhero Gesetze vorschrieb, 25 pro Cento fallen werde; — daß seine Schulden in den zwey Revolutions-Jahren auf 2700 Millionen vermehrt werden; — daß seine grose Seemacht durch die Insubordination kaum der Genueser Marine gleichkommen; daß seine Truppen, die die das Wort: militairische Ehre, vor ganzem Europa erschallen liessen, aller guten und erfahrnen Heerführer beraubt, in Unordnung taumeln werden; — daß seine Gesandte an allen Höfen nichts als Zeugen seiner Nichtigkeit abgeben werden? — und doch ist es geschehen; doch sieht man es; doch greift man es mit Händen. — Welcher Kontrast! welche Lehre für die spekulativen Politiker! welche Eitelkeit der politischen Vernünfteleyen — ohne Erfahrung!

Paris vom 22sten dieses. — Folgende Abdankungen sind merkwürdig; ungeachtet der Annahme der Konstitution, hat der Kriegsminister Therenard seine Entlassung verlangt, an seine Stelle ist H. Brougainville vom König ernannt. Woutmorin und Duportail verlangen auch ihre Entlassung; H. Bailli hat sie verlangt, bleibt aber bis November. — 600 Burger sind aus Paris ausgewandert, seit der — Akzeptation.

Köln vom 24sten September. — Nach, aus dem preussischen Geldern eingegangenen Nachrichten, sind alle auf Urlaub gewesene Officiere und Gemeinen zu ihren Regimentern schleunigst zurückberufen worden.

Brüssel vom 22sten Sept. Der souveraine Rath von Brabant hat auf die Schlüsse des Fiskalamtes vorgestern, den 20sten dieses, ein Dekret erlassen, welches ungesäumt auf Kosten derjenigen, so sich unterstanden haben, wider die Gültigkeit der gegenwärtigen Zusammensetzung dieses obersten Justizhofes zu protestiren, öffentlich herausgegeben wird, und mittels dessen die Stände von Brabant aufgefodert werden, sich innerhalb 8 Tagen zu erklären. Dieses Dekret untersagt auch den Ständen sowohl als allen Unterthanen Sr. Maj. in Brabant, von den Entschliessungen der Stände in betreff der Gültigkeit dieses souverainen Rathes den mindesten Gebrauch zu machen.

Regensburg vom 12ten August.

Bei der Berathschlagung der Elsasser Sache, hat nach dem Churhanaubverischen Voto, die in dieser Angelegenheit von dem Churfürsten zu Cölln abgegebene vorläufige Aeusserung, sehr starken Eindruck erreget: der Churfürst sagte: „eine Zeit her hat der öffentliche Handel und Wandel zwischen der Deutschen und Französischen Nation zum offenbaren Nachtheil der erstern bestanden; es wäre daher nothwendig bei des Kaysers Majestät den Antrag dahin zu machen, daß durch einen Reichsschluß alle Französischen Waaren und Produkte, wie sie Namen haben mögen, in Deutschland verboten, und alles, was eingeführt würde, confiscirt seyn sollte; zu welchem Ende dann an der Französischen Gränze ein Militair-Corps zu ziehen wäre."

Besonders war das Problem in dieser Aeusserung sehr auffallend: alle Französische Waaren und Produkte sind für Deutschland entbehrlich. Denn (heißt es weiter) wenn ihre Concurrenz aufhöret, werden die deutschen Fabriken desto blühender werden, unsere Erzeugnisse desto mehr Abgang gewinnen, und die Französischen Fabrikanten selbsten nach Deutschland gezogen werden, und was einzelne Reichsstände an Zöllen für Französische Waaren verliehren, wird im ganzen dadurch ersetzt, daß die benöthigten Waaren und deutsche Fabricken von einem Land in das andere gebracht werden, und eben so viel an Zoll abtragen.

Berechnet man auf der andern Seite, wie viele Millionen, die seither nach Frankreich gewandert sind, jähr-

sich in Deutschland verbleiben, und durch ihren Umlauf
den allgemeinen Wohlstand befördern, so wird keinem
Zweifel unterliegen, daß dieses erlaubte Mittel ganz
zweckmäßig sey, Deutschland gegen das friedensschluß-
widrige Benehmen der Franzosen zu entschädigen.

Der weise Churfürst hat hierdurch der deutschen Nation einen Grundsatz an das Herz gelegt, welcher zur
künftigen Glückseligkeit des deutschen Reichs wohl erwogen zu werden verdient. Man hat aus zuverlässigen
Quellen berechnet, daß seit dem siebenjährigen Krieg,
als man den Geldmangel in Deutschland zu fühlen an-
feng, ein Jahr in das andere 200 Millionen Gulden
ganz allein aus Deutschland für fremde Waaren nach
Frankreich geschickt werden. Dieser Gegenstand verdient
wirklich in dem gegenwärtigen Zeitpunkt die stärkste Ueberlegung, da das teutsche Geld für fremde Waaren die
größtentheils zum Luxus und zur Beschädigung des deutschen Staatsbürgers dienen, nach Frankreich gesendet
wird, und dieses Reich bei den gegenwärtigen Umständen, aus Deutschland nicht einmal das wenige mehr bezieht, was vor der Revolution noch von einigen teutschen Handlungshäuser dahin abgesetzt worden.

Man hat bei verschiedenen Höfen schon Betrachtungen angestellt, ob dem deutschen Staatskörper, welcher
an der französischen Mode nicht schon so lang kränkelt und
täglich mehr abzehret, nicht zu helfen seyn könnte? Bey
dem jetzigen einreissenden starken Geldmangel, ist das
Problem des Churfürsten von Cölln, wirklich in den Augen aller deutschen Staatsmänner einer der wichtigsten
Gegenstände, denn nicht allein Frankreich, sondern auch
die Holländer ziehen nach und nach dem deutschen Körper seine noch wenigen guten Säfte ab. Allein man hat
zu gleicher Zeit auch erwogen, daß es in Deutschland
wenig Fürsten giebt, welche die Handlung nicht für die
Quelle des Wohlstandes der Unterthanen ansehen, wodurch ihr Land reich werden kann. Doch ihre Aufmerksamkeit ist zu allgemein, und setzt sich kein gewisses richtiges Ziel. Sie lassen es bei Absichten, bei blossen Ent-
würfen bewenden, die ungewiß bleiben und niemals ausgeführt werden. Den vornehmsten Staatsbedienten wird
es sehr schwer, sich sehr weitläufig in solche Umstände.

einzulassen, welche die Einrichtung der Handlung erfodert, wenn sie in blühenden Zustand versetzt werden soll. Fast überall fehlt es an Unterbedienten, welche die Grundsätze und die vortheilhaften Anstalten in der Handlung verstehen, die so viele Einsicht, so viel Eifer, so viele Unermüdigkeit haben, daß sich der Landesherr und der Minister auf sie verlassen kann. Selten ist einer unter ihnen vermögend, in gewissen einzelnen Stücken der Handlung es so zu machen, daß mit Gewißheit ein glücklicher Ausgang zu erwarten wäre, indem sie ihnen durch Ansehen, Schutz, und alle nöthige Ermunterungen zu gelegener Zeit forzuhelfen trachteten. Dieses ist die Ursache, warum ein groser und gesegneter Theil von Deutschland, immer noch mit ausländischen Waaren versorgt wird.

Es dürften nur an den deutschen Höfen solche Räthe, wie der berühmte Colbert, seyn, die in ihrem Fache so viel Gewalt wie dieser in Frankreich hätten; gewiß sie würden durch Beförderung und Stiftung innländischer Fabriken, den Französischen und Englischen grosen Abbruch thun. In so wohl bestellten und mit inuländischen Gewächsen reichlich versehenen Ländern, ist dieses etwas leichtes; und Deutschland könnte ohne Zweifel der Siz aller Künste werden. Die Handlung mit den Ausländern, könnte es gar bald den Händen der Holländern entreißen. Man würde ihnen die Schiffahrt des Rheins, der Mosel, der Elbe und des Flusses Ems entziehen. Es dürfte ihnen von der Handlung in Deutschland weiter nichts, als etwan die Fracht zur See, das Niederlaggeld, die Empfangs- und Absendungsgelder gelassen werden. Solche Räthe würden in den Einkünften der Neuen deutschen Höfe wiederum Ordnung stiften, und zu dem Ende eine Menge von Bedienten abschaffen, die blos zur Pracht angenommen sind; sie würden dagegen aus ihnen Leute machen, die dem Vaterland Nuzen schaffen, anstatt daß sie in ihrem gegenwärtigen Zustand nur Schaden anrichten.

So viel weis man zuverläßig, daß Leopold sein stärkstes Augenmerk auf den Gang der deutschen Handlung hefte, und schon längst die Auswanderung so groser und ungeheurer Geldsummen, als den gröstem Fehler in der deutschen Länderverfassung bemerkt habe; wenn sich noch mehrere deutschen Fürsten mit dem Churfürsten von Cölln in diesem Punkt vereinigen werden, so ist unter dem Beistand eines so tief denkenden Oberhaupts, bald eine glückliche Revolution für den deutschen Handel zu erwarten, da doch mit dem Verbot einiger französischen Waare °) der Anfang gemacht werden muß. Dieser wichtige Gegenstand wird wahrscheinlich von dem Reich gar bald in eine besondere Berathung gezogen werden, da unserm Münzwesen eine neue Revolution allerdings bevorstehet.

Biographie.

Wolfgang Julius, Graf von Hohenlohe, Kayserlicher Generalfeldmarschall wurde 1622 gebohren, trat zuerst in Schwedische Dienste, aus diesen aber in Französische, in welchen er sich in dem Treffen bei Rhetel, in der Schlacht bei der Vorstadt St. Antoine zu Paris, und in dem Gefecht bei dem Canal von Briar sehr vielen Ruhm erwarb; mit gleicher Tapferkeit focht er auch bei Wa-

---

*) Wir sehen das Verbot, die französischen Waaren einzuführen, nicht wohl für möglich an. Gewisse Artikel, besonders die Westindische und zwar die Baumwolle, sind uns unentbehrlich. Sobald die Waaren des Luxus für Deutschland gesperrt sind, erhöht der Franzos die den Deutschen nothwendigen Waaren. Kauft man dem Franzosen nicht mehr ab, so reißt der Engländer diesen Handel an sich. Wer will alsdann dem König von England als Churfürsten von Hannover Einhalt thun, keine Waaren in Deutschland mehr einzuführen? Zudeme sind die französischen Tücher in Deutschland unentbehrlich; welche Ministers Frau würde sich wohl es verbieten lassen, keine Gazen mehr zu tragen, weil Frankreich einige Güter und Rechte etwelcher geistlicher Fürsten an sich gezogen hat? Zu wünschen wäre es, daß die Einfuhr der französischen Mode-Waaren in etwas eingeschränkt werde. Alleine es ist nicht ausführbar; so lange unsere deutsche Mütter ihre Kinder nicht besser erziehen, und frühzeitig dem Luxus entwöhnen.

lenciennes. Er avancirte bis zur Generalsstelle, da er aber nicht die Parthey des Prinzen von Conde ergreifen wollte, ließ ihn gedachter Prinz auf die Citadelle zu Antwerpen fest setzen. Nachdem er daselbst 7 Monat gesessen hatte, kam er auf Vermittelung vieler Fürsten los, und gieng nach Deutschland wieder zurück. Hier ward er Reichs-Generallieutenant, und führte 1663 als Chef einen Theil dieser Truppen, von welchen die Souverains mit dem Kayser verbunden waren, nach Ungarn. Da er den grösten Antheil an dem Siege bei St. Gotthard mit hatte, erhielt er von dem Kayser und von dem grosen Montecuculi die gröste Lobeserhebung und Danksagung. Zur Belohnung seiner grosen Verdienste, ernannte ihn der Kayser zur Würde eines Generalfeldmarschalls, und machte ihm über das noch ein ansehnliches Geschenk. Nach geendigtem Kriege begab er sich nach seinem Schloß Neuenstein, woselbst er 1698 starb, und den gerechten Ruhm eines grosen, einsichtsvollen und sehr geschickten Generals hinterließ.

Ankündigung.

Da man in einigen Zeitungen das Gerücht verbreitet, als hätten Ihro Hochfürstliche Durchlaucht die regierende Frau Fürstin von Leiningen Hartenburg ihren Antheil an der Grafschaft Limburg Gaildorf verschenket oder verkauft, so sieht man sich hierdurch genöthiget, diesem Wiederholtenmalen zu widersprechen und zu erklären, daß dieses nie geschehen ist, noch je geschehen werde.

Kirchheim an der Eck
am 20sten Sept.   Auf höchsten Befehl
1791.   Gegel.
                                Hofrath.

Nro. 79. Freytag den 30sten Septemb. 1791.

Beilage
zu
Politischen Gesprächen
der
Todten.

Politische Satyren.

„Das Bauchgrimmen kann mit Wahrheit eine
„Bauchrevolution genannt werden. Was folgt
„nach Bauchgrimmen? — Schwäche, Unord-
„nung, Niederschlagenheit, — bis wieder der
„Bauch von seiner Obrigkeit, vom Nervensystem,
„vom Motu peristaltico, ꝛc. zur Ordnung nach
„und nach geführt wird. — Das, was im Bauch
„geschieht, wird auch in Frankreich geschehen.
„Eine Abführung böser Säfte — dem Bauch und
„dem Königreich Frankreich. Es kommt [nur
„darauf an, daß der Patient die Kauenenpillen
„und andere Pulver einnimmt. Es werden auch
„Incisionen, Amputationen und besonders Tre-
„paniren dem Patienten wohl thun."

Růremond vom 24sten dieses. — Ein merkwürdiger und rührender Auftritt bei der Huldigung
unseres Landes: — Die Generalgouverneurs, der
Kurfürst von Trier, und seine Schwester die Aeb-
tissin von Essen und Thoen verfügten sich zu Fuß
gegen Abend in die Behausung des Kanzler
Lupigens. Unser Magistrat hat alle Kinder des

Stadt auf den Weg, wodurch unsere Gouverneurs giengen, mit gleichen Uniformen bekleidet, stellen laſſen. Dieſe Kinder ſtreuten Blumen aus. — Ach ſie ſind das theuereſte Pfand der bürgerlichen Treue der guten Rüremonder. — Zwey unſerer Unſchuldigen reichten ein Bouket dem Generalgouverneurs und hielten eine rührende Rede an ſie. — Es rollten Wonne-Thränen alten Greiſen aus den Augen; hernach war ein Cerkle, wo alles Frauenzimmer der Stadt Zutritt fand. Es war ein Tag der Freude; es war ein Tag der glücklichen Erinnerung für die Kinder, daß ſie ſchon in ihrem zarten Alter Zeugniſſe der Ergebenheit an ihren Souverain abgelegt haben,

Der Erzherzog Karl wird täglich zu Brüſſel erwartet. Er ſoll übermorgen eintreffen, und den Ständen die Modifikation der Konvention vom Haag zu Pilniz mitbringen. — Da werden die brabantiſchen Stände noch groſe, lange, und gähnende Sitzungen halten.

Paris vom 24ſten dieſes. — Ein Spaßvogel hat an die Nationalverſammlung einen Entwurf zugeſchickt, wodurch alle fremden Mächte, die in Frankreich eindringen wollen, befriediget werden können. Er iſt auf folgende Art abgefaßt:

Wir können alle Souveraine von Europa durch ein einfaches Mittel befriedigen und entwaffnen. Man muß dem Kayſer Lothringen und Elſaß zurückgeben; — dem König von Preuſſen kann das franzöſiſche Flandern und die Graffchaft Artois abgetretten werden; — den Engländern die Normandie und Bretagne; — dem König von Sardinien das Dauphinet, die Provence und die Franſche-Comte; — den Schweitzern — Burgundien. Aber wenn alle dieſe Mächte hinkommen, um Beſiz von dieſen Provinzen zu nehmen, ſo wird die Nationalverſammlung eine Landkarte jeder dieſer Provinzen ſchön stechen lassen, und jeder Macht ihre angewiesene Provinz auf der Landkarte übergeben. Hernach wird der Brissot von Darville als Nationalredner an die Grenzen zu jeder Armee dieser Mächte zugeschickt, und wird folgende Rede an sie halten: „Meine Herren! hier haben sie unsere Provinzen, nach welchen es ihnen gelistet, auf der Landkarte; befriedigen sie sich damit, dann sie wissen, daß wir jetzt nur im Papier unsere Zahlungen leisten."

Koblenz vom 28sten dieses. — Die Edelleute von der Provinz Auvergne sind gleich uniformt, wohl beritten, kompagnienweis ausgerückt, und haben sich dem Monsieur, und dem Grafen von Artois zu Schönbornsluft präsentirt. — Auf diese Art werden alle Edelleute jeder Provinz eingetheilt. —

Die Edelleute aus Poitou, und aus der Provinz Bretagne werden nächstens erwartet; so auch die Edelleute aus der Provence und aus Languedof.

Man erwartet hier den spanischen Gesandten, der zu Paris war, und der diese Stadt vor einigen Tagen verlassen hat.

Bis aller Heiligen, nemlich bis zu Ende Oktober, wird alles hier zum Abmarsche vorbereitet, und vorbeordert.

Man sagt, daß die Brüder des Königs ihren Standort zu Achen aufschlagen werden, wohin auch die Gesandtene aller Souverain kommen sollen.

Paris vom 25sten dieses. — Es entsteht eine sonderbare Gährung unter den jetzigen, und unter den zukünftigen Deputirten. Die Nachfolger der Versammlung wollen nicht zusammenkommen, bis die alte Nationalversammlung ihre Rechnung von allen angewandten Geldern und verkauften

Nationalgütern auf das ärgste ablegen wird. — Nun kann, und weis die Versammlung nicht, wohin und zu was Ende die Gelder angewandt, und verschwendet sind worden. — Man hat sich die Staats-Einkünfte vom Juli und August durch die Rechenkammer aus den Registern herauziehen lassen; es fand sich, daß der Einkünften-Status nur 4 Millionen und viermal hundert tausend livres betragen hat; — hingegen 22 Millionen der Ausgaben-Status; folglich 18 Millionen in Affignaten und Papiergelde; folglich ist die Ausgabe um 18 Millionen gröser als die Einnahme; — und täglich muß man Bankerot machen.

Brüssel vom 24ten dieses. — Der K. Fiskus hat endlich den Ständen andeuten lassen, daß sie den Rath von Brabant als legal konstituirt anerkennen müssen, daß sie also gegen die Ausschliessung der 5 verdächtigen Glieder nimmer protestiren dörfen. — Dieser Machtspruch gefällt den Ständen nicht; — das glaub ich.

Grünstädter Privilegirte Zahlen-Lotterie. Die 36ße Ziehung ist heute den 27sten Sept. 1791 unter Beysitz derer hiezu verordneten S. T. Herren Deputirten mit gewöhnlichen Formalitäten und gehöriger Accuratesse vollzogen worden, und sind folgende Numern aus dem Glücksrade erschienen:
Erster Zug: Nro. 49. Neun und Vierzig.
Zweyter Zug: Nro. 42. Zwey und Vierzig.
Dritter Zug: Nro. 84. Vier und Achtzig.
Vierter Zug: Nro. 39. Neun und Dreyßig.
Fünfter Zug: Nro. 25. Fünf und Zwanzig.

Die Sieben-und drenßigste Ziehung geschieht den 4ten Oktober 1791. und so fort von 8 zu 8 Tagen.

Nro. 40. Donnerstag den 29sten September 1791.

Politische Gespräche
der
Todten
über die
Begebenheiten
des 1791sten Jahrs.

„Sire! vous pouvez ce que vous voulez, disoit
„un suppliant à Joseph Deux. — je peux tout ce
„que je veux, repondit le monarque equitable &
„bienfaisant, parce que je ne veux que ce qui est
„juste, & pour le bien de mes sujets; je ne suis,
„que l'administrateur des leurs biens, & Architecte
„assidu de leur bonheur.
„Cette reponse est belle, — c'est dommage,
„qu'elle soit remarquable!

Ueber Staats-Bedienungen.
Eine Zeitung.

Der Staat ist ein abstraktes leeres Wort, der von sich
selbst seine Kräfte nicht anwenden kann, wenn er keine
guten Diener hat, die seinen Gang befördern. Der
Zweck der menschlichen Gesellschaft, da sie sich in einen
Staat formirte, war erstens die Erhaltung des Ganzen,
und hernach die Erhaltung eines jeden insbesondere, —

und daher die allgemeine und die individuelle Glückseligkeit. Zur Erhaltung des Ganzen müssen einige Glieder des Staats darauf wachen, um alle feindlichen Anfälle abzuwehren; und zur Erhaltung eines jeden insbesondere müssen Männer von Kenntnissen aufgestellt werden, die jedem Individuo das Seinige nach den Gesetzen sichern.

Die Gesellschaft also, die sich in einen Staat geformt hat, muß die Staats Diener nach ihrer Würde, und nach dem Aufsehen ihres Amtes erhalten. Eh! wie viel kostet jetziger Zeit die Erziehung, die Schuljahre, die Universitäts-Studien, wenn sich einer zum Dienste des Staats bilden will? — Es ist also die größte Billigkeit, daß die Staatsbedienungen die Unkosten, die Bemühungen, die Studien und den Fleiß einem solchen Zögling lohnen.

In der jetzigen Aufklärungswelt posaunet man die Vaterlandsliebe mit einem ausserordentlich rauschenden Tone aus. Man bringt den gemeinen Platz in Anschlag, daß in Römers Zeiten die siegenden Kronen nur von Lorbern waren, da die gemeinen Belohnungskronen mit purem Gold glänzten. Man pocht auf die Ehre, und man will diese Triebfeder in Staatsbedienungen angespannt sehen. Aber

Quis enim virtutem amplectitur ipsam
Præmia si tollas? —

Das heißt, wenn ich mit sechs Pfund Vaterlandsliebe, und mit zwölf Pfund Ehre zu einem Becker, zu einem Fleischer, zu einem Gastwirth komme, so werden sie mir keinen Bissen Brod, keinen Schoppen Wein dafür geben.

Der jetzige Luxus hat so viele Ueberflüssigkeiten dem Menschen nothwendig gemacht; sie so vermehrt, sie so unentbehrlich geschaffen, daß ein ehrlicher Mann mit dem Strom der Luxutirenden dahin gerissen wird, ohne sich auf die Einfachheit retten zu können. Wie soll man also diesen Ueberflüssigkeiten-Geiz befriedigen, wenn die Belohnung und der Ertrag des Amtes nicht damit in gleichem Verhältniß stehen? — Man muß heutiges Tags die Hochachtung mit prächtigen Meublen, mit schönen Kleidern, mis festungsmässigen Frisuren erobern. Man will die Welt durch Pracht, und nicht durch die Tugend zum Staunen bringen. — Warum? — weil der Lurus alle Stände in immerwährende Bedürfnisse setzt, und weil man mit der glänzendesten Tugend nicht einen Schoppen Wein erwirbt.

Uiber dies sind seit 14 Jahren alle Nahrungsprodukten um ein Drittel gestiegen. Eh! sind dann auch die Bezahlungen der Staatsdienerschaft erhöhet worden? — O nein; dies ist eben so schwer, wie die Preise der Fabrikaten auf der Frankfurter Messe zu erhöhen. Dadurch geschieht es, daß die Staatsdiener im Verhältniß der Preis=Erhöhung der Produkten sich kümmerlich ernähren müssen, und man weis ja, daß die Nahrungssorgen den Verstand zu allen grosen Arbeiten einschränken.

Es war vor Zeiten gebräuchlich, daß man die Staatsdiener mit Naturalien bezahlte, und es sind noch viele Aemter in Deutschland, die mit Produkten des Landes — wie Wein, Korn ꝛc. bezahlt werden. Aber der Lurus, die Einführung der lururirenden Uiberflüssigkeiten — machen den größten Theil der Ausgaben in einer Haushaltung aus. So sind auch nach Verhältniß die Erziehung, die Studien, die Universitäts=Unterhaltungen theuerer. Mit 400 Thaler kann man zu Göttingen nur mittelmäßig das Jahr verstudiren. Wenn nun Jemand nur 4 Jahre auf der Universität durchstudirt, so avansirt er schon 1600 Thaler dem Staat für die Stelle, auf die er in Spatiis imaginariis Ansprüche macht. — Und wie viel bringt die beste Stelle Anfangs? — höchstens 200 Thaler. — Da gehe einer hin, und lebe davon, putze sich davon, kleide sich davon, bezahle die Komödie und die Bälle davon, — und repräsentire einen Staatsbedienten davon. — Was Teufel! er braucht es nicht zu thun! — das glaub ich, aber dann gehe auch einer hin, und ändere mir den jetzt sittlichen Gang der Residenz-Städte. Nicht wahr, man kann nicht wie ein Kapuziner — nur Pro Deo oder pro Patria — dahin leben? — ja das ist freilich auch wahr! — Also ꝛc.

Alle Handwerksleute, alle Künstler erhöhen den Preis ihrer Industrie, so bald das Brod, das Fleisch, das Sauerkraut ꝛc. theuerer werden. Die Schuhe, die Hosen, der Kaputrock, die Haube, die Schlafhaube sogar müssen mehr kosten. Aber der Staatsbedienta kann auf seine Berichte, auf seine Promemoria, auf seine Gutachten, auf seine Stimme im Rath nicht eine Erdäpfel aufschlagen. Sein Gehalt ist bestimmt; hernach mag der Himmel gebratene Vögel, geröstete Karbanaten, englische Roßbeef hageln; — den Burgunder, Rhein, Mosel Wein regnen — oder nicht. Oder es mag das Brod und das Fleisch steigen wie es will, so darf sein Verstand bei guten, wie bei theuren Jahren seine schreiberischen Waaren im Preise nicht erhöhen. — Aber was geht einen der Verstand an, wenn der Bauch bellt? — beswegen sollte der Verstand und der Bauch allezeit im gleichen Preise stehen.

Bei solchen Umständen muß der Beamte alle Ehrlichkeits-Kräfte anspannen, um an dem Staate keine Schurkerey zu begehen. Und dies ist keine geringe Ueberwindung bei den jezigen luxurirenden und theueren Zeiten. Ich wünsche jedem Staatsdiener, daß er die apostolische Abtödtung der Sinnen beherzige. Dann es ist ein altes Sprichwort: — Gelegenheit macht Diebe.

Freylich will man heutiges Tags lauter Philosophen zu Staatsbedienten haben; die Philosophie ist das Mydewort in allen Staatsangelegenheiten. Aber die heutigen Philosophen werden bei einer Trilette Narren, und bei einer Bouteille geschwätzige Scharlataue. Die ganze Philosophie macht ihre Experimente im Bauche, und das ist auch das Beste, was sie thut; — Mirabeau war der fressendeste Philosoph bei Tichse. Weil aber alle Staatsbediente nicht philosophiren, so muß die Gesellschaft dafür sorgen, daß sie so unterhalten werden, wie es einem Manne zukommt, der auf Geschäfte und nicht auf Nahrung sorgen darf. Sonst wird alle Staatsarbeit Hunger und Durst anathmen, und diese Arbeit ist gemeiniglich nur gut, um den Hunger zu stillen. — Wenige, aber gut bezahlte Staatsdiener sind dem Lande nützlicher, als ein Haufen Ammeisen von Schreibereien, die bei jedem Konzept den Gedanken, wo sie speisen werden, mit in die Feder implicite einhauchen. Dann kommen kriechende Aufsätze zum Vorschein, und man sieht, daß sie mehr Stimuli des Bauchs als Erzeugnisse des Verstandes sind. Die Standhaftigkeit, die Verehrung auf die National Grundsätze wird schüchtern, und demüthiger Hunger scheint überall herauszusprudeln. Ein Staatsbedienter muß die Würde der Nation vortragen; auf ihm strahlt ihre Ehre; er ist eine große oder eine kleine Säule, die die ganze Landmaschine stützet. Wird diese Säule nicht recht unterhalten, so wird sie schwach, beugt sich, und der Staat fällt. — Hätte Frankreich einen Richelieu gehabt, so würden seine von Luxuswürmen durchgefressenen und von Wollust ausgemergelten Säulen nicht eingestürzt werden seyn. — Der Luxus hat die französischen Diener des Staats auf Raubsucht geleitet; daraus erfolgte der Druck und die Maschine fiel, und fiel so, daß Jahrhunderte vergehen werden, bis sie wieder aufgebauet wird.

So biographirte Cornelius im Reiche der Todten über die Staatsbedienungen. Ach! welcher Berg von Ungerechtigkeiten von Bedrückungen wäre zu sehen, wenn man alle Staatsiniquitäten anfhäufen möchte! — Gute Sitten des Volkes, gute Bezahlung der Staatsbeamter erhalten die Maschine. Gute und scrupulöse Christen sind in Finanzämtern den Philosophen vorzuziehen. Über die wahren Philosophen sollen über Industrie und über Ackerbau ministriren. — Frankreichs Revolution wird einen bedeutenden Einfluß auf alle Regierungen strahlen. Zwischen befehlen und regieren ist ein großer Unterschied. Man kann las befehlen, — und doch nicht regieren.

Man las hernach im Elysium die Zeitung von Brüssel Nro. 76 vom 22sten dieses Monats; man fand folgende auffallende Stelle darinne.

„Die Erklärung des Kaysers und des Königs
„von Preussen, welche sich am Ende des Schrei„bens, das die französischen Prinzen an ihren Kö„nig abgesandt haben, befindet, muß so angesehen
„werden, als wenn sie nicht geschehen wäre.

Was bedeutet dies? wie kann man daraus klug werden? — H'm! (hier schüttelte man die Köpfe und ich auch.)

Man muß freylich über solche Aufklärung von Seiten einer Hofzeitung staunen. Aber die Niederlande sind in dornigterer Lage, als sie jemals waren. Briefe von der Maas vom 25sten dieses melden folgendes: man wird es mit einer Art von Starr-

‍sen le,en, daß die Stände von Brabant, ungeachtet der
Nachgiebigkeit ihres Monarchen; ungeachtet der 25tausend Mann Truppen, die da stehen; ungeachtet ihrer Geschmeidigkeit, da die Oesterreicher eingerückt sind; daß
ungeachtet aller diesen Maasregeln Belgien mit Leopold
in der nemlichen Widerspenstigkeit steht, wie es vor 18
Monaten mit Joseph dem Zweyten gestanden ist.
 Die Stände haben sich fast mit Fäusten gegeneinander in der letzten Sitzung gebalgt, und haben endlich
doch beschlossen, daß sie keine Subsidien bewilligen wollen, wenn man die fünf Mitglieder, die als meineidig anerkannt sind worden, nicht in ihre Aemter wieder einsetzt. Daher entstehen die nemlichen Gährungen,
wie — Olim.
 Van der Noot korreipondirt mit seinen Kreaturen;
die Propaganda bläst das Feuer auf; Van der Mersch
ist von den französischen Patrioten ersucht worden, in
ihre Dienste zu treten. Alles ist so, wie es in den
Zeiten Josephs war; nur der Schauplaz ist geändert:
vorhers war in Holland und Preusen, jezt kommt der
Hauch aus Frankreich.
 Unterdessen liegen die Sachen jezt so, daß das
Gouvernement der Niederlande sich nach reifen Uberlegungen entschlossen hat, die Gerechtsamen des Souverains
mit Waffen gegen die ständischen Aufwiegelungen durchzusetzen. Alles ist dazu bereit, und — bald wird die
Spannung brechen.
 Vom Rhein vom 28sten dieses. — Die Auswanderung der Franzosen ist jezt so häufig, daß alle Städte,
Städtchen, und Dörfer fast voll sind. — In zwey Tagen wird das Manifest der Kayserin von Rußland in
Druck erscheinen.
 Man weis nun zuverläßig, daß sich die rechte Seite der Nationalversammlung nach Deutschland, die linke aber — nach England retiriren wolle. Viele Glieder sind schon in London, und haben bis lEnde May
Wohnungen gemiethet.
 Wien am 21sten Septemb.
 Wenn den von sonst guter Hand eingegangenen Berichten zu glauben ist, so hat es mit der zwischen Oesterreich und Preusen nun glücklich zu Stande gekommen

ten Verbindung eigentlich folgende zuverlässige Beschaffenheit. Es existiren darüber zwei besondere Urkunden, nemlich jene vom 20sten August, welche zu Wien von dem Fürsten Staatskanzler und dem nunmehrigen Generalmajor Grafen von Bischofswerder unterzeichnet worden, und jene von Pilnitz vom 27sten August unter der eigenhändigen Unterschrift des Kaysers und des Königs. Erstere Urkunde ist im Grunde nichts, als ein wechselseitiger Freundschaftstraktat, wodurch beyde hohe Theile zu Beseitigung alles künftigen Mißverständnisses, und der unglücklichen Folgen, die bisher nur zu oft daraus entstanden sind, sich eine immerwährende auf beyderseitige Nachfolger übergehende aufrichtige Freundschaft zusichern; sich jedoch vorbehalten, ihre ihige anderweite Verbindungen, in so weit solche ein, oder anderer Theil seinem besonderen Staatsinteresse für zuträglich halten sollte, beizubehalten, und in der Folge sowohl über das allgemeine Wohl Deutschlands, als ihre besondere Convenienz nähere Verbindungen zu treffen, zu welchem Ende sie sich nicht nur ihre beyderseitige dermalige Besitzungen garantiren, sondern auch gegen jeden Eingrif sowohl von innen, als von auffen zu vertheidigen wechselseitig verpflichten. Die zwepte Urkunde von Pilniz bezieht sich auf erstere, und enthält insbesondere die Nothwendigkeit, zu Handhabung der mit Frankreich bestehenden Friedensschlüsse sowohl, als zu Unterstützung der bereits gemachten, und noch zu machenden Vorstellungen die kräftigsten Maasregeln zu entwickeln, auch zu dem Ende die gesammten Stände des Reichs zum Beitritt, und Mitwirkung für den Fall einzuladen, wenn der Weg der gütigen Unterhandlungen ganz fruchtlos ausfallen sollte. Zweytens wollen beyde hohe Theile sich zum Vortheil der Thronfolge Polens zu Gunsten des Chursächsischen Hauses mit dem Hofe von Petersburg freundschaftlich und auf das baldigste einverstehen. Drittens behalten sie sich vor, ein oder den andern Theil ihrer izig- oder künftigen Erwerbungen nach Gefallen vertauschen zu können, so bald dabei eine gänzliche Gleichheit der Einkünfte, und Reichsverfassungsmäßige Ordnung beobachtet wird; zu welchem Ende sich beyde hohe Theile vorbehalten, sich sowohl untereinander, als mit den allenfallsigen weiteren Interessenten gütig'ich einzuverstehen, so wie Thierr tens wegen Verminderung der beyderseitigen Armeen, wann sol:ches ihre Verhältnisse gegen Auswärtige gestatten. Fünftens verspricht Se. Maj. der König von Preußen Sr. K. Hoheit dem Erzherzoge Franz seine Stimme zur römischen Königswahl, wie auch sich der Versorgung ein oder des anderen Erzherzogs, wenn solche auf eine Reichsconstitutionsmässige Art geschieht, nicht zu widersetzen; sondern vielmehr nach Thunlichkeit zu beförderu. Sechstens: Dagegen wollen Se. Maj. der Kayser ihre guten Dienste bei dem Hofe von Petersburg, und der Republik Polen wegen der Städte Danzig und Thoren, willig anwenden, so wie Siebentens: Se. Preußische Majestät die ihrigen bei England, und den Generalstaaten in Betreff der gewünschten Modifikationen der Konvention von Haag über die österr ichischen Nie erlande. — Auſſer dem sind noch einige geheime Artikel dabei, die aber noch nicht bekannt sind.

Biographie

Cornelius Nepos, ein lateinischer Geschichtschreiber und Biograph kam in Hostilia unweit Verona zur Welt, und lebte in dem goldenen Alter des August. Er war ein vertrauter Freund des Redners Cicero, und des Atticus, die in ihm den geschmeidigen schönen Geist und den aufgeräumten Karakter verehrten. Wir haben von allen seinen Schriften nur die Geschichte der berühmtesten Heerführer von Griechenland und von Rom. Dieses Werk ist mit einer eleganten Genauigkeit geschrieben. Cornelius säet auf seine Schriften Blumen, aber mit der grösten Sparsamkeit. Seine Anmerkungen sind treffend, glänzend, neu, und athmen Tugend aus; er giebt seinen Erzählungen das anziehendste Kolorit. — Man war lange Zeit in dem Wahn, daß Armilius Probus diese Geschichten geschri.b:n hätte. Aber dieser Armilius hat sie nur unter seinem Namen publiciren lassen, um sich bei Theodosius einzuschmeicheln. Die Engländer haben drey Übersetzungen dieses Werks, die Franzosen sieben, und die Deutschen vier. Aber die beste Übersetzung ist jene im Französischen ad usum Delphini zu Paris Anno 1674. Sie wird noch heutiges Tags in Bibliotheken gesucht.

Nro. 81. Freytag den 7ten October, 1791.

Beilage
zu
Politischen Gesprächen
der
Todten.

Politische Satyren.

Meine Morgenstunde.

Anton, man klingelt; sey er 'mal so gut, und schau' er, wer's seyn mag.
Ant. Ein Fremdling.
— Bin zu Befehl. Stühle und Koffe!
Der Fremde. Sie nennen sich — — —
— Geront: und Dero Diener.
Fremdling. Ich komme aus der Türkey, und habe ein Kompliment vom Pascha von Kahira bei Ihnen abzugeben.
— Vom Pascha von Kahira? Sie scherzen. — Womit kann man sie bedienen?
Fremdling. Erlauben Sie. Hier ist meine Anweisung.
— „Ihr alter Freund, Friedrich Alexander, Graf von Gersdorf, Pascha von Kahira"
Wie! Graf Gersdorf? Gott segne ihn! Er ist mir unvergeßlich. Mich freut, daß ich seine Verdienste belohnt sehe. Sie kennen ihn also? Er-

klären Sie mir doch, darf ich bitten, diesen Roman.

Frembling. Bin ein Schweizer von Geburt.
Mein Schicksal führte mich unter die Russen.
Nachdem ich mich in Zwiebeln und Pferdefleisch
satt gefressen und 301 Kantschuhiebe für eine
mislungene Desertion auf der blosen Haut hatte: so gerieth ich bei Martinieste in türkische Gefangenschaft. Von Station zu Station kam ich
nach Kahira. Einst besuchte der Pascha den
Bagno. Mein Schicksal rührte ihn. Er erinnerte sich, daß mein Bruder ehemals das Glück
hatte, ihn auf seiner Reise durch die Schweiz,
nach Würden aufzunehmen. Er vermittelte meine Entlassung, und versah mich mit einem Paß
und 150 Piaster, um nach Hans zu gehen.
— Daran erkenne ich den Grafen. Dies ist Er.
Frembling. Als ich ihm meine Reiseroute wies:
so fand er, daß ich hier pasiren müste. Er erinnerte sich seines hiesigen Aufenthalts, und trug
mir vorzüglich auf, Ihnen diese Karte einzuhän-
digen.
— Wie doch die Schicksale einander ablösen! Gott,
an welchen Fäden hängt unser Erde!
Frembling. Wie es scheint, so hatte der Pascha mancherley Schicksale. Nun ist er etablirt
und, ausser dem Podagra, vergnügt. Er hat
einen guten Posten, ein hübsches Harem und einen Keller mit griechischem Wein.
— Freund: noch kennen Sie den Pascha nicht
ganz. Er ist einer der grösten Reisenden von
Europa. Er hat alle Höfe gesehen, und ist
durch alle Labyrinthe der Welt gegangen. Man
sagt, daß er verschiedene Religionen versucht ha-

be. Itzt hat er die bequemste gefunden — Ein:
kommen und Ruhe.

Fremdling. Inzwischen soll er ein bigoter Mu:
selman seyn.

— Ich glaube es Ihnen, dann er ist klug. —
Däucht sie nicht, wenn man Pascha ist und ein
Serail hat: so ist's sehr leicht, Türk und bigot
seyn?

Fremdling. Bei Gott! leichter als den Rus:
sen dienen, und den Kantschu kriegen.

Berlin vom 20sten September. — Herr de
Gaffron, der lange Zeit als preusischer Minister zu
Konstantinopel residirte, hat sich alle Mühe gege:
ben, die Zubereitung der Materie zu den so genann:
ten damascener Sabeln — auszuspähen, und aus:
zustudiren. Er hat es wirklich dahin gebracht, daß
er die schönsten Damascener verfertigte, so daß
dieses Geheimniß, das so lange die Türken verbar:
gen, als eine neue Entdeckung enthüllt angesehen
werden könne. Seine Versuche darüber sind nun
in vielen Gegenden bekannt. Der König von Po:
len hat dem Herrn Gaffron deswegen eine mit
Brillanten garnirte Dose zugeschickt. Herr Gaf:
fron wird vermuthlich diese Entdeckung unseren
Künstlern mittheilen, und sie wird ein neuer Zweig
unsrer Handlung seyn.

Ankündigung.

Den 2ten November 1791 werden bei Herrn
geheimen Rath Helbron zu Trier hundert Fuder
Moselwein von verschiedenen durchgängig guten,
und zum Theil besten Orten und zwar:

Fuder.	—	—	Jahrgang.
2	—		1779
1	—		80

29	—	83
3	—	84
8	—	86
44	—	88
2	—	89
20	—	90

in öffentlichen freiwillige Versteigerung unter annehmlichen Bedingnissen ausgesetzt, welche bei der Versteigerung in einer gedruckten Lin den Herren Liebhabern bekannt gemacht werden sollen.

Gezogene Numern bei der 42sten Ziehung Kurpfälzischer Lotterie in Düsseldorf den 30ten September 1791.
1ster Zug : 22. Zwey und Zwanzig.
2ter Zug : 88. Acht und Achtzig.
3ter Zug : 32. Zwey und D.epsig.
4ter Zug : 60. Sechzig.
5ter Zug : 78. Acht und Sebenzig.

Die 43. Ziehung Kurpfälzischer Lotterie geschiehet zu Düsseldorf Freytags den 21. Oct. 1791.

Grünstädter Privilegirte Zahlen-Lotterie. Die 37ste Ziehung ist heute den 4ten Oktober 1791 unter Beysitz derer hiezu verordneten S. T. Herren Deputirten mit gewöhnlichen Formalitäten und gehöriger Accuratesse vollzogen worden, und sind folgende Numern aus dem Glücksrade erschienen:
Erster Zug: Nro. 68. Acht und Sechzig.
Zweyter Zug: Nro. 24. Vier und Zwanzig.
Dritter Zug: Nro. 86. Sechs und Achtzig.
Vierter Zug: Nro. 63. Drey und Sechzig.
Fünfter Zug: Nro. 46. Sechs und Vierzig.

Die Acht-und dreyßigste Ziehung geschieht den 11ten Oktober 1791. und so fort von 8 zu 8 Tagen.

Nro. 41.   Donnerstag den 6ten Oktober 1791.

Politische
Gespräche
der
Todten
über die
Begebenheiten
des 1791sten Jahres

„Anno 1663, — 30 die Maji Elector Bran-
„deburgi Fredericus Wilhelmus Borussiam ab ordi-
„ne Teutonico avullit, suamque dominationem re-
„giâ coronâ ibidem fixit; quidquid Papa & Ordo
„Teutonus in contrarium disputavere. — Hinc il-
„le titulus!

Aussichten ins Anspachische.

Die künftige Besiznehmung der Krone Preussen in An⸗
spach und Beyreuth, wovon die gegenwärtigen Anstalten
das Wahrzeichen zu seyn scheinen, beut dem Beobachter
einen dreyfachen Gesichtspunkt dar: 1 — in allgemeiner
Beziehung auf das deutsche Reich; 2 — in besonderer Be⸗
ziehung auf das Haus Brandenburg; 3 — in Beziehung
auf das Land selbst.

In Ansicht des 1sten Punkts ist diese Veränderung
dem deutschen Staatskörper offenbar vortheilhaft. Die
Macht und Sicherheit des Reichs gewinnt in gleichem

Grab — insofern die Lage dieser Länder ihren Besitzer gleichsam zum Schiedsrichter zwischen Bayern, Böhmen, Sachsen ꝛc. ꝛc. macht, und folglich das Friedenssystem in Deutschland befördert wird, — insofern sie die Kräfte des Reichs immer mehr concentrirt; insofern sie den Kriegsstand desselben erhöht, welches wahrscheinlicherweise eine von den Folgen der Besitznehmung des preußischen Hofs in Anspach seyn dörfte.

Was den besondern Vortheil des Hauses Brandenburg anbetrift, der ist allzuklar, um ihn zu verkennen. Die Erweiterung seines Ansehns und seine Gränzen, die Vermehrung seines Einflusses, der Landeswerth an und für sich selbst, sind unzweydeutige Züge. Das Haus Brandenburg vermehrt seine Staaten durch zwey blühende, produktenreiche und der Verbesserung ungemein fähige Länder. In seinem ganzen gegenwärtigen Umfang besitzt es vielleicht keine Provinz von diesem Werth. Es gewinnt durch diese Acquisition drey neue Stimmen auf dem Reichstag. Es wird in einem zweyten Reichskreise Beherrscher. Und der preußische Adler kann nunmehr seine Fittiche vom karpatzischen Gebirge bis an den Fichtelberg ausdehnen.

Ich will durchaus nicht behaupten, daß das Land unter der bisherigen Regierung minder glücklich war. Allein es ist Thatsache, daß der brandenburgische Unterthan verhältnißmäßig einer der gesetztesten in Deutschland ist. Man ist schon um so glücklicher, je größer und mächtiger der Potentat ist, dem man angehört, und je mehr man vor den kleinern Nekkereyen der Justiz, der Finanz, und ihrer Beamten gesichert ist. Allein ausserdem gewinnt jedes mindermächtige Land durch die Vereinigung mit einem größern in der Ausdehnung seines Markts, in der Eröffnung neuer Handlungswege, in der Verwerthung seiner Produkten ꝛc. ꝛc. Unendlich andre Vortheile nicht zu rechnen, die man von einer so räsonirten Staatsverwaltung, wie die preußische ist, zu hoffen hat.

Ah! Der Weltbürger und Menschenfreund wird hierunter für keinen der geringsten zählen, daß der infame Menschenhandel abnimmt. Von nun an, meine werthen Nachbarn, habt ihr nimmer zu fürchten, daß man euch nach Amerika oder Sibirien verkauft, um euch für Hänbey zu verbluten, die euch so wenig angehn als den Mann im Monde. Man wird euch nicht mehr ausheben, auf= pressen, nothzüchtigen, um, wie Mark Viehe, für bares Geld verkauft zu werden. Ihr werdet die Negern in Guinea nicht mehr um ihr Stickal b n ihen hörfen, mit deren Freyheit zwar die Barbarn, ihre Landesherrn, spie= len, aber mit deren Leben doch nicht.

Wie? man tadelt den Marggrafen — der alle diese Züge im Licht seiner Philosophie ohne Zweifel einsah — daß er sich von der Regierung entfernt hat? Was könn= te wohl ein Regent in unsern Tagen, da das Handwerk so sauer und so unerträglich worden ist; da wir es den Kronträgern so schwer machen, ruhig zu schlafen; — was könnte ein wohlberathener Regent Besseres thun?

Oder wäre er nicht eben so gut berechtigt, nach Ru= he und Glück zu schmachten, wie jeder Privatmann? Er hat seine Pflicht erfüllt, wenn er ein durch seine Regie= rung gesegnetes Land in kluge und wohlthätige Hände übergiebt.

Ja, wenn man so viel zum Besten des Publikums gethan hat wie Carl Alexander, so ist man, deucht mich, befugt, an sich Selbst zu denken. Und das schö= ne Loos Glückliche zu machen, welches die einzige be= neidenswerthe Sei e am Fürstenstand ist, wird vom Rei= ze der Freiheit überströsen.

Diese Aufsicht ist schön, ist nützlich, ist glänzend für Anspach. Aber ist sie auch so für Preußen? Anspach, abgesondert durch Sachsen und Böhmen von den preus= sischen Domainen, ist wie eine Kolonie, oder wie ein Landgut für die berliner Beobachter. Preußen müßte in diesem Lande Festungen anlegen; im Fall eines Kriegs seine Armee absondern; da hingegen Oesterreich in der böhmischen Masse konzentrirt, leicht derbe Ausfälle auf Bayreut machen könnte. Diese Betrachtungen haben ver= muthlich beide Höfe, jenen von Wien und jenen von Berlin, — dahin vereinigt, sich alle kolonienmassigen Besitzungen durch einen Tausch vom Halse zu schaffen. So deutet man auf die Niederlande gegen Bayern, und auf Anspach — gegen die Lausnitz, oder besser gegen Mecklenburg. Diese Vertauschungen sind freylich noch nicht ausgeführt; aber die politische Richtung beider Ka=

hinete wird dahin geleitet, daß sie, wenn die Ruhe in Europa ganz hergestellt ist, ausgeführt werden.

Anspach und Bayreut scheinen nach der politischen Lage dazu bestimmt zu seyn, einen eigenen Fürsten zu besitzen. Jeder grose Besitzer, er mag zu Berlin oder in Agra bei Gros Mogol existiren, würde die fränkischen und schwäbischen schwächeren Besitzer inkommodiren. — Am Ende wäre man gezwungen, von der Oppositions-Parthie die Bistümer von Wirgburg und Bamberg besetzen zu lassen, so daß Franken und Schwaben einer beständigen Kontrariätet gegen die Besitzer von Anspach ausgesetzt wären.

So las der alte Christian Margraf von Brandenburg, der erste Besitzer von Anspach, eine Schrift über die jetzigen Anspachischen Angelegenheiten. Die Zeit wird viel enthüllen, und es wird am Ende wahr seyn, daß die Grenzlinie, oder die Mark in Bayreut eigene Markgrafen haben werde.

Die Geister erzählten sich hernach andere politischen Ereignisse auf folgende Art:

Ein Schatten las ein Buch — und lachte. Wes ist es? schrie man. Ihren sie! — er las folgendes über die Epochen der Welt.

Kaprizze
Crispins,
des Thürhüters bei der Staatskanzlei zu Wien.

Man sucht Vergleichungen für den Staat? seit Aristotel, sagen Sie, meine Herren, wäre es die Manie der Philosophen? Die Einen fänden den Staat einem Vienenkorb ähnlich, die Andern einem Schiff, oder einer Uhr. Kein Wunder, daß es schwer hält, ein richtiges Emblem zu finden, weil die Politik so veränderlich ist, daß sie dem Beobachter unter den Händen entschlüpft.

Indeß habe ich's entdeckt. Ich bin der Natur auf die Spuhr gekommen: der Staat gleicht einer Perulke. Sie lachen? Belieben Sie einen Blik auf die Geschichte der Perukken zu werfen. Die Politik geht nach, gerade in gleichem Schritt mit ihr.

Das Haar wild, verwirrt, schmuzig. Dies ist die Epoke der Staaten vom Chaos an bis auf Saturn — oder Zohi — oder Hermes — oder Seies — oder Bra=

uns (wie's beliebt). Erste Stufe der Perüken — und der Gesetze.

> Mutum ac turpe pecus,
> Donec verba, quibus voces, sensusque notarent,
> Nominaque invenere — — —

Folgt die Epoke der Herkuleße und der Semiramiden. Zweyter Zeitpunkt der Sitten und der Staaten. Halbwilde Welt. Man lernt die Haare kämmen, Städte bauen.

Dritte Menschenstufe: Rom und Attika — oder Numa und Solon. Man beginnt die Haare zu schneiden, und die Gesetze zu lesen.

Alter der Griechen. Höhe der Kultur. Epoke der Schminke, der Salben und der Koeffüre. Größte Verfeinerung in den Haaren — und in den Regierungen.

Mit der Erfindung der Schleyer und des Machiavellism, unter der Regierung Augusts und seiner Nachfolger, fällt der gute Geschmack, sowohl in der Frisur als in der Politik, wieder.

Und gerät b, unter den Barbarn, den Gothen, Vandalen, Scythen ꝛc. ꝛc. in gänzlichen Untergang. Sechste Epoke.

Das Jahrhundert der Medizäer und Karlovinger, ist jenes der Regeneration und der Gesetze und der Köpfe. Siebente Stufe der Perüken.

Auf selb gesehen wir Uebermaß der Kultur folgen; verschrobener Geschmack; Kräuselen; Unnatur; Ueberladung; Steifigkeit; Pedanterey; Groteske — mit einem Wort: Allongeperüken, das sogenannte Siecle de Louis XIV.

Sie wissen, meine Herren, wie sehr die Politik diesem Bild ähnlich war, bis zum gegenwärtigen Zeitpunkt, welchen man die Epoke der Natur und des reinen Geschmacks nennen kann. Beyd ä remlich, Haare und Grundsätze, tretten in ihre natürliche Ordnung, in die Ordnung der Einfalt, der Wahrheit und der Kunstlosigkeit. Die Frisöre in beyden Fächern kommen aus der Mode. Man liebt weder Schleyr noch Schminke mehr. Die Köpfe bilden sich zu gleicher Zeit von innen wie von außen.

Ich möchte wohl Denjenigen unter Ihnen, meine

Herren, so wie Sie hier im Saal versammlet sitzen, sehen, welcher mir dieses Probestuck zu verwerfen gedachte. Ja, ich wage, mir vielmehr zu schmeicheln, es dörfte der Ausführung einer ihrer Federn werth seyn.

Erinnern Sie sich, ich bitte daß überall wo die Haare schlecht verschnitten, oder die Perucken vom alten Ton sind, auch die Regierung überorganisirt ist: Beweis die Türken, die Polen, die Wälschen und die Schweizerrepubliken, das heutige Rom und die deutschen Reichsstädte. Je mehr hingegen die Tracht der Haare sich der Natur und des Bon-Sens nähert, desto lichter sind da die Köpfe, wie z. B. in England, in Neu=Frankreich, im vereinigten Amerika, und bei Uns.

Koblenz vom 6ten dieses.

Der Landgraf von Hessen Kassel war hier bei den Brüdern des Königs von Frankreich. Er hatte die Marschroute, die die Oesterreicher 30,000 Mann an der Zahl nehmen, mitgebracht.

Heute sind folgende Nachrichten aus Paris von 1. dieses eingegangen:

Man weis, daß der Abt Maury am 29sten Sept. der Nationalversammlung mit Ungestüm zusetzte, daß sie eine genaue Rechnung der verschwundeten Geldern ab legen sollte. — Man riß ihn von der Tribune hinunter; Herr Malouet schrie, daß man der Wahrheit und der Redlichkeit Gewalt anthüne; daß es der Deputirten bei der Versammlung ihre Pflicht wäre, ihre Verwaltung dem Volke und der Nation darzustellen. — Aber es half nichts. Malouet und Maury wurden misgehandelt. Man ließ am Ende den Abt nicht einmal sprechen; es war eine Verwirrung, die ziemlich einer Bierschenke glich.

Am ersten versammlete sich das Volk vor der Behausung des Abts Maury. Er kam aus seinem Zimmer, und ein Deputirter dieses Volks sprach auf folgende Art zu ihm:

Herr Abt Maury! Sie haben die Rechte der Rechtschaffenheit vertheidigt; sie haben im Namen des Volks sprechen wollen, man hat sie nicht zur Rede kommen lassen. Wir wissen alles. — Aber Herr Abt! sie werden am 3ten Oktober in die Versammlung gehen; wir werden sie als Beschützer des Volks vorhero wählen und ausrufen. — Sie werden sprechen, die Versammlung wird sie hören müssen, dann sie werden im Namen des Volks, und als dessen Peschützer sprechen. Sie werden die Versammlung in unserem Namen zur Ablegung der Rechenschaft auffordern. Wir werden gegenwärtig seyn; und wenn sich einer unterfanget, ihnen zu widersprechen, so wollen wir die ganze Versammlung züchtigen. Es soll kein Deputirter abgehen und Paris verlassen, bis die Rechnung abgelegt ist.

Wien vom 28sten September.

Laut neueren Nachrichten von der Flotte des russischen Kontreadmirals Utschakow hat derselbe am 4ten August alten Stils (folglich 2 Tage nach der letzten Seeschlacht unweit des Kap Kalkerach ein Boot mit 8 Türken treiben gesehen, die derselbe an Bord genommen, und von ihnen erfahren, daß sie die einzigen Ueberbleisel des in der Nacht vom 11ten auf den 12ten August zu Grunde gegangenen Türkischen Linienschiffs Fatime von 72 Kanonen, und daß ausserdem noch 2 Türkische Schebecken unweit von ihnen gesunken, deren Mannschaft sich aber an die anatolische Küste gerettet habe.

Noch ist es ungewiß, welchen Tag der Kayser in Wien wieder eintreffen werde. Seine Maj. wollen Ihre dermalige Anwesenheit im Königreiche Böhmen dazu benutzen, die innere Verfassung desselben durch persönlichen Besuch mehrerer Kreise näher kennen zu lernen, zugleich auch das Marggrafthum Mähren zu besuchen. Man hofft große Promozionen im Militairstande, wodurch zugleich viele Generalspersonen in den Ruhestand versetzt werden sollen. Der zu Galacz erfolgte tödtliche Hintritt des Prinzen Karl von Würtemberg, Bruders der Großfürstin von Rußland und Weil. der Erzherzoginn Elisabeth, wird hier allgemein bedauert.

Die berüchtigte Merikourt ist nun wohlbewahrt von Rußland hieher gebracht worden, um derselben ihren Prozeß zu machen.

Paris vom 3ten dieses.

Der König hat an alle Höfe die Annahme der

Konstitution bekannt machen lassen. — Es ist eine ausserordentliche Auswanderung aus dem Reiche. — Heute sind schon viele Erwählte für die zukünftige Versammlung im Saale erschienen. — Alles geht nach Wunsch — nächstens mehr.

Biographie.

Christian Markgraf von Brandenburg dritter Sohn des Churfürsten Johann Georg kam am 30sten Januar 1581 zur Welt. Er bekam von seinem Bruder Joachim Friedrich diejenigen Landgüter, die er in Franken von seinem Vetter Georg Friedrich Markgrafen von Anspach geerbt hatte. Er starb am 30sten May 1655. — Die Genealogisten und die Geschichtschreiber leiten den Ursprung des Hauses Brandeburg aus verschiedenen dunklen Quellen her. Einige sagen, daß der Stamm dieses Hauses einem Italiänischen Fürsten, Namens Colonna, dem der Pabst Paskal der Zwepte seine Besitzungen in Italien abgenommen, und den der Kaiser Heinrich der 5te in Schwaben belehnt hatte, seine erhabene Existenz zu verdanken habe. Andere behaupten, daß die Familie Brandenburg von den alten Guelphen herstamme, daß also das Haus Brandenburg den nemlichen Stammbaum, wie die königliche Familie von England, nemlich die Familie Este — herquellen lassen wolle. — Noch andere glauben, daß Brandenburg, Oesterreich, und Baden aus dem alten Hause des Elsasses insgemein sich behaupten können. — Unterdessen ist die neuere Herstammung unirrbar, wenn man nemlich die Familie Brandenburg von den Zeiten eines gewissen Dancho, Grafen von Zollern oder Hohenzollern, der ein Sohn des Tassillo, Grafen von Hechingen war, einsäelt. Das kayserliche Haus, und besonders das Haus Oesterreich, da es die Kayserwürde an sich firirte, that alles mögliche, um das Zollerische Haus zu erheben. Dieß gelung über seine Erwartung, wie man es bei der Konvention von Reichenbach wahrnehmen kann. Friedrich der Einzige, Friedrich der Philosoph im Kabinet, Eroberer im Felde, hat diese Erwartung so weit übertroffen, und erhoben, daß eine Reue darauf folgte. — Aber alles geht nach dem wahren Gang der Menschheit: Heut mir, morgen dir.

Nro. 10.   Montag den 3ten October. 1791.

Beilage
zu
Politischen Gesprächen
der
Todten.

Ankündigungs-Herold.

1mo. Litteratur —

In Koblenz ist herausgekommen:
1) Schreiben des französischen Adels an die Kayserin von Rußland, — unterschrieben von tausenden Edelleuten, als eine Antwort auf das von der Kayserin an diese Edelleute erlassenes Anschreiben.
2) Schreiben eines französischen Publicisten an einen deutschen Publicisten: — einen Kongreß, der zu Aachen zusammenkommen würde, betreffend.

2do. Handlungs-Nachrichten.

Die Regierung zu Manheim hat 30 pro Cento auf alle französischen Waaren gesetzt.

Die letzten Briefe aus Leipzig versprechen eine ausserordentlich gute Michaelis-Messe.

3tio. Ankündigungen.

Ankündigung einer deutschen Zeitung, die neue französische Staatsverfassung betreffend. —

Journal der nenen Staatsverfassung von Frankreich für das Ausland

Es enthält folgendes: und wird

1) Eine detaillirte Nachricht von den in der Natio=
nalversammlung gemachten Berichten, Motionen, Debat=
ten und Dekreten liefern.

2) Aus dem reichen Vorrathe von Begebenheiten,
die in jedem Departement verfallen, nur die ausheben,
welche allgemein interessiren können, und vorzüglich die
Stimmung der Nation und der Parteyen ins Licht se=
tzen.

3) Von Schlüssen, Proklamationen u. s. f. der Ver=
waltungskorps, und von Urtheilen der Tribunale die mit=
theilen, welche vorzügliche Beweise von der Vollziehung
der neuen Gesetze, oder ihren Vortheilen und Unvollkom=
menheiten geben, oder durch Veranlassung oder Inhalt
sich ein allgemeines Interesse versprechen dürfen.

4) Bisweilen werden sie in eigenen kleinen Abhand=
lungen die Meinungen der verschiedenen Parteyen über
ein neues Gesetz zusammenstellen, die ihrige etwa beifü=
gen, die Mißverständnisse und irrigen Vorstellungen, die
sie in deutschen, sonst mit dem Beifall des Publikums
beehrten, Journalen antreffen, berichtigen und dergl.

5) Sie würden, wenn sie sich durch den Beifall des
Publikums, in Ansehung der aufzuwendenden Kosten ge=
gen Verlust gesichert sehen würden, von merkwürdigen
Memoiren, Abhandlungen und weitläufigern Schriften,
welche die neue Gesetzgebung betreffen, theils gedrängte
Auszüge, theils Uebersetzungen liefern.

6) Sie werden den Pariser Cours mit den ausländ=
dischen Handelsstädten, den Cours der dasigen öffentli=
chen Effekten, und endlich den Buchstaben der zu bezah=
lenden Renten (Nachrichten, welche gewiß einen großen
Theil der Leser interessiren) beyfügen.

Dies Journal fängt mit der Eröffnung der zweyten
Legislatur an. Die Quellen der beyden ersten Artikel
sind die besten öffentlichen Pariser Blätter, und zuver=
läßige Correspondenz zum Theil selbst mit Männern, die
Mitglieder der zweyten Legislatur seyn werden. — Die
Redakteurs werden, in Rücksicht auf die zu 1, 2, 3 und
5 gehörigen Arbeiten, blos Referenten seyn, und sich alles
Parteynehmen untersagen, ihr eigenes System zu verges=
sen suchen und als Geschichtschreiber sich eben so wenig
politische als religiöse Vorliebe für Parteyen, Menschen

über Meinungen erlauben. Desto freymüthiger, doch mit all der moralischen Würde, welche der politischfreye Mann nicht vergessen darf, und die ihn wie zu persönlichen Beleidigungen. Schimpfen, Anschwärzen u. dergl. herabsinken läßt, werden sie in den Abhandlungen sprechen, welche unter die vierte Rubrik gehören.

Das Journal soll täglich aufser Sonntags, erscheinen, damit die Nachrichten den Reiz der Neuheit behalten. Man wird jedesmal einen halben Bogen in Median-Quart, auf sauberem Papiere, mit den nemlichen Charaktern, mit welchen gegenwärtige Anzeige gedruckt ist, liefern. Sollte das Blatt so viel Unterstützung finden, daß auch die fünfte Rubrik statt finden könnte, so würde das, was zu dieser gehört, in ausserordentlichen Blättern unentgeldlich beygeleget.

Dieses Journal kostet jährlich in Straßburg 24 Liv., halbjährig 12 Liv. Man kann sich allhier zu Anfang jedes Monats darauf in der Akademischen Buchhandlung, in der Schlossergasse, abboniren. In Deutschland wendet man sich an das ihm zunächst liegende Postamt welches seine Bestellungen an das Kayserl. Reichs-Postamt in Kehl übermachen wird.

Der in hiesigem Hochstift Essen gelegene, den Freiherrl. Erbgenamen des Domkapitularen Freyherr von Wenge zuständige allodiale und freie Rittersitz Dick mit angehörigen Landtagsansehn oder Jagds-Viehtrifts und mehreren Gerechtsamen, wie auch dem Haupthaus, einer abgesonderten Schönet Brauhaus mit Anbau und Nebengebäude wird samt 98 Morgen 54 Ruthen adelich freye Grundstücke, den Mehrestbiethenden öffentlich jedoch aus freier Hand am Donnerstag den 27sten Octobr. laufenden Jahrs 1791 ausgesetzt. Zugleich auf die unweit Starkrade im Erzstift Köln gelegene Eisenhütte, welche mit Schmelz Wohne und Formhaus, Magazin, Kohlschoppen und Garten versehen ist,

und noch im vorigen Jahre bei 600 Rthlr. an
Pacht ausgetragen hat, Geboten angenommen wer:
den. Lufttragende zu ein und anderes können in
obgemeldeten Termin auf dem Haus Dick selbst sich
einfinden, und die Bedingnisse vernehmen, auch
früher nähere Nachricht haben bei Unterzogenem.
J. H. Mazza Regierungs-
Advokaten in Koblenz und
P. A. Druge abjungirten Landgerichts-
schreiber zu Essen an der Ruhr als
Mandatarien.

Jeudi 27 Octobre de l'année courante l'on
exposera en vente publique au plus offrant & au
dernier encherisseur la maison & Seigneurie libre
allodiale de Dick située dans le territoire d'Essen
& appartenant aux heritiers nobles du feu cha-
noine capitulaire le Baron de Wenge avec les
dro'ts & privileges y annexes tels pue celui de
depuré à l'assemblée des états, de chasse, de pa-
turage consistant dans un corps de logis, une
grange separée, une brasserie avec d'autres bâ-
timens y requis & en 89 arpens & 54 verges de
terres libres; le mems jour on admettra aussi la
houille d'une forge avec la fonderie, le batiment
& les appartenances comme magazin, remises au
charbon, & jardin qui l'année passée a encore
rapporté 600 écus de cens, située dans le dioce-
se de cologne dres de Stackerade. Lés amateurs
de l'une ou de l'autre sont priés, de se trouver
le jour susdit dans la dite maison de Dick pour
y aprendre les condition ou de s'addresser
préalablement à cet effet aux Sousignés.
   I. II. Mazza Advocat de Re-
    gence à Coblence &
  P. A. Druge Secretaire ajoint de la Jus-
   tice d'Essen comme mandataires.

Nro. 40. Dienstag den 4ten Oktober 1791.

Geheimer
Brief-Wechsel
zwischen den
Lebendigen und den Todten.

Prinz Karl Friedrich von Württemberg aus dem Reiche der Todten — an die Großfürstin von Rußland.

Elysäum am 4ten Oktober.

Es war der schönste Abend, da ich in Elysäum angekommen war. Ich eilte in den heiligen Hayn, wo die Schatten sich zu versammlen pflegen. Ich sah tausende und tausende hin und her wandeln. In einem Gebüsch hörte ich eine Stimme, die ich zu erkennen glaubte; ich schlich mich hin, o Himmel! welche Wonne! — es war meine zärtliche Schwester Elisabeth; sie saß unter Gratien, und sang. — Ich erschien; sie erblickte mich; — o mein Bruder! schrie sie, o Karl! du hier? du hier? du aus der Oberwelt? sie fiel mir um den Hals; — ach Schwester! o Großfürstin! — unsere gute Elysabeth fragte nach dir; fragte wie es dir gehe, — und diese Wonne kann ich dir nicht beschreiben, die ich bey dieser Vereinigung fühlte.

Am anderen Tag führte mich unsere gute Elysabeth zum Kapser Joseph. Ich sah ihn in der Gesellschaft des Friedrichs von Preusen, des grosen Laudons und anderer grosen Helden. Er umarmte mich, wünschte mir Glück, daß ich in die Wohnstätte der Ruhe und der Seligkeit angekommen. Ach Karl, sprach er rührend zu mir, ich war Monarch, — und ich war nicht glücklich. Wer soll also auf jener Welt ein Glück erwarten? — Dies ist die anpassendste Lehre für jeden, den ein Schicksal drückt: — Monarchen sind nicht allezeit glücklich, wie sollte ein anderer glücklich seyn?

O Schwester! Ich habe die Welt verlassen, der Tod ließ mir keine Zeit unserer Familie, meinen Eltern, meinen Geschwistern, meinen Freunden und — dir ein ewiges Lebewohl zu sagen. Erlaube mir, daß ich es jetzt thue, jetzt jenseits des Grabes aus den Wohnstätten der Ruhe. Sage der grosen Katharina, daß ich gewünscht habe, unter ihren Siegern zu sterben; der Tod hat mich da verschont, ungeachtet ich ihm unter Feuer und Schwerdt entgegen gieng. Sage meinen lieben Eltern, daß ich ihre Liebe und ihren Seegen mit ins Grab genommen; daß mir ihre Erinnerung — auch im Elysäum eine Pflicht bleibt. Sage meinen Brüdern und Schwestern, daß ich sie liebe. — Danke in meinem Namen unserem Vater, und unserer Mutter für ihre Liebe für mich. — Und du, o liebe Schwester! trokne deine Thränen ab, ich bin in der Seligkeit bei meiner Schwester Elisabeth. Die Ewigkeit wird uns einstens alle vereinigen, und dann werden wir uns sehen, dann werden wir uns lieben, dann werden wir erst glücklich seyn.

Solltest du es wohl glauben, liebe Schwester! — die Schatten hier beschäftigen sich gröstentheils mit Erzehlungen der Begebenheiten aus der Oberwelt. Eben kam Merkur aus Frankreich, und erzählte den Geistern folgende Neuigkeiten:

Koblenz vom 2ten October. — Täglich kommen noch mehrere Franzosen allhier an. Es herrscht eine sonderbare Stille über die Angelegenheiten Frankreichs. In Schönbornslust wird stark gearbeitet — in der Politik. Es werden Kourriers abgeschickt, und es kommen viele an. Der Spanische Bothschafter, Herr Nunez hat Paris verlassen, und geht nicht nach Spanien, sondern nach Brüssel. Man sagt, daß er hieher kommen werde. — Diese Stille deutet auf grose Folgen. Man weitet, daß bis November alle Franzosen die hiesige Gegend verlassen. Aber man weis nicht, ob sie mit Gewalt oder mit Vergleich in ihr Vaterland zurückkehren.

Die Begebenheit von Arles, über welche viele französische Blätter gekannengiesset haben, entwickelt sich nun mit Bedeutenheit. Herr Lieutaud kommandirt wirklich zu Arles, hat 24tausend Mann, und hat unlängst durch eine anbekante Tartane (eine Art Schiffe im mittländischen Meer) 36 Kanonen mit vieler Munition erhalten. Der französische Patriot (ein Tagsblatt zu Paris) gesteht es selbst, daß die Widersetzlichkeit der Stadt Arles gegen die Nationalgarden eine derbe Konsistenz bekommen könne. Dann Arles liegt an der Mündung des Rhone, kann sich eine Kommunikation mit Savoyen und mit der Schweiz eröffnen, und kann von der Meerseite aus Spanien unterstützt werden. — Hier kann leicht das erste Zeichen zu weiteren Vorschritten gegeben werden.

Die drey Pagen, welche den König nach Varennes begleitet haben, wo sie gefangen wurden, sind bei uns in Koblenz angekommen — Sie haben vom König Abschied genommen, welcher ihhen folgende bedeutende Worte sagte: — Gehet, meine Freunde, gehet nach Koblenz zu meinen Brüdern; sie werden euch recht wohl aufnehmen.

Diese Woche werden noch hier zwölf Pagen des Königs erwartet.

Der Russische Gesandte zu Paris hat von der Kayserin Ordres erhalten, sich aus Paris zu entfernen.

Auch die Leibgarden, die mit dem König bei Varenne gefangen sind worden, sind in Deutschland. — Täglich werden die Auswanderungen von allen Seiten häufiger.

Die Nationalversammlung hat es freylich bewilligt, daß Jedermann aus und nach Frankreich reisen könne, ohne angehalten zu werden. Aber sie hat es wegen ihrer selbst gethan, damit diese Herren nach England, wohin sie ihr Geld geschickt haben, frey passiren können.

Schreiben eines kayserlichen Officiers an seinen Bruder am Rhein.

„Ich schreibe dir eben, lieber Bruder, auf
„dem Marsche. Wir marschieren also. Ich hoffe
„dich bis zu Ende Oktobers zu umarmen. Wir
„werden über den Hundsrücken marschieren, folg-
„lich kannst du zu dieser Zeit allda eintreffen. Ich
„glaube, wir werden die ersten seyn, die in eue-
„rer Gegend einrücken. Nach uns folgen gleich
„die Koburgs Helden, und dann kommen die Kroa-
„ten. Die Artillerie und die Munition ist mei-
„stens durch Tyrol vorgerückt. Es kommt aber viel
„Kavallerie; ich hoffe ꝛc. ꝛc."

Nach diesem Schreiben wäre es also gewiß, daß die Oesterreicher marschieren. Aber es giebt noch viele Zweifler, die den Kopf darüber schütteln.

Schreiben aus Hamburg vom 24sten Sept. — Ich komme eben aus Stockholm, und was ich mit meinen Augen gesehen, das laß ich mir nicht abdisputiren. Es ziehen sich 10 bis 16,000 Schweden bei Karlskrona zusammen; ich habe zwey Garderegimentern dahin marschieren gesehen, mit meinen Augen gesehen, mit meinem Maul mit ihnen gesprochen, mit meinem Leib und Seele mit den Officiers auf dem Wege gespeist. — Sie erzählten mir alle, daß sie zu Karlskrona eingeschifft werden, und daß sie nach Frankreich gehen. Sie sagen, daß sie bis 20sten Oktober zu Ostende auf die Gesundheit des Königs von Frankreich zu trinken hoffen. — Wer mirs nicht glauben will, der gehe hin, wo ich war, und begufe alles mit seinen Augen, wie ich es mit den meinigen begukt habe. Nächstens etwas mehr darüber. ꝛc. ꝛc ꝛc.

Um Himmelswillen! lasset uns doch dem Manne Glauben beimessen. Wir gehen ja doch nicht hin, nicht wahr?

Paris vom 28sten dieses. — Zwey Priester haben der Municipalität von Paris bekannt machen lassen, daß, weil die Versammlung die Ehe nur als einen civilen Vertrag dekrerirt hat, — sie, diese zwey Priester also, kraft ihres Bürgerrechts sich entschlossen haben, einen solchen civilen Vertrag einzugehen, und daß sie also geheurathet haben. — Um Himmelswillen! laß uns diese Neuigkeit verschweigen, sonst werden alle unsere Geistliche patriotisch. —

Man schreibt aus Perpignan, daß ein spanisches Regiment die Municipalität des pyrenäischen Gebirge fragen ließ, ob Frankreich ein fremdes Regiment in seine Diensten nehmen wolle.— Die Municipalität hat geantwortet, daß die Allianz zwischen Spanien und Frankreich, und die gegenseitige Freundschaft und Einverständniß es nicht erlauben, ein spanisches Regiment zu eff=motiren. — Das spanische Regiment ließ durch Spionen aufs neue anfragen, ob nicht einzelne Soldaten in Dienst Frankreichs kommen dörften. — Das Departement gab keine Antwort. — Aber am andern Tag kamen 200 spanische Soldaten mit Tambour und Pfeifern, und bothen sich an, französische Dienste anzunehmen.

Das französische Blatt, welches diesen Vorfall meldet, sagt ausdrücklich, daß die Emissarien in Spanien gute Dienste der Propaganda leisten, und noch bessere leisten werden. Ehe vier Wochen vergehen, werden die Wallonischen Regimenter noch anderes Zeug anfangen. Sie sind, heißt es darinne, alle bereit, sich in unser Land der heiligen Freyheit zu retiriren.

Ein guter Beobachter schreibt aus Paris, daß die Klubs 6000 Spionen in allen Gegenden von Europa unterhalten, und verhältnißmäßig nach ihrer guten oder schlechten Ausspähung bezahlen. In allen Städten, bei allen Höfen, ja in den Wohnungen, in der Mitte der französischen Auswanderer selbst, sogar bei den Brüdern des Königs sind verschiedene Ausspäher, und die Propaganda hat alle Tage die geheimsten Vorkehrungen der Höfe — auf dem Tische.

Paris vom 26sten dieses. — Das berühmte Schreiben der königlichen Prinzen an den König hat hier keine Sensation gemacht. Man betrachtet es, als wenn es nicht angekommen wäre, und die Nation wird keinen Gebrauch davon machen, weil die darinne angefügte Erklärung des Kaysers und des Königs von Preußen nicht nach den Diblomatischen Maaßregeln eingegeben ist worden. Solche Erklärungen müssen erst von den Bothschaftern beyder Mächte eingereicht seyn, und — dann erst wird man wissen, was darauf zu antworten ist.

Unterdessen aber hat doch die Versammlung folgende drey Dekrete publicirt, und zum Gesäz gemacht:

1mo). Alle Diejenigen, die eine Protestation, oder einen anderen dergleichen Akt, wodurch sie erklären würden, daß die jezige Konstitution nicht das alleinige Gesaz des Reichs wäre, unterzeichnet haben, oder unterzeichnen würden, können zu keinem öffentlichen Amt ernannt werden; und wenn sie in einer Landspflicht wirklich wären, so werden sie gleich daraus entlassen.

2do). Alle Diejenigen, die eine dergleichen Protestation unterzeichnet haben, werden schuldig seyn, in Zeit von einem Monat — von der Publikation dieses Dek-ets an, widerrufen, sonst haben sie zu gewärtigen, daß man sie nach dem Inhalt des vorigen Dekrets behandle.

3tio). Der König wird ersucht, der Versammlung in Zeit von sechs Wochen bekannt zu machen, welche Maasregeln er zur Ausführung dieser Dekrete genommen habe, oder genommen haben wolle.

Biographie

Prinz Karl Friedrich, Heinrich von Würtemberg-Stuttgard, Bruder der Großfürstin von Rußland war der sechste Sohn unter den Kindern des Prinzen Friedrich Eugenius von Würtemberg, Bruders des regierenden Herzogs von Würtemberg. Er war am 3ten May 1770 gebohren; er starb dieses Jahr am 23sten August zu Galaz, und hatte folglich nur 21 Jahre dieses revolutionirenden Weltlichts erlebt. Er war General-Major in russischen Diensten, und war eben in der siegreichen Bahn des Mars, da ihn der unerbittliche Tod durch ein sechs Tage dauerndes hitziges Fieber von dem Wege der menschlichen Gröſe in die Ewigkeit geriſſen hat. Seine Tapferkeit, ſeine Herzhaftigkeit, ſein Muth, und die Blume ſeiner militairiſchen Tugend, die er in dem Türkenkrieg — gepflanzt hat, hätten ihm eine Ernte von hohen Lorbern erzeugt: aber er ſtarb — im Bette an einem Fieber, da er den Kanonen, und der Türkenwuth — den muthigſten Trotz geboten hat. Er war ein vertrauter und eifriger Freund des ruſſiſchen Militärs, und rettete manchen Unglücklichen durch ſeine Freygiebigkeit. Er lebte einfach, und faſt wie ein gemeiner Soldat, und war des geringſten Soldaten ſein Freund. Er pflegte zu ſagen: — die aufrichtige Kameradſchaft iſt der gröſte Grund der militairiſchen Zufriedenheit; — wir ſind alle Brüder — im Martis Felde.

Ankündigung.
Medicinisch-chirurgiſche Zeitung.

Um den Klagen der Aerzte und Wundärzte Deutſchlands vollkommen abzuhelfen, daß bei vielen Buchhändlern dieſe Zeitſchrift entweder gar nicht, oder erſt ſehr ſpät zu haben ſey, ſo haben wir die Veranſtaltung getroffen, daß wir allen Jenen, die auf den Jahrgang 1792 mit 10 fl. Reichsgeld oder 5 Rthlr. 13 Gr. pränumeriren, jedes Quartal den herausgekommenen Band ſogleich ohne Zeitverluſt durch die fahrende Poſt, und zwar ganz portofrey, ſo weit es nur immer möglich iſt, zuſenden. Wer auf ſechs Exemplare pränumerirt, bezahlt nur für fünf. An Statt baaren Geldes können auch Anweiſungen an Kaufleute in Augsburg, Berlin, Frankfurt am Main, Leipzig, Nürnberg, oder Wien eingeſandt werden. Wer aber dieſe Zeitung poſttäglich zu erhalten wünſcht, muß ſich an das, ſeinem Orte zunächſt gelegene löbl. Poſtamt wenden. Einzelne durch Verſehen der Poſtämter verloren gegangene Stücke werden, wenn ſich die Leſer innerhalb vier Wochen melden, wieder erſetzt. Auch ſind noch vollſtändige Exemplare von den Jahrgängen 1790 und 1791 zu haben.

Med. chir. Zeitungscomtoir
in Salzburg.

Nro. 84.   Montag den 17ten October. 1791.

Beilage
zu
Politischen Gesprächen
der
Todten.

Ankündigungs-Herold.

Imo. Litteratur.

Defence of the Constitution of the United States of America T. 3 Letter 6 pag 284.

Vertheidigung der Konstitution der vereinigten Staaten von Amerika.

John Adams, Vize-Präsident des Amerikanischen Kongreßes, schreibt folgende Stelle über die Nationalversammlungen, die sich ein Volk kreiren würde:

„Unter allen möglichen Regierungsformen ist die Oberrherrschaft, wenn sie auf einer einzigen Versammlung ruht, die lockendeste Art, die Eigenliebe, das persönliche Interesse, und die Intriken sucht zu sättigen. Mit mittelmäßigen Talenten, mit Kabalen, mit einigem Vermögen, mit Ränken, mit Subtilitäten kann sich jeder — auch der verdorbenste Mensch — den Weg zu dem Stuhl der Gesetzgebung bahnen. So bald man einmal auf diesem Stuhl sitzt, so hat man die Emolumenten des Staats, die Vergebung der Aemter, die allgemeine Staatskasse — im Sacke. — Die Richter und die Gerechtigkeits-Verwalter sind Kreaturen der Ränke, und der einigen Versammlung; alles gesetzliche Ansehen, alle ausübende Gewalt werden usurpirt, verdreht, und prostituirt. Die Unschuld und die Tugend können keine Sicherheit haben, als unter dem Schirm der Häupter und der Verschwornen. Man wird Gesetze verdrehen, um diejenigen, die sich der Ränkensucht widersetzen, gesetzmässig zu verfolgen. Da nun auch der Staats-Schatz dem nemlichen Gange untergeordnet ist, so werden die Häupter nach den nemlichen Grundsätzen das Blut, das Vermögen des Volks verschwenden. Man wird keine Gunst im Staate erlangen können, als durch den Schleichweg der einzigen von Niemanden eingeschränkten Kammer; Pensionen, Belehnungen, Ehrenstellen werden von dieser einzigen Quelle hersprudeln. Denjenigen, die dieses Götzenbild nicht anbeten, wird der Weg zu der Staatsgunst verschlossen."

"Bei dieser Lage werden die Aerzte und die Advokaten ihre Berühmtheit von den Häuptern dieser alleinmächtigen Versammlung ziehen, so wie auch die Theologen. Ihre Praxis, ihre Bedeutenheit, — folglich die Kurirung des Leibs, der Seele und des Eigenthums werden von der Versammlungsmehrheit — von Ränken abhangen. — So gar die Theater-Helden und die Theater = Nympfen werden sich nach dieser Politik einschrauben lassen. Das Theater wird die Vorstellung der populairen Ränke darstellen. — Die Preßfreyheit, die sonst bei wohlgeordneten Regierungen die Opinionen formt, wird der allmächtigen und allein gouvernirenden Parthie — das stinkendeste Opfer darrauchen müssen. Also wenn der redliche Theil seine gerechten Grundsätze, seine Bedrückung, — seine Uebermältigung von Seiten der Verschwornen hinschildern wird wollen, so empören sich die Faktionenhäupter dagegen, und die Gerechtigkeitsstimme wird gestopft. — Ueberhaupt, das ganze System der Staatsangelegenheiten, alle begreifliche Mittel der Hoffnung und der Furcht, alles Wohl des Volks werden den Ränken der Reicheren, der Mehrschreyenden, der Besserräuflirenden untergeordnet. — Bei dieser immerwährenden anarchischen Entgegenstreitung wird man bald von dieser bald von jener Seite zu Waffen greifen. Man hat in allen Republicken von Italien gesehen, daß die Minorität, oder der geringere Theil der Opinionen aus Verzweiflung zu Waffen griff."

"Es ist ausserordentlich auffallend, wenn man behantet, daß die Majorität, oder die Mehrheit der theils durch Ränke, theils durch andere Einsteuerungen angelokten Opinionen eine Faktion oder eine Verschwörung seye. Aber dies ist doch buchstäblich wahr und gewiß. — Wenn die Mehrheit eine Partheilichkeit vertheidigt, welche sie absolute vertheidigen muß, — so ist sie Faktion. — Dann nur sie allein dekretirt die Opinionen; die entgegengesetzte geringere Partie hat die Gewalt der Dekretirung nicht in Händen, folglich muß sie unterliegen, wenn sie auch die weisesten Salomonen an der Spitze hätte. Wenn eine populaire Versammlung ihre Gesetze nach den Stimmen kreirt, so muß natürlicherweise die Bestimmung der Dekrete, und die Mehrheit der Stimmen von Ränken, Kabalen, Schreyern, Bestechungen, und — von besseren Lungen abhangen, folglich ist sie allezeit eine Staatsruinirende Faktion; folglich setzt sie das Land in beständige Konvulsionen; folglich muß ein Staat, von den entgegengesetzten Gährungen hin und her gestoßen, endlich an einer Entkräftung sterben.

2do Handlungs-Nachrichten.

England frohlocket, so lang Frankreich in Anarchie tobt. Dann Frankreich war die einzige Macht, — die dem monopolischen Handel Englands entgegenstehen konnte. — Holland geht zu Grund, so bald Tipo Saib überwunden, dem englischen Monopolium in Ostindien keinen Einhalt mehr thun kann. England, Meister in Ostindien wird auch die holländischen Besitzungen nach und nach verschlingen. — In Batavia, auf der Insel Java ist eine Revolte, so melden es die letzt angekommenen Schiffe. Die Holländer ließen freylich aus dem Vorgebürge der guten Hoffnung die Würtembergischen Truppen nach Batavia segeln. Aber diese Hilfe ist zu schwach. Was wird geschehen? — die Holländer werden die englische ostindische Macht aus Koromandel anrufen; sie wird kommen; wird die Insel Java unterjochen — vielleicht für sich, wenigstens muß die ostindische Kompägnie Englands den Plan, sich von ganzem Ostindien Meister zu machen, fortsetzen: dies ist das Staatsinteresse, und der Fall der Holländer — von allen Seiten — macht man den Engländern diesen Wunsch nicht nur allein möglich, sondern auch leicht ausüblich.

310. Ankündigungen.

Nachdem uns der Herr Besitzer der Römisch-Kayserlichen Diplomats-Urkunde des so berühmten Generals, Johann Reichs Freyherrn von Werdt, dessen legale Abschrift in Extenso nebst der Anzeige hat zugehen lassen; daß dessen sämmtlich vorgewesene hohe Angehörigen seines Nahm- und Stammes in dem Sterbbuch der im Kur-Köllnischen Nieder-Erzstift, ohnweit Neus gelegenen Pfarr Bürgen (aus welcher gedachter Herr General gebürtig gewesen) sich vorfinden lassen; „unter welchen auch seines Herrn Vaters, Johann von Werdt, und seiner Frau Mutter Elisabeth „von Werdt gebohrnen von Streithagen, eines Chri- „sten über ein Regiment Küraffier, und vier Kürmei- „stern, so theils in Kayserlich-Königlichen, und theils „in Kur-Bayerischen Diensten gestanden, wie denn auch „des erwähnten Herrn Generals seiner dreyen gehabten „Ehegemahlinnen, deren erstere eine von Genta die „zwote eine Gräfin von Spaur, und letztere eine Grä- „fin von Kufftein gewesen," gedacht wird, deren sämmtliche Vor- und Zunahmen von jeher bis jezo allemal den 12ten September als den Sterbtag des Herrn Generals bei Abhaltung alljährlichen Seelenamts für Hochselben in obgemeldter Pfarrkirch abgelesen werden: weralber einem jeden, dem daran gelegen, in dasigem Originalsterbbuch die Einsicht offen ist; als tragen wir kein Bedenken die eigentliche Biographie des berühmten Generals Johann Reichs Freyherrn von Werdt, welche in unseren Blättern Nro. 7. den 12ten Jenner 1789 dem Publikum mitgetheilet wurde, zu rechtfertigen, wodurch die letzt in Nro. 74. Montag den 12ten 7bris 1791 Beilage zu politischen Gesprächen der Todten eingerückte locale Aufklärung dieser Biographie von selbsten zerfällt. —

Nro. 42.   Dienſtag den 18ten Oktober 1791.

Geheimer
Brief-Wechſel
zwiſchen den
Lebendigen und den Todten.

Michael de l'Hopital aus dem Reiche der Todten an den Briſſot von Varville berühmten Patrioten.

Elyſäum am 18ten October.

Sage mir doch, unſinniger Mann! — Sage mir doch, welcher rachgierige Teufel hat ſich deiner Seele bemeiſtert, um die Opinionen auf eine ſo ungereimte Weiſe zu briſſotiren. Ich leſe deine unpolitiſchen, deine ungereimten, deine galliſchten Blätter, und ich ſehe, daß du die Ränke, die Kabalen, die Zerſtörung mit einer tödtenden Fackel anzündeſt. — Haſt du jemals die Grundſätze einer guten Regierung durchſtudirt? weißt du, was es heißt, eine demokratiſche Regierungsart — in Frankreich (bedenke die geographiſche Lage des Landes) — in Frankreich aufbauen zu wollen!

Ich will dir nur eine einzige Bemerkung machen; — dann an deinen Verſtand muß man mit der Fauſt ſchlagen. Ihr habet die ſogenannten Barrieres, oder Schlagbaume vor der Stadt Pa rio aufgehoben; ihr habt geschrieen, daß es eine Tyranney wäre, eine Auflage auf Lebensmittel, die in dem Schlund von Paris verzehrt werden, zu leiden. Diese Auflage hat 60 Millionen dem Staate eingebracht; ihr habt sie aufgehoben. Sage mir doch, o eingefleischter Patriot! sage mir, sind die Lebensmittel dadurch wohlfeiler geworden? ist euer Brod, euer Fleisch nicht um einen Sou im Preise gestiegen? — und doch hat der Staat 60 Millionen an Einkünften verloren!

Du sagst, daß der König die Konstitution frey angenommen habe. Ha, ha! dies kannst du dem Volke, der unwissenden Kaffe der Menschen weis machen, aber nicht denjenigen, die den Gang der Politik kennen. — Die Annahme der Konstitution von Seiten des Königs hat folgende Quelle; man weis sie, man hat sie ausgespähet; setze sie in dein Blatt; sie ist eine Frucht des Baums, worauf Ränke und Kabalen gepfropft sind. — Hier hast du sie:

Baron von Breteuil, der in Brüssel wohnt, hat es durch seine Ränke so weit gebracht, daß er die Opinion des Königs und der Königin fixirt hat. Seine Ehrsucht war über die Operationen des Herrn von Calonne neidig. Er hat erstens den König durch Lyon aus Frankreich bringen wollen. Die zweyte Flucht des Monarchen durch Montmedi war auch sein Werk. Dadurch wollte er sich den Namen des Allwissenden erwerben. — Die Prinzen von Frankreich wußten von dieser Begebenheit nichts oder wenig. Nun, da ihm alle diese Kunstgriffe mißgelungen sind, läßt er den König eine politische Taktik spielen. Er hat es ihm gerathen, die Konstitution anzunehmen, um dadurch die Schlinge, die der Kalonne sehr künstlich zu Pillnitz anlegte, zu zerreißen. — Es ist geschehen, seine Intrike hat obgesiegt; — aber, aber — er bereitet andere Schlingen. Er lebt zu Brüssel ganz einfach, sagt allen Franzosen, die auswandern, daß sie ihre Zeit verlieren; giebt sich für den allmächtigsten Schmid der Handlungen des Königs und der Königin aus. Aber Bretenil wird staunen. Andere Vorkehrungen sind auf dem Wege. — Und dies beweist, daß Menschen, an Ränke gewohnt, ihre Art zu handeln auch im Unglück nicht verlassen.

Damit du aber öffentlich überzeugt werdest, daß die Annahme der Konstitution von Seiten des Königs nicht weniger als frei seye, so will ich dir hier dagegen die Protestation der vorigen Versammlung darstellen. Nicht wahr, Bösewicht! du hast sie in deine Blätter nicht eingerückt?

Protestation 38 Deputirten bei der National-versammlung gegen die Akzeptation der Konstitution des Königs:

Wir Unterzeichnete, frey Deputirte der drey rechtmäßigen Stände des Königreichs Frankreich erklären hiemit, daß wir die Annahme der Konstitution des Königs auf keine Art als eine freye und ungehinderte Handlung ansehen können. Diese Annahme ist daher geschret worden, weil der König mit unerhörter Gewalt in seinen Pallast geführet ist worden; weil man ihm seine königliche Macht suspendirt hat; weil er als Arrestant bekretirt ist worden; weil er zwischen zwey Extremitäten — entweder anzunehmen oder abgesetzt zu werden — gesetzt war. Aber wenn auch diese Annahme ohne Zwang und frey wäre, so müßten wir doch den Schmerz fühlen, dem Annehmer zu bekennen; daß es in der Macht der Könige von Frankreich und in ihren Rechten nicht stehe, die Staatsordnung zu niederreissen, und daß es jedem treuen Franzosen eine Obliegenheit seye, diese seit 8 Jahrhunderten etablirte Ordnung zu reklamiren.

Sage mir, Brissot! warum setzest du nicht in dein Blatt, was vorgeht, und was das gute Volk der Revolution überdrüssig macht? Du weißt ja, daß am 8ten dieses der Maire in der Versammlung erschienen ist; daß er ausdrüklich der Versammlung angedeutet habe, das Volk verlange Frieden und

Ruhe? Ach! mein lieber Briſſot, der Maire hätte beſſer gethan, wenn er die wahren Geſinnungen der Nation geäuſſert hätte, nemlich daß ſie bedaure, den alten Regierungsgang zerſtört zu ſehen. — Eine Motion des Halles — es iſt eine Motion, wie die Motion der jetzigen Colonen, — hat vor drey Tagen folgende Sätze dekretirt:

Wir wünſchen euere philoſophiſche Konſtitution zum Teufel, ſie hat uns ruinirt. Wir wollen euere Freyheit nicht, dann ſie iſt nur für Spitzbuben, für Räuber, für Mörder. Wir verabſcheuen euere Religion, dann ſie iſt nur gut für diejenigen, die gut eſſen und nichts glauben. Wir wollen keine Könige zu 18 livres per Tag; ſie diſputiren für nichts zu nichts; ſagen große Worte, und dieſe Worte ſättigen nicht den Bauch. Wir verweiſen euere Sektionen in die Pfützen der Fröſche, wo man quakt, wo man deraiſonnirt, und wo gute Bürger ihre Zeit ohne Arbeit verſchwenden. Wir ſchicken zum Henker euere Jakobiner, euere Feuillans, euere Kordeliers, und alle Klubs, wo die Müßiggänger ihre Entwürfe um gut zu eſſen, gut zu trinken — ſchmieden. Wir wollen euere Verſammlungen, euere freſſende, trinkende, plündernde, ruinirende Geſellſchaften zum Teufel in die Hölle ſchicken, dann ſie haben uns mit Worten erfüllt, und unſer Unglück haucht nach Hunger und Elend. — Wir wollen einen Glauben und einen König, wir haben uns unter dieſen zwey Artikeln gut befunden, gut gegeſſen, gut getrunken, und dies ſeit 8 hundert Jahren; — wer weis wie es uns unter euch gehen wird, da ihr alles ſelbſt auffreſſet, austrinket, ruiniret. ꝛc.

Dies iſt die Stimme der Hallen, folglich nach eueren Grundſätzen die Stimme der Popularität.

Ihr behauptet, daß euere Konstitution ein Meisterstück des menschlichen Verstandes seye. Man weis in der That nicht, ob man über diese Aussage lachen oder weinen solle. — Brissot! höre, was ich dir jezt sage, und brissotire mit diese Neuigkeit nicht, dann ich weis gar wohl, daß du ein Eskamoteur der Redlichkeit bist: — du warst es so lang fremden Guts; — Höre;

Brüssel vom 14ten dieses.

Seit acht Tagen sind beinahe 900 französische Auswanderer hier angekommen. Sie kommen jetzt mit Sack und Pack. — In der Normandie sieht es so aus, als wenn sich diese Provinz für die alte Regierung erklären wollte. Alles ist vorbereitet, nur das Orleanische Geld hat noch die Opinionen zurückgehalten. Aber dies Geld ist all; man ist auf den Grund der Kasse gekommen; Orleans ist ruinirt. — Nun bekommen die Opinionen eine andere Richtung. Wenn es noch vier Wochen so fortdauert, so ist die Farse so hungrig wie ein Skelet, dann können die Prinzen eine Operation unternehmen. — Doch was sage ich? — sie ist schon unternommen. Die Normandie wird gewiß der Herd seyn, aus welchem das entgegengesetzte Feuer aufbrausen wird. — Geduld! es läßt sich hier nichts brissottiren.

Paris vom **ten dieses.

Die Holländischen Staaten sind nicht die einzigen, die auf die Notifikation, daß der König die Konstitution angenommen habe, geantwortet haben. England hat auch eine Antwort gegeben, eine Antwort, worinne gesagt wird, daß die Engländer es mit Vergnügen vernehmen, daß Ludwig der 16te durch die Annahme der Konstitution den

Unruhen des Reichs ein End gemacht hat. — Ein
Wunsch der nach der politischen Taktik allein —
den Glauben verdient.

Hamburg den 9. October. Am Montage über-
reichte der hier residirende Französische Minister, Hr.
von Bourgoing, unserm Senate die französische
Konstitutions-Urkunde, mit der Anzeige, daß der
König der Franzosen dieselbe in allen Stücken frey
und unbedingt angenommen hat. Eine gleiche Notifikation hat gedachter Minister den Fürsten und
Ständen des Niedersächsischen Kreises, bei denen
er beglaubigt ist, gemacht.

Wieder ein Beweis der politischen Taktik!!!

Wien vom 8ten dieses.

Seit gestern verbreiten sich unter der Hand 2
neue Nachrichten vom grösten Belange, die um de-
stomehr Aufsehen erregen, da sie mehr als böse Gerüchte zu seyn scheinen. Die erste ist diese: „daß
der Befehl an die untere Gränze ergangen sey,
keine der eroberten türkischen Festungen zur Zeit
noch zurückzugeben, und zwar in so lange, bis das
Geschäft der Gränzberichtigung zum Schluß ge-
diehen und, gemäß den Traktaten, von Seiten der
Türken alles vollzogen worden ist." Die zweyte,
welche auf die vorhergehende unmittelbar Beziehung haben dürfte, lautet also: „daß Fürst Potemkin erkläret haben soll, den Definitivfriedenstrak-
tat mit der Pforte nicht anders, als unter der Bedingung abschließen zu wollen, daß Oesterreich für
die dem Hofe zu Petersburg geleistete Unterstützung
die Gränzen des Passarowitzer Friedens erhalte."
Katharina, die Grose, würde ihrem Ruhme die
Krone aufsetzen, wenn dies ihr noch gelingen sollte,
und wenn Potemkin, der Unerschütterliche, dem Du
von diese Proposition vorlegt; was bleibt ihm übrig?

weder England, welches seine Flotte abgetakelt, alle Rüstungen eingestellt und alle gepreßte Matrosen verabschiedet hat, noch Preußen, das nun selbst mit Oesterreich alliirt ist, würde sich dagegen setzen.

Schreiben aus Strasburg, vom 10ten Oktob.

Man empört sich jetzt hier gegen die Kirche, die den Nonkonformisten eingeräumt ward, worin die Geistlichen, die sich des Eides weigern, ihren Gottesdienst ha'ten, und einen besonders starken Zul uf des Volks haben. Selbst Herr Brendel, will seine Entlassung nehmen, wofern diese Kirche nicht zugeschlossen wird.

Biographie.

Michael de l'Hopital, Kanzler von Frankreich, kam zu Aigueperse in Auvergne zur Welt, Anno 1505. Sein Vater war Arzt, und, wie einige vorgeben, aus einer jüdischen Familie. Der junge Hopital durchreiste die besten hohen Schulen Frankreichs und Italiens, und studirte die Jurisprudenz, — wo er sich besonders ausgezeichnet. Er wurde von dem berühmten Kardinal de Lorraine, in vielen Gelegenheiten gebraucht, und zu der hohen Stelle eines Kanzlers von Frankreich befördert. Er war der bildendste Minister seiner Zeit, und haßte alle Religionsverfolgung. In der unglücklichen Zusammenschwörung von Amboise rieth Hopital Anno 1560, daß man die Hugonotten ungestraft mit Güte und Nachgiebigkeit zurecht führen sollte. Aber dies war Ursach, daß innerliche Kriege sich in Frankreich angesponnen, und daß die neuen Religionsmeinungen sich vermehrten. Er rieth die Versammlung der Stände, machte eine Anrede bei ihrer Zusammenkunft 1561 und hernach zu Moulins Anno 1566; aber umsonst, die Stände wurden unter sich uneinig. Die Königin

Katharine von Medicis, die durch die Empfehlung des Kardinals von Lothringen den Hopital erhoben, sah endlich, daß die innerlichen Angelegenheiten, und der Religionszank mehr und mehr zugenommen, statt sich zu mindern; — sie gab also dem Herrn Kanzler ihr Mißvergnügen zu erkennen, und dieser sanfte Mann, der alles mit Güte beilegen wollte, sah wohl ein, daß man seiner müde war; er nahm sohin seinen Abschied Anno 1568 u d retirirte sich auf sein Landgut nach Vignai. Einige Tage hernach wurde ihm das Siegel des Reichs abgefordert; er gab es auch zurück und sagte: Die Welt ist zu viel verdorben, als daß ich mich in ihre Angelegenheiten mengen sollte. Er starb Anno 1573 im 68sten Jahr seines Alters. Viele haben vorgegeben, daß er in Religionssachen zu frey dachte, und daß er im Herzen der jüdischen Religion ergeben war. Man nannte ihn doch bei Hofe, wegen seiner strengen Sitten und Wohlredenheit, den heilgen Hieronimus. Schon in dieser Zeit wollte er die Parlamente abschaffen, und bestimmen, daß die Richter in den Gerichten alle drey Jahr abgeändert werden, und daß sie von der Gerechtigkeitsverwaltung eine genaue Rechenschaft ablegen sollten. Die französischen Rechtsgelehrten verehren ihn als einen grosen Mann, in der Staatsklugheit und in der Jurisprudenz. Man hat von ihm lateinische Poesien, die sehr gut sind; hernach Reden an die zu Orleans versammleten Stände. Sein Testament ist merkwürdig, und zeigt, daß Hopital viel vorausgesehen. Besonders aber muß jeden wundern, wenn man liest, daß er dem Aristoteles in der Gesichtsbildung ganz ähnlich ausgesehen. — Aber wer hat den Aristoteles gekannt?

Nro. 83.   Freytag den 14ten Oktober. 1791.

Beilage
zu
Politischen Gesprächen
der
Todten.

Politische Satyren.

„Der rechtschaffenste Burger von Frankreich ist
„der König. Er besitzt wirklich in seinem inner-
„lichen Karakter alle Redlichkeit, alle Ordentlich-
„keit, alle Rechtschaffenheit eines — (zum Bei-
„spiel) guten Schlossers. — Aber, aber — ein
„guter Schlosser, ein rechtschaffener Burger ist
„nicht allezeit fähig, eine Krone zu tragen. Der
„Hammer schmiedet das Eisen zu einer Forme,
„wie man sie braucht. — Aber die Krone muß
„die Opinionen hämmern; muß die Zauberung
„des Gouvernements schmieden; muß den Ham-
„mer beständig heben, und damit zu rechter Zeit
„schlagen. — Ach! man ist glücklicher, ein gu-
„ter Schlosser zu seyn, als ein König. Beide
„Talente sind mit Unterschied anzuwenden. Es
„ist leichter ein guter Schlosser zu seyn, als ein
„guter König. Bei m ersteren ist Mechanik, beim
„lezteren ist Erhebung des Geistes nöthig: be-
„sonders wenn man so ein verdorbenes Metal,
„wie die Sitten in Frankreich sind, zu hämmern
„hat. —

Von den Ufern des Rheins vom 12ten dieses —

Der König von Frankreich hat die Konstitution angenommen. — Mein Kanarivogel freuet sich, wenn ich ihm Zucker hinreiche. Das arme Thierchen ist froh, daß ich ihm gut bin, und daß ich ihm die Freyheit lasse, in seinem Häuschen herumzuspringen. Ich halte die Gewalt über den Kanarivogel, wie die Notriret ihre Gewalt über das königliche Haupt schweben lassen. — Wer hätte jemals gemuthmasset, daß mein Kanarivogel in seinem Häuschen mit einem König von Frankreich in ein Verhältniß kommen würde? — Die Brüder des Königs sind frey; sie sind in Deutschland am Rhein, dem einzigen Distrikt von Europa, wo wahre Freyheit herrscht. Die ausgewanderten Franken rüsten sich; was können sie allein? — Die Verheißungen fremder Mächte scheinen zu stocken? — He! — was sagt man dazu? — nein, die Politik hat einen systematischen langsamen Gang. Alles muß zu rechter Zeit geschehen. Was wird erfolgen? — Hier ist das Resultat der politischen Maasnehmung.

Es müssen in Frankreich neue Unruhen entstehen. Eine neue Flucht des Königs wird in die politischen Kombinaisons eingeschaltet. Man wird nächstens hören, daß der König durch den Wald von Compiegne ins Luxemburgische angekommen ist. Geschieht des nicht, so sind andere glimmende Brennpunkte, die in Unruhenfeuer aufbrausen. Es mag nun seyn, wie es wolle, — es wird drunter und drüber gehen. In dieser Verwirrung, die vorausgesehen, und gut kombinirt ist, werden fremde Mächte auftretten, um die allgemeine Polizey von Europa, die durch Frankreich niedergerissen ist, herzustellen. Sie werden einen Vergleich vorschlagen;

sie werden drohen; sie werden Truppen defiliren lassen. Dies wird vermuthlich im Februar geschehen. Man wird einen Kongreß erbauen: — vermuthlich nicht in Achen, wie man wähnte, sondern zu Koblenz. — Der Orleanische tobende Theil wird schreyen; wird empörende Reden halten; — wird die sogenannte Nationalkraft erheben. — Die Mächte setzen dagegen die Rechte eines Königs von Frankreich, und die Rechte aller Souveraine. — Das Volk der Tobung müde, wird staunen, und — harren. — Auf einmal rückt ein Korps von einer und der anderen Seite ein, um Ruhe zu schaffen, um die Ordnung zu erhalten. Dieser Vorwand der Ruhe-Erhaltung wird den ruhigen Theil Frankreichs bezaubern. Unterdessen rollt die Politik fort. Die fremden Mächte werden die französischen Angelegenheiten als einen Prozeß, der zwischen dem König und dem Volke geführt ist, ansehen. — Auf einmal rücken mehrere Truppen ein: — allezeit unter dem Vorwande der Herstellung und Erhaltung der Ruhe. — Am Ende wird dasjenige erfolgen, was schon vor einem Jahre in Lüttich, in Holland, und in Brabant geschehen ist: — allezeit unter dem Vorwand der Herstellung der Ruhe. Ob aber diese Herstellung von fremden Mächten umsonst, und ohne sich einen Ersatz deswegen auszubedingen, geschehen werde, ist eine andere Frage, die nur hernach beantwortet werden kann. — Dies sind die wahren — Aussichten der französischen Revolution! sie sind ächt; sie sind von der Natur des Gangs der politischen Welt entlehnt.

Paris vom 7ten dieses. — Das heißt recht alle Menschen ausziehen und plündern. Die voririgen 1200 Solonen haben den König wie einen Kanarivogel eingesperrt: haben ihm seiner Gewalt beraubt: — die jetzigen machens noch ärger: — Gestern und vorgestern sind sie versammlet gewesen, und beraubten den Monarchen seiner ganzen Majestät. Sie haben dekretirt daß der König weder Majestät, weder Sire genannt werden solle, sondern nur blos König der Franken. Und über diesen Gegenstand haben sie zwey Tage disputirt, diskutirt, gehabert. Jeder Tag folglich jede Sitzung von diesen 1200 Machtherren zu 18 Livres par Person kostet 21600 Livres, folglich zwey Tage 43200; also ist das Wort Majestät dem französischen Staat 4500 Livres theuer zu stehen gekommen. Das heißt wirklich sehr theuer — die Worte verkaufen.

Paris vom 8ten dieses. — Herr Montmorin will seine Ministerstelle niederlegen; da thut er wohl daran. — Herr Moustier, der zu Berlin als französischer Bothschafter steht, soll Minister werden. Man versichert, daß man ihm seine Ernennung schon zugeschickt hat, und daß er dieselbe angenommen.

Grünstädter Privilegirte Zahlen=Lotterie.- Die 38ste Ziehung ist heute den 11ten Oktober 1791 unter Beysitz derer hiezu verordneten S. T. Herren Deputirten mit gewöhnlichen Formalitäten und gehöriger Accuratesse vollzogen worden, und sind folgende Numern aus dem Glücksrade erschienen:

Erster Zug: Nro. 39. Neun und Dreyßig.
Zweyter Zug: Nro. 63. Drey und Sechszig.
Dritter Zug: Nro. 90. Neunzig.
Vierter Zug: Nro. 80. Achtzig.
Fünfter Zug: Nro. 57. Sieben und Fünfzig.

Die Neun= und dreyßigste Ziehung geschieht den 18ten Oktober 1791. und so fort von 8 zu 8 Tagen.

Nro. 42.   Donnerstag den 13ten Oktober 1791.

Politische Gespräche der Todten

über die

Begebenheiten

des 1791sten Jahrs.

„Choi-Taug Kayser von China pflegte zu sa=
„gen:— Wenn eine Frau in meinem Staate
„ist, die keine Beschäftigung hat; wenn ein Mann
„nicht arbeitet, so ist es gewiß, daß jemand in
„meinem Reiche Kälte oder Hunger leidet. Bei
„uns sind viele Frauen, viele Herren, die im
„Müßiggange leben; deswegen leiden auch viele
„Menschen Kälte und Hunger.

Ueber den Müßiggang;
Eine Zeitung.

Der Müßiggang ist eine Trägheit, wodurch man al=
le nützliche Beschäftigung meidet. — Also sind jene Da=
men, jene Herrchen, die sich den ganzen Morgen putzen;
die nach Mittag Karten spielen, oder in Gesellschaften
ihr Zwergfell zu erschüttern suchen; die den Pfeifenzügel im
Munde halten, und damit die gute liebe Welt berauchen;

— auch Müßiggänger? — freylich, weil ihre Beschäftigung Niemanden nützlich ist.

Es girbt Geschöpfe unsers lieben Herr Gotts, derer ganzes Leben damit beschäftigt ist, Haare zu kraufen. Das ist gewiß der Gesellschaft wenig nützlich. Es giebt aber andere Müßigänger unsers lieben Herr Gotts, die sich darüber wundern, die ganze Tage im Nichtsthun zubringen; die gar nichts arbeiten. Oh! das ist noch viel weniger als Haar kraufen!

Der Müßiggang ist das abscheuliche Nest, wo alle Laster ausgebrütet werden. — Essen, trinken, schlafen, rauchen, — dann und wann zum lariren nehmen; — und hernach sterben. Dies ist der Inhalt des Lebens aller Müßiggänger; — und so ist die Biographie aller Rentierer, die ihre Interessen ziehen, ohne durch ihre Mitwirkung zum Glück der menschlichen Gesellschaft etwas beyzutragen. Fruges Consumere nati: — es sind Menschen die auf der Mästung liegen.

Die Lacedemonier, die Egyptier hatten weise Gesetze gegen den Müßiggang. Ein jeder mußte sich erklären, womit er sich beschäftigt, und womit er dem Staate nützt. Die Athenienser waren gegen den Müßiggang noch strenger. Die reichen Besitzer mußten sich zum Kriege üben, und die ärmere Klasse hatte die schärfste Vorschrift entweder den Ackerbau zu besorgen, oder ein Handwerk auszuüben. Niemand durfte unter Lebensstrafe müßig gehen.

Wir haben in diesem Fache keine Gesetze; ist es hernach Wunder, daß wir so viele Halunken einherschlampampen sehen?

Noch mehr: — die jetzigen Staaten von Europa sind fast meistens mit Schulden beladen. Sie müssen also die Interessen bezahlen. Dadurch sind die grosen Kapitalisten entstanden, die in ihren reichen Interessen herumbalunken, herumschlampampen, herumziehen, ohne sich mit einer nützlichen Arbeit zu beschäftigen. Was gewinnt die menschliche Gesellschaft von ihnen? — nichts als vielleicht guten Dünger zum Felde. — Und wie? man schreyet, daß die vielen Pensionen, den Staat aussaugen? sind die Kapitalisten, die Rentierer nicht, die aussaugendsten Pensionisten im Staate? sie pumpen den

Staatsſaft heraus, ohne ſich zu bekümmern, woher er
neue Kräfte herhohlt.

Die Müßiggänger haben Spleen, Vapeurs, lange
Weile. Eine herrliche Strafe für ſie. Sie haſchen den
Zerſtreuungen nach; geben in groſe Städte, und ſchär-
fen alle ihre Empfänglichkeit der Wolluſt ſo, daß ſie am
Ende ganz ſtumpf wird. Dann kommt die marternde
Plage der langen Weile, Ueberdruß ſeiner ſelbſt, ein
durch Melurialen gepeitſchtes Blut, — und dann bleibt
einem nichts übrig, als — ſieches Leben, oder noch kürzer: eine Piſtole an Kopf gedrückt. — Nur erſt ſeit
80 Jahren beinahe kennt man, was Spleen, was Vapeurs ſind. Unſere Alten haben dieſe Plagen verjagt,
verritten, verarbeitet. Jetzt iſt alles ſo weich, die Kraft
ſo ausgepumpt, daß ſo gar die Leidenſchaften (dieſes ſo
ermunternde Vehikul) zu groſen Thaten, zu ſchläfern ſcheinen.

Aber der Müßiggang ſchärft gemeiniglich die Denkart zu Verbrechen. Es muß jedem Staate daran liegen,
arme und reiche Müßiggänger auszurotten. Kann er dies
nicht, ſo muß er ſuchen, ſie, und ihren Geiſt auf irgend eine
Art zu beſchäftigen. Da in Frankreich unter Ludwig dem 14.
ten die gemäſteten und reichen Müßiggänger zu häufig wurden; ſo richtete dieſer König ſeine Regierung ſo ein, daß er
dieſelben beſchäftigte. Der Zank zwiſchen den Janſeniſten
und zwiſchen den Jeſuiten hat den Müßiggängergeiſt beſchäftigt. Man zankte ſich, man nahm Antheil, man
janſeniſirte oder jeſuitirte, und ſo wurden die Op-niouen
des Staats an dieſem Kelkfakel angeheftet. — Ludwig
der 15te verfiel in die ſchmuzigſte Galanterie; die Müßiggänger folgten ihm nach, und da hatte der Geiſt eine
galante Beſchäftigung.

Ludwig der 16te befetete die Müſiggänger Opi-
inionen auf die Revolte von Amerika. Böſer und
ſchlechter Nagel, empörender Heftpunkt! — Heut
mir, morgen dir. Und dieſer Morgen iſt gekommen.

Man ſollte wirklich in jedem Staaten einige Gaukler, einen Cagliostro, oder Mesmer haben. Dergleichen
Gaukeleyen nähren den Geiſt der Müßiggänger. Wes-
mer und Cagloſtro haben wirklich die Aufbrauſung zu
Paris zurückgeſchoben, vielleicht wäre ſie gleich nach dem
amerikaniſchen Krieg, oder nach der den Holländern aus-

sprochenen aber nicht geleisteten Hilfe bei Givet — ausgebrochen. Aber es war kein vorsehender Minister, kein großer Mann in Frankreich, der die Opinionen auf einen andern Nagel geheftet hätte.

Die meisten Geschichtschreiber und Beobachter behaupten, daß der Fall der Griechen und der Römer bloß dem Müßiggange zuzuschreiben seye. — Und sind die Galgen nicht öffentliche Zeugen der Ruchlosigkeit, die aus dem Müßiggang entsteht? — Die Geschichte jedes Gehangenen zeigt diese Quelle an. Eltern! ihr habet an eueren Kindern einen weichen Teig; suchet daß ihr diese Sproßen eueres Lebens, gleich von der ersten Jugend an, nützlich beschäftiget. Der Müßiggang ist ein weicher Polster des Verderbens; — lasset euere Kinder nicht darauf einschlafen.

Damit man aber einsehe, wie der Müßiggänger der menschlichen Gesellschaft unnütz ist; so kann man folgendes Tagbuch eines Müßiggängers, der zehntausend Gulden von lauter Interessen Einkünfte hatte, lesen.

Tagbuch des Herrn de - - -

Essen, trinken, schlafen, nichts arbeiten — war mein ganzes Leben. Dieses Glück war für mich von meinem seligen Vater aufgebauet, der mir 22tausend Livres jährliche Einkünfte hinterließ. Ich starb an einer Indigestion den 12ten dieses. Ich will hier meine ganze Lebensgeschichte durch einen Tag schildern. Dann alle meine Tage waren sich ähnlich.

Vom 8ten dieses. — Ich stund um 8 Uhr auf; ich habe mich angekleidet, und spazierte sechsmal auf und ab in meinem Saale.

Um 9 Uhr habe ich meine Strümpfe angezogen; — die Hände gewaschen.

Zwischen 10 und 11 Uhr habe ich drey Pfeifen guten Knaster geraucht. Ich las dabei die Gespräche der Todten. Der Kerl raisonnirt verflucht über die Staatsbedienungen; er hat Recht. — Die französischen Kitzeltakeley n gehen nicht gut. Das hat mir ein guter Freund gesagt.

Um ein Uhr hab ich mit meinem Bedienten gezankt, weil er vergeßen hat, in meine Dose Toback zu geben.

Um 2 Uhr sezte ich mich zu Tische. Gut gegessen.

Das Rindfleisch war zu hart, und meine Zähne sind faul. Die Sauce auf dem Ragout war pikant.
Um 3 Uhr begab ich mich auf meine Sofa und schlief.
Von 4 bis 6 Uhr gieng ich ausser der Stadt spatzieren. Der Wind war Nordost. Böser Wind für Lungensichtige.
Von 6 bis 10 Uhr war ich in der Gesellschaft und spielte Tarok. Drey Kreutzer und 1 Heller verloren. — Man sprach von Marsch.
Um 10 Uhr gieng ich schlafen. Ich schlief gut.
Um 9ten dieses erwachte ich um 8 Uhr; schlief wieder ein, und traumte von der Kaiserin von Rußland.
Um 9 Uhr hatte ich das Unglück ein Schnallenherz zu brechen; es verdroß mich.
Um 10 Uhr hab ich geraucht, und den Mezger bezahlt. Es wird alles theuer.
Um 11 Uhr war ich im Kaffeehaus. Ein Fremder fragte mich: was giebts neues? — nichts. Da war der Diskurs aus.
Um 2 Uhr, Mittag gehalten. Es hat gut geschmekt.
Um 3 Uhr auf meiner Sofa geschlafen. Ein Teller, der auf die Erde fiel, unterbrach meinen Schlaf. Seit dem die Franzosen bei uns sind, ist die Köchin verliebt. Teufels Ding!
Um 4 Uhr gieng ich spatzieren. Es regnete.
Um 5 Uhr kam ich nach Haus, ließ meinen Kaput trokne.
Um sechs Uhr war Lerm. Angst und Bang überfiel mich. — Sollen die Nationalgarden hier seyn? — Ich zitterte. Mein Geld lag da in der Kiste; ich stieß sie unters Bett, und fiel lang und breit auf den Boden. Meine Nase hat es empfunden. Ich rafte mich auf, hörte schreyen: — da ist sie, da ist sie! — Nu, dachte ich, gewiß violiren die Kerls meine Köchin. Ich wollte in Ofen steigen. Das Loch war zu klein für meinen Bauch. O dachte ich! hätte ich nur Sauerkraut und magere Erdäpfel gegessen, da würde mich kein so Bauch beschwert haben, — um in das Ofenloch zu kriechen. — Ich legte mich ins Bett, und horchte. Es war still. Mein Bedienter klopfte an die Thür. Ich antwortete nicht. Er gab sich zu erkennen. Ich machte auf. —

Was zum Henker! war dirs für ein Lerm? — O mein Herr! das war, das war! — was wars dann? Franzosen? Nationalgarden! sechsmalhundert tausen? — Oho! es war so: unsere Katze hat eine Maus gefangen. — Sechs Zentner Angst sind mir vom Herze gefallen. Die verdammte Katze! die abscheuliche Maus! — Ich stund auf; sagte nichts; trank ein Glas Wein, — und gieng in die Gesellschaft, — Kohen, Mäuse, Nationalgarden liefen durch meine Einbildung durch; ich konnte ihrer nicht los werden.

Ich kam um 10 Uhr nach Haus, legte mich schlafen. Der Bediente mußte bei mir bleiben.

Die übrigen Tage bis an meinen Tod waren die nemlichen, angenommen, daß die Katze nicht alle Tage Maus gefangen hat.

Dieses Tagbuch hat der Müßiggangs-Gott aus seinem Archiv gehohlt, und den Schatten im Elyfäum vorgelesen. — Man urtheile daraus, was ein solcher verinteressirter Müßiggänger der menschlichen Gesellschaft genützt haben mag.

Hernach erzählten sich die Geister folgende Ereignisse in der Politik.

Wien vom 6ten dieses.

So viel man immer über die Pilniger Zusammenkunft kannengieffet, so liegen die Sachen doch so im Dunkeln, daß man — nichts weis, und nichts wissen kann.

Gewisse Vorkehrungen, wenn man aus denselben etwas folgern darf, laffen ganz andere Ereignisse erwarten. Man sagt, dem preussischen Hofe liege sehr viel daran, Danzig und Thorn an die übrigen Staaten einzurunden. — Aber auch dem Hause Oesterreich wär Chozim und die Raja zur Verrundung bequem, und ansehnlich. Sollten diese so wichtigen zwey Punkte bei der Pilniger Zusammenkunft unberührt geblieben seyn? — Credat Judæus Apella! — Aber Rußland, das unbiegsame Rußland, steht im Wege. Seine Einwilligung ist ein Machtspruch in politischen Prozessen. Obschon diese Angelegenheit vor Frühjahr das Licht nicht erblicken werde, so kann man doch aus verschiedenen Vorkehrungen vorbereiten, daß etwas daran seyn müsse. — Also Geduld.

Es ist hier ein sonderbarer Diebstahl geschehen. — Bei dem Spiegel=Magazin war ein Wächter, der darauf wachen mußte, ob die Thüre gut verschlossen, und gut zugemacht sey. Auf einmal kam dieser Wächter zu dem Magazin, und sah, daß alle Eisen Stangen, die über die Thür angeschlossen werden, los sind. Er klopfte an die Thür; — es kam ein Herr in einer Schlafhaube heraus. Er sah den Wächter: — Kerl, sprach er, weißt du nicht, daß ich heut hier schlafe, daß ich der Aufseher des Magazins bin? — der Wächter sprach: nichts für ungut, und gieng fort. Am anderen Tag ward das Magazin bestohlen; man rief den Wächter, man zeigte ihm den Diebstahl. Herr Je! sprach dieser Mann, das muß unser Aufseher gethan haben; er schlief hier, ich sprach mit ihm gestern Abends, er jagte mich fort. Man rief den Aufseher; er kam; — ja, das ist er, sprach der Wächter. — Was Halunke! es ist nicht wahr. — Der Wächter bestehet auf seiner Aussage. — Nun hat der Aufseher Zeugen, daß er in seinem Haus war. Die ganze Sache ist vorm Gericht; — wie wird der Richter sprechen?

Vom Rhein am 13ten dieses. — Der Henker mag aus dem französischen philosophischen Kikelkakel klug werden. Man erzählt für zuverlässig, daß in einem sonst königlich=französischgesinnten Lande die Regierung erlaubt hätte, Nationalkokarden zu tragen. Man kann es fast nicht glauben. Aber was ist heutiges Tags nicht möglich?

Die französischen Prinzen haben eine ganz ermüdende Beschäftigung. Alles fällt über sie; ihre Staatskanzley ist fast mit Geschäften gestopft. Sie sind munter und lentselig. Man sagt H. Kalonne wäre nicht gesellschaftlich; das glaub ich, er hat keine Zeit dazu — Vorgestern ist viel Geld angekommen.

Paris vom 9ten dieses. — Es werden hier zwey Fragen aufgeworfen; die erste ist: — Warum wählt sich der König nicht eine Garde, da ihm doch die Versammlung dazu Erlaubniß (welches Wort für einen König in Frankreich!) gegeben hat? — Die zweyte ist noch auffallender: — Warum läßt der König für fünf Millionen in seinen Waldungen Holz hauen, um daraus Bretter zu schneiden? — Was zum Henker haben die Bretter für einen Zusammenhang mit der Revolution? — Es sind so Dinge, die man nicht so gleich errathen kann. — Bretter, Garbe, König, Revolution: — man mag diese Worte mit Kopfschütteln bewundern, wie man will; es sind so sonderbare Dinge, die da auf der Welt vorgehen.

Biographie.

Der Müßiggang, Gott der Rentierer, der Reichen, treuer Ehemann der Faulheit, hat zwey Kinder erzeugt: das Spiel, einen losen Buben, und die Ausgelassenheit, eine prostituirte Dirne. Er hat viele Verehrer auf der Welt, besonders haben ihm die Aufgehangenen den Strick zu verdanken. Dann nicht diejenigen, die fleißig arbeiten, fallen in sträfliche Verbrechen, sondern — die Müßiggänger. Man untersuche alle Verbrecher, die am Galgen hangen, die an Rädern liegen, die in Gefängnissen schmachten, und man wird finden, daß der Müßiggang sie zu Verbrechen angelockt hat. Der Gott des Müßiggangs erhält die ergibigste Quelle für die Ärzte. Wie vielen unheilbaren Krankheiten sind die Müßiggänger unterworfen? Wie viele vervielfältigte chronische Krankheiten, die vor Zeiten ganz unbekannt waren, sind in unseren Tagen die allgemeine Plage der wollüstigen und nichtsthuenden Menschen? — Die Göttin der Arbeitsamkeit ist im beständigen Kriege mit dem Gott des Müßiggangs. Aber sie ist nicht allemal die Siegerin; sie muß öfters unter Weichlichkeit, unter Schlappheit, und unter Wollust unterliegen. Künstliche Köche, Friseurs, und Tobacksraucher sind die ersten Hofleute, und große Städte die wahren Hoflager des Müßiggangs-Gotts. — Dieser Gott wird auf einer weichen Sofa liegend geschildert; er hält eine Tobackspfeife in der rechten Hand, und in der anderen eine Zeitung; er scheint immer zu schlummern. — Seine Beine sind geschwollen, und er leidet am Podagra, an Steinschmerzen, und an Melancholie. Mancher Müßiggänger könnte von allen diesen Krankheiten kurirt werden, wann man ihn auf ein Jahr auf die Galere schickte. Dies ist das sicherste Mittel, um einen zu entfaulen.

Nro. 82. Montag den 10ten October. 1791.

Beilage
zu
Politischen Gesprächen
der
Todten

Ankündigungs-Herold.

imo. Litteratur — Neumodische.

Es kam ins Reich der Todten die neumodische Nachricht, daß man heutiges Tags in vielen Städten Deutschlands junge Herrchen, und Stutzer mit Joujou auf den Strassen spielen sieht. — Joujou! Joujou! Joujou!

Minos ließ die Fakultäten aller menschlichen Kenntnisse versammlen; ließ sie aussprechen, ob dieses Spiel dem menschlichen Geschlecht nützlich oder schädlich sey. — Die Dame Theologie führte das erste Wort: ach! sprach sie, sonst hat man fromme Leute mit Rosenkränzen auf der Gassen gesehen, nun sieht man Joujou! Joujou! Joujou! — Frau Jurisprudenz machte den Joujous einen langen und breiten Prozeß, fand aber in Karpzovius kein Gesatz de Joujouia. Die kranke Dame Medizin las eine Abhandlung über die Joujous in Rücksicht auf die Gesundheit. Dieses Spiel, sprach sie, beschäftigt junge Leute auf den Strassen; die rechte Hand spielt, der Körper muß sich dabei reigen, der Kopf hinkt, die Seele wird durch Aufmerksamkeit angespannt; der ganze Körper gewöhnt sich eine andere Balance an. Was wird daraus folgen? — man wird lauter krumme, auf die rechte Seite sich neigende, und ungerade Körper bekommen; die linke Hüfte wird zum Buckel aufwachsen, und die Joujous werden uns eine krumme, bucklichte, ungerade Generation zuführen. — Recipe: die an Joujous kränkelnden Patienten werden drey Wochen hindurch zu Holzhauen angehalten, damit sie dadurch wieder in die gerade Balanse kommen.

Die alte Klatschfrau Histeria schrieb in ihre Jahrbücher folgendes: — „Anno 1791 war die Welt so alt, daß sie kindisch ward: — es fieng das Kudische Jahrhundert an, dann alle Menschen spielten mit Joujou. — Edition Frankfurt am Main."

Weil also in der Welt alles umgekehrt zugeht, so sollen alte Leute in Windeln eingewickelt werden; die Jünglinge sollen buchstabiren, lesen und schreiben lernen; dann Joujou spielen, und die Kinder alle Geschäfte besorgen. — Joujou! Joujou! Joujou; —' Wenn man so einen Joujou = Spieler sieht, so wird man dahin geleitet zu glauben, daß ihm noch der Kinderbrey am Maul hänge.

2do **Handlungs=Nachrichten.**

Haag vom 30sten Septemb. — Es ist ein Anlehen für die Indischen Kompagnien von 5 Millionen unter der Garantie der Staaten von Holland und Westfriesland zu 5 pro cento eröffnet worden. — Eitle Ausflüchte! Decke von Pappenpapier — um die Bankerote der Indischen Handlung auszupappen.

3tio. **Ankündigungen.**

Medicinisch = chirurgische Zeitung.

Um den Klagen der Aerzte und Wundärzte Deutschlands vollkommen abzuhelfen, daß bei vielen Buchhändlern diese Zeitschrift entweder gar nicht, oder erst sehr spät zu haben sey, so haben wir die Veranstaltung getroffen, daß wir allen Jenen, die auf den Jahrgang 1791 mit 10 Fl. Reichsgeld oder 5 Rthlr. 13 Gr. pränumeriren, jedes Quartal den herausgekommenen Band sogleich ohne Zeitverlust durch die fahrende Post, und zwar ganz portofrey, so weit es nur immer möglich ist, zu=

senden. Wer auf sechs Exemplare pränumerirt, bezahlt nur für fünf. An Statt baaren Geldes können auch Anweisungen an Kaufleute in Augsburg, Berlin, Frankfurt am Main, Leipzig, Nürnberg, oder Wien eingesandt werden. Wer aber diese Zeitung posttäglich zu erhalten wünscht, muß sich an das, seinem Orte zunächst gelegene löbl. Postamt wenden. Einzelne durch Versehen der Postämter verloren gegangene Stücke werden, wenn sich die Leser innerhalb vier Wochen melden, wieder ersetzt. Auch sind noch vollständige Exemplare von den Jahrgängen 1790 und 1791 zu haben.

Med. chir. Zeitungs comtoir
in Salzburg.

Bei Buchhändler Gehra ist zu haben: Astruk, Abhandlung von Geschwülsten und Geschwüren 2te durchaus verbesserte Ausgabe mit vielen Anmerkungen und Zusätzen von D. E. B. G. Hebenstreit 2 Theile 3. fl. 36 kr.. Beer, praktische Beobachtungen über Augenkrankheiten, vorzüglich über jene, welche aus allgemeinen Krankheiten des Körpers entspringen mit 3 Kupfern. 2 fl. 24 kr. Becker, Vorlesungen über die Pflichten und Rechte des Menschen, 1ter Theil 3 fl. Bbch, Rathgeber junger Leute beiderley Geschlechts 2 Theile 2 fl. Burnets, Reformations-Geschichte der Kirche von England. Aus dem englischen mit Anmerkungen übersetzt, 2 Bände, 5 fl. 40 kr. Danzers Anleitung zur christlichen Moral 3ter Band, 3 fl. 24 kr. Erxleben, Anfangsgründe der Naturlehre 3te Ausgabe, von Lichtenberg 3 fl. Dessen Anfangsgründe der Naturgeschichte 4te Ausgabe von Gmelin 3 fl. Goethe's sämmtliche Schriften in 4 Bänden, wohlfeile Ausgabe, welche die 8 Bände enthält 7 fl. 40 kr. Grosse, Geschichte der Schweiz 1ter Band, 2 fl. Derselbe, der Genius 1 fl. 20 kr. Derselbe, die Schweiz 2 Theile 2 fl. 30 kr.

Man hat in Erfahrung gebracht, daß ein Mensch der kein Arzt ist, ein Geheimniß wisse,

den Stein zu kuriren. Er soll sich zu Mainz
aufhalten. Dieser Man wird hierdurch ersucht,
sich in unserem Komptoir zu melden, wo man ihn
zu einer Kur in der Schweiz fordert. Das Weitere kann er schriftlich von uns erfahren.

Ei das war schön! ein gewisses artiges Mädchen wollte in einen Bal gehen. Sie wohnt auf
dem Land; sie ließ sich einen Friseur von vier
Stund Wegs hohlen. Er kam, kam mit seinen
verdroßten Beinen, frisirte, und — dies verdrießt
die Friseurs von L... Was ist hernach? — nichts,
nur daß die Frisur nicht einheimisch war. Sie war
aber doch nicht weit her, — nur von vier Stunden Wegs.

Churfürstlich-Pfälzische Lotterie.

Anheute den 7. Octob. 1791 ist die 460. Ziehung dieser
Lotterie anf dem Rathhause dahiesig-Churfürstlicher Residenz, in hoher Gegenwart Seiner Excellenz, Herrn Baron
von Verglas, Ihro Churfürstlichen Durchlaucht Hofkammer-Präsidenten, ic. ic. und in Beisiz angeordneter wohlansehnlicher Herren Deputirten, mit bekannter guter. Ordnung und festgestellten Formalitäten vollzogen worden.

Die bei dieser Ziehung herausgekommenen Nummern sind folgende:

1ter Zug: 89. Neun und Achtzig.
2ter Zug: 38. Acht und Dreyßig.
3ter Zug: 80. Achtzig.
4ter Zug: 2. Zwey.
5ter Zug: 36. Sechs und Dreyßig.

Die 461 Ziehung Churfürstlicher Lotterie geschieht Freytags den 28. October. 1791.

Nro. 41.   Dienstag den 11ten Oktober 1791.

Geheimer
Brief-Wechsel
zwischen den
Lebendigen und den Todten.

An Ludwig den 15ten, König von Frankreich — ins Elysäum.

Paris vom 11ten Oktober.

Erlaube mir, o Ludwig! daß ich die jetzige französische Empörung mit Grunde auf dich wälze. — Du hast die Sittlichkeit lau gemacht; du hast die Sitten deiner Nation verdorben; — du hast die menschlichen Opinionen, die an dem heiligen Nagel der religiösen und civilen Gesetze gehangen haben, niedergerissen, zerstört, und mit Füssen getretten.

Deine wollüstige Lebensart; deine Souppées in dem Cirkle der öffentlichen Aspasia Du Barry; deine Ausgelassenheit — haben erstens deinen Hof verdorben. Der verdorbene Hof verdarb die Sitten des Adels; der Adel kommunizirte die Sittenlosigkeit den Burgern; die Burger also, die Städte, und der Hof hatten keinen Zaum ihrer Leidenschaften. Der Strom unterminirte so gar die Ufern des Landes; und — o Ludwig! das Laster,

das Verbrechen, die Sittenlosigkeit sind auf das
Piedestal der Tugend aufgestellt worden. Die Tugend ward eine — Bettse.
Die Heiligkeit der Religion, und das Band
der Magie der Regierung — sind ein Hohn
der Ruchlosigkeit geworden. — So wohl die religiöse als auch die civile Sittlichkeit ward von öffentlichen Dirnen mit Füßen getretlen. Die menschlichen Opinionen verloren den Nagel, worauf sie
hiengen. Dann war es ganz natürlich, daß sich jeder einen anderen Nagel in seine Wand einschlug,
worauf er seine eingebildete, und nach seinem theils
interessirten, theils häuglichen Bedürfniß geformte
Opinion aufhieng. — Daher die Unförmigkeit der
Denkart, der Opinionen, der Handlungen. — Dieser hat seine Existenz nicht nach den allgemeinen
Gesetzen, die abgerissen waren, sondern nach seinem Bauch abgemessen ; jener richtete sie nach
unterhaltenen Mädchen, nach Luxus, nach Vergnü-
gungen. — Deine Freunde, o Ludwig, die Freunde deiner Ausgelassenheit saugten aus deiner Wol-
lüstigkeit Aemter, Unstrafbarkeit der Verbrechen,
Reichthum, und — Wollust. Die Parlamente
schreien ; — du jagtest sie zum Tempel heraus.
Das Volk klagte : — du hattest noch die ganze
von Ludwig dem 14ten mit Ruhm untermengte
Kraft, und — noch warst du glücklich genug, der
unterjochten Masse zu imponiren. — In der Mitte deiner Ruchlosigkeiten kam der Tod, und rief
dich von deiner kothigen Bahn ab. — Du hast
deinem Nachfolger, Ludwig dem 16ten ein Volk
hinterlassen, welches verdorben war, welches an kein
Gesätz hielt, welches ausgesaugt war, und welches
in einem beständigen Kampf zwischen Empörung
und Unsittlichkeit gährte.

Wie hart war alſo die königliche Bürde in Frankreich, ein Volk zu regieren, daß du (vergieb es mir, o Ludwig!) verdorben haſt? — Dein Nachfolger, Ludwig der 16te hatte weder Einſichten weder Thätigkeit genug — dein verderbliches Beiſpiel, mit welchem du die ganze Nation inokulirt haſt, einzuſehen. — Seine Miniſter waren noch Zöglinge deiner wollüſtigen Schule. — Alle menſchliche Gröſe hat die Franzoſen verlaſſen; es war nicht ein einziger groſer Mann im Staate. — Und wenn er auch da geweſen wäre, was hätte er wirken können? — man hätte ihn für einen Narren ausgehöhnt, oder vielleicht gar in ein Narrenhaus eingeſperrt. — Die Stadt Paris hatte nur Ceremoniel-Mode- und Etiketten-Sitten. Die Anhängigkeit an Religion und an Tugend ward wie eine Toßheit ausgeſchrien. Alles Band der Geſellſchaft, alle Hemmung der Leidenſchaften war ein national-Hohn, und Intriguen, und Kabalen machten den Nationalſtolz aus. — Dieſe Verdorbenheit und Zügelloſigkeit erzeugte neue Bedürfniſſe; man wollte den Bauch, die Wohnungen, den Luxus, und die Mädchen befriedigen. Daher entſtund Verſchwendung und Geld-Geiz. (Auri fames) Um dieſer Befriedigung Genüge zu leiſten, haſchte man nach Geld, intriguirte man ums — Geld, unterdrückte man ums Geld, erpreßte man Geld, und — doch blieb man unerſättlich, weil Paris ein Abgrund war, wohin Millionen geworfen, den Schlund nicht füllen konnten. O Ludwig! du haſt die Forme, worin die Nation ganz eingedruckt war, zubereitet; du haſt Ludwig dem 16ten eine verdorbene Maſſe von Menſchen hinterlaſſen, und — er hatte nicht Talente genug, um das

Uebel an den Wurzeln anzugreifen. Das Gebäu war in die Höhe geführt, es schien zu prangen, aber es hatte keinen Grund, — und fiel zusammen.

Nun ist die Erschütterung erfolgt. Eine philosophische Konstitution thront in Frankreich. Der König und dessen Gewalt von Spießen und Laternen-Pfählen bedroht, übergab seine Macht dem Volk. Dieses regiert. — Aber diese Regierung kann keine Dauer haben. Die Versammlung hätte erstens Sitten, — und hernach Gesetze ausdekretiren sollen. — Nun schreiben Briefe aus Paris vom 5ten dieses, daß die neue Versammlung schon zweymal beisammen saß. Nur zu bedaueren ist es, daß die neuen Glieder davon viel grösere Schreyer, vielmehr sittenlose Menschen, viel mehr verschworne Rottirer sind als die vorigen. Daher die Unzufriedenheit, die unter den Burgern herrscht. Seit der Annahme der Konstitution sind 624 wohlhabende Bürger aus Paris ausgewandert. — Das irländische Regiment Dillon ist ganz aus Frankreich herausgegangen.

Es ist wahr, so lang die Welt steht, war noch keine so philosophische und metaphysische Regierung, wie die jetzige in Frankreich. Es kommt nur darauf an, ob sie hinlänglich seye, die grösstentheils unphilosophischen Menschen zu regieren. — Der Versuch hat zwar angefangen; aber ich sage es allezeit, eine unsittliche Nation, sie mag populair oder monarchisch regiert werden, muß mit tyrannischem Zepter geschlagen werden. — Ohne Sitten — keine Regierung, so sagt Montesskieu.

Brüssel den 4ten Okt. Da die Stände von

Brabant auf den ihnen mitgetheilten fiskalischen Antrag in der anberaumten Frist nicht geantwortet haben, so hat gestern der Fiskalats-Verweser vor dem souverainen Rathe seine Aktion wiederholt, und es soll ehestens mit den Droh-Dekreten, und wenn diese fruchtlos bleiben, sofort mit dem Contumaz-Urtheile vorgeschritten, dabei wider die Unheber der Protestation gegen die Gesätzlichkeit des souverainen Raths ohne längere Nachsicht verfahren werden. Letzterer hat unter Königl. Schutze den Schritt gethan, der nicht mehr abzuändern ist; auch hat er schon, bei Anerkennung seiner Gesätzlichkeit, zu einer der erledigten Stellen im Rathe die Ternar-Ernennung vorgenommen, welche auf 3 Mitglieder der hiesigen Gesellschaft der Freunde des öffentlichen Wohls, nemlich auf die Hrn. Wittonck, Van langendonck und Willems gefallen ist. Diese Ernennung macht der Demokraten-Parthey ausserordentliches Vergnügen; man glaubt, daß noch in dieser Woche der Souverain aus diesen dreyen den erstern zum Rathe von Brabant auswählen wird. Es wird hiernach wieder der Fall eintretten, wo jenes neue Glied des souverainen Raths auch den Ständen den Eid ablegen soll; und wahrscheinlich wird dann, aus den nemlichen Gründen oder Ungründen, die nemliche Weigerung sich zeigen, und so die Stände jene Eidesleistung nicht annehmen wollen. Neue Weigerung, neue Folgen. Wohin dies endlich leiten wird?. Auch ist in vergangener Woche eine Kommission angestellt worden, um die Rechnungen der Stände, vom Jahre 1786 an, zu untersuchen. Sollte es damit, wie den Umständen nach wenig gezweifelt wird, nicht richtig befunden werden, so dürfte das Ende vom Liebe die Einziehung der Güter dieser standhaften Herren seyn.

Wegen der Ankunft des Erzherzogs Karl war vorgestern große Gala bei Hofe, und gestern Abend auf dem Schloße Laeken ein feyerliches Mahl, und Schauspiel und Ball. Dieser junge Prinz ist von sehr einnehmender Bildung; und jedermann findet in seiner Physionomie die Züge des großen Josephs. Möge er auch Josephs Herz haben!

Der hiesige Französische Geschäftsträger, Hr. von Graviere, hat vor einigen Tagen durch einen Kourrier seine Beglaubigungs=Schreiben mit 2 vom Könige eigenhändig unterzeichneten Exemplarien der Konstitutions=Urkunde erhalten. Die Abwesenheit der General=Gouverneure war Ursache, daß er selbige nicht eher von Amtswegen überreicht hat.

Der Geist der Zwietracht in den Niederlanden hat eine ganz andere Quelle, als man glaubt. Die Herren Stände haben sich während der Revolution die Freyheit genommen, den Staat in Schulden zu setzen. Das Volk in der ersten Betäubung erwartete goldenen Himmel von der ausposaunten Freyheits=Puppe. Nun sieht dieses Volk mit hellen Augen, daß es getäuscht wurde; es wälzt also die Schuld der Verschwendungen ganz auf die Stände; diese sollen bezahlen. Man sieht eine gedruckte Protestation der Stadt Gent gegen die Stände. Es ist folgende Stelle darinne merkwürdig:

„Man will auf den Buckel des armen Volks
„die Schulden, welche die Herren nach ihren Ab=
„sichten um eine Revolte zu entzünden gemacht, ha=

„ben, laden. Es ist unbegreiflich wie diese Zer,
„störer des bürgerlichen Glücks noch so frech seyn
„können, das Volk zur Tragung der Schulden für
„ihre Ungerechtigkeiten zu zwingen. Der gute Sou=
„verain hat sie zwar nicht gestraft, er hat ihnen
„grosmüthig vergeben. Aber das Volk darf nicht
„gezwungen werden, ihre Ungerechtigkeiten zu be=
„zahlen. He! soll das Volk für sie büssen: —
„dieses von ihnen irrgeführte Volk? — die Schul=
„den sind gros, weil die Verschwendungen gros wa=
„ren. Man muß also die rebellirenden Stände zur
„Verantwortung ziehen; diese sollen die Schulden
„bezahlen; man muß ihnen ihre Güter und ihr Ver=
„mögen konfisciren, dies erheischt die gegenseitige
„Gerechtigkeit. Die Stadt Gent wirft weiters
„den Herrn Ständen vor, daß sie sich vom Volke
„Geschenke machen ließen, und nennen eine illustre
„Dame eines Mannes, der unter den Ständen sitzt,
„daß sie 20tausend Gulden angenommen hat. —
Dies ist die wahre Quelle der ständischen Unbieg=
samkeit.

Brüssel vom 7ten Oktober. — Diesen Nach=
mittag ereignete sich hier ein trauriger Vorfall, wo=
von man aber sogleich die eigentlichen Umstände
nicht ganz genau erfahren konnte; wie man ver=
nimmt, soll es sich ohngefehr auf folgende Weise
zugetragen haben: einige von den ungarischen Sol=
daten, welche gestern aus Lüttich hier eingetroffen
sind, wollten eine verdächtige Strasse eingehen, de=
ren Zugang durch eine Wache vom Regiment Ben=
der verbothen war, weil diese Strasse meistens von
Freudenmädchen bewohnt ist; da diese mit Gewalt
eindringen wollten, und fortfuhren, die Wache zu
necken, gab selbige unter sie Feuer, wodurch einer
von ihnen auf der Stelle todt blieb. Die sich in

der Nähe befindliche Wache eilte herbei, die
ungarischen Soldaten wieder zu Rechte zu weisen:
allein, da sie sich gar nicht ergeben wollten, feuer-
te man unter sie. Ein ungarischer Grenadier, welcher bei dem Abfeuern nicht um am, fiel den kommandirenden Officier an, und spaltete selbigem mit
einem Sabelhiebe den Kopf. Es kamen noch m. h-
rere Grenadiere ihren Kameraden zu Hülfe, und
das Gemetzel dauerte so lange fort, bis eine dop-
pelt verstä.kte Wache sie ausei. ander sprengte, und
wieder Ruhe verschafte. Bei diesem Handgemenge
sind 1 Officier samunt 2 Soldaten vom Regimente
Bender, und 10 ungarische Grenadier todt geblieben, ohne die vielen Ve wundeten zu rechnen Die
Patrouille ist auf 100 Mann verstärkt worden, und
durchstreift stäts die hohe Strasse, wo sich diese traurige Begebenheit von 4 Uhr Nachmittags bis 5 Uhr
Abends zugetragen hat.

Koblenz vom 10ten dises. — Nach den seit
14 Tagen eingegangenen Listen der ausg.wander-
ten Franzosen findet sich das Resultat, daß die
hiesige französische Staatskanzeley 42687 ausgewanderte Edelleute bis 4ten dieses in ihre Bücher
einregistrirte, die theils in Piemont, theils in der
Schweiz, theils in den Niederlanden, theils zu
Worms und längst des Rheins wohnen. — Heute sind 16 Edelleute in einem königlichen Wagen
aus Paris hier eingetroffen. — Prinz von Nassau hat einen Officier nach Ostende geschickt, um
ihn, so bald die russischen und schwed.schen Truppen ankommen, zu avertiren. Diese Truppen sind
wirklich eingeschifft, sie sollten am 28sten Sept.
den Sund passiren. Nun kommts darauf an, ob
sie guten Wind gehabt haben. Sie besetzen die
Niederlaude, und die kayserlichen Truppen rücken vor,

Nro. 85. Freytag den 21sten Oktober. 1791.

Beilage
zu
Politischen Gesprächen
der
Todten.

Politische Satyren.

„Eine sonderbare Ankündigung aus Paris, die in
„allen Straßen angeheftet ist folgenden Inhalts:
„Im schwarzen Kopf in der St. Honore
„Straße, und in der Vorstadt St. Germain
„sind alle Tage Kutschen bereit, die nach Kob=
„lenz abfahren. Man zahlt par Person 5
„Louisd'or.
„Man fährt jetzt aus Paris nach Koblenz, wie
„man vor Zeiten nach Versailles gefahren ist.

Koblenz vom 20sten dieses. — Montag ist ein
rußischer Kourier hier eingetroffen, welcher wie=
derhohltermalen Versicherungen von der Grosen
Katharina an die Prinzen und an die französischen
Edelleute mitgebracht hat. Dies Schreiben wird
nächstens im Druck erscheinen.

Am Dienstag sind 26 Wagen voll der Aus=
wanderer — meistens vom Burgerstand angekom=
men. Unsere Stadt ist jetzt so voll, — so voll,
daß Boden und Keller so zu sagen bewohnt sind;
Alle Tage kommen neue Auswanderer, in einer

solchen Menge, daß man nicht weiß, wie man sie unterbringen soll. — Alle Ortschaften in unserer ganzen Gegend sind voll Franzosen.

Es wird jetzt an einem Entwurf gearbeitet: — die ausgewanderten Bürger aus Frankreich wollen unter sich und auf ihre Kosten eine Garde nationale Royale aufrichten.

Die Brüder des Königs werden das Schloß Schönbornslust verlassen, und in unsere Stadt ziehen. In ihrer Staatskanzeley wird Tag und Nacht gearbeitet. Es ist ausserordentlich wie sich die Geschäfte vermehren.

Brüssel vom 15ten dieses. — Man kommt häufig mit Klagen zu dem Souverainen Rath von Brabant an. Es werden nemlich alle diejenigen, die in letzten Unruhen ein Unrecht begangen, theils durch Plünderungen, theils durch Mordthaten, theils durch Verhaftnehmung — auf das Schärffte untersucht, und müssen den Schaden entweder ersetzen, oder büssen. — Ha, ha! habe ichs nicht allezeit prophezeyet? — die Tage der Ungerechtigkeit sind verflossen; jetzt kommen Tage der Strafruthe. Der Pensionarius van der Schel, der während der Unruhen keinen Eid den Vandernooten, den Van Eupen 2c. leisten wollte, hat sich damals nach Holland retirirt, und nun ist er wieder zurückgekommen, ist wieder in seine Stelle eingesetzt worden. Seine Feinde sind verurtheilt, ihm alle seine Unkosten zu ersetzen. Da kommen die Stände mit in die Rechnung Proficiat! — Im August sind zwey Verführer der Soldaten eingezogen worden. Sie haben nun ihr Urtheil, und müssen auf sieben Jahre im Kerker büssen.

Warschau vom 2ten Oktober. — Fürst Potemkin hat folgende Bedingnisse zum Frieden der Pforte vorgelegt, und droht nicht ein Haar davon abzuweichen:

1) daß die Festung Chorzim geschleifet werde, 2) daß Bender und Akierman in dem jetzigen Zustand belassen, und nichts mehr daran befestiget werden solle, 3) daß die Pforte den einmal ernannten Hospodar von der Moldau, Konstantin Moureloxbato (der sich unter den Russischen Schutz begeben hatte, weil er seine wichtigen Ursachen hatte, wegen seines Kopfs besorgt zu seyn,) nicht willkührlich absetzen könne, sondern, wenn ja eine Anklage wider ihn statt habe, solche von dem versammelten Divan in Beyseyn des Russischen Consuls entschieden werden müsse, 4) daß alle Russische Gefangene umsonst herausgegeben werden, 5) daß Rußland nicht gehalten seyn solle, den Türkischen Unterthanen Salz aus den Salinen bey Kurnburg zu überlassen, 6) daß die Pforte die Schutzgerechtigkeit Rußlands über Georgien, Mingrelien, und Imerette; dann über die längst dem Kaukasus sich dem Russischen Zepter unterworfenen freyen Völker anerkenne; 7) daß den aus dem schwarzen Meere kommenden Russischen Kriegsschiffen, die Durchfahrt durch den Canal von Konstantinopel wenigstens jenen bis zu Portola von 36 Kanonen erlaubt werde, 8) daß Rußland in allen Häfen des Türkischen Reichs Consulen, da, wo solche vor dem Krieg auch nicht existirten, aufstellen könne, 9) daß den Russischen Kauffartheyschiffen ein eigenes Magazin in Konstantinopel zu halten vergönnet seye, endlich 10) daß die Russischen Erzeugnisse in den Ottomannischen Staaten blos 5 Procent an Konsumo, und 2 Procent an Durchfuhrszoll zu bezahlen haben sollen. Diese Forderungen sind nun so beschaffen, daß wohl noch mehr, als 8 Monat Waffenstillstand nöthig ist, um sich darüber zu vergleichen. —

Paris vom 14ten dieses. — Man sieht, daß der König ausserordentlich traurig und niedergeschlagen einher gehe; dagegen ist die Königin sehr aufgeräumt. Dies erregt die verdächtige Muthmassung, daß die Königin allein wissen müsse, was geschehen wird; hingegen scheint ein Wurm an dem Königs-Herze zu nagen, weil er tiefsinnig und betrübt einhergeht.

Die Versammlung hat nichts dekretirt, weil sie beständig deliberiren muß. Es sollen viele neue Komite errichtet werden: — Komite über die Assignaten; Komite über die Kontribution; Komite über den Nationalschatz; Komite über die Staats-Schulden, und endlich Komite — über die Staats-Armuth. O wie viele Komite!

Der König hat einen rührenden Brief an die Seeoffciers geschrieben, worinne er mit Schmerzen klagt, daß diese Herren aus dem Reich auswandern, und daß sie unzufrieden zu seyn scheinen. In der That, es ist fast kein Schiffskommendant mehr eines Kriegsschiffs anzutreffen. Sie sind alle fort; — diese Auswanderung solcher Männer ist um desto nachtheiliger, weil man den Seedienst nicht so leicht ohne erfahrnen Männern besetzen kann.

Regensburg vom 12ten dieses. — Heute um ein Uhr Morgens starb allhier der würdige Abt Febronius des hiesigen Reichsstifts von St. Emeran an einer Entkräftung.

Grünstädter Privilegirte Zahlen-Lotterie. Die 39ste Ziehung ist heute den 18ten October 1791 unter Beysitz derer hierzu verordneten S. T. Herren Deputirten mit gewöhnlichen Formalitäten und gehöriger Accuratesse vollzogen worden, und sind folgende Nummern aus dem Glücksrade erschienen:

Erster Zug: Nro. 65. Fünf und Sechszig.
Zweyter Zug: Nro. 78. Acht und Siebenzig.
Dritter Zug: Nro. 7. Sieben.
Vierter Zug: Nro. 41. Ein und Vierzig.
Fünfter Zug: Nro. 64. Vier und Sechszig.

Die Vierzigste Ziehung geschieht den 25sten Oktober 1791. und so fort von 8 zu 8 Tagen.

Nro. 43. Donnerstag den 20ſten Oktober 1791.

Politiſche
Geſpräche
der
Todten
über die
Begebenheiten
des 1791ſten Jahrs.

„Non, je ne penſe pas que les diſtinctions de la
„naiſſance ſoient un préjugé, & encore moins qu'il
„faille les détruire. S'arracher des bras d'une me-
„re ou d'une épouſe chétie, parcourir des Mers mu-
„giſſantes, marcher d'un pas ferme ſur la glace des
„montagnes & dans les marais bourbeux des vallons,
„braver tous les Elémens, vivre & même s'abbreu-
„ver, durant des jours entiers, de ſes propres ſueurs,
„affronter des bouches qui vomiſſent des incendies,
„renverſer des portes de fer, eſcalader des murs
„enflammés, rapporter des plus pénibles Campagnes
„de cruelles cicatrices, pour fruit de ſes travaux &
„pour prix de la perte de ſa fortune, être aſſez
„récompenſé par l'honneur d'avoir défendu ſa Pa-
„trie, mourir pour Elle: tel est le destin de la
„Nobleſſe. Puis-je croire après cela que ce ſoit un
„préjugé qui la diſtingue? Tant qu'il y aura de
„la raiſon & de la juſtice dans un Etat, le plus bas
„Officier d'une armée, que dis-je? Le plus ſimple
„ſoldat, arborant le Drapeau ſur les remparts, ei-

„vemis, confervera fa fupériorité naturelle fur le
„plus opulent des Calculateurs de la Rue Vivienne.
„Je ferois auſſi Roturier que Chamfort & Reuil-
„lieres, que je penferois de même.

Ueber die fortdauernden Unruhen Frankreichs.
Eine traurige Zeitung.

Nein, ſprach Marſchal von Eſtrees im Reiche der Todten; nein, ſo lang nur eine durch Ränke zuſammenge-
ſetzte Verſammlung in Frankreich die ausübende Gewalt in
Händen halten wird; ſo lang ſie keine Oppoſitionspartie errichtet, die dem Strom der Ränke, der Verführung,
der Kabalen Einhalt thut; — ſo lang wird auch jedes Eigenthum, jede Beſitzung, jede Exiſtenz willkührlich und
unſicher. Folgende unlängſt vorgegangene traurige Geſchichte giebt einen Beweis davon. Hier iſt ſie:

Herr Chaponay, Vater von ſechs Kindern, ein
ehrwürdiger Greis — lebte ſeit 30 Jahren auf ſeinem
Landgut Beaulieu nahe bei Lyon. Er hatte beinahe 60
tauſend Livres Einkünfte, verzehrte höchſtens 12 tauſend,
und das übrige Geld war zum Glück ſeiner Unterthanen
beſtimmt. Da Anno 1704 der Hagel das Dorf Moran-
te zerſtört hatte, ſo ließ er gute Chaponay 33 Häuſer
auf ſeine Unkoſten erbauen, und ſchenkte ſie den Baueren. Er hat während 12 Jahren ſeinen Bauern den
Saamen zur Säeung geſchenkt. In ſeinen ſechs Dörfern
iſt kein Zaun, den er ſeinen Unterthanen nicht gemacht;
kein Haus, was er nicht, entweder erbauet, oder ver-
beſſert hätte. Es iſt kein Pferd, kein Ochs, keine Kuh,
kein Schaaf, auf ſeinen Ländereyen und in ſeinen Dörfern in den Bauern-Ställen, was er ihnen nicht geſchenkt oder geborgt hätte. — Da die Freiheitstollheit
im ganzen Lande ausgebrochen war, ſo machte Herr
Chaponay den erſten Auftrag, ſeine guten Unterthanen
von Ausſchweifungen zu warnen. Er verſammelte ſie,
wie ein Vater ſeine Kinder, und ſtellte ihnen vor, daß
ſie das gröſte Unrecht begehen würden, wenn ſie diejenigen, die gegen die Revolution aufgebracht wären,

plündern oder verheeren wollten. Er machte ein Freundschaftsmaal in seinem Schlosse; 130 Municipalofficiers speisten mit ihm, und 1000 Nationalgarden unten im Schlosse. Er hielt eine rührende Rede an sie: — Meine Freunde, sprach er, ich habe bishero meine Einkünfte mit euch getheilt; ihr könnet meine Bücher einsehen; — durch dreyßig Jahre hindurch, die ich mit euch lebe, habe ich von den 60 tausend Livres meiner Einkünfte nur 12 tausend alljährlich verzehrt, und 48 tausend Livres habe ich unter euch ausgetheilet, — um euch glücklich zu machen.

Da versprach man dem alten Chaponay alles. Aber so viele Wohlthätigkeiten konnten den National = Räuberungsgeist, der in jeder Anarchie herrschen muß, nicht verdringen. Die Municipalitäten von Miorance, von Lacenay, von Chazelay kamen mit 2000 Nationalgarden in das Schloß nach Meaulien, wo Herr Chapinay residirte. Der gute Mann kam ihnen entgegen, und fragte sie, was er verschuldet hätte, daß man ihn in seiner Ruhe überfiel. Sie gaben vor, daß sie Ordres hätten, sein Schloß zu visitiren. Er führte sie in den Saal, gab ihnen ein Nachtessen, und bath sie hernach, ihm diese Ordres zu zeigen. Wir dörfen nicht, sprachen sie, und in dem nemlichen Augenblick bekamen die Garden ein Zeichen, und schrieen, man müßte das Schloß visitiren. Der alte Mann flehete fast auf Knien, man sollte seine Kinder, die krank wären, verschonen; er wollte ihnen alles visitiren lassen. Aber dies half nichts. Die Garden fiengen an zu plündern; man bemächtigte sich aller Schränke, das Silber war auf einmal weggenommen. Darauf raubte jeder, was er nur konnte. — Die Better worauf die kranken Kinder lagen (empfindsame Mütter! bedauret diesen unglücklichen Greis!) wurden mit Gewalt weggerissen, und hingeschleppt. Herr Chaponay fiel auf die Knie, bath die kommandirenden Officiers ihm doch wenigstens so viel Zeit zu lassen, daß er seine Kinder wegschaffen könnte. — Abgeschlagen. Man warf Pechkräuze auf das Dach; die neuen Diener des guten Mannes löschten dreymal das Feuer; aber es half nichts. Alles ward erstens ausgeplündert, und hernach das Schloß den Flammen Preis gegeben. — Die treuen Bediente, nahmen die kranken Kinder auf ihre Schultern, u.s.w.

brachten sie mit Lebensgefahr durch die Flammen in Sicherheit. — Herr Chaponay mußte sich also flüchten, gieng nach Lyon, un' da er in diese Stadt kam, fiel er bei dem Hause seines Freundes auf die Erde.

Dies ist noch nicht der größte Greuel. Aber hört, empfindsame Seelen! — Herr Chaponay kam wieder zu sich, er ließ eine förmliche Klage anstellen; nannte die grausamen Thäter; gieng nach Paris, — und klagte. Aber ohne Erfolg. Man sagte ihm, daß die Frerheit ihre unangenehmen Nuansen und Episoden haben müsse: daß er also diesen unglücklichen Vorfall als ein Opfer, welches er der Revolution dargebracht hat, ansehen müsse. Herr Chaponay über diese Unsträflichkeit entrüstet, ließ diese ganze Begebenheit mit allen Zeugnissen und Beylagen drucken; er theilte sie aus. — Aber auf einmal wollte man ihn in Verhaft nehmen, und er hatte noch so viel Zeit, daß ihm einer seiner Freunde benachrichtigen konnte, sich zu flüchten. Er verließ sein undankbares Vaterland, ward aber bis auf die Grenze verfolgt. In dem Kostum eines Fuhrmanns vermummt, kam er glücklich durch.

Daß diese Geschichte wahr und ächt ist, will Herr Chaponay einem jeden, der daran zweifeln möchte, die autentischesten Zeugnisse darstellen. Ein Zeug davon ist Herr Bonameur, der jetzt bei der neuen Versamnlung als Deputirter sitzt, und der eben deswegen von dem Distrikt Villefranche dazu ist erwählt worden, damit er diese Grausamkeit bei der Versammlung zur Ahndung bringe. Er hat es auch wirklich am 1sten dieses öffentlich gethan, — ward aber nicht angehört. Diese Geschichte ist in allen Journalen von Paris, welche die gesunden Grundsätze zu vertheidigen trachten, weitläufig beschrieben, und geschildert. Aber die jetzige philosophische Regierung Frankreichs ist eine Regierung der Rotten. Bösewichte triumphiren, und dieser Triumph ist ohne — Strafe. Traurige Existenz!!!

Ostende den 10ten Oct. Folgender Befehl ist merkwürdig.

Liebe, Getreue!

„Nachdem Se. Majestät der Kaiser, auf Versonaen „des Bothschafters Sr. Allerchristlichsten Maj. beschlossen „haben, die französische National=Flagge in dem Umfan-

„ge Ihrer Herrschaft und Gebiets anerkennen zu laſſen;
„ſo thun wir euch durch gegenwärtiges jene allerhöchſte
„Schlieſſung zu wiſſen, wornach die Polizey-und Schiffcoff-
„ficiere ſich zu fügen haben ſollen." Marie, Albert.

Paris vom 12ten Okt.

Man ſieht jezt die Antwort des Königs an die franzöſiſchen Prinzen, Monſieur und den Herrn von Artois. Sie lautet alſo:

Meine Herren und Brüder!

Ein ächter oder falſcher im Publikum, als an mich aus dem Schloſſe Schönbornsluſt bei Coblenz unter dem 10ten September 1791 geſchrieben, verbreiteter Brief erfordert, daß auch ich Ihnen vermittelſt der Druckerpreſſe eine Antwort ſende, welches ich mir ſowohl, als der franzöſiſchen Nation, wovon ich das Glück und den Ruhm genieße, das Oberhaupt zu ſeyn, ſchuldig bin. Als die Zwieſtigkeiten, die Feindſchaften, das Mißtrauen, wozu entgegengeſeztes Intereſſe Anlaß gab, mir ſeit geraumer Zeit Urſache an die Hand gegeben hatten, in Anſehung des Schickſals zweifelhaft zu werden, was Frankreich, welches durch die Bewegungen, die von einer groſen Revolution unzertrennlich ſind, erſchüttert war, zubereitet wäre, damals konnte ich auch die Furcht billigen, die uns zu ihrer eigenen Sicherheit zu dem Entſchluſſe bewog, das Reich zu verlaſſen. Ich bin ſogar gerührt geweſen, von dem Urtheil, welchen Sie durch mehr als einen ihrer Schritte an den perſönlichen Beſorgniſſen zu nehmen geſchienen, die mich umringten, und die Königin niederſchlugen; Beſorgniſſe, die gleichwohl nie Statt gefunden hätten, wenn nicht die Zwietracht, welche die Stelle der Wahrheit einnahm, die durch zahlreiche und beſtändige Ränke vom Throne entfernt war, die Liebe der Franzoſen zu unſerer Perſon und unſere innigſte Zuneigung gegen ſie auf eine Zeitlang unterbrochen hätte.

Allein ſeitdem ich, in Anſehung des einſtimmigen Verlangens der Nation, ihre monarchiſche Regierungsform, mit den Abänderungen, die von ihren Repräſentanten angenommen werden, zu behalten, Licht bekommen; ſeitdem wir, die Königin und ich, durch unſere Augen, durch die angenehmſten Wahrnehmungen, die unſere Herzen erfahren können, unterrichtet ſind, daß meine freye Conkion der Constitutionsurkunde, daß mein Eid, dieselbe sowohl im Reiche, als auswärtig zur Ausführung zu bringen, den allgemeinen und deutlichen Wunsch des französischen Reichs erfüllen würde; so würde es mich sehr betrüben, meine Herren und geliebte Brüder, wenn es wahr seyn könnte, daß Sie fortführen, die Gesinnungen, die Sie in ihrem Briefe vom 10ten dieses geäussert haben, bey= zubehalten.

Ich mache mir ein Vergnügen daraus, zu glauben, daß Sie, sobald Sie von der vollkommenen Einigkeit, die jetzt in Ihrem Vaterlande herrscht, Nachricht werden erhalten haben, einer sowohl als der andere die schnellsten Maßregeln werden genommen haben, ins Reich, jedoch auf eine friedfertige Art, zurückzukommen, und durch Ih= re Gegenwart mein Glück und das Glück der Königin zu vermehren, indem Sie Zeugen von den Merkmalen der Zuneigung, die man uns zukommen läßt, seyn wer= den.

Sollte es, meiner Hoffnung zuwider, möglich seyn, daß einer von Ihnen, meine Herren und geliebte Brü= der, oder Sie beyde, durch Vorspiegelungen, auf eine eben so falsche als gefährliche Art, für Sie und die ent= wichenen Franzosen fortgerissen würden, bey diesen oder jenen gewaltsamen Mitteln zu beharren, um eine Ver= änderung in der jetzigen Regierung des Reichs zu be= wirken; so beschwöre ich Sie, überzeugt zu seyn, daß Sie mir die wahrhafteste und zugleich die innigste Be= trübniß verursachen würden, da mir ine Pflicht, als Ober= haupt der Nation, mir auf eine gebietherische Art vor= schreibt, sie gegen dergleichen Angriffe, von woher sie auch kommen, zu vertheidigen.

Endlich melde ich Ihnen noch, daß ich die nöthigen Anstalten getroffen habe, um allen auswärtigen und mit Frankreich alliirten Höfen von meiner Zustimmung zu der neuen Constitution, und von der Zurückberufung Nach= richt zu ertheilen, welcher mit Vertrauen und unverän= derlicher Zuversicht auf den Schutz der Gesetze zu geber= chen, Sie und die andern Prinzen von meinem Geblüte, wie auch alle abwesende französische Bürger ermahne.

Zufolge meiner Ergebenheit gegen die Constitution, wovon Sie die glücklichen Wirkungen mit der That füh= len sollen, lade ich Sie ein, meinen Blutsverwandten und Bundesgenossen, Ihren Majestäten dem Kayser und dem Könige von Preusen unverzüglich zu melden, daß Sie ausdrücklich davon abstehen, dieselben zu ersuchen, ihrer Erklärung, um welche Sie angesucht haben, und die zwischen ihnen am 27sten August zu Pilnitz unterschrieben worden, einige Folge zu geb.n. Ich werde diesen Schritt als ein Merkmal von Ihrer Seite ansehen, daß sie mich verpflichten wollen. Was die Beweise des Gehorsams, wozu Sie sich gegen mich erbieten, betrifft, so sind Sie mir keine schuldig, und ich verlange keinen andern von Ihnen, als den Gehorsam gegen die Gesetze, die nemlich durch die neue Constitution des Staats eingeweihet sind.

Gott nehme Sie in seinen heiligen und würdigen Schutz! Meine Herren und geliebte Brüder.

Auf dem Schlosse des Louvre zu Paris den 21ten Sept. 1791.

Louis,
König der Franzosen.

Schreiben des Königs an die französische Prinzen von Conde, Bourbon und Engbien:

Meine Herren und Vettern!

Ich schreibe Ihnen diesen Brief, um Ihnen zu sagen, daß derjenige, welchen Sie mir unter dem 11ten dieses aus Worms zugeschrieben haben, und welcher der Depeche meiner Brüder vom 10ten beygefüget war, mir auf keine Weise angenehm seyn kann, als in so ferne, da Sie Ihre Gesinnungen und Entwürfe gänzlich verändern, und eilen und sich befleißigen werden, den Diensteifer, den Sie mir anbieten, zur Behauptung der neuen Constitution anzuwenden, welche am 13ten d. anzunehmen, Gründe, Ehre und meine Liebe gegen die Nation mich bewogen haben.

Ihr Diensteifer, den ich annehme, bestehe also darin, daß Sie eiligst, aber friedfertig, ins Reich zurückkommen, die unangenehmen Umstände, worin eitle Ehrsucht und verkehrte Besorgnisse Sie gestürzt haben, vergessen und durch Talente und Tugenden die dem Vaterland nützlich sind, verdienen daß die Franzosen Ihnen die hohe Achtung, welche sie Jahrhunderte hindurch für das Blut der Bourbons gehegt haben, wieder geben.

Ich hoffe, meine Herren und Vettern, daß Sie nicht

ermang'ln werden, sich nach demjenigen zu bequemen,
was ich in Ihrem Nahme und meiner persönlichen Zufriedenheit von Ihnen fodere. — Gott nehme Sie in
seinen heiligen und würdigen Schutz.

(War unterschrieben) **Louis.**
Im Schlosse des Louvre,
den 21ten Septemb. 1791.

Dieser Schreiben ist in verschiedenen Blättern zu Paris vor einigen Tagen erschienen. Aber die wahre Geschichte davon ist folgende: — Herr Thouret soll wirklich dieses Schreiben, oder diese Antwort, wie alles das
übrige, was der König an die Nationalversammlung geschrieben oder seit der Annahme gesprochen, dem Monarchen dargelegt haben. Dieser unglückliche Regent soll
es aber nicht unterzeichnen wollen. — Unterdessen hat
es Herr Thouret den Tagblättern mitgetheilt, damit der
König dadurch erschreckt, — sich nicht weigere, es zu unterzeichnen. — Ach! unter welcher Kabale-Taktik wird
der gute König kommandirt!

Biographie.

Ludwig von Estrees Marschal von Frankreich
und Staatsminister wurde Anno 1699 in Paris gebohren.
Er diente als Officier in dem kleinen Krieg, den der Herzog von Orleans gegen Spanien unternahm unter dem
Marschal von Berwick. Seine Verdienste brachten ihm
den Marschalsstab zu wegen, und in dem Kriege Anno
1741 machte er sich bey Eger, bey Charleroi, und besonders bei Lawfeld einen unsterblichen Nahmen. Anno
1756 gab ihm Ludwig der Fünfzehnte das Commando
über hundert tausend französische Truppen, die man nach
Deutschland wider die vereinigte Englische Armee mit den
Preussen schickte. Dieser General zeigte dem König den
Plan seiner Kriegseinrichtungen und sagte: In den ersten Tagen des Monats Julius werde ich den Feind über
die Weser jagen, und hernach wird der Weg nach Hannover offen stehen. In der That, er schlug den Herzog
von Cumberland, und hielt die Hanoveraner eingeschlossen. Aber eben diesen Tag, da er diese Schlacht gewann,
erhielt er Befehl, von der Armee abzugehen. Der König
machte ihn zum Herzog, und er starb den 2ten Jänner
Anno 1771.

Nro. 91.   Freytag den 11ten November 1791.

Beilage
zu
Politischen Gesprächen
der
Todten.

Politische Satyren.

„Flectere si nequeo Reges, propria arma movebo
„Nobilia, & justa Gallia cæde cadet.
Tessera Fratrum Regis Galliæ.

Achen vom 9ten dieses. Der König von Schweden hat bei seiner Abreise aus unserer Stadt seine ganze Bagage hier gelassen. Man hat immer Befehle erwartet, um alles nach Stockholm zu schicken. Aber am 5ten dieses schrieb der König, daß seine ganze Bagage in Achen bleiben solle. — Dies giebt zu verschiedenen Muthmassungen Anlaß, als wenn der König im Frühjahre an der Spitze seiner Truppen zu erscheinen wünschte. Es sind auch viele Gerätschaften und Kriegsbedürfnisse auf einem schwedischen Schiff in Holland angekommen.

Man erzählt sich eine sonderbare Anekdote von den Zeiten her, da Gustav zu Achen war. Dieser großmüthige König in dem ersten Feuer für den gefangenen König von Frankreich, — negotirte 10tausend Mann Pfälzer, die er in seinen Sold nehmen wollte. Man offenbarte diese Unterhandlung dem weisen Leopold. —

Nein, sprach der Kayser, nein, der König von Schweden soll die Pfälzer nicht in den Sold nehmen. Dieses Nein war auffallend. Der Minister drang in das Innere der Politik, wollte die Ursach des Neins wissen. — Ich werde, sprach der Kayser, ich werde den König von Frankreich mit meiner ganzen Macht stützen; dies ist meine Entschließung. — Aber es ist noch nicht Zeit — zu wirken. — Um Himmelswillen! wenn wird diese Zeit kommen?

Die Zeitung von Mecheln vom 3ten dieses erzählt folgende wichtige Anmerkung über die Zusammenkunft von Pilnitz: — Es hat sich eine sonderbare Veränderung in den Kabineten von Wien und von Berlin ereignet, seit dem der König von Frankreich die Konstitution angenommen hat. — Dem König von Preußen war es niemals Ernst, seine Truppen gegen Frankreich zu schicken, weil er niemals dem Interesse Englands entgegen zu arbeiten gesinnt seyn kann. — England und Preußen dachten das Haus Oesterreich in eine kostspielige und ruinirende Expedition zu verwickeln. — Der General Lasci hat die Falle eingesehen, und konnte es nicht über sich bringen, dieselbe zu Pilnitz selbst dem Kayser aufzudecken. Daher entstund zwischen ihm und dem Herrn Spielmann eine widersprechende Szene. Dem seye wie es wolle, so ist gewiß, daß England die Annahme des Königs wo nicht vorbereitet, doch wenigstens vorausgesehen habe. Nach dieser Voraussetzung wäre also die Ausflucht, gegen Frankreich nicht zu marschieren, allezeit gültig, und hätte in allen Fällen zur Entschuldigung gedient. — O heiliger Machiavel, bitt für uns!

Koblenz vom 10ten dieses. — Die Brüder des Königs sind in die Stadt eingezogen; — zu Schönbornslust bleibt aber die Kriegs- und Staats-

Kanzley. Täglich kommen mehrere Auswanderer hier an; seit 8 Tagen sind fast alle Tag 80 Personen angelangt, — die hernach zu den respektiven Korps angewiesen werden.

Man wird darüber lachen, wenn man behauptet, daß die Franzosen in Deutschland Magazine haben. Man wird fragen; wo? wie? wann? — diese Fragen können noch nicht beantwortet werden, aber es ist gewiß, daß alles: — Magazine, Munition, und andere Kriegsgeräthschaften in Bereitschaft sind. Es ist kein Mangel am Geld, — und ungeachtet der heiligen Stille in der Politik, ist es doch wahr,] und der Erfolg wird diese Wahrheit zeigen, daß die Kontrarevolution ihrer Aufbrausung näher seye, als man glaubt.

Paris vom 5ten dieses. — Der Herzog von Orleans machte eine Bankerotte von 150 Millionen. Er wollte seine Ehre verpfänden, daß er bezahlen werde. Aber dieses Pfand hat keinen Glauben gefunden; — er verkauft seine beweglichen und unbeweglichen Güter.

In dem französischen Patriot ist folgender Artikel vom Haag. Ein gewisser Werle hat eine beißende Schrift gegen den Statthalter im Drucke herausgegeben. Sie soll mit vieler Gründlichkeit geschrieben seyn. Der Verfasser wurde in Arrest geschleppt, gepeitscht, auf viele Jahre zur Gefängniß verwiesen. — Die holländischen Patrioten sollen gegen diese Exekution laut murren.

Desperate Neuigkeiten.

Pondichery vom 21. Juni. Man hat aus dieser Stadt Briefe zu Paris erhalten (so sagt es der desperate Patriot Brissot) daß Lord Cornwallis von Madras abgeschnitten seye; daß er unter der regnerischen Jahrzeit des dortigen Landes ganz naß geworden; daß die englische Armee in der kläglichsten Verlegenheit seufze, und — endlich, daß Lord Cornwallis den zweyten Band seines Katastrophe von York-Town liefern könnte. — Dieser Band könnte wohl in der Bibliothek des Heldenthums einen Cavagliere de la tristi figura vorstellen.

Am 3ten dieses Monats ist ein Kourrier an den berühmten la Fayette abgeschickt worden, um ihn auf der Stelle nach Paris zu berufen. Dieser konstitutionelle Held soll nach England abgesandt werden, um eine Heurat zwischen dem Prinzen von Walis von England, und der königlichen Madame von Frankreich zu negotiren. — Dabei soll Herr la Fayette die Gewalt erhalten, eine offensive Allianz mit England zu schließen. — Wenn dies wahr ist, so will ich gern glauben, daß die Katzen und die Mäuse eine Allianz zusammen geschlossen haben. — Aber Briefe aus London melden, daß der Prinz von Walis in einer gefährlichen Krankheit darniederliege.

Grünstädter Privilegirte Zahlen-Lotterie. Die zoste Ziehung ist heute den 8ten Novemb. 1791 unter Beysitz derer hiezu verordneten S. T. Herren Deputirten mit gewöhnlichen Formalitäten und gehöriger Accuratesse vollzogen worden, und sind folgende Numern aus dem Glücksrade erschienen:

Erster Zug: Nro. 10. Zehn,
Zweyter Zug: Nro. 79. Neun u. Siebenzig,
Dritter Zug: Nro. 58. Acht und Fünfzig.
Vierter Zug: Nro. 4. Vier,
Fünfter Zug: Nro. 46. Sechs und Vierzig.

Die Drey u. Vierzigste Ziehung geschieht den 15ten Nov. 1791 und so fort von 8 zu 8 Tagen.

Nro. 46.   Donnerstag den 10ten November 1791.

Politische
Gespräche
der
Todten
über die
Begebenheiten
des 1791sten Jahrs.

Sur la garde nationale.

„Vulgus ignavum, & nihil ultra verba ausurum,
„falsa specie, exercitus & legiones appellat.
„Tacitus in annalibus.

Redende Personen:
Karl von Follard — Ernest von Mansfeld.

Follard. Ich sags dir ja: die politischen Sekten machen den nemlichen Eindruck auf die menschlichen Opinionen, wie ihn vor Zeiten jene der Religion gemacht haben. Vor drey hundert Jahren hatte man Lutheraner, Kalvinisten, Zwinglisten. Heutiges Tags hat man Republikanische Jakobiner, Monarchisten, Royalisten. — Damals waren die Kontroversen der Theologen im Schwung; — heute der Politiker. Dies ist ein Zeichen, daß der allgemeine Geist des Publikums eine Nahrung

haben müſſe; entweder, wie vor Zeiten, — aus der Religion, oder, — wie heute, — aus der Politik.
Mansfeld. Mein! laß uns allen Parthey-Geiſt abſeitigen. Ich betheuere vor Gott, vor allen redlichen Menſchen, vor dem Himmelsgewölb das mich deckt, daß ich weder von einer oder von der anderen Partie beſtochen bin worden; daß ich keinen Nutzen, keine Verbeſſerung meiner Umſtände dadurch zu erlangen ſuche; daß ich denjenigen als einen Verräther des allgemeinen Wohls anſehe, der mich beſtechen wollte, oder der einen Preis auf eine von meiner Seite begründete Meinung ſetzen möchte; daß ich von allem Rotten-Geiſt befreyet, — nur nach meiner Ueberzeugung, nach meiner Erfahrung, nach meiner Menſchkenntniß, nach allen bisherigen Revolutions-Geſchichten — ſpreche. (*) Laß uns alſo unterſuchen, ob die Revolution Frankreichs Urſach hatte, in eine Anarchie auſzubrauſen.
Follard. Dies bin ich begierig zu hören.
Mansfeld. Durch die Revolution hat erſtens

(*) Dies iſt mein politiſches Glaubensbekenntniß. Derjenige der mich einer ſchmutzigen Beſtechung beſchuldigt; der glaubt, daß ich aus meinen bishero offenbarten Grundſätzen einen Nutzen zu ziehen wünſche; der ſoll hervortretten, und mir es erweiſen. Meine Exiſtenz ſoll mit Koth beworfen werden; meine redlichen Abſichten ſollen in Schurkereyen verwandelt werden; mein Name ſoll ein Schandwort ſeyn, wenn ich jemals nur einen Heller von dieſer oder jener Partie empfangen habe. — Ich habe ſelt jeher geſunde Grundſätze, nützliche Lehre und der Menſchheit vortheilhafte Abſichten zu offenbaren geſucht. Ich war ſo glücklich vieles, was eingetroffen iſt, vorherzuſagen. Man leſe meine Blätter in den Unruhen von Holland, Brabant und Lüttich. Iſt es anders gegangen, als ich geſagt habe? — Ich ſoll des Namens meines Vaterlandes, des Namens eines Deutſchen beraubt ſeyn, wenn mich jemals das Intereſſe zu dieſer oder jener Partie geneigt hat. — Dies iſt mein letztes Wort auf alle die mir zugeſchickten Verdachtsklagen.

Note, vom Verfaſſer dieſes Blatts.

Frankreich den ganzen politischen Einfluß in Europa verloren.

Follard. Was thut das?

Mansfeld. Sehr viel, mein Freund! die Engländer setzen sich fester in Indien; bemächtigen sich der ganzen Handlung und aller Meere; werden der französischen Handlung Geseze vorschreiben; halten die Politik in ihrer Hand, und können heut oder morgen ganz Europa zu Frankreichs Schaden, oder zu seiner Demüthigung inspiriren. 2bv.)die alljährigen Wahlen im ganzen Königreiche werden Städte und Dörfer in Ränke, in Intriguen, Mißigang und in Schwelgerey verwickeln. Es ist kein Dorf, wo nicht wenigstens 12 Aelteste, keine Stadt, wo nicht wenigstes 40 Beamte zum Districte und zur Municipalität gewählt werden. Da wird das Volk in Wahlränken, in Zankereyen gerottet. — Man wird ganze Processionen sehen, die schwelgen, und ihre Arbeit in Ränken verschwenden werden. Daraus entstehen Mißhelligkeiten, Rotten, Haß, Verfolgung ꝛc. 3tio) der Adel ist nun abgesetzt, also ist diejenige Klasse von Menschen niedergerißen, die von der Jugend auf der Ehre, und dem Ruhm erzogen war. Wer wird statt des Adels prangen? — der Reiche, und der Vermögliche. Der Staat mag geordnet seyn, wie er wolle, so entstehen allezeit grose Besitzer. Dieser reiche Besitzer wird den Vortheil des Gangs der Menschheit, die jeder Stärkere über den Schwächeren, jeder Reiche über den Armen hat, benutzen. Also werden alle Aemter von den Reichen oder von den Feineren verschlungen. — Da hast du die abscheulichste Aristokratie wieder, die viel härter seyn wird als jene des Adels.

Follard. Aber der Adel wird bezahlen!

Mansfeld. Er hat allezeit bezahlt, und mehr unter der alten als unter der jezigen Verfassung bezahlt. — Nach der ächten Berechnung des Abbé Terray findet sich, daß der französische Adel ein Drittel seiner Einkünfte der Staats-Kasse liefern mußte: nemlich, wenn eine französische Herrschaft nach Deutschland in eine immediate Lage gesezt worden wäre, und wenn sie 60tausend Livres in Deutschland eingetragen hätte; — so war ihr wahrer Eintrag in Frankreich nur von 40tausend Livres.

Nach der nemlichen Verfassung hat Frankreich der Größe im Preußischen die adelichen Güter mit 30 pro Cents von jährlichen Einkünften belegt. — Also kann man dem französischen Adel den Vorwurf nur ungerechterweis machen, daß er nichts zu bezahlen hätte. Zur Erklärung dessen darf man nur die alten Register aufschlagen. Der Edelmann war frey, dies ist wahr; aber so bald er einen Pachter genommen hat, so mußte dieser Pachter alle Abgaben, wie ein anderer Ackersmann bezahlen: nemlich die so genannte Taille, die Kapitation ec. Also weil die Edelleute alle ihre Güter verpacht hatten, so war es ganz natürlich, daß der Pachter nur nach Abschlag der Staatsabgaben die Güter übernehmen konnte. — Noch mehr: es ist aus allen Dokumenten zu erweisen, daß der Adel mehr, als alle andere Besitzer, bezahlt hatte. Man erkundige sich nur mit unbefangenem Geist über die vorige Staatsverfassung Frankreichs. Nach der neuen Verfassung zahlt wirklich jeder Besitzer nur ein Fünftel von seiner Einnahme, folglich weniger wie vorhero.

Follard. Dies weis ich ganz wohl; aber der Adel besaß fast alle Aemter im Reiche.

Mansfeld. Aemter? — lieber Freund! — Aemter? Diese Aemter eben haben den Adel ruinirt. Jedes Amt erfordert eine gewisse Repräsentation. In einem kornriesen Staate wie Frankreich ist, mag solche Repräsentation zu theuer zu stehen kommen. Ein Beweis davon ist, daß der beamtete Adel nichts hatte, daß er ruinirt war, daß er alles und noch darüber verzehrt hatte. Wem ist diese Verschwendung zugeflossen? — dem Landmanne. — Und ist es nicht eine Wohlthat für den Bürger, wenn der große Besitzer alles aufgehen läßt? — Ist es nicht eine Wohlthat für den Staat, wenn der Vielhabende das Geld in der Geschwindigkeit unter die Leute kommen läßt, damit der Staat es wiedernehme, und nach seinen Bedürfnißen verwalte?

Follard. Du hast Recht, Mansfeld! — was giebts dann sonst neues?

Mansfeld. Die französischen Blätter sind so troken, daß man nicht den mindesten Saft nicht einmal für eine Zeitung daraus distilliren könne. Briefe

aus Koblenz vom 9ten dieses
melden, daß ein englischer Ritter, Herr von Clair eine
Legion für die Aristokraten und für Bezwingung der jetzi=
gen unruhigen Frankreichs errichte. Er hat schon 400
Mann, die in der Gegend von Neuwied zu liegen kom=
men sollen. Die Auswanderung ist noch erstaunlich. —
Sonst liest man in Zeitungen folgende.

Vermischte Nachrichten.

Zu Pillnitz sagte der hochberühmte Hr. von Calon=
ne, um die beyden Monarchen zu einer Unternehmung
gegen Frankreich zu bewegen, "eine solche Expedition sey
nur eine Promenade," die aber, verletzte des K. M. von
Lascy, ziemlich lang werden konnte." — Zu Gleinitz in
Schlesien ist, bey einem Hrn. Liebr, aus einem einzigen
Hanfkorn ein 5 Ellen langer Stengel gewachsen, der
sich in 57 Aeste vertheil, und 17,550 vollkommene, zu
künftigen Aussaat tauglich, und 1970 geringere, über=
haupt also 19,550 Hanfkörner getragen hat. — Der
ehemalige General der Kapuziner, Pater Eduard, hat
zu Paris eine 17jährige Schöne, Dlle. Denonville, ent=
führt, und wohnt izt am Ludwigsplatze in einer prächtig
garnirten Wohnung. — Br. Lukas, Minorit, dessen
Grundsätze aber nicht in die Ordensregel paßten, verließ
sein Kloster zu Offenburg, und leiste zu Strasburg den
Französischen Bürgereid ab. — Das Großbrittannische
Parlament ist vom 3. Novem. neuerdings bis zum 20ten
Decemb. prorogirt worden. — Der Pabst hat, nach
Berichten vom 12ten Okt. einen neuen Anfall vom Fie=
ber bekommen, und man fängt an, sehr besorgt zu seyn.
Die häufigen geistlichen Flüchtlinge aus Frankreich sind
in der vorlezten Kongregation als cives romani aufgenom=
men worden, und sollen nur halbe Steuern bezahlen. —
Einige Venetianische Kaper haben, unter den Kanonen
von Bastia auf Korsika, 2 Tunesinische Kaperschiffe weg=
genommen. Der Bey von Tunis hat sie deswegen vom
Französischen Konsul reklamirt, widrigenfalls er, nach
2 Monaten, auf die Französische Nationalflagge Jagd
machen würde. — Man traut den Französischen Emi=
granten am Rhein ic. die sich auf 35,000 belaufen sollen,
eine Wintercampagne zu, weshalb sie in Deutschland al=
les Pelzwerk, und selbst die Hammelfelle aufkaufen sol=
len — Im Holsteinschen sind, zur Remontirung der

Französischen Kavallerie, bereits über 3000 Pferde, zu sehr hohen Preisen, aufgekauft worden. — Verschiedene der ehemals Adlichen in Frankreich, die nicht persönlich auswandern können, schicken dafür einen Galanthomme als Stellvertreter nach. Koblenz. — Die Zwistigkeiten zwischen Pfalzbayern und der Reichsstadt Nürnberg haben nun eine ernstliche Wendung genommen. Der Kurfürst hat die Nürnbergischen Landpfleger, welche mit dem Steuerschreiber von Amtswegen nach Bezenstein reisen wollten, unterwegs aufheben, und auf die Festung Rotenberg bringen lassen. — Der Kayser von Marokko hat würklich am 18ten Sept. sein Lager vor Ceuta aufgehoben, und ist mit seiner Armee nach Tetuan zurückmarschirt. — Durch die in Servien kundgemachte Amnistie des Großherrn wird auch den Christen frey gegeben, ohne seine Erlaubniß Kirchen zu bauen — Mehrere Provinzen der Vereinigten Niederlande weigern sich, die Subsidiengelder für die im Holländischen Sold stehenden Deutschen Truppen länger herzugeben, und wollen also die Braunschweigischen Anspach-Bayreuthischen, und Mecklenburgischen Krops nach Hause schicken.

Biographie.

Karl von Follard, (bei diesem Namen sollen alle Officiers den Hut abnehmen, weil hier die Rede von dem gründlichsten Lehrer der Kriegskunst ist) kam zu Avignon zur Welt; Anno 1669. Er ließ sich im 16ten Jahre seines Alters als Soldat anwerben. Seine Verwandten aber kauften ihn wieder los. Allein er sah das Regiment Berri, lief aus seinem väterlichen Hause, und wurde wieder Soldat. Er avansirte bis zum Unterlieutenant, und machte in dem Krieg von Anno 1688 den Partheygänger. Damals war ein Partheygänger und ein Räuber fast Synonima. Aber Follard las fleißig den Kommentarius von Cäsar, und machte den kleinen Krieg nach dessen Grundsätzen. Der Krieg von Anno 1701 gab ihm neue Gelegenheit sich auszuzeichnen; er wurde Abjutant bei dem berühmten Französischen General von Vendome. Er machte den Plan zu der Einnahme von Hostilia, und von Cassino, bekam das St. Ludwigskreuz. Aber er war bei Cassino verwundet. In der Mitte seiner Schmerzen fiehl ihn das System von Fa-

konnen bei, welches er nach allen Kriegsgrundsätzen im
Spital zu Papier setzte. Er war hernach bei der Schlacht
von Malplaquet aufs neue verwundet, und bald darauf
gefangen. Prinz Eugene gab sich alle erdenkliche Mühe
um ihn in die kayserlichen Diensten zu ziehen; aber Fol=
lard schlug alle Anerbietungen aus. Er kam wieder nach
Frankreich, und gieng Anno 1714 nach Malta, wo er
sich wider die Türken hervorgethan. Unterdessen sprach
man in der ganzen Welt von den gewagten Heldenttha=
ten des Königs von Schweden, Karl des Zwölften. —
Follard gieng nach Schweden: Karl der Zwölfte nahm
ihn in seine Dienste, und wollte ihn mit einer Flotte
nach Schottland schicken, um eine Landung zu wagen.
Aber Karl blieb todt bei Friedrichshall, und Follard kam
wieder nach Frankreich zurück. Er bemerkte die Anlage
des berühmten Grafen von Sachsen, schenkte ihm seine
Freundschaft, und gab ihm einen ächten Unterricht in
der Kriegskunst. Er hat es prophezeyet, daß Mauritz
von Sachsen groser General seyn wird; und wie konnte
es anders seyn, indem er einen so grosen Mann, wie
Follard war, zum Lehrer hatte? In der nemlichen Zeit
gab Follard seinen Kommentarius über den Polybius aus;
Anno 1727. Dieses Buch ist das eigentliche Brevier al=
ler Kriegsmänner, und fleissiger Officiers. Seine Erfah=
rung, seine tiefe Einsicht in das mordende Handwerk des
Kriegs, seine Belesenheit in der römischen Art Krieg zu
führen, und seine Beobachtungen haben ihm den Nam n
des französischen Vegecius erworben. Er gab noch her=
aus: Neue Entdeckung über den Krieg; — hernach:
Ueber die Vertheidigung der Festung; — und bald da=
rauf: — Eine Abhandlung über die Partheygänger. —
Allein, (o Schwachheit der Menschen!) dieser Schöpfer
der neuen Kriegskunst verfiel am Ende in eine übertrie=
bene Andächtelei; man sah diesen alten Soldaten in der
Mitte der Fanatiker zu dem berühmten und ausgeschrie=
enen heiligen Diakon Himnen singen, und alle Gri=
massen eines Andächtlers machen. Deswegen war ihm
der Kardinal Fleury nicht günstig. Follard sah es, be=
harrte in seinem Eifer, gieng in sein Vaterland nach A=
vignon, und starb bald darauf Anno 1752. Man ta=
delt heutiges Tags die Follards Schriften. Aber warum

macht man keine bessern? fragt ein berühmter General in England, Herr Lloid. Gewiß ist es: wenn Jollard nicht existirt hätte, so wäre die Kriegskunst noch nicht so weit empor gestiegen.

Ernest von Mansfeld des Fürsten Peter Ernest, Gouverneurs von Luremburg und einer Dame von Mechteln, natürlicher Sohn, wurde in Brüssel von seinem Pathen dem Erzherzog Ernest von Oesterreich erzogen. Er diente in Ungarn im Kayserlichen, und hernach in den Niederlanden im Spanischen Heere mit Vorzug. Kayser Rudolph der Zweyte hatte ihn legitimirt, aber ungeachtet dessen, konnte er von der Erbschaft seines Vaters nichts erhalten, weil die andern Mansfeldischen Erben darwider protestirten. Ernst wurde dadurch so misvergnügt, das er Anno 1610 zu dem Protestantischen Anhang übergieng. Das Haus Oesterreich hat einen unversöhnlichen Feind an ihm gehabt, so, daß man ihn den Attila des Christenthums nannte. Er rottete in Böhmen Anno 1618 die Aufrührer zusammen, nahm die Stadt Pilsen ein, und obschon man ihm in verschiedenen Scharmützeln grosen Schaden gethan, so drang er doch bis in die Pfalz ein, verheerte Elsaß und schlug die Bayern. Aber der grose Walstein machte seinen weiteren Unternehmungen durch die gewonnene Schlacht bei Dessow ein Ende. Ernest wollte sich nach Venedig flüchten, wurde aber in einem Dorfe zwischen Zara und Spalatro krank, und starb den 20. Novemb. Anno 1626 im 46 Jahre seines Alters. Er wollte nicht im Bette sterben, sondern ließ sich ankleiden, stützte sich auf seine zwey Bediente, und gab stehend den Geist auf. — Eine Anekdote die man in dem Leben dieses sonderbaren Mannes findet, werden wir hier aufzeichnen, weil sie einem Officiers, dem er das gänzliche Vertrauen seiner Unternehmungen offenbarte entlarvet. Es war Casel; aber Casel war ein treuloser Freund, und schrieb alle seine Planen an die Kayserlichen. Mansfeld war der Falschheit seines Freundes überzeugt. Er ließ ihn kommen, gab ihm 300 Rthlr. und einen Brief an den Graf Buquoy, der so lautete: Weil ich überzeugt bin, daß mein Freund Cajel ihnen besser und getreuer dienen wird als mir, so schicke ich ihn ihnen, damit sie seine Ergebenheit besser benutzen können als ich.

Nro. 90.   Montag den 7ten Novemb. 1791.

Beilage
zu
Politischen Gesprächen
der
Todten

Ankündigungs = Herold.

1mo. Litteratur. — Politische — im Grosen.

Was wir vorhergesehen, und vorhergesagt haben, — ist geschehen. Die Engländer, Meister auf der See, erregen Furcht und Schrecken — in allen Kabinetten der anderen Seemächte. Der englische Plan ist auf grose Endzwecke gerichtet. Es hat den Britten gelungen, die Spanier, die von Frankreich we.en der Revolution und von Rußland wegen des Türkenkriegs verlassen waren, dahin zu bewegen, den Nootka = Sund abzutretten. Diese unbedeutende Kolonie ist ein Vorboth zu wichtigeren Unternehmungen; es ist ein Waffenplaz für die Engländer. Die Verlegenheit der verlassenen Spanier ist unbeschreiblich. Sie sind die einzige Seemacht nach Frankreich, die gegen den englischen Neptun die Spize aushalten muß. Sie sträubten sich, machten den Frieden zwischen Schweden und Rußland; bahnten den Russen den Weg, um sich gegen die englische Bedeutenheit in Postur zu stellen. Nun ist der Friede mit den Türken bis — auf weitere Ordres hergestellt. Spanien glaubte dadurch die Franzosen gegen die Engländer in die vorige Oppositionspartie zu setzen. Oesterreich gab alles zurück, um Frankreich in die vorige Stellung setzen zu helfen. — Dies war niemals Englands-Absicht; folglich darf es seiner Dependenten, der Holländer, und vielleicht auch der Preusen wahre Absicht auch nicht seyn. — Was thut Spanien? es hat alle Seemächte in Offenbahrheit ihrer Interesse gesetzt. Daher ist die sonderbare, und gegen alle politische Muthmassung erfolgte Allianz zwischen Rußland und Schweden entstanden. Dann Briefe aus Stockholm vom 19ten October melden zuverlässig, daß Rußland und Schweden wirklich alliirt sind. Alle übrigen Seemächte, Holland und die Türken ausgenommen, sollen dieser Allianz beitretten; sie sollen zum Zweck haben, von crès. Malgré- der Engländer, Frankreich in die vorige Stellung einzusetzen. Ist es hernach Wunder, daß Rußland und Schweden gegen die von der Versammlung usurpirte Macht des Königs von Frankreich Minen graben? — Es ist ihr eignes Intresse, den König mit derjenigen Macht zu bepanzern, mit welcher er vorhero den Engländern entgegestund.

Das Haus Oesterreich avancirte nach seiner Aufopferung zu dieser Politik den ersten Schritt zu Pilnitz. Es schien, Preussen nehme den wärmsten Antheil an der Mißhandlung des französischen Monarchen. Aber in der Politik sind so viele Nebenwege zur Entschuldigung, daß die Annahme der Konstitution von Seiten des Königs von Frankreich eine breite Strasse dazu angelegt habe. Es kommt eine sonderbare Episode dazwischen: die Stände in den kaiserlichen Niederlanden behaupten ihre widerspenstige Role, und wollen bongré malgré die fünf ausgeworfnen, dem Souverain meineidigen Mitglieder, mit Gewalt ihrer vorgeblichen Rechte, in ihre Versammlung ziehen. Das Gouvernement hat ihnen derb gedroht; hat so gar die Geldverschwendungen, die sie während der Revolution verursacht haben, untersuchen lassen, und macht sie deswegen verantwortlich; will ihre individuelle Güter einziehen. Das Volk applaudirt dazu. Aber die Stände halten wie eine untaßbare Zunft zusammen; sie nehmen alle desperaten Mittel zu Hilfe, und haben, wie man sagt, erklärt, daß sie sich der Nationalversammlung von Frankreich in die Aerme werfen wollten. Und in der That, geheime Briefe von Paris melden, daß die Belgier einen Bund mit Frankreich zu machen wünschen. —

Sie wollen franzöfifche Bundesgenoffene mit Beibehaltung ihrer Konstitution werden, ungefehr so, wie die Grau=Bündner Bundsgenoffene von der Schweiz sind.

Es ist wirklich auffallend, was ein Klubist über dieſen Artikel ſchreibt. — „Der Prinz Rohan, ſagt er, hat „der Ehre, in Lüttich zu regieren, noch nicht entſagt. „Man wird dieſes Land zum Bundesgenoſſenen Frank„reichs machen, ſo bald die Franken=Nation angegriffen „werden ſollte. — Dann geht der reißende Strohm der „Freyheit durch Belgien bis nach Holland. Wandernoot „und Ban Eupen halten ſich an den Grenzen der Nie„lande auf; ſie harren auf den Wink der Stände, und „auf den Befehl der Verſammlung. Die holländiſchen „Patrioten ſind ganz für uns, und ſtehen auf der Wa„che. — Aber der Feldmarſchal Bender hat noch Kraft?
„ — Bah! dies iſt für uns eine Kleinigkeit; wir haben „ſo viele Mittel; die Freyheit ſträubt ſich durch ſo viele „Handgriffe; — das Uebrige kann man ſich denken. Ue„ber dies iſt England mit ſeinem Anhang für uns. — Al„ſo, wenn auch die Ariſtokratie des ganzen Erdballens „uns angreifen wollte, ſo wird ſie durch England u. „deſſen Anhang kontrekarrirt. Man wird bald der ari„ſtokratiſchen Spiels das End ſehen. Die Verſammlung „hat am 31ſten October dekretirt, daß der älteſte Bru„der des Königs in Zeit von zwey Monaten zurückkom„men müſſe; daß man ihn citire, um zu erſcheinen; daß „er widrigenfalls des Erbrechts auf die Krone verluſtig „erklärt, und daß man ihm ſeine Güter konfiſciren wer„de. Dieſes Dekret iſt dem König zugeſchickt worden: — „daß er es ſeinem Bruder nach Koblenz zuſchicke. Der „König wird es thun müſſen, wenn er die Aufrichtigkeit „der Annahme der Konſtitution darzeigen wird wollen; „er wird dieſes Dekret gewiß ſanktioniren, damit die Na„tion keinen Zweifel über ſeine Aufrichtigkeit äußere. — „So bald dies geſchieht, ſo wird ſich alles entwickeln ꝛc.

Dieſes Schreiben iſt ächt, und zeigt ganz klar die Geſinnungen und die ausdekretirte Sicherheit der Franken dar.

268. Handlungs=Nachrichten.

Briefe aus Holland melden, daß der Kaffee etwas im Preiſe fallen werde. Die Verkaufungen geschehen in diesem Monat. — Die Engländer passen darauf.

Am ganzen Rhein-Strohm fangen die Aufkäufer des Getreids, Habers und Heus an, Proviantenzu sammlen. — Gewiß eine Vorbereitung zu politischen Unternehmungen.
Die Unruhen auf der Insel St. Dominik bringen die Handlung in neue Verwirrung. — Der König der Franken hat freylich befohlen 6000 Mann dahin absegeln zu lassen. Aber bis sie dahin kommen, ist vielleicht Englands Endzweck erreicht. Man sagt, daß die Schwarzen auf alle Fälle bereit sind, sich in andere Domination zu werfen.

3to. Ankündigungen.

Ludwig Meyer, von Würzburg gebürtig, ein getaufter Jude, 40 bis 45 Jahr alt, kurzer und dicker Positur, pockennarbigten Angesichts, worinn noch viel Judisches ist, schwarzer Haare, etwas gebogenen Dachsbeine, einen blauen Rock, weise plüschene Weste, weise lederne Hosen, Stiefel, auch wohl einen braunen Schanzlaufer, weis ausgeschlagen anhabend, ist von Wesel mit beträchtlichen gekauft und nicht bezahlten Waaren heimlich durchgegangen.

Es werden dahero alle Orts-Obrigkeiten und jedermänniglich gehorsamst ersucht, den Betrüger im Betrettungs-Fall zu arretiren, und Unterzeichnetem, der die desfalsige Kosten mit Dank erstatten wird, gefällige Nachricht davon zu geben; Köln am Rhein, den 2ten November 1791.

Jac. Fried Luippold
bei Tit. Herrn Schuhmacher auf der Bach,

Nro. 45.   Dienstag den 8ten Novemb. 1791

Geheimer
Brief-Wechßel
zwischen den
Lebendigen und den Todten.

Xantippe aus dem Reiche der Todten an die Frauen der Oberwelt.

Elysäum am 8ten November.

Mesdames! Ich höre täglich von der Freyheit der Matronen, von den Rechten der Menschen sprechen. Ich hoffe, daß diese Rechte in die weiblichen Hosen-Rechte, in die Beherrschung der Frauen über ihre Männer, in die weibliche Hosentragung keinen Eingriff machen werden.

Was zum Henker, Mesdames! heben sie ihre Pantofeln auf; lassen sie den Kochlöffel, der der einzige weibliche Zepter ist, nicht sinken; — dann sonst dekretiren die Männer, daß die Weiber unter dem Stiefel seufzen sollen, da es doch seit Adamszeiten üblich war, die Männer unter dem Pantofel zu halten. Mir gefällt die männliche Freyheit gar nicht. Wie? soll die Welt auf einmal so umgekehrt werden, daß alle Siemändel, alle Schotten, alle Pantofelmännchen sich dem weiblichen Joche unterziehen? — Pantofel her, Kochlöffel her; Feuer jang aber, — und dann damit rechtschaffen auf die Männernasen geschlagen, damit ihnen der Kitzel vergehe, — sich der weiblichen Regierung zu entledigen.

Wenn aber die Männer sich mit Pantofeln nimmer regieren lassen, so muß man sie durch philosophische Grundsätze dazu anführen. Es giebt jetzt so viele Redner, so viele Solonen, so viele philosophische Quacksalber in der Welt, warum sollen die Weiber keine Rednerinnen, keine Philosopherinnen, keine Xantippen haben? — Ist die Eloqvenz, die Redekunst nicht den Weibern eigen? — Man sollte mit Recht die Rhetorik auf allen Universitäten durch Weiber lehren. Welcher Fluß von Worten, welche Beweglichkeit der Zunge, welche emphatischen Töne eines in Harnisch gesetzten Weibs?

Also, man muß die Männer mit folgenden Grundsätzen zu der Pantofel-Unterjochung überzeugen:

1) Der Mann muß Brod ins Haus gewinnen; folglich muß er arbeiten; zur Arbeit gehört Geduld. Ergo muß die Frau den Mann zur Geduld pantofeln; — da wird er hernach seine Geschäfte mit der Geduld eines Lamms betreiben; er wird lernen geduldig zu seyn. Hört die Frauen-Regierung auf, so wird der Mann ein Teufel, wird ungeduldig, und die Haushaltung geht zu Grunde.

2) Seit der Welt-Erschaffung sind die größten Männer unter dem Pantofel gestanden. — Der erste Vater Adam stund freylich nicht unterm Pantofel, weil damals noch kein Pantofel-Schuster existirte. — Aber die schlaue Eva hatte ihren Mann so an ihre Kaprizen angewöhnt, daß er in einen sauren Apfel beißen mußte. — Wie hat die

Semiramis die Regierungs-Hosen so gut anzuzie.
hen gewußt? — Mein Mann Sokrates, ein mo=
ralischer Sauertopf, mußte mit seiner ganzen Phi=
losophie unter meinem Joch die Geduld lernen. —
Ich will hier nichts von Antoninen. von Alcibia=
den, von Cäsaren, von ludewigen erwähnen; sie
waren alle unterm Pantofel. — Dies ist ein
Beweis aus der Geschichte.

3) Wenn jemand gut reiten lernen will, so muß
er den raschesten Wildfang reiten. Dadurch lernt
er allen Gefahren der Reiterey zu widerstehen. —
So ist auch ein Mann, der den Pantofel seiner
Frau recht gefühlt hat; er lernt alle Gefahren der
Lebensbahn geduldig zu leiden. — Dies ist ein
Argument aus der Philosophie meines Mannes;
und mein Mann wird noch als der größte morali=
sche Philosoph verehrt. Also hoffe ich, daß man
auch dieses sein Argument mit Ehrfurcht anhören
wird.

4) Es ist aus dem Gang der menschlichen O=
pinionen erweislich, daß die Revolution zu Paris
blos deswegen aufgebrauft ist, weil die Männer
von ihren Weibern nicht unter dem Pantofel gehal=
ten sind worden. Wäre die Dame Mirabeau eine
Xantippe gewesen; hätte sie ihrem Mann die Ho=
sen abgenommen; hätte sie ihn etlichemal rechtschaffen
gepantofelt, — so wäre er ein so süsser Philosoph
geworden, wie mein Mann Sokrates. Aber die
Damen werden heute so weichlich erzogen, daß sie
mit lauter Käressen die Männer zu bezähmen glau=
ben. — Was hilft solche Süssigkeit? — es ist
lauter Nichts: den Pantofel vom Fuß genommen,
brav in die Nase damit geschlagen, eine Lytaney
von Schimpfworten darauf strömen lassen; — daß

heiße ich, die Männer ziehen: Pang! Pang! Pang! hernach in die Perucke gesprungen, mit Nägeln lief ins Gesicht gekratzt! das bildet gute und geduldige Männer!!! — da wird ihnen der Revolutionsgeist aus dem Sinne fahren, und dann hat der Staat Ruhe, und gute geduldige Bürger. — Mein Kind! mein Schatz! — mein Liebchen! — lauter Narrenpossen. Schlingel, du abscheulicher Kerl, du Nichtsnutziger! — dies sind Worte, die die männliche Opinion zum Joche verhärten.

Ich habe eben ein Schreiben aus der Oberwelt erhalten, und ich freue mich, darinne zu lesen, daß noch Länder giebt, wo der Pantofel mit seiner ganzen Kraft regiert. — Hier ist es so, wie ich es erhalten habe.

Linz an der Donau vom 30sten Oktob.

Es befindet sich zu Linz in Ober=Oesterreich eine Gesellschaft aus verschiedenen ansehnlichen Männern, unter dem Titel der Siemändel=Bruderschaft. Zu dieser Gesellschaft werden nur solche geprüfte Männer zugelassen, welche bezeugen können, daß sie gänzlich unter dem Pantofel ihrer Frau stehen. Derjenige also, welcher mehr oder weniger den Einbildungen, Kaprizen, und Fantasien seiner Frau ohne die mindeste Widerrede gehorcht, erlangt also auch einen desto gröseren oder minderen Rang in dieser ehrwürdigen Gesellschaft. Am weitesten bis dato hat es nun ein gewisser Herr B...f. gebracht und ist deshalb auch König der Siemändel. Der zweyte und dritte sind die Herren K...r. und F...l. welche als Pagen angestellt sind, und bei jeder Versammlung beiderseits vorm Throne stehen, und den Zepter wie auch die Krone halten müssen. Ministers sind sechse, wovon der erste der Herr M...r. ist. Staatskanzler ist der Herr von

S...l. Die höhere Personen tragen nun alle Ordensbänder, worauf auf einer Seite der heilige Simon, anderseits aber ein Weib mit Pantofel gemalt ist, wie sie über ihren Gemahl schlägt. — Die ganze Gesellschaft besteht schon aus 40 Personen. Sie haben bei ihrer Gesellschaft einen eigenen Secretair Herrn P...r. welcher die Befehle des Königs selbst zu Papier bringen, und dann auch selbst austragen muß. Jeder von dieser Bruderschaft muß monatlich einen Beitrag von 10 Kreuzer machen. Hievon werden nun die Amtspersonen salarirt. Ein Minister bekömmt jährlich 7½ Kreuzer, und der Secretair bekömmt für das Austragen der Befehle 5 Pfennig. Mitten in ihrer Gesellschaft ist die Ordensschwester die Frau Gastwirthin zum S.... B...., wo eigentlich der Ort der Versammlung ist. Dieser ihre Pflicht besteht darinne, daß sie ein Werber der Siemändel ist, und die Frauen alle belehrt, wie sie ihre Männer zu Siemändeln machen müssen. Zulezt haben sie auch ihre Praktikanten, wozu vorzüglich die zwey Herren M..r. von S...g. und G...r. gehören. Diese verdienten auch zwar schon die ersten Stellen in dieser Gesellschaft, allein sie müssen warten, bis sie selbst gänzliche Erlaubniß hiezu von ihren Frauen erhalten. Die ganze Gesellschaft ist aus Spaß errichtet worden, und um dem Beispiel einer Siemändel-Bruderschaft zu folgen, welche vormals zu Kremms in Unter-Oesterreich existirt, nun aber ausgestorben ist.

Nun auch etwas von der Politik, so wie unsere Weiber im Elysäum darüber klatschen und patschen.

Achen vom 5ten dieses. — Heute haben wir erfahren, daß der Bezwinger von Oczakow nicht weit von Husch — in der Moldau auf freyem

Feld seinen grosen Geist aufgegeben hat. Er wollte frische Luft schöpfen, fuhr aus, und — starb. — Mit ihm fället eine Säule aber nicht die Gröse des ruſſiſchen Reichs.

Neuere Briefe aus Petersburg, von einem Datum, da Ludwigs XVI Annahme der Verfaſſung dort schon bekannt war, melden von einem Schreiben der Ruſſiſchen Monarchin an den Kayser, worin ſie sich dahin äuſſere, daß sie sich auf die Briefe gänzlich verlaſſe, welche der Kayser von Italien aus, nach der bekannten Geschichte zu Varennes, an sie geschrieben habe; daß ſie deshalb auch weiter vorgerückt sey, und den Grafen Romanzow bey den Prinzen in Koblenz accredtirt habe; daß indeſſen die Kälte, welche ſie über dieſen Gegenstand bey ihren Aliirten bemerke, sie sehr befremde, und übrigens den Kayser ersuche, bey seinen erſten Entschlieſſungen standhaft zu verharren.

— Der Ruſſiſche Admiral, Prinz von Naſſau, welcher ſich für die Franzöſiſchen Ausgewanderten eifrig bewirbt, hat bey dem Landgrafen von Heſſen-Darmſtadt ein Truppenkorps negociren wollen; allein der Landgraf hat ihm geantwortet, „er brauche ſeine Truppen selbſt für die Sicherheit ſeines Landes."

Brüſſel vom 4ten Novemb.

Der ehmalige Truppengeneraliſſimus der Stände, Van der Meersch, welcher schon seit langer Zeit in Riſſel an seiner Rechtfertigung arbeitete, hat endlich ein Werk zu Stande gebracht, welches ein grofes Licht auf den Ursprung der Unruhen, und die Wirkungen der Stände wirft. Er hat aber, ehe er daſſelbe im Publikum erſcheinen läßt, durch einen seiner alten Kriegskameraden, ein Exemplar den königl. Hoheiten, eins dem General-

Kommandant der Truppen, eins dem Minister, und verschiedene an die Regierungspräsidenten überreichen lassen. Es ist in 3 Theile eingetheilt. Der erste enthält Auszüge, nebst Angriffs- und Vertheidigungsplanen, und die zwey anderen, Vertheidigungsnoten. Ueberhaupt enthält dieses Werk vortrefliche Aufklärungen, die bisher dem Publikum noch unbekannt waren.

Stockholm vom 21. Oktob. — Am 17ten dieses ist bei dem Grafen von Wachtmeister das Ultimatum zwischen unserem und dem russisch. kaiserl. Hofe, in betreff gewisser von beiden Höfen eingegangenen Verbindungen, regulirt worden. Die Kommissarien von schwedischer Seite waren der Graf von Wachtmeister; der Staatssekretair Frank; der Generalleutnant, Baron Taube, und der Herr von Hackansen. Von Russischer Seite war der Graf von Stackelberg gegenwärtig. Die eigentlichen Punkte dieses Ultimatums sind noch nicht mit Gewißheit zu bestimmen. Man spricht indessen davon, daß der russis. kaiserl. Hof 12,000 Mann Truppen und 300,000 Rubel als Subsidien in einem gewissen Falle nach den Plätzen ausserhalb des Reichs liefern werde, welche der König bestimmen wird; auch daß gesagter Hof die vom Könige am 3ten April 1789 dem Königreiche Schweden gegebene neue Konstituzion, so wie die innere und äussere Ruhe, wenn der König aus dem Reiche abwesend ist, garantiren werd:.

Man sagt, die türkischen Deputirten auf dem Friedenskongreß zu Szistow hätten es frei eingestanden, daß dieser lezte Krieg die Pforte gegen 400,000 Menschen, 400 Millionen Piaster, und 4002 Kanonen gekostet habe. Schlägt man nun den Schaden des Staates durch den unnöthigen

Verlust eines Menschen nur auf 50, und jede Kanone im Durchschnit auf 1000 Piaster, so hat die Pforte durch diesen Krieg einen baaren Verlust von vier hundert vier und zwanzig Millionen Piaster. Will man nun mit diesem Geld lauter Kupfer kaufen, und schlägt man das Kupfer zu einer möglichst dünnen Platte, so kann man daraus eine Kuppel über den ganzen Erdball machen.

Biographie.

Xantippe, Gemahlin des Sokrates war ein böses, zankisches, unruhiges Weib; sie hielt ihren Mann Sokrates, den sanftesten Philosophen, verflucht unterm Pantofel. Dieser gute Mann muste freylich, daß die Madame Xantippe ein eingefleischter Teufel von einem Weib seye. Xenophon hat es ihm vorgeworfen: warum hast du, sprach er, ein solches böses Weib geheuratet? — Ach, gab Sokrates zur Antwort, ich wollte meine Geduld auf die Probe setzen, ich wollte sie ausüben lernen, damit ich gegen andere Leute nachgiebig und geduldig werde. Nach dieser Aussage des Philosophen (das war mir ein rechter Schott, ein rechter Siemandel, ein rechter Pantofel Mann!) sollen also alle Männer, die unter dem Kochlöffel stehen, ihre Geduld prüfen, und ein böses Weib nehmen. — Ich danke für diese Sittenlehre! — Der Siemandel Sokrates hätte ja durch Vernunft, durch Philosophie, durch überzeugende Grundsätze seine Geduld bilden können, — und nicht durch einen Pantofel. Es wäre also zu wünschen, daß unsere philosophischen Narren lauter Xantippen zu Weibern hätten, damit sie ein wenig durch den Pantofel zu Recht geschöpft würden. Man kann auch aus der Geschichte des Sokrates schließen, daß ein Pantofel mehr vermag als die Philosophie. O philosophischer Pantofel!

Nro. 89.   Freytag den 4ten November. 1791.

Beilage
zu
Politischen Gesprächen
der
Todten.

Politische Satyren.

„Die Nachrichten von Wien sind heute so trocken, wie der Zwieback. Sie lassen sich nicht „einmal in französischen Wein einbrocken. — „Man liest lauter Neuigkeiten von künstlichen „Subtilitäten der Diebe. — Es soll aber doch „ein Zwieback im politischen Ofen seyn, der, „wenn er gelingt, im französischen Wein herrlich „schmecken soll.

Paris vom 27sten October. — Zu Lille, zu Marseille, zu Poitou sind Unruhen entstanden, wobei viele Menschen ihr Leben verloren haben. — Um Himmelswillen! wenn werden diese mordenden Auftritte End nehmen?

Ach! weit trauriger noch lauten die Nachrichten aus St. Dominik. Die Schwarzen und die Weißen metzeln sich. — Alles geht zu Grund, — Handlung, Plantagen, — und vielleicht auch die Insel selbst. Wenn die Schwarzen triumphiren, wem wird hernach die Kolonie gehören?

Die Nationalversammlung beschäftigt sich seit

8 Tagen mit den so häufigen Auswanderungen. Man balgt sich, man disputirt, man zankt in dem Sanhedrin, — und die Auswanderungen dauren fort. —

Es zirkulirt ein Schreiben von den Brüdern des Königs; und von dem französischen Adel an die Nation seit vier Tagen allhier. Die Prinzen und der gesammte Adel protestiren darinne gegen die Anrahme der Konstitution von Seiten des Königs, und sagen, daß es in der Gewalt der französischen Monarchen nicht stehe, die Konstitution des Landes umzuändern, viel weniger eine von illegaler Versammlung umgeänderte Verfassung anzunehmen.

Bei diesen Umständen, und in dieser Verwirrung sieht man täglich das Königliche Ansehen anwachsen. Die Versammlung muß die größte Behutsamkeit brauchen, um das für den König jetzt eingenommene Volk nicht zu reitzen. — Der König hat sich seine Garde gewählt. Herr von Brissac ist Kommandant darüber. Der Jakobiner Klubs steht in Gefahr nächstens angegriffen und zerstreut zu werden. Das Volk sieht die Intriken und die Ränke ein, durch welche diese Rotte es bei der Nase herumführte. — Und — Orleans hat kein Geld mehr, und das Volk will Geld, läßt sich aber mit Haselnüssen nicht bestechen.

Vom Rheinufer im 1sten Novemb. — Der französische General Esterhazy ist als bevollmächtigter Minister der Brüder des Königs nach Petersburg gesandt worden.

Man erzählt sich eine sonderbare Anekdote — hier am Rhein und zu Paris. Man sagt, daß der König von Schweden, und Herr Breteuil sich vom

17ten bis 26ſten vergangenen Monats Juni zu St. Clou aufgehalten; daß ſie die damalige Entfernung des Königs vorbereitet, — und endlich daß ſie dem Könige vorgereiſt ſind. — Dieſe Anekdote kann leicht als eine boshafte Erdichtung widerlegt werden, wenn man betrachtet, daß mehr als 40 augenſcheinliche Zeugen bekannt ſind, die den König von Schweden zu Achen vom 17ten bis 26ſten beſagten Monats alle Tage geſehen und geſprochen haben.

Brüſſel vom 31ſten Oktob. — Zwey hundert franzöſiſche Seeofficiers ſind zu Anghien fünf Stund von Brüſſel angekommen; ſie erwarten alle ihre Seekameraden, und werden eine Kompagnie Infanterie und eine Eſkadron Kavallerie formiren. — Auf dem Lande herum liegen 1136 franzöſiſche Volontairs, ſie erwarten noch 300 ihrer Kameraden. Hundert ſechs und ſechzig der 6ſten Unterofficiers von verſchiedenen Regimentern ſind auch auf dem Lande. Sie werden alle zuſammen drey Eſkadrons Kavallerie formiren. — Weil aber die Auswanderung täglich erſtaunlich anwächſt, ſo ſollen 15 Kompagnien Infanterie errichtet werden. — Drey Kompagnien Poitevins von Tournay in voriger Woche zu Birche angekommen, und haben ſich zu andern zwey Kompagnien, die ſchon allda waren, geſchlagen. In Tournay halten die Franzoſen kein beſtimmtes Etabliſſement. Es iſt nur ein Depot allda mit einer Eſkadrons von Perigourd, die der Graf Loſtanges kommandirt; mit einer Eſkadrons und mit einer Kompagnie zu Fuß; hernach mit zwey Kompagnien Poitevins und mit einer Flammändiſcher Kompagnie. — In dem Dorfe Anthoin, eine Stund von Tournay sind zwey Kompagnien Infanterie. Aber mein! — was soll daraus werden? — Zeit und Frühjahr werden es aufklären.

Koblenz vom 3ten Novemb. — Eine sonderbare desertirende Nachricht ist heute aus Paris eingegangen, und wir erhalten sie auch mit dem Pariser Blatt — die allgemeine Zeitung genannt; nemlich, daß der ganze Stab der Nationalgarde desertirt seye. — H'm! — das geht bis in das Ingeweide der Konstitution! — Auch ist wieder ein ganzes Regiment desertirt, — und wird erwartet.

Der Herzog Ferdinand von Braunschweig, den viele Zeitungen ins Reich der Todten abmarschieren ließen, befindet sich nach den neuesten Briefen aus Berlin recht wohl; die Zeitungsschreiber werden hiermit ersucht, seinen Tod zurückzunehmen, — bis auf weitere Ordres.

Der Kurfürst von Köln ist am 25sten Oktob. glücklich zu Wien angekommen.

Grünstädter Privilegirte Zahlen-Lotterie. Die 41ste Ziehung ist heute den 1sten Novemb. 1791 unter Beysitz derer hierzu verordneten S. T. Herren Deputirten mit gewöhnlichen Formalitäten und gehöriger Accurateße vollzogen worden, und sind folgende Numern aus dem Glücksrade erschienen:

Erster Zug: Nro. 34. Vier und Dreyßig.
Zweyter Zug: Nro. 79. Neun u. Siebenzig.
Dritter Zug: Nro. 55. Fünf und Fünfzig.
Vierter Zug: Nro. 40. Vierzig.
Fünfter Zug: Nro. 63. Drey und Sechszig.

Die Zwey u. Vierzigste Ziehung geschieht den 8ten. Novemb. 1791. und so fort von 8 zu 8 Tagen

Nro. 45. Donnerstag den 3ten November 1791.

Politische Gespräche der Todten

über die Begebenheiten des 1791sten Jahrs

„Tantum Religio potuit caufare malorum!
„Vefanei race; confidera;
„Quantum Religio valuit caufare bonorum!!!

Uiber die Religion.

Wenn man alle Bewohner der Erde in die Zahl 30 einschließt, und ihre Religion in Betrachtung zieht; — so ergibt sich nach den Beobachtungen der glaubwürdigsten Geographen, daß 19 Theile dem Heidenthum, 6 Theile dem Mahometismus, und nur 3 Theile dem Christenthum ergeben sind.

Welcher Theil unter diesen drey Theilen ist der uncivilisirteste, der unwirkendeste, der unerhabenste auf der Weltkugel? der größte: — derjenige, der keiner bestimmten Religionslehre folgt. — Das jetzige Heidenthum, der größte Theil der Bewohner der Erde, lebt in Horden; eine jede Horde hat fast andere Sprache, andere religiöse Gebräuche, andere Sitten. Die Kraft dieser Horden ist weder konzentrirt, weder durch Religion und die daraus entstehenden Sitten in einen allgemeinen Brennpunkt des allgemeinen Glücks vereinigt; keine Kommunikation, kein Zusammenhang, kein allgemeines Interesse, beschäftiget sie. In Rotten und Horden getheilt, beugen sie ihr Schicksal Unter demjenigen, der der erste Eroberer wird. Zween englische Schiffe sind im Stand, unzählige Horden unter ihren Zepter zu setzen.

Der zweyte religiöse Theil der Bewohner der Erde sind die Mahometaner. Die e haben schon mehr Gleichförmigkeit ihres Kults; mehr allgemeine von Mahomet geschriebene Gesetze. Daher ist schon ihre Kraft geleiteter; ihre Macht bedeutender; ihre Kommunikation vereinigter. — Aber das allgemeine Glück ist noch nicht genug verfeinert; der Verstand stockt an' Alkoran; die Unwissenheit benebelt die Seelen; und die Trägheit läßt die glücklichsten Schätze der Erde — die Produzirung — faulen. Der Mahometismus kann keine Gröse des Geistes, sondern nur die Gröse der Wildheit darzeigen. — Mühende Helden sind in diesem Theile merkwürdig; aber keine Newtone, keine Kassendis, keine Encyklopedisten haben dem menschlichen Geiste bei ihnen Ehre gemacht. — Sie machen doch sechs Theile unter den 30 Theilen der Bewohner der Erde aus.

Der kleinste Theil, derjenige, der der Christuslehre folgt, der unter den 30 Theilen der Bewohner der Erde nur fünf Theile enthält, ist der bedeutendeste, der merkwürdigste, der erhabeneste. Kommunikation, Industrie, Geistes-Produkten, Mechanik, gesellschaftliche Leben, Gleichförmigkeit des religiösen Kults zeichnen diesen Theil aus, und machen ihn, so zu sagen, die übrigen 25 Theile von 30 ganzen Theilen unterwürfig. — Frankreich hat von Paris aus auf der Küste Koromandel. — die asiatische Politik dirigirt (sed olim) — England läßt von London aus, seinen Neptun auf dieser Küste donnern, um den Tippo-Saib zu ruiniren. Alle christlichen Seemächte setzen Kolonien in den grosen Heidenthums Ländern an. Die Politik von Europa entscheidet zu Bristow die Angelegenheiten des Mahometismus. Die christlichen Flaggen wehen stolz in allen Meeren, von Kamtschatka an bis auf Neu-Holland, — und noch ist keine Flagge des Heidenthums und des Mahometismus in christlichen Häfen gesehen worden. — Diese Betrachtungen müssen jeden Beobachter, wenn er auch ein Feind oder ein Philosoph gegen das Christenthum ist, dahin leiten, daß er gestehen müsse: — die christliche Lehre hat die thätigsten, die wirkenbesten, die bedeutenbesten Menschen auf der ganzen Erdkugel gebildet. Welcher Philosoph, oder Philosophist kann daran zweifeln? — Die Thaten, der Erfolg, die Erfahrung sind solche Zeugen, wider welche kein Sophist aufkommen kann.

Ich frage hier jeden Philosophen, jeden Religionsfeind, — wie ist es zugegangen, daß der kleinste Theil der Bewohner der Erde, daß die Christen sich über alle Nationen, so wohl in Geistes-als auch in Erde-Produkten erhoben haben? — Sie haben diese Erhebung nicht von ihren Ahnen geerbt, dann Gallien, Großbritannien, Germanien, Skandinavien — waren in den Römerzeiten Barbaren, so wie die Afrikaner noch Barbaren sind. Was hat also ihre Kräfte zu einem so bedeutenden Endzweck, zu einem solchen Vorzug vereinigt, und zusammengekettet? — Die politischen Kenntnisse waren es gewiß nicht, dann sie harren fast keine; also muß man hier die Geschichte des Steigens und des Fallens der vereinigten menschlichen Kräfte ausspähen, und hernach daraus schliessen, welches Vehikul — grade uns, — uns Christen am schicklichsten zu derjenigen Höhe gehoben hat, auf welcher wir nun auf der Erdkugel stehen.

Fast bis gegen das eilfte Jahrhundert ward der nördliche und beinahe auch der südliche Theil von Europa von wandernden, und verheerenden Horden bewohnt. Eine Horde verdrängte die andere, und die Erde hatte keine eigenthümliche Bearbeiter ihrer Produzirung. — Die Lehre Christi schien vom Himmel geschickt zu seyn, um die Völkerschaften an die Erde zu firiren. Der Oberpriester dieser Lehre bekam die zerstörte und sonst berühmte Stadt Rom zum Theile. Er mühlte die Erbse der Stadt Rom aus ihren Ruinen aus; er bildete Menschen, die diese Lehre verkündigen konnten. Diese Religion hat die Bewohner Europa von den verheerenden Wanderungen zurückgehalten, und fixirte sie an die Erde als ihr Eigenthum. Der Kult ward gleichformig; daraus entstand die Gleichförmigkeit der Opininonen. Ein solches Institut mußte grose Männer, und eine Hierarchie haben. Sie wurde erbauet, und stieg in solche Höhe, daß sie Monarchen auf den Thronen erschüttern konnte. Diese Bedentenheit war nothwendig, um die Christen auf diejenige Höhe, auf welcher sie jetzt stehen, nach und nach zu führen, und um allen Philosophisten, die alles nach ihren Ideen bauen, und die, ohne den Zweck des Ganzen zu beobachten, die Opinionen bilden wollen, Schranken zu setzen. — Man fieng an, Erfindungen zu machen; man lernte lesen und schreiben, da noch unter Karl dem Grosen nur 52 Menschen schreiben konnten; die Kommunikation war eröffnet; alle Völker lernten die Lateinische Sprache ihrer Kirche oder ihrer Religion; es hieng so wohl das zeitliche als das weltliche Wohl eines jeden an der Religion — Der größte Zweifler muß hier gestehen, daß die römische Kirche die Europäer zu der Vollkommenheit, in welcher sie jetzt sind, angeführt hatte.

Aber die christliche Lehre macht auch jeden Menschen insbesondere glücklich, und führt ihn zur Zufriedenheit an. — Ein Unglücklicher, ein mit Krankheiten und harten Schicksalen bedrängter Mensch findt an dieser Quelle einen Trost und eine Hofnung. Alle ausschweifenden Leidenschaften sehen eine Strafe vor sich; alle verborgenen Handlungen — einen Zaum. Was wird jemanden abhalten, eine böse That im verborgenen zu begehen, wenn ihm die Religion nicht droht?

Philosophen! ihr wollet die Religion von unserer Glücks-Säule niederreißen, was werdet ihr uns darauf stellen? — was für ein Surrogat? führet den Mirabeau zu einem Leidenden, wie wird er ihn trösten? was für Hofnung wird er ihm geben? — wenn jenseits des Grabes mein Glück oder Unglück aufhört; wenn ich da nimmer seyn werde; so ist eine Pistole ein weit kürzerer Trost, als die Philosophie eines Mirabeau. Lasset uns also gestehen, daß unsere Religionlehre uns zum ersten Volk auf der Erde gebildet hat; lasset uns bekennen, daß in dem Jammerthal dieser Welt — die Religion, die einzige Trostquelle unserer gebrächlichen Existenz sehe.

So sprach die Göttin der Religion. — ganz in sanf=

tem Tone über die Wohlthaten, die sie durch das Chriſtenthum über die Bewohner der Erde gestreuet hatte. — Die Geiſter bekannten alle: die Gleichförmigkeit der Religion macht das wahre Glück der Menſchen aus.

Man erzählte ſich hernach folgende Neuigkeiten.

Berlin den 25ſten October.

Graf von Herzberg hat über die Revolutionen folgende Bemerkungen in der hieſigen Akademie gemacht: „Wir ſind jetzt (ſagt Graf Herzberg) Zuſchauer der großen franzöſiſchen Revolution, der außerordentlichſten aller Revolutionen, die man in der Geſchichte kennt, und wodurch die durch die Philoſophen der Zeit aufgeklärte und aufgeweckte franzöſiſche Nation ſich die beſte, mögli<bſte Verfaſſung geben, und ſelbſt jene von England übertreffen will, indem ſie die Monarchie mit der Republik vereinigt oder vermengt, und die geſetzgebende Macht, der Nation; die vollziehende Macht, dem Könige, der indeſſen den Repräſentanten der Nation untergeordnet iſt, zuſichert. Es iſt meine Sache und hier der Ort nicht, um über den Werth und das künftige Schickſal dieſer Revolution vorentſcheiden zu wollen. Allein ich glaube, man wird mir mir übereinkommen, daß, wenn ſie dazu verhelfen kann, die Mißbräuche der vorherigen franzöſiſchen Monarchie, die vielleicht mehr ariſtokratiſch als deſpotiſch war, zu verbeſſern und zu lindern, die Laſt der Nation, durch eine beſſere Wirthſchaft und Tilgung der übergroßen Schulden, zu erleichtern, und ſelbſt die Regierung, durch ihre mehr republikaniſch gewordene Form, gemäßigter zu machen, in Anſehung des Auslandes weniger eroberungsſüchtig, und mehr geneigt, einſtimmig mit England und Preußen das Gleichgewicht der Macht und die allgemeine Ruhe Europens, durch die großen Mittel, welche Frankreich beſitzt, zu erhalten, es jedoch zu wünſchen geweſen wäre, daß dieſe Revolution mit weniger Gewaltthätigkeit und Aufbrauſen des Volks ausgeführt worden wäre, ohne die Würde des Souverains, der die Nation von innen und von außen vorſtellt, zu ſehr herunterzuſetzen, ohne jeden Unterſchied der Geburt und der Grade abzuſchaffen, der in allen Regierungsformen nützlich und nothwendig iſt, um den Wetteifer zu unterhalten, und die Menſchen zum Dienſte des Vaterlandes vorzu-

bereiten (wie ich dies in meiner vorigen akademischen Abhandlung, vor allem durch das Beyspiel des Türkischen Reiches, erwiesen habe,) und ohne die Rechte des Menschen zu weit zu treiben, ohne sie willkührlich zu machen, und sie dem demokratischen Despotism, der gefährlicher ist, als jener der Monarchie, auszusetzen."

„Die Polnische Nation, (fährt Herzberg fort) zweifels ohne durch das Beyspiel der Französischen angetrieben, hat nunmehr ein neues Beyspiel einer, mit mehr Ordnung und Mässigung ausgeführten Revolution gegeben, welche diese Nation und ihre Verfassung so glücklich machen kann, als ihre örtliche Lage es zuläßt, wenn sie selbige fortzusetzen, und davon mit der nämlichen Mässigung und Weisheit, die ihr die Entstehung gegeben, sie in Gang und in die erstere Ausführung gesetzt hat, von innen und von außen Gebrauch zu machen weiß."

„Es ist nicht sehr zu befürchten, daß andere Nationen Europens so bald dem Beyspiele und Muster der Französischen Revolution folgen werden. Alle haben die Ungelassenheit davon und die mißlichen Folgen gesehen. Keine hat einen so hitzigen und brausenden Karakter, wie die Französische Nation; keine findet sich dermalen unter so drückenden Lasten und so drückender Regierung. Alle gegenwärtige Regierungen Europens, besonders die monarchischen, sind gemässigt worden; sie zeichnen sich durch Ordnung und Kraft aus, und nähern sich allmählig der Gelindigkeit der republikanischen Regierungsform, die in mehrern Gegenden härter ist, als die monarchische. Selbst die Preußische Regierung, welche durch Vorurtheil und Unkunde im Auslande für despotisch gilt, ist es nicht in dem wahren Verstande; sondern sie ist vielleicht eine der gelindesten und gerechtesten, wie ich dies in einer besondern Abhandlung vom Jahr 1789, und in allen meinen folgenden akademischen Abhandlungen, durch das Beispiel der leztern Regierungsjahre Friedrichs des Zweyten, und der erstern Regierungsjahre Friedrichs Wilhelm des Zweyten erwiesen habe. — Ich könnte davon einen neuen Beweis anführen, wenn ich eine genaue Rechenschaft seiner Verwaltung in dem Laufe des verwichenen Jahres geben wollte; allein ich habe keine Zeit dazu, und übrigens ist der König verhindert worden,

sich in diesem Jahre der innern Verwaltung seiner Pro=
vinzen ganz zu widmen, um ihnen die nemlichen Wohl=
thaten wiederfahren zu lassen, deren sie in den letztvori=
gen Jahren der beiden Regierungen genossen haben, weil
er davon entzogen und zu sehr beschäftigt gewesen ist,
um dem Reichenbacher Verträge, durch jenen von Czi=
stow, die nöthige Folge zu geben, und an dem grosen
Werke der allgemeinen Friedensstiftung die letzte Hand
zu legen. Ich habe daran von meiner Seite mit aller
der Anstrengung gearbeitet, deren ein Mensch und ein
Patriot fähig seyn kann. Es ist nicht aus Mangel an
Eifer, wenn ich es nicht vollkommen zuwege gebracht
habe, und wenn ich mich genöthigt sah, meine 46jähri=
ge diplomatische Laufbahne zu verlassen, um mich ande=
ren Beschäftigungen, dem Dienste unserer Gesellschaft,
und der Sorge ganz zu überlassen, eine vollständige und
pragmatische Geschichte unseres unvergleichlichen Friedrichs
des Zweyten zu entwerfen u. s. w."

       Biographie.

 Die Göttin der Religion hat alle Völker, die
jemals existirt haben, beglückt. Ein innerliches Gefühl
leitete zu allen Zeiten die Menschen zur Erkenntniß ei=
nes Schöpfers, und zu dessen Verehrung, um ihm da=
durch eine gewisse Art von Dankbarkeit darzureichen. —
Der Mensch, als Thier betrachtet, hat eine vielleicht
nicht so künstliche Körper = Maschiene wie ein Floh. —
Was hat der Floh für eine Religion? — wenn er eine
hat, so muß sie im Hüpfen bestehen. Aber der Mensch
hat fünf Finger, hat eine biegsame Zunge, kann seine
Ideen seinen Nebenmenschen mittheilen. Kann dies auch
der Floh? — Also hat der Mensch mit dem Floh einer=
ley körperliche Bedürfnisse: einen digerirenden Magen,
eine Nachhaschung nach der Befriedigung dieser Bedürf=
nisse. Aber der Mensch kommunicirt seine Ideen einem
anderen; überdenkt, überlegt, ehe er etwas thut. Er hat
fünf Finger; betastet jedes Ding, jeden Körper, kann
ihn verwunden, verecken, zerbrechen, erleichtert sich durch
Maschienen die Erlangung seiner Bedürfnisse. Er hat
also einen Vorzug über den Floh. — Alle Bezähmung
der Thiere, alle die Zeit, während welcher sie seit der
Erschaffung leben, haben diese Thiere weder eine Ma=

schiene für ihre Wohnung, weder für ihre Nahrung erfunden, oder verbessert; folglich ist ein Floh seit der ersten Generation nicht im mindesten civilisirt geworden. Er hüpft, und beißt wieder erste Adamsfloh. Nicht einmal ein Flohtanzmeister hat die Flohsprünge nach einem gewissen Takt —nach dem Pas Rigoden eincivilisirt. — Aber der Mensch von Kopf bis auf den Fuß hat seine Existenz theils verschönert, theils angenehmer gemacht, theils nach gewissen Grundsätzen regulirt. Also hat der Mensch eine Sittlichkeit, zu welcher ein Floh nicht einmal eine Empfänglichkeit seit seiner Existenz dargezeigt hat. Diese Sittlichkeit, oder diese Civilisirung ist nach vielen Versuchen endlich zu den besten Grundsätzen geführt worden. Diese Grundsätze zeigten die Idee eines Schöpfers, die Schöpferidee zeigte eine Dankbarkeit; — was Wunder, daß hernach eine Religion entstanden? — Die Gesellschaft der Menschen erforderte eine religiöse Ordnung; — da erbauete sich eine Kirchenhierarchie von sich selbst. Diese Polizey oder Hierarchie brauchte ein Haupt; — da ist der Pabst und hernach die Superintenten en und Consistorien an die Religion angeflickt worden. — Die Menschen, sie mögen toben wie sie wollen, wählen doch am Ende den ordentlichen Gang, der sie zum Glück führt. Das thuen die Thiere nur in Rücksicht ihres Bauchs, nicht in Rücksicht ihrer gesellschaftlichen Moralität: — noch haben die Flöhe keine Nationalversammlung, keine Dekrete, keine Municipalitäten, keine 122 Komite errichtet. Also nur die Menschen haben die Fakultät, sich ihre Moralität nach gewissen Grundsätzen zu erbauen. — Die Religion also ist eine wohlthätige Göttin, die den sittlichen Menschen aufrecht hält, wenn ihn die körperlichen Bedürfnisse plagen, und nicht befriedigen können. Diese Göttin ist in allen menschlichen Herzen tief eingegraben. Keine Völkerschaft hat jemals ohne ihr existirt. Man schildert sie in Bildnissen dahin gestreckt — von einem Strahl des Himmels berühre; nur ein Bösewicht tauscht seinen Verstand, wenn er seine Bosheit umnebeln will, und sagt: — Es ist keine Religion. Bei solchem Menschen ist nicht einmal — ein Pfennig sicher; er wird ihn entwenden, wenn er überzeugt ist, daß er nicht verrathen wird: — ein gefährliches Ungeheuer in der Gesellschaft!

Nro. 88.   Montag den 31sten October. 1791.

Beilage
zu
Politischen Gesprächen
der
Todten.

Ankündigungs-Herold.

1810. **Litteratur.** — **Französische.**

Schreiben einer Mutter an ihre Tochter in Frankreich.

Jersey vom 2ten Oktob. 1791.

Derjenige, der dich täglich in seinen Armen schließt, ist ein Ungeheuer. O meine Tochter! — doch nein, ich habe keine Tochter mehr; ich verfluche die Stunde, da ich dir das Leben gab. Dein jetziger Ehemann hat deinem Vater ums Leben gebracht, der alte Greis kannte ihn; er durchsah sein verdorbenes Herz, er wollte deiner Liebe Schranken setzen, weil du einen Bösewicht liebtest. Dies hat den Mörder bewogen, ihn aus dem Weg zu schaffen; er stellte Leute an; sein Bedienter war der Anführer dieser Rotte. Du weißt, daß unser Vater in seinem Schlosse gestürmt, und durch einen Schuß umgebracht war; aber du kennst den Thäter nicht. Gestern kam unser alte Hofkaplan, der mich bis hieher begleitete, zu mir; er bath mich, daß ich mich zu einem Menschen, der bei einem Fischer krank liegt, begeben möchte. Ich gieng dahin, und — ich fand den Bedienten deines Ehemannes, den Sohn unseres Pachters, mit Tode ringend — Er hob die Hände auf; Madame! sprach er, ich bin der Mörder eures Mannes; ich war dazu von Herrn D...

angestiftet. O meine Dame! da verlor ich meine Ruhe; der Selige schwebt beständig vor meinen Augen; der Himmel öffnet sich, und droht mir Rache. Euere Tochter weis es nicht, sie glaubt einen Engel zu besitzen. Vergeber mir, ich bin der Mörder eures Mannes. Ich verfluche den Justifier; ich bin mit Fleiß dis hieher gereist, nur euch meine schwarze That zu bekennen. Ich erstarrte. Der Mensch lebte noch sechs Stunden; ich ließ Zeugen kommen; ließ dieses Bekenntniß aufschreben, und sende es dir durch den Pater C.... Wenn du noch meine Tochter bist, fliehe dieses Ungeheuer; komme zu mir nach Jersei. Ich liege hier krank. Das Unglück hat mich niedergeschlagen. Ich werde vielleicht nicht lang mehr seyn. — Du allein kannst mich trösten; ich seufze nach dir. Dein Bruder ist in der Niederlausten, wohin ihn die Ehre ruft. Ich bin allein hier, und sehne mich nach dir — um dich zu umarmen, ehe ich sterbe 2c. 2c. 2c.

Dies sind die Früchte der Revolution!!!
2do. Ankündigungen.

Auf künftiges Neujahr 1792 erscheint zu Wien das erste Stück einer neuen periodischen Schrift, unter dem Titel: Wiener Zeitschrift, herausgegeben von Leopold Alois Hoffmann, k. k. Professor der praktischen Eloquenz und des Geschäftsstils an der Universität zu Wien. Der Plan und die Absicht dieser Schrift im allgemeinen ist: Überall dem Geiste des Zeitalters zu folgen, seine Schritte zu beobachten, und von diesen Beobachtungen dem Publikum freimüthige und unpartheiische Rechenschaft vorzulegen. Politische, litterarische und historische Artikel machen dann den Hauptinhalt dieser Schrift aus. Nähere Bestimmungen über das Detail des Plans können in einer vorläufigen Anzeige nicht wohl Platz finden. Es ist vielleicht genug, wenn man dem lesenden Publikum versichern darf, daß es in dieser Schrift die interessantesten Urkunden aus der neuesten Zeitgeschichte, und über durchaus wichtige Gegenstände gründliche und eindringende Aufsätze finden wird. Der schon erklärte Beitritt mehrerer in- und ausländischer Gelehrten zu diesem Unternehmen, und die sehr wahrscheinliche Akquisition noch verschiedener anderer berühmter Mitarbeiter kann für diese Versicherung als eine hinlängliche Bürgschaft gelten.

Der Herausgeber hat gute Gründe, sich an keine genau bestimmte Termine der Ausgabe der Hefte zu binden; er glaubt, daß eine solche Pünktlichkeit für das lesende Publikum nicht immer gar vortheilhaft sein mag, denn oft muß ein Artikel bloß darum im Monatheft abgedruckt werden, weil der Monat eben zu Ende ist. So oft darum bei der Wiener Zeitschrift Vorrath genug für ein Heft beisammen sein wird, soll es in die Presse kommen, und kann von dessen Erscheinung das Publikum durch eine eigne Anzeige unterrichtet werden. Vielleicht daß bisweilen in einem Monate zwei Hefte erscheinen. Man wird aber durchaus alle Sorge tragen, damit in jedem Jahrgange eine gleiche Anzahl von Heften und Bänden gedruckt wird.

Pränumeration kann unter solchen Umständen nicht anders angenommen werden, als auf sechs zu 6 Heften; und da jedes 3 Bogen starke Heft nach dem Ladenpreise 30 Kreuzer kosten wird, so erhalten die Pränumranten bei 6 Heften das sechste frei, und zahlen nur den Betrag von 2 Fl. 30 Kr. für 6 Hefte.

Alle deutsche Buchhandlungen, und alle Beförderer deutscher Litteratur, welche Pränumerationen sammeln, oder beständige Bestellungen machen wollten, werden ersucht, sich mit ihren Aufträgen unmittelbar an die Sebastian Hart'ische Buchhandlung in Wien, welche die Hauptversendung besorgt, oder an die Breitkopfische Buchhandlung in Leipzig zu wenden, welche das Kommissionsgeschäft für Sachsen und das ganze römische Reich übernommen hat.

Johann Melchior Zi in Mainz fährt fort, einige der besten Rheinweine in versiegelten holzmoas Bouteils len verkäuflich abzugeben: Die gegenwärtig sind

1766ger Hochheimer	die Bouteille fl.	1	—
1781 Schloß Johannesberger	:	2	30 k.
1781 Hochheimer	:	1	20
1781 Rüdesheimer	:	—	48
1783 Rüdesheimer	:	1	12
1783 Obersteiner	:	—	48

Die Versendung geschiehet in Verschlägen von 12 bis 60 Bouteillen, und werden für Emballage 2 kr. pr. Bouteille aufgerechnet, jedoch können auch von sämtlichen Sorten Ohme und halbe Ohme in einem ordentlichen Preiß erhalten werden. Für Preiswürdigkeit wird gestanden.

Gezogene Numern bei der 43ſten Ziehung Kurpfälzischer Lotterie in Düſſeldorf den 21ten October 1791.
    1ſter Zug : 28. Acht und Zwanzig.
    2ter Zug : 30. Dreyſig.
    3ter Zug : 88. Acht und Achtzig.
    4ter Zug : 65. Fünf und Sechszig.
    5ter Zug : 82. Zwey und Achtzig.
Die 44. Ziehung Kurpfälziſcher Loterie geſchiehet zu Düſſeldorff Freytags den 11. Nov. 1791.

Churfürſtlich-Pfälziſche Lotterie.
Anheute den 23. Octob. 1791 iſt die 461. Ziehung dieſer Lotterie auf dem Rathhauſe dahieſig-Churfürſtlicher Reſidenz, in hoher Gegenwart Seiner Excellenz, Herrn Baron von Verglas, Ihro Churfürſtlichen Durchlaucht Hofkammer-Präſidenten, ꝛc. ꝛc. und in Beiſitz angeordneter wohlanſehnlicher Herren Deputirten, mit bekannter guter Ordnung und feſtgeſtellten Formalitäten vollzogen worden.
Die bei dieſer Ziehung herausgekommenen Numern ſind folgende:
    1ter Zug: 67. Sieben und Sechszig.
    2ter Zug: 33. Drey und Dreyßig.
    3ter Zug: 7. Sieben.
    4ter Zug: 49. Neun und Vierzig.
    5ter Zug: 53. Drey und Fünfzig.
Die 462. Ziehung Churfürſtlicher Loterie geſchieht Freytags den 18. Novemb. 1791.

Nro. 44.   Dienſtag den 1ſten Novemb. 1791.

Geheimer
Brief-Wechſel
zwiſchen den
Lebendigen und den Todten.

An den Kroniker — Schubart ins Reich der Todten.

Deutſchland am 1ſten November.

Die deutſche Muſe weint über deinen Verluſt; der deutſche Patriotismus vermißt an dir den Verfechter ſeiner Erhabenheit. Schubart! du warſt die Lieblingswonne der Deutſchen — deines Vaterlandes. — Dein Leben war deutſch; dein Karakter athmete Germaniens Sitten:

Germanus sum
Nihil germani à me alienum puto.

O Schubart! Deutſchlands-Söhne beweinen dich; die deutſchen Muſen trauerten — um dich. Nimm von mir das Trauerlied auf deinem Grabe: — Hier iſt die Inſchrift, die ich deinem Andenken gewidmet habe:

Hic jacet Schubart;
Decus Germaniæ;
Honos humanitatis;
Martyr suæ opinionis;
mortuum — in lecto: — Portentum!

Sage mir doch, Schubart! warum hast du die jetzige politische Wuth in deiner Kronik mit Feder und Dinte vertheidigt? — Sage mir, hast du das Ganze der Gesetzgebung, die Verhältnisse einer verdorbenen Nation mit nachgiebigen Gesetzen eingesehen? — Eine Nation mit verdorbenen Sitten hat nichts als eine tyrannische Regierung zu erwarten: diese Regierung mag demokratisch, aristokratisch oder monarchisch, oder gemischt seyn. — Der Gang der zügellosen Leidenschaften ist so: — der harte Widerstand der Regierungen muß eisern seyn, wie du dich auszudrucken pflegtest, sobald eine Nation den Zügel fahren läßt, und über alle Gesetzfelder — ausgelassen herumgaloppirt.

Du warst ein lieblings Zeitungsschreiber der Deutschen; es wird dir nicht unangenehm seyn, unsere Neuigkeiten der Oberwelt in Elysäum zu lesen. Hier sind sie, so wie man sie sich bei uns erzählt.

Brüssel, den 25. Oktob. Die Protestation der Stände von Brabant ist, dem vom souverainen Rathe ergangenen Urtheilsspruche gemäß, zerrissen worden. Es waren über 400 Personen gegenwärtig, die alle riefen: Es lebe Leopold, unsre Gouverneure, und der Rath von Brabant! Unter dem nämlichen Datum, wie jenes Urtheil, ist noch ein anderes ergangen, wodurch den Ständen, und ihren Empfängern der Quatiere von Brüssel, Löwen und Antwerpen vorläufig alle und jede Zahlung untersagt wird, ausser derjenigen, die auf die Renten und Verwaltungen, der vor dem 18. Jun. 1789 bestandenen Einrichtung zufolge, begründet ist. Wenn die Stände, wie ganz wahrscheinlich ist, in der 8tägigen Frist auf den zweyten fiskalischen Antrag nicht antworten; so werden nach verflossenem Termin alle öffentliche Gelder, und gezwungene Hebungen, die sie während der Revolution gethan haben, mit Arrest belegt.

So widerspenstig die Stände von Brabant sich gegen den Souverain bezeigen; so sehr nimmt das Mißvernehmen zwischen ihnen und den Ständen von Flandern, in Betreff der Abmachung der Revolutions - Schulden, täglich zu. Der Magistrat von Gent hat, einstimmig mit der neuen Collace, bereits von den Flandrischen Ständen verlangt, ihre wegen gesagter Schulden nach Brüssel gesandte Unterhandlungs-Kommissarien zurückzuberufen. Die von dem Magistrate und der Collace von Gent als ungesätzlich verworfenen Rechnungs-Kosten steigen zu einer ungeheuren Summe. Eben deswegen ist die Verlegenheit nicht zu beschreiben, worin sich die Familien der Ex-Souveraine versetzt sehen. Um von jenen Rechnungen einen kurzen Begriff zu geben, wollen wir ein paar Posten hier anführen:

Item, die Summe von 20,000 fl., welche einer ansehnlichen Person gegeben worden ist, um den Schutz einer benachbarten Macht zu verschaffen. = = , fl. 20,000.

Item, an den Baron von Haverskerke, geschehene Bezahlung einer Garnitur Spitzen zu einem Kopfputze, bey P. J. Vauderborgth zu Brüssel. = = , fl. 832, 1/2

Wie eine gedruckte Protestation des Magistrats von Gent sagt, ist die ansehnliche Person, wovon in diesem erstern Posten die Rede ist, das — Kammermädchen der Prinzessin von Oranien, und der resp. Kopfputz soll der berüchtigten Pinaut zu Theile geworden seyn...

Die Fischer zu Ostende haben in verwichener

Woche den vorigen Lieutenant-Baisi, der ein sogenannter Patriot ist, ergriffen, ihm die Haaren und Augbraunen weggeschnitten, und ihm so in einer mit Koth angefüllten Karre durch die Stadt herumgeführt. Der Aermste aller Patrioten ist von diesem Zuge sehr übel mitgekommen. Er ist vielleicht, indem wir dieses schreiben, nicht mehr bey Leben.

Wir erwarteten mit der äufferften Ungeduld die Rückkunft des Kouriers, welcher vor 7 Wochen mit Berichten von der saubern Aufführung der Stände nach Wien abgegangen ist. Und wie hat hat es seitdem mit ihrer **Besserung** gestanden?

Regensburg vom 20ften October.

Der Reichsrath ist bereits wieder in seiner Thätigkeit. Das kayserliche Commissionsdekret in der Elsasser Sache ist noch nicht eingetroffen, und wenn es zur Diktatur bereinst gelangen wird, so kann man aus dem Inhalt des Reichs-Gutachtens schon abnehmen, daß der kaiserliche Hof und die Churhöfe, mit denen vor und nach der Zusammenkunft von Pilnitz, über die dermalige Lage der Sache der französischen Angelegenheiten kommunicirt worden ist, noch manche Anstände zur weitern Berathung finden werden. Darmstadt hat in der reichskammergerichtlichen Visitationsfache, ein sehr standhaftes Votum in dem Reichsfürstenrath abgegeben. Von einem Krieg gegen die Franken ist gegenwärtig schon keine Rede mehr. Vielmehr sieht man die verbreiteten Kriegsgerüchte als Wünsche solcher Personen an, die etwa aus Zerrüttung anderer Völker nur Nutzen ziehen wollen; die Französische Constitution hält man mehr für ein philosophisches Werk, als für ein Erzeugniß der wahren Staatskunst. Man behauptet, daß selbe, so wie sie liegt, nicht ausführbar sey, und durch die Zeit und Umstände in wesentlichen modificirt werden müsse. Man mißkennet zwar nicht, daß die französische im Grund verderbt gewesene Staatsverfassung eine Nabilitat nöthig gehabt habe: allein selbst die Heilkunde erforderet, daß ein preßhafter Körper, den man durch Hülfsmittel repariren soll, nicht durch Destruktionsmittel angegriffen werden müsse. Die Konstitution, (heißt es) führt zwey contradictorische Sätze mit sich. Denn Frankreich hat von jeher den Grundsatz behauptet, daß in einer wesentlichen Monarchie die Grundregel sey, wo kein Monarch ist, giebt es keinen Adel, wo kein Adel ist, giebt es keine Monarchen, sondern — Despoten. Ludwig der Sechszehnte war gewiß vor der Revolution und vor Zustandbringung der Constitution kein Despot, und jetzt kann er um so weniger einer seyn, als ihm durch die Konstitution alle Gewalt genommen ist. Wenn aber die Franzosen gegenwärtig ihre Konstitution geltend machen wollen, da sie gegen ihre alten Grundsätze vorgeben, daß die Monarchie eine Despotie mit sich führte, so entstehen die zwey wichtigen Fragen, und zwar eine: ist Frankreich nach dem Sinn der Konstitution noch eine Monarchie? und die andere: in welcher Hand befindet sich nun die Despotie? Die Majestät können die Franzosen ihrem König nicht nehmen: diese begreift den höchsten Grad des Adels in sich, den ihm in gewisser Maas nicht das Reich, sondern seine Geburt gab. Sie werden auch ihr Reich, so lang ein König existiret, nicht aus dem Rang der ersten Europäischen Monarchien sehen wollen. — Frankreich ist und bleibt daher immer auch selbst nach der Constitution eine Monarchie. Allein, wie läßt sich die zweyte Frage in Ansehung der translocirten Despotie beantworten? Es ist ein in der Staatswissenschaft festgestellter Grundsatz, daß der Adel in gewissen Reichen, und besonders auch in Frankreich die Geistlichkeit, die Mittelgewalt zwischen König und Volk ausmache. Allein der Adel ist nach den Grundsätzen der Konstitution verbannet, seine Mittelgewalt ist zernichtet, wie die oberste Gewalt des Königs in ihrer Grundlage zerstöret, und in eine leere beschränkte Macht umgeformet worden. Auch die Geistlichkeit in Frankreich hat ihren Theil an der konstituirenden Mittelgewalt verloren. So gefährlich die Gewalt der Geistlichkeit in einer Republik ist, so nützlich ist sie doch in einer Monarchie, besonders, wenn sich dieselbe der despotischen Regierung nähert, wie die Nationalversammlung behauptet, daß es der Fall in Frankreich gewesen sey; wie würde es um Spanien und um Portugall seit dem Verlust ihrer Gesetze stehen, wenn diese Mittelgewalt nicht wäre, welche noch einzig und allein der willkührlichen Macht im Wege steht? Eine allemal gute Schutzwehr, so lang keine beßere vorhanden ist, für die man weder die Nationalversammtung, noch die Konstitution in ihrer dermaligen Gestalt, ansehen kann. Denn, da der menschlichen Natur die Despotie das abscheulichste Elend verursacht, so ist selbst das Uebel welches dieser Gränzen sezt, etwas gutes. Die französische Monarchie hat nun einen König, ohne oberste Gewalt, einen Adel, eine Geistlichkeit ohne Mittelgewalt, eine Nation ohne unterste Gewalt. Alle Gewalt, die oberste, mittlere und unterste, hat die Nationalversammlung in sich vereiniget, und constituiret einen Körper, der sich alle Gewalt anmaasset, ohne daß sie von allen die Nation konstituirenden Theilen, nemlich dem König, dem Adel und der Geistlichkeit gesetzlich übertragen worden ist; sie hat diese Stände ihres Eigenthums und ihrer Geburtsrechte beraubt, sie hat die Morna die ihrer zu ihren Bestandtheile entsezt. Wer soll nun aus diesen Thatsachen nicht schliessen, daß die wahre Despotie erst durch die Nationalversammlung in Frankreich konstituirt worden, und in ihren Händen liege? man hat also Ursache zu glauben, daß die Konstitution, da sie der Form eines monarchischen Regiments ganz entgegen gesezt ist, ohne eine wesentliche und grose Modifikation nicht bestehen könne, und daß der König, da er jezt die vollziehende Macht in seiner Hand hat, und den Geist der Nation kennt, durch den bescheidenen Gebrauch derselben, die Modifikation am leichtesten finden könne, deren er zu Handhabung seines Ansehens bedarf. Die Nation mag zwar durch die Revolution sich dem Zweck einer klügern und bessern Staatsverwaltung genähert haben; die Konstitution versichert sie aber niemal von der Gewißheit, daß sie selben erreichen werde, weil die Disformität einer Monarchie das untrügliche Kennzeichen der Despotie ist; sie veranlast einen beständigen Krieg und ein Mißvergnügen, daher genoß noch kein Reich, welches seine Regierungsform gewaltsam geändert hat, die Ruhe, und daher wird Frankreich sich auch einer solchen, so lang die Konstitution nicht eine andere Gestalt erhält, nicht erfreuen können. Wir sehen hier ein Urtheil — vielleicht bisher das Einzige in seiner Art.

Koblenz vom 31sten Oktober.

Vorgestern ist der berühmte Abt Maury hier angekommen; — das war ein Gedränge um ihn zu sehen! — er wird sich hier nur vier Tage auf-

halten, und gehet nach Rom. — Er hat ausge,
sagt, daß die neue Konstitution in Frankreich keine drey Monat mehr sich halten könne. — Diese
Aussage ist vom Gewicht! — sie ist von Abt Maury.

Neuwied vom 31sten Oktober. — Heute ist
die Organisation der Officiers der rothen Kompag,
nie auf Befehl des Königs von Frankreich und
der Prinzen geschehen. Die Edelleute haben ihren
Eid abgelegt, sie schworen: — Wir schwören auf
die Ehre, daß wir unseren Vorgesetzten nach dem
Befehl unseres Königs und seiner Brüder gehorchen wollen.

Ein heute aus Paris angekommener Officier
hat uns die Nachricht gebracht, daß der König nach
Kompiegne auf sein Landgut abgereist seye.
N. B. Aus Kompiegne bis ins Luremburgische geht
ein Wald. Also wenn man aus Kompiegne entkommen
will, so hat man lauter Waldung im Wege. — Eine Nachricht für die Zukunft!

Nachrichten von der Französischen Auswanderung, so wie sie zu Koblenz in der Staatskanzeley
eintegistirt ist worden. — Am Samstag sind 126
Auswanderer angekommen. Sonntag bis 5 Uhr
Abends sind 82 eingetroffen.

Paris vom 27sten Oktober.

Obschon man in der Versammlung viel gegen
die Auswanderungen geschrieen hat, so bleibt es
doch beim Alten; man wandert aus — Prozessions-
weis.

Herr Moustier, der vom König zum Minister
bestimmt war, ist aus Berlin hier angekommen,
und will die Stelle nicht annehmen. Hum! —
sagen die Patrioten, dies hät er uns aus Berlin
sagen, und allda bleiben können; — aber er hat
mündliche Aufträge aus Berlin auszurichten; —
Au weh! —

Paris vom 23ſten dieſes.

Geſtern iſt ein Kourrier aus Bordeaux hier eingetroffen, welcher eine für die Handlung traurige Nachricht mitgebracht hat, daß nemlich in der Inſel St. Dominig zwiſchen den Schwarzen und den Weſſen eine grauſame Metzeley entſtanden ſeye. Dreyßigtauſend Schwarze von einigen Weiſen angeführt, metzeln und tödten, alles was ſie antreffen. Die Beſchreibung davon iſt ſchaudernd.

Biographie.

Schubart, der berühmte Hof- und Theater-Dichter ſtarb am 9ten Oktober dieſes Jahres in Stuttgard im 52ſten Jahre ſeines Alters. Er war Oeſterreichs erklärter Feind, und daher Lobredner aller Feinde von Oeſterreich; übrigens ein Mann von vielen Talenten. Seine muſikaliſchen Werke haben einen entſchiedenen Werth; in der Poeſie gelangen ihm vorzüglich die Volkslieder; ſein proſaiſcher Stil war zwar oft kraftvoll, oft aber auch ſchwülſtig und überladen; kein Ton mislang ihm mehr als der des — Andächtigen. Es wird ſchwer halten, einen Mann zu finden, welcher der Fortſetzung ſeiner Kronik gewachſen wäre, da ſie ſich nicht ſo wohl durch Neuigkeiten, als durch Stil und Einkleidung empfahl, worin er ganz unerſchöpflich war. So viel Briefe von allen vier Winden auch in ſeiner Kronik vorkamen, ſo koſtete ihm doch die Korreſpondenz wenig, — denn alle dieſe Schreiben wurden gleich in ſeinem Pulte verfertigt, wie die ſich in denſelben immer gleichbleibende Schreibart beweiſt. Warmer deutſcher Patriotismus war ein Hauptzug ſeiner Kronik.

Nro. 87. Freytag den 28sten Oktober, 1791.

Beilage
zu
Politischen Gesprächen
der
Todten.

Politische Satyren.

„Madame! sprach leztens ein Demokrat zu ei-
„ner Dame in Paris, sie haben keine Haube a
„la Reine; kein Mode-Jaquet a la Rigodonne;
„kein Huri a la Seral? — Nein, mein Herr,
„antwortete die Dame; ich begnüge mich mit ei-
„ner bürgerlichen Kleidung. — Aber meine schöne
„Dame! sie haben doch noch die Säcke oder die
„Poschen a l'arlucate? — Ja, mein Herr,
„aber diese habe ich deswegen, damit ich ande-
„ren Leuten nicht in ihre Säcke greife.

Wien vom 20sten dieses. — Herr Noailles französischer Gesandte allhier hat vor vier Tagen eine
Audienz beym Kayser gehabt. Er reichte ihm ein
Schreiben vom König der Franzosen dar, und begehrte eine Antwort. Leopold bedachte sich nicht
lang und sagte: Ich werde dem König von Frankreich durch meinen Bothschafter zu Paris antworten. Herr Noailles wollte dem Kayser die neue
Konstitution, schön eingebunden präsentiren. Aber
der Monarch ließ ihm keine Zeit dazu; — er re-

ritirte ſich in ſein Kabinet. — und nun? — wie
ſtehts dann? man weis ſo viel, wie vorhero, —
nemlich: ein groſes wichtiges Nichts!!!

Man ſagt, daß eine Anfrage von Seiten des
Schwediſchen und Ruſſiſchen Hofes bey dem Kaiſer
durch zwey Kouriers allhier eingetroffen, nemlich:
— ob der Kaiſer geſonnen ſeye, die Grundlage
des Wäſtphäliſchen Friedens aufrecht zu halten, und
zu verfechten, oder nicht? — Dieſe Anfrage ſoll
bei andern Höfen auch geſchehen ſeyn, und man
iſt begierig, was für eine Antwort darauf erfolgen werde, — beſonders in Abſicht auf die franzöſiſchen Angelegenheiten.

Unſere Politik iſt mit einem dicken Schleyer
bedeckt. — Alles iſt ſo geheim, ſo eingefädelt, daß
der gröſte Beobachter bei dieſer politiſchen Taktik
ſtaunen, und — harren müſſe.

Berlin vom 19ten dieſes. — Groſe Staatsre-
volutionen ſind von jeher ſelten geweſen. Aeuſſere
hat es nur 3 gegeben: die Gründung des Macedo-
niſchen Reichs durch die Eroberungen Alexanders des
Groſen, — die Gründung der römiſchen Weltherr-
ſchaft, — und der Umſturz dieſer Reiche durch die
groſe Völkerwanderung Innere ſind mehr oder
minder in den Staaten aller Welttheile, aber verhält-
nißweiſe doch am wenigſten in Deutſchland vorgefallen, nemlich 3: durch Erlöſchung des Carolingiſchen
und des Sächſiſchen Stammes; durch das groſe
Zwiſchenreich, und durch den Weſtphäliſchen Frieden. Religiöſe hat es nur 2 gegeben: nemlich die
Gründung der Chriſtlichen desgleichen der Maho-
metaniſchen Religion, und Luthers Reformation. —
Die Urſachen groſer äuſſerer Revolutionen ſind: allzu übermäſſige Ausdehnung, und allzu ſchlechte Ver-

waltung einzelner Staaten. Da aber jene fast nirgends mehr Statt findet, die Königsöhne auch sorgfältiger als sonst erzogen, und über ihre wahren Vortheile erleuchtet worden; so fällt mit dem Ursachen zu grosen Revolutionen auch die Besorgniß derselben weg. Diese B.sorgniß hat feiner Seits der preußische Staat, durch sein zahlreiches Heer und durch die auf Erhaltung des Gleichgewichts abzweckende Anwendung desselben, seit des grosen Kurfürsten Friedrich Wilhelms bis auf unsere jetzigen Zeiten, aufs werkthätigste verhindert, und die Erhaltung eines allgemeinen Friedens fest gegründet. Dieser beruhet auf jenem nothwendigen Gleichgewichte, welches Friedrich der Zweyte durch den glorreich geführten 7jährigen, so wie durch den mit höchster Uneigennützigkeit unternommenen Bayerischen Erbfolge-Krieg, und durch Schließung des Fürstenbundes hervorgebracht, der jetztregierende König aber durch die Revolution in Holland (vermög welcher das Bündniß zwischen diesem und dem Englischen Staate, — hierdurch aber dessen Verbindung mit Deutschland, und das Gleichgewicht der Seemächte hergestellt worden) so wie durch die jzt in Folge der Reichenbacher Konvention, zu Sjistow geschlossene allgemeine Friedensstiftung, noch mehr befestigt hat. Wenn, was unter Karl und unter Otto dem Grosen der Fall war, und unter Karl dem Fünften, und Ferdinand dem Zweyten es beinahe wieder geworden wäre, das Haus Oesterreich je von neuem nach der Alleinherrschaft trachten sollte; so würde jenes zur allgemeinen Sicherheit nothwendige Gleichgewicht freilich nur an einem einzigen Faden hängen. Die richtige Politik der Staaten besteht also in der stäten Aufrechthaltung des Brandenburgischen

Haufes, das seiner Lage nach eben so geschickt, als seinen stäts unabänderlich geäusserten Grundsätzen nach geneigt ist, das allgemeine Gleichgewicht, und durch dieses die allgemeine Ruhe zu sichern.

Neuwied vom 26ſten dieſes — Eine rührende Szene! — Geſtern hat der Kommendant der rothen Kompagnie die Edelleute zuſammenberufen, und redete ihnen Folgendes: — Meine Herren! Der König, und die Brüder des Königs laſſen aldenienigen, die vielleicht nach den jetzigen Umſtänden in Verlegenheit wären, um die nothwendigen Ausgaben zu beſorgen, ſagen: daß ſie ſich melden, und eine Anzeige machen, wie viel ſie brauchen, damit man einem jeden nach Umſtänden den Unterhalt verſchaffe. Alſo, meine Herren! diejenigen, die in dieſem Falle ſich befinden, werden ihren Hut abnehmen, und ſich melden, damit ich eine Anzeige darüber übergebe. Es war ein heiliges Stillſchweigen; Niemand meldete ſich. — Auf einmal tratt der älteſte Edelmann vor, und ſprach: Mein Herr Kommendant! wir ſind äuſſerſt gerührt über die väterliche Beſorgniß unſers Königs, und ſeiner Brüder. Wir ſind alle bereit unſer Blut, und das wenige Vermögen, das wir beſitzen, — zur Herſtellung unſers lieben Königs, und — zur Erhaltung der Ehre Frankreichs — aufzuopfern. Dieſe Geſinnungen werden wir da zeigen, ſo lang das franzöſiſche Blut in unſern Adern rollen wird, und auch im Abgrund der ungerechten Wuth — ſterben wir in dieſen Geſinnungen. — Der Kommendant, ein alter verdienter Soldat — ward gerührt; Thränen rollten über ſeine Wangen. Ach! Freunde, ſprach er, wie glücklich bin ich an der Spitze ſolches Edelmuths zu ſeyn!

Nro. 44. Donnerstag den 27sten Oktober 1791.

Politische Gespräche der Todten

über die Begebenheiten des 1791sten Jahres

„La seule existence de Beaumarchais & de
„Thouret, eleve de Mirabeau, prouve comment la
„France se degenerée & corrompue. Je ne veux
„pas parler du bourgeois d'Orleans; c'est un mal-
„heureux qui pourroit bien servir comme epouvan-
„tail de Lucifer a la posterité.

Ueber die Annahme der Konstitution des Königs der Franzosen;
Ueber die Quelle der politischen Triebfeder bei dieser Gelegenheit.
Eine Zeitung, die wie der König, zwischen der Laterne und der Annahme aufgehangen werden kann.

Etwas aus dem politischen Horoskop — über Frankreich für die Zukunft.

Lord Bute hat vor dem siebenjährigen Kriege, da sich Frankreich und England zusammen alliirten, folgende merkwürdige Worte gesagt: — Oesterreich hat uns verlassen, hat sich mit unseren Frieden alliirt; — es wird eine Zeit kommen, wo wir uns rächen werden, und unser Kabinet muß alle seine Fallen zu dieser Rache anlegen. — Lord North sagte ebenfalls nach der Gefangennehmung des Kornwallis in Amerika: — Frankreich hat uns den derbsten Streich versetzt; wir verlieren Amerika. Aber Frankreich arbeitet daran, um uns auch den Verlust von Ostindien vorzubereiten. Lasset uns Friede machen, oder lasset uns auf eine Kontramine denken. Wir müssen alle Mittel anwenden, um Frankreich von Außen und von Inneren zu beschäftigen. Diese Rache, sie mag von diesen oder jenen Mitteln herkommen, ist gerecht, und muß wie ein Vergeltungs-Recht betrachtet werden.

Gewiß ist es: große Männer sehen in die dunkelste Zukunft. Lord Bute und Lord North haben guten und wahren Blick gezeigt. England hat sich zu Sistow über Oesterreich geräthet, und England rächet sich jetzt über Frankreich mit den nemlichen Waffen, welche die Franzosen in Amerika gegen die Britten gebraucht und angewendet haben. — Diese Rache ist noch nicht am Ende; sie wird auf das Thätigste auf folgende Art fortgesetzt:

Nach den Grundsätzen der englischen Politik sind folgende Wahrheiten auffallend: Je mehr Frankreich ruinirt wird, je höher bauet England seine Bedeutenheit auf. — Großbrittannien hat auf der Meerherrschaft die lauteste ja die donnerudeste Stimme, so lang Frankreich an einem politischen Katharr krank liegt, und nicht schreyen kann. — Die Rache Englands gegen Frankreich muß so anhaltend seyn, daß Gallien so niedergerissen werde, bis es nimmer schaden kann, und sich — nicht einmal auf zwey Generationen erhohlen vermag. — Dies sind Wahrheiten, die jeder Kenner des politischen Ganges, und der Staatsinteresse auf den ersten Blick einsieht.

Aber diese Höhe Englands, die durch den Umsturz Frankreichs steigen soll, kann den anderen Seemächten auf keine Weise behagen. Dann ihre politischen Grundsätze sind folgende: — Frankreich war der einzige Damm

der dem englischen Despotismus auf dem Meere Grenzen
setzte. Wenn also Frankreich keinen Damm mehr aufbauen kann, so sind alle übrigen Seemächte dem englischen Newton untergeordnet. — England muß diesem
Despotismo nachhaschen: es hängt sein Staatsinteresse,
seine glückliche Existenz, sein Monopolium, und die Tilgung der ungeheueren Staatsschulden davon ab. — Also wenn Frankreich stürzt, so sind Spanien, Portugal,
Holland, Schweden, Rußland, Dännemark, und Venedig mit Genua Tributarien oder Untergeordnete der englischen Seemacht. Dadurch muß es kommen, daß kein
Mensch auf der Weltkugel, so bald er in einer civilen
oder politischen Gesellschaft lebt, anders betrachtet werden könne, als ein freywilliger Kontribuent zu der Größe
Englands. Dann alle Farbstoffen, alle ersten Materien
zu Fabriken; aller Luxus, so wohl der Eß-als auch
Kleider-Luxus — müssen den Engländern entweder die
Fracht, oder den monopolischen Einkauf bezahlen. Die
Engländer bekommen dadurch schwimmende Kolonien auf
allen Meeren, und in allen Ländern Comptoirs.

Die Annahme der Konstitution des Königs der
Franzosen muß also jetzt nach diesen Wahrheiten angesehen werden. — England sitzt auf dem Thron der Politik, neben ihm sitzen Preußen, Holland und die Türkey. Also sind die Preußen und die Holländer aus Gefälligkeit für England den französischen Unruhen geneigt.
Deswegen sind in England und Holland die französischen
Bothschafter, da sie die Annahme der Konstitution dar-
reichten, gleich wohl aufgenommen worden. — Die Oppositions-Partie: nemlich Spanien, Rußland und Schweden wünschten, Frankreich wieder aufgebauet zu sehen,
damit die Meeroberherrschaft den Engländern aus den
Händen gewunden, oder wenigstens getheilt werde. Daher geschieht es, daß obgedachte Mächte die Annahme
des Königs als gezwungen ansehen wollen.

Das Haus Oesterreich, welches auf der politischen und
geographischen Brücke, die zwischen Frankreich und Holland steht, und Belgien heißt, Wache halten muß ist
natürlicher Weise in Verlegenheit. Dann diese Brücke ist
dem ersten Zufall der Franzosen ausgesetzt, und wer
sagt, daß sie noch nicht fest genung stehe. Bankerott

und Kompagnie haben ihr so viel Stöff gegeben, daß man lange Zeit braucht, um sie wieder auszubessern.

Aber den Britten ist es nicht Ernst, die französische Konstitution zu befestigen: dieß suchen sie nicht; sie suchen nur Frankreich in den tiefsten Abgrund zu stürzen. Sie wissen, daß diese Annahme der Konstitution die Unruhen befördre, folglich, daß sie Frankreich nur mehr ruinire. — Wäre es in der politischen Gesellschaft möglich, daß diese Konstitution und ihre Annahme die Franzosen beruhigen, und ihre Kräften fester verbinden könnte; — so wäre England die erste Macht, die sich dieser Konsistenz widersetzen möchte. Und nach den nützlichen Grundsätzen müßte es auch England thun. Dann das freye Frankreich wäre den Engländern weit gefährlicher, als das vorherige der Aristokratie unterjochte Frankreich.

Nun wird vermuthlich eine Kollision zwischen der englischen, und der Oppositionspartie entstehen. Viele glauben, daß es zu einem Veraleich kommen werde; — Dies ist nicht möglich, dann die englische Partie wird allem Vergleich entgegenminiren. Sie muß es thun, es ist ihr Interesse. Die politischen Grundsätze werden sich den Winter hindurch durchkreutzen. Jedes Kabinet wird seine Richtung bekrummen, ausdeichen, antenmachiavellisiren suchen. — Um Ende wird die englische Partie als die bedeutendeste — insinuiren. — Was? insinuiren? — andere Mächte werden es errathen, was weil insinuiren will, obschon sie es recht gut wissen. — Vielleicht kommt eine Begebenheit in Frankreich selbst — dieser Politik zu Hilfe. Dann England schien allezeit aus den Ereignissen seine Richtung zu nehmen, obschon es doch diese Ereignisse instrumentaliter vorbereitet hatte. — Den Britten ist es einerley, ob sich Frankreich in sich selbst ruinire, oder ob es durch andere ruinirt werde, wenn nur die Ruin gewiß folgt. Was wird also geschehen? — die Erbitterung zwischen der Demagogie und der Aristokratie wird den höchsten Grad erreichen; die Hilfeleistenden Mächte werden sich um Hilfe bitten lassen; sie werden helfen: — aber, aber — sie werden helfen mit Bedingnissen. Diese Bedingnisse werden die Vortheile aller Kabinette in Bewegung bringen. Wie? wird man sagen, Lothringen und Elsaß sind der Zankapfel der

deutschen Rechte? wer soll sie haben? — and wenn sie
dieser oder jener hat, was bekommen wir dafür? — da
wird England den Zankenden zusehn, ruhig zusehen; es
wird wünschen, daß sie recht viel wegnehmen, wenn nur
Frankreich dadurch ohnmächtig wird, so ohnmächtig, daß
es den Engländern nimmer schaden könne. — Dadurch
wird die innerliche Frankreichsruh noch mehr verwirrt gemacht; man wird rasen; man wird sich Vorwürfe ins
Gesicht werfen. — Am Ende vergleichen sich die auswärtigen
Mächte, kommen mit Feuer und Schwerdt, — und Frankreich — wird getheilt.
Wie? Frankreich wird getheilt? — Dieß ist der
Wunsch Englands, und so geht ist, daß es eine Monarchie ohne Bedeutenheit, ohne wichtigen Einfluß bleibe. —
Aber die Oppositions Partie von Engl. nd, Spanien,
Schweden ꝛc. wird sich dadurch schaden. Dann das getheilte Frankreich wird keinen Damm mehr den Russen
verbauen können? des egen wird sich diese Partie dawider sträuben. — Da werden Unterhandlungen entstehen. Ein neuer Sta usquo wird zum Vorschein kommen.
Aber dieser Statusquo, der den Engländern zu Ehren
so behagte, wird hier Widerspruche finden. — England
muß den Statum R i-ae, nicht den Statusquo in effect
Frankreichs wünschen. — Neue Kollisionen; neue Un ers
handlungen; neue Bewegungen. — Das End des Lieds
wird seyn, daß in n Frankreich — und dem Oppositions-
theil einen Mittelweg vorschlagen werde, der zwar Frankreich nicht ganz einstürzen, aber d ch so abschneiden werde, daß England auf lange Jahre, — bis vielleicht
ein Zufall eine andere Reihe der Dinge hervo bringt, die
in der Politik so wohl, wie auch in ei er Schlacht von
einem blosen Ung fehr dazwischen zu kommen pflegen. Dadurch wird die Ruhe zwar hergestellt aber auf einem so
leichten Grundstein ruhen, daß sich England allezeit
den einmal so gut gelungenen Vertheil vorbhalt, alle
Reiche nach seinem Gutdüngen, und nach seiner Willkühr
zu erschüttern. — Diese immerwährende Furcht wird alle politische Existenz wankend machen, und Engand bleibt
Meister — auf lange Jahr — des Wahlplaßes, — So
sind die Aussichten, so sind die politischen Triebfedern
gespannt — bei der Annahme der Konstitution des Ab-

nigs der Franzosen, bis er wieder König von Frankreich wird.

Dieß ist die Mazarinade, die der Kardinal Mazarin im Reiche der Todten den politischen Schatten vorgelesen hatte. Sie ist von Wort zu Wort abgeschrieben. — Behagt sie, befriedigt sie die politischen Kannengießer der Oberwelt nicht, — so muß man sie um Vergebung bitten. Unterdessen ist doch eine Mazarinade viel einleuchtender, als alle politischen Kannengießereyen unserer heutigen Blätter. Mazarin war ein verrösten Politiker, und solchem Geiste kann man schon Glauben beimessen.

Die Tags-Neuigkeiten, die man im Reiche der Todten erfahren, sind folgende:

Vom Rhein-Ufer vom 23sten dieses.

Es sind viele französische Officiers, die zu Worms, in Mauheim und an dem ganzen Rhein-Strom wohnten, zurück nach Frankreich gegangen. Die Tags-Blätter haben gleich geschrieben, daß diese Herren aus Ueberdruß nach Hause zurückkehren. Man muß diesem Gerede wiedersprechen. Es sind freylich viele dieser Herren nach Frankreich zurückgekehrt, aber man weiß, und die Register in der französischen Kriegs-Kanzley weisen es aus, daß sie, Niemanden ausgenommen, einen Urlaub auf 6 Wochen genommen, theils um ihre Familienangelegenheiten zu besorgen; theils um das nothwendige Geld zu hohlen; theils um andere politischen Vorkehrungen zu treffen. Heutiges Tags wäre es eines französischen Edelmannes unwürdig, die Fahne der Ehre zu verlassen; — diese Fahne schreyet: — retten die Ehre Frankreichs oder sterben.

Wenn alles reif wird, dann wird man urtheilen können!!

Man sagt, daß ein Reichsfürst, um seine beleidigten Rechte in Frankreich wieder in den Statusquo herzustellen, sich an die Kayserin von Rußland gewendet habe, als an eine Monarchin, die in dem Teschner Friedensschluß der Garantie des Westphälischen Friedens beigetretten ist.

Da der König die Konstitution angenommen hat, so ziehen sich wirklich schon andere Mächte von der Internahme an der Französischen Sache zurück. Der König von Schweden hat denen zur Französischen Expedition bestimmten Truppen, den Rückmarsch anbefohlen. Rußland überläßt dem König von Frankreich, seine Angelegenheiten mit dem neuen Volk in Ordnung zu bringen; Friedrich Wilhelm heftet gegenwärtig sein Aug fest auf gewisse Vorgänge in Holland, und was unser gerechtester Kayser Leopold verfügen wird, mag sich nach seiner Rückkehr aus Böhmen aufklären.

Aber diese Vorkehrungen scheinen nur auf Unterdessen, — Unterdessen! — zu seyn.

Brüssel vom 24sten Oktober.

Vorgestern Mittags sind die Protokolle des souverainen Raths von Brabant vom 15ten und 25steu May d. J. in Beiseyn des Hofs und einer ungeheuren Menge Menschen, durch den ersten Gerichtsdiener Devos, öffentlich zerrissen worden. Eben so wurden am nemlichen Tage die Urtheile der drey Verräther Gaveau, Solaret, und Lami, vollzogen. Ihre Bildnisse, und in Ermanglung derselben, ihre Namen (denn Gaveaus Bildniß hatte allein die Ehre anfaebangen zu werden, weil die anderen 2 sich wahrscheinlich nie haben malen lassen,) wurden an den gewöhnlichen Orten auf den Wällen, auf militairische Art, an die Galgen geheftet, wohin ebenfalls das Volk Haufenweise hinlief. Ihre Verbrechen waren durch folgende Worte Verräther und Spitzbuben auf die Galgen geheftet.

Indessen gieng doch alles in der möglichsten Ruhe zu. Ihre königl. Hoheiten, die Generalgouverneurs, haben den 12ten dieses, die Verordnung ergehen lassen, vermögen welcher sowohl allen Truppenbefehlshabern der niederländischen Städte, als aber auch allen Beamten auf das schärfste befohlen wird, auf alle diejenigen, deren ehrlicher Broderwerb auf keine Weise bekannt ist, und sich dadurch verdächtig machen, so wie auch vorzüglich auf diejenigen, die sich als Fremde zu der Rebellenrolle als Officier oder Soldaten haben annehmen lassen, und deren wirklich noch eine grose Menge im Lande wären, und nicht unterliessen, heimlich Händel und Unruh zu stiften, scharfes Auge zu haben. — Denn 23. dieses, kam ein Kurier von der Provinz Holland hier an, der sogleich sein Absteigequartier bei Sr. Excellenz dem bevollmächtigten Minister Grafen von Metternich, nahm.

Koblenz vom 26sten dieses. Der Abt Maury wird noch diese Woche hier erwartet. Er ist am 25sten in Lüttich eingetroffen. — Der Kommandant von Brest Herr Hektor ist hier. Fast alle Seeofficiers haben ihm gefolgt. Täglich kommen noch viele Franzosen alhier an. Sie werden unsere ganze Gegend füllen, wenn nur noch Platz genug für sie ist.

Biographie.

Julius Mazarin zu Piscina in Italien Anno 1602 aus einer adelichen Familie gebohren, nahm den geistlichen Stand an, und kam durch die Empfehlung des Cardinals Barberini an Französischen Hof. Ludwig der 13te machte ihn zum Staatsrath, und Anna von Oesterreich, Königin in Frankreich gab ihm die hohe Stelle eines Ministers. Die innerlichen Unruhen in Frankreich machten, daß er entfernt wurde, und hernach wieder zurük kam, bis er endlich während der Minderjährigkeit Ludwigs des 14tens das ganze Ansehen eines Regentens annahm. Frankreich hat ihm Elsaß zu verdanken, und jene Größe, die man unter Ludwig dem 14ten in der Französischen Monarchie bemerkte. Er starb Anno 1661 in 59 Jahre seines Alters. Dieser merkwürdige Mann wurde von vielen getadelt und verfolgt, von andern als der größte Politiker angesehen. Man trägt sich mit einem Testament politique herum, das er verfertigt haben soll, und das seinem Herze keine Ehre macht.

Grünstädter Privilegirte Zahlen=Lotterie. Die zolle Ziehung ist heute den 25sten Oktober 1791 unter Beysitz derer hiezu verordneten. S. T. Herren Deputirten mit gewöhnlichen Formalitäten und gehöriger Accuratesse vollzogen worden, und sind folgende Numern aus dem Glücksrade erschienen:

Erster Zug: Nro. 40. Vierzig.
Zweyter Zug: Nro. 14. Vierzehn.
Dritter Zug: Nro. 27. Sieben und Zwanzig.
Vierter Zug: Nro. 73. Drey und Siebenzig.
Fünfter Zug: Nro. 12. Zwölf.

Die Ein u. Vierzigste Ziehung geschieht den 1sten Nov. 1791 und so fort von 8 zu 8 Tagen.

Nro. 86.   Montag den 24sten October. 1791.

Beilage
zu
Politischen Gesprächen
der
Todten.

Ankündigungs-Herold.

1mo. Litteratur. — Französische.

Der aus der holländischen Revolution bekannte Prediger Maron hat zu Paris in der reformirten Kirche, da der König die Konstitution angenommen, eine patriotische Predigt gehalten. Diese Rede ist deswegen merkwürdig, weil der Redner die Geschichte Hollands auf eine derbe Art in seine Predigt eingeschaltet hat. Er sagte am Ende: — Holland! mein gutes Vaterland! Barbaren haben dir Ketten angeschmiedet. Du seufzest unter dem harten Joche deiner Tyrannen. Aber o theueres Vaterland! tröste dich; die französische Freyheit ist hergestellt. Sie wird ihr heiliges Feuer auf dich werfen: deine Unterdrücker werden unterliegen. Tröste dich: — dann die erste Unternehmung der Bekenner der Rechte der Menschheit — wird jene seyn, dich von der Unterdrückung zu befreyen; — du wirst an dieses freye Land anverleibt, und du kannst es schon jetzt, sage uns: ich will es.

Herr Maron wird uns erlauben hier zu sagen, daß seine Rede mehr von Faktionen-Geist als vom Geist Gottes inspirirt zu seyn scheine. Und deswegen mag der Herr Prediger nicht einmal unter den kleinen Propheten — gleich, neben dem Habakuk — eine Stelle verdienen.

Neuwied am 23ſten dieſes. — Heute um 11 Uhr Vormittag iſt die rothe Kompagnie, welche einen Theil von dem Corps la Maiſon du Roi, die St. Germain vor Zeiten reformirt hat, und die wieder von den Brüdern des Königs errichtet wird, ausmacht, — en Corps in die hieſige katholiſche Kirche gekommen. Dieſe Kompagnie hat ihren eigenen Feldprediger; der Gottesdienſt iſt mit wahrer Ehrfurcht begangen worden. Man ſang das ſonſt in Frankreich allgemeine Kirchenlied: — Domine, ſalvum fac regem noſtrum &c. — Ich habe hier die Edellen e beobachtet. In dieſer Kompagnie ſind Alte, Junge, Obriſte, Generäle, und die wichtigſten Officiers begriffen. — Bei dem Geſange des Lieds ſah ich auf den runzlichten Wangen der alten Officiers Thränen rollen. Sie ſangen mit einer Sa.bnng, die alle Anweſende rührte. Ehrwürdige Männer; Soldaten vom erſten Range; Officiers vom höchſten Grade, die in einem Corps der ſtrengſten Diſciplin ſich mit Vergnügen unterwerfen; — die den ſiebenjährigen Krieg, den Kr eg in Amerika mitgemacht haben; die den Orden Cincinnatus auf der Bruſt tragen; dieſe ehrwürdigen Männer machen die rothe Kompagnie aus, die bei uns in Neuwied, trotz aller Einſtreuungen der Propagandiſten, trotz aller Kabalen von dem guten Fürſten aufgenommen ſind worden.

Es iſt in der That merkwürdig, die rothe Kompagnie zu ſehen. Männer mit Bleſſuren gewohnt; Männer von erſten Familien; Männer, die ruhig auf ihren Landgütern in Provinzen gelebt haben; die faſt das Drittel ihrer Einkünfte dem Staate bezahlt haben; (dann zu ſagen, daß der Adel in Frankreich von Abgaben frey war, iſt eine Blasphemie, die man an der Tapferkeit begeht) dieſe Männer, mit grauen Häuptern ſieht man, ſich der kleinſten Diſciplin unterwerfen. Sie exerciren wie die Gemeine; ſie wohnen in engen Gemächern, da ſie vorhero in Schlöſſern gewohnt haben; ſie befolgen die ſtrengſte Zucht des Krieges; ſie leben wie Brüder zuſammen; ſie machen ihr Hab und Gut, ihr Geld, gemeinſchaftlich untereinander; ſie werden von unſern Bürgern bewundert; geliebt; hochgeſchätzt; — Ach! auf ihren Häuptern glänzt Tapferkeit, und Winteralter! welche Geſelligkeit! wel-

cher angenehme Umgang! welche Erhohlung bei eirem
grauen Franzmann! — angenehm im Umgarg; fröhlich
selbst in Widerwärtigkeiten; edel in Handlungen; lens
selig in Gesprächen. lassen sie anderen und sich; — der
neuen und der alten Regierung Frankreichs; so gar den
verschiedenen Opinionen über ihre Lage — Gerechtigkeit
wiederfahren. Ach! die zwölfhundert Colonen haben den
Staatsfelsen, worauf Edelmuth und Tapferkeit gepflanzt
war, gesprengt; — sie werden es bedauern. Kann eine populaire Eigenliebe läßt sich leicht anbau n, oder
nicht der Edelmuth, nicht die Tapferkeit, nicht die fei-e-
ste Vertheidigung des Staats. Experto crede Ruperi! —
Die Erfahrung wird darzeigen, was es heiße ein ehr-
würdiges Corps im Staate niederzureissen.

ad. Handlungs-Nachrichten.

Alle Briefe aus Holland — scheinen zu seufzen; — die Handlung fällt; England verschlingt
alles; monopolirt alles; errich et über all Handlungs-
komptoir, oder Handlungskolonien. Nach dem jezigen Falle von Frankreich — ist England die
Souveraine Macht der ganzen Handlung auf der
Weltkugel. Alle Bewohner der Erde — sind Tributarien Englands, ohne daß sie es wissen, ohne
daß sie es merken. Ja sie sind es, und werden
es noch mehr seyn.

Die spanische Wolle ist um 30 pro Cento gestiegen, — wie auch die Baumwolle; warum? —
weil die Engländer die erste Materie zu allen Fa-
brikationen aufkaufen, und damit mit 30 bis 40
pro Cento Profit monopoliren. — Eine Folge der
französischen Zerstörung.

Tipo Saib, der die nemliche Revolution gegen
England in Asien vorbereiten sollte, wie Washing-
ton in Amerika, — ist lei er ein Opfer der Politik. Er wird von den Engländern mit grosem Erfolg bekriegt. Wäre Frankreich in voriger Stellung, so hätte es jene Verheissungen begünstigt,

welche es seinen Gesandten vor drey Jahren gemacht hat. Deswegen muß England die Französische Tobung wünschen; bis Typo Sab ganz unterliegt. — Wie schön rächet sich England über Frankreich wegen dem Verlust von Amerika!!!

3 o. Ankündigungen.

Warnung vor Betrug.

Seit einiger Zeit hat ein gewisser Candidat Neuhoff ganz Holland, Cleve, Wesel, das ganze Herzogthum Berg, Cöln, Neuwied, Wezlar, Frankfurt und andere Orten mehr durchstrichen, sich überall für den Verfasser eines Buches ausgegeben, und auf die gewissenloseste Art viele Gelder und Pränumeration darauf aufgenommen. Da nun dieser abgefeimte Bösewicht seinen Betrug noch immer fort betreibet, so findet man sich aus Menschenliebe verpflichtet, das Publikum vor diesem so schändlichen als sehr gefährlichen Betrüger zu warnen. Sein wahrer Character ist zur Gnüge und am besten in dem noch neuen Schauspiel Meenschenwerth von J. H. Frambach in Düsseldorff zu ersehen.

Dem Publikum dienet zur Nachricht, daß die auf den 2ten November bereits angekündigte Weinversteigerung des Herr Geheimen Rath Hebron zu Trier auf den 7ten November 1791 Nachmittags 2 Uhr ausgesetzet worden.

Da Herr Elias Gervais von Genf, weiland Petschierstecher zu Neuwied, vor einiger Zeit mit Tode abgegangen ist, so hat Endes Unterschriebener, gleichfalls gebürtig von Genf und Graveur von Profession, dessen Gravirwerkzeug und Instrumente übernommen. Er schmeichelt sich allen denen, welche ihn mit ihrem Zutrauen beehren und ihm Siegel Petschaft und andere Gravir Arbeit, von welcher Art es sey, anvertrauen wollen, Genüge zu leisten.

Antoine Jacob Favre;
Wohnhaft im Brüder-Hause zu Neuwied.

Nro. 43.   Dienstag den 25sten Oktober 1798.

Geheimer
Brief-Wechßel
zwischen den
Lebendigen und den Todten.

An Jakob Berenger — ins Elysium.

Vom Rhein-Ufer am 25sten Oktober.

Ich war gerufen, um eine Kokette zu anatomisiren. Eine Kokette? Diese Dissektion ist merkwürdig, und brachte meine ganze anatomische Kunst in neugierige Bewegung. Ach! dachte ich, welche schönen Beobachtungen werde ich an dem Herze einer Kokette anstellen können!

Ich kam, dissecirte; es war alles, wie sonst bis an das Herz; dann das Herz einer Kokette ist ganz verschieden von anderen Herzen aller lebenden Thiere.

Ich mußte verschiedene Labyrinthe durchschneiden, bis ich an das Herz kam. Ich kam an das Perikardium oder Herzfell. Ich sah viele Millionen Wunden durch mein Mikroskop darauf. Sie schienen alle von verschiedenen Pfeilen des Amors gemacht zu seyn. Doch haben diese Wunden nicht bis ans Herz gedrungen.

Du weißt, lieber Berenger, und alle Anatomußten wissen es, daß in diesem Herzsell eine Art von Feuchtigkeit hange. Ich sammelte diese Feuchtigkeit, sie glich dem Weingeist. Ich machte also ein Thermometerglas, und ließ diese Feuchtigkeit statt des Weingeistes darinne tröpfeln, um ein lieb des-Thermometer zu haben. Es gelung mir über meine Erwartung. Dieses Thermometer war ein allerliebstes Liebesthermometer. O welche schöne Erfindung!

Ich hieng dies Liebesglas in Zimmer auf; es zeigte den Fall und das Steigen der Liebe. So bald ein Officier, oder ein Stutzer ins Zimmer trat, so stieg der Geist; aber da ein Hausvater, oder eine Perucke ankam, so fiel der Liebesgeist. Es kamen einige ausgewanderten Franzosen leztens zu mir. O wie stieg der Geist! ich glaubte, er werde ganz herausspringen. Wenn Jemand mit gesundem Menschenverstand bei mir zusprach, so fiel das Glas ausserordentlich. So bald aber ein Fat, oder ein Stutzer sprach, so hüpfte der Geist in die Höhe. — O welche schöne Erfindung! ein Liebes-Thermometer!

Ich dissecirte weiter das Herz dieser Kokette. Ich riß es heraus, und ich fand, daß es keine Kommunication mit der Zunge hatte, sondern der Nervus Opticus, oder der Augennerf gieng bis in seine Tiefe.

Dieses Herz war so leicht, daß man es wegblasen konnte. Ich schnitt es auf, es waren lauter Höhlungen darinne, so wie in einem Schwam. In diesen Höhlen waren verschiedene Bagatellen, die man durch Vergröserungsglas unterscheiden konnte. Es kam mir vor, als wenn ich eine Modenbude sähe. In der Mitte war wie ein kleiner

Tabernackel, wo ein Protrait hieng. Ich erkannte es gleich; es war die Abbildung eines feinen Stutzers, den ich für den süssesten Herrn in unserer Gegend kannte, und der in Frankreich gestorben ist. — Ich hielt dieses Herz allen Anwesenden vor; machte ihnen meine Beobachtungen darüber, als auf einmal ein groser Seufzer daraus hauchte, und — Paf! — das ganze Herz gieng in einen unangenehmen Rauch auf. — Vielleicht werden die hochgelahrten Herren Professoren die Beobachtungen benuzen, und sie genauer, wenn es ihnen vorkomnt, eine Kokette zu disseciren, fortsezen. — Dies sind meine Bemerkungen, die ich dir, als dem Hersteller der Anatomie mitzutheilen, für meine Pflicht erachte.

Weil ich aber weis, daß man im Elysium mit vieler Neugierde unseren Begebenheiten der Oberwelt nachhascht, so will ich dir unsere Tagsneuigkeiten hier niederschreiben.

Brüssel vom 20sten dieses.

Der Artillerie-Hauptmann Sackers ist durch den Kriegsrath, den man über ihn halten ließ, als Mitschuldiger der Verräther Gaveau, Solares und Lami, welche auf die feigste Art, die Citadelle von Antwerpen den Patrioten geliefert haben, überzeugt und anerkannt worden. Er ward also verurtheilt, öffentlich degradirt zu werden. Am 18ten ist diese Exekution vorgegangen. Man hat ihm alle Ehrenzeichen des Militairs abreissen lassen; sein Degen ist gebrochen, und ihm vor die Füsse geworfen worden. Hernach war der Delinquent in Ketten geschmiedet in Arrest geführt, wo er vier Jahre lang büssen muß; hernach aber wird er ausser Landes auf ewig verwiesen.

Die anderen Officiers, die zwar unschuldig erkannt wurden, weil sie sich aber der Uibergabe dieser Citadelle nicht widersetzt haben, sind auf 24 Stunden ihres Dienstes entlassen; werden aber nach dieser Frist wieder eintretten.

Der berühmte Abt Maury, und der Bischof von Perpignan sind am 15ten dieses in unsere Stadt angekommen. Man sieht den Abt Maury mit vieler Neugierde. Er wird vermuthlich nächstens nach Koblenz abreisen.

Herr Pelthier, Staatsrath von Frankreich ist gestern durch unsere Stadt nach Koblenz passirt. Man sagt, er seye mit wichtigen Aufträgen an die Brüder des Königs versehen. — Gewiß ist es, daß er ausserordentlich eilte.

Paris vom 19ten dieses.

Die Auswanderung besteht jetzt nicht in einzelnden Personen, nicht in Hofleuten, nicht in unzufriedenen Officiers; — man sieht sie Truppenweis, wie eine immerwährende Prozession. Man hat so wenig das individuelle Eigenthum gesichert; die Aemter so wenig mit gerechten Männern besetzt; die Ruhe und die Sicherheit so wenig hergestellt; die Verbrecher so wenig mit gesezmässigen Strafen verfolgt, daß jetzt alle Klassen von Menschen: — Burger; Landesleute; Künstler ihr Vaterland verlassen 1200 Edelleute sind aus Poitou ausgewandert. Die Provinzen Auvergne, Limousin und zehn andere Provinzen haben fast alle ihre Landeigenthümer verloren. In den Städten sieht man nichts anderes als die geringsten Handwerksleute, die konstitutionellen auffressenden Beamte, und — die Klubs. Der ganze Adel in der Provinz Bretagne ist ausgewandert; das Seewesen hat fast keine Officiers mehr. — Man läßt freylich den König schreiben, und ermahnen. Aber dieses Schreiben hat keine Frucht hervorgebracht: die Auswanderung dauret fort.

Man weis sich aus der Geschichte zu erinnern, was der alte Chatam einmal im englischen Parlament sagte: — Meine Herren, sprach er, wir sind die Repräsentanten des englischen Volks, aber nicht allein des Volks, sondern der ganzen englischen Erde. Es ist in unserem Lande kein daumbreites Stück Erde, welches nicht in unserem Parlamente repräsentirt wäre. — Die Erde-Besitzer sind die wahren Repräsentanten Englands; diese müssen am besten wissen, in wie weit unser Boden mit Abgaben belegt, oder erleichtert werden solle.

Der berühmte Schriftsteller Mallet du Pan berechnet das Eigenthum aller Deputirten, die nun bei der neuen Nationalversammlung sitzen, und sagt, daß sie alle zusammen nicht einmal für 500 tausend Livres Land besitzen. Also frage ich hier, wie können diese nichtsbesitzenden Deputirte das ganze Land repräsentiren? in was für Händen wird das Landeigenthum modelirt? wer kann das Erdeneigenthum, diesen wahren Reichthum des Staats vertheidigen, oder sein Interesse besorgen?

Die Finanzrechnungen von Monat September lassen einen grosen Abgrund zwischen Einnahme und Ausgabe sehen. Selbst in der Nationalversammlung ist es dargezeigt worden, daß die Ausgaben im Monat September um 19 Millionen sechsmalhunderttausend Livres gröser sind als die Einnahme. — Und doch ist alles theurer geworden! —

Diese Betrachtungen machen das Volk mißvergnügt, besonders ist es nicht gut auf die jetzige neue Versammlung zu sprechen. Ein guter Beobachter aus Paris schreibt, daß es kein Wunder wäre, wenn man in einigen Wochen hören würde, daß die ganze Versammlung zerstreut, ermordet, und zerstört seye.

Man hat freylich Anfangs geschrieen, da viele Edelleute und Officiers sich flüchteten; da sie in fremde Länder übergegangen sind: — dies ist unser Wunsch; sie sollen alle aus dem Reiche gehen; unser Land purgiert sich dadurch. Aber diese Purgation ist jetzt so heftig, daß der Staatskörper leicht dadurch in eine Abzehrung fallen konnte.

Man hat aus der Marschaussee eine National-Gensd'armerie gemacht, und schickte sie auf die Grenze. Es sind gleich 52 Mann davon desertirt. Viele sind in den Niederlanden und nur einige zu Koblenz angekommen.

Die Damen der Halle oder die sogenannten Fischweiber werfen jetzt ihre Kungel den noch zu Paris wohnenden Aristokraten zu, und schreyen ihnen nach: — Was machet ihr hier? wisset ihr nicht, daß euch die Ehre nach Koblenz ruft?

Aus der Normandie haben 500 Pachter Söhne nach Koblenz ein Schreiben zugeschickt, und wollen nach Deutschland auswandern, um ein Corps auf ihre Unkosten zu formiren.

Schreiben aus Böhmen vom 17ten dieses.

Es sind 13 Bataillons Grenadiers zum Marsche beordert; — dann 23 Eskadrons leichter Kavallerie.

Wir bekommen Ungarn zu Garnisonen in Böhmen. Es wird keine schwere Kavallerie mit marschieren. Das Staatsregiment geht nach Italien. — Es wird sich bald vieles aufklären.

Koblenz vom 24ften dieses.

Gestern hatten zwey Officiers einen Ehrenkampf zusammen; der Anlaß dazu war im Spiel. Sie kämpften, und einer blieb auf dem Wahlplatz. — Traurige Unternehmung in der jetzigen Lage. Was sollte das Blut für die gute Sache sparen.

Vorgestern und gestern sind 152 französische Auswanderer hier angekommen. Alles ist voll von Speicher an bis auf den Keller.

Wen einer Sage zu trauen ist, so kann man auf die Erhabenheit des Prinzen von Conde folgendes behaupten: Er ist zu Koblenz; er verlangt 2000 berittene Ritter, und — will ins Frankreich eindringen.

Metz vom 20sten dieses.

Das Blatt — der Freund des Königs, sagt, daß der Obristlieutenant des Regiments Colonelgeneral besetirt sey, daß er die Fahne und die Kasse des Regiments mitgenommen habe; daß er zu Tournai mit 60 Karabiniers, welche noch viele Nachfolger haben werden, glücklich angekommen seye. Aus der Provinz Bretagne sind 122 der wohlhabendesten Handelsleute ausgewandert. Welche finstere Aussicht!

Lippstadt vom 21sten dieses.

Aus einer sicheren Quelle können wir dem Gerüchte von einer Verminderung der preußischen Armee mit Grunde widersprechen. Man hat in Berlin noch nicht daran gedacht, und es war überhaupt nicht wahrscheinlich, daß Preußen seine Kriegsmacht schwächen werde, die zu seiner Erhaltung nöthig ist. Es wird aber auch an keine Vermehrung gedacht, und man will blos einige bessere Einrichtungen treffen, besonders in Ansehung der Vertheilung des Geschützes bei Kriegszeiten.

Kopenhagen, vom 12ten Oktober

Die russische Kayserin hat unsrem Hofe, betreffend die Angelegenheiten Frankreichs, folgende Erklärung gemacht, daß sie ohngeachtet der scheinbaren Ruhe und Freyheit des Königs und seiner Familie, sich mit allen Mächten Europens dazu verstanden hatte, ihre Maaßregeln darüber zu nehmen: worauf unser Minister im Namen des Königs geantwortet hat: daß er deßwegen die Entschließungen des Kapsers und des Reichs abwarten würde.

Biographie.

Jakob Carpi oder Jakob Berenger aus Carpi im Modenesischen, lebte um das Jahr 1522. Er war der Hersteller der Anatomie. Man hat ihn beschuldigt, daß er zwey Spanier, die noch am Leben waren, tödten ließ, um sie zu anatomiren. Aber diese Fabel ist schon vor Zeiten dem Erasistrates und Herophil imputirt worden. Man hat zu allen Zeiten das Wundersame in Wissenschaften eingemengt. — Berenger hat zu der Anatomie viele wichtige Entdeckungen geliefert. Aber die Arzneykunde und die leidende Menschheit hat ihm eine grose Wohlthat zu verdanken. Dann Berenger war der erste, der die venerischen Krankheiten mit Merkurius geheilt hat. — Dieses Geheimniß, dann er verbarg es lange Zeit, hat ihm grose Reichthümer zugeschanzt. Diese grose Mann verdiente gewiß ein Denkmal in der Welt. Aber die Nachkommenschaft ist nicht allezeit dankbar. Die Liebesseuche wäre vielleicht noch heute eine tödtende Krankheit, wenn Berenger nicht existirt hätte. — Jeder Anatomist sollte den Berenger lesen, dann er macht eine Epoche in dieser Kunst.

Nro. 103. Freytag den 23ſten December 1791.

Beilage
zu
Politiſchen Geſprächen
der
Todten.

Politiſche Satyren.

„Anfangs dieſes Monats ſind die Präliminarien der Allianz zwiſchen Oeſterreich und Preuſſen unterzeichnet, und am 14ten dieſes an den Rheiniſchen Höfen angekündigt worden. — Am 10ten dieſes iſt das kayſerliche lateiniſche Anſchreiben an den König der Franzoſen geſchickt worden. Dies ſchien die Patrioten zu niederſchlagen. Was geſchah? — Sie warfen gleich eine Kontramine auf, und die eifrigſten Patrioten, — nemlich die Jakobiner lieſſen ihren König am 14ten dieſes eine Erklärung machen, womit er deutſchen Boden mit Ueberfall bedrohet. — Dieſe Taktik iſt alſo nach den Erklärungs- und Gegenerklärungs-Batterien kommandirt. — Und ſo liegen nun die Sachen, bis — auf weitere Ordres."

Vom Oberrhein vom 18ten dieſes. — Man erzählt ſich hier eine gräuliche Unternehmung: Der Prinz von Condé war in Gefahr, ermordet zu werden. Man giebt den Vorfall auf folgende Art an: — Es haben ſich verſchiedene falſche Brüder unter die in Worms und in der Gegend wohnenden Franzoſen eingeſchlichen. Dieſe Abgeſandte des demokratiſchen Fanatismus ſollten einen Auflauf anspinnen, damit die französischen Edelleute, von dem Prinzen abgesondert, zu dieser Gährung herbei laufen möchten. Unterdessen hätten die Mörder sich zu dem Prinzen begeben, und ihn ermordet haben sollen. Man sagt, drey dieser Bösewichte wären gefangen, und hätten diese boshafte Unternehmung mit allen Umständen verrathen. Man erwartet weitere Beleuchtung über diese Sache.

Paris vom 17ten dieses. — Der Russische und der Schwedische Gesandte haben Paris verlassen, ohne öffentlich Abschied zu nehmen. Man weiß aber, daß sie am 11ten dieses beim König Abends von 8 bis 11 Uhr gewesen.

Man hat eben auch erfahren, daß der französische Geschäftsträger zu Petersburg aus Rußland ohne Abschied zu nehmen abgereist sey. Er ist beim Hofe um einen Paßport eingekommen, welcher ihm ganz rund abgeschlagen ist worden.

Die Erklärung, welche der König in der Nationalversammlung am 14ten, wie eine Lektion hersagte, ist ein Werk der Jakobiner. Diese republikanische Partie behält noch allezeit die Oberhand, obschon alle wohlhabenden Leute dem System des Herrn von Breteuil anhangen. Gewiß ist es, daß die republikanischen Klubs den König auf das Sorgfältigste bewachen. Fast Niemand hat den Zutritt zum König, wenn er nicht vorhero in Jakobiner Grundsätzen initiirt ist. — Aber man sieht einer neuen Gährung entgegen. Die Gemüther und die Geringschätzigkeit der Assignaten reißen vielen das Blendband von den Augen ab.

Zwey hundert Mann von Regiment Navarre sind mit Pferd und Pack über die Grenze aus Frankreich in das Bistum Basel übergegangen. — Sie haben den Prinzen zu Koblenz ihre Anfanft gemeldet, und erwarten weitere Ordres.

Brüssel vom 17ten dieses. — Die Angelegenheiten der Brabänter Stände hangen noch auf dem nemlichen Faden. Es ist sonderbar; je mehr sich die Hoffnung für die freyzösische Sache hebt, um desto mehr werden die Brabänter unbiegsam. — Die Geistlichkeit ist beim Tag fröhlich, und bei der Nacht Wanderspotisch.

Es sind einige unserer Truppen nach Luxemburg erobert worden. . . .

Der König von Schweden wird hier im Febr. erwartet. Es sind seit 14 Tagen zwey schwedische Officiers hier, welche hier auf drey Monat eine Wohnung genommen haben.

Wien vom 16ten diefes. — Die Gemahlin des Erzherzogs Franz ist am 1aten mit einer Prinzessin niedergekommen. Der Kurfürst von Köln hat sie getauft.

Mecheln vom 18ten dieses. — Der dritte Stand von Brabant ist zusammengekommen, und hat dem Kayser alles bewilligt, was er verlangt. — Der Adel= und geistliche Stand von Brabant hat ein Schreiben an die Generalvsatreurs ergehen lassen, worinne er bittet, ihm zu erlauben, Deputirte nach Wien an den Kayser abschicken zu dörfen. Er ersucht weiters, daß die brabäntischen Stände, so wie jene in der Lombardie, für immer einen Deputirten zu Wien haben möchten, damit er dem Kayser von der wahren Lage der belgischen Angelegenheiten unterrichten könnte. — Ei, ei! es ist von den Ständen ein Kunstgriff, um Zeit zu gewinnen.

Viele junge Leute lassen sich verführen, und wandern nach Lille und nach Douai, — zum Vandernoot, um die Revolutionsfarse zu erneuern.

Paris vom 17ten dieses. — Das diplomati=

sche Korps wird herumspaziren. Herr Barthelemy, der zu London botschaftet, geht in die Schweiz. — Er wird da genug zu thun kriegen, dann es muß eine neue Kapitulation wegen den schweißer Regimentern mit den Schweizern zusammengenagelt. Herr Rice gehet als Bothschafter nach Berlin, weil Herr Dumoustier von seinem Posten abgehen will. Herr Ste Croix, der die französischen Geschäfte zu Stockholm auf seinen Schuldern getragen, aber nichts von dergleichen Waaren beim König von Schweden anbringen konnte, geht nach Koblenz an die Stelle des Herrn von Vergennes.

Alle Nationalgarden lassen sich nun einen Schnurbarth wachsen, weil sie sich zum Krieg rüsten. Also das erste Zeichen des Kriegs gegen Deutschland wächst schon unter den Nasen.

Koblenz vom 22sten dieses. Prinz Conde ist hier. Heute wird ein großer Staatsrath gehalten. Der älteste Bruder des Königs ist noch nicht ganz hergestellt. — Es kommen jetzt viele Auswanderer vom Burgerstande. Es müssen viele Courriers in Bereitschaft stehen. Heute wird vieles entschieden. Die Frist ist kurz — bis 15ten Januar! — aber ist es der Januar Anno 1792 oder 1793?.

Grünstädter Privilegirte Zahlen-Lotterie. Die 48ste Ziehung ist heute den 20sten Decemb. 1791 unter Beysitz derer hiezu verordneren G. T. Herren Deputirten mit gewöhnlichen Formalitäten und gehöriger Accuratesse vollzogen worden, und sind folgende Numern aus dem Glücksrade erschienen:

Erster Zug: Nro. 38. Acht und Dreyßig.
Zweyter Zug: Nro. 54. Vier und Fünfzig.
Dritter Zug: Nro. 90. Neunzig.
Vierter Zug: Nro. 53. Drey und Fünfzig.
Fünfter Zug: Nro. 79. Neun und Siebenzig.

Die Neun u. Vierzigste Ziehung geschieht den 27sten Dec. 1791 und so fort von 8 zu 8 Tagen.

Nro. 52. Donnerstag den 22ten December 1791.

Politische Gespräche der Todten

über die

Begebenheiten

des 1791sten Jahrs.

„Venit ad Scholam Salmaticensem homo naso
„longo, lato, profundo, vaste narinato, multis ver-
„rucis tanquam monticulis perseminato. Me her-
„cle! quantus nasus! quid hoc homini? quod na-
„si monstrum! — & en! erat nasutus litteraturae
„Criticus, cujus nasus mucei loco recensiones (simil-
„labat. O nasum blateronem, tanquam ducta fal-
„m'na Jerae sternutantem!

Der Mann mit der grosen Nase.

Es kam unlängst der Mann mit der grosen Nase nach
Salamanka. — Das war eine Nase! — Sie war 6
Zoll lang, 4 Zoll breit, voll Warzen, die wie die sie-
ben Hügel in Rom darauf parabirten; es war eine so
erschreckliche Nase, daß auch ein Recensent davor von
Grauen gebebt hätte, wenn er auch die reinste Nase

materie zu recensiren gehabt hätte. Kurz es war eine mehr als riesenmäßige Nase.

Man kann sich leicht einbilden, daß bei Erblickung einer so fürchterlichen Nase die ganze Stadt Salamanka, mit Professoren und Doktoren; mit Recensenten und Frauen; mit Rektoren und Waschweiber; mit Dekanen und Sackträgern; mit Bedellen und Polizeywächtern; mit Hunden und Katzen; mit Lizentiaten und Advokaten; — und mit allen benasten Einwohnern in ein heiliges Staunen gesetzt wurde. Per dio Bacco, che nasone! — Was Teufel ist dies für eine Nase!

Es sind so gewisse Nerven-Bewegungen im Menschen, die bei Erinnerung eines Gliedes die ganze Einbildungskraft dahin konzentriren, daß man das Glied gleich betastet. So ist auch in dem hochgelahrten Salamanka geschehen: — Jeder griff mit der rechten Hand nach seiner Nase.

Die Gelehrten und Ungelehrten von Salamanka waren eben beschäftigt, die Revolutionen von Europa zu meditiren; deswegen glaubten sie, daß allen Nasen eine Revolution bevorstehe. Daher war die Bewegung der rechten Hand an die Nase eine experimental physische Nachforschung, ob wirklich auch die Salamankas Nasen sich revolutionirt haben. — Gewiß viele Empfehlung für die natürlichen Bewegungen in Salamanka; wer weis, ob man sie eben so natürlich in Jena gemacht hätte? O gewiß, dann die Gelehrten und Ungelehrten in Jena haben auch jeder eine — Nase. Dann auf der jüngsten folglich auf der unschuldigsten Universität zu Bonn giebt es Nasen, folglich junge Nasen, so müssen also auf der graubartigen alten Universität zu Jena alte lange Nasen seyn.

Der Mann mit der grosen Nase ließ sich von allen Salamankäer beschauen, begucken, bewundern; doch aber endlich seinen rechten Fuß auf, und marschierte mit seiner Nasegravität in das nächste Wirtshaus, dann es war Hungersstunde, nemlich es schlug zwölf. — Die Tochter des Wirths, eine Stumpf oder Mopselnase fühlte eine grose Kuriosität zu der grosen Nase. Sie besah sie, sie war entzückt, und der Mann mit der grosen Nase dachte: — bei diesem Mädchen wäre wohl eine Rottektur meiner großen Nase zu machen; sie hat eine kleine, und ich eine große Nase; folglich könnte durch unser Amalgama eine Generation entstehen die wieder unsere beiden Nasen zu der gewöhnlichen Forme ausgeneriren könnte

Dieser Gedanke schien sich in die Einbildungskraft des Mädchens zu tiefmagnetisiren, und nach vielen hin und her nasenweisen Diskursen, kam es endlich dahin, daß beide Nasen einverstanden waren, und die große Nase wollte die stumpfe Mopselnase heuraten.

Eine solche groß- und kleinnasige Heurat erregte in der hochgelahrten Stadt Salamanka viele Aufmerksamkeit. Die Fakultäten, die Polizey, die Regierung, die Bürgerschaft, und die Zünfte schwätzten erstens gleichgültig darüber; aber ihr Gerede flammte hernach in Kontroversen auf, und da schien das ganze Glück der Salamankaer von der Nase abzuhängen. — Nun ward die Nase intressant. —

Die Theologen von Salamanka hielten gleich ein Concilium, und suchten in allen Kasuisten, ob ein Impedimentum Nasi vorhanden wäre. Die juristische Fakultät blätterte im Koder, ob sich eine große Nase an den Pandekten und Novellen nicht anstoßen möchte. Die Mediziner betrachteten die große Nase als Partum in Partu, nemlich als mehrere generirten Nasen, daß nemlich die spermatischen Würme sich zusammengebalgt, und daß dem Manne mit der großen Nase viele anderen spermatischen abgeschlagenen Nasen auf seiner Nase hangen geblieben sind, da er noch in regno Spermatis lebte. Die Naturkundiger machten aus der großen Nase eine Kristallisation, oder Petrifikation. Die Philosophen raisonnirten mit Syllogismen über die große Nase, und die Grammatiker behaupteten, — die Natur hätte bei dieser Nase einen ortographischen Fehler gemacht.

Die Munizipalität von Salamanka berechnete den Nutzen oder Schaden nach ihren eigenen Grundsätzen. Der Handelsstand raisonnirte so: — wenn wir so eine produktige Generation b kommen, so wird zwölfmal soviel Schnupftabak gebraucht, als bei unseren gemeinen Nasen. Wir werden also mehr Tabak verkaufen, folglich mehr gewinnen. O du schöne nützliche Nase! die Tabakshändler heiterten ihre Gesichter auf: gleich ließen sie eine Bittschrift an den König von Spanien ergeben, damit er eine Flotte ausrüste, und Virginien oder Brasilien zu erobern suche, weil die Generation der grosen Nasen mehr Tabak aufschnupfen würde, als die spanischen Inseln vervorbringen können.

Aber die Zünften schrieen: was geht uns die grose Nase an? was können wir dabei gewinnen? — man studirte hin und her darauf, und man fand, daß auch die Zünfte viel profitiren. — Denn für die grose Nase braucht man grose Schnupftücher: da werden die Spinner, die Weber, die Fabrikanten gewinnen. Für grose Schnupftücher müssen gröfere Taschen seyn, da profitirt Schneider, Weber Spinner ꝛc. Für grose Schnupftücher wird man grose Kommoden machen lassen: da bekommen die Schreiner, die Schlosser neue Arbeit: — Was werden wir davon haben? schrieen die Schuster. — O viel, man wird vermuthlich die Nase von der Kälte verwahren wollen, und da werden vermuthlich Nasenschuhe gemacht. — Und wir armen Chyrurgen, was haben wir davon? den gröften Profit, dann man wird mit einer grosen Nase öfters anstossen als mit einer kleinen: folglich kommen Amputationen, Konfusionen, Zerquetschungen, und andere dergleichen chyrurgischen Erträgnisse ad Saccum. Oh, oh! welche allerliebste, welche einträgliche, welche nützliche Nase!

Die guten Salamankaer berechneten das Glück, was ihnen von der Generation der grosen Nase zufliessen würde, und zechten darauf los. Sie wollten das ausschliessende Privileum haben, die grosen Nasen nur in ihrer Stadt generiren zu lassen. Die Politik kam dazwischen, und viele Staatsmänner betrachteten die grose Nase, als eine Staatsruinirende Nase. Man ließ den Mann mit der grosen Nase in Verhaft nehmen, er erschrack, und (o nasenweises Unglück!) man untersuchte die grose Nase, und es war eine falsche angepappte Nase. Es war der nemliche Mensch, der vor einigen Jahren in Europa herumreiste, der seine Nase in Hamburg verloren, und der sich hernach einen falschen Knubacken, eine falsche Nase machen ließ, und dese seine Kunst bei allen Höfen zeigte. — O du unglückliche Nase!

Unterdessen kann man aus dieser Geschichte der grosen Nase die Lehre schliessen, wie bei jedem Verfall die

Menschen, so wie die Salamander, auf ihren Nutzen kalkuliren: — Sollen die Mächte, die auf Frankreichs Herstellung arbeiten, keine politische Kalkulation zum Zwecke haben? O der Mann mit der grosen Nase! —

Freylich erzählte man sich diese Gesichte im Reiche der Todten. Die Geister behaupteten, daß man sich so lang in den französischen Angelegenheiten hin und her stoßen werde, bis man über den Kalkul einig wird, und es ist zu fürchten, was ist zu fürchten? — ich glaube, es wird keine falsche Nase seyn.

Dann die Unruhen daueren fort: Briefe aus Paris vom 16ten dieses sagen, daß die Assignaten 46 pro Cento verlieren. Wie werden sie noch fallen, wenn die Erklärung des Kaysers und des deutschen Reichs, in Rücksicht auf die Reichsbesitzungen in Frankreich bekannt wird? — Es ist gewiß zu fürchten, daß nicht ein grausamer Krieg daraus entstehe.

Unterdeßen aber gewinnt der Anhang des Breteuils, der zwey Kämmer, so wie in England, zur neuen Regierung vorschlägt, täglich mehr Beifall. Viele muthmaßen, und vielleicht nicht ohne Grund, daß Breteuil nur blos deswegen dieses System aufstellen, um die Engländer zu schrecken. Dann eine eineuglisirte Regierung in Frankreich wäre den Engländern in 15 Jahren gefährlicher, als die vorherige. Diese Befahrung scheint dem Breteuil der fürchterlichste Grundsatz zu seyn, warum England lieber die vorherige Regierung wünschen, folglich sie auch befördern müßte.

Aber der König der Franzosen hat vermuthlich die Weisung erhalten, folgende Erklärung in der Nationalversammlung herzusagen:

Paris vom 15ten Decemb.

Gestern um 6 Uhr Abends kam der König in die Nationalversammlung, wo Er mit einem ehrerbietigen Stillschweigen empfangen wurde, und folgende Rede ablas:

„Meine Herren! Ich habe dasjenige, was sie mir am 29sten v. M. zugesandt haben, sorgfältigst erwägen. Ich glaube, ihnen in einem Umstande, wo es um die Ehre des französischen Volkes und um die Sicherheit des Reiches zu thun ist, meine Antwort selbst bringen zu müssen. Die Nation kann nicht umhin, einer solchen

Gemeinschaft zwischen seinem Wahl = und seinem Erbrepräsentanten ihren Beifall zu schenken. Ihr habt mich eingeladen, entscheidende Maaßregeln zu ergreifen, um endlich jenen auswärtigen Zusammenrottirungen ein Ende zu machen, welche im Schoose Frankreichs eine Unruhe, eine schädliche Gährung erhält, und eine Vergrößerung der Ausgaben, wodurch unsere Finanzen erschöpft werden, nöthig macht, auch der Freyheit weit nachtheiliger ist, als ein offenbar erklärter Krieg. Ihr wünschet, ich möchte die benachbarten Fürsten, welche diese den Regeln einer guten Nachbarschaft und den Grundsätzen des Völkerrechtes zuwiderlaufende Zusammenrottirungen beschützen, zu erkennen zu geben, daß die französische Nation diesen Mangel an Achtung und diese schleichende Feindseligkeit nicht länger dulden könne. Endlich habt ihr mir zu verstehen gegeben, daß die Nation in einer allgemeinen Bewegung und der Ruf aller Franzosen sey: lieber Krieg, als eine verderbliche und erniedrigende Geduld."

„Schon lange dachte ich, daß die Umstände eine grose Behutsamkeit in den Maaßregeln erforderten; daß, da wir kaum von den Bewegungen und von den Stürmen der Revolution befreyet sind, mitten unter den ersten Versuchen einer aufkeimenden Konstitution kein Mittel vernachlässigen müßten, um Frankreich für die unübersehlichen Unheile des Krieges zu hüten. Diese Mittel habe ich immer angewendet. Einerseits that ich alles, um die ausgewanderten Prinzen in ihr Vaterland zurückzurufen, und sie dazu zu vermögen, daß sie sich den neuen, von einer grosen Mehrheit der Nation angenommenen Gesetzen unterwerfen möchten. Andererseits bediente ich mich der freundschaftlichen Zuredungen. Ich ließ förmliche und genauen Ersuchungen thun, um die benachbarten Fürsten zu bewegen, daß sie dieselben nicht auf eine solche Art unterstützen möchten, welche ihren Hoffnungen schmeicheln und sie in ihren vermegenen Absichten bestärken könnten.

„Der Kayser hat gethan, was man von einem treuen Alliirten fordern sollte, indem er alle Zusammenrottirungen in seinen Staaten verboten und zerstreut hat. Bei einigen guteren Fürsten hatten meine Schritte diese Wirkungen nicht, und auf mein Gesuch erhielt ich wenig angemessene Antworten. Diese Weigerungen fodern ganz

andere Stimmungen. Die Nation hat ihren Wunsch an
Tag gelegt. Ihr habt ihn aufgenommen, die Folgen
davon erwogen und nur durch euere Bothschaft ausgedruckt. Meine Herren, ihr habt mir nichts voraus wissen lassen; als Repräsentant des Volkes empfand ich
seine Beschimpfung, und ich will euch die Entschliessung
eröffnen, welche ich gefaßt habe, um die Genugthuung
dafür zu erzwingen."

„Ich lasse dem Kurfürsten von Trier erklären, —
daß, wenn er nicht vor dem 15ten Jan. alle Zusammen-
rottirung in seinen Staaten, und alle feindselige Vorkehrungen von Seiten der dahin geflüchteten Franzosen aufhören läßt, ich in ihm einen Feind Frankreichs betrachten werde. Auch werde ich eine ähnliche Erklärung an
alle und jede gelangen lassen, welche irgend eine der
Ruhe des Königreichs zuwiderlaufende Versammlung begünstigen; und da wir den Ausländern allen Schutz zusichern, den sie von unseren Gesetzen erwarten können,
so werde ich auch wohl das Recht haben, für die Beleidigungen, welche irgend einem Franzosen angethan werden seyn könnten, eine schleunige und vollständige Ge-
nugthauung zu verlangen."

„Ich schreibe an den Kaiser, Er möge seine Ver-
wendungen fortsetzen, und nöthigenfalls, als Oberhaupt
des Reiches, sein Ansehen gelten lassen, um die Unheile
abzuwenden, welche eine längere Hartnäckigkeit einiger
Glieder des deutschen Reiches nothwendig nach sich ziehen würde. Ohne Zweifel kann man von seiner Da-
zwischenkunft, welche noch durch das auffallende Gewicht
seines Beispiels unterstützt ist, vieles hoffen; allein, zu
gleicher Zeit treffe ich auch solche militairische Anstalten,
welche am dienlichsten sind, um diesen Erklärungen Achtung zu verschaffen, und wenn sie nicht angehört werden, alsdann, meine Herrn! bleibt mir weiter nichts
übrig, als den Krieg vorzuschlagen; den Krieg, den ein
Volk, welches feyerlich allen Eroberungen entsagt hat,
nie unnöthigerweise führt; den aber auch eine grosmüthige
und freye Nation alsdann zu unternehmen weis, wenn
ihre eigene Sicherheit, ihre Ehre es befehlen."

„Da wir uns aber herzhaft einer solchen Entschließung überlassen, so müssen wir uns beeifern, solche

Mittel anzuwenden, welche allein im Stande sind, ihren Erfolg sicher zu stellen. Ihr müßt alle Aufmerksamkeit auf den Zustand der Finanzen verwenden, den National-kredit fest setzen und über die öffentlichen Reichthümer wachen. Laßt eure Berathschlagungen, welche den Grundsätzen der Konstitution allzeit unterworfen sind, einen ernsthaften, stolzen, auffallenden Schritt annehmen, denn nur dieser geziemt den Gesetzgebern eines grosen Reiches. Laßt die konstituirten Gewalthaber sich in Ehren halten, um sich Ehrfurcht zu verschaffen. Statt sich immer Hindernisse in den Weg zu legen, müssen sie sich wechselseitig unter die Arme greifen, damit man erkenne, daß sie zwar unterschieden, aber nicht Feinde sind. Es ist Zeit, den fremden Nationen zu zeigen, daß das französische Volk, seine Repräsentanten, und sein König nur eins ausmachen. An dieser Einigkeit, und (möchten wir es doch nie vergessen) an der Ehrfurcht, die wir den Regierungen der andern Staaten beibringen, hängt die Sicherheit, die Achtung, die Glory des Reiches."

„Was mich angeht so würde man sich vergebens bestreben, mir die Ausübung der mir anvertrauten Gewalt zu vereiteln. Ich erkläre im Angesichte des ganzen französischen Reiches, daß nichts im Stande seyn wird, meine Bestrebungen zu erhalten. An mir soll die Schuld nicht seyn, wenn das Gesetz nicht die Stütze der Bürger und der Schrecken der Ruhestörer wird. Ich werde das Unterpfand der Konstitution getreulich aufbewahren, und nichts soll mich bewegen, zu leiden, daß ein Eingriff gegen dieselbe geschehe; und wenn gewisse Menschen, welche nur Unruhen und Unordnung verlangen, aus dieser Standhaftigkeit Gelegenheit schöpfen, meine Gesinnungen zu verläumden, so werde ich mich nicht erniedrigen, das beschimpfende Mistrauen, so sie auszustreuen suchen würden, mit Worten von mir abzulehnen. Jene, welche den Gang der Regierung mit einem aufmerksamen Auge, aber ohne böse Gesinnungen, betrachten, müssen erkennen, daß ich nie von dem angenommenen Konstitutionspfade abweichen werde, und daß ich es in meinem Innersten empfinde, wie schön es ist, König über ein freyes Volk zu seyn."

Nro. 104. Montag den 26ten December 1791.

Beilage
zu
Politischen Gesprächen
der
Todten

Ankündigungs-Herold.

Inv. Litteratur — Kulinarische.

Beschluß des Artikels: vom Einsalzen des Fleisches.

Sollte der Brühe zu wenig seyn, so muß man frische Lacke über das Fleisch gießen, damit dasselbe nicht anlaufe und verderbe. Wird die Lacke blutig, oder sonst oben auf unrein, so muß man dieselbe ablaufen lassen, von neuem übersieben, abschäumen, mit Salz verstärken, und sie wieder darüber gießen. Hätte aber das Fleisch vom Eindringen der Luft schon einen fremden Geschmack angenommen, so muß es unverzüglich in Rauch gehängt werden.

Um des Beschwerens mit Steinen überhoben zu seyn, bedienet man sich am besten der Fässer, an welchen eine Presse oder Schraube auf einem durchaus wohl passenden Deckel angebracht ist. Der Boden wird unten mit einem hölzernen Kreuz verwahrt, damit er nicht durchs Pressen herausgedruckt werden könne. Allein weil doch bei jedesmaliger Eröffnung und Herausnehmung des Fleisches Luft eindringt; so muß man sich nach Verhältniß der Haushaltung, mehrere Fleischfässer machen lassen, um, zumal zu Sommerszeit, ein angebrochenes in einigen Wochen zu konsumiren. Es versteht sich, daß die Knochen, an denen die Fäulniß ihren Anfang nimmt, in einem besondern Gefäß eingesalzen, und frühzeitig verspeißt werden, auch daß die Fleischständer in einem kühlen Keller ihren Stand haben müssen.

7) Zu jedem Fleisch muß man ein besonderes Geschirr haben, und kein Schweinenfleisch im Geschirre, worinn zuvor Rindfleisch gewesen, — einsalzen, weil es sonst einen andern Geschmack anziehet. Das Schweinenfleisch erfordert mehr Salz, als das Rindfleisch. — Man stoßt das Salz vorher, und mischet nicht Pfeffer, als welcher dasselbe gelb macht, sondern gestoffene Gewürznelken darunter. Will man es räuchern, so muß das Schweinenfleisch wenigstens 6, das Rindfleisch aber nur 4 Wochen im Böckel bleiben.

Litterarische Ankündigung — die Unsrige.

In dem Chaos der vielen Zeitungen, die durch Aufhäufung der Sagen, und der unrichtigen Bulletinisten, wovon sie ihre Orakel machen müssen, erfährt das Publikum einzelne, ungekettete, mit der Laufgeschichte unzusammenhangende Nachrichten, politische Kikelkakeleyen, und ganze Berge quaksalbender — Lügen. Man kann sich weder einen Zusammenhang, weder einen Faden der Begebenheiten, weder einen richtigen Begriff der laufenden Geschichte daraus machen. — In der That, ich bin Zeitungschreiber; ich muß kraft meiner Pflicht den ganzen Zeitungebern durchwühlen, alle politischen Schriften lesen, alle Staatsnoten beobachten, und ich schwere auf die Ehre eines Periodisten, daß es mir schwerer ankommen würde, die Geschichte des 1791sten Jahrs mit ihrem ganzen Zusammenhang, mit allen ihren Quellen, mit allen ihren Nuansen in gehöriger Ordnung zu erzählen, als die Genesis, — oder die Geschichte der Erschaffung der Welt. Warum diese Ungewißheit? darum, weil unserer Lauf der Welt-Begebenheiten in der Kloake stinkender Lügen vergraben wird, und bis man die Wahrheit darauswählt, muß man viele Geduld, und eine wohlriechende Nase haben. — Ich bin überzeugt, daß alle Leser in der nemlichen Verlegenheit seyn müssen, und sie sind es gewiß, ich weis es.

Ich habe mir also vorgenommen unsere laufende Geschichte faßlich, wahrhaft, und zusammenhangend von Monat zu Monat zu beschreiben. Ich werde also statt des Ankün-

digungs-Herolds in dem Jahre 1792 den wahren, unpartheyi-
schen, von allem Zeitungstand entblößten, ganz nackichten
Zeitlauf unter dem Titel:

Politischer Zodiakus des 1792ſten Jahrs
beſchreiben. Alle Manifeſten, alle Erklärungen der Staaten, alle öffentlichen Akten, alle ausgegebenen Schriften,
alle Miniſteriellen Noten werden mir ganz allein Materialien
zu dieſem Lehrgebäude liefern. Ich habe aus der Erfahrung
gelernt, daß nur öffentliche Hof-Publikationen, Kabinetts-
Erklärungen, Staats-Proklamationen zu Richtſchnure einer
wahren Geſchichte dienen. Aber dieſe öffentlichen Zeugniſſe
müſſen; nach den Staatsintereſſen, nach dem vorhergebenden
Gang der Politik, nach den politiſchen Verhältniſſen der
verſchiedenen Höfe beurtheilt werden. Ich werde ihre Quelle, ihre Endzwecke, ihre Abſichten, ihre Verhältniſſe unterſuchen. Eine ſolche Bemühung muß meinen ganzen Ernſt
conzentriren. Nichts als Wahrheit ſoll meine Lampe ſeyn.
Ich werde alſo im Januar erſtens die gegenſeitigen Intereſ-
ſen der Staaten, ihre Bedeutenheit, und ihre verhältnismäſ-
ſigen Zwecke anatomiſtren. Auf dieſem feſtgeſetzten Grund-
ſteine wird die Kette der Geſchichte des 1792ſten Jahres
angeklammert. Im Februar kann ich alſo erſt den Anfang
deſſen, was im Jannuar geſchehen iſt, beſchreiben, und ſo
von Monat zu Monat. Weil die Politik ein Spinngewebe
iſt, welches, wenn es bei einem Faden angezogen wird,
ganz in Bewegung kommt, ſo wird der Zodiakus von 1792ſten
Jahre alle Staaten, und ſo zu ſagen alle Welttheile belaufen, weil ein Matroſenzank in Akadia, wie uns die Erfahrung des ſiebenjährigen Kriegs belehrt, ganz Europa in
Flammen bringen kann. Ich werde alſo die Begebenheiten
nicht von Ungefehr aufklaftern, ſondern ich werde ſie nach
dem Faden des politiſchen Zuſammenhangs wie die Karten-
Soldaten im Kinderſpiele ordnen; eine Begebenheit fällt auf
die andere, erzeugt eine andere, bewegt eine andere und
geſchieht es in dem Kinderſpiele der Karten-Soldaten anders?

Ich werde die politiſchen Geſpräche der Todten und den
geheimen Briefwechſel zwiſchen den Lebendigen und den Todten auf die neuliche Art, wie es bishero geſchehen, fortſe-
tzen. — Nur der Herold alſo, als Beilage, bekommt eine
Veränderung.

Teutsches Publikum! du hast mich beschuldigt, daß ich die Befaure der Despoten seye. Viele Zuschriften tadelten über mich diesen Vorwurf. — Verflucht seye der Gedanke, der mich eines Eigennutzes, oder einer unüberlegten Einseitigkeit beschuldigen wollte. Mein Zweck zielte allezeit dahin, mein Vaterland glücklich zu sehen. Ich bin ein Deutscher, ich kenne das Gewölbe der deutschen Konstitution, des deutschen Glücks. Alles, was ich über die philosophischen Scharlatanerien, über ihre Regierungs-Lehrgebäude geschrieben habe, ist wahr: der Erfolg wird es zeigen. Es giebt politische Grundsätze, die unveränderlich bleiben müssen, und die nach Erfahrung von Jahrhunderten geprüft, eine unfaßbare Unverletzlichkeit behalten. — Ich habe in meinen Grundsätzen niemals gewankt. — Ich blieb meiner Deutschheit getreu, dies heißt: ich schrieb nach Ueberzeugung, nach dem Verhältniß des Menschenglücks, nach deutscher Standhaftigkeit. — Die französische Philosophie hat viele deutsche Köpfe entdeutschet. — Niemanden einen Vorwurf: jeder hat seine Opinion. Aber meine Erfahrung, die Zeugnisse der alten Geschichte, welche die Verkrümmungen der menschlichen Opinionen in allen Zeiten ähnlich darstellt, — haben mich zu der deutschen Beharrlichkeit bewogen, frey heraus zu sagen, daß unsre Konstitution eine Wohlthat sey, und daß die heutige Philosophie kein Volk glücklich machen könne. — Dies ist mein Glaubensbekenntniß. Wie? Glaubensbekenntniß? — nein es ist meine Ueberzeugung. — Publikum! erinnere dich einmal, — was ich sage. Publikum, ich bin dir Dank schuldig, — zwar nicht, ich werde ihn bei dir abstatten. Glückliches neues Jahr!

Ich habe das Publikum belauscht, ich sah, ich hörte, daß der Klang eines Wehrlins eine angenehme Empfindung über unsere deutschen Gefühlen ergieße. Hm, dachte ich, laß dem Apollo ein Opfer bringen, damit er dir diesen deutschen Lands Liebling leihe, und es geschah. Herr von Wehrlin wird im zukünftigen Monat Januar mit mir die Arbeit theilen. Ich kündige dies besorgen an, weil es eine angenehme Sensation auf unsere deutschen Musen gewiß machen wird. Minos wird uns seine Gerechtigkeitswaage, Klio ihre Feder, Apollo seinen Stab leihen, und mit diesen Waffen werden wir in Elysischen Gefilden kämpfen. — Dies für das zukünftige Jahr — an das deutsche Publikum.

Nro. 52. Dienstag den 27sten December 1791

Geheimer
Brief-Wechsel
zwischen den
Lebendigen und den Todten.

~~~~~~~~

Das 1791ste Jahr an das 1792ste.

Lieber Sohn!

Mein Abschied ist nahe; die Zeit öffnet den Rachen, und verschlingt mich. O könnte ich sagen, daß ich glücklich war! — der Allherrscher läßt Oceane von Jahrhunderten unter seinem Throne rollen; Jahre werden von Jahren verdrängt, Täge von Tagen, Stunde von Stunden, Sekunden von Sekunden. Er spricht zu der Natur; — die Ewigkeit ist für mich, und die Zeit ist dein.

Menschen! wie soll ich euch den reissenden Strohm der Zeit schildern? — denket! jede Stunde reißt euch näher ans Grab.

Ich überlasse dir, o lieber Sohn, die Welt im Taumel, wie ich sie angetroffen. Ich ließ gute Monarchen, Ruhe, Vernunft über die Tobungen glücken. — Aber ich habe meinen Zweck nur zum Theile erreicht. — Du, o 1792stes Jahr! du wirst noch mit vielen zu kämpfen haben. Ich will noch bei meinem Abschiede die Menschen warnen, o möchte folgende Fabel einbringen! — Hier ist sie mit eisernem Stichel eingegraben.

Eine Fabel.
Der Thurm und der Fels.

Von eines Marmorfelsens Rücken
Ragt' einst ein Thurm bis an der Wolken Rand,
Und überflog mit seinen Blicken
Ein halbes Reich. Wer, bei so hohem Stand,
Läßt sich nicht leicht zum Uebermuth berücken?
Der Thurm blieb nicht befreit davon.

Seufz' unter deiner edlen Bürde,
Rief er mit eines Sultans Ton
Dem Felsen zu: und ehre meine Würde!

Das mir? — versetzt mit edlem Hohn
Darauf der Fels: hast du, vermessen
Auf deine Wolkenhöh', vergessen,
Wie viel du mir, o Schwindelkopf, verdankst?
War ich es nicht, der dich erhoben?
Und wenn Orkane dich umtoben,
Wer stützt dich, daß du nicht wankst?

Merkt, Große, was der Fels euch lehret!
Der stolze Thurm ward nicht belehret.

Im Wahne, was der Marmor sprach,
Sey Uebermuth und rächenswerthe Schmach,
Thut, was zuvor ihn Stolz gelehret,
Er zwiefach nun aus Rachbegier.

Wohlan, gieb Acht: ich zittre unter dir!
Erhebt verzweifelnd seine Stimme
Zuletzt der Fels, und bebt vor Grimme,
Wie Aetna bebt, wenn seinen Bauch
Ein glüh'nder Lavastrom durchzücket.

Der Thurm stürzt nieder, liegt zerstücket:
Allein der grimm'ge Marmor auch. —

O Adel! und o Unterthanen!
Die Fabel! soll euch beid' ermahnen!

Die Lehre dieser Fabel, mein Sohn, mußt du täglich den Bewohnern von Europa wie einen Spiegel vorhalten. Ich habe geglaubt, daß unter meinem Lauf ganz Europa beruhigt werden sollte. Aber, leider! ich trette in die finstere Ewigkeit ein, ohne meine Absicht erreicht zu haben. — Die französischen Angelegenheiten sind noch so unruhig, so zerrüttet, wie sie Anfangs — vor drey Jahren waren. Briefe aus Paris vom 20sten dieses erregen Schrecken, und geben einen Beweis, daß populairer Zepter von zu vielen Händen eingefauset, hin und her gezogen und gerißen wird, — bis er endlich zerbricht, und seine Kraft, die wohlthätige Kraft der Ordnung und des Glücks, gänzlich verliert.

Die Republikaner, und die Monarchisten zanken, balgen, und schlagen sich untereinander. Die Royalisten oder die Anhänger der vorigen Konstitution haben ihren Feuerheerd auffer Landes, machen also in Frankreich selbst eine unbedeutende, oder keine Rotte.

Es ist auffallend, wie die Brabänter und lüttischer Patrioten sich seit der Erklärung des Königs vom 14ten dieses emporheben. Die Vonkisten haben eigenen Klub unter dem Namen des Löwen-Klubs (Club du Lion Brabançon) zu Maubege an den Grenzen der kayserlichen Niederlande errichtet. — Die Auswanderung zu diesem Klub ist aus Brabant wie eine Wallfahrt zu einem Mirakelbild. — Der dritte Stand hat zu Brüssel die gewöhnlichen Subsidien abgeschlagen. Noch mehr: man hat dem Burgermeister von Brüssel vorgeworfen, daß er Kammerherr des Kaysers wäre, folglich daß er in dem Zwist zwischen der Brabänter Nation und dem Kayser keine Stimme haben könne. — Dieß sind Folgen der Stütze, welche Frankreich an die Brabänter verspricht; folglich wird allda keine Ruhe hergestellt, bis auch Frankreich wieder herge= stellt ist.

Eine weit auffallendere Unternehmung ist von Seiten der Lütticher Patrioten am 17ten dieses zu Paris erfolgt. Diese unruh'gen und zerstörenden Menschen haben sich zwölf an der Zahl gerottet, und giengen mit einem Ceremoniel=Gepränge an den Schranken der Nationalversammlung. Herr F... hielt eine Rede an die Solonen Frankreichs, wo er ihnen sagt, daß die Lütticher Nation sich der Gesetzgebung der Nationalversammlung unter= werfe; daß sie den Schutz Frankreichs, und die Freyheit dieses Reichs reklamire; daß sie sich, wie Avignon, an die Hoheit der Franzosen anheften wolle, und daß sie hoffe, die Nationalversamm= lung werde sich ihrer annehmen, und ihre Wün= sche erfüllen.

Noch mehr: — die Lütticher Patrioten haben bei der Nationalversammlung angehalten, ein Re= giment von ihren Landsleuten errichten zu dörfen. Diese Bitte war ihnen bewilligt, und der Sammel= plaz soll zu Douai seyn.

Die Frau des unglücklichen Favras ist mit ih= rem Kinde nach Ath abgegangen. So bald sie allda ankam, giengen ihr die französischen Emigrir= ten entgegen; nahmen den Sohn des unglücklichen Favras in ihren Schutz, und vereideten sich das Blut seines Vaters zu rächen.

Die Obersten frau von dem Regiment Navar=

re sah, daß ihrer Mann in der in letzter Woche zu Besanson vorgefallenen Unruhe in Gefahr war, ermordet zu werden. Sie setzte sich zu Pferd, bewaffnete sich mit Pistolen und Säbel, ritt durch das aufbrausende Volk bis zu ihrem Manne hin, der an der Spitze sei: es Regiments stund, und sprach: — Weil es nur darum zu thun ist, um zu morden, so will ich mich wehren, und in Ehren sterben. Diese Heldin kommandirte das Regiment zum Marsche, — 400 Mann zogen aus der Stadt heraus, und sind mit ihr in das Bisthum Basel ausgewandert.

Paris vom 20sten dieses.

Nachdem der Rauch der Freude, daß der König den deutschen Fürsten einen Krieg erklärt hat, verflogen ist, kam endlich das kalte Blut, und ließ jedem diese Erklärung mit allen ihren Folgen in Betrachtung ziehen. Der Jakobiner-Klub fieng der erste an, darüber zu schreyen. Die Sekte der Monarchisten sprach im hohen Tone, daß diese Erklärung der verwegenste Schritt seye, den jemals die Nation und der König thun konnte; daß sich Frankreich dadurch die Feindschaft des Kaysers und des Königs von Preusen an Hals gezogen; — daß die übrigen Mächte von Europa sich ohnehin schon hinlänglich gegen die Nation erklärt haben, und daß die Konstitution durch diese kühne Erklärung, deren Erfüllung sie zu unterstützen im nicht Stande ist, in letzten Zügen liege.

Was werden wir dabei gewinnen? — nichts als Schläge Dann die Koalition aller Mächte ist sicher, ist evident, und wie kann man von unseren getheilten Franken etwas hoffen.

Ich lasse es zu, daß wir einen Auslauf riskirten. Man kann nengießet verschiedenlich darüber, leicht in einige deurſche Dörfer wagen können; daß wir alda Schrecken und Verheerung verbreiten. — Aber was wird uns dies in der Folge nutzen? — warum geben wir unſeren Feunden die Ueberzeugung, daß wir der angreifende Theil ſind, zu ihrem Vortheil?

Ich frage hier weiters: wie ſoll man den Angriff anſtellen? die Feſtung Luxemburg verriegelt uns den geraden Eingang in das Trieriſche. Wiſſen wir nicht, daß Ludwig der 14te drey Jahre bei dieſer Feſtung mit einer auserleſenen Armee von einmalhunderttauſend Mann ſtehen blieb, ohne weiter vorrücken zu können? Ich will hier die Vergleichung unſerer Armee mit jener Ludwigs des 14ten nicht zu unſerer Beſchämung und Erniedrigung anführen. — Nach Worms iſt der ebenſte Weg, dies iſt wahr, aber werden der Landgraf von Heſſenkaſſel, und der Kurfürſt von der Pfalz ſchlafen, wenn wir Tumult anrichten? — Und kann die kayſerliche Armee im Briskauiſchen nicht einen hauenden Kordon gegen dieſe Gegend ausdehnen? — wie ſoll unſere dritte Armee gegen die Niederlande vorrücken? hat der Kayſer nicht 62tauſend Mann alda? — o ihr kennet ja die Huſaren, und die Wunden, welche die Dragoner de la Tour eingehauen, ſind noch nicht geheilt.

Laſſet uns geſtehen, daß dieſe Erklärung voreilig war; dann laſſet uns noch eine andere Betrachtung hier ankleben: — Wenn unſere Truppen an 15ten Januar einmarſchieren ſollen, wo werden wir die Magazine herſchaffen, und ich muß es nur offenherzig ſagen, woher das Geld nehmen? — Die Aſſignaten fallen täglich; der König hat der Verſammlung bekanut gemacht, daß man

30 Millionen im baarem Gelde haben müsse, um nur die ersten Vorkehrungen zu diesem Feldzuge zu treffen. Saget mir, ich beschwere euch, wie ist es möglich zu marschieren, da weder das Geld, weder die Vorkehrungen noch in wahrer Existenz da sind?

Diese Rede hat die Jakobiner ausserordentlich aus der Fassung gesetzt. Sie wusten wohl, daß die Monarchisten sich in dem Klub der Feuillants versammlen, sie rotteten gleich einige kühne Bösewichte, überfielen den Klub, und verwüsteten den Saal; die Kanzel, die Stühle und alle Meubles wurden in Stücke gehauen, so daß dieses Haus jetzt einer Wüste gleich sehe.

Nun geht die Rede, daß man dem Könige, und der Versammlung eine Bittschrift darreiche, damit diese kriegerische Erklärung zurückgenommen und widerrufen werde.

Koblenz vom 24sten dieses.

Es verräth ein Mistrauen in die deutsche Macht, daß sich einige durch die Erklärung des Königs von Frankreich so in die Furcht setzen lassen, als wenn der Feind schon in der Küche wäre. Ist es nicht offenbar, daß sich Oesterreich und Preussen zur Erhaltung des deutschen Reich alliirt haben? soll man mehr der französischen gährenden Miliz als unsren Friedrichs und und Leopolds Helden trauen?

Unterdessen ist auch für den ersten Anfall gesorgt, obschon man aus guter Quellen weis, daß er nicht erfolgen werde. — Aber noch kann man nichts bestimmtes über die Vorkehrungen, die gemacht werden, sagen. — In alle Höfe sind Couriers abgegangen, — noch können sie nicht zurück seyn.

warum der Kayser und der König von Preusen nach dem Sinne der Pilnitzer Konvention gegen Frankreich schon vor drey Monaten nicht marschirten liessen. Einige sagen, daß es aus dem Grunde nicht geschehen, weil man um das Leben der königlichen Familie zu fürchten hatte, und weil man überzeugt ist, — daß eine Regierungs = Philosophie niemals gute Regierung, sondern den Fall verursachen müsse

Andere behaupten, daß Rußland daran Schuld seye. Diese Macht soll sich blos deswegen für die Prinzen so eifrig gezeigt haben, damit Oesterreich und Preusen mit ihren Truppen auf den französischen Grenzen zu thun bekommen, da die Russen während dieser Zeit eben auch eine Kontrarevolution in Polen ausgewirkt hätten; — und vielleicht hätte die schwedische Familie unterdessen den polischen Thron bestiegen, und Polen in eine absolute Abhängigkeit von Rußland und Schweden gesetzt.

Brüssel vom 21sten Dec. Unsere Stadt ist gegenwärtig in den größten Besorgnissen, durch das Falliment mehrerer unserer besten Handelshäuser, die in ihren Ruin nach über 20 andere unserer Kaufleute, und vielleicht 100 fremde Häuser hineinziehen. Die Bestürzung ist fast allgemein; 20 Familien sehen sich ohne Hülfe, und tausend andere sind in Aengsten, sich durch diesen Sturz getroffen zu sehen.

Das Generalgouvernement hat den Ständen von Brabant eine Vorstellung, welche sie, vermittels desselben, an den Kayser gelangen lassen wollten, zurückgeschickt, und zugleich den Ständen befohlen, von nun an ihre gegenwärtige Versammlung zu trennen.

Nro. 102. Montag den 19ten December 1791.

Beilage

zu

Politischen Gesprächen

der

Todten

Ankündigungs-Herold.

1mo. Litteratur — Kulinarische.

Aus dem Oekonomie-Wochenblatt.
Vom Einsalzen des Fleisches.

Das eingesalzene Fleisch wird in den Niederlanden Bökel- oder Pökelfleisch genennet, welchen Namen es von Wilhelm Bökel, dem Erfinder dieser Methode im Jahr 1347 hat, welcher auch deswegen die Ehre hatte, daß Kaiser Karl der Fünfte auf seinem Grabstein zu Endkhuisen einen frischen Hering verzehrte.

Daß durch das Einsalzen das Fleisch länger erhalten wird, davon ist keine andere Ursache, als weil das Salz die zur Fäulung geneigten Theile auflöset, und durch deren Entfernung die übrige Fasern des Fleisches mit ihrer Lympha frisch erhält, wobei jedoch auch nicht zu läugnen ist, daß die sauren Salze nicht sowohl die faulenden Theile auflöse, als vielmehr deren leichte Fäulung durch ihre Verdichtung verhindern. Das erstere wird daraus erweislich, weil das eingesalzene Fleich um so viel leichter wird, als vom Salz faulende Theile aufgelöst und entfernet sind.

Jedes Bauernweib salzet zwar Fleisch so ein, daß

eine Lage nach der anderen mit Salz bestreuet, und, wann der Zuber voll ist, ein übelpassender Deckel darauf geleget, und mit Steinen beschwehrt wird. Man holt ein Stück nach dem andern heraus, bis der Zuber leer ist; weil aber das Fleisch nicht gehörig zusammengepreßt, und wider den Zugang der Luft verwahrt ist; so hat man sich hernach nicht zu verwundern, wann es sich nicht lang hält, und einen faulen Geschmack annimmt, der hernach durch kein Kochen mehr vertrieben werden kann. Gehet man aber auf die gehörige Art beim Einpökeln zu Werke, so kann man noch in der Erndte das beste Pökelfleisch vom vorigen Herbst her haben, welches so gut und frisch schmäcken muß, als wenn es erst 14 Tage eingesalzen wäre. Man verfahre nur dabei auf folgende Weise:

1) Muß das Fleisch des geschlachteten Thieres nicht warm, sondern völlig erkaltet seyn, alsdann aber auch, ohne es lange liegen und alt werden zu lassen, eingesalzen werden, weil es sonst seinen besten Geschmack verliert.

2) Zum Einpökeln bedient man sich des Salzes und des Salpeters, und zwar in gehöriger Proportion. Nimmt man gar keinen oder zu wenig Salpeter, so bekommt das Fleisch nicht das appetitliche rothe Ansehen. Nimmt man zu viel Salpeter, so verhärtet solcher nicht nur die äussere Flächen der Fleischstücke, daß das Salz nicht recht in die innere Zwischenräume einbringen kann, und also abgeschmakt wird, sondern der Salpeter setzt sich auch auf Holz an, und verursacht einen unerträglichen Gestank. Nimmt man zu wenig Salz, so hält sich das Fleisch nicht lange; nimmt man zu viel, so wird das Fleisch hart, wird übersalzen, und wässert man es aus, so wird es völlig schmacklos. Das aus der Erfahrung bewährte Verhältniß ist, daß man unter 1 Pfund Salz ein halbes Loth Salpeter nehme; auf 1 Centner Ochsen- oder Rindfleisch aber rechnet man 4, höchstens 5 Pfund Salz.

3) Das Salz sowohl als der klein gestoßene Salpeter werden zuvor auf dem Ofen recht trocken gemacht, damit sie besser ins Fleisch eingreifen, wann vorher alle Feuchtigkeit durch die Wärme davon genommen ist.

4) Mit diesem Salz wird nun nicht allein der Boden des Fleischfasses über und über bestreut, sondern auch je

des Stück insbesondere mit der Hand so eingerieben, daß alle Höhlungen auf der Oberfläche des Fleisches mit Salz angefüllt sind. Darauf müssen alle Stücke aufs festeste, und so enge, als nur immer möglich, zusammen gepakt werden, damit nirgends eine Lücke oder Leere entstehe, wo die Fäulniß leicht den Anfang nehmen könnte. Deßwegen muß man ja verhüten, daß kein Knochen an die Wand des Fasses zu liegen komme, weil sonst nothwendig Lücken entstehen, die durch kein Pressen ausgefüllt werden können. Man mache es beim Einpacken, wie die Mauer mit den sogenannten Füllsteinen, und lasse sich daher grose, mitlere und kleine Stücke hauen. Jede Lage wird hernach noch besonders mit Salz überstreut, und so fortgefahren, bis der Zuber ganz voll ist.

5) Einige haben die Gewohnheit, dem Salz noch einheimische Gewürze, als getroknete Lorbeerblätter, oder Thimian, oder Rosmarin, Wachholderbeere zuzusetzen, wovon das Pökelfleisch den ganzen Geschmack anzieht, und dem Wildpret ähnlich wird. Dabei kommt es nun auf den Liebhaber dieses oder jenes Geschmacks an. — Andere legen noch dazu dünne Scheiben von rothen Rüben, wovon das Fleisch desto mehr Röthe annimmt.

6) Was die Gefässe anlangt, in welche man dieses Fleisch einsalzet, so müssen solche nothwendig von eichenem Holz seyn, weil das Kienholz demselben einen Nebengeschmack giebt, und diese werden vorher mit Brein oder Nußlaub, und heissem Wasser wohl ausgebrüht. Am besten thut man, wenn man sich mehrerer kleinen gewöhnlichen Fäßlein bedient, das Fleisch, auf obenbeschriebene Art aufs festeste hineinpakt, hierauf den obersten Boden durch den Kiefer wieder einsetzen, das Fäßgen zubinden, und platt auf den Boden in Keller hinlegen läßt, da dann die Person, welche in Keller geht, demselben täglich einen Stoß mit dem Fuß giebt, damit jedes Stück Fleisch bald unten, — bald oben zu liegen komme, und also immer mit der Sahlacke bedekt seyn möge. — Man kann in den Boden der Fäßgen kleine Stöpsel halten, die man zu seiner Zeit, ausziehen, und frische Sahlacke nachgiessen kann, dann trocken darf man das Fleisch nie liegen lassen. Wann man zuweilen die erste alte Lake ab, und neue dazu giesst, auch das tägliche Umgiessen des Gefässes nicht versäumt, so

hält sich solches Fleisch beim besten Geschmack, — vom Herbst bis zur Erndte, wo der Landmann das meiste Fleisch braucht. Wenn aber das Fäßlein einmal angebrochen ist, so muß es hinter einander weg verbraucht werden; und so verspeißt man ein Fäßlein nach dem andern.

Um der Mühe des Zuspündens des Fasses überhoben zu seyn, bedecken manche solches bloß mit einem hölzernen Deckel, den sie mit Steinen beschwehren. Allein freilich kann man solche Gefässe nicht umkehren, und das öfte Umwenden der Fässer ist eine Hauptsache zu längerer Erhaltung des Fleisches. Man muß daher alle Tage fleißig nachsehen, öfters den Zapfen unten am Faß herausziehen, die Brühe oder Lake in ein reines Geschirr ablaufen laßen, und solche wieder oben aufgiessen. —
(Die Fortsetzung folgt.)

2do. Handlungs-Nachrichten.

Am 12ten dieses haben die Assignaten 28 bis 30 pro Cento verloren. — Für eine Louis d'or im Gold zahlet man 34 Livres im Papier. Ein neuer Beweis, daß die Revolution von sich selbst fallen müsse.

3tio. Ankündigungen.

Dem sich rechtfertigen wollenden von Altenkirchen dienet gegenwärtiges einstweilen zur Nachricht, daß derjenige, welchen er in den letzten Blättern alsden abscheulichsten Ehrabschneider erklärete, nur auf einen Brief noch wartet, ehe er seiner Aufforderung Genüge leisten, und ihn im Angesichte eines geehrten Publikums alsdenn so, wie er ist, darstellen werde.

D. Johann Anton Sulzers, Oberamtmanns zu Kreuzlingen, religiöse und vermischte Gedichte, in 8, Preis 1 fl. sind zu haben in Bregenz bei Joseph Brentano, Buchbinder, und in Konstanz bei dem Verfasser. Buchhandlungen belieben sich an den Verleger, — Privatliebhaber an den Verfasser oder den Verleger willkürlich zu wenden. Briefe und Geld erbittet man sich franko.

Nro. 51. Dienstag den 20sten December 1791

Geheimer Brief=Wechsel
zwischen den
Lebendigen und den Todten.

An Karl Alexander, Herzog von Lothringen — ins Elysium.

Brüssel vom 20sten Decemb.

Wie? gute Nachrichten aus Belgien? — nein, Karl, es geht alles neben den Wünschen Leopolds, und obschon sie Wohlthaten um sich strahlen, so machen doch die Stände von Brabant die Augen zu, um — ihre Augen von der guten Sache zu bewahren. Aber bald wird man ihnen den Staar kuriren. — Es ist geschehen; folgende Bekanntmachung ist ein Aktenstück, welches in den Jahrbüchern Belgiens ewig merkwürdig bleiben wird.

Brüssel vom 13ten Decemb.

Endlich ist der Schlag geschehen, die Halsstärtigkeit der Stände von Brabant hat folgende Kundmachung veranlasset:

An die Stände von Brabant.

Maria Christina und Albert Casimir Generalgouverneurs der Niederlande ꝛc. ꝛc.

Hochwürdige, Ehrwürdige Väter in Gott, Edle, Liebe, und Getreue! Das Benehmen, welches ihr gegen den Kaiser in seinen Diensten bishero geäussert habet, verpflichtet uns, euch für und im Namen S. Maj. folgendes bekannt zu machen.

Der Kayser hat seit dem Einmarsch seiner Truppen in die belgischen Provinzen alles erschöpft, was Mässigung, Güte, und das Verlangen zur Herstellung der Ruhe einem grosmüthigen Monarchen, der allen seinen Völkern das Glück der Gesetze zu sichern sucht, einfliessen konnte. S. Maj. hat mit Vergnügen gesehen, daß alle Provinzen, Brabant allein ausgenommen, mit diesen glücklichen Aussichten sich vereinigt haben. — Hochderoselbe hat alle Bemühungen dahin gerichtet, um euch auf den Weg der Gesetze der Landes-Konstitution zurück zu führen; aber euere beharrende Irthümer haben sich aller Grosmüthigkeit des Monarchen widersetzt.

Der grosmüthige Monarch lebte in der Erwartung, daß ihr, Stände von Brabant! seine reinen Gesinnungen anerkennen, und eueren täuschenden Bezauberungen, welchen ihr euch gegen die Stimme der Vernunft und des Interesse der Provinz so willig geliefert habet, entsagen werdet; — daher hat Se. Maj. allen eueren Zögerungen, die ihr nach und nach ausgesonnen habet, geduldig zugesehen, da unterdessen andere Provinzen mit vereinigten Kräften zu dem wahren Endzweck geschritten sind.

Es ist weltbekannt, daß, da Se. Maj. die belgischen Provinzen wieder besetzt hat, Er über alle Gegenstände die uneigennützigsten Grundsätze bargezeigt habe. Er hätte ganz anders seine Unterthanen, die niemals Wort gehalten, behandeln können. Er hätte nach seinen unwidersprächlichen Rechten von den Ständen die Ersetzung des geplünderten Staats-Schatzes, der Magazine, der, während der Revolte verschwendeten Einkünfte, und der Unkosten, welche zu der Landes Bezähmung angewandt sind worden, zurückfordern können. — Se. Maj. haben bei allen diesen widrigen Vorfällen ein sonderbares und ungewöhnliches Beispiel der Mäßigung gegeben. Die Regierung berief alle Kommissarien, alle Unterhändler, und alle Verwalter der Staats-Einkünfte; sie ließ Deputirte von allen Provinzen kommen, damit sie darzeigen, was während der Empörung verschwendet, oder zum Schaden des Souverains, und zum Unglück des guten Volks verschuldet ist worden. Noch mehr: — der Monarch machte Anstalten, daß Diejenigen, die in der Insurrektion etwas verloren haben, von der Regierungs Kasse entschädigt werden. Wahrlich: der verlorne Sohn hat keinen solchen Vater gefunden.

Also nach diesem Wege der Billigkeit und der Gerechtigkeit glaubte Seine Maj. überzeugt zu seyn, daß solche wohlthätigen und mehr als väterlichen Vorkehrungen alle Merkmale des Unglücks vom vorigen Jahre auslöschen werden

In der That: — Alle Provinzen, Brabant ausgenommen, haben diese Wohlthat anerkannt, und haben sich an die väterlichen Absichten des Monarchen vereinigt, damit, wie seine Se. Maj. wünschen, das Volk nicht zu viel belastet werde, und damit alle Stände zu den verschwendeten Ausgaben nach ihren Kräften kontribuiren möchten.

Aber diese Mäßigung, diese Güte, diese Gräse des Monarchen haben keinen Eindruck auf euch, brabántische Stände! gemacht. S. Maj. hat von euerer Seite nichts als Zögerungen, Besorglichkeiten, anhetzende Darbietungen empfangen; und obschon der Monarch noch gut genug war, das nicht glauben zu wollen, was ihr gegen die Regierung schmiedetet, so rieß ihn doch endlich die vielfältige Ueberzeugung aus offenbaren Thatsachen dahin, andere Maasregeln angreifen zu müssen.

Diese Thatsachen sind weltkundig, unzweifelbar; Niemanden ist es verborgen, welche abscheulichen Mittel man angreift, um das Volk zu verirren; welche Anhetzungen man angestellet, um es zu hindern, zu seinem Monarchen das Zutrauen zu fassen; welche Bewegungen man verzollt, um die belgische Nation, die vorhero die standhafteste Anhängigkeit an ihren Souverain hatte, in ihren Gesinnungen zu defiguriren.

Es ist weltkundig, daß ihr fortgefahren habet, ungeachtet des Verbots vom 10ten Februar dieses Jahrs, die Besoldungen euerer so genannten Officiers, und anderer bei der sich nennenden belgischen Armee Angestellten zu entrichten; ihr habet die Richtung euerer Grundsätze, denen ihr in der Insurrektion gefolgt habet, nicht im Mindesten geändert, oder verbessert; euere Versammlung war allezeit, und blieb allezeit der Brennpunkt des Aufruhrs und des Aufstandes.

Ihr habet euch unterfangen, die umstürzendesten Entschlüsse gegen die Rechte der Souverainen Macht am 24sten und 25sten May zu nehmen, da ihr die Rechtmässigkeit des Brabänter Raths, der durch einen Akt vom 23sten Februar nach den Landes-Grundsätzen organisirt ist worden, verneinen wolltet, so daß der Minister sich gezwungen sah, euere Entschlüsse durch gesetzmässige Mittel zu bezaumen.

Man kann sich nicht ohne Widerwillen erinnern, daß ihr einen standalosen Gebrauch euerer vertrauten Vollmacht dahin gerichtet habet, — die Schriften, welche das Pfand des Souverains und der Nation enthielten, und welche in dem Aufruhr in euere Hände gefallen sind, wegzunehmen und sie zu einem ruinirenden Endzweck zu verbergen, da euch dieses Pfand heilig seyn sollte, und die Grundlage des Verhältnisses zwischen dem Regenten und der Nation darinne aufgezeichnet ist.

Ihr habet euere Weigerungen in verschiedene Formen verkleidet, damit ihr den guten Vorkehrungen anderer Provinzen ausweichen möchtet. Alle übrigen Provinzen haben mir wahrer Zufriedenheit die Subsidien, die nur nach der Mäßigkeit des Monarchen von 5 zu 5 Jahren erhoben werden sollen, und die gewiß eine kleine Summe ausmachen, bewilligt; — ihr allein habet dieses Geschenk euerem Beherrscher abzuschlagen gewagt.

Endlich da ihr verschiedene Neuerungen den alten Grundsätzen und That Sachen eingeteilt habet, so höret ihr nicht auf, über die Verletzung der Sanc des Konstitution zu schreyen, die Grundsätze der Joyeuse Entrée zu misbrauchen, und sie nach euerem Eigendünkel zu erklären, um dadurch das Volk aufzuhetzen, da ihr doch durch euer gehässiges Vernehmen diese nemliche Konstitution, wovon der Souverain der wahre Beschützer ist, verunstaltet, und veletzet.

In dieser Lage, derer Offentlichkeit gegen euch viele Klagen hervorgebracht hat, gehet ihr noch

weiter, und schlaget so gar die gewöhnlichen Sub,
sidien dem Souverain ab. Weil also der Kayser
alle Mittel der Geduld und der Güte gegen euch
erschöpft hat, und weil ihr allen guten Gesinnun,
gen, die der Monarch und sein Volk von euch er,
warteten, entsagt zu haben scheinet, so hat er end,
lich beschlossen, seine Wohlthaten und die Vergess
senheit der vergangenen Beleidigungen nicht auf
euch, — so wie er es auf andere Provinzen ge,
than hat, auszudehnen; diesem zufolge über,
lasset euch Se. Maj. allen den Folgen, die ihr
euch, und die man euch wegen euerem Benehmen
in der Insurrektion machen wird, und erklärt:

1mo.) Se. Majestät haben beschlossen, die Schulden, die
ihr in euerem Namen in den Zeiten der Unruhen ge=
macht, wie auch die Verpflichtungen, zu welchen ihr
euch verbunden habet, nicht nur allein nicht zu sankties
niren, sondern solche für nichtig zu erklären. Deswes
gen sind die schärfste Befehle gegeben worden, euere
Rechnungen zu untersuchen.
2do.) Se. Majestät haben seine Fiskalbeamte dahin bear.
beet, daß alle von euch verschwendeten Gelder, und
alle Forderungen, die man an euch machen könnte,
wie auch die Landes Einkünfte, davon ihr euch wäh=
rend der Revolution den Genuß und den Gebrauch un
rechtmässiger Weis zugeeignet habet, auf das schärfste
untersucht, und von euch der Ersatz gefordert werde,
wie auch von allen Schriften und Akten, die in dem
Archiv fehlen.
3tio.) Se. Majestät behält sich vor, seine Fiskalräthe zu be=
vollmächtigen, damit in allen dergleichen Forderungen
nach Gesetzen gegen euch verfahren werde.
4to.) Obschon Se. Majestät die Ausnahme von der Amnis
stie auf geringste Zahl einschränken wollte, weil sie das
durch glaubte, euch auf den Weg der Vernunft zurück
zu führen, um das Unheil der Empörung desto schleu
niger auszutilgen; weil aber dieses bei euch nichts ge
fruchtet hat, so ist er entschlossen, diese Amnistie zu

weiter Rücksicht so lang aufzuschieben, bis ihr euch
zur Ruhe bequemet, und die öffentliche Rache der Ge:
setze soll auf alle diejenigen, die fortfahren werden die
Provinz Brabant zu stören, fallen.
  Aber Se. Maj. erklärt hiebei, daß Er, in der
Handhabung der gerechten Strenge, die ganze Volksmas:
se dieser Provinz als treue, und sich ergebene Unterthanen betrachte, und versichert jedem hiemit mit der
feyerlichsten Zusage sein Wohlwollen und seinen königlichen Schutz.
    Brüssel den 13ten Decemb.   Unterzeichnet:
       1791.   Maria und Albert.
  Diese Proklamazion hat viele Freude verursacht; die Stände sind aufgelöst; aber es wandern
viele Brabanter nach Lille aus. — glückliche Reise!
    Mastricht, vom 17ten dieses.
  Der in Holländ schen Diensten als General der
Infanterie sich befindliche Graf von Maillebois ist
vorigen Dienstag Abends mit Tode abgegangen.
Die französischen Emigranten verlieren an demselben sehr vieles: er war ein überaus großer Anhänger der königlichen Partey, daher er dann auch sehr
viele Staffetten und ausserordentliche Kourriere
in Rücksicht der auszuführenden Gegenrevolution
erhielt, und abfertigte. — Seit etlichen Tagen
sind bereits zwey Lieferungen an verfertigten Sät-
teln, und Dragonermänteln nebst Feldkarren von
hier nach Koblenz abgegangen, und wird noch immer fort fleißig daran gearbeitet.
     Paris vom 14ten Dec.
  Auch unsere Modenarten suchen jetzt die neumodische Konstitution in die weite Welt zu bringen. Diese lassen erinnern sich, daß sie schon viele Jahrhunderte ganz Europa bemeisterten, denn,
was nur aus Frankreich kam, ward, besonders in
Deutschland, mit dem größten Vorzuge nachgeafft,
und nun ärgern sie sich, daß es in Punkto der Rebellion nicht so recht glücken will. Sie haben das

her vor einigen Tagen in den Hauptgegenden der Stad ein Plakat in ruthen Buchstaben angeheftet, des Inhalts: „Der Biederman an alle Völker Europens: Ich zeige an, daß ich in kurzem die Vergehen des Pabstes, der Könige von Spanien, Portugal, Neapel, Sardinien, Schweden, Dännemark, England, Preusen, Türkey, Rußland ꝛc. mit einer grosen Anzahl Figuren, welche ihre fürnehmste Fehler vorstellen sollen, herausgeben werde.

Biographie.

Karl Alexander Herzog von Lothringen, Gouverneur der Niederlande, des Deutschen Ordens Grosmeister und Bruder des Kaysers Franz des Ersten ward den 10ten Decemb. Anno 1712 in Luneville gebohren. Er gieng als General der Artillerie in die Oesterreichischen Dienste, wurde hernach Feldmarschall. Er kommandirte die Armee Anno 1742. verjagte die Franzosen aus Böhmen, gieng über den Rhein und setzte sich in der Mitte von Elsaß. Aber der König von Preusen brach den Frieden von Breslau, und war Ursache, daß Prinz Karl nach Böhmen zurück kehren muste, um den Feind aus Böhmen zu verdrängen. Er kommandirte noch Anno 1757 die Kayserlichen Truppen, schlug den General Keith, und das nemliche Jahr den 22sten Novemb. bei Breslau die Preusen. — Er wurde hernach in der Schlacht von Lissa geschlagen. Dieser öfters unglückliche Prinz hatte alle Kenntnisse eines guten Generals. Er kannte alle Vortheile einer guten Veranstaltung, und einer sicheren Retirade. — Er starb den 4: Juli Anno 1788. Er war mit Marin Eleonora, Schwester der Kayserin Maria Theresia vermählt Die Brabänter haben ihn geliebt und verehren noch sein Andenken.

Nro. 101 Freytag den 16ten December 1791.

Beilage
zu
Politischen Gesprächen
der
Todten.

Politischer Satyren.

„Ludwig 14. der am Bauen sein Vergnügen
„hatte, tadelte an dem Trianon, über dessen Bau
„Louvois die Direktion führte, die Ungleichheit ei-
„nes Fensterstocks; Louvois widersprach dem Kö-
„nig und behauptete, daß derselbe dem anderen
„gleich sey. Bei der Untersuchung fand sichs,
„daß der Minister Unrecht hatte, und der König
„gab ihm einen Verweis. Gut, sagte Louvois:
„dieser Fensterstock soll dem König theuer zu ste-
„hen kommen; er muß Krieg haben. Louvois
„hielt sein Wort; in einigen Monaten machte er
„trotz dem König und den übrigen Mächten, ei-
„nem allgemeinen Krieg, der Frankreich von in-
„nen erschöpfte, und von auffen, ungeachtet des
„Glücks seiner Waffen, nicht vergrösserte, aber
„im Gegentheil nicht nur schimpfliche Vorfälle
„nach sich zog, sondern den Grund schon zu Frank-
„reichs Schuldenlast, und dermaligen Verfall
„legte.

Paris vom 7ten dieses. — In der gestrigen Sitzung wurde eine Adresse des mächtigen Englischen
Clubs, oder der Konstitutions-Gesellschaft der

Wighs von England vorgelesen. — Die Wighs wünschen darin der Nationalversammlung, dem Könige, und der Französischen Nation Glück über die Revolution und die Verfassung, und erbiethen zur Vertheidigung derselben ihre Reichthümer und Leben. Die Nationalversammlung dekretirte einhellig, daß die Adresse der Englischen Wighs in beyden Sprachen gedruckt, und in alle Departemente gesandt werden soll. Dann soll der Präsident die Adresse und eine Antwort darauf dem Könige mittheilen. (Wie wir eben vernehmen, hat der König diese Antwort würklich mitunterschrieben.)

Aber wie wir auch gewiß vernehmen, hat Oesterreich und Preusen eine Allianz unterschrieben. Diese Unterschriften von Seiten des französischen Königs und von Seiten der deutschen Souveraine scheinen einen entgegengesetzten Zweck zu haben: der Erfolg wird es enthüllen.

Koblenz vom 16ten dieses. — Daß der König von Frankreich an den Kurfürsten von Trier ein Schreiben wegen der Aufhäufung der Emigranten in unserem Lande erlassen, ist eine so alte Neuigkeit, daß sie grauen Bart hat. — Aber daß man an dieses Schreiben mit vieler Gründlichkeit und wahrer deutscher Bedeutenheit geantwortet habe, — ist eine frische Neuigkeit, die kaum unlängst getauft war. — Der König sagt in dem Schreiben, — daß es das Völkerrecht erheische, die gute Nachbarschaft nicht zu stören, und daß doch die Emigrirten sich im Trierischen kriegerisch sammlen.

Auf dieses hat man mit Würde geantwortet, daß die Prinzen sich als nächste Verwandte des Kurfürsten hier am Hofe aufhalten, und d. ß kein Völkerrecht die Gastfreyheit gegen Blutsverwandte verwehren könne. Was die anderen Emigrirten betrifft; — diese wohnen in der hiesigen Ge-

hend, wie andere Fremde auch da wohnen können;
jedoch muß man zu ihrem Ruhm sagen, daß sie
sich so ruhig verhalten, daß noch keine Klage von
Jemanden gegen sie vorgebracht worden. Sie machen keine kriegerischen Uebungen: sie kommen zusammen, ohne sich der Waffen eines Soldaten zu
bedienen.

Jedoch weil der König eben vom Völkerrecht
spricht; so hat das Kurfürstenthum Trier alle Ursache wegen dessen Verletzung gegen Frankreich zu
klagen. Hat die Nationalversammlung nicht alle
Diöcesan und Territorialrechte, die durch so viele
Friedens-Schlüsse und besondere Verträge garantirt sind worden, weggerissen, zerstört, vernichtet,
ohne einmal auf die Reklamationen des hiesigen
Hofs Rücksicht zu nehmen, ohne auf seine Vorstellungen zu antworten? — Es ist sonderbar, aus
dem französischen Munde vom Völkerrecht reden
zu hören, da Frankreich sich nicht einmal gewür-
digt hat, unsere Klagen wegen der Verletzung unsrer Rechte, folglich der Völkerrechte zu hören. ꝛc.

Wien vom 8ten dieses.

Der junge Fürst von Starenberg geht als
Kaiserl. Botschafter nach Holland, um unsere Allianz mit den General-Staaten zu vollenden.

Der Kayser hat sein Ultimatum in Rücksicht
auf die verletzten deutschen Rechte, in Elsaß zum
Reichstag geschickt. — Man erwartet wichtige
Erklärungen daraus. Es sind Politiker, welche
wetten, daß der Kardinal Rohan eben so nach
Strasburg eingeführt werde, wie der Fürst Bischof nach Lüttich.

Eine Anekdote: — Der älteste Sohn des
Grafen von Artois, dem man in vorigen Zeiten
Herzog von Angoulême nannte, ist in Turin. Er

hat seinem Kammerdiener heimlich vertrauet, daß er sich zu seinem Vater nach Koblenz heimlich flüchten wolle, und daß er sich von seinem Spielgeld so viel erspart, als er nöthig habe, um die Reise zu unternehmen. Ich will hingehen, sprach er, und will mich nicht zu erkennen geben. Mein Papa soll mich nur dann sehen, wenn ich in seinem Korps mit Ehre gefochten habe; dann werde ich mich ihm zu erkennen geben; o wie werde ich ihn umarmen! Der Kammerdiener offenbarte dieses Geheimniß dem König von Sardinien. Man erlaubte es, daß der Prinz sich flüchte. Aber ach! 12 Stunden von Turin ward er angehalten, und nach Turin gebracht, der König reiste ihm entgegen, umarmte ihn, und Thränen benetzten seine Wangen; aber Thränen der Zärtlichkeit, und der reinsten Rührung.

Zur Nachricht.

Es sind eine Partie Eichen Flotzen Stämme ohngefähr 1000 Stück zu verkaufen. Liebhaber hierzu können sich innerhalb 14 Tagen bei hiesiger Rentkammer oder Forst-Amt melden, und das Nähere vernehmen. Neuwied, den 13ten Decemb. 1791.

Grünstädter Privilegirte Zahlen-Lotterie. Die 47ste Ziehung ist heute den 13ten Decemb. 1791 unter Beyseyn derer hiezu verordneten S. T. Herren Deputirten mit gewöhnlichen Formalitäten und gehöriger Accurateße vollzogen worden; und sind folgende Numern aus dem Glücksrade erschienen:

Erster Zug: Nro. 45. Fünf und Vierzig.
Zweyter Zug: Nro. 54. Vier und Fünfzig.
Dritter Zug: Nro. 44. Vier und Vierzig.
Vierter Zug: Nro. 10. Zehn.
Fünfter Zug: Nro. 28. Acht und Zwanzig.

Die Acht u. Vierzigste Ziehung geschieht den 20sten Dec. 1791 und so fort von 8 zu 8 Tagen.

Nro. 51. Donnerstag den 15ten December 1791.

Politische Gespräche
der Todten
über die Begebenheiten
des 1791sten Jahrs

„La pauvre Politique d'Allemagne avaloit avec
„respect le Regime des puissances maritimes. He-
„las! elle en est lasse aujourdhui; elle se prescrit
„le regime de sa propre Pharmacie. — O grand
„Frederic! tu en a laissé la recette!

Ueber die deutsche Allianz.

Die Allianz zwischen Oesterreich und Preussen war in
dem Tempel des deutschen Glücks mit goldenen Buchstaben aufgezeichnet. Leopold und Friedrich Wilhelm sind
deutsche Freunde! — Neider! Hasser! Machiavellisten!
— beuget euere Häupter — vor dem deutschen Glück!!!
— Seit Karl dem 5ten war Deutschland der Taumel-
platz der Seemächte. Engländ, Holland, Frankreich führten die Landmächte am Tanz-Seile. Die französischen
und englischen Matrosen fausten sich untereinander in
Accadia, und — deutsches Blut muste deswegen sieben
ganze Jahre fliessen. Die Seemächte dictirten Krieg
und Frieden bei allen politischen Ereignissen. H'm! die

Landmächte waren so gut, und ließen sich am Gangelbande führen. — Aber nein: dies wird jetzt nimmer geschehen: Leopold und Friedrich sind alliirt, — Leopold und Friedrich Wilhelm werden distiren.

Deutsche! laßet die Franzosen toben, sie toben sich ihre Ruin aus. Wir Deutsche, wir werden bei ihrem Unglück gewinnen; wir werden bei ihren Ruinen unsere Handlung bauen; keine Zwietracht, kein Krieg wird uns beunruhigen, und weh dem, der unser Vaterland angreift: — Leopold und Friedrich Wilhelm sind unsere Vertheidiger. —

Die Engländer, die Holländer, die Franzosen haben uns unsere Hansee, unsere Seemacht — gestohlen. Bei diesem Raub haben sie kein Glück: — sie stecken bis auf den Hals in Lurus und Schulden. — Lasset uns ihnen zusehen, lasset uns sie in ihrer eigenen Uebermacht miniren! — England ist es schon zum Theil, dann Friedrich der Zweyte hat es in seinen Schriften gesagt; Holland ist es zur Helfte, — und Frankreich ganz. — O Deutsche! es wird eine Zeit kommen, wo unsere Hansee über ihre Ruinen hinsehen wird. — Wenn Deutschland eins ist, — so vermag Deutschland alles. — Wir waren bisher in unserer Industrie, und in unseren Producten von allen Seemächten gehämmt: — die Engländer lassen einen Ohm Wein mit 9 Karolin verzollen; die Franzosen lassen 30 bis 40 pro Cento auf unsere Waaren auflegen. Es wird eine Zeit kommen, und diese Zeit ist nicht weit entfernt, wo wir uns mit unserer Industrie selbst genug seyn werden; wo wir fremde Industrie ganz entbehren können; wo wir uns selbst alles seyn werden. — So bald Zwietracht und Parteygeist unter uns aufhören, so sind wir auf dem Gipfel des Glücks, und es ist uns gleichgültig, ob andere Nationen sie balgen oder nicht.

So sprachen die deutschen Geister im Elysäum; sie frohlokten; sie sahen, wie sich Friedrich der Große und Joseph der Unglückliche umarmen; sie feyerten das deutsche Allianzfest, und lasen hernach folgendes in den Zeitungen:

Lemberg, den 28sten Novemb.

Der hiesige Stadtkassirer, Mausworda, Edler von Jenna, hat sich einer großen Untreue schuldig gemacht, und sitzt nun in fester Verwahrung. Der Abgang, wie durch er seine Kaſſe erleichterte, iſt nicht unbedeutend, indem es heißt, daß die Summe der vermißten Gelder ungefähr 100000 Gulden betrage. Bei der dieſfalls von Seiten der Landesſtelle vorgenommenen Unterſuchung haben ſich Dinge von ganz beſonderer Art entdeckt. Vorgeſtern wurde durch den gewöhnlichen Trompetenſchall ausgerufen, daß derjenige, der von einem baaren Vermögen des Wanawarda Wiſſenſchaft hätte, und dies bei der hohen Landesſtelle oder dem löblichen Magiſtrate angeben würde, hievon den dritten Theil erhalten ſollte. Eben dies iſt durch Umlaufſchreiben allen Königlichen Kreisämtern bedeutet worden.

Da die Ruſſen ſich nun kein ganz Geſchäft daraus machen, um auf Mehl und andere Artikel, Kontrakte zu ſchließen, ſo iſt der Werth des Getreides ſehr tief, ja bis zur Verwunderung in der Ukraine tief geſunken, und wird bis zum Neujahre noch tiefer ſinken. Man ſinnt daher auf ſehr weit ausgedehnte Projekte, um nach hergeſtelltem Frieden die Möglichkeit der Ausführung derſelben zu verſuchen. Dieſe Gedanken erſtrecken ſich bis nach Amerika; ja man möchte gern die ganze Welt ernähren Durch die letzten Kontrakte des Fürſten von Potemkin, die im Jahre 1790 zu Bender geſchloſſen wurden, ſind der Ukraine einige Millionen Rubel zugefloſſen; und nun hängen die Einwohner die Köpfe, daß kein Potemkin mehr lebt. Von dem Grafen von Potocki, heißt es hier, daß ſein ganzes Vermögen der Krone anheim fallen ſoll, wenn er ſäumte, der Stimme des Reichstages zu folgen, und in ſein Vaterland zurückzukehren. Man ſagt ferner, daß er Willens war, dem Fürſten, wenn er denſelben in Jaſſy noch lebend angetroffen hätte, den Verkauf aller ſeiner unermeßlichen Güter in der Ukraine anzubieten, wenn er die erbliche Thronfolge von Pohlen auf die Potockiſche Familie brächte. Sehr unwahrſcheinlich; denn ſo mächtig war Potemkin doch nicht, um dieſes bewirken zu können.

Die neueſten Berichte aus Oſtindien ſind für die Engländer traurig, und beweiſen, daß Tipo-Saib doch am Ende geſiegt hat. Die letzten Briefe aus
Pondichery vom 1ſten Auguſt
beſchreiben den ganzen oſtindiſchen Krieg auf folgende Art:

Am 15ten May ist Lord Kornwallis, der den Tipo bis vor Seringapatnam verfolgte, im Angesicht der Armee des indischen Sultans vorgerückt. Es kam zu einer Schlacht. Tipo hat die Formirung der englischen Armee ausserordentlich mit seiner donnernden Artillerie gestört. Ungeachtet dessen, und ungeachtet der regnerischen Jahrszeit, ward die Attake kommandirt. — Man wehrte sich von beiden Seiten mit der anhaltendsten Tapferkeit. Lord Kornwallis sagt, daß er vollkommen gesiegt habe. Aber der Erfolg der Schlacht, und andere nähere Berichte geben zu erkennen, daß weder der eine, weder der andere Theil sich den Sieg zuschreiben könne.

So viel ist unterdessen gewiß, daß sich der Lord Kornwallis nach der Schlacht eilends retiriren mußte. Es war ein grosses Glück für die englische Armee, daß sie die Maratten, die ihr zu Hilfe kamen, auf dem Weg antrafen; sonst wäre sie gewiß von den Indianern und von der Witterung ganz aufgerieben worden. — Die englische Armee kam also wieder mit vieler Mühe nach Bengatole, woher sie Anfangs des Feldzugs ausgieng; folglich hat sie keinen Daum Erde erobert; folglich hat sie in diesem Feldzug nicht einmal eine vortheilhafte Stellung erobert; folglich hat sie diesen Feldzug viele Mannschaft, und viele Kunst — für nichts zu nichts verschwendet.

Die englische Armee ist bis auf 15tausend Mann, worunter nur 4000 Europäer sind, aufgerieben. Sie haben an allem Mangel; keine Zelter, keine Kriegsmunition, kein Geld. Freylich haben sie Million Piaster aus England über Madras bekommen. Es ist fast unmöglich, daß Lord Kornwallis einen dritten Feldzug unternehme. Es fehlt ihm an Mannschaft, an Kriegsmunition, und an Lebensmitteln, welche viel seltner, als Geld, zu bekommen sind.

Diese Nachrichten machen unter dem Handelsstande viele Besorgnisse. — Die Hofzeitung zu London beschreibt diese Unternehmung so, als wenn Kornwallis den grösten Sieg erfochten hätte. Aber ungeachtet dessen sagt sie doch, daß sich die englische Armee retirirt hätte. — Wie? siegen, und flüchten? wie reimt sich dieses zusammen?

Die Hofzeitung sagt weiters, daß eine Friedensunterhandlung zwischen Tipo und Kornwallis, den glücklichsten Anfang genommen. — Dies sind lauter Pflaster auf die Opinionen, aber es sind palliative Mittel.

Unterdessen versichert man, daß Tipo eine große Zahl französischer Ingenieurs, und anderer bedeutenden Officiers bei seiner Armee habe; daß seine Armee gut exerzirt seye; daß alle indianischen Prinzen ihm eine Allianz anbietten, und daß er den Engländern nach und nach, wenn er sie auch unr kriegerisch neckt, großen Schaden; und vielleicht — ihre gänzliche Ruin in Indien zufügen könne.

Die ostindische Kompagnie in England hat noch andere unangenehme Pillen zu verschlucken. Die freyen Amerikaner haben sichs beifallen lassen, ihre Schiffahrt bis nach China auszudehnen; ja sogar scheinen die Amerikaner eine Kolonie in Indien zu suchen. Diese Unternehmung kann mit der Zeit nicht nur allein wichtig, sondern auch für die Engländer ruinirend werden.

Wezlar vom 10ten Decemb.

In entschiedener Sache des Kayserl. Fiscalis Generalis und des Herrn Fürstbischoffen zu Lüttich, wie auch den des abhärirenden Lütticher Domkapitels und ersten Landesstandes eines wider die Urheber des im Fürstenthum Lüttich ausgebrochenen Aufruhrs anderen, wie auch die Lütticher Ritterschaft und Städte dritten Theils, sodann der zur Herstellung der Ruhe und Ordnung ernannte Kayserl. Kommissarien der Kreisausschreibenden Herren Fürsten des Niederrheinisch-Westphälischen Kreises ɪc. gestern ein Kammergerichtliches Erkenntniß eröfnet worden, welches zu wichtig ist, als daß wir solches unseren Lesern nicht wörtlich mittheilen sollen. Es lautet also:

Ist, die Berichte der subdelegirten Kommissarien der Kreisausschreibenden Herren Fürsten des Niederrheinisch-Westphälischen Kreises vom 30sten März, 29sten April, 10ten May, 7. und 28sten Juli, 12. 19. und 22sten Aug., 1ten Sept., 12. und 20sten Okt. dieses Jahrs, wie auch die durch Dr. von Zwierlein Namens des Herrn Fürsten; Dr. Hofmann Namens der Ritterschaft, und Dr. Senter Namens verschiedener Privatpartheyen, resp. unterm 31sten May, 18. und 29sten Julii, 8. 12. 15.

17. 22. und 24ten August, 5. 13. 26. 27. 29. und 30sten Sept., 10. 14. 15. 20. 25sten Oct, 7. 14. und 24sten Nov. L. J. aussergerichtlich übergebene Vorstellungen sammt Anlagen, zu den Akten zu regisiriren, verordnet, und darauf

I.) Wegen der öffentlichen Beschädigungen.

Der Herr Fürst angewiesen, den Landesständen auf dem nächstens auszuschreibenden Landtag die Nothwendigkeit vorzustellen, alle während der Unruhen aus der Landeskasse genommene Gelder, angegriffene Depositen, und zu Bestreitung der Exekution gemachte Schulden, für allgemeine Landes-Schulden zu erklären, und zu Wiedererstattung dieser beträchtlichen Summen, nach dem Beispiel von 1649. und 1650., ausserordentliche Steuern, wovon auch der geistliche Stand und die übrigen Steuerfreyen nicht auszunehmen, — in so ferne das Verm̃gen derjenigen, welche des Aufruhrs schuldig durch Urtel und Recht werden erklärt werden, hierzu nicht hinreicht; — zu bewilligen, immittelst aber und bis hierüber ein Landtags-Schluß erfolgt, die, wegen des Ersatzes dieser Ausgaben vielfältig angestellten Klagen, welche am Ende den völligen Verfall unzahlbarer Familien unvermeidlich nach sich ziehen würden, durchgehend einzustellen.

II.) Wegen der Privat-Indemnisationen.

Die zu deren Erörterung gebetene, von den Landständen aber vorhin schon für unthunlich erklärte Einrichtung eines besonderen Friedensgerichts, abgeschlagen, sondern bleiben diese Klagen, unerheblichen Einwendens ungehindert, den Lüttischer Landesgerichten, insbesondere dem Gericht der 22ger zwar ferner, — und ohne Verschiedung. der Akten, jedoch dergestalt überlassen, daß der Hr. Fürst eine peremt. von 1sten Monat in welcher alle noch nicht angestellte Entschädigungs-Klagen sub praejudicio perpetui silentii, vorzubringen sind, ansetzen, auch ihnen befehlen solle 1) alle Injurien-Klagen die bloß ad indictam gerichtet sind, ohne weiters abzuweisen; 2) zwar summarisch zu verfahren jedoch den Vollagten die zur Vertheidigung nöthige Zeit gestatten; 3) Nächtliche Sessionen bei den Zwey und Zwanzigern nur in äusserstem Nothfall zu halten, auch dafür 4) an Sporteln, Taxen, Aus-

Faten und Notarias-Gebühren nicht mehr, als für die
gewöhnlichen Tagsfitzungen, anzusetzen, und überhaupt
5) bei Bestimmung der Sporteln und Taren den am
Schöffengericht in summarischen Prozessen üblichen Fuß,
zum Maasstab zu nehmen; 6) den unentgeldlichen Ver=
gleichs=Versuch, wie bisher löblich geschehen, allemal
vorausgehen zu lassen; 7) den Urteln keine Geldbusen
oder s. g. Leganz, künftig mehr anzuhängen, vielmehr
8) die Hauptsicht auf den wahren Schadensersatz zu rich=
ten; und en lich 9) wenn Liquidationskommissionen zu er=
nennen sind, auf die von beiden Theilen hierzu vorzu=
schlagende Kunstverständige billige Rücksicht zu nehmen.
Sodann ist.
III) Auf die Aufträgen der Kayserlichen Kommission
resolvirt: daß
1) dem Schöffen=Gericht, bey nunmehr, durch die
erlassene Edictal=Ladung gehäuften Criminal=Geschäften
noch drey unpartheyliche, der Kayserl. Kommission vor=
her vorzustellende Reichs=Gelehrte von dem Herrn Für=
sten adjungirte, — und ad hunc actum verpflichtet;
2) in vorfallenden Contumarial=Processen, die Akten je=
desmal, von Amtswegen verschickt, jedoch 3) wegen des
hiermit verknüpften starken Kosten=Aufwands, und der
Beschwerlichkeit die in der Landes=Sprach ertheilten
Antworten der Inquisiten, richtig zu übersetzen, statt der
auswärtigen Rechtsgelehrten, aus den Lütticher Advo=
katen (wovon dem Inquisiten 15 zu refusiren erlaubt
seyn solle) ein Criminal=Gericht niedergesetzet, und 4)
die Schöffen angewiesen werden sollen, allen Inquisiten
nach geschlossener Untersuchung die freye Wahl eines
Defensors ohne weiters zu gestatten, und überhaupt ganz
unpartheyische Justiz, ohne alle Menschenfurcht zu ad=
ministriren; Sodann ist 5) bey dem bevorstehenden Wech=
sel der XXIIger von dem Herrn Fürsten, die Einleitung
dahin zu treffen, daß zu diesem Gericht sowohl als den
Revisoren für diesmal keiner gelange, der selbst auf Ent=
schädigung klagt, oder hierwegen belangt wird. Uebri=
gens wird der Kayserl. Kommission hiermit aufgetragen
A) nunmehr der Ritterschaft die versiegelte Schrif=
ten ungesäumt hinaus zu geben, oder im Fall dagegen be=
sondre Anstände vorwalten sollten, solche alsbald diesem

Kayserl. Cammergericht anzuzeigen; inmittels aber der Ritterschaft die allenfalls nöthige Einsicht und Abschrift davon zu gestatten. B) dem Herrn Fürsten und den Ständen die vielen Schwierigkeiten, welche die in Vorschlag gebrachte Zurückgabe der, während der Unruhen aus der Landes-Casse bezogenen Diäten mit sich führt, vorzustellen, und denselben anzurathen, diesen Punkt zur Amnestie zu beweisen; sodann ferner C) über die eigne Beschaffenheit des Criefuiten-Fonds, und wozu dieser verwendet werde, ihren Bericht in 2 Monaten anhero zu erstatten; worauf alsdenn auch hierwegen fernere Verordnung erfolgen solle.

Demnächst versieht man sich
IV.) Wegen der wiederholt ertheilten Amnestie zu dem Herrn Fürsten, derselbe werde
1) zur vollkommenen Beruhigung der, aus Furcht für Criminal-Inquisitionen aus dem Land entflohenen, die bewilligte Straflosigkeit dahin zu erklären:

„Daß diejenige, gegen welche von der Kayserl.
„Kommission weder Verhafts-Befehle noch Edictal-
„Ladungen erkannt werden, ohne alle weitere Be-
„sorgniß für Ihre Person und Vermögen, zu den
„Ihrigen sicher zurückkehren können;

2) von diesen so wenig als andern den, am 12. Sept. d. J. vorgeschriebnen endlichen Revers ferner zu verlangen, vielmehr mit Ihrer zu bezeigenden völligen Submission, und dem, von der Revolution üblichen Huldigungs-Eyd auf Widerruf des allenfalls wärend des Tumults geleisteten f. g. Bürger-Eyds sich zu begnügen; nach überhaupt 3) die von Alters her gebräuchliche Eydes-Formeln der öffentlichen Beamten und Unterthanen, ohne Beyrath der Stände keineswegs abzuändern; Nichtweniger 4) die allenfalls noch vorhandne Landes-Beschwerden zu beherzigen, und auf dem nächsten Landtag in Proposition zu stellen, auch endlich 5) den in dem Fürstlichen Rescript vom 13ten August 1789 enthaltnen, und am 31. d. Monats wirklich proponirten Punkt, wegen Gleichheit der Steuern und Abgaben, in so ferner dieser inmittels noch nicht beygelegt worden, auf dem Landtag zum allgemeinen Besten zu reassumiren, — von selbst vollkommen geneigt seyn.

Nro. 100. Montag den 12ten December. 1791.

Beilage
zu
Politischen Gesprächen
der
Todten.

Ankündigungs-Herold.

1mo. & 2do. Litteratur und Handlungs-Nachrichten.

    Ein Kaufmann der am 17ten Oktober aus der Insel St. Domnig abgereist, und in Havre de Grace am 30sten Novemb. angekommen ist, erzählt folgendes: — Bis am 14ten Oktober sind 944 Kaffee-Plantagen, 163 Zucker-Anlagen, 14 Baumwoll-Plantagen, 12 Indigo-Plantagen angezündet und zerstört worden. Es waren 168000 Schwarze in Anfuhr, es sind 1200 Inwohner, die als Aufseher oder als Ekonomen bei diesen Plantagen angestellt waren, ermordet worden, ohne die Dienerschaft, und die Besitzer davon zu rechnen. — Die Schwarzen haben sich einen König gewählt, der Jeaunot heißt; er hat einen Hofstaat, und will die Insel zu einem unabhängigen Königreich erheben. Sie haben Fahnen, worauf geschrieben steht: — die eiserne Ruhe ist gebrochen.

    Ueber den Artikel der Handlung in der Beilage Nro. 92: Ist für Deutschland nützlich und vortheilhaft eine Sperre gegen Frankreich anzulegen?

    Ja, mein Freund! es ist für den deutschen aktiven

Handel höchſt nöthig; allein über dieſen Punkt wäre viel
zu ſagen; damit Sie aber wiſſen ſollen, daß es bei der
Handlung noch Männer gebe, die über dieſe Materie ſchon nachgedacht haben, ſo muß ich Ihnen ſagen, daß 10 und 100 Pläne und Einrichtungen zu
machen wären, die auf dem Papiere geſchrieben, herrlich und nützlich ſcheinen würden, im Grunde aber
immer von einſichtsvollen und erfahrnen Männern,
eine ſolche Weiſung erhielten, wie jener Abt Carl
von St. Piere von Cardinal Fleuri, eine Vorbereitung: eine allgemeine Vorbereitung! würden Sie
ſchreien, und dann den Anfang, — welches beides ihr
noch hauptſächlich fehlet. Alles iſt uns Deutſchen
möglich, alles Unternehmen ausführbar; allein in
ſo lange: die eigentliche aktive Handlung eines jeden Landes nicht ein ganzes einiges und wirkendes
ausmachen wird, in ſo lange dieſes Ganze der Handlung nicht mit einer Regierung verbunden ſeyn wird,
in ſo lange iſt alles Unternehmen vergebens. Entweder werden die Glieder der Handlung aus fehlen-
der Vorbereitung, das Unternehmen der Miniſter,
oder dieſe aus gewiſſer angeerbter Geringſchätzigkeit
der Glieder der Handlung, die beſten Entwürfe
der leztern untergraben, und ſo immerwährend einer
den anderen hindern.

Kein paſſenderes Bild einer effectuelen Wirkung
einer Verbindung der aktiven Handlung mit einem
Miniſterio, mein Freund! als die Konſtitution eines
Bienenkorbes; ſtellen Sie ſich ihn vor, und Sie haben
das wirkende Bild der Handlung in einem jeden
Lande. Den Schwermer oder Bienen-König: —
den Beherſcher — die Bauer des Korbes: — die
Miniſter, — die zuſammentragende und ſammlende
Bienen: — die vereinten Handlungsglieder, und die

manigfaltigen Blumen und Blüthen: — die vielfältigen Zweige der Handlung. Eben so wenig als ein König allein einen Honigkorb erbauen, eben so wenig die Minister, ohne Materialien zu haben, die schon rein sind, etwas festes erstellen werden; eben so wenig wird ein einziges Mitglied der Handlung alle erforderliche Materialien sammlen können, wenn hiezu nicht alle Glieder beitragen werden.

Man betrachtet die Handlung noch bis heute von keiner wahren Seite: daher diese Geringschätzigkeit ihrer Glieder. Aber glauben Sie! in einem bishero in der Handlung unbedeutenden Orte P... wird ein Plan entworfen, bearbeitet und auch selbst im Kleinen unternommen werden, der zu der obigen Unternehmung eine weite Aussicht biethen wird. Die Hauptgegenstände sind ein muthiges Bestreben für das allgemeine Beste der Handlung, und glauben Sie, daß dieses die wahre Vorbereitung ist?

Die Lehrer der hohen Schulen scheinen mir im Grunde gegenwärtig, in Kleinem das zu seyn was Minister im Großen sind, beide von ihren effectuirenden Theilen getrennt. Denn in so lange Mathematik bloß ein technologisches Wortgebäude, Mechanik mit der Reißfeder auf dem Papiere, — Chimie unverbunden mit dem Effect, und Bothanik eine gemalte Bilder-Galerie ausmachen wird, in so lange werden wir unvollkommene Müller, Uhrmacher und andere Maschienbauer und Künstler, mechanische Färber und Metalurgen, und Stümpler in menschlicher Gesellschaft erhalten.

Praktische Schulen werden eine andere Klasse von Menschen bilden, und Oesterreich scheint schon ganz nahe diesem wichtigen Schritte zu sein; man wird praktische und öffentliche Kabinette für alle

Künſtler halten. Eben ſo werden die Miniſter hundertfältige Ausführer ihrer Arbeiten finden: die Glieder der Handlung werden ſich verbinden, und mit vereinigten Kräften ſich bemühen, für das allgemeine Beſte einen Bienenkorb zu bilden. Ruſſig wird der König die Bauer und Zuträger betrachten, und den ſüſſeſten Honig vom Wachſe geſchieden, unter ſeinen Füſſen im Ueberfluſſe ſehen, und dann welche Hummel wird ſich dieſem Gebäude wohl ohne Schrecken nähen dörfen, da izo zu ihrer Bequemlichkeit der Honig ungeſammlet von allen Pflanzen flüßt; und dann nur wird an einen Riegel gegen ſolche Gränze gedacht werden können, über welche izt der Honig getragen wird. Sobald dieſer nutzbare Entwurf alle Feilen und Polirhölzer durchgewandert haben wird, dann ſollen Sie der erſte ſeyn, der ihn der Welt kund machen wird, und dies ſo bald als möglich.

3tio. Ankündigungen.
Churfürſtlich - Pfälziſche Lotterie.

Anheute den 9. Dec. 1791 iſt die 463. Ziehung dieſer Lotterie auf dem Rathhauſe dahieſig - Churfürſtlicher Reſidenz, in hoher Gegenwart Seiner Excellenz Herrn Baron von Verglas, Ihro Churfürſtlichen Durchlaucht Hofkammer-Präſidenten, ꝛc. ꝛc. und in Beiſitz angeordneter wohlanſehnlicher Herren Deputirten, mit bekannter guter Ordnung und feſtgeſtellten Formalitäten vollzogen worden.

Die bei dieſer Ziehung herausgekommenen Nummern ſind folgende:

1ter Zug: 90. Neunzig.
2ter Zug: 57. Sieben und Fünfzig.
3ter Zug: 59. Neun und Fünfzig.
4ter Zug: 62. Zwey und Sechzig.
5ter Zug: 30. Dreyſig.

Die 464. Ziehung Churfürſtlichen Lotterie geſchieht Freytags den 30. December 1791.

Nro. 50. Dienstag den 13ten December 1791

Geheimer
Brief-Wechßel
zwischen den
Lebendigen und den Todten.

An Johan Baron von Görtz — ins Elysäum.

An Rhein-Ufern am 13ten Decemb.

Wie? du hast in meine politischen Grundsätze Zweifel und Parteygeist eingeklebt? — Ich sagte: — die französische Konstitution ist ein Lehrgebäude der Chymären. — Du erhebst sie zu einer Götter-Wohnung. O Görtz! du wirst mir wenigstens in dem politischen Regiment der Zeitungen eine Korporalstelle zugestehn? Und ein politischer Korporal muß beim ersten Blik sehen, was bestehen oder nicht bestehen kann.

Wenn die Politik eine unermeßliche Masse von Opinionen hinauf auf den centralen Standpunkt wälzen soll; — so muß sie erstens ihre Schrauben schärfen. Welches schwere Gewicht hat sie zu heben? — das Gewicht unzähliger Opinionen, die nach den Gesetzen der Natur von ihrem Heftpunkt herabstürzen, und mit ihrer Schwere alles: — Ordnung, Gehorsam, Glück, Verbindung, Sicherheit, Eigenthum zerquetschen. Welche Vorſicht, welche Klugheit, welche Behutſamkeit, um dieſe Maſſe nach den Staatsregeln in den wahren Standpunkt einzuſchieben! — Und dies iſt geſchehen: es iſt geſchehen, o Görtz! die Schrauben ſind geſchärft; die Kräfte zur Hebung ſind vereinigt; die Heber ſind angelegt.

Lang genug haben die Häupter der Nationen dem Vulkan der aufbrauſenden Opinionen zugeſehen; lang genug ſuchten ſie durch gelinde Mittel das Fieber zu heilen. Alle niederſchlagende Arzneyen halfen nichts. Es war alſo nöthig, zu heroiſchen Mitteln Zuflucht zu nehmen, und hier ſind ſie:

Alle ſo wohl kayſerliche als auch preuſiſche Bothſchafter an verſchiedenen Höfen von Europa haben die hohen miniſteriellen Befehle erhalten, ihren reſpektiven Höfen zu erklären, daß ein Allianz-Traktat zwiſchen Oeſterreich u. Preuſen geſchloſſen ſeye. Die Präliminarien dazu ſind zu Wien unterzeichnet, und nächſtens werden ſie bekannt gemacht werden. Der bekannte und miniſterielliſch kommunizirte Gegenſtand dieſes Allianz-Traktats beſteht aus folgenden Punkten: 1mo.) Das wechſelſeitige Intereſſe beider Höfe gegenſeitig, ſo viel es die allgemeine Staats-Polizey zuläßt, zu befördere. 2do.) Die Ruhe in Europa zu erhalten, und, wo ſie zerſtört iſt, mit vereinigten Kräften herzuſtellen. 3tio.) Die Verfaſſung des deutſchen Reichs aufrecht zu halten. — Dies iſt die bekannte Baſis dieſes Allianz-Traktats.

Die unbekannten Grundſätze dieſer Verbindung oder die geheimen Punkte dieſer Allianz ſind geheim, und in dem Heiligthum des politiſchen Tempels aufbewahrt, bis die Zeit herkommt, wo ſie zur Offenbahrheit reif werden. — Man kann ſie von keinem Zeitungs=Schreiber erwarten, weil man sie solchen Schluckern nicht auf die Nase bindet.

Man kann leicht errathen, welche Erhabenheit diese Alianz in Europa auffesten wird. Ist die Klubpartie in Frankreich im Stande, sich gegen die Konzentrirung aller europäischen Kräfte zu spröden? — Die heutige Politik scheint sich nach dem Gang der Natur zu modeln. Die Natur wirkt langsam, — nach den ewigen und unwandelbaren Gesetzen der Dinge. So ist auch der politische Gang, er entwickelt sich nach der allgemeinen Staatsklugheit. — Diese Alianz zwischen Oesterreich und Preußen — ist der Saamen; — die Früchte werden bald reifen. Wie? reifen? — sie blühen schon: folgende Nachricht bestättiget ihren Saft, und ihren Trieb:

Amsterdam vom 28sten Novemb. (Dieser Artikel ist aus der Pariser Zeitung; Gazette universelle ausgezogen.) Die Emigranten haben eine neue Hilfsquelle; sie haben 1 Million Gulden aus Berlin erhalten. Diese Nachricht ist sicher, man kann sich darauf verlassen. Das Haus Smeth in Amsterdam hat die Helfte, und das Haus Cohen und Kompagnie die andere Helfte ausbezahlt, und diese Summe aus Berlin gezogen.

Es war in der That höchste Zeit, den Aufbrausungen, die aufs neue vorbereitet werden, durch diese Alianz Einhalt zu thun. Briefe aus

Lüttich vom 9ten dieses erzählen mit bedeutender Wichtigkeit, daß der Unruhens=Bürgermeister Fabry, der die ganze Lütticher Revolution angefangen, angezettelt, und unglücklich geendiget hat, — ein Schreiben an das Lütticher Volk erlassen, worinne er die Nation von

Lüttich ermahnt, Geduld zu haben, weil er sie von dem Priester joch (dies sind seine Ausdrucke) bald erlösen wird. Er protestirt gegen alles, was der Fürstbischof, und die Kammer zu Wezlar zur Herstellung der Ruhe vorgekehrt haben. Er nennt die Reichs Konstitution eine Pedanterey. Er ermahnet das Volk, sich bereit zu halten. Sein Schreiben kömmt aus Frankreich, und ist heimlich abgedruckt an die Patroten zugesandt worden. – Dieses Schreiben ist von vielen mit Erlösungs-Begierde verschlungen worden. Man glaubt, Herr Fabry habe sich mit den Parisern Klubs vereinigt, um das Lütticherstand, so wie jenes von Avignon, – an die französische Konstitution anzuzetteln. Man sagt so gar, daß die Propaganda heimliche Emissarien in das Lütticher Land geschickt habe, damit sie die unruhigen Köpfe mit Verheissungen baldiger Erlösung unterhalten. — Aber die Allianz zwischen Oesterreich und Preusen sichert die Verfassung des deutschen Reichs; folglich auch die Verfassung des Lütticher Landes.

Von der andern Seite werden eben dergleichen Bewegungen gegen die kayserlichen Niederlande gerichtet. Ein Schreiben aus

Maubege vom 2ten dieses
meldet folgendes: Die brabäntischen Patrioten, die sich hier aufhalten, sind in die Gesellschaft der Konstitutionsfreunde aufgenommen worden. Herr Rochambeau war eben zu dieser Zeit Präsident dieser Gesellschaft, und machte an die Brabänter folgende Anrede: — „Meine Herrn Patrioten! ihr habet der Freyheit ein Schlachtopfer dargebracht; ihr wustet sie zu schätzen; aber unglückliche Ereignisse haben euch von ihrer Eroberung verdrungen. Die

Freunde der Französischen Konstitution haben es sich zum Ehren=Zweck angenommen, — die ganze Erdkugel in ihr Freyheits=Sypstem einzufassen; — und mit diesen Gesinnungen, mit diesen Vorsätzen gewaffnet, — hoffen sie, daß ihr in euer Land zurückkehren, den Saamen unserer wohlthätigen Entwürfe aussäen werdet, — damit wir eine reiche Erndte darauf auffeimen sehen." Diese Anrede war gedruckt, und ausgetheilt. — O Bender! o grauer Held! sieh! dies geschieht auf den Grenzen deiner militairischen Befehlshabung! — du lächelst, und fürchtest nichts!!!

Paris vom 6ten dieses.

Wie hoch der Freyheits Geist auch unter aufgeklärten Männern flammet, ist aus folgender Anekdote zu ersehen: — Herr Volney hat Anno 1788 eine Reisbeschreibung herausgegeben, und schickte der Kayserin von Rußland ein Exemplar davon zu. Diese grose Monarchin ließ dem Verfasser durch ihren Geschäftsträger, Herrn Grimm danken, und schickte ihm zugleich eine goldene Andenkensmünze. — Weil nun die Kayserin die emigrirten Prinzen unterstützt, und Herr Volney ein Patriot aus Ueberzeugung zu seyn vorgiebt; — so schrieb er am 3ten dieses einen Brief an den Herrn Grimm, in welchem er ihm diese goldene Münze zurückschickt, mit dem Ersuchen, sie an die Kayserin zurückzustellen, weil er von einer Beherrscherin, die eine ungerechte Sache vertheidigt, kein Andenken behalten will.

Am 5ten dieses zitterte alles zu Paris. Man sieht alle drey Partheyen, die nun Frankreichsopinionen theilen, sich in Haaren stehen. Herr Orleans ist wieder an der Spitze der Klubisten. Er hat die kühnsten unter den Rotten auserlesen, und ihnen auf seine Ehre versprochen, daß, so bald er ihrer nöthig haben werde, und sie die andern zwey Parteyen, nemlich die Royalisten und Monarchisten bezwingen werden, es ihnen erlaubt seyn soll, zu plündern, und sich von solchem patriotischen Raub zu bereichern.

Koblenz vom 12ten dieses

Monsieur, nemlich der älteste Bruder des Königs ist seit drey Tagen krank. Man hofft, daß das heftige Fieber, mit welchem er befallen ist, — keine traurigen Folgen haben werde.

Herr Bombelle ist in voriger Woche aus Petersburg hier eingetroffen. Er hat nebst einer goldenen Unterstüzung ein Schreiben von der Kayserin an den Herrn von Broglie, und an die emigrirten Edelleute mitgebracht, worinne diese Monarchin versichert, daß sie so wohl mit ihrer Macht, wie auch mit ihrem politischen Einfluß die Prinzen und den Adel aufrecht zu halten sich angelegen seyn wird lassen. Dieses Schreiben ist voll Kraft und Gröse, und wird nächstens im Druck erscheinen.

Die hier ministerielisch bekannt gemachte Allianz zwischen Oesterreich und Preusen macht eine angenehme Sensation auf die Franzosen, weil man den Zweck davon zu ihrem Vortheil kalkulirt. — Unterdessen glaubt man, daß der Wiener und der Berliner Hof dem System des Herrn von Breteuil anhangen, — weil sie beide in ihren Erklärungen (Siehe unsere Blätter vom vorigen Monat) den moderirten oder gemässigten Weg vorschlagen. — Die Prinzen und die Emigrirten wünschen die vorige, von Misbräuchen gereinigte Konstitution, so wie es die Cahiers oder die Vorschläge der Pro-

binzen gleich Anfangs bei der Berufung der Generalstände dargezeigt haben.

Die Klubisten sind bereit, wenn es auf das
Aeusserste kommt, und wenn sie sich nimmer halten können, den König mit seiner Familie wegzu-
schleppen, und sich mit einer Armee von 40tausend
Mann in dem Gebirge Cevennes zu verschanzen.
Es werden in dieser Gegend fürchterliche Vorkehrungen getroffen. — Das Schicksal also des Königs und seiner Familie ist noch allezeit der Wet-
terhahn der Rotten, und vielen Gefahren ausgesetzt.

Man erwartet hier — höchstens in 14 Tagen eine allgemeine Erklärung aller Potentaten von
Europa, in Rücksicht auf die verwirrte Lage Frankreichs. Man sagt, auch England werde hernach
zu der Koalition beitretten.

Aber die neuesten Ankömmlinge aus Frankreich versichern, daß die Nation sich durch keine Droh-
Schriften schrecken lassen werde.

Brüssel vom 9ten dieses.

Die Stände von Brabant sehen ihre Berathschlagungen noch immer ganz geheimnißvoll fort,
so daß man bisher noch nicht das mindeste davon
in Erfahrung bringen kann. Verwichenen Montag hatten die Kommissarien aus der Gesellschaf der
Konstitutionsfreunde die Ehre, bei Ihren Königl.
Hoheiten zur Audienz gelassen zu werden, und sie
bezeigten sich bei ihrem Herausgehen besonders vergnügt. Nemlichen Tages sind die 2 vor drey Mo-
nathen nach Wien abgegangenen Kourrier wieder
allhier eingetroffen, was sie aber eigentlich mitgebracht haben, ist bisher noch ein Räthsel.

Die Gährung, welche vor einigen Tagen unter denjenigen Einwohnern herrschte, welche an den

Unruhen im Jahre 1789 den grösten Antheil hatten, hat doppelte Vorsicht erfodert. Es wurden deshalb dem Kommandanten der Truppen die gemessensten Befehle ertheilt. Ihr verbrecherisches Vorhaben ward also vereitelt, und die Freude, welche ein getäuschter Augenblick derjenigen verursachte, die ihren Zweck schon erreicht zu haben glaubten, war nur vorübergehend.

Es gieng indessen lärmend genug her, und weder Geld noch allerley infame Schriften wurden gespart, um schwache Seelen in Furcht zu setzen.

Biographie.

Johan Baron von Görz aus dem Hollsteinischen gebürtig, hatte sich die Gunst Carls des Zwölften König in Schweden durch seine kühne Unternehmungen in den Staatsgeschäften erworben. Vermög seiner Unterhandlungen sollte sich England zur Gunst des Pretendenten empören, und ganz Europa in ein allgemeines Kriegsfeuer verwickelt werden. Er gab sich alle Mühe die politischen Angelegenheiten zu verknoten, aber es gelung ihm nichts. Carl gab ihm die Verwaltung seiner Finanzen, und weil die heldenmüthigen Abentheuer dieses Nord Alexanders viele Ausgaben forderten, so sah sich der Finanzminister genötiget, verderbliche Mittel anzuwenden um Geld aufzutreiben. — Nach dem Tode Carl des Zwölften wurde er arretirt, und um das unzufriedene Volk zu besänftigen, den 2ten Merz 1719 enthauptet. Kein Vorschlag, sagt Voltaire, war ihm beschwerlich, kein Mittel unausfindbar um zu seinem Endzweck zu gelagen: er verschwendete Geschenke, Verheißungen, Eidschwüre, Wahrheit und Lügen, wenn es eine politische Verwickelung betraf.

Nro. 97.   Freytag den 9ten December 1791.

Beilage
zu
Politischen Gesprächen
der
Todten.

***

Politische Satyren.

„Wie? der Winter soll den Krieg hindern? —
„nein: der König von Preußen hat im Winter
„den stattshalterischen Hof in Holland gerächet;
„Leopold hat die Brabänter im Winter zur Ru-
„he, und zu ihrem wahren Glücke angeführt;
„Potemkin hat im Winter seine Lorber gepflanzt;
„Friedrich der Große ward um sechs Klafter grö-
„ßer bei Roßbach am 5ten November; Daun
„schlug den Feind am 22sten November, und am
„5ten December war der Tag bei Lissa merkwür-
„dig. ꝛc. ꝛc. ꝛc.

Koblenz vom 8ten dieses. — Herr von Vaudreuil
ist von Wien zurückgekommen. Herr von Bouillé
ist seit einigen Tagen auch hier. Man erwartet
den Herrn von Bombelle, der schon seit 10 Tagen
von Petersburg abgereist, und hier noch nicht angekommen ist. Man fürchtet, daß er vielleicht auf
seiner Hieherreise gestoßen ward, denn man wartet mit Aengsten auf seine Ankunft, und besonders auf die Depeschen, die er aus Petersburg
mitbringt.

Diese Woche dauerte der Staatsrath alle Tage länger, als sonst gebräuchlich war. — Die Geschäfte und die Hindernisse häufen sich ausserordentlich auf. — Täglich kommen noch viele Auswanderer an, die hernach in die militairischen Kantons vertheilt werden.

Man erzählt sich hier, daß die Nationalversammlung dem General Luckner die Vollmacht zu geben, den Prinz von Conde zu Worms anzugreifen ꝛc.

Man raunt sichs ins Ohr, daß Devuittle von Paris an Rhein angekommen, um den deutschen Fürsten zu erklären, sie sollen entweder die Emigranten aus ihren Ländern wegschaffen, oder zu gewärtigen, daß man ihnen von Seiten Frankreichs den Krieg erkläre. — Man sieht diese Drohung so an, wie es ihr gebührt, nemlich für eine Kartouschiade.

Es wird eine bürgerliche Gensd'Armerie errichtet. Der dritte Stand in verschiedenen Städten Frankreichs hat sich dazu angeboten.

Das System oder der Anhang von zwey Kammern, nach dem Entwurf des Herrn von Breteuil bekommt einen angenehmen Eingang in die französischen Opinionen. Diese Partie hat schon einen Klub zu Paris, und vermehrt sich ausserordentlich. Man sagt, daß die Königin von Frankreich, der Kayser und der König von Preusen in den Grundsätzen des Herrn Breteuil thätig initiirt sind.

Wien vom 1sten dieses. Herr von Neailles, französischer Bothschafter hat im Namen des Königs der Franzosen beim Kayser Vorstellungen gemacht, damit Leopold denjenigen Reichsfürsten, die

die Versammlungen der Emigrirten dulden, und zulassen, andeute, daß dergleichen bewaffnenden Zubereitungen die Rechte der guten Nachbarschaft verletzen, und daß also die Reichsfürsten diese Emigrirten nimmer dulden mögen. Der Kayser hat darauf geantwortet, daß er erstens das Reichsgutachten darüber holen, und hernach dem König auf sein Ansuchen antworten werde.

Die Abtretung des eroberten türkisch Kroatien an die Pforte findet viele Hindernisse. — Der Preußische Gesandte hat deswegen Vorstellungen gemacht, — mit der Konvention von Reichenbach an den Lippen. Weil aber auch die Venezianer von dieser Seite Beschwerlichkeiten anlegen, so hat der Kayser für gut befunden, diese Angelegenheit bis zum Frühjahre aufzuschieben. — Man schließt aus diesem Schritte verschiedene politische Folgen, die noch mit einem Schleyer bedeckt sind.

Eine Anekdote, welche erweist, daß England nicht die Freyheit der Franken, sondern ihre Anarchie, wie sie jetzt besteht, wünschen müsse.

Der Kanzler Baco schrieb unter der Regierung der Elisabeth. „England habe seine Gröse der Freyheit „zu danken, die es dadurch über alle Nationen erlangt: „England hat allen Nationen den Weg und die Grün„de und Mittel gewiesen, wie sie zur Gröse gelangen „sollen. England soll aber wohl den Bedacht darauf „nehmen, daß keine andere um die Seemacht buhlen„de Nation es so weit bringe, daß sie das Gleichge„wicht gegen England wieder herstelle. Baco setzte „noch die sonderbare und wahrhaft prophetische Er„mahnung bei: Vorzüglich muß England darauf sehen, „daß es bei andern Nationen den Trieb zur Freiheit er„sticke; dann so bald eine andere Nation einmal die „Wirkungen der Freyheit, welche die Liebe derselben „ohnehin rege macht, fühlt, so wird England verlie„ren, und könnten alle Schätze von Indien, wenn es

„ſie auch wirklich geſammlet hätte, den Verluſt nicht
„mehr erſetzen."

Brüſſel vom 4'ten dieſes. — Die Stände
hatten ihre Verſammlungen unter dem Schutz eines
Huſaren Pikets. — Es iſt ſonderbar auffallend,
daß die Stände die Auflagen, auf Bier, Wein ꝛc.
aufgehoben haben. Sie wünſchen vermuthlich dem
Volke dadurch zu gefallen, um — hernach vielleicht aus Mangel der Einnahme die Subſidien abzuſchlagen. Es iſt unterdeſſen alles ruhig. — Die
Stände von Namur ſind angekommen, und brachten die Subſidien von Anno 1789, 1790, wie
auch die Subſidien der Unterhaltung des Hofs.

Paris vom 4ten dieſes. — Die 13 tauſend
Schweitzer werden, wie es zuverläſſig in dem Jakobiner Klubs verſichert war, franzöſiſchen Dienſte
verlaſſen, und in die ſpaniſche tretten. Es ſoll zu
Bern und zu Solothurn ein Vertrag deswegen geſchloſſen worden ſeyn.

Es geht alles ſo bunt einander, ſo unruhig,
daß ehrliche Leute im Ernſte ſich nach einer
Veränderung ſöhnen. Der König hat das Dekret
gegen die Geiſtliche, nicht aber jenes gegen die Prinzen ſanktionirt.

Grünſtädter Privilegirte Zahlen-Lotterie. Die 46ſte
Ziehung iſt heute den 6ten Decemb. 1791 unter Aufſicht
derer hierzu verordneten S. T. Herren Deputirten mit gewöhnlichen Formalitäten und gehöriger Accurateſſe vollzogen worden, und ſind folgende Numern aus dem Glücksrade erſchienen:

Erſter Zug: Nro. 83. Drey und Achtzig.
Zweyter Zug: Nro. 12. Zwölf.
Dritter Zug: Nro. 40. Vierzig.
Vierter Zug: Nro. 59. Neun und Fünfzig.
Fünfter Zug: Nro. 36. Sechs und Dreyſig.

Die Sieben u. Vierzigſte Ziehung geſchieht den 13ten
Decemb. 1791. und ſo fort von 8 zu 8 Tagen

Nro. 50. Donnerstag den 8ten December 1791.

Politische
Gespräche
der
Todten
über die
Begebenheiten
des 1791sten Jahrs

„Les nobles francois se sont ruinés au service
„de la guerre & de la cour; les villains ont ache-
„té leurs terres, & ces vilains les ont à la fin
„chassés.
Article tiré de l'experience.

Ueber den französischen Adel.
Eine Zeitung.

Ich habe, sprach Aeneas im Elysäum, den Adel von Troja nach Italien gebracht. Alle Völkerschaften, selbst die Aegiptier nicht ausgenommen, hatten ihren Adel. — Nach dem römischen Adel hat sich ganz Europa gemodelt, und im ganzen Europa besitzt der Adel die meiste Erde, — den französischen Adel ausgenommen.

Was müßt man dem französischen Adel vor? — er hatte keine andere Vorzüge, als jene die aus dem Schornstein der Ehre rauchen. Er bezahlte das Kopfgeld, den Zwanzigstel, war frey von der Taille. Wie? frey? — ja wenn er selbst geackert hätte. So bald er aber einen Pachter angenommen, so mußte dieser Pachter die Taille bezahlen, folglich gab er weniger Pachtung, folglich bezahlte die Taille der Edelmann.

Welche Stellen begleitete der französische Adel? die ruinirenden Hof- und Kriegs-Stellen. Der reiche Edelmann diente am Hof, die Bezahlung dafür, so groß sie auch war, ruinirte ihn. Ein Hofmann, der 40000 Livres zog und 4000 Livres Einkünfte hatte, mußte im Hof-Luxus glänzen, machte Schulden, und ruinirte sich. — Ein Edelmann, der als Officier diente, schlampampte 40 Jahre mit Uniform daher, verschwendete viele tausend Livres, und — ward hernach Lieutenant General mit 6000 Livres; da ward er ziemlich alt, Er verkaufte seine Landgüter, — und starb.

In den einträglichen Finanz- und groß Pachter-Diensten war kein Adel seit Colberts Zeiten; nur Adels-Rekruten waren darinne. In den Parlamenten und in Justizwesen waren meistens reiche Bürger. Also hatte der Adel keine einträglichen, sondern nur die ruinirenden Stellen in Frankreich. Der Adel hat sich also ruinirt; hat seine Erbe an den dritten Stand verkauft. Deswegen besitzt der dritte Stand mehr Erbe in Frankreich als der Adel, da doch in allen Reichen von Europa noch bishero der Adel alle Erbe besitzt. — Was geschah? — der dritte Stand — verjagte den Adel.

Dies ist, sprach Aeneas, mein letztes Wort über den Adel. — Lasset uns die Zeitungen lesen:

Nagvag in Siebenbürgen den 5ten November. — Vor 3 Tagen kam ein fremder ganz gut gekleideter Mann zu unserm würdigen Pfarrer, machte ein altgothisches Kompliment, sah ihn mit bedeutender Miene an, und begann dann eine lange Rede, des Inhalts: daß er von Gott gesandt sey, um dem Menschengeschlecht den bevorstehenden jüngsten Tag anzukündigen, welcher binnen 40 Tagen und Nächten unausbleiblich erfolgen würde. — Zum Beweis, daß er ein wahrer Prophet sey, wies er die steinerne Tafel Moses auf, welche wirklich eine schöne Marmorplatte mit eingegrabenen alten Zeichen war, und zog auch verschiedene andere sehenswürdige Antiken und Merkwürdigkeiten hervor, worunter er den Pfarrer besonders auf ein Stück petrifizirtes Manna aufmerksam zu machen suchte. Der kluge Pfarrer, welcher in dem Propheten gleich den Spizbuben oder den Narren fand, benahm sich dabei auf eine bescheidene Art, lachte dem Propheten seinen Beifall zu, und wies ihm beim Medizier ein Essen und Nachtquartier an, mit dem Beisaz, daß man über diese wichtige Sache morgen beim Frühstück näher sprechen würde. Der Vogel mag den Lunten gerochen haben, denn er machte sich bei der Nacht unsichtbar, und kam nicht wieder in Vorschein. Weil man sich vor den falschen Propheten eben so wie vor Spizbuben zu hüten hat, und dieser neue Unglücksprophet sein Wesen auch anderswo treiben dürfte, so finde ich es nöthig, ihn beim Publikum zu dessen Benehmen mittels einer Zeitung anzumelden, welche auch den Ritter mit der eisernen Maske im rhinischen Reiche schon angekündigt hatte, ehe er aus Leipzig nach Frankfurt gekommen war, daher selber, weil er schon allgemein entlarvet war, auch bald verschwand.

Ein Schreiben des Osservatore Triestino vom 21ften November erzählt: Ich komme so eben aus dem Kastell, wohin ich durch die Gelegenheit eines fremden Herrn gelangte, welcher die Arbeit eines wegen Verfälschung von Bankzeddeln sizenden Italieners sehen wollte, um von diesem Verbrecher sich eine Karte stechen zu lassen, Allein die Kunst dieses Italieners entsprach nicht der Erwartung des fremden Herrn. Bei dieser Gelegenheit hatte ich auch das Glück jenes Loch zu sehen, durch welches gestern der hier gefangen gesessene Prinz aus dem hiesigen Kastell entkommen ist. Dieser Prinz muß vermuthlich Langweil gehabt haben, er ließ daher gestern um halb 6 Uhr Abends einen Strick in einer kleinen Oefnung des Abtritts mittels eines vorgeschobenen Stück Holzes durch seinen Bedienten befestigen. An diesem Strick rutschte er in einen kleinen Winkel, ungefähr 15 Klafter tief, — herunter, und entkam sonach ohne Hinderniß glücklich. Dieser Prinz, der von einigen Sca-

Iatagi Prence de Gicca, von andern aus dessen Unterschriften Mavrojeny genannt wird, und ein Sohn oder Vetter des zu Schimla enthaupteten Mavrojeny, vormaligen Fürsten der Walachey seyn soll, genannt wurde, kam vor geraumer Zeit nach Triest, machte viel Wesens, wußte sich bei einem hiesigen Handelshaus in Kredit zu setzen, und versprach gute Projenten. Allem Anschein nach müssen die Anfragsbriefe nicht erwünscht ausgefallen seyn; der Handelsmann ließ daher den Prence scorlatagi de Gicca aufs Kastell setzen, wo er 6 Monate saß.

 — Mit dem Kriege zwischen der Republik Venedig und dem Tunis'schen Freistaat wird es nun um so gewisser zum Ernste kommen, da die Tuniser ein venezianisches Schiff nach dem andern weglapern. Ein junges Schreiben aus Triest vom 23sten November meldet uns wieder ein Paar frische Begebenheiten. Der venezianische Schiffskapitain, Demeter Jankovich, welcher mit einer Ladung von Triest nach Konstantinopel segelte, ist bei dem Vorgebirge Matapan von einer tunissischen Schebeke welche mit einem großherrlichen Ferman aus Konstantinopel nach Tunis zurückkehrte, angegriffen, und nach Canea in Candien aufgebracht worden. Der Seeräuber hatte 160 Mann; auf dem venezian. Kauffarteischiffe aber waren nur 12 Matrosen. Demungeachtet wehrten diese sich so tapfer, — daß von den Tunisern über 40 Mann blieben; und erst alsdann, als 4 venez. Matrosen getödtet, und auch ihr Kapitain verwundet worden, bemächtigten sich die Seeräuber des Kauffarteischiffes. Da aber nach den Gesetzen die aus dem schwarzen Meer kommende tunis'sche Schebeke nicht eher berechtigt seyn konnte aufs Kapern auszugehen, als bis sie in Tunis gewesen wäre, so hat der in Canea befindliche venezianische Konsul das Ansuchen gemacht, daß die gemachte Beute als ordnungswidrig erkläret, und der Seeräuber zu Vergütung des Schadens gehalten werden soll. — Der venezianische Kapitain, Johann Picello, der sich von 4 tunis'schen Seeräubern anfallen sah, konnte sich mit äuserster Gefahr sammt dem Schiffsvolk nach Kalabrien flüchten. Das Schiff ward den Räubern zur Beute, welche auch kurz umher zwey nach Venedig bestimmte

Schiffe, ein genueſiſches und ein neapolitaniſches wegge-
kapert hatten. — Am 21 November hatte ein Kaufmanns-
ſohn von Trieſt auf der Jagd zuerſt einen Bauernhund,
welcher ſeiner Hand verfolgte, darauf im Wortwechſel
den Bauern ſelbſt erſchoſſen. Er hat ſich indeſſen nach
Lübein geflüchtet, und daſelbſt zu Schiff geſetzt, man
verſichert aber, er ſey dazu durch den Bauern gemißhi-
get worden, indem dieſer, über den Verluſt ſeines Hun-
des aufgebracht, ihm zuerſt nach dem Leben getrach-
tet habe.

Paris vom 30ſten Novemb.

Der am 12ten dieſes mit dem Schreiben des Königs
an ſeine ausgewanderten Brüder, nach Koblenz abgegan-
gene Kourrier iſt am Freytage Abends hier zurückgekommen. Wenn man aus dem Unwillen ſchlieſſen ſoll, den
der König nach Leſung der Antworten ſeiner Brüder be-
zeigte; ſo muß wohl die Hartnäckigkeit der Prinzen, das
Anſehen des Königs zu verkennen, und ſeinen bringen-
den Einladungen zur Rückkunft kein Gehör zu geben,
noch immer die nämliche ſeyn. Allein die Nationalverſammlung und der König haben nun, wie aus dem
nachfolgenden Entſchluſſe der Sitzungen zu ſehen iſt,
andere Maasregeln genommen, und es wird ſich
in kurzem zeigen, ob das auswärtige Frankreich den
Ruheſtand in dem inneren noch ferner ungeſtraft beſeh-
den ſoll.

Herr Fromentin, Friedensrichter von Paris, hat an
die Nationalverſammlung geſchrieben, daß, da der Ehe-
ſtand, der Verfaſſung gemäß, nur als ein bürgerlicher
Vertrag angeſehen werden ſoll, ſich täglich mehrere Partheyen bei ihm melden, um verheirathet zu werden. —
Der Friedensrichter verlangte alſo von der Nationalverſammlung eine Vorſchrift, wie er ſich dabei zu verhalten habe, und es wurde dekretirt, daß der Geſetzgebungs-
Ausſchuß über dieſe wichtige Frage nächſtens Bericht ab-
ſtatten ſolle. In der Sitzung am 27ſten war die groſe
Angelegenheit der Rottirungen der Ausgewanderten jen-
ſeits des Rheins in Tagsordnung. Herr Kalle eröffnete die Discuſſion mit einer ſehr heftigen Rede, worin die
Kurfürſten von Mainz und Trier wenig geſchout wurden.
Herr Kalle ſchlug vor, die Herrn von Conde, Rohan,

und ihre Mitschuldigen in den Stand der Anklage zu setzen, und durch den König an die gesagten Kurfürsten und den Magistrat zu Worms erklären zu lassen, daß Frankreich die Fortdauer jener Rottirungen als eine Feindseligkeit ansehen würde, u. s. w. Nach ihm nahm Herr Daverouit das Wort, und zog ein politisches Gemälde der Lage Europens; und er sah nichts, das Frankreich beunruhigen könne. Wir wollen seinen Vorschlag hier übergehen, um ihn, da er hierunten als ein Dekret folgt, nicht wiederholen zu dürfen. Die Discussion wurde nämlich diesmal auf den Dienstag ausgesetzt, um einer reifen Ueberlegung Zeit zu geben. In der Sitzung am 28sten wurde ein Bericht von dem Departemente des Garde vorgelesen, der von entstandenen Religions-Unruhen in dem Distrikte Alais Nachricht gab. Der Aufruhr ist jedoch durch die Truppen gedämpft, und die Urheber gefangen genommen worden. Aus den bei letztern vorgefundenen Briefschaften hat sich entdeckt, daß jene Aufrührer von den Häuptern der Emigranten den nemlichen Monats-Sold von 45 Liv. zogen, wie ihre Trabanten jenseits des Rheins. Dann ward auf Bericht des Assignaten-Ausschusses dekretirt, daß zur Bestreitung der Bedürfnisse der Klasse des Ausserordentlichen und des Nationalschazes, ausser den am 11ten dieses dekretirten 10 Millionen, noch 15 Millionen in Assignaten von 5 Liv. verfertigt und abgeliefert werden sollen, jedoch so, daß zur Auswechselung in den Departementen nunmehr anstatt 100 nur 75 Millionen vorbehalten bleiben, und die dekretirte Summe von 100 Millionen nicht übersteigen werde. In der nemlichen Sitzung legte der Minister der auswärtigen Angelegenheiten, Herr Delessart, von dem Erfolge der Unterhandlungen mit dem Dey von Algier Rechenschaft ab. Der Dey hat nach den von dem Könige genommenen Maasregeln friedlichere Gesinnungen bekommen, und den Königl. Unterhändler, Herrn Miesfiessy, besonders freundschaftlich aufgenommen, und ihn ersucht, an den König der Franzosen zu schreiben, „daß er ihn habe neben sich sitzen lassen als einen Freund, was er sonst keinem Gesandten nie gestattete, und daß er gewünscht hätte, der Nation und dem Könige, wenn er durch seine Unterstützung in den bisherigen Umständen etwas hätte beytragen können, seinen guten Willen zu beweisen." Der Dey hat ausserdem dem Könige 3 Pferde zum Geschenke bestimmt. Diese Nachricht hat zu Marseille, und in allen Häven des Mittelländischen Meeres laute Freude verbreitet...

Vermischte Nachrichten.

Die Landstände des Erzstifts Trier haben dem Kurfürsten gegen die Ungemächlichkeiten und Theurung, welche der in so starker Anzahl versammelte Französische Adel verursacht, eine dringende Vorstellung überreicht. — Nach Brüsseler Berichten, sollen die 5 aus dem souverainen Rathe von Brabant nunmehr ausgeschlossen bleibenden Glieder eine jährliche Pension von 4000 fl. erhalten. Die Beendigung der Fehde zwischen dem Gouvernemente und den Ständen wäre also eigentlich die Folge einer Aussöhnung! — Die zu Avignon gefangen sitzenden Räuber-Anführer verlangen von ihre wohlverdiente Strafe, den Tod. Jourdan weint bitterlich, und beschuldigt andere als Anstifter der Morde. Man hat bereits Aussagen, daß das greuliche Gemetzel in der Nacht vom 16 en Oktob. zufolge eines Schlusses eines am nämlichen Abende gehaltenen Mord-Klubs vollzogen worden ist. Mehr als 60 Leichen sind schon feyerlich beerdigt worden, und auf dem Begräbniß-Platze wird ein Denkmal errichtet. — Die Englische Regierung, anstatt eine Verstärkung nach den Antillen zu schicken, wie die Handels-Interessenten verlangt hatten, schickt dagegen eine Truppen-Verstärkung nach Ostindien, unter Bedeckung 1 Linienschiffs und einiger Fregatten. — Die Holländer hingegen schicken, ausser einer Expedition zur Besitznehmung der Etablissemente der Westindischen Kompagnie, die nach geendigter Oktroy nun von den Generalstaaten selbst regiert werden sollen, noch 1 Fregatte 2 Briks mit etwa 300 Mann Equipage und Soldaten nach Surinam und Berbice, um die dortigen Truppen gegen jede Empörung zu verstärken. — Der Madrider Hof will doch mit dem neuen Marokkanischen Ambassadeur wieder eine Unterhandlung vornehmen.

Biographie.

Aeneas, Prinz von Troja, Sohn der Venus und des Anchises, und Vater des Askanius. Da die Grie-

chen Troja erobert hatten, so retiere sich Aeneas mit sei=
nem Vater, den er auf den Schultern davon trug, und
mit seinem Sohne, den er bei der Hand mitführte. Er
kam nach Italien, vermählte sich mit Lavinia Tochter
des Königs Latinus. Turnus König der Rotulen, der
mit Lavinia versprochen war, fieng mit Aeneas einen
Krieg an, und dieser Trajanische Prinz verlor das Le=
ben in einer Schlacht. Ascanius folgte ihm in der Re=
gierung. — Dies ist eigentlich der Stifter der Römi=
schen Monarchie. Allein Dionis von Halikarnasso, und
viele Gelehrte unserer Zeiten behaupten, daß Aeneas
niemals in Italien gewesen, und daß die Beschreibung
des Virgils in der Aeneis, den Aeneas betreffend, eine
poetische Erdichtung sene.

Ankündigungen.

Auf den 15ten laufenden Monats December, Don=
nerstag Nachmittags präcis um 2 Uhr sollen zu Koblenz
im Lagerhaus am Rhein 10 Ballen russische Roßhaare,
jeder von circa 300 Pf. durch die geschwornen Ausrufer
öffentlich verkauft, und an die Meistbietenden gegen
gleich baare Zahlung überlassen werden.

Le 15. du Mois Décembre courrant, Jeudi,
l'aprèsmidi précisément à 2 heures on mettra
en vente publique à Coblence dans la Douane
sur le Rhein, au dessous du batiment dicastérial
10 Ballots de Crins de la Russie, chacun d'en-
viron 300 Liv. & on les abbandonnera aux derniers
Enchérisseurs contre Argent comptant.

Gezogene Numeren bei der 45sten Ziehung
Kurpfälzischer Lotterie in Düsseldorf den 2ten
Decemb. 1791.
  1ter Zug: 56. Sechs und Fünfzig.
  2ter Zug: 29. Neun und Zwanzig.
  3ter Zug: 6. Sechs.
  4ter Zug: 53. Drey und Fünfzig.
  5ter Zug: 41. Ein und Vierzig.
Die 46. Ziehung Kurpfälzischer Lotterie ge=
schiehet zu Düsseldorf Freytags den 23. Dec. 1791.

Nro 97.   Freytag den 2ten December 1721.

Beilage
zu
Politischen Gesprächen
der
Todten.

Politischer Satyren.

Ein Gebet für Kontrarevolution.

„Herr! schicke uns sechs Millionen Cherubi-
„nen; versieh sie mit Flinten, Kanonen, Pul-
„ver und Bley. O welche schöne Armee! sie
„brauchen keine Magazine: dann sie essen nicht;
„sie trinken nicht; sie tragen keine Uniformen.
„— Oh, oh! komm doch einmal vom Himmel,
„o du schöne Armee der Cherubinen. — Wenn
„solche Cherubinen entweder aus Schweden, oder
„aus Rußland, oder aus Oesterreich nicht bald
„kommen; — so geht alles zu Grund, und —
„hernach nimmt jeder Cherubin, was ihm ansteht.
„— O Cherubinen! — bringet auch euere Che-
„rubinen-Pferde mit, dann die Fourage ist ver-
„flucht theuer!

Wien vom 24sten Novemb. — Die Kanonen
donnern auf unseren Wällen. Sie kündigen die
glückliche Niederkunft der Gemahlin unseres Lieblings Franz, — des Zöglings Joseph des Unglücklichen, an. — Ist es ein Prinz, oder eine Prinzessin? — darüber giebt uns der Korrespondent
keine Erörterung. — Herr Korrespondent! warum

sind sie nicht in die Burg gelaufen, um alles aus zukundschaften? — Dies ist eine hinterm Ofen faulende Nachläßigkeit.

Es ist forderbar! — was ist dann? — Ein Kourrier aus Petersburg hat die Nachricht hier eingebracht, daß 12tausend Schweden, und 12tausend Russen eingeschifft werden, so bald die Jahrszeit es erlauben wird, den Sund zu passiren. — Aber wenn auch die Jahrszit so gnädig ist, und es erlaubt; — werden es die Engländer erlauben? werden sie so gnädig seyn? — die Kayserin von Rußland will das Geld zu dieser Rüstung und Verpflegung hergeben. — Ei, ei! diese Monarchin ist großmüthiger als die Engländer.

Der englische Gesandte bewegt sich, rührt sich, bringt sich in unsere Politik ein. — Er droht, — wenn wir wirken, sich mit der Nationalversammlung zu alliiren, und wenn sich Spanien rührt, — die Franzosen nach Mexiko zu führen. — England wünschte so gar eine Allianz mit uns, wozu es das jetzige Frankreich noch einpappen will. Soll es möglich seyn, daß England Preussen siegen ließ? — O ja; in der Politik läßt man den Jupiter stehen, um sich mit Pluto zu vereinigen. — Oh, ho! — die französischen Angelegenheiten werden also noch das System von Europa überhaufen werfen, und ein neues aufbauen.

Paris vom 25sten November. — Also wies der hundert Millionen neue Assignaten! (man sieht jetzt hundert Millionen wie eine Bagatelle an; — gut!) Aber Herr Camben raportirte, daß die Finanzen bis Ende December noch 200 Millionen brauchen. (Bah! — lauter Bagatellen!) Herr Cambon rathet also noch für 600 Millionen Assignaten zu fabriziren. Also beträgt jetzt die ganze Asfiguatenmaſſe zwey Milliarden und 330 Millionen, die in der Welt herum laufen, und ihr Glück ſuchen. — Herr Cambon — ein treflicher Rechensmeiſter — ſagt, daß er für den Monat Novemb. bis 24ſten 154 Millionen ausgegeben habe. — Alſo wenn dieſe Ausgabe alle Monate ſo fort erneuert wird, ſo b.aucht die Demokratie jährich 1848 Millionen. — Sie wird aber mehr brauchen, dann die Unruhen von St. Dominig, von St. Lucie, von der Guadeloupe müſſen bezahlt werden. — Nach der Berechnung des H. Cambon beträgt die jetzige Einnahme jährlich nur 138 Millionen, folglich iſt das Defieit 1710 Millionen. Es iſt zwar wahr, daß man noch für etliche Millionen die geiſtlichen Güter aſſigniren kann; — aber wenn ſie einmal alle aſſignirt ſeyn? — auf was aſſigniren? auf die National = Güter im Mond?

Dieſer Rapport hat die Nationalverſamm'ung dahin einbankerottirt, folgende Maasregeln zu nehmen: — 1) alle Auszahlungen zu ſuſpendiren. — 2) alle Gläubiger und Penſioniſten des Staats für den Monat Merz zu zitiren, wo ſie ihre recht, mäſſigen Forderungen ſchriftlich vorzeigen ſollen. — Briſſot hat ein kürzeres Mittel vorgeſchlagen: er will, daß man alle Auszahlungen auf einmal aufhebe, weil die Ariſtokraten die meiſten Forderungen haben; — folglich nicht verdienen von den Nationalgütern gemäſſet zu werden. — Man will 42 Rechenmeiſter in den Finanzen aufſtellen, damit ſie alles in Ordnung bringen. — In dieſer Konfuſion iſt nichts dekretirt worden: dann wie kann man bekretiren? man muß erſtens haben, und dann bekretiren!

(Auszug aus dem Pariſer Blatte — Ami du Roi.)

Grose Neuigkeit!

So bald man zu Berlin den Tod des Potemkin erfahren hat, — also gleich machte sich Herr von Bischofswerder auf die Reise nach Petersburg. Er ist wirklich am 8ten November dahin gereist. — Man erzählt sich als eine auffallende Begebenheit, daß der Berliner Hof mit dem Petersburger Hofe alliirt seye! diese Alianz soll ausser allem Zweifel seyn. — Und die Engländer? — Es muß gewiß ein Misverständniß zwischen dem Berliner und Londner Kabinete aufgebraust seyn. Deswegen sagen Briefe von Wien, daß der englische Gesandte sich an die Oesterreichische Politik dringe. — Diese Sendung ist von groser Wichtigkeit; scheint alle englische Entwürfe zu vereiteln, und den französischen Prinzen günstig zu seyn. — O heilige Politik! führe uns bei der Nase herum, aber lasse uns wenigstens unsere Erdäpfel in Ruhe genießen! —. In der Alianz zwischen Rußland und Schweden soll ein Artikel seyn, der die alte Freyheit der Königswahl zu versichern verspricht, und schon ist der Herzog von Suidermanland des Kurfürsten von Sachsen zur Krone Nebenbuhler.

Grünstädter Privilegirte Zahlen-Lotterie. Die 45ste Ziehung ist heute den 29ten Novemb. 1791 unter Beyfit derer hiezu verordneten S. T. Herren Deputirten mit gewöhnlichen Formalitäten und gehöriger Accurateße vollzogen worden, und sind folgende Numern aus dem Glücksrade erschienen:

Erster Zug: Nro. 78. Acht und Siebenzig.
Zwepter Zug: Nro. 51. Ein und Fünfzig.
Dritter Zug: Nro. 1. Eins.
Vierter Zug: Nro. 86. Sechs und Achtzig.
Fünfter Zug: Nro. 89. Neun und Achtzig.

Die Sechs u. Vierzigste Ziehung geschieht den 6ten Dec. 1791 und so fort von 8 zu 8 Tagen.

Nro. 49. Donnerstag den 1sten December 1791.

Politische
Gespräche
der
Todten
über die
Begebenheiten
des 1791sten Jahres

Additio ad litanias.
Ab omni Revolutione — libera nos, Domine!

Nicht viel neues
Eine unbedeutende Zeitung.

Ich habe alles beobachtet, Blätter und Bulletins gelesen, sprach Merkur im Reiche der Todten, — und es ist alles so verhüllt, — daß ich nichts bestimmtes über die Politik sagen kann. — Ich fürchte; — ich fürchte: — die französischen Unruhen werden einen Krieg gebähren. — Die englischen Blätter beschreiben die kritische Lage des Kornwallis in Ostindien. Er hat sich mit seiner Armee zu tief eingelassen; Tipo Saib hält ihn eingeschlossen; man fürchtet eine Bourgoynade. Niemals ist mit gröſserer Neugierde ein Schiff aus Ostindien erwartet worden. Im December soll gewiß eine bestimmte Nachricht über das Schicksal des Kornwallis kommen.

Ferner melden englische Papiere, daß Rußland zu Warschau eine Allianz mit Polen negoziirt. Es wäre sonderbar, wenn England und Preußen den Polen eine politische Konsistenz ausgebanet hätten, — um sie heut oder morgen zu fühlen? — Alles wird auf eine Rache geschraubt, und dieß ist vermuthlich der Bewegungs=Grund, warum man mit der Ruheherstellung Frankreichs zaudert. Hier sind noch einige Neuigkeiten, die zwar so alt sind, daß sie grauen Bart haben, die aber doch den Gang des jetzigen Weltlaufs ergänzen.

     London vom 18ten Nov.

Man spricht hier jetzt allgemein von einer neuen Beschimpfung, welche unsre Flagge von den Spaniern erfahren haben soll. Das Schiff, die Freundschaft, welches von hier nach Gibraltar abgegangen war, wollte von da weiter seine Fahrt nach Mogadore nehmen, wurde aber von 2 Spanischen Fregatten, der Ferdinand und die Perle, jede von 40 Kanonen, aufgefangen und in einen Spanischen Hafen gebracht, unter dem Vorwande, daß dieses englische Fahrzeug Waffen und andere Kriegs=Munition an Bord habe. Man setzt hinzu, daß am 10. v. M. die nemlichen Fregatten die Brigantine New=Success, welche von hier nach Mogadore gieng, und von dem Kapitain Trockmorton kommandirt wurde, aufs strengste untersucht, und erst nach 15 Stunden und drüber haben weiter gehen lassen. Da aber zu der Zeit, wo beide Vorfälle sich ereignet haben sollen, Spanien mit Marokko in Krieg begriffen war; so glaubt man, daß die Spanischen Fregatten blos haben verhindern wollen, daß ihrem Feinde keine Waffen= noch Munitions=Zufuhr zugienge, ohne im Grunde die Englische Flagge beschimpfen zu wollen. Wir erwarten darüber nähere Berichte.

Auf das neulich von den hiesigen Handels=Interessenten der Westindischen Kolonien bei dem Ministerium geschehene Ansuchen, einige Verstärkung nach jenen Inseln abgehn zu lassen, um allen bösen Folgen, welche die Unruhen in den Französischen Besitzungen nach sich ziehen könnten, vorzubeugen, hatte bekanntlich Hr. Pitt geantwortet, daß die Regierung solches nur unter dem Bedinge thun würde, daß die Interessenten, oder die Inseln selbst die Kosten davon trügen. Dieses Bedingniß befremdete die dabei interessirten Handelsleute so sehr, daß sie dem Ministerium durch eine Deputation vorstellen lassen, wie sehr sie berechtigt seyen, die Unterstützung der

Regierung zu verlangen, zu deren Erhaltung sie ihrer Seits in so manchem Bezuge beytrügen, mehr als jede andere Klasse der Unterthanen u. s. w. Dieser Zwist zwischen dem Minister, Hrn. Pitt, und den Handels-Interessenten der Antillen hat sich darum nicht zum Vortheile der leztern geendigt. Sie erhielten in ihrer Versammlung am 12ten durch ein Schreiben des Ministers Grenville zur Antwort auf ihre Vorstellung, daß der König für gut gefunden habe, dahin Befehl zu geben, daß ein Regiment Infanterie von Barbados nach Jamaica abgeschickt werden solle. Diese Antwort ist gar wenig befriedigend, sowohl weil jenes Regiment nur 400 Mann stark, und also eine schwache Verstärkung ist, als auch, weil das, was man der Insel Jamaica giebt, jener von Barbados genommen wird, und also die Truppen-Stärke in den Inseln überhaupt die nemliche bleibt. Hr. Pitt, der schon von je her in keinem grosen Kredit bei der handelnden Klasse der Nation stand, hat hierdurch neuerdings die Abneigung verstärkt, die ihm einst gefährlich werden konnte, wenn auf den Englischen Besitzungen sich ein Aufstand ereignen sollte.

Nach unseren Berichten sind auch auf den Französischen Inseln Guadeloupe und St. Lucie Unruhe ausgebrochen, und auf ersterer sollen die regulirten Truppen gegen die Kolonisten 250 Mann, und fast alle Vorräthe an Lebensmitteln und sonstiger Munition verloren haben; den Verlust der Kolonisten setzt man auf 100 Mann. — Auf St. Lucie sind es die bunten Leute, die sich empört, und sich von der Verwaltung Meister gemacht haben. — Hier haben die regulirten Truppen, da sie zu schwach gewesen seyn sollen, das Gewehr gestreckt, und sich zu den Empörten gesellt. Die Weisen haben ihre Flucht auf die benachbarten Inseln St. Vincent und Martinique genommen, wo es eben so zu gähren anfieng.

Vermischte Nachrichten.

Die Vereinigten Amerikanischen Staaten haben von Spanien die freye Schiffahrt des Mississipi-Flusses verlangt, und zwar in einem Tone, wodurch jene Forderung ein doppelter Anlaß zum Bruche werden dürfte.

— Das Spanische Ministerium hat eben so beunruhigende Berichte aus Kalifornien erhalten. Die Spanischen

Kreuzer haben neuerdings mehrere Schiffe angehalten, welche sie des Gleichhandels verdächtig hielten. Sie haben selbige hernach wieder frey gegeben; allein die Regierungen, welchen jene Schiffe zugehören, werden vielleicht auf Entschädigungen dringen, und so einen Vorwand zum Bruche haben (f. oben London). — Der König von Schweden hat den Freyherrn von Oxenstiern, ehemaligen Minister zu Regensburg zu seinem Minister bey den Französischen Prinzen in Koblenz ernannt. — Der König von Sardinien hat seinen Gesandten am Preußischen Hofe, Markese Perella, als Minister zu dem Kongresse ernannt, der zu Aachen über die Französischen Angelegenheiten gehalten werden soll? — Aus Algier meldet man, der Dey habe den Schweden bloß aus Unzufriedenheit über ihre Geschenke den Krieg erklärt. Von den Venetianern verlangt er die Verdoppelung ihres Jahrgeschenkes von 8500 bis zu 17000 Zechinen. — Nach Privatbriefen aus Petersburg wird der Leichnam des Fürsten Potemkin zu Cherson seine Ruhestätte erhalten, ihm daselbst auch ein prächtiges Mausoleum errichtet werden. — Der Russische Bothschafter am Preußischen Hofe hat auf die Vollziehung der Pillnitzer Erklärung angetragen. Das Berliner Kabinet soll darauf zu verstehen gegeben haben, daß seine Schritte denen des Wiener Hofes ganz gemäß seyn, und es ohne Mitwürkung desselben nichts thun werde. — Wie man von Straßburg vernimmt, hat eine Mad. von Polastron sich erdreistet, dem alten General Luckner 1 Million und den Marschallsstab anzubieten, wenn er in die Dienste der Prinzen treten wollte. Eben so haben die Prinzen dem Französischen General Wimpfen Vorschläge machen lassen, ihnen Neu=Brisach zu überliefern. Mad. Polastron ist glücklich entwischt, und General Wimpfen hat jenes Anerbieten der N. V. anzeigen lassen.

Warschau vom 4ten November.

Sitzung vom 31sten October. Das Projekt, unter dem Titel: Die Erklärung in Betref der Kandidaten für die obrigkeitlichen Aemter — brachte so viele ganz andere Projekte in dieser Sitzung hervor, daß die Entscheidung des Projekts nicht erfolgte. Das Veräußerungsprojekt der Starosteigüter kam hierauf wieder aufs Tapet, aber mit

einem so ungleichen Erfolge der Meinungen, daß es nicht
möglich ist, in dieser Sache einen baldigen Abschluß zu
hoffen. Es ist ein Gegenstand von höchster Wichtigkeit.
Merkwürdig finde ich einige Gedanken des Hrn. Rzewus=
ki, Kastellans von Witebsk, der sich zu Gunsten des
Starosteienverkaufs äusserte: Dies scheint ihm das einzige
Mittel zu seyn, für allezeit die Habsucht der Grosen zu
unterdrücken, und ihre Intriken zu hemmen, die nie er=
mangelt habrn, den Schaden der öffentlichen Sache zu
bezielen. Er meint noch, daß dies das Mittel ist, den
guten Königen den Verdruß zu ersparen, welchen ihnen
die Undankbarkeit von dieser Seite zubereitet, und diesen
Fürsten das Werkzeug wegzunehmen, den Nationalcharak=
ter zu verderben. Allein er unterläßt auch nicht, seine
Meinung mit dem ernsten Gesichtspunkte darzustellen,
daß dabei der Souverain getreulich seine Verbindlichkei=
ten halten müsse; indem, wenn er beim Starosteienver=
kaufe davon abgienge, niemand das Herz haben würde,
sie zu kaufen, aus Besorgniß, daß er seines Eigenthums
nie sicher seyn könne. Er räth endlich, das Projekt des
Papiergeldes vom Projekte des Starosteienverkaufs abzu=
sondern; massen die Einführung desselben traurige, und
gefährliche Folgen haben dürfte. Indessen sollte man
schleunige Mittel treffen, um das Defizit aufzufüllen,
und den unnöthigen Aufwand einzustellen.

Wir wollen den Ausgang dieser Sache abwarten.

Diese letztern Tage wurde die Taufhandlung des
Johann Dekert, Sohn des sel. Hrn. Präsidenten Dekert
von Warschau verrichtet, welcher sich zuerst an die Stän=
de gewendet hatte, die Rechte der Städte zurückzufodern.
Er ware durch die Madame Solyk, gcborne Fürstin
Sapieha, Gemahlin des Herrn Landboten von Krakau
und durch Herrn Stanislaus Malachowski, Reichstags=
Marschall, zur Taufe gehalten. Die Repräsentanten der
freien Städte der Republick wohnten dieser Feyerlichkeit
bei. Madame Solyk, nicht zufrieden, ihr Taufsöhn=
chen mit Grosmuth überhäuft zu haben, nahm die Ko=
sten seiner Erziehung bis zum 16ten Jahre seines Alters
auf sich. — Jeder Bezirk der Municipalrepräsentanten
verpflichtete sich, nach Möglichkeit sich zu verwenden,
das Loos dieses Waisen zu verbessern, und hinterließ ihm

das Versprechen schriftlich. Herr Wibiki, Bevollmächtigter von Posen, schenkte ihm von seinem eignen Gelde 3000 fl. —

Sitzung vom 3ten November. Der Herr Kanzl. Chreptowiez, Minister der auswärtigen Angelegenheiten, kündigte der Kammer an, daß ihm Depeschen von höchster Wichtigkeit wären mitgetheilt worden, welche sich auf sein Departement bezögen. Es war in Betref des Durchlauchtesten Kurfürsten von Sachsen, welcher zuvor gewisse Zweifel gehoben zu sehen wünschte, ehe er sich über die Artikel der pactorum conventorum einließe.

Es wurden auf der Stelle hierzu der Fürst Czartoryski, General von Podolien, und Landbote von Lublin, und Herr Malachowski, Starost von Opozynfki, und der Minister der Republik am Dresdener Hofe ernannt, das obbemeldte Verlangen zu erfüllen, und dann den Ständen über den Erfolg ihrer Arbeiten Bericht zu erstatten.

Der Bischof von Posen und Krongroßkanzler hat einen Fond angelegt, 36 Töchter auszusteueren, 12 adeliche, 12 bürgerliche und 12 vom Lande. Die Aussteuer für die adelichen ist 450, für die Bürgerlichen 250 und für die vom Lande 122 fl.

In Polen wird das Betteln ganz abgestelt. — Es werden Häuser gemiethet, wo die Armen untergebracht, und wobei alle die heilsamen Verfügungen getroffen werden, welche diesfalls bereits in allen zivilisirten Staaten zum Wohl der Menschheit eingeführt sind.

Auszug eines Schreibens aus dem Lager bei
Minsk, datirt vom 17ten Oct.

„Ich habe eben der Minsker Revüe beigewohnt. — Noch sind, da ich Ihnen schreibe, alle meine Sinne davon entzükt. Sie können nicht glauben, welchen tiefen Eindruck dieses herrliche Schauspiel in meiner Seele zurückgelassen hat. Die Empfindungen von Liebe und Ehrfurcht, die es mir für den erlauchten Chef der Republik, und für alle seine erhabenen Mitarbeiter an unserem Wiedergeburtswerke eingeflößt hat, bleiben in meinem Herze unauslöschlich. Ich werde sie meinen Abkömmlingen überliefern — sie werden in meiner Familie erblich seyn."

„Eine ansehnliche Armee regulirt Truppen — 12

Eskadronen und 6 Bataillonen lauter auserlesene und schön gerüstete Polen, hinlänglich mit allen Kriegsnothwendigkeiten versehen, standen im Mittelfelde, — eine Armee, dergleichen Polen seit der Regierung des Bolesslaus Chrobri keine mehr hatte. Heldengeist athmete auf dem Antlitze aller dieser Krieger — das edle Benehmen unsers Hrn. Generals en Chef, Hrn. Judicki, sein leuchtender Patriotismus, seine regelmässigen Anstalten, die Ordnung durch alle Posten im Heere — alles war ein thatenweckender Anblick. Freylich bildete sich die Armee in Schlachtordnung, und die Linie dehnte sich von Minsk bis nach Kiupdanow aus. Der Offizier und der Gemeine können den Eifer der Palatinalkommission, in dem sie eine beinah übertriebene Sorgfalt für alle Gegenstände ihrer Bedürfnisse vorgekehret hatte, nicht genug rühmen. Am 12ten stellten diese Truppen ihr grosses Manöver ein. Sie verliessen dann diesen unvergesslichen Schauplatz der neuen Schöpfung des Polnischen Heeres, und zogen unter patriotischem Jauchzen zu Freudenmahlen in ihre Quartiere."

„Es ist also wahr, daß der vergessene Pole auf ein neues auf der Bühne der Nationen mit Bedeutenheit auftritt, und eine Rolle spielt, welche sich für ein Volk schicket, das so fruchtbar an Helden ist. Schon hat Europa seine Rechte zur Unabhängigkeit anerkennt und bestättigt; es hat seinen grosmüthigen Unternehmungen, die Freyheit wieder zu erobern, Beyfal zugeklatscht, indem dadurch ein neues Gewicht auf die politische Wagschale gelegt wird, welches darauf das Gleichgewicht befestiget. Ein künfriger Umstos der Selbstständigkeit dieses Körpers würde das politische System von ganz Europa bis in seine Grundfesten erschüttern."

„Diese Wunder haben sich in unsern Tagen ereignet. Man war nicht weniger erstaunt über den Anblick ihrer Entstehung, als über die Eilfertigkeit, mit welcher sie aufeinander folgten. 3 Jahre waren hinreichend, dem ausgedehntesten Königreiche von Europa eine andere Gestalt zu geben, und der Nation ihre Achtung von Aussen zu verschaffen. Nichtsdestoweniger schienen die Umstände, worin wir uns befänden, verzweifelt zu seyn. — Man drohte uns, und wir hatten Mangel an Waffen,

Man spielte tausend Kunstgriffe, uns zu entzweyen. — Die Fehler der alten Regierung hatten das Zutrauen gestört und ließen nichts zu Stande bringen. Unser Kredit im Auslande war vernichtet, und die öffentliche Kasse hatte den erforderlichen Fond nicht. — Der polnische Adel entsagte dem Militairstande aus Verzweiflung, weil er der Republik bei den Armeen keine nützlichen Dienste mehr leisten konnte, und suchte bei dem stillen Vergnügen des Feldbaues die Unordnungen und Unglücke seines Vaterlandes zu vergessen. Veraltete und unpolitische Vorurtheile verbanten sechs Millionen unserer Bürger zur Unthätigkeit, zur Erniedrigung, zum Nichts seyn. — Die Gesetze wurden nicht in Ehren gehalten. Wenn man bei einem Zweige der Verwaltung Ordnung gewahrnahm, so war es allzeit in der Nachbarschaft und zur Seite der Unordnung."

„Dies war vor 3 Jahren das Gemählde Polens, und mußte es so seyn, weil uns die Hände gebunden waren, und also nichts daran geändert werden konnte. Der beste König und seine Mithelfer am öffentlichen Glücke, unsere erlauchten Stände, sahen die Größe des Uibels, und verzweifelten nicht an dem Gegenmittel. Sie fanden die Auskunft in ihrer Klugheit, welche selbst die Politik nicht vermuthet hatte, und machte sie über alle Erwartnugen gelingend. Man sah in einem sehr kurzen Zeitraume die Zeughäuser mit Waffen angefüllt. Wir gewannen das öffentliche Zutrauen wieder, und die Fremden trugen kein Bedenken mehr, ihre Fonds in unsere Kasse zu legen, ohne eine andere Verbürgung als jene der Republik. Man gab uns eine neue Konstitution — eine wohlthätige, eine weise Konstitution ohne Erschütterung, ohne Revolution, und fast ohne Widersetzung. — Der König, dem die Stände folgten, stieg vom Thron herab, und legte die theuersten Opfer auf den Altar des Vaterlandes. Ohne Blutvergießen, durch die einzige Ergießung seiner Gnaden, gab er Millionen Menschen ein neues Leben, und führte sie aus Sklavenbanden zur Freyheit. — Er steigt jetzt auf seinen Thron zurück, und verschaft dem Bürger, trotz aller Hindernisse, die unverjährlichen Rechte der Menschheit." ꝛc.

Nro. 98. Montag den 5ten December. 1791.

Beilage
zu
Politischen Gesprächen
der
Todten.

Ankündigungs-Harold.

Ivo. Litteratur. —

Auszug aus des jungen Anacharsis-Reisen durch Griechenland, in der Mitte des vierten Jahrhunderts vor Christi Geburt. Aus dem Französischen übersetzt und in 3 Bände zusammen gezogen von Schröder, reform. Prediger.

Auf obigen vollständigen Auszug von 3 Bänden mit den nöthigsten Kupfern und Karten, wovon der erste Band nächste Ostermeß und die zwey folgende Johanni 1792 erscheinen, nimmt B. Gebrabis zur Ostermeß auf fein weißes Druckpapier 4 fl., auf Schweizerpapier 5 fl. und auf geglättet Velinpapier 6 fl. Subscription an. Der nachherige Ladenpreis ist auf Druckpapier 5 fl. 30 Xr. Auf Schweizer und Velinpapier, werden nur so viel Exemp. abgedruckt, als zwischen Dato und den 1sten Februar 1792 Bestellungen einlaufen. Eine ausführliche Anzeige hievon wird in Kurzem zu haben seyn. Auf Schweizer- und Velinpapier werden keine Bestellungen ohne gleich bare Zahlung des Subscriptionspreises angenommen.

Doch wollte ich ergebenst bitten, Briefe und Geld Franko nebst 3 Xr. Einschreibgebühr, zu überschicken.

Neuwied den 4ten Decemb. 1791.

J. L. Gehra
Buchhändler.

Da diese Uebersetzung von Anacharsis schon — die Dritte ist; so scheint der Aufleger in die seinige grofes Vertrauen zu haben, daß sie die übrigen zwey übertreffen soll. — Unterdessen kann man sich von dem Uebersetzer viel versprechen.

2do. Handlungs = Nachrichten.

Die Furcht einer Kornwalliade — wie vor Zeiten der Burgoyiade, — hat die öffentliche Fonds sehr herabgesetzt. — Aus der Londner Hofs=Zeitung.

Niemals hat sich die Monopolisten=Sucht so unverschämt gezeigt, wie jetzt. — Die Magazine sind zu London mit Zucker angefüllt; aber die Monopolisten haben sich verschworen, ihn mit 51 pro Cento zu erhöhen. Die Baumwolle ist um 20 pro 100 gestiegen; so ist es auch mit der Seide, und anderen Artikeln.

3tio. Ankündigungen.

Wirzburg den 27sten Nov. 1791.

Weil der Hochfürstl. Wirzburgis. geheime und Geistliche Rath Herr Dr. Endres hinterließ eine ansehnliche Sammlung von Büchern aus allen wissenschaftlichen Theilen, mitunter auch eine schätzbare Sammlung von Dissertationen, welche nebst sehr vielen einzelnen aus 300 und etlichen Bänden besteht. Man hat das Verzeichniß davon abdrucken, und bis hieher schon vertheilen lassen. Zur Berichtigung desselben findet man noch nöthig, dem gelehrten Publikum den eigentlichen Anfang der Versteigerung, welcher am 9ten Jänner 1792 seyn solle, bekannt zu machen, und hiebei dies noch anzumerken, daß aus Uebereilung des Verzeichnisses sehr viele anonyme Werkchen, unter anderen die über den Emser Kongreß, über die Injurien in Deutschland und über die Erbfolge=Recht von Baiern zum Abdrucken vergessen worden seyen. Hiezu erwartet man auch noch gefällige Aufträge.

Von Testamentariatswegen.

Allgemeine Bürger=Kronik.

Diese Schrift wird, nach Art der gewöhnlichen Zeitungen, wöchentlich dreymal ausgegeben werden, und zwar Dienstag, Donnerstag und Samstag; jedesmal erscheint ein halber Bogen, und wöchentlich einmal kommt eine eigne Beilage von einem halben Bogen mit heraus. Der Inhalt diese Schrift ist in Kürze folgender: 1) Verarbeitete Auszüge aus den besseren und glaubwürdigern deutschen und französischen Zeitungen und periodischen Blättern von allen merkwürdigen Vorfällen in allen europäischen Ländern. 2) Widerlegung und Berichtigung falscher Nachrichten, wie sie immer Namen haben mögen — und Jedermann, der die Falschheit einer öffentlich verbreiteten Nachricht erweisen kann, wird höflichst ersucht, die Anzeige davon sogleich an die Expedition der Kronik einzusenden. 3) Nachrichten, Auszüge und Erläuterungen über die allerhöchsten Verordnungen, welche in allgemeinen und besonders bürgerlichen Angelegenheiten erlassen werden. 4) Bekanntmachung rühmlicher Handlungen, Amtsanstellungen, Beförderungen, Belohnungen, Ehrenbezeugungen u. d. gl., besonders aus dem Bürgerstande. 5) Kurze und gründliche Bemerkungen über manche besondere Vorfälle, die etwa von der Art sind, daß sich verschiedene nicht ganz vortheilhafte Auslegungen darüber manchen lassen, oder worüber dergleichen Auslegungen in manchen öffentlichen Blättern bereits gemacht worden sind. —

In der wöchentlichen Beilage werden Nachrichten vom Handlungswesen aller grosen europäischen Handelsstädte, von nützlichen Erfindungen im Oekonomie- und Fabrikfach, und Anzeigen von solchen Büchern mitgetheilt, welche man, aus wohlgeprüfter Ueberzeugung, dem lehrbegierigen und leselustigen Theile des Bürgerstandes zum Anschaffen in eine nützliche Hausbibliothek anempfehlen kann.

Da Seine Majestät der Kaiser, unser allergnädigster Herr, den Stempel von Originalblättern aufgehoben hat, so kann man für diese Schrift einen leichtern Preis bestimmen. In den sämmtlichen österreichischen Erbstaaten und in ganz Deutschland kostet daher der ganze Jahr-

gang mit postfreyer Versendung nicht mehr als 6 Kaiser-
Gulden, ein Preis, um welchen wohl nur äusserst wenige öffentliche Blätter zu bekommen sind; und haben sich
die respektiven Herren Liebhaber überall an ihr nächstes
Postamt, oder auch, im Fal es ihnen anständig wär,
durch ihre Besteller unmittelbar an das Kaiserl. Königl.
Ober-Hof-Postamt in Wien zu wenden. Ueber die den
löblichen Postämtern diesfalls zukommende billige Provi-
sion wird das Kaiserl. Königl. Ober-Hof-Postamt in
Wien mit ihnen das erforderliche Einverständniß treffen.

Dienstag den 2ten Januar, erscheint zu Wien das
erste Stük.

Druk und Papier soll rein und sauber seyn, und
für einen angenehmen und allverständlichen Erzählungs-
ton wird dann auch bestens gesorgt werden.

Wien den 18.en Novemb. 1791.

Pr. Expedition der allgemeinen
Bürger=Kronik

Journal=Anzeige

Es ist die Veranstaltung getroffen, daß man
auf das Journal, welches ich unter dem Titel:
Wiener Zeitschrift herausgebe, und wovon
bereits bis Mitte December d. J. das 1ste Heft in
Wien erscheint, auf allen löbl. Postämtern in den
Oesterreichischen Staaten und in ganz Deutschland,
oder auch durch seine Kommissionäre unmittelbar
bei dem K. K. Ober=Hof=Postamte zu Wien,
mit 7 Kaisergulden, auf 12 Hefte oder einen ganzen
Jahrgang von 4 Bänden, pränumeriren kann; für
welchen Preis man jedes Heft sogleich bei dessen Erscheinung in Wien, durch alle österreichischen Staaten und durch ganz Deutschland **postfrey** erhält.

Wien den 20 Nov. 1791.

L. A. Hoffmann,
Professor zu Wien.

Nro. 49. Dienstag den 6ten December 1791

Geheimer
Brief-Wechsel
zwischen den
Lebendigen und den Todten.

An Anna von Bousen — ins Elysäum.

Von Rhein-Ufern am 6ten Dec.

Ei, meine Dame! wir brauchen nicht die Galanterie in Frankreich zu suchen, wie du; wir haben sie bei uns; sie ist zu uns an den Rhein übergewandert. — Aber diese Galanterie ist heutiges Tags nicht so heftig, nicht so marternd, nicht so grausam. — Die Liebe ist jetzt ein Spiel; ihre Kinder spielen heut mit dieser, morgen mit jener Puppe. Ich glaube, es geht mit der Liebe so wie mit fruchtbaren Jahren. Hat man zu viel Früchte, so werden sie wohlfeil, und kommen ausser der Schätzung. Ist nicht unsere Galanterie fruchtbar? regnet es nicht überall schöne und empfindsame Mädchen? — ist die eine zu spröd, so darf man sich nur umwenden, und — da steht schon eine empfindelnvolle Syrene, — die einem die Hand reicht. — Dergleichen Früchte giebt es zu viel, um einen langen Liebeshunger zu stillen.

Man hat uns lange vorgeschwazt, daß die

Franzosen im siebenjährigen Kriege unsere Mädchen zu mehrerer Empfindeley abgerichtet haben. Was wird also nun geschehen, da die Blüthe des französischen Adels an unseren Rhein-Ufern galantisirt? — Die Mamas werden freylich viel zu hüten haben; aber wie wäre es, wenn die Hüterin selbst in die Schlinge fallen würde? — Solche Fälle sind gar nicht selten. — Es ist leicht zu predigen; — aber das Gepredigte zu befolgen, — ist eine andere Sache.

Es nimmt mich Wunder, daß man drey Jahre mit den Türken kriegte, um den Statusquo auszukämpfen. In der Liebe ist der Kampf kürzer. Ein feuriger Kuß und noch etwas darüber, die Hitze raucht, und — die Liebenden sind gleich in Statusquo, ohne lang darüber zu kämpfen. Ein Beweis, daß die Kriegssucht in unseren Zeiten anhaltender ist, als die Liebe.

Wir haben auch nicht zu befahren, daß ein Heinrich der 4te seine rechtmässige Ehe einer Anna von Boulen, wie du warst, aufopfern werde. — Nein, die französische Galanterie ist weit verträglicher, sie ebnet alles mit einer liebenswürdigen Gleichgültigkeit, und der Statusquo ist ohne vielem Lerm hergestellt.

Unsere deutschen Sitten stossen sich zwar ausserordentlich an dieser Leichtigkeit. Aber zu was das Martern, das Grämen, das Abhärmen in der erschröcklichen Leidenschaft der Liebe? — Unsere Heloisen sind — vielleicht noch in einem Kloster zu finden; hingegen müßte man auch einen Abelard mit Diogenes-Laterne suchen. Dadurch ist die Menschheit einer grosen Plage entledigt, und ist diese Konvention nicht besser, als alle Seufzer, alles Sehnen, alle Unruhen der anhaltenden deutschen Liebe?

Doch genug von der Liebe. — Bist du nicht neugierig etwas von dem jetzigen politischen Gange zu erfahren? — Hier sind einige Neuigkeiten:

Wien vom 27ſten Novemb.

Die neueſten Berichte von Chotzim ſind wichtig. Der ruſſiſche General Repnin hat dem Kaimakan, der ſich mit 6000 Mann in den mittägigen Theil der Moldau herbeigezogen, ſagen laſſen, daß er ſich alſogleich gegen Brailow retiriren ſolle. Dieſe Drohung iſt auffallend. Aber man muß beobachten, daß Potemkin zur Schließung des Friedens der Pforte vorgeſchrieben hat, weder in die Wallachey, weder in die Moldau türkiſche Truppen einzuquartiren; ſondern dieſe zwey Provinzen nur mit einer gelinden Abgabe zu belegen; — die Pforte ſoll kein Recht haben, in dieſen Provinzen türkiſche Beſatzungen zu legen; — die Bojarden ſollen allein ihre Truppen, die ſich zu der griechiſchen Religion bekennen, allda unterhalten dörfen. — Nach dieſem von Potemkin vorgeſchriebenen Friedens-Grundſatz hat Repnin erklärt, daß er die von Potemkin angefangen Friedensunterhandlungen mit den nemlichen Bedingniſſen fortführen wolle. — Man kann aus dieſem ſchließen, daß die Ruſſen dem Sultan nur einen Regierungs-Schatten über die Wallachey und die Moldau laſſen; — ſich aber in dieſen Ländern einen immerwährenden Anhang ſchaffen wollen.

Regensburg vom 26ſten Novemb.

Es war vielen deutſchen Publiciſten eine rare Sache, daß der Kurfürſt von Trier bei der Kayserin von Rußland um die Stütze seiner in Frankreich verlezten Rechte angesucht hat, mit dem Beifügen, daß andere in dem nemlichen Fall sich befindenden Fürsten, sich zu seinem Beispiel konzentriren möchten. Gleich darauf ist der russische Gesandte Baron von Asseburg bei dem Reichstag angekommen. Er hat am 16ten November die gewöhnlichen Visiten abgelegt. — Dieser Schritt ist nach den Grundsäzen der Staatenrechte abgemessen. Dann hat die Kayserin von Rußland nicht den Frieden von Teschen garantirt, und ist in diesem Teschner Frieden nicht der wichtige Westphälische Friede so eingeschlossen, als wenn er buchstäblich darinne aufgeschrieben wäre? — Also ist die Kayserin von Rußland durch die Garantie des Teschner Friedens auch zugleich als eine garantirende Macht des Westphälischen Friedens anzusehen. —

Paris vom 30sten Novemb.

Es verbreitet sich seit drey Tagen die sonderbare Nachricht, daß Ludwig der 16te, von seinen Ministern politisch initirt, dem König von England eine offensive und defensive Allianz angetragen habe; mit der Bedingung, daß, im Fall die jezige demokratische Regierungs-Art in Frankreich von anderen Mächten angetastet würde, — die Engländer sich mit Frankreich zur Beibehaltung derselben vereinigen, und so wohl durch Waffen als auch durch allen, jedem von ihnen eigenen politischen Einfluß, dieselbe verfechten möchten. — Man ist neugierig zu erfahren, wie dieser Antrag in London aufgenommen ist worden.

Paris vom 30sten Nov.

Die Nationalversammlung dekretirt, daß eine

Deputation von 24 Gliedern aus ihrem Mittel sich zum Könige begeben soll, um im Namen der Versammlung Sr. Maj. ihre Besorgniß wegen der Gefahren, welche dem Vaterlande durch die Absichten der ausserhalb des Königreichs bewaffneten und zusammengerotteten Franzosen sowohl, als durch die Verschwörungen im Lande, und durch die wider das Gesetz rebellirenden Bürger drohen, zu eröffnen, und zu erklären, die Nation würde die weisen Maßregeln mit Vergnügen sehen, welche Se. Majestät treffen könnten, um die Kurfürsten von Mainz und Trier und den Bischof von Speier zu ersuchen, daß sie, in gefolge des Völkerrechtes, gesagte durch ausgewanderte Franzosen zu Stande gebrachte Zusammenrottirungen zerstreuen möchten.

Belitz, vom 26. Novemb.

Gestern Morgen trafen Se. Maj. der König aus Potsdam hier ein, um sich an ein, von dero Hofjägermeister Freiherrn von Stein in hiesiger Forst veranstaltetes grofes Jagen zu belustigen. — Zu gleicher Zeit fanden sich auch Se. Kurfürstl. Durchl. der Kurfürst von Sachsen, welche Tages zuvor in Zinna angekommen waren, und daselbst übernachtet hatten, auf dem dazu bestimmten Jagdplatze ein. Nachdem man hier eine grofe Anzahl Schaufelhirsche, Säue, Rehe und anderes Wildpret erlegt hätte, erhoben sich Se. Maj. der König, und se. Kurfürstl. Durchlaucht nach einem anderen Theile des Forsts, und wohnten daselbst einem Hetzjagen bei, wo ebenfalls eine Menge Wild erlegt ward. Nach geendigter Jagdlust begaben sich Höchstdieselben nach Kunersdorf, und nahmen dort in dem königl. Forsthause das Mittagsmal ein; worauf dann die beiden hohen Freunde mit dem zärtlichsten Abschiede vergnügt von einander schieden.

Berlin vom 26ſten Nov. — Unſere Politi=
ker verſichern uns, daß unſer Hof ſich auf keine
Art in die franzöſiſchen Unruhen miſchen werde.
P. S. — Die ganze Stadt iſt voll, daß un=
ſer König.ſehr krank ſeye.

Brüſſel, den 30ten Novemb. — Die Oe=
ſterreichiſche Monarchie hat nun von allen Seiten
Friede. Das Volk war ganz auf Seite des Mo=
narchen; nur die Stände von Brabant hiengen noch
ſeitwärts, und die — mußten ſich geben. Und
ſie haben ſich nun gegeben. Noch ehe die 4 Stän=
de Deputirte von dem Civil=Gefängniſſe Treurem=
berg wieder in Haus=Arreſt gebracht wurden, lieſ=
ſen ſie am Sonntage Morgens an das Fiskal=Amt
des ſouverainen Raths eine Vorſtellung gelangen,
worin ſie endlich die ſo lange bezweifelte und be=
ſtrittene Geſetzlichkeit des Raths förmlich anerkann=
ten. Der Rath von Brabant verſammelte ſich
noch nämlichen Abends um 7 Uhr, und erließ das
Urtheil, daß von der Proteſtation der Stände (weil
dieſe das Original ſchon aus den Regiſtern wegge=
ſchafft hatten) eine authentiſche Abſchrift gefertigt,
ſelbige in die Regieſter eingetragen, und hiernach
mit aller Förmlichkeit, als wenn's das Original
ſelbſt wäre, ausgeſtrichen werden ſolle. Die 4
Deputirte bleiben indeß noch bis am Montage A=
bends im Haus=Arreſte, wo dann die völlige Voll=
ziehung des obigen Urtheils vor ſich gieng. Da
ſo der Hauptpunkt des Zwiſtes zwiſchen dem Kay=
ſer und den Ständen entſchieden und geendigt iſt,
ſo wird das übrige nun folgen. Die Subſidien
und Auflagen ſollen von den beyden erſten Stän=
den ſchon bewilligt worden ſeyn, und der geiſtliche
Stand wird an Erſetzung der Koſten und Beſchaf=

fung der Schubloßhaltungen, welche die Revolution veranlaßt hat, die Haupt-Rolle übernehmen; er wird am meisten zahlen müssen.

Die Französischen Prinzen zu Koblenz suchen die Krise in Frankreich zu benutzen und den dort erregten Fanatism auf alle mögliche Weise zu nähren. Hr. von Artois hat durch Herrn von Laqueuille die hiesigen Emigranten in einem Schreiben aufgefordert, in Frankreich allenthalben bekannt werden zu lassen, daß der Französische Adel nicht mehr für seine Rechte, sondern für die Religion zu fechten bereit seye, auch allen Anhängern in und außer Frankreich zu empfehlen, daß sie die Religionsübungen vervielfältigen, dem Gottesdienste häufig beywohnen, und öfters zur Beichte und zur Communion gehen möchten, wovon besonders sämtliche (vorhin) Edelleute ein erbauliches Beyspiel geben sollten.

Biographie.

Anna von Boulen, oder Bolleyn, oder Bullen war die Tochter eines englischen Edelmanns; gieng mit der Königin Maria, Gemahlin Ludwigs des 12ten nach Frankreich; ward hernach Hofdame bei der Königin von Navarra, und kam nach England zurück. Sie erschien bei Hofe; zog die Bewunderung aller Hofleute an sich; ihr Umgang war angenehm, und ihr Betragen glänzte mit französischer Galanterie. — Sie war nichts weniger als schön; sie hatte auf der rechten Hand sechs Finger; ein ziemlich apfelartiges Kröpfchen am Hals, und unsaubere Zähne. Heinrich der Achte König von England vernarrte sich in diese bizarre Schönheit. Er offenbarte ihr seine Gesinnungen; sie that spröd, und leitete den König dahin, daß er seine Gemahlin von sich wegstieß, und diese Bolleyn heuratete. Sie wurd schwanger, und der König ließ sie mit größter Pracht als seine Gemahlin und Königin erklären, Anno 1533. Aber die Unbeständigkeit Heinrichs machte bald das Schicksal dieser Dame traurig. Der König suchte einen Vorwand, um ihrer los zu werden. Man beschuldigte sie, daß sie in einem strafbaren Umgang mit ihren Domestiken, mit dem Lord Rochefort, und besonders mit ihrem Musikmeister lebte. Man machte ihr einen Prozeß, sie wurde auf die Folter gezogen, wollte nichts bekennen. Aber der Musikmeister Smeton, vielleicht aus Folter-Schmerzen, gestund, daß er das Bett seines Königs besudelte. Alle drey Personen wurden zu Tode kondemnirt; Rochefort ward enthauptet, der Musikmeister aufgehangen, und Anna mußte ihren Kopf darlegen, um ihn zu verlieren. Am Vorabend der Hinrichtung schrieb Anna von Boulen einen Brief an den König, worinne sie ihm sagte: „Sire: sie haben mich stuffenweis erhoben: von einem einfachen Mädchen „zu einer Markisin; von einer Markisin zur Kö- „nigin, und sie wollen mich heute zu einer heili- „gen Martyrin machen." Diese Sprache macht das alte Sprichwort wahr: — alte Kokette wird fromm. Die Liebe hat Anna Boulen an Thron gesetzt, und die Liebe hat sie davon gestürzt. — Diese Schicksale sind natürliche Folgen der heftigen und unbesonnenen Leidenschaften. Viele Geschichtschreiber behaupten, — Anna wäre eine natürliche Tochter des Königs Heinrich gewesen; aber diese Sage gehört vermuthlich zu den politischen Verläumdungen, wovon man in allen Jahrhunderten Beispiele aufweisen kann.

Nro. 96. Montag den 28ſten Novemb. 1791.

Beilage

zu

Politiſchen Geſprächen

der

Todten

Ankündigungs-Herold.

Imo. Litteratur — für Gelehrte.

Fortſetzung der Mittel wider die Bücherwürme.

3) Da die Bücher ſich deſto beſſer erhalten, je lüftiger und trockener ſie ſtehen; ſo iſts gut, ſolche nicht auf ganze Bretter, ſondern auf Leiſten, die 1 Zoll breit von einander ſtehen, aufzuſtellen; oder wo man ſchon gemachte Schränke hat, auf die Bretter eine Art von Roſt aus aufgeleimten Leiſten anzubringen. Auch ſollen die Herren Bibliothekaire, durch Gefälligkeit, Liebhaber anlocken, die durch fleißiges Leſen und Blättern das minirende Ungeziefer vertreiben, auch das Ausſtäuben alle Jahre nicht vergeſſen.

4) Einzelne Papier, Briefe, Dokumenten liegen unangetaſtet in Schubladen, wohin keine Mäuſe kommen, nur müſſen keine Oblaten und kleiſtriſche Sachen, die der Dermeſtes paniceus liebt, dabei liegen. Diejenige, an denen beſonders viel gelegen iſt, können in Wachs-oder geöltem Papier eingewickelt, oder in blechenen Kapſeln verwahrt werden.

5) Taffent und alle ſeidene Zeige, davon man alte Stücke wohlfeil genug haben kann, werden bekanntlich von keinem Inſekt angegreiffen, und ſind dem Wurm ganz

unburchbringlich, wann solche durch Wachs gezogen werden.

6) Sind aber schon von diesen Büchermördern in einem alten Band, den man seines ehrwürdigen Ansehens halben gerne beibehalten möchte; so muß man das Buch durchblättern, anklopfen und alsdann, fest zugebunden, in einen, nicht mehr zu heißen Bakofen bringen. Man lasse alsdann auf die innere Seite von beiden Deckeln ein starkes Pergament mit Leim aufziehen, oder ein dünnes Blatt Staniol auflegen, so kann ein Warm, wenn er auch in den Deckel kommen sollte, nicht weiter vordringen.

7) Man gebe diesen Insekten eine ihnen wohlschmeckendere Kost, z. B. die Haut eines abgestriften Vogels, woran noch die Federn sind, oder ein Stück von unbearbeitetem und getrokneten Schaaffell, wodurch sie angelockt und gefangen werden können.

8) Um aber die Mäuse vom Zernagen des Papiers abzuhalten, darf man ihnen nur Wasser hinsetzen weil die Erfahrung gelehrt hat, daß sie mehr aus Durst, als aus Hunger, Leinwand und Papier zernagen.

Litterarische Anzeige.

Die von uns angekündigte Schrift: — Lehre der Illuminaten — kann wegen vielen höheren Hindernissen nicht ausgegeben werden. Noch ist die Zeit nicht da, Verwickelungen zu entdecken, die fast ganz Europa entzweiget haben. Aber die Zeit wird kommen, wo alles entschleyert werden darf. So bald die französischen Unruhen, auf diese oder jene Art gestillt werden, so wird es, hoffen wir, erlaubt seyn, die infame Quelle anzuzeigen, woraus große Politiker, und ansehnliche Männer das Wasser auf ihre Mühle geschöpft haben. — Mehr dürfen wir jetzt nicht sagen. Aber das Publikum verliert nichts dabei. Die Haare stehen einem zu Berge, wenn man die rankevollen Infamien liest.

2do Handlungs Nachrichten.

Die Schwarzen in St. Domingo sind bezwungen; sie kriechen zum Kreuz. Aber unterdessen ist der Schaden unersetzlich. Es werden 6 Jahre verfließen, bis die Kaffee-Pflanzen wieder ergiebig seyn, und bis man 15000 Schwarze, die bei diesem Aufruhr umgekommen sind, wieder aufkauft: ein Schwarzer kostet 800 bis 1000 Livres.

Der Kaffe ist wegen dieser Revolte im Preise gestiegen, und wird vermuthlich noch steigen; so auch der Zucker.

Die Handlung in Levante ist fast ganz für Frankreich verloren. Die Engländer haben in Smirnen die Erlaubniß erhalten, — eine Kolonie oder Handlungskomtoirs anzulegen. Dies thun die Türken den Engländern aus Erkenntlichkeit, wegen dem auspoliticirten Frieden, so daß bei diesem Türkenkrieg Oesterreich, Rußland, Preußen, und die Türken vieles verloren, so wohl an Mannschaft wie auch am Geld; nur die Engländer allein profitiren dabei, und dieser Profit ist auf immer, weil die einmal eingenistelte englische Handlung keinen Nebenbuhler leidet. — O Weisheit!

3tio. Ankündigungen.

Albert Pleißner in Neuwied, wohnhaft am Marktplatze, Empfiehlet sich seinen Gönnern und Freunden, in den bei ihm zu habenden und neu angekommenen Artikeln von allerley Sorten Galanterie und kleine Bijouterie Waaren. Die so beliebte Offenbacher Taschen = Kalender in Seide und Papier gebunden, alle Sorten Neujahrwünsche mit Vignetten: als auf Arbeitsbeutel fein gemalt parfumirte Küssen, Blumenkörbger, und überhaupt alle nach dem neuesten Geschmack, Portfeuilles Souvenier, Etuit a Dragee, Schreibzeuge, auch verschiedene Sorten feine englische Stahlwaaren, bestehend in fein plattirten Schnallen, Masser, Gabeln, Löffel, Uhrketten und Schlüssels, englische Federmesser und alle Sorten Schreibmaterialien.

Uebrigens schmeichelt er sich durch die billige Preise die Zufriedenheit derjenigen zu erhalten, die ihm die Ehre Ihres Zuspruchs und Vorzugs geben werden.

J. Vilez & Comp. haben die Ehre hiermit zu berichten, daß in ihrer gnädigst privilegirten englischen Fabricke verfertiget werden: Robes für Dames, Fracke, Veilen und Gilees in dem neuesten Geschmack, auf Sammet, Satin, Gros de Tour, Casimir, Nankinette, und Cotton, in Gold, Silber und Couleuren gedruckt, wie auch feine Sacktücher und Shawles von den neuesten Desseins, sehr niedlich faconirte Bett- und Fenster-Vorhänge, Sofa, Sessel- und Bett-Ueberzüge, Ecrans in Seidenzeug, Nesseltuch, Cotton und Leinwand, nebst neumodischen englischen Tapeten, Festons, Dessusports und mehreren andern zum Ameublement gehörigen Artikeln, in Londner und Pariser Geschmack. Auch sind in ihrem Magazine um billige Preisen zu haben: Dames und Herren-Patent-Handschuhe, veritable englisches Zugleder für Stiefeln und Schuhe, neumodische Dames-Schuhe, Vernis Chinois für Burreaux, Commodes, Bettstellen, Tische und Sessels, welche das Holzwerk von den Würmen und Wanzen bewahren, und demselben eine feine Politur geben. Gelbe, weise und graue Composition für lederne Beinkleider, Westen und Handschuhe, nebst mehrern andern nützlichen Artickeln, so zur Toilette nöthig sind, als: Eau de Toilette de la Reine d'Angleterre die Hände und Gesicht zart und weis zu erhalten, wie auch das Doktor Jarvays véritable Vegetal preservative für Erhaltung der Zähne und des Zahnfleisches. Ermeld'tes Etablissement nimmt Commission für England, Schottland, Irrland und Holland für raissonable Preisen.

Düsseldorf den 24sten Nov. 1791.

Nro. 48. Dienstag den 29sten Novemb. 1791

Geheimer
Brief-Wechsel
zwischen den
Lebendigen und den Todten.

An Karl den 9ten, König von Frankreich ins Elysium.

Von Rhein-Ufern am 29sten Novemb.

Deine gewaltige Regierungs-Art, o Karl! empörte alles Menschengefühl zum Bürgerkriege. —
Du starbst, und überliessest Frankreich in der Anarchie. — Und sollte man es wohl glauben? — Ludwig der Sechszehnte, der beste, — der weder die
Grausamkeit deiner Gesinnungen, weder das Heftige deines Gemüths besitzt, — ist in dem nemlichen Falle wie du. Vielleicht hast du zu viel, und
er zu wenig gethan?

Die französischen Angelegenheiten bekommen
jetzt von verschiedenen Partheyen verschiedene Richtungen. Um sie also klar einzusehen, ist es nöthig,
die Hauptparteyen, die Hauptinstrumente, und die
Haupt-Architekten der Opinionen zur Schau aufzustellen.

An dem zerstörten Lehrgebäude Frankreichs arbeiten also drey Theile, die jeder nach seinem Anhang Plane machen, um eine neue Regierungsart aus den vorigen Trümmern aufzurichten.

Die erste und stärkste Partie — ist die demokratische oder republikanische. — Sie besteht aus Klubs, Rotten, und aus der jetzigen von den Klubs gewählten Versammlung: — Der Adel ist ein abgesagter Feind dieser Partie. Oesterreich, Spanien, Rußland, Schweden sind ihre Feinde. Aber England unterstützt sie heimlich, und dies aus Absichten. Dann weil eine Republik in einem so großen Reiche unmöglich bestehen kann, so entsteht daraus eine immerwährende Anarchie, und diese Anarchie befördert die Ruin Frankreichs, folglich die Erhabenheit Englands.

Die zweyte Partie — ist im Auslande bei den Prinzen; nach dieser ihrem System soll die vorige Regierungs-Art wieder erzwungen werden; jedoch sollen alle alten Mißbräuche davon abgeschnitten seyn. — Diese Partie hat Oesterreich, Rußland, Schweden, Spanien zu Freunden. Aber sie behagt den Engländern nicht, weil das in Ordnung gebrachte Frankreich ein neuer Damm gegen England wäre, und England ist froh, daß dieser Damm zerstört ist. — Daher die Bemühungen der Russen, Schweden, um den Damm wieder aufzurichten. —

Die dritte Partie hat den Herrn von Breteuil zum Hauptanführer. Nach den Grundsätzen des Herrn von Breteuil sollen zwey Kammer so wie in England errichtet, und mit einigen Veränderungen die englische Regierung in Frankreich aufgebauet werden. So vernunftig als diese Regierungs-Art ist, so große Zahl Feinde findet sie. Erstens will sie der Adel nicht, weil er dadurch den ersten Grossen des Reichs allein den Vorzug und die Vebrurterheit einraumen mußte. Zweytens, würde es England niemals zugeben, daß seine eigene Regierungslehre die Wohlthaten seinen Feinden zuschanzen sollte. Dann der Wunsch Englands kann kein Wunsch der Bühne Frankreichs seyn.

Aber Breteuil hat einen ausgebreiteten Geist, besitzt eine vollkommene Kenntniß der europäischen Kabinete; kennt die Kraft und die Schwäche aller Mächte, und — hat das Zutrauen der Königin. Breteuil weis, daß er den Engländern dadurch den derbsten Streich spielen würde; daß sie am Ende lieber in die vorige Konstitution einwilligen würden, als ihre eigene wohlthätige Regierungs Art in Frankreich eingepflanzt zu sehen. Dieser Kunstgriff ist gewiß fein genug, um England zu einer Entscheidung zu bewegen. — Überhaupt, Bretenil ist ein abgesagter Feind des Kalonne, und trachtet überall die Entwürfe des leztern zu untergraben.

Diese drey Partien balgen sich nun untereinander um den Apfel der Regierung. — Die übrigen Mächte sind aufmerksame Zuschauer dieses Drama, und horchen, und schauen — jeder auf seinen Vortheil — bis die Zeit kommt, wo man der Zuschauung müde, eine Partie ergreifen wird.

Unter diesen drey Kollisionen kommt nun eine Erscheinung einer Erklärung des Kapfers zu Wien an fremde Mächte folgenden Inhalts:

Erklärung des Wiener-Hofes an
fremde Mächte:

S. K. Majestät theilet hiemit allen Höfen, welchen Hochdieselbe das erste Cirkular schon am 6ten Juli aus Padua zugeschickt hat, ihre Meis nung, und setzet jetzt hinzu den Beitritt von Schweden, von Dännemark, von Holland, von Portugal, daß, weil der Zustand des Königs von Frankreich, der zu diesem Cirkular Anlaß gegeben, geändert ist, Hochdieselbe glaube, seine jetzigen Gesinnungen in dieser Absicht offenbaren zu müssen. S. M jestät glaubt, daß man den König von Frankreich als frey ansehen müsse, folglich seine Acceptation und alle daraus folgenden Handlungen als gültig.

S. Majestät hofft, daß der Erfolg dieser Acceptation dahin ausfallen werde, daß nemlich die gute Ordnung wieder hergestellt, und die Einseitigkeit der gemäßigten Partie nach dem Wunsch Seiner allerchristl. Majestät vorgezogen werde. Aber weil die Erwartung des Königs von Frankreich gegen alle Wahrscheinlichkeit in dieser Rücksicht getäuscht werden konnte, und weil alle Unordnungen der Ausgelassenheit und der Gewalt gegen den König erneuert werden könnten; — S. K. Majestät glaubt also, daß alle diejenigen Mächte, an welche Hochdieselbe sich abbressirt hat, auf keine Art aufhören müßten, jene Maaßregeln, zu welchen sie sich verbunden, aufzuheben, sondern sich in Beobachtung und Aufmerksamkeit zu halten, und durch ihre respektive Ministers in Paris zu erklären, daß diese Souverainen-Koalition wirklich noch subsistirt, und daß sie bereit sind, mit vereinigten Kräften in allen Fällen die Rechte des Königs und der französischen Monarchie aufrecht zu halten.

Wien vom 10ten dieses.

Die Neuigkeiten aus dem Oesterreichischen sind seit einer Zeit unbedeutend gewesen. Je mehr sich ein Land dem ruhigen Glücke nahet, je weniger stellt es eine Anmaffungs-Säule vor auf dem grosen Theater der Welt: — und es ist meistens mit Unglück, daß ein Volk darauf glänzt.

Unterdessen strahlt eine sonderbare Begebenheit aus unserem Kabinete heraus. Das gegenseitige Bedürfniß der Garantirung von dem ruinirenden Einflusse der Gallomanie, hat die Holländer gegen alles Vermuthen dahin gewelzt, mit unserer m Hofe eine Allianz zu schließen. Es ist sonderbar, daß das Kabinet vom Haag, welches uns in der belgischen Revolution so viel zu schaffen suchte und auch wirklich geschadet hat, sich nun auf einmal auf gute Grundsätze, und auf unsere Redlichkeit in politischen Unterhandlungen erinnert. Aber man weis, daß das holländische Feuer noch nicht ganz ausgelöscht ist. — Nun zur Sache: — Der holländische Gesandte an unserem Hofe, Herr von Haften hat vor einigen Tagen unserem Kayser vorgetragen, daß die Hochmögenden auf das Sehnlichste wünschen, eine Denfensive Allianz mit Oesterreich zu schließen, welche zum Hauptzweck haben soll, sich gegenseitig gegen den Unruhen-Geist zu schützen, und sich gegenseitige Hilfe zu leisten.

Unser Hof hat dieses Anerbiethen mit ausserordentlichem Vergnügen angenommen: — besonders weil dadurch den unruhigen Brabantern mehr Zaum und weniger Ausflucht angesetzt werden kann. — Der Fürst Kaunitz gab zu erkennen, daß der Kayser über dieses Anerbiethen, und über dieses Zutrauen der Hochmbgenden wirklich gerührt seye. — Es wurden gleich Vertrags-Punkten über diese neue Allianz aufgesetzt, und nach Brüssel geschickt, wo dieser ganze Allianz-Traktat ausgefertig werden soll. —

Man muß in der That bekennen, daß viele Politiker sich über diese Verfügung mit grosen Augen anschauen. — Diese Verbindung ist um desto mehr anzustaunen, weil man zuverläßig weis, daß das Kabinet vom Haag zu gewissen Anstellungen in dem Fürstenthum Lüttich sich Anfangs zu sträuben, hernach aber die feyerlichste Einwilligung zu geben schien.

Man kann noch nicht behaupten, daß dieser Bund mit Einwilligung des englischen und Preußischen Hofs geschehen seye. Aber dies ist zu vermuthen, weil Holland in grosen Verbindungen mit diesen beiden Höfen steht.

Andere Beobachter ziehen den Schluß daraus, daß diese Alianz blos deswegen geschehe, um die französischen Angelegenheiten in eine von mehreren Höfen bestimmte Ordnung zu zwingen. — Andere glauben, die Prinzeßin von Oranien hätte ihren Zweck zu Berlin nicht gleich erreichen können, und hätte sich deswegen an andere Politik genähert.

Antwort des Ludwigs Stanislaus Tavery und des Karl Philip, Söhne von Frankreich — an Ludwig den 16ten König von Frankreich, — ihren Bruder.

Wir haben das Schreiben erhalten, welches Euere Majestät die Güte hatten, an uns zu erlassen; wir wollen es nicht untersuchen, ob E. M. ganz frey die Konstitution angenommen haben; wir wollen auch diese fehlerhafte Konstitution nicht untersuchen, wir wollen nur denken, daß sie ein Werk der Faktionen seye. Wir wollen aber E. M. bemerken, daß sie nur zeitlicher Verwalter des Reichs ist, daß sie den Nachfolgern Rechenschaft ablegen muß, und daß sie ihnen das Reich in dem nemlichen

Stand, wie sie dasselbe von den Königen, unseren Vorfahren erhalten, ausliefern soll.

Vermög dieser Betrachtungen können wir nicht umhin, unsere Entschließungen zu äussern, daß wir alle Mittel anwenden werden, um Dero Thron, welchen die Rotten in seinem Grunde erschüttert haben, herzustellen.

Wir endigen, Sire, mit den standhaftesten Protestationen, daß E. M. keine treuere Unterthanen hat, als uns, und wir werden diese Gesinnungen bis auf den lezten Hauch unsers Lebens lassen.

Koblenz am 16. Nov. 1791. Unterzeichnet: Ludwig Stanisl. Xav. Karl Philip.

Vermischte Nachrichten.

Der berühmte Schriftsteller, Herr von Archenholz, hat sich mit seiner Familie zu Paris niedergelassen, und wird von dort aus ein politisches Journal, unter dem Titel: Minerva, herausgeben, das in Berlin bei Ungar gedruckt werden soll. — Der Kurfürst von der Pfalz hat die neulich aufgehobenen 4 Nürnbergischen Beamte wieder frey gegeben; die Stadt Nürnberg hat sich aber wegen dieser Arretirung in einem Schreiben, worin sie dieselbe eine landfriedensbrüchige Thathandlung nennt, an den Fränkischen Kreis und an den Kaiser gewendet, um gegen mehrere andere vorgebliche Bedrängungen des Kurfürsten und Beschuldigungen einiger Nürnbergischen Pflegämter um schleunige Abhülfe und Assistenz anzurufen.

Biographie.

Karl der 9te König von Frankreich kam zu St. Germain en laye Anno 1550 zur Welt, und bestieg den Thron nach dem Tode seines Bruders, Franz des Zweyten Anno 1560. Er hatte also nur 10 Jahr. Seine Mutter Katharina von Medicis regierte mit dem König von Navarra und mit Anton von Bourbon unterdessen das Reich. — Es erhoben sich damals zwey Faktionen: die der Guisen, und der Bourbone. Daraus entstund ein Bürgerkrieg. Prinz von Conde schlug sich zu den Protestanten, und der Herzog von Guise hielt mit den Katoliken. — Dieser Religionskrieg verheerte lang Frankreich, bis endlich der Herzog von Anjou, — der hernach unter dem Namen: Heinrich der Dritte, König ward, die Schlacht bei Jarnak Anno 1569 gewann, und der Friede hergestellt wurde. Karl wollte alle künftigen Unruhen in seinem Reiche auswürzeln, und entschloß sich, ein grausames Mittel zu diesem Endzweck anzuwenden. Anno 1572 am Vorabend des heil. Barrholomeus war die fatale Nacht, wo das so genannte Barthelemy-Massaker Schreken und Grausamkeit verbreitete. Alle protestantischen Häuser wurden mit Gewalt überrascht; man tödtete Weiber, Kinder ohne Unterschied. Coligni ward durch die Hand des Besme getödtet, und bei Füssen aufgehangen. Dieses unmenschliche Verfahren hat einen neuen Religionskrieg angezündet. Karl starb Anno 1574 im 24sten Jahre seines Alters. - Es reuete ihn, daß er sein Reich durch so gewaltige und grausame Mittel zur Ruhe zwingen wollte. Dieser Mionrach war ausserordentlich heftig in seinen Leidenschaften; er liebte die Dichter, obschon er sie nicht geschätzt hatte. Man muß die Poeten, pflegte er zu sagen, wie gute Pferde behandeln, sie gut füttern, aber sie nicht zu viel sättigen. Unter dieser Regierung lebte der unsterbliche Kanzler de l'Hopital, dessen weisen Einrichtungen zum Glück der Menschen abzielten.

Nro. 95.   Freytag den 25sten November 1791.

Beilage
zu
Politischen Gesprächen
der
Todten.

Politische Satyren.

„Grose Begebenhaiten sind Stürme der mensch-
„lichen Opinionen; sie wehen, sie beugen, sie
„brechen die Aeste derselben.

Neuwied am 23sten dieses. Heute Morgens um halb zwölf Uhr kam eine reitende Nachricht hier an, nemlich, daß zu Koblenz ein Kourrier aus Brüssel angerennt gekommen war, welcher folgende Begebenheit mit sich brachte:
„Der König von Frankreich ist von Paris
„abgegangen; befindet sich an unseren nieder-
„ländischen Grenzen, und ist in Sicherheit."
So bald die französischen Edelleute hier diese Nachricht erhalten haben; wurde gleich durch einen Trompeter zur Versammlung geblasen. Der Kommendant las diese Nachricht vor. Man kann sich leicht vorstellen; welche Freude sie verbreitet hatte. — Es waren der Edlen viele, die von einer so grosen Wonne überrascht in Ohnmacht fielen. Es war eine allgemeine Umarmung. — Aver

der Kommendant kommandirte den Marsch in die Kirche. Man sang ein Te Deum, und Domine salvum fac Regem. Man sah Thränen rollen: niemals hätte ein Raphael ein allgemeines Vergnügen besser zeichnen können.

Koblenz vom 24sten dieses. — Gestern war hier die allgemeine Freude, — daß der König von Frankreich in Conde unweit der niederländischen Grenze angekommen seye, und daß er allda in größter Sicherheit mit seiner Familie wohne. — Heute ist alles traurig, diese Nachricht hat sich nicht bestätiget. Man erwartet mit der neugierigsten Sehnsucht einen Kourrier. — Es ist schon 12 Uhr, und es kommt kein Kourrier.

Man weis zwar zuverläßig, daß ein Entwurf zur Flucht des Königs angeordnet war. Aber man weis den Erfolg davon nicht. — Es ist eine Folter, die alle Gutgesinnten in Erwartung martert.

Der Schwedische Gesandte ist bei den Prinzen angekommen.

Um 4 Uhr nach Mittag. — Die Nachricht von der Flucht ist falsch. Derjenige, der sie zugeschickt hat, schrieb, daß zwar ein dergleichen Entwurf war, aber daß die Erfüllung desselben noch weit entfernt seye. — Hätte er nicht besser gethan, wenn er geschwiegen hätte?

Nach hellen Tagen kommt Regen: — nach der Freude kommt Traurigkeit. — Alles sieht so finster aus.

Eben kommt eine Staffete: — und nichts neues. —

Wien vom 17ten dieses. — Niemals war unsere Politik so verhüllt, wie jetzt. Der Gang der grosen Politik scheint angeschmiedet zu seyn.

Die ganze Maschiene steht still. — Man weiß nicht, was man für eine Prophezeyung aus dieser Stille ziehen soll. Fast alle Kabinete scheinen auf den Stand zu seyn, um zu lauren. Keine Bewegungen, keine Vorkehrungen, keine Zurüstungen. — Doch ist Leopold immer beschäftigt. — Der Leopolds-Tag ist mit vieler Feyerlichkeit begangen worden. — Herr von Vaudreil ist als ein abgeschickter Unterhändler der französischen Prinzen hier. Er bringt, — er bringt in unseren Hof. Aber noch weis man nichts von einem glücklichen Ausgang seiner Unterhandlungen. — Im Gegentheil: unser Hof hat an das Brüssler Gouvernement eine Missive geschickt, wodurch dem Minister aufgetragen wird, die ausgewanderten Franzosen dahin einzuleiten, daß sie sich der beleidigten Hospitalität nicht schuldig machen.

Von Trips-Trill im Lande des Monds vom 24sten dieses, — Wenn man aus dem Monde die Politik von Europa übersieht, so muß man wirklich gestehen, daß seit dem geendigten Türken-Kriege, alle Politiker in Kapineten auf ihren Soffa ruhen. — Man sollte jedem eine Schlafhaube schicken, und ihnen ein politisches Bett anweisen, damit sie ruhig schlafen. Ha, ja, ja! Pu, pa, ja! — gute Nacht. — Auf was warten also die ausgewanderten Franzosen? — Auf das Aufwachen der hochwürdigen Madame Politik. — Aber wer darf sie aufwecken? — das weis unser liebe Herr Gott, — ich nicht.

Es ist merkwürdig, daß viele Mächte die französische Konstitution gut geheißen haben. Wir Bewohner des Monds raisonniren also: — Wenn der Planet Jupiter die Revolution Frankreichs gut heißt, so giebt er uns, und allen übrigen Planeten-Bewohnern zu erkennen, daß wir die Macht haben, uns Gesetze zu machen; daß wir auch saturnisiren können; daß wir eine Nationalgarde aufrichten sollen; daß es von uns abhänge, uns über die Strahlen der Sonne wegzusetzen; daß unsere Mondverfassung — durch unsere Kraft, und durch einen errichtenden Klub anarchisirt, dekretirt, nationalisirt, iluminalisirt, und verändert werden könne. Gefällt dies den Planeten und der Sonne nicht, so stossen wir sie aus der Nation aus, und plündern wie die Schwarzen auf der Insel Domingk die Besitzer. Es ist eine gewisse Wahrheit in der Politik: — So lang der Pöbel Hunger und Durst hat, so richtig kann auch eine Revolution überall Statt haben. Aber man durstet, man hungert; — ergo.

Lüttich vom 22sten dieses. — Es verbreitet sich eine Nachricht hier, daß der König mit seiner F. milie zu Valenciennes angekommen seye. Re erbauer: — Diese sausende Nachricht ist falsch. Also Geduld, bis auf weitere Ordres.

Grünstädter Privilegirte Zahlen-Lotterie. Die 44ste Ziehung ist heute den 22sten Nov emb. 1791 unter Beysin derer hierzu verordneten S. T. Herren Deputirten mit gewöhnlichen Formalitäten und gehöriger Accuratesse volzogen worden, und sind folgende Numern aus dem Glücksrad erschienen:

Erster Zug: Nro. 21. Ein und Zwanzig.
Zweyter Zug: Nro. 2. Zwey.
Dritter Zug: Nro. 87. Sieben und Achtzig.
Vierter Zug: Nro. 79. Neun und Siebenzig.
Fünfter Zug: Nro. 4. Vier.

Die Fünf u. Vierzigste Ziehung geschieht den 29ten Novemb. 1791. und so fort von 8 zu 8 Tagen

Nro. 48. Donnerstag den 24sten November 1791.

Politische
Gespräche
der
Todten
über die
Begebenheiten
des 1791sten Jahrs.

D... us Potemkin
„In terra turcica emisit spiritum.

Ueber die Eitelkeit dieser Welt.

Alles, was man am Menschen sieht, ist eitel; nur die natürlichen Bedürfnisse, nemlich ein Dach, eine Schüssel Erdäpfel, eine Jacke sind ihm unentbehrlich. Aber alle diese drey Artikel; die Wohnung um im Winter hinterm Ofen zu sitzen; der Bauch, um seine Mühle zur Erhaltung im Gang zu lassen; die Bekleidung, um sich von der Kälte zu schützen, — sind auf einen solchen Grad verfeinert worden, daß viele Menschen-Hände sich gegenseitig damit beschäftigen müssen, um die Subtilisirung der Menschen-Wollust zu befriedigen. — Welche Paläste, welche Industrie der Küche, welche Modifizirung der Bekleidung tyrannisiren den Menschen mit gekünsteltem Bedürfniß-Zepter!

Wenn einem der Tod auf der Zunge steht, so ist es einerlei; ob man Erdäpfel, oder Phasanen gegessen hat; ob man in einem Pallaste, oder in einer Hütte wohnte; ob man seidenen mit Gold gestickten Rock, oder einen Kittel getragen; ob man gut tanzte, oder wie ein Bär plump daherhüpfte; ob man artig, gut gewachsen, schön von Gestalt, mit Milchgesicht, oder pockennarbig, backlicht, und krum war; ob man schöne Verse wie Boileau oder Knittelverse wie Hans von Sachsen reimte; ob man die Köllnische oder die Neuwieder-Zeitung schrieb; ob man hübsche Mädchen, oder alte Rantzungel umarmte; ob man auf einem Engländer, oder auf einer Rosinante wie Sancho Pancha ritt; ob man Dezakow erobert, oder ein Kartenhaus mit Kindern niedergeblasen; ob man General oder Korporal gewesen; ob man mit Theologen, oder mit Sackträgern disputirt hatte; ob man mit Syllogismen, oder mit grosen Wörterenen wie Mirabeau dahin gespieen; ob man zum Maire von Paris, oder zum Briefträger gewählt ist worden; ob man Aristokrat, oder Patriot gewesen; ob man spanischen, oder Bolingarotaback schnupfte; ob man einen Hippokrates, oder einen Quacksalber zum Doktor hatte; ob man die hohen Wissenschaften auf einer Universität, oder in einer Bierschenke studirte; ob man einen Knaster, oder einen Stinker rauchte; ob man Kemödien, oder Tragödien sah; ob man zum Purgieren, oder zum Salivieren von der Fakultät verdammt war; ob man hinterm Kartofel, oder unterm Tische gehorchte; ob man lachte, oder weinte; ob man Stiefel, oder Schue getragen; — was hilft dies alles? wenn einen der Tod zum Marsche beordert, — so muß man dahin marschieren; — und dieser Marsch ist verflucht traurig: dann man kommt nimmer zurück. Was nutzen einem hernach alle Herrlichkeiten der Welt? — O Eitelkeit! o Eitelkeit!

So sprachen die Geister im Elysium, als der grose Potemkin ankam. Wie? Potemkin? dieser Mann, der den grösten Ruhm sich erworben? der aus einer Mittelmässigkeit, von einer Sergeanten Stelle — bis auf den höchsten Gipfel des Glücks erhoben war? der mit Ruhm auf die ganze Erde strahlte? der Reichthum, Ehre, Vertrauen der grösten Monarchin besaß? — O Eireitkeit! er ist nicht mehr: alles, was seine Durchlauchtheit vermogte, ist verschwunden, — nur seine Tugend, seine Größe bleibt — in den Jahrbüchern mit unvergeßlicher Feder geschrieben.

Die Helden des Alterthums haben ihn an dem Fluß Acheron empfangen; sie führten ihn in den Tempel der Unsterblichkeit; die Göttin des Ruhms umarmte ihn; Vetter der Große von Rußland dankte ihm, daß er seine Größe fortgesetzt hatte; — und wunderbar, das Bild Katharina der Zweyten, seiner Monarchin hieng schon in der Rheihe der grösten Männer auf dem Altar der Unvergeßlichkeit. — Louden hielt eine Rede über die Seltenheit groser Männer heutiges Tags, und erzählte die Thaten Potemkins.

Nach geendigter Sitzung erzählten sich die Geister die Neuigkeiten der Oberwelt. Frankreich war fast der Haupt=Gegenstand, über welchen sie sich unterhielten: man las hernach folgenden Artickel aus:

Paris vom 16ten dieses.

Es wird etwas in Geheim vorbereitet, ohne daß man errathen könne, was. Die Spannung ist auf das Aeuserste angezogen. Im ganzen Reiche sind Unruhen, — man verfolgt sich untereinander; die an ihre alten Grundsätze anhängigen Priester sind nicht allein Brodlos, sondern werden noch geschimpft, gehönt, und ihr Leben ist in Gefahr. Täglich kommen Nachrichten von mordenden Szenen an, und je grausamer die Thaten sind, je mehr frohlocket der Pöbel darüber. Was wird endlich daraus werden?

Paris vom 19ten dieses. Die Auskrüfung des Königs an die Emigranten, und das Schreiben an die Prinzen — haben hier eine widersprechende Sensation verursachet. — Er warb folgende Gegenerklärung gedruckt, und ausgetheilt. Sie ist merkwürdig, und verdient hier eine Stelle.

Franzosen! meine Landsleute! o ihr, die ihr noch fähig seyd, Wahrheit zu erkennen; leset die Proklamation, die unser König ausrufen lassen mußte. Unterjuchet sie in ihrem ganzen Umfange — mit mir. Ich bin von aller Einseitigkeit weit entfernt. Ich habe um keine

Hofgunst gebuhlt; ich lebte ruhig in meinem Vaterlande, für welches ich 62 Jahr unter Waffen stand. — Mein hohes Alter, mein für den Dienst des Vaterlandes ergraubt es graues Haupt — sehen mich außer allem Verdacht einer Parteilichkeit. Ja frohlockte in meinem Herze, da der König als guter Vater die Stände zusammenrief. Welche Wonne für ihren Menschenfreund, der sieht, daß Mißbräuche verbessert werden, daß ein Morgenlicht des allgemeinen Glücks, ohne von Wolken benebelt zu werden, aufgehe; daß eine Nation wie eine Familie zusammen tritt, um sich über die Mittel, die Mißbräuche kennen auszurotten, zu berathschlagen. — Ich bedauerte bei diesen Aussichten zum erstenmal, daß ich alt war. — Aber ach! der Erfolg warf so viele Ruinen des allgemeinen Glücks auf mein Haupt, daß mir im 62sten Jahre meines Alters kaum so viel Kraft noch übrig bleibt, um — meinem Vaterlande zuzuhauchen, daß alles Unglück auf uns stürmt. — — —

Ich muß hier abbrechen. — Wie? was ist? was schreyet man? — der König von Frankreich — ist aus seinem National-Kerker gerettet: — Wie! wann? wo? — Er ist endlich frey. Himmel! welche Nachricht? — ich fühle den deutschen Boden unter mir zittern; ich ahnde (Gott Mittler erbarme dich Unser) ich ahnde — Bewegungen, Kriege, Unruhen. Gutes Deutschland! der König von Frankreich, dieser große Monarch, der die Erdkugel in Händen hielt, und damit spielte: — Ludwig der 16te — kommt auf deinen Boden; nicht als Eroberer, nicht als Sieger, nicht als Beschützer. Er kommt auf unsere deutsche Erde, um seine Gerechtsamen; um die Ordnung seines Staats; um Zuflucht zu suchen. O Deutsche! welcher Stolz unseres Vaterlands! — Oh, kein Stolz, keine Bedeutenheit in dem Unglücke unserer Nachbaren. Es soll Großmuth seyn; es soll Deutschheit seyn. — Und du o Clemens von Trier! o guter Fürst! diese Nachricht ist an deinem Namenstag (am 23sten dieses) in deiner Residenz eingetroffen: kann ein Fest-Ponkel schöner seyn?

Eine überraschende Betäubung bemeistert sich meiner Seele, ich muß abbrechen. — Setzer! Schreiber! Korrespondenten des Elysäums! machet hier einen Artikel aus den hier liegenden Briefen und Schriften voll. — Morgen werde ich euch — das Wichtige geben.

Aus Ungarn.

Nachfolgendes Schreiben aus Bukarest vom 24ten Octob. scheint das bestätigen zu wollen, was wir im vorigen Blatte von neuen kriegerischen Aussichten zwischen Rußland und der Pforte meldeten.

„Da man hier von der Eröfnung des Kongresses bis jetzt noch keine Nachricht erhalten hat, so wollen einige muthmasen, daß sich die Angelegenheiten zwischen unserer Regierung und Rußland neu drings verwikeln werden. Der Tod des Fürsten Potemkin kann jedoch für die Türken keine Ursache seyn, um den Krieg wieder zu wünschen; denn die Generäle, welche sie im flachen Felde geschlagen hatten, existiren noch eben so, wie die Truppen; und was die Betreibung des Friedensgeschäfts betrift, so sieht man nicht ein, was die Türken durch den Abgang der Direkzion des verstorbenen Feldmarschals gewinnen sollten. Andere sagen, daß, nachdem der Petersburger Hof entschlossen sey, die Gewalt der Wafen zu Gunsten der französischen Prinzen anzuwenden, und nachdem derselbe seine Gesinnungen über die polnische Revolution noch nicht geäusert habe, die erhabene Pforte, welche von dieser doppelten Arbeit unterrichtet sey, dieselbe benutzen wolle, um sich mit dem Degen in der Faust bessere Friedensbedingnisse zu verschaffen; Die andern auf eine solche Art räsonniren, werfen keinen Blick auf den erbärmlichen Zustand, in welchem sich das ottomanische Reich befindet, und halten also den Sultan für fähig, daß er sich neuerdings durch solche politische Bemühungen den Kopf verwirren lasse, die weit unter jenen sind, so man ihm bei Anfang des Krieges vorlegte, und die sich während der immerwärenden Veränderung der Umstände niemals realisiren konnte. — Denn es ist schon lange, daß' der Graf Potoki, Bothschafter der Republik Polen, mit den ottomanischen Ministern nicht mehr von den wechselseitigen Unterhandlungen spricht; so das man glaubt, sowohl der Allianz- als Kommerztraktat werde nur auf dem Tapete bleiben, und weder von dem einen, noch von dem andern Theile jemals unterzeichnet werden. Die Türken, welche, so bald sie es mit einem Schwächern zu thun haben, jederzeit nur zu fodern pflegen, haben von ihren Foderungen nicht abstehen wollen; und der polische Minister hat sodann ganz weislich von seiner Seite ebenfalls nichts nachgegeben. Eben so stehet es auch mit dem Handlungstraktat, bei welchem einige Schwierigkeiten aufgestoßen sind, deren Beseitigung blos von der Pforte abhängt. Da sie aber bis jetzt wenig Lust äuserte, um zur Richtigkeit zu kommen; so ist auch diese Unterhandlung wieder verschoben worden. Der Großvezir, welcher sich noch zu Schiumla befindet, ist in gänzlicher Unthätigkeit, und schreibt, wie man sagt, sehr wenig nach Konstantinopel. Es giebt Personen, welche muthmaßen, daß der Großvezir damit beschäftiget sey, um der erhabenen Pforte zu beweisen, daß, wenn man ihn hätte machen lassen, und seinen Plan befolgt hätte, den man nach dem ersten Feldzuge, ungeachtet der glücklichen Erfolge, so er gehabt, aus den Augen gesetzt hatte, die Sachen gewiß nicht einen so schlimmen Gang genommen haben würden, sondern daß er vielmehr seinen Endzweck in seiner ganzen Ausdehnung erreichet hätte. Man es ist schwer zu glauben, daß er dadurch dem Schicksale wird ausweichen können, welches ihn, nach der allgemeinen Vermuthung in der Hauptstadt, nach dem gänzlichen Frie**n**sschlusse erwartet, dessen Leitung ihm allein vom Großherrn überlassen ist. ꝛc."

Innerösterreich.

Die Absonderung der bisher vereinigten Innerösterreichischen Guberniums ist nun vollbracht, und die Herren Beamten sind bereits nach Leibach Klagenfurt abgegangen. Innerösterreich hat nun dieser höchsten Verfügung zufolge 3 abgesonderte Länderstellen nach den 3 Provinzen Steyermark, Kärnthen und Krain. Für erstere haben Se. Majestät den Grafen von Stürgkh (sel. Gedächtniß) zum Gouverneur, für Kärnthen den Grafen von Welsberg, und für Krain den Grafen von Gaisruck zu Präsidenten und Landeshauptmännern, und jeden zugleich zum Präsidenten der mit der politischen Landesstelle verbundenen Landrechte zu ernennen geruhet. — Die Wirksamkeit dieser abgesonderten Landesbehörden nimmt morgen als den 15ten ihren Anfang. Wegen der für Kärnthen und Krain neu errichteten und an eben dem Zeitpunkt in Wirksamkeit tretenden Landrechte ist nachstehendes Patent erschienen:

Wir Leopold der Zweyte ꝛc. ꝛc.

Die an Unsern Thron gebrachten Vorstellungen der getreuen Kärnthnerischen und Krainerischen Stände, haben Uns bewogen, jeder dieser beiden Provinzen ein eigenes Landrecht zu bewilligen, daher verordnen Wir

§. 1. Daß, vom 15ten November dieses Jahrs angefangenen, es von der bisherigen Verfassung der adelichen Rechtsverwaltung in Kärnthen, so wie auch vor dem bisherigen Zuge der Fiskal- und Unterthansachen aus Kärnthen und Krain an die Steyerischen Landrechte, gänzlich abzukommen habe, und dafür das Steyerische Landrecht zu Gräz für Steyermark allein bestimmt verbleiben, für Kärnthen aber ein eigenes mit der Landeshauptmannschaft vereinigtes Landrecht zu Klagenfurt, und für Krain ein eigenes mit der Landeshauptmannschaft vereinigtes Landrecht zu Laybach, in dem Masse und mit derjenigen Wirksamkeit bestehen soll, welche in der für Steyermark, Kärnthen und Krain ertheilten Jurisdiktionsnorme ausgemessen ist.

§. 2. Diesemnach werden alle Gerichtsbehörden, Partheien und Rechtsvertretter hiemit angewiesen, sich von dem oben bestimmten Zeitpunkte angefangen nicht mehr, weder an die adeliche Rechtsverwaltung zu Klagenfurt, noch in den Kärnthnerischen Angelegenheiten an die bisherigen Kärnthnerischen und Krainerischen Landrechte, noch in den Kärnthnerischen und Krainerischen Fiskal- und Unterthansangelegenheiten an das Steyrische Landrecht zu wenden, sondern mit Beobachtung der gesetzmäsigen Fristen vor jenem Landrechte aufzutretten, wohin der durch gegenwärtiges Patent festgesetzten Einrichtung zu Folge, der Gegenstand gehörig ist. Gegeben ꝛc. Wien den 3ten Nov. 1791.

Gräz den 9ten November. Heut gegen Abend starben hier Jhro Erzellenz der Herr Gubernialpräsident Graf Franz Anton von Stürgkh im 57sten Jahre Jhres ruhmvollen Alters zum allgemeinen Leidwesen der hiesigen Jnwohner und des ganzen Landes, indem wir durch diesen Todesfall einen würdigen Chef verlieren, der nun grosen Einsichten begabet war, und sie während seinen langen Dienstjahren bei jeder Gelegenheit bewies: sein Karakter war bisher, gerade, und offen, Eigenschaften gegen jedermann, die bei den Grosen das vorzüglichste Lob verdienen.

Biographie.

Potemkin stammte aus Polen her. Er war Feldmarschal und Obebefehlshaber der ganzen Russischen Armee, und das Haupt der ganzen regulirten und irregulirten Kavallerie; er hatte das Oberkommando über die Flotten im Asowschen, Kaspischen und schwarzen Meere; war Präsident der höchsten Kriegsstelle in Petersburg; war Generalgouverneur von Katharinoslaw, von Tauren und der Tartarey; war Generaladjutant und Kammerherr, wie auch Generalinspektor der ganzen Kriegsmacht in Rußland; war Oberster des Preobaschinskischen Garderegiments, und das Haupt aller übrigen Garden, und Inhaber eines Kirassiere-regiments seines Namens; war Befehlshaber der Petersburger Dragoner und der Grenadierre von Katharinoslaw. und Kommandant aller Zeughäuser im ganzen Russischen Reiche, aller Gewehrfabriken und aller Kanonengießereien; war grosser Hauptmann aller Kosaken, die unter der Russischen Bothmäßigkeit stehen. Potemkin hatte mehrere Russische Orden; den von St. Alexander Newski, von St. Georg, von St. Anna, und von St. Wlodzimir der Typp erster Klasse; auch den K. Preußischen schwarzen Adlerorden; ferner den Dänischen Elphanten, und den Schwedischen Seraphinenorden. Mit einem Worte: Potemkin war der grösste Mann in der Russischen Monarchie, und führte das Ruder im Staate und auch in allen Kriegsangelegenheiten mit eben so viel Talent als Ruhm, indem ihn das Glück in keiner seiner Unternehmungen verließ. Ganz Europa sah auf diesen Mann. Potemkin war der Hofkabale gewachsen; er gab ihr Gesetze; die Kabale und die Politik maßten ihm gehorchen. Allein diese menschliche Größe endigte sich auf eine sehr traurige Art, da er sich in seiner Krankheit, wegen Mangel an gehörigen Mitteln, nicht nur keine Rettung, sondern nicht einmal einige Hülfe zur Erleichterung verschaffen konnte.

Nro. 94.   Montag den 21ften Novemb. 1791.

Beilage
zu
Politischen Gesprächen
der
Todten

Ankündigungs-Herold.

Imo. Litteratur.
Mittel wider die Bücherwürmer, für die Gelehrten.

In grosen, oft wenig besuchten und gebrauchten Bibliotheken, in Archiven, wo Urkunden und schäzbare Ueberbleibsel des Alterthums aufbewahrt werden, thut der Zahn des Wurms oft weit grösern Schaden, als der Zahn der Zeit, und zernagt oder schändet manches schäzbare Stück, welches der Verehrer des Alterthums oft gern mit vielem Geld bezahlen würde. Die Akademie der Wissenschaften zu Göttingen hat daher, um diesen Verwüstungen Einhalt zu thun, schon vorlängst die Preißfrage aufgeworfen: Welches die dienlichsten und bewährtesten Mittel seyen, diese Insekten von Bücher- und Urkunden-Sammlungen theils abzuhalten, theils zu vertilgen? und Herr D. und Professor Herrmann erhielt den Preis, welcher diesen Bücherfeinden durch zwen Archive, und 6 alte Bibliotheken so lange nachschlich, bis er sie kennen lernte, und dann die besten Mittel wider dieselbe vorschlagen konnte. Wir wollen aus seiner weitläufigen Preißschrift nur das zweckmässige und brauchbarste ausziehen.

Er rettet einige Insekte von dem Verdacht dieser litterarischen Verwüstungen, den sie sich durch ihren Auffenthalt an dergleichen gelehrten Orten zugezogen haben, wo man glauben sollte, daß sie eigentlich nichts zu thun hätten. Allein, wann sie auch schon keine Excerpten machen, so lauren sie doch anderen Insekten auf, von denen sie sich nähren, und sind also eher nüzlich als schädlich. Diese Thiere sind die Spinne, die haarigt und sehr schnell.

laufende Milbe (Acarus) die Wandlaus, der kleine Wandscorpion, und die Hausschabe u. s. w. Die Hauptfeinde aber sind der Ptinu- vertinax, und der Dermestes paniceus L., welche die dicksten Bücher anfänglich nur mit einem runden Loch, so groß als sie selbst sind, durchbohren, nachher aber, weil sie sich nicht umwenden können, und auch nicht weiter fort wollen, breite Stücke herausnagen, und zu dem hineingebohrten Loch wieder heraus kriechen. Eigentlich soll es ihnen nicht um das Papier, sondern um die hölzernen Decken und um den Kleister zu thun seyn, weil sie nur ein Loch in das Buch machen, aus demselben aber, da sie schlechte Nahrung darinne finden, wieder zurückkehren, und den Einband nach allen Richtungen durchfressen; und weil die Löcker gehefteten, auch ungebundene Bücher, Akten und Dokumente, wenn sie keinen Kleister haben, meistens unangetastet bleiben. Auf diese Erfahrung gründen sich die Vorschläge zu Vertreibung dieses Ungeziefers.

1) Man schaffe alle Holzbände ab.

2) Der Buchbinder bediene sich, so viel möglich, des Leims, anstatt des Kleisters. Hat er aber ja solchen nöthig, so spahre er den Alaun nicht dabei. Er mache den Kleister von Mehl der wilden Kastanien, und nicht von Stärke oder gewöhnlichem Mehl. Auch kann er sich bei Verfertigung des Planierwassers, eines Wassers bedienen, darin vorher zerstoßene Koloquinten, Bitterklee, Tausendguldenkraut, oder auch Wermuthsprossen gesotten worden.

Nach andern sollen die mineralischen Salze, welche allen Insekten widerstehen, die einzige Mittel gegen den Bücherfraß seyn: Nur muß man solche nehmen, die sich nicht leicht an der Luft auflösen, weil sie sonst Flecken machen. Sal arcanum duplicatum, Alaun, Vitriol schicken sich dazu; hingegen sind die vegetabilischen Salze, z. B. Potasche, Weinsteinsalz ꝛc. ꝛc. untauglich. Man soll klein zerstoßenen Alaun, mit etwas gestoßenem Pfeffer vermischt, zwischen Buch und Decke, ja auch auf die Bücherschränke streuen. — Man soll in den Monaten Merz, Juli und September die Bücher mit einem wollenen Läppchen, darein öfters klein gestoßener Alaun gestreuet wird, stark abreiben.

(Die Fortsetzung nächstens.)

2do. Handlungs-Nachrichten.

Die französische Fregatte Medusa hat die traurige Nachricht mitgebracht, daß die Engländer von Tippo-Said in Indien gänzlich geschlagen sind worden. Diese Nachricht — wahr oder falsch — hat auf die öffentlichen Fonds einen solchen Schlag gegeben, daß sie am 10ten dieses um 10 pro Cento gefallen sind. — Das wär ein verfluchter Streich für die Anglo — Politiko — Hidalgo — Monopoliko — Grosbritanniko — Kommerzirung.

3tio. Ankündigungen.

Derjenige welcher sich unter dem 24sten Oct. A. C. so gottlos erfrechet, und mich wegen angenommener Pränumeration auf ein gewisses Buch, woranf ich nur Subscribtion gesammelt, und von zweyen Freunden aus besondern Ursachen 1 fl. 16 kr. empfangen, durch die öffentliche Zeitüngen als einen Betrüger dem Publikum dargestellt, erkläre hiermit so lange für den grösten und abscheulichsten Ehrabschneider, bis er mir erweist, wo ich und wenn die viele Gelder auf Pränumeration angenommen, und sich mit ersten Zeitungen mit Vor- und Zunamen und Caralter unterzeichnet. — Zugleich mache bekannt, daß diejenigen, welche auf obenerwähntes gewisses Buch, welches betitelt ist: die Geschichte Jesu in Briefen, bey mir subscribirt haben, solche jetzt fertig, und so wohl bey dem Hochfürstl. Oranien Nassauischen Herrn Oberkonsistorial Rath und Oberprediger Seel in Dillenburg als auch bey mir von den Herren Subscribenten gegen das im Plan bestimmte Geld zu erhalten ist.

Altenkirchen in der Reichs-Graffschaft Seyn am 16ten Novemb. 1791.

A. J. Neuhoff.
S. S. Ministerii Candidat.

Anton Robert, Kleinuhrmacher, der bei den ersten Meistern seiner Kunst, so wohl zu Paris als auch zu London gearbeitet hat, biethet sein Zutrauen allen Denjenigen an, die entweder Uhren, oder andere mechanischen Instrumente zu verfertigen oder zu verbessern haben. — Er hält sein Magazin mit ersnen en Uhren hier zu Neuwied, die er garantirt, und in billigsten Preisen

Das Handlungs-Haus Gottfried Schubart und Rittershausen zu Frankfurt am Mein verkauft in Grosen alle Sorten Monturs-Tücher so wohl aus Sachsen, wie auch aus Mähren, in allen Farben, und Gattungen; dieses Haus verbindet sich grose Lieferungen nach dem billigsten Preis zu übernehmen; es liefert zugleich Achner Tücher zu 8 Viertel brabänter Elle breit in engsten Preisen.

La Maison de Commerce God. Schubart & Rittershaus de Francfort sur le Mein vend en gros toutes sortes de Draps d'Uniformes, tant de la taxe que de la Moravie en toutes Couleurs, doublures &c. et s'engage à des livraisons de la derniere Importance à des Prix les plus raisonnables, offert en meme tems une bonne partie de Drap d'Aix la Chapelle large 8[4 aune de Brab. au prix le plus juste.

Churfürstlich-Pfälzische Lotterie.

Anheute den 18. Nov. 1791 ist die 462. Ziehung dieser Lotterie auf dem Rathhause dahiesig-Churfürstlicher Restdenz, in hoher Gegenwart Seiner Excellenz, Herrn Baron von Perglas, Ihro Churfürstlichen Durchlaucht Hoflammer-Präsidenten, ꝛc. ꝛc. und in Beisitz angeordneter wohlansehnlicher Herren Deputirten, mit bekannter guter Ordnung und festgestellten Formalitäten vollzogen worden.

Die bei dieser Ziehung herausgekommenen Nummern sind folgende:

1ter Zug: 39. Neun und Dreysig.
2ter Zug: 59. Neun und Fünfsig.
3ter Zug: 37. Sieben und Dreysig.
4ter Zug: 40. Vierzig.
5ter Zug: 47. Sieben und Vierzig.

Die 463. Ziehung Churfürstlicher Lotterie geschiehet Freytags den 9. Decemb. 1791.

Nro. 47. Dienstag den 22sten Novemb. 1791

Geheimer
Brief-Wechßel
zwischen den
Lebendigen und den Todten.

Montesquieu — aus dem Reiche der Todten an die französische Nation.

Elysäum am 22sten Nov.

Du Königin der Bewohner der Erde; du Völkerschaft von 25 Millionen Menschen; o du französische Nation! höre die Stimme eines Mannes, der in deinem Schoos lebte; — der über dich die Strahlen seiner Philosophie ausgebreitet hat. — Ich sehe dich, o edle Nation! auf dem Rande des tiefsten Abgrunds stehen; du stürzest dich im Angesicht deiner Nachbaren, der Engländer — deiner Feinde, in die Kloake der Anarchie. — Nach der Beobachtung des jetzigen Gangs deiner Philosophie, kannst du nicht anders, — als durch eine Bluttaufe — durch einen grausamen Bürgerkrieg regeneriert werden. Du hast die Magie der Regierung zerstreuet; du hast Rotten, und Verschworne an das Staats-Ruder gesetzt; des Leidens der guten Bürger ist kein End. O Nation! — stelle dich bei Orleans hin; übersieh dein Vaterland! — was siehst du? — eine Mördergrube, ein Gerüste, worauf Opinionen auf die Folter gezogen werden.

Es ist eine in der Staatskunde bekannte Wahrheit: — „Gieb deinem Volk keine Gelegenheit, „seine Rache auf dem Opinionen-Schleifsteine „zu schärfen." O französische Nation! beobachte den politischen Gang deines Reichs! — Ludwig der 14te verfolgte die Protestanten; er gab ihnen Gelegenheit, ihre Rache auszuschleifen. Ach! diese Rache ist so scharf, so spitzig, so durchdringend heutiges Tags, daß man ihr nicht ausweichen könne. Die Protestanten in Frankreich rächen sich mit der auffallendesten Aufbrausung über die Revokation des Edikts von Nantes. — Wer hätte jemals geglaubt, daß diese Rache auf den besten, auf den wohlthätigsten, auf den bestmeinendesten Monarchen fallen werde? wer hätte es vorausgesagt, daß die Sünden Ludwigs des 14ten durch Ludwig den 16ten abgebüßt (und die Busse ist sehr derb) werden müssen? —. O Vorsehung! o Schicksal! o Härte der Throne!

Ich habe die Erklärung des Königs gegen die Auswanderer in unserem Elysäum lesen hören. Ich erhalte eben ein Blatt aus

Paris vom 14ten dieses,
welches mir folgendes sagt:

Die Nationalversammlung war am 12ten eben mit der Erörterung über die leidigen Religions-Unruhen, und über die Mittel, solche zu hemmen, beschäftigt; da trat der Justiz-Minister in den Saal, mit einer Königl. Bothschaft. „Ich komme hieher, so sprach der Minister, Hr. Duport du

Lettre, um der Versammlung die Königl. Sank:
tion mehrerer Dekrete zu überbringen, unter an=
dern derjenigen, die Ludwig Stanislaus Xaver,
Französischen Prinzen, betreffen. Was aber das
Dekret vom 9ten Nov. gegen die Auswanderer an=
gebt; so wird der König überlegen." Die Na=
tionalversammlung hörte in tiefer Stille den Mi=
nister an, und es regte sich kein Laut, in keiner
Tribune. — „Der König, fuhr der Minister fort,
hat mir aufgetragen, Ihnen zu sagen, daß, wenn
seine Sanktion nicht untheilbar wäre, er gerne ei=
nige Punkte jenes Dekrets angenommen hätte."
Der Minister wollte weiter reden, und die Ver=
sammlung von den Maasregeln benachrichtigen, die
der König zur Erreichung des nemlichen Zwecks,
wie jener des Dekrets seye, genommen habe; al=
lein die Nationalversammlung wollte und konnte
ihn, der Verfassung gemäß, nicht weiter anhören.
Hr. Tambon stand auf, und sagte: „Der König
hat sich des Rechts bedient das ihm die Verfas=
sung gab; er hat dem Dekrete sein Veto aufge=
drückt laßt uns seine Beweggründe achten, oh=
ne sie zu kennen; der König hat durch die Ver=
weigerung seiner Sanktion dem ganzen Europa ei=
nen Beweis gegeben, daß er frey ist in Mitte sei=
nes Volkes; er hat einen neuen Beweis gegeben
von seiner Anhänglichkeit für die Verfassung." —
Der Minister setzte sich mithin nieder, ohne weiter
zu reden, und die Nationalversammlung schritt zu
andern Gegenständen. — Da so der Minister die
Beweggründe des Königs nicht hatte auseinander
setzen können; so hat nun der König selbst sie durch
folgende merkwürdige Proklamation bekannt ge=
macht:

Proklamation des Königs.
Am 12. Novemb. 1791.

„Der König hat nicht bis heute gewartet, um seinen Unwillen über die Bewegung an Tag zu legen, wodurch eine große Anzahl Französischer Bürger aus dem Königreiche gezogen, und zurückgehalten werden."

„Allein, nachdem Se. Maj. die gemessensten Maaßregeln genommen haben, um Frankreich im Zustande des Friedens und gegenseitiger Gewogenheit mit den auswärtigen Mächten zu erhalten, und die Gränzen des Königreichs vor jedem Einfalle sicher zu stellen; so glaubten Sie, daß Ueberredungs-Mittel und der Weg der Gelindigkeit am geeignetesten seyn würden, um diejenigen, die wegen politischer Zwiste und Uneinigkeit von Meinungen sich hauptsächlich von ihrem Vaterlande entfernt haben, wieder dahin zurückzubringen."

„Obgleich der größte Theil der ausgewanderten Franzosen, seit den Proklamationen und Vorschritten des Königs, von ihrem Entschlusse nicht geändert zu haben schienen; so sind jene doch nicht ganz ohne Würkung geblieben. Nicht allein hatte die Auswanderung nachgelassen; sondern es waren schon einige der ausgewanderten Franzosen ins Königreich zurückgekehrt, und der König schmeichelte sich, sie täglich in größerer Anzahl zurückkommen zu sehen."

„Indem so der König seine Hoffnung noch auf die nämlichen Maaßregeln setzt, hat er einem Dekrete der National-Versammlung seine Sanktion verweigert, wovon ihm mehrere scharfe Artikeln demjenigen Zweck, den das Gesetz sich vornehmen mußte, und dem das Interesse des Volks erforderte, entgegen zu streben, und mit den Sitten der Nation und den Grundsätzen einer freyen Staatsverfassung unverträglich zu seyn schienen."

„Indessen sind Se. Maj. es sich selbst schuldig, sowohl als denjenigen, welche diese Ausübung des Königl. Vorrechtes über Ihre Gesinnungen täuschen könnte, die ausdrückliche Darstellung davon zu erneuern, und nach Ihrem Vermögen den wichtigen Gegenstand des Gesetzes zu erfüllen, dessen Mittel Sie nicht annehmen zu müssen geglaubt haben"

„Der König erklärt also allen denjenigen, welche ein

Uibersetzungs-Geist auſſer den Gränzen des Königreichs hinreiſſen, verſammlen und zurückhalten könnte, daß er nicht allein mit Schmerz, ſondern auch mit tiefem Unwillen ein Betragen ſieht, welches die öffentliche Ruhe, die ſtäts der Gegenſtand ſeiner Bemühungen iſt, ſtöret, und welches darauf abzuzielen ſcheint, die Geſetze anzugreifen, welche er durch ſeine freywillige Annahme geheiligt hat."

"Wie ſehr würden ſich diejenige irren, die in dem Könige einen andern Willen vorausſetzen wollten, als den, welchen er öffentlich an Tag gelegt hat; und die auf einen ſolchen Irrthum ihr Betragen gründen, und ihre Hoffnung ſtützen wollten, mit was immer für einem Bewegsgrunde ſie denſelben vor ihren eigenen Augen haben bedecken mögen. Allein es giebt deren nun keinen mehr. Der König giebt ihnen, indem er ſein Vorrecht über ſtrenge gegen ſie gerichtete Maasregeln ausübt, einen Beweis ſeiner Freyheit, welchen ſie weder verkennen, noch widerſprechen dürfen: und an der Aufrichtigkeit ſeiner Entſchlieſſungen noch dann zweifeln, wenn ſie von ſeiner Freyheit überzeugt ſind, dies würde ihm Beleidigung ſeyn."

"Der König hat den Schmerz nicht verhehlt, den ihm die im Königreiche vorgegangenen Unordnungen gemacht haben, und er hat lange glauben wollen, daß der dadurch verurſachte Schrecken allein eine ſo groſe Zahl von Bürgern von ihren Herden weg zurückhalten könnte; aber man hat kein Recht mehr, die Unruhen ſeines Vaterlandes vorzuſchützen, wenn man durch eine verabredete Abweſenheit, und durch verdächtige Rottirungen darauf arbeitet, Unruhe und Regungen in deſſen Schooſe zu unterhalten. Man darf nicht mehr über die Nicht-Vollziehung der Geſetze, und über die Schwäche der Regierung wehklagen, wenn man ſelbſt das Beyſpiel des Ungehorſams giebt, und wenn man den vereinigten Willen der Nation und ihres Königs nicht als verbindend anerkennen will."

"Keine Regierung kann beſtehen, wenn nicht ein jeder die Verbindlichkeit erkennt, ſeinen beſondern Willen dem öffentlichen Willen zu unterwerfen. Dieſe Bedingniß iſt die Grundlage aller geſellſchaftlichen Ordnung, und die Garantie aller Rechte; und möge man ſeine Pflichten oder seine Vortheile in Betracht ziehen: was kann es deren wesentlichere geben für Menschen, die ein Vaterland haben, und die in deſſen Schooſe ihre Familie und ihr Eigenthum laſſen, als den Frieden deſſelben zu achten, ſein Loos zu theilen, und den Geſätzen, die für ſeine Sicherheit wachen, hülfreiche Hand zu leiſten!

„Die Staatsverfaſſung, welche die Unterſcheidungen und die Titel abgeſchafft hat, ſchließt diejenigen, die ſie beſaſſen, nicht von der neuen Wirkungs-Sphäre und den neuen Ehren aus, die ſie geſchaffen hat; und wenn, anſtatt das Volk durch ihre Abweſenheit, und durch ihr Betragen zu beunruhigen, ſie ſich zur Beförderung des gemeinſamen Wohls beeiferten, es ſey durch Verzehrung ihrer Einkünfte in dem Schooſe des Vaterlandes, das ſie hervorbringt, oder durch Widmung der glücklichen Unabhängigkeit von Bedürfniſſen, die ihre Glücksumſtände, ihnen zuſichern, für das Studium des öffentlichen Wohls: würden ſie nicht zu allen Vorzügen berufen werden, welche die öffentliche Achtung und das Zutrauen ihrer Mitbürger ertheilen können!

„Mögen ſie alſo Entwürfe aufgeben, welche die Vernunft, die Pflicht, das allgemeine Wohl, und ihr perſönlicher Vortheil verwerfen! Franzoſen, die ihr immer eure Liebe für euren König verkündigt habt; er iſt es, der euch in euer Vaterland zurückberuft; er verſpricht euch Ruhe und Sicherheit im Namen des Geſetzes, deſſen höchſte Vollziehung ihm aufliegt; er verbirgt ſie euch im Namen der Nation, mit welcher er untrennbar vereinigt iſt, und die ihm rührende Beweiſe von Zutrauen und Liebe gegeben hat. Kommet zurück: dies iſt der Wunſch eines jeden euerer Mitbürger; es iſt der Wille eures Königs. Aber dieſer König, der euch als Vater ſpricht, und der euere Rückkunft als einen Beweis von Anhänglichkeit und Treue anſehen wird, dieſer König erklärt euch, daß er entſchloſſen iſt, durch alle Mittel, welche die Umſtände erfordern könnten, die ihm anvertraute Sicherheit des Reichs und die Geſätze zu vertheidigen, zu deren Haubhabung er ſich unwiderruflich verbunden hat."

„Er hat ſeine Geſinnungen den Prinzen, ſeinen Brüdern, angedeutet; er hat ſie den Mächten zu er-

Lehnen gegeben, auf deren Gebiete sich die Versammlungen der ausgewanderten Franzosen formirt haben. — Er hofft, daß seine Bitten bei euch den Eingang haben werden, den er davon zu erwarten berechtigt ist. Sollte es aber möglich seyn, daß selbige fruchtlos bleiben würden, so wisset, daß es kein Ersuchen giebt, welches er nicht an die auswärtigen Mächte thun wird, daß es kein so gerechtes und strenges Gesätz giebt, welches er nicht anzunehmen entschlossen ist, vielmehr, als länger zuzusehen, daß ihr das Glück eurer Mitbürger, das eurige, und die Ruhe eures Vaterlandes einer sträflichen Hartnäckigkeit aufopfern solltet."

Geschehen zu Paris, den 12. Nov. 1791.
(Unterzeichnet.) Ludwig.
(weiter unten) Delessart.

Zugleich sind noch die Abschriften von 3 Schreiben des Königs an die ausgewanderten Prinzen bekannt gemacht worden.

Der König hat freylich an seine Brüder und an die französische Auswanderer geschrieben, — so gar drohend geschrieben, daß sie zurückkommen sollen. — Aber können sie es? — erlaubt es ihnen die Ehre? — nein. Die Brüder des Königs und alle Auswanderer wünschen, daß er das Dekret vom 9ten dieses gegen die Emigranten sanktioniren möchte. Wenn er es nicht thut, so zeigt er eine Freyheits-Handlung, nemlich das freye Veto, und giebt dadurch zu erkennen, daß er einer gewissen Freyheit genieße. — Noch bishero hat sich der König geweigert, dieses Dekret zu sanktioniren. Aber selbst die Aristokraten zu Paris — wollen ihn dazu bringen. Seit einigen Tagen hat sich viel Volk um die Thuillerie versammlet; schrie nach der Sanktion. Die Jakobiner merkten es, und sagten gleich, daß die Sanktion der größte Wunsch der Aristokraten wäre.

Diese Jakobiner wenden alle abscheulichen

Ränke an, um die Auswanderer zu hemmen. Folgende Nachricht ist ein Beitrag dazu:

Koblenz vom 20sten dieses. — Es hat ein Murren an unserer ganzen Gegend gesaust, als wenn die guten Einwohner an Rhein Ufern in Gefahr wären, mit Feuer und Schwerdt heimlich angereist zu werden. Dies war eine infame Einflüsterung der Propagandisten, die uns in eine Unruhe wegen der guten Aufnahme der Franzosen, unserer Nachbaren, setzen wollten. Diese Schreyer glaubten, daß die deutschen Bürger sich durch dergleichen Kunstgriffe schrecken werden lassen. Sie werden dadurch ihren Zweck nicht erlangen. Man weis in Deutschland sehr wohl, daß das Dekret gegen die Emigrirten eine Pastete von den Rottierern in dem heißen Ofen der Schreckenbilder ausgepacken seye; man weis, daß diese Bösewichte durch allerhand Ränke ihre Furcht, zertretten zu werden, bemänteln. Aber man weis auch, daß der erste Angriff, den die Rotten auf uns welzen lassen wollten, unsere Fürsten, die wahren Vertheidiger unserer deutschen Rechte, zum unversöhnlichen Zorn reitzen müste, und — dann fällt unsere deutsche Bedeutenheit mit ihrer ganzen Masse auf die Angreifenden, — O sie werden es wohl bleiben lassen! — Luxemburg! Luxemburg! wie gut stehst du da!

Paris vom 17ten dieses. — Herr Petion ist zum Maire von Paris durch 6000 Stimmen gewählt worden. Herr la Fayette hatte nur 3000 Stimmen, und ist durchgefallen. Dies macht Murren, Bewegung, Gährung ꝛc.

Biographie.

Montesskieu. Vide Nro. 47. der Politischen Gespräche der Toden vom Monat November 1791.

Nro. 93.   Freytag den 18ten Novemb. 1791.

Beilage
zu
Politischen Gesprächen
der
Todten.

Politische Satyren.

„St. Dominig, diese reiche, glänzende, han-
„delnde Insel; dieses Lehrgebäude des einträglich-
„sten Kommerzes, worauf man seit zwey Jahr-
„hunderten die Industrie, die Arbeitsamkeit, den
„Ackerbau gepflanzt hat; — ist jetzt ein Stein-
„haufen. Wer hat dieses Unglück, diese Zer-
„störung, diese Verheerung verursacht? — Die
„Revolutionisten, die Kortierer, die Verfechter
„der Rechte der Menschheit; — und wenn man
„alles recht überdenckt, — die Klubisten.

Paris vom 12ten dieses. — Der türkische Kayser hat dem französischen Gesandten, da er ihm die
Annahme der Konstitution präsentirte, folgendes
geantwortet: — „Die Traktaten, die ich mit Frank-
„reich habe, sind vom König unterzeichnet. So-
„liman und seine Nachfolger waren mit ihm alle-
„zeit verbunden. Was ist dann jetzt ein König
„der Franzosen? — ohne Zepter und ohne Krone.
„Seine Unterthanen, sind keine Unterthanen mehr,
„weil das Volk allein Souverain ist. Diese Spra-

„he dörfen meine Osmannen nicht nachahmen. — „Es soll kein Vertrag, keine Handlung mehr mit „einer Nation, die, wo sie immer hinkommt, ihre „Thorheit und ihren Aufruhr mitbringt, — be: „stehen." — Auszug aus der Zeitung von Paris, sonst die Hofzeitung genannt.

Brüssel vom 12ten dieses. — Der Herzog von York ist mit seiner Gemahlin, der Prinzessin von Preusen, hier angelangt, und ward mit einer ausnehmenden Freundschaft von unseren Gouverneurs aufgenommen.

Prinz Ferdinand von Würtemberg ist auch hier, und geht nach England, um sich mit der Erbin des Hauses, Malborough zu vermählen.

Nun geht:s darauf los: — Fünf Glieder von den halsstarrigen Ständen, nemlich Grafen von Limminghe, und Duras; die Aebte von Parc und von Villers, wie auch der Pensionarius von Jonghe sind arretirt bis auf weitere Ordres.

Man hat von dem Scharmützel bei Maubege, welches zwischen den franzosischen Nationalgarden, und zwischen den Unsrigen vorgefallen, nur im Dunkeln gesprochen. Die Sache verhält sich also: Am 6ten dieses kamen 80 Franzosen theils zu Pferd, theils zu Fuß gegen unsere Gränzen; von den Unsrigen waren nur 3 Hulanen und 7 Jäger an der Gränze. — Die Franzosen insultirten unsere Leute; gaben zweymal Feuer. Auf einmal schossen die Jäger, niederlegten 5 Franzosen; die Hulanen ritten darauf los, haueten darein. — Sollte man es wohl glauben? — es ist keine Täuschung, keine Partheilichkeit; — 80 Franzosen von den Nationalen wurden nicht nur allein zerstreuet, geschlagen; sondern sie bathen um Pardon — Pardon — Pardon! die Desterreicher machten einige Gefangene, kehrten siegreich zurück. Zwey Hulanen wurden blessirt, aber ungeachtet ihrer Wunden hörten sie nicht auf — zu sehen.

Prinz de Ligne ist am 12ten dieses nach Wien abge

reist; führt diese zwey tapferen Husaren mit sich; will
sie dem Kanser präsentiren. — Bald wird man wichtigere Ereignisse von dieser Seite hören. Die tapferen
Drajoner de la Tour sind an den Grenzen; brennen,
flammen, wüthen vor Muth — um anzugreifen.

Rom vom 1sten November. — Die schrecklichen Sjenen zu Avignon, worüber unser Hof mehr
als Jobs-Geduld dargezeigt hat, haben endlich den
Pabst auf Ansuchen vieler Europäischen Mächte,
die sich über das Stillschweigen der gerechten Sache
von seiner Seite wunderten, dahin gebracht, eine
politische Schrift an alle Höfe ergehen zu lassen, —
welche so abgefaßt ist, daß über die gerechte Besitzung des avignonischen Landes jedes Völker-Recht,
jede gegenseitige Gerechtigkeit der Staaten klar
spricht. Man wird bald den Erfolg dieses Schritts
in der Politik wahrnehmen.

Paris vom 13ten dieses. — Am Mertag
waren die Kolonisten von der Insel St. Domingo
bei Hofe. Herr Cormier, ein Mann von bekannter Redlichkeit, führte das Wort und klagte dem
König mit Thränen den angesponnenen Aufruhr
unter den den Schwarzen. — Der König versprach
Truppen. Aber man sagt, daß die Truppen nicht
marschieren wollen. Von da gieng die Deputation
zu der Königin; Herr Cormier sprach auf folgende Art zu der Königin:

Madame! In unserem Unglück sind wir getröst unsere Königin sehen zu können. Wir finden
in diesem Zustand bei Euer Majestät nicht nur einen Trost, sondern ein großes Beispiel der Standhaftigkeit in Unglücksfällen.

Die Königin ward gerührt, und sagte: Ich
empfinde bei dieser Errinnerung alle Härte des Unglücks. — (Sie konnte nicht weiter sprechen: Thränen drangen in ihre Augen.)

Die Königin gieng hernach in die Kirche; ließ die Kolonisten vor der Thür stehen; sie gieng auf sie zu, und sprach: — Meine Herren, es war mir nicht möglich, euch gehörig zu antworten. Aber die Ursach meines Stillschweigens kann euch genug sagen. — —

Der König hat das Dekret vom 8ten über die Emigranten noch nicht sanktionirt. Er stammte, da man es ihm las, und sagte: Leget es nur dahin; es ist gut, es ist gut. (Er hatte den Kopf geschüttelt, und kehrte sich um.)

Paris ist jetzt in einer schwarzen Wuth verhüllt. Die Opinionen empören sich; man hört nichts als Mordereyen, Unglücke, Zerstörungen. Nur noch ein Monat, und die Impulsion ist vollendet.

Gezogene Numeren bei der 44sten Ziehung Kurpfälzischer Lotterie in Düsseldorf den 11ten Novemb. 1791.

1ter Zug: 8. Acht.
2ter Zug: 32. Zwey und Dreyßig.
3ter Zug: 35. Fünf und Dreyßig.
4ter Zug: 74. Vier und Siebenzig.
5ter Zug: 46. Sechs und Vierzig.

Die 45. Ziehung Kurpfälzischer Lotterie geschiehet zu Düsseldorf Freytags den 2. Dec. 1791.

Grünstädter Privilegirte Zahlen-Lotterie. Die 43ste Ziehung ist heute den 15ten Novemb. 1791 unter Beysitz derer hiezu verordneten S. T. Herren Deputirten mit gewöhnlichen Formalitäten und gebühriger Accuratesse vorgenommen worden, und sind folgende Numern aus dem Glücksrade erschienen:

Erster Zug: Nro. 20. Zwanzig.
Zweyter Zug: Nro. 80. Achtzig.
Dritter Zug: Nro. 35. Fünf und Dreyßig.
Vierter Zug: Nro. 74. Vier und Siebenzig.
Fünfter Zug: Nro. 71. Ein und Siebenzig.

Die Vier u. Vierzigste Ziehung geschieht den 22ten Nov. 1791 und so fort von 8 zu 8 Tagen.

Nro. 47.   Donnerstag den 17ten November 1791.

Politische Gespräche der Todten

über die

Begebenheiten

des 1791sten Jahrs.

„Je ne pense pas, que la democratie soit la plus
„commode & la plus stable forme du gouvernement;
„je suis persuadé, qu' elle est desavantageuse aux
„grands etats. Mais elle flatte l'esprit de ceux,
„qui sont subordonnés; on aime as'y jetter avec
„furie.   Montesquieu.

Uiber die Demokratie.
Eine demokratische Zeitung.

Die Regierungsformen sind nach Verhältniß der Vermehrrung, der Bedürfnisse der Selbsterhaltung, und der Civilisirung der Menschen entstanden. — Da unser Urvater Adam aus dem Paradies verjagt wurde, so entstund ganz natürlich die Familien = die Haus = die Patriarchen = Regierung. So bald sich aber mehrere Familien an einem Orte versammlet haben, so wollte jeder Hausvater in der Versammlung etwas zu sagen haben. — Da kam die pure Demokratie zum Vorschein. Weil sich aber die Hausväter in ihren demokratischen Versammlungen öfters gezankt haben, so fand man es für rathsam dem Aeltesten, oder dem Weisesten den Regierungsstab zu geben. — So entstund die Monarchie. Aber so bald der Monarchen viele waren, so zankten sie sich, buhlten um den Vorzug, bekriegten sich; — und ein glücklicher Soldat ward Despot. — Es war unangenehm, sich despotisiren zu lassen. — Was geschah? andere glückliche Soldaten warfen sich auf, und balancirten die Macht des Despoten; — oder Priester lenkten das Volk, um sich der Tyrannen zu entledigen; — und da entstund eine neue Regierung, wo die Priester, die glücklichen Soldaten und die Gerechten unter dem Volke sich zwischen dem Despot und dem Volk stellten, und da hatten wir die Stände, oder wenn der Despot ganz abgesetzt war, die Aristokraten.

Die zweyte Forme in dem Gang der Regierungen, nemlich die Demokratie folgte gleich auf die patriarchalische Regierung. Dieser Gang war natürlich. Die Menschen hatten wenig Bedürfnisse; ihre Sitten waren nicht verdorben; die Aeltesten führten nach ihrer Erfahrung ihre Kinder zum Guten an. — Diese demokratische Art machte die Griechen und die Römer so lang glücklich, bis sie mächtiger, und industriöser geworden sind. So bald diese Nationen angefangen haben, grose Männer zu vergöttern, den Musen und den Künsten einen Parnaß aufzubauen; Alcibiaden, Ciceronen, Gracchionen, Aspasien und andere dergleichen Wollustprodukte zu verehren; — da fiel die Demokratie in Ränke, in Intriguen in Buhlereyen, in Verachtung der guten Sitten, — und ein Alexander, und ein Cäsar ließen dem Volke nicht einmal so viel Zeit übrig, um der dritten Regierung, — nemlich der rechtgeordneten Monarchie, anzuhangen. — Sie waren glückliche Soldaten, und gleich darauf — Despoten.

Nur diejenige Nation ist der Demokratie empfänglich, welche Tugend, gute Sitten, Verträglichkeit, Räuken-Abscheu, und — die erprobteste Redlichkeit verehrt. Sie muß keine kriegerischen Nachbaren haben, dann sonst muß sie sich einen General wählen, der, wenn er glücklicher Soldat wird, das ganze Lehrgebäude der Demokratie und die Repräsentanten der Nation mit dem siegreichen Schwerdt zerbauet, — und hernach Despot wird. Nur kleine Staaten, die durch Jalousie anderer mächtigeren Krieger unangetastet bleiben, können sich in der populären Regierung erhalten. Wenn die grosen Nachbaren der Schweiz heut oder morgen einig werden können, so wird sie gleich zum Raub. den Alexandern. — Wenn die Insel von England bis nach Dünkirchen vorgeschoben wäre, so marschieren die Franzosen dahin, und — die Unterkammer bekommt den Abschied.

Dies sind im kurzen die Grundsätze des grosen Montesquien, den doch die jetzigen französischen Demokraten zu ihrem demokratischen Lehrgebäude als den grösten Architekt anführen. Er wiederhohlte diese Sätze im Reiche der Todten aufs neue, und behauptete, daß der abgesetzte Adel, vermög seiner grosen Landes = Besitzungen, — nach den wahren demokratischen Grundsätzen, — die grobste Zahl der Repräsentanten der Nation hergeben muß, weil nur die Erde in dergleichen Versammlungen repräsentirt werden soll.

Man las darauf das Dekret vom 9ten dieses, welches die ausgewanderten Franken von der Nationalversammlung erhalten haben. — Hier folgt es von Wort zu Wort:

1) Die jenseits der Grenzen des Königreichs versammelten Franzosen werden, von nun, der Verschwörung gegen das Vaterland verdächtig erklärt.

2) Sollten selbige am 1sten Jänner 1792 noch in dem Zustande einer Rottirung seyn, so sind sie, von diesem Augenblicke an, der Verschwörung schuldig erklärt; sie sollen als solche verfolgt, und mit dem Tode bestraft werden. — Diejenigen der französischen Prinzen und öffentlichen Beamten, welche ausser dem Königreiche bleiben, und nicht bis zum nächsten 1sten Jänner darinn zurückkommen würden, sollen als würkliche Frevler und Verschworne gegen die allgemeine Sicherheit und die Staatsverfassung gehalten, und in den Stand der Anklage gesetzt werden.

3) In den ersten 14 Tägen des nämlichen Monats soll, wenn es Statt finden wird, das National=Obergericht zusammenberufen werden.

4) Die Einkünfte der in Kontumaz verurtheilten Verschwornen sollen, so lange sie leben, der Nation heimfallen, ohne Präjudiz der Gerechtsame der Weiber, Kinder,

und der rechtmäſſigen Gläubiger, deren Rechtmäſſigkeit vor dem gegenwärtigen Dekrete erwieſen ſeyn würde.

5) Von nun an, ſollen alle Einkünfte der aus dem Königreiche abweſenden franzöſiſchen Prinzen in Beſchlag gelegt werden. Keine Zahlung von Gehalt, Penſion oder irgend eines Einkommens ſoll, weder mittel= noch unmittelbar, angeſagte Prinzen, ihre Bevollmächte oder Abgeordnete geſchehen, bis von der Nationalverſammlung anders dekretirt ſeyn wird; unter Verantwortung und 2jähriger Zuchthaus=Strafe, wider die Zahler und Zahlungs=Verordner. — Dieſe Verfügung erſtreckt ſich auch auf die angewanderten öffentlichen Civil= und Militair= Beamten und Staatsbeſoldeten, die Vollziehung des Dekrets vom Jänner 1791 unbeſchadet

6) In der durch vorgehende Artikeln dekretirten Einnahme und Beſchlagnehmung ſoll, auf Antrag der General=Prokuratur=Anwälde der Departemente,— und auf Betreibung der Prokuratur=Anwälde jeden Diſtrikts, wo geſagte Einkünfte ſeyn werden, aller erforderliche Fleiß angewendet werden, und die dadurch eingehenden Gelder ſollenden Kaſſen der Diſtrikts=Empfänger zuflieſſen, welche davon Rechnung abzulegen haben werden.

7) Alle öffentliche Beamte, welche ohne rechtmäſſige Urſache, vor der durch das Geſetz vom 15. Septemb. 1791 erlaſſenen Amniſtie, aus dem Königreiche abweſend ſind, ſind ihrer Stellen und allen Gehalts verluſtig, ohne Präjudiz des Dekrets vom 18. Okt.

8) Alle öffentliche Beamte, welche ohne rechtmäſſige Urſache, ſeit der Amniſtie, aus dem Königreiche abweſend ſind, ſind eben ſo ihrer Stellen und Gehalte, und nebſtdem der aktiven Bürgerrechte verluſtig.

9) Kein öffentlicher Beamte ſoll ohne Urlaub des Miniſters, von deſſen Departemente er ſeyn würde, aus dem Königreiche gehen, unter der hier oben beſtimmten Strafe. Die Miniſter ſollen gehalten ſeyn, alle Monate das Verzeichniß dieſer Urlaube zu übergeben.

10) Jeder Militair=Offizier, von welchem Grade er immer ſeyn möge, welcher ohne Urlaub nach genommener Abdankung, ſeinen Poſten verlaſſen würde, ſoll der Deſertion ſchuldig gehalten, und als ein ausgeriſſener Soldat beſtraft werden.

11) In Gemäßheit des Gesätzes vom... soll in jeder Militair-Division ein Kriegsgericht niedergesetzt werden. Der Minister soll gehalten seyn, den Kriegsgerichten das Zeichniß derjenigen Offiziere einzuschicken, welche, seit der Amnistie, ohne vorgängige Bewilligung oder Urlaub, ihre Fahnen verlassen haben.

12) Jeder Franzose, welcher außer dem Königreiche Leute verführen und anwerben würde, um sich zu den im Art. 1. und 2. gegenwärtigen Dekrets gemeldeten Rotirungen zu begeben, soll mit dem Tode bestraft werden. Die nämliche Strafe soll gegen jede Person Statt haben, welche das nämliche Verbrechen in Frankreich begehen würde.

13) Es soll jeder Ausfuhr von Waffen, Pferde, Kriegs-Vorräthe vor der Hand Einhalt geschehn. Die Verwaltungs-Korps und Munizipalität sollen auf die Vollziehung dieser Artikel vorzüglich Acht haben. Die im Betretungsfalle vorfindlichen Gegenstände sollen ordentlich mit Arrest belegt, und von der Orts-Munizipalität in Verwahrung genommen werden, und selbige soll unverzüglich Abschrift der Protokolle dem Direktorium ihres Departements einschicken, welches den gesatzgebenden Körper alsbald davon benachrichtigen soll. (Dieser Artikel ist an die Handels-und Gesetzgebungs-Ausschüsse verwiesen worden.)

14) Die National-Versammlung trägt ihrem Diplomatischen Ausschusse auf, ihr innerhalb 3 Tage die Maaßregeln vorzuschlagen, welche der König, in Ansehung der angränzenden auswärtigen Mächte, die auf ihren Gebieten jene Rotirungen der flüchtigen Franzosen dulden, im Namen der Nation zu ergreifen, gebeten werden soll.

15) Alle dem gegenwärtigen Dekrete entgegen seyenden Gesätze werden hiemit ausdrücklich von der National-Versammlung aufgehoben.

Brüssel, den 11. Novemb. So gutmüthig man glaubte, die Stände von Brabant würden endlich zu Kreuz kriechen, so wenig ist das doch geschehen. Nichts blieb übrig, als Zwangs-Mittel zu brauchen, wo Ueberredungs-Mittel nichts halfen. Nach geschehener dritten Aufforderung, um ihre Protokolle zur Streichung der wider den souverainen Rath geschehenen Protestationen offen zu legen, b'ieben, die Stände bey ihrer Weigerung stehen. Der Rath von Brabant erließ also vorgestern das Crelutiend-Urtheil, mit der Strafe bürgerlicher Haft gegen die Deputirten der Stände, wovon nur die Bürgermeister der 3 Hauptstädte Brüssel, Löwen und Antwerpen, ausgenommen wurden, weil diese 3 Mitglieder in die Offenlegung der Protokolle und Vollziehung des Urtheils eingewilligt hatten. Nachdem die letze Frist von 24 Stunden gestern um 6 Uhr Abends fruchtlos vorüber gieng; so wurde alsogleich in die Hotels der folgenden 4 Deputirten: Abbe' du Parc und Abbe' von Villers vom geistlichen Stande, Grafen Duras und von Limminghe vom adlichen Stande, Exekution gelegt. Der Rath von Brabant wird nun den Prozeß fortsetzen, und selbige, bey längerer Beharrlichkeit wahrscheinlich nächstens als Rebellen erklären. Jenes Urtheil trifft nach zur Zeit bloß die Deputirten der Stände, nicht aber alle Mitglieder der Stände von Brabant, obgleich sie sämtlich seit dem Montage versammelt, und eben so störrig sind, als ihre Deputirte. Vielleicht wird nunmehr das Fiskalamt sich um die Vollziehung des Urtheils in den Protokollen, an die General-Versammlung wenden, und man wird dann die Folge sehen. Die Einwilligung der obigen 3 Bürgermeister ist eigentlich nur persönlich, und macht nicht die Einwilligung des dritten Standes überhaupt aus. Wenn, wie ein dumpfes Gerücht sagt, die Protokolle der Stände würklich aus dem Lande verführt seyn sollten, so entstände daraus eine Kriminal-Handlung gegen ein Verbrechen der beleidigten Majestät und Nation.

Die 3 Verhaft-Dekrete des Raths von Flandern sind am 2. dieses vollzogen worden; allein die Verurtheilten sind flüchtig. An die Stelle des Großbailli von Gent, Vicomte Vilain XIV., ist der Unterbailli, Graf von Severen, einstweilen angestellt worden. — Der durch die Provinz Flandern bewilligte Antheil der Subsidien-Rückstände beträgt nicht 398,000, sondern 3,093,*** brabantische Gulden.

Biographie.

Karl Baron de la Brede und de Montesquieu kam Anno 1689 den 18ten Jannar aus einer adelichen und ansehnlichen Familie in dem Schloß de la Brede nicht weit von Bordeaux auf die Welt. — Er wurde Anno 1716 Präsident des Parlaments zu Bordeaux, welches Amt er von seinem Oheim geerbt. Das Parlament hat ihn Anno 1722 nach Paris abgesandt, wo er wegen einer Auflage oder Steuer, die der König von dem Volk gefordert, Vorstellungen gemacht, und seine Wohlredenheit brachte die Regierung dahin, diese Steuer abzuschaffen. Montesquieu schrieb eben in dieser Zeit das so berühmte Buch lettres persanes, Persianische Briefe, welche eine beissende Satyre auf die heiligsten Pflichten der Religion enthalten. — In einem dieser Briefe sagt Usbeck, daß der Selbstmord eine löbliche Sache seye, und in einem anderen, daß die Pflicht der Bischöfe in dem bestehe, daß sie dispensiren, wenn man das Gesetz nicht beobachten will. — Noch in einem anderen wird der Pabst als ein Zauberer geschildert, weil er allen Leuten weiß machen kann, daß drei nur eins ausmachen, und daß das Brod kein Brod seye. Der Cardinal Fleury, der damals Minister war, wurde über diese höchstschädliche Schreibart nicht wenig aufgebracht, und wollte nicht zulassen, daß man den Montesquieu zum Mitglied der Akademie mache. Über der Marschal d'Estrees, der sein Freund war, hat es endlich dahin gebracht, daß er ungeachtet deffen doch ein Akademiker geworden. — Montesquieu überließ sich hernach ganz den Wissenschaften, und fieng das berühmte Buch an, welches unter dem Titel l'esprit des loix; der Geist der Gesetze bekannt ist. Er hat zu diesem Endzweck eine Reise durch Deutschland, Ungarn, Italien, durch die Schweiz, und Holland unternommen, und blieb hernach zwei Jahre in England. Aus verschiedenen Beobachtungen, die er, wie er sagt, auf seinen Reisen gemacht, entstehen folgende Anmerkungen: daß Deutschland ein Land seye, welches man nur durchreisen muß; Italien, wo gut zu bleiben ist, England, wo man denken kann, und Frankreich, wo man gut lebt. A. 1734 kam er nach Frankreich zurück, und gab das Buch heraus: Ueber die Ursach der Größe und das Falls der Römer. Endlich wurde das berühmte Buch: der Geist der Gesetze Anno 1748 herausgegeben. Wunderbar ist es, daß Voltaire so spöttisch von Montesquien spricht: er nennt ihn Harlakin des Grotius, und sogar Herr von

Linguet sagt von dem Buche: der Geist der Gesetze ist das Werk eines französischen Stutzers, der alles leichtsinnig gelesen und gesammelt. Nun traue man auf die Gelehrten! Wir wollen hier eine Beobachtung anführen, die uns in diesem Buche zu Gesicht gekommen. Montesquieu sagt, daß die Vielweiberey in Asien und gegen Orient nothwendig ist, weil in diesen Ländern mehr Menschen weiblichen als männlichen Geschlechts geboren werden. Diese Assertion hat der Verfasser mit keiner Probe bestätiget. So ist es auch, wie er vorgiebt, ungegründet, daß die Männer allda früher sterben als die Weiber. Alle Beobachtungen zeigen das Gegentheil, und die Ursach ist leicht anzugeben. In Orient oder in Asien leben die Weiber eingesperret, folglich sind sie mehreren Krankheit unterworfen als die Männer, folglich sterben ihrer mehr und früher als die Männer. Eine Wahrheit, die schon Aristoteles beobachtet hatte. Unterdessen aber ist es gewiß, daß dieses Buch ein grosses Aufsehen in der ganzen Welt gemacht. In England hat man es so gar mit einer Münze verewiget, aber in Frankreich hat man es verbothen. Montesquieu von Geistlichen und von Gelehrten auf allen Seiten verfolgt, starb An. 1755. Vor seinem Tode sagte er folgende merkwürdige Worte zu seinem Beichtvater: Ich habe allezeit die Religion verehrt, die Sittenlehre des Evangeliums ist das schönste Geschenk, was Gott den Menschen gegeben. Man erzählt von ihm folgende Anekdote: Montesquieu schrieb in seiner Jugend die Persianischen Briefe, wo er die Religion stark angegriffen; er verschloß alles sehr sorgfältig in seinem Pult. Sein Vater merkte es, eröffnete einmal den Pult, und sah, wie sein Sohn über die Religion dachte. Dieser alte Greis ließ einmal den jungen Montesquieu zu sich rufen, nahm ihn bei der Hand, und führte ihn in sein Schlafzimmer. Ein grosser Vorhang bedeckte die Wand. Der Vater sagte zu seinem Sohn: Mein Sohn! zieh diesen Vorhang ab; Montesquieu that es, und siehe! man sah ein grosses Crucifix. Sieh mein Sohn! sagt der Vater, sieh! dies ist das Schicksal aller Reformatoren, so wirds dir einmal gehen: du wirst wie Christus aufgeheult. — Diese Vorstellung soll auf den jungen Montesquieu einen ausserordentlichen Eindruck gemacht haben.

Nro. 92. Montag den 14ten Novemb. 1791.

Beilage
zu
Politischen Gesprächen
der
Todten

Ankündigungs = Herold.

1mo. Litteratur.

Journal de la Contrerevolution, redigé par M. Suleau &
dedié a toutes les Puissances.

Journal der Kontrarevolution, verfasset durch
H. Suleau, und allen Mächten gewidmet.

Dieses Journal kommt zu Koblenz heraus, und wird
zu Neuwied gedruckt. Der Name des Verfassers ist bekannt: — Ich wette, sprach er einstens zum La Fayette,
ich wette, daß sie ehender aufgehangen werden, als ich.
— Alle Pariser Blätter, selbst die patriotischesten, selbst
Brissot — haben dem H. Suleau in ihren Schriften mit
Ehrfurcht und Schätzung begegnet. — Ich will die Erhabenheit dieser Schrift nicht rügen; der Name des Verfassers macht sie schätzbar. Aber das Gemählde der Kaiserin von Rußland will ich ausziehen: es übertrifft Demosthenes Rhetorik.

„Man kennt die unvergleichliche Grosmüthigkeit
der unsterblichen Katharina: es ward in die Bücher der
grosen Schicksale geschrieben, daß ihr ganzes Leben ein
strahlender Tag seyn werde, der nicht einmal von einer
Dämmerung benebelt wird. Sie hat die ganze Welt mit

den Strahlen ihres Ruhms beblinzelt, und schien alle Gattungen des Heldenthums auf sich gehäuft zu haben: als man auf einmal sah, daß sie ihre edelmüthige Laufbahn mit einem Wunder von Muth und Wohlthätigkeit, die alle Einbildungskraft in Staunen setzen, und die alles Wunderbare der Feengeschichten übersteigen, krönen will. — Die Geschichte aller Jahrhunderte, so wie auch alle grose Thaten der fabelvollen Zeit biethen nichts so würdiges dar, was mit ihren riesenmässigen Unternehmungen verglichen werden könnte. Man würde fast gestehen müssen, — daß, nachdeme sie die Göttin des Ruhms mit Erzählungen ihrer Atlantischen Erfolge ermüdet hat, — sie sich aller glorreichen Jahrbücher der Ehre bemächtiget; daß sie alle Verehrung und alle Lobsprüche ihrer Zeitgenossen, — und die Bewunderung der Nachkommenschaft monopolisiren wolle. — Ihr mächtigs Arm hat alle ungeheueren Kühnheiten der Götterlehre realisirt. Die lezte Bestrebung der poetischen Dichterey leitet uns dahin: — den Alcides (Herkul) zu malen, wie er beide Welten auf seinen Schultern trägt. Die Geschichte des achtzehnten Jahrhunderts wird aber noch thatenreicher werden, als die Fabel; allein wird die Nachkommenschaft einem solchen Wunderwerk Glauben beimessen? — und wie werden es unsere Enkel begreifen können, — daß der wahre Herkules unserer Zeit ein Weib war, welches mit einer Hand den Orient niederdrückte, mit der anderen aber den Occident aus dem Chaos emporhob. — Der Athem vergeht einem, wenn man von solchen Thaten mit gehörigem Eifer sprechen will ꝛc. ꝛc. ꝛc.

Man schließe aus dieser Schilderung — auf das Ganze!

Dieses Journal wird nach Zeitumständen, nach Ereignissen, und — nach der Laune des Verfassers ausgegeben. — Diejenigen, der sich darauf abonnen und pränumeriren wollen, können sich an unser Conteir melden. Sechs Hefte kosten 11 fl. oder ein Karolin — flo. geliefert.

ado. Handlungs-Nachrichten

Ach Gott! handle wer da will, es ist nichts mehr zu gewinnen.

Es entsteht eine patriotische deutsche Frage: „Ist es für Deutschland nützlich und vortheilhaft eine Sperre gegen Frankreich in Deutschland anzulegen?" Ich bin zwar kein Kaufmann, aber ich schrey mit deutscher Zunge: Ja, ja, ja! — Unterdessen werden alle Handelsleute ersucht, uns darüber eine schriftliche Dissertation einzuschicken. Es ist hier die Frage von dem allgemeinen Besten unsers Vaterlandes; ich hoffe, daß man diese Frage mit allen Gründen beantworten werde. Wir erwarten mit patriotischer Sehnsucht Aufsätze darüber, wir werden sie in unsern Blättern rügen, beurtheilen. — Der Kuku hohle die Franzosen: sie setzen auf unsere Waaren Hemmung, Abgaben, Eingangsbezahlungen und wir sind so gute Lämmer, und setzen auf ihre Waaren gar nichts: Mein deutsches Herz schlägt Empörung, Unwillen, — weil man unsere gute, treue, treuherzige Nation dadurch drückt. — Zum Henker ihre Rechte der Menschen! — warum beobachten sie nicht die gegenseitigen Rechte der Handlung? Wir armen Deutschen sind doch allzeit die Packesel des fremden Handlungsdrucks; — wir lassen alles frey eingehen, und die anderen verbiethen es. Diese Deutschheit soll doch der letzte Artickel seyn, den man mit Abgaben belegt!!!

3tio. Ankündigungen.

Sollte man es wohl möglich glauben, daß die Dreistigkeit so weit könne getrieben werden, wie es neuerdings gewisse Personen gethan haben, die mich bei Hochpreißl. K. Reichshofrath, wegen einer bei demselben anhängigen Prozeßsache für todt ausgeben, so wie sie es vor mehreren Jahren in Stuttgart in einem ähnlichen Fall auch thaten. — Da es aber sehr hart ist, dieses Schicksal von Personen erfahren zu müssen, deren Wohlthäterin ich bin, und denen ich Land und Leute geschenkt habe, so mußte ich endlich ihrer Undankbarkeit die Larve abnehmen, und Hochpreisl. K. R. H. von dem Ungrunde ihrer vor kurzem eingereichten Schrift zu benachrichtigen. Sehr leid ist es mir, so oft in öffentlichen Blättern von mir sprechen zu müssen; damit man es aber nicht für Trabierey halte, so versichere ich, daß es blose Folge meines ganz sonderbaren Schicksals ist.

Kirchheim an der Eck.   Louise, regierende
am 8. Nov. 1791.   Fürstin zu Leiningen.
Gebohrne Gräfin von Solms Rödelheim und regierende Gräfin von Limburg Geilborf.

Zu Ende December erscheint von Ifflands Trauerspiele: die Cocarden, eine französische Uebersetzung auf Pränumeration. Der Pränumerations-Preis ist 25 Grüber oder 36 Kr. Wer Pränumeranten sammelt bekommt 10 pro. Cento Rabat. Man kann sich an den Uebersetzer Joh. Wilh. Heuberger in Neuwied, oder an Hr. Gehra, Buchhändler ebendaselbst wenden. Der Prospektus ist überall zu haben.

Bei Endes Unterschriebenen sind zu haben: beste brabántische Wolledecken, Arraf, Janz-Brabwein — Liqueur, bester Schnupftabak, Rappe de Paris, gesteppte sizene Decken im billigsten Preis zu haben.

Friedrich Wilhelm Attendorn,
in Neuwied.

Nro. 46. Dienstag den 15ten Novemb. 1791

Geheimer
Brief=Wechsel

zwischen den

Lebendigen und den Todten.

~~~~~~

An den Abt St. Pierre — ins Reich
der Todten.

Vom Rhein-Ufer vom 15ten Nov.

Dein Entwurf eines allgemeinen Landtags von Europa, wo aller Potentaten ihre Zwistigkeiten ausgeglichen, und debattirt werden sollten, — ist in deinen Zeiten wie eine Aufflammung deines Gehirns angesehen worden. — Aber dieser Vorschlag scheint der Erfüllung nahe zu seyn. Der Fall der französischen Politik, und das Toben der Opinionen haben den Beherrschern eine Lehre gegeben, die dein Projekt möglich, und ausüblich macht. — Die Orleans, die la Fayette, die Mirabeau, die Vandernoot und Kompagnie haben den Souverainen eine Lektion, die mit derben Begriffen begleitet ist, vorgelesen, worüber sie mehr als eine Stunde zu spekuliren haben.

Intellexerunt tandem Rages!

Die Politiker und die großen Staatsmänner sehen es endlich ein, daß das Bestreben, das Drehen, das Machavellisiren der Politik, sie und ihre Völker zu Grund richten. Die Völkeropinionen sind kein weicher Thon mehr, woraus man Puppen zusammenplacken kann. Die so genannte Aufklärung, und die vielen Schriftstellereyen haben diesen Thon mit heiligem Feuer ausgebacken, und siehe! er ist nun hart, läßt sich nicht mehr — modeliren!

Die französischen Dekrete haben diese Opinionen mit einer Glasur überzogen, die die Masse des Thons bedeckt, und wer soll nun diese Glasur abreiben? — Bei dieser Lage suchen die grosen Männer in der Geschichte das Glück und die Ruhe der Nationen heraus. — Sie fragen sich: wann war die Zeit, da die Völker glücklich waren? — Die Regierung einer Theresia und eines Friedrichs sind die wahren Epochen des Völkerglücks. Man haschet darnach, und jeder erregt die wünschende Frage: — warum sind wir nimmer so glücklich?

Der Statusquo bei den türkischen Angelegenheiten war nichts anderes, als eine Bestrebung, die ruhige Zeit Theresiens und Friedrichs auszuzwingen. — Er kam zu Stande. Wie konnte es anders seyn? — Ich stelle mir den weisen Leopold vor, wie er aus Italien nach Wien gekommen ist. Er kam in die Burg; er sah aus allen Fenstern heraus, und sah unzählige Feinde von allen Gegenden herrücken. — Die Fenstern gegen Mittag ließen ihn die türkischen Horden sehen; die Fenstern gegen Nord ließen ihm ein blaues Gewimsel von Preusen erblicken; die Fenstern gegen Aufgang sind fast mit der polischen Konstitution verstopft worden, und die Fenstern gegen Niedergang wurden von den tobenden Franzosen eingeschlagen. — Diese Situation war nicht angenehm; er ließ alle Fenſteen zumachen, machte Friede, und ſaß und las bei einer Lampe die glücklichen Zeiten ſeiner Mutter Thereſia und Friedrichs des Groſen. — War es alſo nicht billig den Statusquo, — dieſe glücklichen Zeiten anzunehmen? — Er thats, und — alle Weltgegenden ſind heiter. Er ſieht aus ſeinen Fenſtern die Ruhe, und wirft das Glück ſeinem Volke von dem Balkon zu.

Aber auch England ſucht den Statusquo für ſich. Ein Schreiben aus einer ſicheren Quelle von

London vom 7ten dieſes

meldet, folgendes: — Ich habe eben von einer ſicheren Perſon, die in der Politik Englands arbeitet, eine ſonderbare Neuigkeit erfahren. Ich kommuniziere ſie ihnen hiermit; | ſie iſt wichtig, und klärt den ganzen politiſchen Gang auf. — Die Nationalverſammlung arbeitete wirklich daran, um England für ſich zu gewinnen. Sie both den Engländern die Eroberung von ihrem verlornen Amerika an; ſie verſprach alles dazu beizutragen. Auf der anderen Seite ſtrürmten die Prinzen auf die Grosmuth Englands. Das engliſche Kabinet gab der Verſammlung keine beſtimmte Antwort; ließ ſich aber mit| den Prinzen in Unterhandlungen ein, und ſagte ihnen, was es von der Verſammlung zu erwarten hätte: nemlich die Eroberung des verlornen Amerikas. Die franzöſiſche Staats-Kanzley zu Koblenz konnte dieſes Verſprechen nicht über ſich nehmen, weil es zu viel von Rußland und Schweden abhieng. Deswegen iſt Herr von St. Prieſt nach Stockholm und nach Petersburg zu dieſer Unterhandlung geſchickt worden. Nun ergiebt ſich, daß wirklich Amerika wieder an England kommen.

soll, und diese glückliche Unterhandlung verändert die ganze Lage der Politik. England und sein Anhang werden es bald offenbaren, und es wäre sonderbar, daß die erste Quelle, woraus der Freyheitssinn ausgeflossen ist, wieder verstopft, und diese Freyheitspflanze in dem nämlichen Garten, wo sie aufgewachsen war, mit allen Wurzeln ausgegraben wäre.

Hier folgt eine Proklamazion der Ausgewanderten, die am 7ten dieses in allen Ecken zu Paris angeschlagen war. Wie? eine Proklamazion? ja, eine Proklamazion folgenden Inhalts:

Die ausgewanderten Franzosen an das französische Volk.

Franzosen! wir nehmen Gott zum Zeugen, daß wir dem Volk, das sich gegen uns empört hatte, vergeben; wir vergeben den Soldaten, die verführt, bestochen und irregeführt sind worden. Wir schwören, daß wir nicht einen Tropfen Bluts fließen lassen wollen; ausgenommen wenn wir Gewalt wider Gewalt anwenden müssen. Wir wünschen nichts, als die Strafe der Rottierer, der Verschwornen, die sich so wohl gegen euch als auch gegen uns verbrechenschuldig gemacht haben. Die Verführer haben uns gezwungen, eine Sicherheit im fremden Lande zu suchen, um uns gegen ihre Wuth zu vertheidigen, — und sie haben euch in das grausamste Elend gestürzt. Franzosen! ihr kennt diese Bösewichte wie wir. Man sieht sie noch an der Spitze der Empörung unter dem Namen Jakobiner. Sie haben euch unsere letzte Anrufung, wodurch wir euch bekannt machten, daß wir keine andere Absicht haben, als euch von ihrer Tyranney zu befreyen, als uns mit euch zu vereinigen, als unser Vaterland von dieser Höllenbrut zu reinigen, abgerissen und verheimlichet. Diese Ungeheuer fürchten, daß wir euch nicht das Band der Verblendung von den Augen abreißen, daß wir euch ihre Verbrechen nicht entdecken. — Ihr sollet sie wissen, o gutes verführtes Volk, ihr werdet darüber erschrecken; ihr

werdet die Bestrafung dieser Aufhetzer mehr als wir
verlangen.

Der Kopfabschneider Jonrdan, der das Blut
der guten Leute von Avignon trinkt, ist durch die=
se Verwiegler angespornet, bezahlt, und eingemu=
thet. Die Metzeleyen euerer Brüder zu Nimmes, zu
Montauban, und anderen Städten sind ihr Werk.
Der Aufruhr in St. Dominik ist von ihnen ange=
sponnen worden. Vielleicht ist jetzt in dieser Kolo=
nie das ganze französische Blut aufgeflossen. Sie
wollen die nemlichen Bühnenen in allen unseren
Inseln erneuern. Sehet, o Franzosen! sehet unse=
re Feinde; sie sind auch die. euere. Es ist wider
diese Gebrer, daß wir uns waffnen, und daß wir
die Hilfe fremder Mächte, und die euere anrufen.

Unterzeichnet La Queille von allen Ausgewan=
derten bevollmächtigt.

Die Prinzen und andere Ausgewanderten er=
suchen alle Präsidenten und Kommissarien der Sek=
tionen in der Hauptstadt, diese Erklärung, wodurch
sie dem Volke ihre guten Gesinnungen zeigen,
auf das Feyerlichste zu publiziren.

Paris vom 9ten dieses. — Entlich sind die
traurigen Nachrichten von St. Dominig- eingetrof=
fen. Welche grausamen Schilderungen! Die
Schwarzen metzeln, tödten und verheeren alles. —
Das Journal von Paris sagt, daß die Kolonie sich
an die Engländer übergeben, daß sich von ungefehr
5 englische Schiffe alda eingefunden rc. rc rc.

Die Versammlung hat endlich bekretirt, daß
die Ausgewanderten bis 1sten Januar Zeit und
Frist haben sollen, um zurückzukehren. Hernach
soll man mit der Konfiskation ihrer Güter gegen
sie verfahren.

Koblenz vom 14ten dieses. — Diese Wo=
che werden der Spanische und der Schwedische Both=
schafter hier erwartet.

Ein deutscher Kavalier, der in russischen Kriegs=

dienſten mit Vorzug ſtund, ſoll ein deutſches Regiment für die Prinzen errichten. — Graf von Ramanzow iſt wieder ſeit vorgeſtern hier. — Bald wird der Vorhang der Politik ganz aufgezogen, und dann. — —

Brüſſel vom 9ten Novemb. In der vorigen Woche brach auf dem hieſigen Rathhauſe bey guter Frühe Feuer aus, und die Flammen bedrohten die Archive, die aber, auſſer einigen Papieren, glücklich gerettet wurden, da man mit Löſchen geſchwinde zur Hand war. An eben dem Tage ſollte die Exekution in den Protokollen der Stände, und nächſtens die Rechnungs = Ablage des in den Unruhen ſich ſehr thätig erwieſenen Schatzmeiſters geſchehen, und dies gab vielen Leuten, die immer Arges denken, allerhand Stoff zum Gloſſiren. Der Fiskal des ſouverainen Raths wollte alſo ſeinen Exekutions= Auftrag vollziehen; allein er traf niemanden im Verſammlungsſaale der Stände an. Der Fiskal erhielt alſo von dem Rathe von Brabant executoriales ad factum, und ſchritt zu den gewöhnlichen Aufforderungen; die lezte derſelben geſchah am Samſtage, da eben die Stände in pleno verſammelt waren. Er erhielt nun zur Antwort von den Ständen, daß man eben mit einer Vorſtellung an JJ. KK. HH. beſchäftigt wäre. Da aber die Regierung den Lauf der Juſtiz nicht wohl hemmen kann; ſo erwartete man geſtern die Straf = Exekution, die gewöhnlich in bürgerlichem Arreſte, oder in einer von 24 zu 24 Stunden zu erhöhenden Geldſtrafe beſteht. Allein bis izt iſt noch nichts erfolgt. Heute iſt der 3te Tag, daß die Stände General = Verſammlung halten, und das Gerücht läuft, ſie würden endlich nachgeben. Es wird ſich in kurzen Stunden zeigen müſſen.

Da auch die Stände das neue Mitglied des souverainen Raths, Hn. Wittonck, nicht haben zum Eide lassen wollen, und immer darauf bestanden, die Zusammensetzung jenes Raths sey ungesätzlich, mithin auch das neue Mitglied desselben; so ist am Freytage auch desfalls ein Kontumaz-Urtheil vom souverainen Rathe ergangen, daß die Stände innerhalb 3 Tagen unter Exekutionsstrafe, mit Vergütung aller Schäden und Unkosten, jenes neue Mitglied zum Eide aufnehmen sollten.

Hier folgt eine Abschrift der Depesche, welche die General-Gouverneure unterm 3. dieses den Ständen von Brabant haben zugehen lassen:

Hochwürdige, Ehrwürdige Väter in Gott!
Edle, Vielgeliebte!

„Da ihr die verschiedenen Auskunftsmittel nicht angenommen habet, welche euch nach und nach, für und im Namen des Kaisers, in der Absicht vorgeschlagen worden sind, um die Schwierigkeit zu beendigen, die ihr über die Zusammensetzung des Raths von Brabant, so wie solche zur Ersetzung des von euch während der Unruhen angestellten Raths beschlossen worden ist, erhoben habet; so thun Wir euch hierdurch zu wissen, daß die durch Unsere Depesche vom 3. Aug. letzthin euch desfalls bewilligte Frist von heute an abgelaufen ist; dem zufolge erklären Wir euch.“

1) „Daß der Kayser beschlossen hat, keinen Mittelweg noch Vergleichsmittel mehr in dieser Sache zuzulassen.“

2) „Daß Se. Maj. darauf Verzicht gethan haben, in Ihren Rath von Brabant diejenigen Räthe dieses Tribunals wieder eintreten zu lassen, welche im Jahr 1789 in nemlicher Eigenschaft zu dem grosen Rathe übergegangen sind.“

3) „Daß dagegen Se. Maj. auch gemeint sind, in Ihren Rath von Brabant die 5 Räthe nicht mehr aufzunehmen, welche in dem während der Unruhen in Brabant niedergesetzt gewesenen Rathe unter einem solchen Eide gedient haben, der mit demjenigen unverträglich ist

welchen sie Sr. Maj. geleistet hatten; es sey denn, daß durch den ordentlichen Weg Recht no, den Sr. Maj. der Verfassung zufolge, von welcher Sie nimmer abweichen werden, denselben offen ließ, entschieden werden würde, daß Se. Maj. dazu gehalten seyn ꝛc. ꝛc."

Brüssel, vom 3ten Novemb. Marie, Albert.
1791.   L. C. Vanderuls.

Biographie.

Carl von St. Pierre kam auf die Welt Anno 1658. in der Normandie in dem Schloß St. Pierre. Er trat in den geistlichen Stand. Seine Beschützer gaben sich alle Mühe, ihn zu erheben; man gab ihm die Abtey von der H. Dreyfaltigkeit in Tiron Anno 1702. Der Cardinal Polignac brauchte ihn bei den Unterhandlungen von Utrecht; — aber die Akademie, wo er ein Mitglied war, hat ihn aus ihrem Schooß ausgeschlossen, weil er die Veranstaltungen Ludwigs des Vierzehnten mißbilligte. Er starb Anno 1743 im 86 Jahre seines Alters. Seine Schriften sind merkwürdig, besonders die Abhandlung des Vorschlags über den allgemeinen Frieden der Potentaten von Europa. In dieser Schrift will der Abt St. Pierre, daß man von allen Monarchen die gerechtesten Gesandten und Gelehrte wähle, welche in einem Ort versammlet, als Richter über alle Zwistigkeiten von Europa einen Spruch machen sollten. Der Cardinal Fleuri sagte zu dem Verfasser bei dieser Gelegenheit: Sie haben vergessen, mein guter Abt, eine nothwendige Vorbereitung in der Vorrede ihrer Schriften vorauszusetzen, daß man nemlich an alle Monarchen von Europa Missionarien senden sollte, die sie zu einem solchen Vorschlag vorbereiten könnten, damit sie auf den von ihnen entworfenen Landtag diese Gesandte abschicken, und mit ihrem Spruch in der Zukunft zufrieden seyn.

www.ingramcontent.com/pod-product-compliance
Lightning Source LLC
Chambersburg PA
CBHW021224300426
44111CB00007B/423